道家的倫理關懷與養生哲學

———————————— 賴錫三—著

五南當代學術叢刊

自序
為「當代新道家」再鋪橋造路
倫理與養生的內聖外王之路

回憶

　　「當代新道家」這名相，悠悠迴盪我心，至今已近三十年時光。從碩士研究生涯起，這啓示性名相，烙印靈臺，佔據情思，召喚行者，走向人煙罕至的林中路。多年來被這名相力量牽引，思想命運圍繞圖騰柱盤桓前行。為找尋林中空地之幽曠，行者一路標記「當代新道家」地誌，既是自我遠遊曲折路標，也是人生迷茫抵抗姿態。用青春代換文字，用書寫撥尋路跡，走向一條人煙罕至，屬於自己的花間小路。也許想像前頭有落英繽紛，或許莫明偏愛一枝一葉，行行復前行，瞥見前頭若有光，更前行。歲月流金，白頭回望，一條細道，彷彿有路。臥幽谷空地，憶前塵往事。如露如電，意象紛飛，百千滋味，難以名狀。

　　對應於「當代新道家」的乏人問津，莊嚴厚重的「當代新儒家」，首先在記憶中漸漸清晰浮現。回憶大學後期、碩士年代，一段有幸和已故大儒、哲人典範牟宗三晚年歲月重疊的時光，也是「當代新儒家」在臺灣最輝煌響亮的年代。彼時中文哲學兩界的師友社群、學術會議、思想課題，常常環繞唐、牟、徐三先生的經典鉅著打轉。三位典範人物和傳世名作猶如圖騰聖柱，有股極大的招魂魅力讓人們往它朝聖，既引領當時臺灣人文學術古典新詮之風，也吸納眾多秀異學者紹繼文化志業。風靡所及，青年學子汩汩熱血，慷慨投入大師激活的生命之道、學問之路。

　　猶記風吹水上鱗……我那時正處在傍徨於尋求不再傍徨的青春歲月。許多夜晚，諸多好友，彼此生命的印痕刻下悸動捲起，多少因接觸

(4)　道家的倫理關懷與養生哲學

「當代新儒家」的學術話語。這些來自大師們畢生以赴、力透紙背的話語，挺拔了許多青春茫然的野性狂飆。牟先生最晚年時期的臺灣學術氛圍，還是一個生命感厚重、學術手工業尚未進入機械複製的年華。那是個重實存、有活力的斷代，不是現今科層管控學術、專技取代實感的客觀年代。活在溫情年華尾端，也曾在純粹青年心智，痴心讀過一點巨人鉅著，想像大儒如何活在：天地無窮願無盡，海天遼闊立多時！揣度吾心宇宙，何等推擴心境！由於感動過那風華時代的力量和情味，直到如今，「當代新儒家」這一名相及其深厚的學問資產，依然是生命中親切資糧。它是我徬徨青年走向意義化過程的第一個啟蒙。然而首次見到牟先生，也是最後一次，那是在臺北殯儀館的葬禮告別式上，哲人完成了他為當代儒學的現代詮釋之天命。而我那時也逐漸處於告別「當代新儒家」，徘徊於新興宗教之門尋求實踐契機，卻不知何去何從的十字路口。

　　性情中似乎有更深閎的根，超乎理解。抬頭凝視無盡深淵宇宙，放眼望去無窮開闊大地。遠山、藍天、大海、白雲，遼遠視域，色調玄融，脈田幾何，稻香嗅覺，互滲為一。這一切自然元素以不可理解之水墨絪蘊、共通感覺，伏藏靈府底蘊，包圍存在靈根。那不只因童年生長在蘭陽依山面海大平原，由其遼闊所引發之鄉情，更因時而失神、時而凝神於無名天地，恍惚之中沒有了自己，卻總是安心平淡。每每在世間意氣滋生、胸中堵塞，那些矛盾支離的有為，總在天際浩瀚的無言默會中，重新復歸渾沌均勻，柔和安祥而再度洋溢生機。廣漠的自然天地，讓人歸根復命，任何激情造作，不管是理想還是盲動，最後總會冥契在天長地久的無言中。偏愛這份天涯海角的滋味，這等性情不可解於心，卻每每在找尋出路的徬徨叉處，湧動內心直覺喜悅，聆聽跟隨那浩瀚座標。所以「當代新儒家」的悲情刻痕，終究非我天命。

悼念

人文莊嚴，知道很晚。高中前，只知當成有用人做番事業，但何謂有用？何謂大業？未曾深思，更未有以人文為志之念。聯考波折，大學日子在失重心、無目標的飄忽中，被動啟蒙。不知何去何從的虛無況味，引發內心存在追問。遊魂般茫然，終日行屍，唯獨感到存在光暈，乃夜裡湖畔獨坐。常常寂寂枯坐湖畔，凝望湖中若有若無陰影。能抓住什麼？走向何方？但那份內在不死的獨感，卻是帶人向內尋光之良能。爾後在無邊蹺課，敢於懶惰的閒散光陰裡，隨興泛讀文學與哲學，也在詩句中找激情，印證不死。慢慢，在那些既陌生又熟悉的人文字句裡，興發重新定位的存在覺受。

傍徨大學年代，遇見了第一位人師。他是牟宗三先生早期疼愛，最後卻師徒陌路的學生 —— 王淮教授。王老先生人格奇倔，渾身名士氣韻，一言一行如《世說》人物。他奉老莊為大宗師，臺前臺後戲佛諷儒，坦蕩非湯武薄周孔，十足體現「越名教任自然」之情性。這對我性格愛好自然的質素，不免激發漣漪，同時帶給我儒道異同疑情。王老師性格孤傲才高，毫不委屈妥協，總說自己活在絕對自信裡，說他與牟老「不相往來」，關係「止於至善」。而他對學術的態度則是：只寫經，不造論，唯留格言語錄在人間。凡此種種，在我年輕心靈，敬仰企慕中也埋藏不安。多年後，幾次看訪他，天變地變而王老師的道永不變，他總是那樣絕對自信在自我創設的天羅地網中，講他的經，說他的法。我默默旁觀，遠遠靜聽，恍若回到大學年光，但心中確知，今日旁聽人已非昔日人。爾後碩博生階段的我，幾乎過著宗教徒式的隔離日子，甚至離開宗教追求後，到暨南大學、中正大學任教時光，我都刻意保持在一種與社會近乎隔膜的隱逸生活。沒想到再聽聞王老師消息時，他已告別人間世，走入「沒身不殆」的大化去。王淮老師這名士型的道家之路，走的終是孤傲寂寞自開自落。

啓蒙

　　大學階段，除了閱讀當代新儒家的中國哲學經典外，在泛讀西洋哲學的過程中，偶讀海德格（Martin Heidegger）的存有思想，便有他鄉遇故知的親切。雖非知性上之確知，卻有性靈相通之感受。如此便決定投考哲學研究所，以中國哲學的安身立命之學做為生命解答之道，那裡又再度看到「彷彿若有光」。在哲學所的碩士階段，很自然地向袁保新先生學習海德格和道家，並決定以道家的現代詮釋做為研究方向。尤其對道家形上學和海德格存有論的對話重建，最令我興味。當時中央大學的中文、哲學系所，是「當代新儒家」中壯輩薈萃之地。所以那時也向林安梧先生修學熊十力的體用思想，向李明輝先生修學康德的道德底形上學之基礎和儒家道德哲學之互詮，也修了王邦雄先生的莊子講釋。也在這時，中央大學哲學所正好連續延聘剛從德國回來的學者：張鼎國、汪文聖、彭文林等等，由此進一步接觸到詮釋學、現象學和古典希臘哲學。然而在哲學所的研讀階段，對我學思發展極有意義，並促使我思考道家現代詮釋最具啓發性的事件，主要有三：一是閱讀陳榮灼一連串運用海德格詮釋中國儒釋道三教哲學的新論，他那極富洞見的靈光，對我後來消化牟先生道家詮釋，甚至探討《莊子》圓教內涵的弔詭思維，受益最深。二是閱讀楊儒賓從神話和身體角度詮釋中國思想，那些發人未發的新論，成為爾後我思考中國哲學不能純以思辯待之，得透入身心體驗向度才行。第三是林鎮國到所上演講，讓我進一步接觸到佛教在當代脈絡下的多音詮釋活力，以及日本、北美佛教和西方當代思潮對話的回應可能。這些意義化的事件，再三促使我不安於道家哲學處在舊瓶裝舊酒的傳統地窖中。

　　另外，藉著閱讀林鎮國和吳汝鈞關於京都學派的思想介紹，進一步閱讀到西田幾多郎、久松真一、阿部正雄的觀點，乃至遇見從德國回到清華哲學所專研海德格與西田哲學的黃文宏學長。在在讓我看到日本京都學派極具現代語境的禪學新詮活力，一方面使禪佛教超出了東洋學的地方

格局，從而具有更普遍化、世界化的當代哲學意義。另一方面它更嘗試面對現代人的生活困境而從禪佛教的現代詮釋給出創造性回應。從某角度看，日本京都學派或可看成「當代新佛教」的詮釋蛻變運動，它透過更具當代性的現象學、存有論語境來詮解禪佛教經驗，以促使古典佛教的當代脈絡化。更重要的是，京都學派更思考了如何以禪學智慧創造性地回應現代人的歷史處境，從此跨越了禪學個我安身立命的境界而打通了歷史實踐、公共關懷等向度。不管是西田幾多郎將「純粹經驗」的存有學、美學、宗教、倫理等面向所給予的視域融合，還是晚年透過「場所」概念而統合了歷史、物質、身體等具體性課題。還是久松真一那種「超歷史的歷史」之世間介入，阿部正雄「動感之空」的生機活力，都讓我看到它和「當代新儒家」、「當代新道家」，等等中國哲學詮釋視域的可比較性。從詮釋語境的脈絡轉化角度看，日本京都學派對禪佛學的當代性詮釋，要比臺灣當代新儒家的近現代詮釋，更具有跨文化脈絡的前瞻傾向。而當代新儒家的語境如何從西方近代康德式的詮釋，轉進西方當代的現象學存有論式詮釋，便成為現今儒學語境再活化的更新課題。而當時在我碩士階段的臺灣學術氛圍，幾乎都襲捲在牟先生晚年風采中，孜孜不倦投身龐大而嚴密的學問系統猶不及，未有精力對這些零星溢出的哲學靈光給予太多注目。然而近三十年後的今天，已處處見到中壯學者不斷透過現象學、存有論、詮釋學，再度和牟先生的中國哲學詮釋重啓對話新機。

　　對比於京都學派和當代新儒家的莊嚴與活力，一樣身處當代的道家思想，又如何可能介入當代詮釋語境？如何啓動回應現代生活的能力？對照於儒、佛兩家的創新活力，道家不免遠遠落後。不管在研究人才和詮釋動能這兩方面，都顯得平淡乏力。對於上述儒、佛當代語境的閱讀和看見，都迴向成為我思想上的焦慮，也推動我持續思索：道家做為有本有根、內聖外王的圓通之學如何可能？一方面在終極關懷的究竟體驗上，道家必須要有它安身立命的根本學所在（內聖學），以足堪和儒家（性命天道）、佛教（滅苦解脫）並論聖境；另一方面也要開出道家的人間向

度、倫理關懷、公共意義（外王學）。如此才能在性命之學與文化向度這兩輪大業上，產生和儒、佛足堪對話或互補的張力。換言之，如何在現代處境，用當代話語，來重新打通道家內聖外王的任督二脈，尤為關鍵。這些焦慮和想像，是否可能具體化為一條曲折小徑？一條人煙罕至但屬自己的迂迴之路何在？

路徑

　　「當代新道家」從基本面的「道」之詮釋爭議展開，然後從源頭流佈出實踐關懷的支脈。朝著「當代新道家」這一路標，歷經近三十年的思想旅行，我沿路鋪石造橋，曲折盤桓走出底下幾條小徑：

一、道的「超越」向度

　　道家面對儒、佛各有精采的心性終極之學，道家不會只是一套抽象哲理，當也關涉身心修養的體道踐形之學。對於老莊體道的終極關懷之超越向度，筆者大抵曾透過三向度來闡發：一是神話學、二是冥契主義、三是身體觀。首先是比較道家和神話經驗的連續與斷裂，既要追溯道家在思想史上的神話源頭，更要呈現道家對巫聖傳統與神話的超克，尤其講明道家的「天人不相勝」，對巫術神話「以天統人」的再超越。用余英時分析先秦軸心文明時期的概念來說，道家新形態的天人新關係，已轉化了古巫傳統的舊式天人合一。其次重新界定道家型的冥契經驗（氣化之一），要落實為自然美學體驗類型（物化之多），以便使道家的超越性（道之連通性）和美學性（物之差異性），貫通不二，呈現出「自然即超自然」的「水平超越性」，或者「物化存有論」（即物而道、即多即一）。再則也從氣化的身心轉化來描繪真人遊化主體的存有經驗，如此可讓道家式的存有論、遊化主體、身心修養得以結合。再由此進一步處理道家身體思維的多維性，如符號身體、技藝身體、氣化身體的辯證關係，以重新思考道家身體觀的社會符號性與宇宙氣化性的弔詭智慧。另外，也批判法國莊子學

者畢來德（Jean François Billeter）將身體主體與氣化存有割裂分離，造成身體向度的世界性格被減殺。

二、道的「美學」向度

　　歷來皆有學者從美學、藝術角度來理解道家，認為體道心境呈現的是遊的藝術主體，採取此進路者，如徐復觀、牟宗三、勞思光、葉維廉等先生等。筆者亦相當認同道家具有深刻美學藝術旨趣，問題是道家參贊「天地大美」的乘物遊心之美學內涵，有必要再度擴深增廣。筆者對道之美學向度的重新詮釋，主要在於：首先道家的美學必須和存有論統合為一而形成一種存有美學，才不會偏限於美學主體化的主觀境界說。對此筆者呼應晚期海德格打通物化存有與詩歌真理的觀點，批判了牟宗三主觀心靈境界說的片面性與限制性。其次道家的存有美學由於統合了「齊物」（同一）與「物化」（差異），因此呈現出自然萬物「咸其自取、使其自己」的風格殊異之物化美學。可見道家的存有美學可落實為一門具體、活力、差異的物化美學或自然美學。這樣的存有美學、物化美學又可和道家的自然冥契體驗並行不悖，筆者亦試圖溝通兩者，促使道家物化存有美學與自然冥契體驗融貫起來，以論證道家自然存有體驗的水平超越性。三者，牟宗三和徐復觀所理解的道家美學偏向主體觀照的唯心主義，但筆者以為必須將身體向度、氣化向度一併帶入，促使心靈靜觀美學走向身體參與的動態遊化美學，以契合道家氣化流行、遊乎一氣的變化世界。換言之，道家美學必須將形／氣／神，心／身／物，給予貫通合論。第四，筆者認為道家美學也可以發揮批判與治療功能，亦即對當代資本主義所帶來的身／心／物之碎片化與斷裂化，產生敏銳的批判力道，並從而指向一條美學的治療之路。由此筆者企圖揭露道家逍遙美學、自然美學，不必僅止於個人閒適的美學逃逸路線，更應該打開其外王向度的當代潛力。尤其有關即美學即存有開顯，即自然美學即文化批判的轉化力道，可探討當代人文生活與氣氛美學的「即解構即重構」之豐富意義。這條徑路筆者大抵藉

由與本雅明（Walter Benjamin）、羅蘭・巴特（Roland Barthes）、伯梅
（Gernot Böhme）、孟柯（Christoph Menke）的對話，來展開跨文化的
批判轉化之學術工作。

三、道的「語言」向度

　　冥契主義（Mysticism）大都強調「一體性」的冥契經驗「不可言
說」，而老莊也經常出現「天地並生，萬物為一」、「既與為一矣，且
得有言乎？」、「一與言為二」、「不知無言」，等等看似傾向否定語言
或去知反名立場。也由於老莊確實對「始制有名」、「名以定形」的符號
暴力，對語言的實體化、權力化給予批判，因此很容易被簡化為完全否
定語言。然而筆者對道家的語言觀嘗試做多層次的再釐清：首先道家並
不走向極端冥契主義一般純宗教式的完全否定語言，這種極端的超越取
向必然無法面對人文性的符號需求與人間世的倫理規範，反而掉入只能不
斷儀式性逆返無言冥契之偏住。如此一來，一則將難逃黑格爾（G. W. F.
Hegel）所謂「去世界化」的質疑，二則很難避開儒家對道家的超文化去
倫理之譏，三者也使老莊無法開出文化批判、公共關懷的外王道路。然而
從《莊子》遊戲文字的文學技藝看來，莊周本人便是藉語言遊戲而創化
思想的文學技藝家。從〈天下〉篇：「不敖倪於萬物，以與世俗處」的
在世性格與圓教立場看來，《莊子》不會也不必取消語言，反而走向了
「隱喻大開」之路，從此進入了以語言遊戲語言的卮言豐年祭。對此，筆
者曾透過海德格的詩語言，卡西勒（Ernst Cassirer）的基本隱喻，呂格爾
（Paul Ricoeur）之活的隱喻，詹森（Mark Johnson）、雷可夫（George
Lakoff）的概念隱喻給連結起來，嘗試講明老莊的「道」和「隱喻」（甚
至「敍事」）的妙用關係。簡言之，隱喻的多元轉義精神，相契於卮言日
出的流變性。這種卮言日出、連類引譬的語言增生遊戲，一則可以活化文
化符號而使其不斷流通而日生日成，二則可以解放文化符號的意識型態
而創造思想的脈絡化新義。因此我將道家圓教的語言觀，視為「隱喻大

開」的巵言遊戲論。如此一來道家既可以不離開人間文化的符號世界，另一方面卻又在文化批判與文化更新之間進行人文化成的外王道業。最後我將道家的語言向度展開為四種範疇：無言沉默、隱喻大開、故事敘述、弔詭兩行，而四者可以互補互用。

四、道的「批判」逕路

　　由上可知，道家的超越性應開發展現出道家的外王學，尤其是表現在文化批判與思想創新上。由此筆者主張當代新道家應該剛健雄渾地開發出不同於儒家型的另類「道家型知識分子」。對於當代新道家外王學的權力批判性，筆者大抵從底下幾點著手：一是對語言的批判治療，道家認為權力的細微病毒寄生在語言的反控上，尤其語言結構的支配性，一旦未能對語言的權力支配進行敏銳的覺察和轉化，極容易淪為以真理為名、以道德為名的意識型態。《莊子》在這裡走向了巵言的離心化遊戲，看似修辭遊戲的巵言日出，同時解放了語言的權力支配以及思想的日新演化。二是對技術思維、科技宰控、文化工業的霸權批判，尤其人以其功利、實效的計算性思維，而將人與物的非實用性關係，一概納入「以用為中心」的資源管理與權用支配。這種由計算性思維而來的技術控制之絕對化，導致人和人、人和萬物的原初性「承認」關係，都被異化為資源性的「物化」關係。而道家要從這裡發揮存有美學的批判治療，回復人和天地萬物的存有意蘊與承認關係。三是對禮教僵化的符號規範之批判，亦即社會控制系統透過名言符號而銘刻在身心上的權力支配，如何批判覺察進而柔化強制性暴力，使得身心規訓的象徵系統之過度制式化，可以獲得彈性位移的調整空間。四，對於政治暴力的強權批判，對於任何訴諸同一性訴求與想像共同體的國家神話，將人民吸納而集中到「大寫存有」的宏大敘事下而進行國家集體主義的強權支配。道家型的知識分子基本上應該站在政治權力的轉化面，採取格格不入的批判遊牧態度，發揮他講真話的批判力道。萬不得已而被納入無所不在的政治權力網絡，也應該發揮他「入遊其樊而無感

其名」的庖丁解牛能耐，也就是所謂富策略性與迂迴型的道家型知識分子。五是對文化霸權的中心主義、單語主義之批判，道家反對單行道思維而來的人類中心主義、文化優位主義，對於萬物平等、文化多元有其高度的欣賞與尊重。

五、道的「倫理」逕路

　　研究中國哲學者多集中討論儒家的道德哲學、倫理關懷，少有學者系統性探問道家的倫理關懷，甚至不認為道家具有對倫理向度的積極肯認思維。如以牟宗三的說法為據，道家概念幾乎都是透過批評儒家而建立，儒家有仁、義、禮、智、聖等道德倫理的德目建立，隨後才有道家絕聖去智、絕仁去義的否定性批評。雖然牟宗三不認為道家是道德的徹底否定論，而是以所謂「作用保存」的詭譎方式，間接肯定了仁義禮智的倫理價值。問題是牟先生這種儒道調合、以儒攝道的看待方式，還是不離「以儒觀道」的儒家中心主義之特殊視域，未必能貼切回歸以道家呈現道家的倫理本懷。事實上，道家有它所謂上德、玄德、慈柔的倫理主張，筆者認為其中藏有道家「非二元性」的道德倫理關懷和洞見在。基本上，至少可以從幾個角度來展開道家倫理學的鋪述：一是從「道法自然」的存有美學世界觀去展開一種深層環境倫理學（deep ecology）關懷，尤其將道家對存有（Being）開顯的藝術思維，對比於科技對存有物（beings）的技術思維，以突顯道家對科技霸權的批判和自然環境的關切方式，而這部分特別可以和海德格的科技批判與大地倫理進行整合對話。二是從史泰司所揭露的「冥契倫理學」出發，進一步指出道家非二元性的倫理視域，將產生「兼懷萬物」的玄德之善（渾沌之善），這種「渾沌之善」並非善惡對立的一端之善、裁判之德，而是「善者吾善之，不善者吾亦善之」的絕對「德善」。這種玄德之善帶有慈（體諒）、柔（接納）、容（包容），等等整體性的容納愛護，如《老子》所謂「是以聖人常善救人，故無棄人；常善救物，故無棄物」。而這種無棄人、無棄物的「原初倫理

學」，將可以批判、治療、補充二元性倫理學的意識型態和道德裁判。另外，從道家這種包容「差異」的原初倫理態度出發，將為罪惡、他者這些歷史創傷、陰影課題、邊緣事物，找到「非道德意志裁判」的存有治療與自然洗滌。對此，尤其可和同一性思維的批判以及他者倫理關懷，進行跨文化對話。阿多諾（Theodor W. Adorno）和列維納斯（Emmanuel Levinas）對同一性思維（或者同者暴力）皆有深刻的批判，並將同一思維的批判溯源自西方形上學的批判（甚至對海德格的大寫存有論的批判）。從筆者看來，《莊子》也對先秦以來各種同一性思維保有敏感的批判洞察，並由此批判來釋放同一中心視角的化約暴力，由此撼醒人們應對天地間人事物的差異多元，保有最大的敬重與遊賞，進而打開自我單一視角的思想解放與文化批判的更新運動。更進一步說，《莊子》對同一性思維的批判，重點絕不單是對成心之知的批判與真人真知的認識論或真理觀的興趣，其更根本的關懷旨趣乃在於倫理關係的原初復原。就在這一核心點上，我們可以嘗試重講老莊的倫理面目，十字打開老莊的原初倫理、差異倫理、他者倫理，使其具有跨文化的當代意義。

以上對於「當代新道家」的思考緣起、發展脈絡、議題展開、路標徑路，其中如何鋪橋造路的細部勞動，大抵實驗在底下書寫軌跡中：《莊子靈光的當代詮釋》（清華大學出版社），為「當代新道家」系列的第一本「道對神話的超越」之作。《當代新道家：多音複調與視域融合》（臺大出版中心），是第二本「道與語言」的視域融合之作。《道家型的知識分子論：莊子的權力批判與文化更新》（臺大出版中心），是第三本開闢「道家型知識分子」的權力批判與人文化成之作。第四本《跨文化的莊子編織：自然、氣化、身體》（臺大出版中心），是融貫「自然、氣化、身體」之作。而現在這第五本《道家的倫理關懷與養生哲學》是以「倫理和養生」相即來探索道家的內聖外王之作（底下將有專節介紹這本專書的問題意識和各章內容）。這五本專書寫作，嘗試為「當代新道家」這條人煙罕至的曲折小徑，鋪磚石，造橋段，讓它逐漸成為隱約有路，恍兮惚兮

的花間小徑。學術無有窮盡，行者若還有點餘力，將持續嘗試探索這條「花間小徑」的「非同一性」之弔詭思維，乃至《莊子》圓教內涵（與天臺對話）之再詮釋，並期待將來為《莊子》內七篇做經典註解與講疏工作。

來者

少人走而無人來，自然不成道路；有人走而無來者，小路亦將荒蕪廢徑。每每見「當代新儒家」人才濟濟、鴻儒不斷，薪盡火傳景觀，讚嘆之餘，亦不免憂心。因為儒、道本可相濟，如今一強一弱、一熇一涼，儒門恐失最佳諍友。我求學為學之路，每每相遇儒門師友，從碩論導師袁保新先生到博論導師楊儒賓先生，還有中央諸多儒門師長授課講學之薰習，以及邀請我到中正大學任教的謝大寧先生。這一路上，儒門因緣不斷。所以我雖醉心於復活當代新道家的文化批判和文化更新，但儒學樹立價值、護持文化的任重道遠之宏偉博厚，總是長保疑情在吾心。我一路「當代新道家」之獨行蹤跡，總有儒門人物、儒家思想的隱形因緣在背後競逐推移。《莊子》一書有種奇特的現象或景觀，即經常出現孔子與顏回這類的儒門人物，他們在《莊子》書中亦莊亦諧的豐富形象，實耐人尋味。楊儒賓先生承續王夫之而有「莊周乃儒門外傳」一說。楊老師的說法自有他痴情於儒門的深沉關懷在。但我更在意的是，《莊子》和儒門的不必融合之重要差異性，深信保留差異而不是讓差異被儒學給同一化，會引發更有意義且永未完成的轉化動力。

「人煙罕至」、「這一小徑」、「鋪橋造路」，這些修辭，道出了臺灣學者在中國哲學的研究社群分佈上，儒、佛人才濟濟、花開五葉，而道家土壤相對少人耕耘的主觀心聲。尤其當代新儒家在唐、牟、徐等大作現世後，學界有相當多一流人才，投入「跟著說」與「接著說」的大師腳步，以至創造出儒學在中國哲學研究的主流風騷。一篇篇優質論文相繼刊

載，經典著作奮力脫出，再再都將儒學議題推入更細膩更專業的盛況。而佛教從古以來，一直有哲修兼備的大家投入，而中外學界向來都有一流而專業的學者，終身投入佛教的修學工作，臺灣學者在這塊豐厚領地上持續生長，也不會寂寞。相較來看，道家研究在陸港臺，這三四十年來，人才者相對稀薄，富有體系的創造性經典，不易覓見。但近年來，我觀察到臺灣學者漸漸對《莊子》產生了跨領域、跨文化的熱情，許多優秀學者優質人才，各以「橫看成嶺側成峰」的多元差異，投入《莊子》的當代詮釋。滿心祈請來日有大力創造者，學養密實又設備精巧的有心人，繼續運斤成風，大刀闊斧，開疆闢土。我對《莊子》哲學饗宴的心情，如今已從空谷足音轉向時有知音的新年代。期待爾後人多行走，變成坦坦道路，自然能和當代新儒家、當代新佛教起到相輔相成的「兩行」之效，一起為現代文明帶來跨文化對話的繽紛之美。

火傳

　　如果說新儒家的理論基礎，在先秦《孟子》身上已有燦然大備、十字打開之勢。個人主觀認為，《莊子》哲理的複雜性、精微性、深度性、趣味性，絕不會亞於《孟子》。況且《孟子》研究幾乎精義盡出，共識者多；而《莊子》則仍有諸多堂奧，未得其解。世間哲理，深刻者不必少，但深刻又富趣味者，絕不多見。《莊子》便有深刻與趣味兼備，哲學與文學交織的特殊風味。

　　個人認同《莊子》對「流變主體」的洞察，沒有任何人可以獨立自創完全屬己的文本，任何主體都無所逃於文化、經典、他人，並參贊流變與多元化歷程。因此不管是過去的《莊子靈光》、《當代新道家》、《道家型知識分子論》，《莊子的跨文化編織》，到目前《道家的倫理關懷與養生哲學》，這些文本雖看似由個人編織出來的文理與圖像，但那些編織的語言絲線，總是來自四面八方，呈現古典與現代，東方與西方，不斷跨

領域跨文化的交流與再織。這也是我個人對《莊子》「卮言」的認同方式，人並不佔有語言，人只有讓語言貨幣不斷地通過我們這一有待交換的主體，才能生生不息地增生語言的經濟價值。在這樣的語言流動之下，我們的日新主體才能卮言日出地氣化流行，而文化的創意也才能綿綿更新。

　　若問「當代新道家」的「新」義何在？「當代性」意義為何？《莊子》在現今中西交會、古今相遇的處境，要如何回應現今的時代難題？雖然莊周哲人已遠，但我輩必須扣著《莊子》這一開放性文本，永未完成地回應時代接踵而來的挑戰。正如儂曦（Jean-Luc-Nancy）所言：「意義的傳達必然連帶引發建構元素本身的轉變與重大離散，也就是說，意義自身的改變。意義產生意義時就會變成另外一種意義。」熟悉而善用卮言的莊周，其實早就一直在進行意義的繁衍遊戲。而這種意義的離散與重組，並不帶來學術的空乏與虛無，而是引向學術的回春與創造。換言之，《莊子》的古典新義，新義的演化增生，才是讀者之我，最有興味與憂患所在。這樣一來，或許才能讓古典不斷以現代話語，重新介入眼前在場的生活世界。〈養生主〉曾有「薪盡火傳」之喻，任何個人，能力有限、條件有限，而任何寫作也都只是拋磚引玉。期待在未來新思想脈絡下，現身與未現身的學界良才，一起為《莊子》這塊豐美沃土、生機無限的田園，耕耘出芳草鮮美、落英繽紛的哲思花園。那將是足以滋育個人養生與文化養生的人間莊園，而非只在遠處他鄉，方外之地的世外桃源。

本書的問題意識與論述架構：倫理關懷與養生思想的兩輪重構

　　《道家的倫理關懷與養生哲學》的撰寫，主要企圖有二：一是希望替當代人最為關心的養生課題，提供一個身心雙養的哲學修養視域，以能為當代人的失養狀態提供治療，藉此呈現道家養生哲學的古典新義。二是希

望為當代人的倫理虛無，提供原初性與批判性的新倫理思維，尤其從原初倫理與規範倫理的否定辯證關係、他者關懷與差異倫理的通達關係，嘗試給當代人的倫理困境提供道家的省思角度。本書將回應學界長期以來的兩重偏見：一是認為道家不具倫理向度的積極關懷，二是認為道家只具隱世避禍的自我養生。為化解這兩重偏見，本書一則積極詮釋建構道家的多重倫理內涵，二則嘗試連貫道家的養生哲學和倫理關懷。換言之，本書將呈現道家的養生內涵（內聖面），和倫理內涵（外王面），相輔相成、兩輪一體。

筆者在「當代新道家系列」第三本《道家型的知識分子論：莊子的權力批判與文化更新》，不斷反駁一種固定形象：只將道家視為一種隱逸美學，最多具有個人安身立命的養生營衛意義。倘若如此，道家便只能向「方外之學」傾斜，不具任何知識分子的公共性意義。這樣理解道家，雖也有一定脈絡可循，但不能深得《莊子》圓教本懷。道家的發展或可區分：「外王之道」和「隱者之道」，後者停留在個人避世的生存美學、養生關懷，前者則對他人甚至人文世界有著甚深批判與深切關懷，但這樣的知識分子關懷，卻常被忽略或正視不足。《道家型的知識分子論》一書，曾揭露對照於儒家可能呈現出另類型知識分子，其對權力批判的當代潛力與文化更新意義。但當時還未進入道家的「即養生即倫理」的二而一模式，來嘗試思考道家的內聖外王之道。

接續《道家型的知識分子論》的這本《道家的倫理關懷與養生哲學》的寫作，將對道家式的養生哲學、倫理關懷的人文化成意義，進一步描述出一個相互關連的圖像。以平衡當代新儒家「以儒觀道」的定見，鬆解道家長期被視為超人文、乏倫理的超人間性格。本書將嘗試證成道家的「超越不離人間」、「養生不離倫理」、「自然不離人文」，並持續保持它對人文僵化、倫理異化的批判性。學界長期來對道家的修養論理解，大多偏向個人生命的隱逸安身，使得道家的倫理關懷被個我本真的自然復性論所取代，於是養生與倫理截斷成二邊事，將道家視為「取養生去

倫理」的片面發展。如今欲將道家的倫理可能性給稍為打開,必得重新挖掘老莊對自我本真與倫理共在的共構性格。老莊對於主體的情境性、複雜性、弔詭性,有必要重新理解與定位,進而體認到道家的養生主體不可以離開人與人、人與物、人與世界,等等層面之情境共在性,否則生命修養容易簡化了主體的豐富性脈絡而變得抽象掛空。

　　道家經常被定位為隱逸逃世或個我養生,一方面呈現個我保身全生的逃亡性格,另一方面呈現個人悠閒自適的心靈美感。這種理解道家養生的方式,很容易讓道家陷入偏狹的因循順勢,讓道家成為邊緣旁觀的方外風涼之學。這種小乘模式的隱逸道家,雖可發展出個人養生的不著姿態,但彰顯不出道家式圓教的恢弘向度。本書認為道家式的圓教主張,個人養生保身和心靈美感不能離開複雜的人間倫理關係。或者說,人只有在人間世之中而非在人間世之外,方能得到具體性的逍遙,才會是圓通內聖外王之學。具體圓通是指不必逃離外求而可當下即是,內聖外王意指個體的安身立命,同時可展開倫理關懷的公共意義。本書所描述的《莊子》養生哲學,並非純屬延年益壽的個我保存,亦非呼吸導引一技一藝的養生偏方,而是關涉整個主體或自我的徹底轉化。而主體的轉化猶如庖丁所面對的龐大牛體之錯綜結構與迷宮內裡,無法簡化處理也無法技術解決。因此徹底處理養生的關鍵課題,便要涉及處理「主體我」與「人間世」各種倫理政治、社會文化的共構性之複雜課題。用這本專書的概念來說,也就是「養生哲學」與「倫理關懷」的內外一貫之道。而在重建道家的倫理關懷與養生哲學時,會涉及消極的澄清和積極的重構。消極的澄清,主要指跳開當代新儒家「以儒觀道」的定見,回歸道家的倫理本懷來「以道觀道」。積極的重構,除了詮釋原典文獻之外,亦將道家放在當代跨文化視域下,尋求相應而可發揮的互文資源,以促使道家的內聖外王之道可以回應時代處境,產生古典新義的活力。

　　中國思想史的研究,學界仍深受當代新儒家幾位學術巨人的典範觀點所籠罩,如就道家的倫理關懷、人文立場而言,牟宗三、唐君毅、徐復

觀等大家，大抵都採取了「以儒觀道」的判教立場。道家便被理解為割絕於人文的自然主義，結果經常落入反人文或超人文，其逍遙自由的追求被評定為偏滯山林隱逸。新儒家三位思想大師，君子所見類同。牟宗三將《老子》思想起源歸諸於將「周文」視為純桎梏、虛架子，唐君毅將道家視為「超人文」，徐復觀將《莊子》（他稱為「上升的虛無主義」）歸屬超離人文的山水畫隱逸美學。幾位大儒攻乎一致的主張，都傾向將老莊歸為自然方外之學，並與人文方內之學有著斷裂與對照。如此一來，道家被理解為偏向離群的自由偏愛者，無法積極肯定人間世之倫理與價值。牟、唐、徐三大師的判教觀點，自有其理據，但他們對道家的理解的確也反映了儒家中心主義的定見。因此本書首先要鬆解這一支配學界的學術圖像，甚至要反轉為「以道觀儒」，嘗試從道家的角度來反省反觀儒家的倫理關懷，是否也有它的未思與限制。例如儒家善於思考道德的意義建構層面，較少反思道德的異化層面。而道家看似強烈批判了周文與儒家的倫理規範，但道家經由批判而反思倫理的異化，也可能是為了重返倫理的活水源頭。

學界經常有種泛論，在自然與人文的二元區分下，將儒家歸屬人文主義，道家則被貼上自然主義的標籤，因而不免落入《荀子》所謂「蔽於天而不知人」之弊病。近來學者對自然與人文的二分，多已不能滿足而有所批判。將道家的自然無為、復歸自然，簡單理解為退回到與人文無涉的純原始自然，實乃片面之誤讀或淺讀。同樣地，將老莊對周文道德、規範倫理的批判，等同於反道德、去倫理的原始主義，一樣犯了片面淺解之錯謬。

牟宗三曾在《中國哲學十九講》如此區分儒家與道家：「開闢價值之源，挺立道德主體，莫過於儒」、「察事變莫過於道」。言下之意，只有儒家才能為倫理關係樹立價值之源，也就是將倫理關係紮根在道德主體的心性之源。相對地，道家完全沒有價值關懷，只有明哲保身的「察事變」，只是在善於察事變和明局勢之中，「因循」以尋覓一己有利位置或

保全空隙。言下之意，儒家君子總是胸懷天下蒼生，而道家的遁世隱者只是保性全真之自我私愛。牟先生的高下判教非常明顯，但儒家立場的前見也昭然若揭。

　　道家批判周文道德規範、周文禮教階序，非常明顯，諸多文獻可徵引佐證。這大概也是道家被標籤化為反道德、反倫理的所謂文獻根據。例如牟宗三也曾用儒、道兩家在面對周文疲弊的差異態度，區分二者的思想緣起與走向。如面對周代禮樂文化的「親親」和「尊尊」兩大規範與倫常系統崩解之際，儒家採取的立場是在繼承周文典章制度的文化建制前提下，進行重新給予「生命化」（仁）的道德主體性之內在根據，所謂：「人而不仁，如禮何！人而不仁，如樂何！」相反地，道家純粹將周文視為可有可無的外在空洞之虛架，因此為了獲得心靈逍遙、個體自由，就只能完全超越、排除這些周文形式的桎梏束縛。如此一來，牟宗三所理解的道家便傾向超脫倫理關係，成就近乎沒有關係束縛的逍遙純精神境界。本書將澄清，儘管道家對異化的人際關係有深刻的批判，但不宜將道家理解為追求沒有關係性的抽象自由，或者將其理解為去除關係的獨我自由。

　　道家在批判周文倫常、道德規範的異化時，重點在於強調要戒慎恐懼關係性可能演生的種種異化與糾結，而不是完全否定或取消道德價值與倫理關係，反而要人們在親密的關係之中，保有「以無厚入有間」的修養，以促使關係保持著活化彈性，而非系統性的角色支配，如此才可能在義命之間「遊刃有餘」。在本書看來，道家對周文的禮制僵化的批判，是為了呼喚一種新的道德觀點，或復歸原初性的倫理關懷。從老莊看來，一般的倫理關係不離角色扮演，角色扮演和語言分類的名實機制相互鏈結，因此社會符碼的角色扮演很難脫離關係的權力異化與價值階序之僵化。如此一來，倫理關係很容易墮化為外在規範的配置與定位關係，而人的親密性也可能在角色關係中被定型化與疏異化。

　　先秦儒家的思考在於直接導入道德情感（仁），以為有了道德真情的投入便可拯救周文疲弊，而周文也就可以直接重新組構起來。而道家的思

考則是先思考周文異化的根源（甚至倫理關係本身的異化根源），道家並不急於肯定倫理，也不以為投入單純的道德情感就可使倫理不再異化。就道家來說，真正的肯定還需要批判反思與價值重估。道家並不是簡單反對儒家的道德情感（道家也強調人與人之間真實自然的原初情感關係），而是認知到人的情感與行為的發動，通常也和語言結構、社會符碼的具體脈絡血肉相連，低估這些具體脈絡對人的反控與異化的細微滲透，也就可能簡化了治療周文、活化倫理的拯救工程。對道家來說，先秦儒家對道德倫理的拯救行動有其可貴處，但反思的未必徹底，問題關鍵在於相對缺乏哲學的批判工作。正如筆者上述再三強調的，道家對周文的批判性反思，不是表象式的反人文或超人文，而是在價值重估之後，提出新道德、新倫理、新文化的基進觀點。

徐復觀在《中國藝術精神》也傾向將《莊子》的逍遙理解為虛靜人生，或上升式的虛無主義：「不像儒家，一念一行，當下即成就人生中某程度的道德價值。固然，莊子是反對有所成的。但我已經指出過，老、莊是『上升地虛無主義』……或許可以說，他們所成的是虛靜地人生。」徐復觀雖偶而觸及《莊子》的在世性格，但其最終顯明立場，還是將莊學的藝術主體與山水隱逸貫通為一，這種傾向去道德、去倫理的山水畫境之藝術超脫，不是讓《莊子》偏向空靈的方外祕境之一端，就是使《莊子》的超越性走向超離人文的山林隱絕。然而正如《莊子》在〈天下〉篇自我表達其在世立場：「獨與天地精神往來而不敖倪於萬物，不譴是非，以與世俗處。……上與造物者遊，而下與外生死無終始者為友。……其應於化而解於物也。」在本書的論述圖像裡，《莊子》的逍遙是要落實在萬物（差異）、世俗（人間）之中，人必須安居在具體性關係之中，來獲得具體的自在與自由。「不譴是非」、「應化解物」，便宣告不離人際關係而創尋自由空隙的弔詭智慧。對於這種具有否定辯證、弔詭迴旋的倫理立場，〈養生主〉庖丁解牛的姿態是絕佳隱喻。

庖丁必須在錯綜複雜的牛體結構網絡中，才能展開他遊刃空隙的有

餘能力。這個庖丁遊刃的隱喻，可以隱含幾層倫理意涵值得注意：一，自在不能離開關係，庖丁不能離開解牛脈絡，否則不成神庖。二，關係脈絡隨時會有複雜、僵滯、衝突的異化危險，因此需要庖丁善保敏銳的回應能耐，方能依乎天理而順逆曲行。換言之，現實存在的倫理關係不宜直接視為理所當然、合情合理的好關係，人倫際遇也可能反控或阻礙了人們的通達與親密，因此好的倫理關係也要有「技進於道」的庖丁技藝，隨時在關係糾結中進行療癒。三，神庖必須不離於關係，並在錯綜之間尋獲「無厚」空隙，隨時保有彈性的藝術韻律，才能「養己又養人」地成全倫理關係，這種「無厚入有間」的倫理藝術，沒有一勞永逸之道，只能隨時敏銳而常保戒慎恐懼，以防止權力對倫理關係的支配異化。即庖丁解牛所謂：「雖然，吾見其難為，怵然為戒，視為止，行為遲。動刀甚微，謋然已解，如土委地。」

對《莊子》而言，倫理關係是人無所逃的「在世存有」，但現實的倫理規範也難逃權力支配的變形侵入，因此不斷重估倫理價值，治療倫理異化，活化倫理規範，便是既要成全角色關係、又要保有真實自在的一項艱難課題。換言之，倫理的批判與倫理的活化，對道家而言，乃是二而一的永末完成之轉化工作。而〈養生主〉的牛體隱喻，便是〈人間世〉的實相，人總是「無所逃於君臣父子」這些義、命的倫理關係。而《莊子》並非要我們拆除這些義命關係而抽象出獨我自由，而是要深思這些關係是否滲入權力毒液太多？是否變形為無所不在的支配類型、宰控牢籠？也唯有深入這些異化的權力關係，才可能再度恢復關係中的自在韻律，成全關係中的意義厚度。

對於《莊子》的單向度淺解，勞思光在其《新編中國哲學史》，將其稱為「情意我」所開顯的觀賞主體，類似徐復觀「遊戲我」所開顯的中國藝術精神主體，它一樣僅能成就無目的、純觀賞的藝術境界，並由此反襯出《莊子》對於德性、倫理、價值、文化的無法正視與不能肯定：「莊子本人不重視價值之實現，故常有輕視文化之意……老子就有否定文

化之說，然其論末精。莊子本人既立說以證知識之無限追求為無益，其後學遂據此而證文化之無限追求為無益……德亦無價值，文化活動本身復為一永有罪惡之追求。一切否定，所餘者唯有一自在觀賞之心靈，此即莊學之結論。……莊子此種心靈，雖亦表現主體自由，然此種自由只在不受拘繫，無所追求一面表現，而不能在建構方面表現。……故合而言之，道家之說，顯一觀賞之自由。內不能成德性，外不能成文化，然其游心利害成敗以外，乃獨能成就藝術。」

　　而郭沫若在〈莊子的批判〉一文，更是患了極為淺薄的錯解：「莊周是一位厭世的思想家，他把現實的人生看得毫無意味。他常常在慨嘆，有時甚至於悲號……人生只是一場夢，這已經是說舊了的話，但在古時是從莊子開始的。不僅只是一場夢，而且是一場惡夢。更說具體一點，甚至比之為贅疣，為疔瘡，為痕，為癰。因而死也就是『大覺』，死也就決疣潰癰了。真是把人生說得一錢不值。」

　　上述郭沫若的庸常之見，無需筆者反駁。而勞思光的觀點，則和牟宗三、唐君毅、徐復觀的主張，所見略同，反映了那個年代的集體成見。他們一致性地將道家定位為藝術趣向，但這樣的藝術趣向卻傾向於不能成就價值、不能成就人文。當勞思光將儒、道之分，標籤化為「德性我」、「情意我」之分時，其所謂能肯定道德倫理之價值、建立人文化成之知識，便唯有儒家的德性我方能承擔起這個重責大任。此種觀點類似於牟宗三所謂「開闢價值之源，挺立道德主體，莫過於儒。」相較之下，道家只能被歸諸為消極地成就藝術，對道德、倫理、人文、知識，全無積極意義。

　　勞思光的觀點，反映了一種典型偏見。這種成見既建立在「以儒觀道」的視域，也是對道家的片面理解。而這也正是本書要反駁與扭轉的學術成見。將藝術之境割裂於人文之外頗成問題，藝術實為人文世界的精緻文化之重要內涵，也涉及人文化成極為關鍵的美學修養。而《莊子》對中國藝術精神與形式創造的影響重大，徐復觀在《中國藝術精神》已論之甚

詳，舉凡山水詩、山水畫、山水畫論、書論，等等中國重要的文人藝術傳統，皆和《莊子》有千絲萬縷的密切關係。單就此一現象，就不宜輕易否定《莊子》的文化價值，反而應該深入探討《莊子》為何對人文藝術發揮如此巨大影響力，重估其所成全的藝術內涵之人文價值。勞思光更令人懷疑的是，他將《莊子》的藝術精神或美學內涵理解為倫理、社會、政治的淘空，使其成為抽象而孤零的藝術遊魂，這種理解也和《莊子》的多元豐富面向不能相映。根據筆者的研究所示，《莊子》的美學其實和原始倫理、政治批判，環環相扣。甚至可以說，《莊子》的美學富含權力批判並指向一種存有美學。而這種存有論式的美學開顯，並非逃開任何關係的孤我空靈主體，而是召喚「在世存有」、「與物為春」的原始倫理關係之復歸。這種原始倫理處境的召喚，並不限定人與人之間的規範倫理，而是更為源初的「共在關係」之呼喚，而人和人則是這種原始倫理關係的核心一環。總言之，有關道家的藝術內涵或美學意境，必須將它和倫理關懷、文化關懷，甚至批判性的人文治療相關連起來，才不落入勞思光的一偏之見。

　　牟宗三則延續了魏晉王、郭玄學的「儒道調合」主張，其對道家觀點的評定擁有極大影響力。閱讀其《才性與玄理》，將發現牟先生的觀點是透過王弼注老、郭象注莊的理解而來。牟氏晚年名著《中國哲學十九講》，特別以「作用的保存」這一觀念來調節儒與道，並將老莊對儒家的道德仁義之批判反省，轉化成以「作用保存」的境界方式，來曲成儒家的道德價值。牟先生主張道家對儒家的批評，只是以更迂迴方式保障或成全了儒家義理。他主張道家並沒有在任何「實有層」否定儒家的道德倫理主張。牟先生這種觀點頗富張力，但依然帶有濃烈的「以儒攝道」之調和論色彩。「作用保存」的提出看似讓道家不至淪落為價值的純粹否定論，甚至讓道家的詭辭智慧作用於儒家的道德價值。美則美矣，看似圓妙卻不免於魏晉以儒攝道之餘風，不脫儒家主義之「自我觀之」。牟先生一樣未曾正視道家對道德倫理異化的權力批判，以及經由價值重估後所企圖於新道

德（或原始倫理）的提出。從本書立場看來，儒家和道家有它們各自不同
的出發點，各自所提出的道德倫理關懷，應首先給予充分揭露，而非急於
儒道調合或以儒攝道。然而從當代新儒家的學術成就看來，儒家的道德哲
學、倫理關懷已近乎被充分展開。但對照來觀察，道家的道德倫理關懷則
仍隱沒不顯，甚至還被覆蓋一項「反價值、反文化、去倫理」的帽子。對
此，本書重新回歸道家的自身立場，以當代視域重新嘗試思考道家的新道
德精神、原初倫理、差異倫理本色。

　　相對於徐復觀的純藝術精神、勞思光的純美學觀賞，當代法國
《莊子》學所理解的莊學圖像就相當不同。例如畢來德（Jean François
Billeter）在《莊子四講》中，一方面也觸及《莊子》的技藝實踐與身體
主體的修養機制，另一方面卻暢發《莊子》對各種權力支配與異化的批
判。如此一來，畢來德所理解的《莊子》藝境，便同時充滿批判力道。其
觀點比較類似筆者主張，《莊子》不但不必離開人間世，反而是以另類方
式去治療異化、活化人文。可以說，法國《莊子》學所描繪的《莊子》圖
像並非逃離世間，也不是蒼白空靈的美學主體，反而是充滿批判與開創的
轉化力道。這樣的遊化主體並非孤立於山林方外，而是在人倫關係中創尋
庖丁解牛的空隙。法國《莊子》學所理解的美學《莊子》，一方面具有社
會政治的批判性格，另一方面也可能具有恢復關係中的活力的另類倫理性
格（只是畢來德對此僅能點到為止）。

　　法國莊學研究者對《莊子》批判轉化力道的慧眼獨具，對《莊子》
書中充斥權力批判的「看見」，和筆者近年來對「道家型知識分子論」
之價值重估，不謀而合。這種路徑可將《莊子》和法國漢學、歐陸哲學
的「當代性」課題接軌，促使《莊子》的當代詮釋推進到「跨文化（批
判）」的境地。這一跨文化視域解放了東方中國、傳統注疏的莊學史視
域，能將《莊子》文本放在「通古今之變」、「通東西之變」的交通開放
位置。正如何乏筆（Fabian Heubel）所強調的：「畢來德如同樂唯（Jean
Levi）、葛浩南（Romain Graziani）和宋剛（Song Gang）強調莊子的

批判性，在權力批判方面具有獨樹一格的思想，並反對以莊子為『智慧大師』的刻板形象。對莊子刻板形象的反駁，不僅瞄準于連（Francois Jullien）將中國思想化約為智慧的習慣操作，以及其他西方漢學家相似的觀點，其實也更廣泛地批評自郭象注莊以來莊子被『去勢』，使得《莊子》成為仕途失敗而提倡山林生活之文人的枕邊書……《莊子四講》的幾個核心觀點重點：首先他肯定莊子的權力批判與獨特『主體性的典範』相輔相成，並擺脫莊子避世去政治的解讀，將之納入批判意識主體的現代（或後現代）場域中，使之成為對當代歐洲哲學有意義的文本。」

　　法國《莊子》學研究和筆者所關懷的「道家型知識分子」，一樣不滿於隱士型（或純方外型）的道家詮釋，一樣主張道家對權力批判與倫理重構皆屬核心價值而非附庸。但筆者更認為道家型的權力批判並不純屬政治、社會批判，也需要將莊學的其它層面一併整合進來，例如：氣化流行、存有變化、語言差異、主體解構、美學治療、文化更新、倫理關懷，等等或偏「內聖面」或偏「外王面」，給予融貫整合。而筆者先前四本專著對「當代新道家」的批判性重構，大抵完成上述諸面向的整合詮釋，但仍有一核心課題尚未正面處理，亦即道家的「倫理關懷」與「養生哲學」的連通性。而這第五本專書《道家的倫理關懷與養生哲學》的寫作緣起，便是奠基於此問題意識。

本書各章的基本內容

　　底下我將各章重點摘要如下，以助讀者掌握本書基本內容：

　　第一章，〈道家的「原初倫理」與「差異倫理」之導論 ── 納受罪惡與卑污的渾沌玄水〉：學界已論證道家和神話思維有思想史上的連續性，本章則處理道家和神話的斷裂性。尤其面對罪惡不潔時，道家不像神話依賴代罪羔羊的淨化儀式，而將重點放在語言與罪惡的原初關係之反

省,因此將罪惡的恐懼與厭離,導向更根源的語言治療。道家既不將罪惡實體化,也不將神聖實體化,溯源產生聖俗對立的二元結構和命名本質。道家提出的解決之道,是返回語言二元對立前的自然無名,那時善惡對立的倫理規範還未被定型化,老莊稱之為「上善若水」或「相忘江湖」。這種以自然無為淨化罪惡的語言治療,既化除人類對神聖與污穢的歇斯底里斯症,也使道家少了宗教激情而多了自然恬淡。本章涉及㈠道家和神話在面對罪惡時的差異比較。㈡語言與罪惡的關係分析。㈢道家的上德玄德如何包容治療罪惡。㈣道家如何透過語言治療回歸沒有它者賤斥的樂園。㈤上善若水的「非染非淨」之混沌性格。㈥觀察自然之道在中國文人心靈遭遇苦難與罪責時,青山綠水的自然如何產生非道德、非宗教的另類治療效果與救贖功能。(曾載於中研院中國文哲研究所,《沉淪、懺悔與救度:中國文化的懺悔書寫論集》(文學與宗教研究叢刊3),再經修改收錄。)

第二章,〈詩意棲居與原初倫理 —— 老莊的柔弱無用與海德格的泰然任之〉:對老莊的「道法自然」而言,「天地有大美而不言,四時有明法而不議」、「天地與我並生,萬物與我為一」,其中深含人和萬物共生共榮的原初倫理之「齊物」關懷。道家批判人類中心主義的用物暴力,提供另類的差異倫理與存有美學來治療同一性暴力,並解放用物宰物的效用性思維。海德格晚期不斷反省科技座架思維的強制性暴力,一再呼喚拯救大地,其中深刻蘊含對啟蒙思維的「主體性形上學」之反省批判。本章分析晚期海德格「居住、建築、思想」以及「天地人神」四方域所蘊含的原初倫理思維,打開了一條人以詩意安居的倫理方式,恢復自然與人類的共生共榮。對老莊和海德格而言,人的本真不在於人類中心主義的主體性突顯,反而必須藉由「虛而待物」、「泰然任之」來轉化強力意志的宰控性,成為存有之道、天地之道、自然之道的守護者。正如海德格晚期的大地拯救,打開了關懷土地、珍惜資源、萬物共生的思維,並揭露詩意棲居的空間建築之原始倫理意義。本文也從老莊的觀點提出三項詩意安居的倫

理呼應：「法自然」（天層次），「弱建築」（物層次），「虛懷心」（人層次），以做為重返詩意棲居的環境倫理態度。（曾刊於《2019海峽兩岸中山大學(文學院)教育學術論壇紀念論文集》）

　　第三章，〈原初倫理與規範倫理 —— 《老子》渾沌玄德與他者關懷〉：本章從「渾沌」意象著手，探討《老子》渾沌之道的雙重結構：一在存有論方面它呈現「有無同出而異名」的弔詭邏輯。二在倫理學方面它呈現渾沌與秩序的不一不二之詭譎狀態。本章核心重點更在於從《老子》的渾沌思維，揭露渾沌玄德具有治療二元結構的慈柔力量，可用「上善若水」的水德來隱喻。而《老子》這種批判並治療二元規範倫理，包容、納受「他者」的柔性關懷，筆者稱為原初倫理或新道德。而道家的渾沌與秩序之不一不二關係，正可反映在原初倫理與規範倫理的弔詭關係上，即原初倫理既對規範倫理具批判性，但兩者亦具交涉性格而非簡單的二元對立。（曾發表於《臺大中文學報》，第49期。）

　　第四章，〈他者關懷與差異倫理 —— 〈德充符〉對醜惡的文學書寫〉：本章指出《莊子》充滿對事物的具體賞識與細微覺察，藉由精微深描之文學技藝，一方面觀照人間事物的詭譎處境，另一方面顯露愛惜天地萬物的差異生機。本章傾向從三個交織現象來理解這種文學書寫的豐富意義：一，《莊子》在解構宏大形上學的高道抽象論述後，以文學書寫來表現它重新團結出「即物而道」的微觀形上學之努力。二，在「以物觀物」的細微描述中，既批判忽視差異的總體形上學暴力，也同時批判與形上學共構的道德暴力，以求解放「非人類中心」的他者倫理，以及納受欣賞物化多元的差異倫理。三，微觀細賞而即物愛物的文學書寫，可與《莊子》對「同一性思維」的批判性合併觀之。如此方能掌握《莊子》文哲兩行的特質，以及文藝書寫背後的倫理向度。綜言之，《莊子》的他者倫理、差異倫理的關懷，同時奠基在三根支柱上：一是對總體性形上學的解構，二是對同一性思維的哲學批判，三是微觀深描的文學書寫。本文特別將《莊子》放在列維納斯的他者倫理與阿多諾的微觀書寫的視域下，

來進行跨文化對話。（曾載於《東華漢學》，第30期，經大幅增補與修改。）

　　第五章，〈質文辯證與倫理重估──《莊子》對禮之真意的弔詭反思〉：本章集中處理《莊子》對規範之「禮」的弔詭立場。莊書出現不少批評禮教的言論，以及看似違逆喪禮儀式的故事敘述，因此容易被視為徹底反禮教，崇尚禮教以外的絕對自由。本章反駁這種簡化式的平面理解，將《莊子》視為反人文而崇自然的二元論思維，不能深入把握《莊子》治療禮文僵化的用心。本章論證，《莊子》式的具體自由並不離開人文與倫理，但也不輕易直接肯認禮教倫理的形式合理性。認為唯有徹底意識：情與禮，真與禮，質與文，禮意與禮文，兩者之間的弔詭頡抗性質，才能本於真情流出的存有活力，對於禮文的形式僵固虛矯異化，保有最敏銳的感受力。且在「質勝於文」的存在性堅持下，強調禮文應容許更多美學性、差異性的自我風格。如此才可能由真實存在感受而流溢出質樸形式，並且在「存在（禮意之真）」與「形式（禮文之貌）」之間，保持新鮮的弔詭張力關係，不讓「禮意」被「禮文」給掩蔽而遭致遺忘。本章也論證《莊子》的「才全而德不形」的禮意觀，並嘗試釐清它和孔子「文質彬彬」的細微重要之差別。簡言之，孔子的文質彬彬觀傾向理想綜合型的質文觀，而《莊子》「才全德不形」的質文觀則傾向動態運動的弔詭頡抗關係。（曾載於《杭州師範大學學報》，2019年第3期，再經大幅增補與修改。）

　　第六章，〈童真遊戲與倫理呼喚──《莊子》的視點轉換與遊戲轉化〉：本章從《莊子》的遊戲角度，嘗試解釋當代公共藝術展示（例如黃色小鴨Rubber Duck），經常運用視覺藝術與童玩心理，例如「小大辯證」、「無用之用」，等等涉及視覺轉換與主體轉換的變形遊戲。《莊子》逍遙的存有論內涵，經常以天真無為的童真赤子意象來隱喻，本文將分析其中所隱含的倫理消息。換言之，從成人的權力主體到赤子的遊戲主體之轉換，一種人和世界的原初倫理情境，正悄悄地被暗示出來。而這樣

的存有遊戲其所隱含的差異性、原初性倫理意蘊，不是一套語言符號規制
下的倫理系統，不適合以系統性的倫理學視之。本章在物我相遊的遊戲脈
絡所嘗試勾勒的老莊倫理關懷，不是就社會角色或身份扮演的規範再現來
立論，反而是回到與他人、與萬物、與世界的原初相遊情境，於此，人喚
醒了一種更質樸、更單純的倫理回應能力。此時此刻，成人機心轉化為孩
童般的素心，沒有過多善名惡名的標籤，既是單純地敞開自己，也任差異
化的他者保持絕對的他者性。人在這樣無害又祥和的遊戲氣氛下，釋放了
潛意識的焦慮與驅迫，既不責求自己，也不獵取他人，讓彼此關係復歸於
「忘而遊，遊而忘」的渾沌狀態。此時此刻，倫理生機，綿綿若存，用之
不盡。（曾發表於《文與哲》，第33期。）

　　第七章，〈關係自由與弔詭修養——《莊子》〈逍遙遊〉的小大之
辯與三無智慧〉：以往解讀《莊子》，片面執取「天地與我並生，萬物與
我為一」的自然形上美學向度，常誤以為唯有脫盡人我關係的人間世束
縛，方能得到「上與造物者遊」的初始境界，如此造成《莊子》上下皆遊
的圓通周遊智慧，受到了片面化遮蔽。本章嘗試將《莊子》的自然美學與
人文治療結合起來，揭露《莊子》的自由乃同時在物我關係與人我關係中
展開。這種既「遊」且「化」的遊化主體之逍遙，既是關係中的逍遙，更
是活化關係、豐富關係的逍遙。因此「無待」並非消除物我、人我關係
後，毫無掛搭的自由無待。這種對無待的理解過於抽象空洞，應該將個體
自由與他人、他物的豐富性關係，也就是共在於人文世界、共在於物化世
界的具體豐富性給描述出來。這種「入遊其樊而無感其名」，觸及「在其
中」（入遊其樊），又「不在其中」（無感其名）的弔詭智慧。這樣的
弔詭智慧正透過「無」的主體性修養，打開「即無即有，即有即無」的
「有無兩行」之否定辯證，由此涉及了「至人無己，神人無功，聖人無
名」的「三無」修養與智慧。最後本章將〈逍遙遊〉小大之辯的隱喻，落
實四種人格主體狀態的比較上：「知效一官，行比一鄉，德合一君，而
徵一國」屬於外求社會我的「膨脹主體」，宋榮子的「辯乎內外之分」

屬於內求本真我的「孤零主體」，列子的「御風而行」偏於巫風的「恍
惚主體」，而「至人無己，神人無功，聖人無名」則屬於不住兩邊、遊
乎兩行的「弔詭主體」。結論以「相與於無相與，相為與無相為」的弔
詭修養，來把握《莊子》「在關係中治療活化關係」的價值重估與批判
轉化，以走向關係中的自由與關係性的活化。（曾發表於《商丘師範學
報》2018年第2期（第34卷））

　　第八章，〈養生哲學與倫理政治──《莊子》的遊化主體與義命回
應〉：在《莊子》看來，人間世的政治倫理處境並不那麼理所當然就能優
遊其間，其中充斥各種角色折衝所造成的人際迷宮。它也容易被權力支配
給滲透，使關係通道被權力填滿而阻塞異化，從而失去原初的自由活力與
倫理感通的精微彈性。要如何重新打開人間世的倫理空隙，找回關係中的
自由彈性，是人間世每人都得學習的一門生活藝術，這門養生哲學是無所
逃的必修課。本章認為《莊子》的養生哲學，並非純屬延年益壽的個我保
存，亦非呼吸導引等一技一藝的養生偏方，《莊子》的養生關鍵事涉整個
主體自我的徹底轉化。而主體轉化的複雜性，正如庖丁面對牛體之錯綜結
構與迷宮，無法簡化處理也無法技術解決。處理「主體（自我）」的養生
課題，便是處理「主體我」與人間世各種倫理政治、社會文化的共構性複
雜課題。本章結合〈養生主〉與〈人間世〉，重新將《莊子》的養生哲學
與倫理處境給予融貫合論。主體的構成無法離開複雜的人間世，因此要轉
化主體就必得同時回應倫理、政治的關係性處境。而主體的逍遙也必須遊
化在人際牛體「中」而非脫出人際牛體「外」，這才是《莊子》養生哲學
需面對的倫理境遇之日常工夫。（曾載於《中國文哲研究集刊》，第47
期。）

　　第九章，〈天人之間與養生達生──《莊子》技進於道的天理與物
性〉：本章探討《莊子》技進於道中之天理與物性。除了技藝經驗中的身
體感外，本文特別著重身體與物性遭遇的雙重轉化過程，細部描述身體主
體的內在之天與物性天理的外在之天，進入主客相互中介與彼此轉化的

「以天合天」之細微過程。而此種因循天理的技藝實踐，不僅可以讓人養生達生，也讓殊異萬物保有其自然天性。本章指出官止神行、以天合天的經驗，不宜再用純粹精神超越的合一論去理解，應調整為人與物的雙重轉化，尤其過程中物性的陌異與阻力，不但不會完全被消除，反而一直是促成身體因循轉化的他者力量，此時的物性他者已成為身體活動的內在他者性。本章嘗試指出《莊子》的技藝經驗為何具有養生和達生的效果，其關鍵在於「技進於道」的「物我交涉」過程，技藝實踐的身心狀態能夠「依乎天理」，也就是尊重物性、體會差異、與他者共遊，才不會掉入人我相刃、物我相靡的單向暴力。這種技藝之道的身體經驗，隱藏著一種差異倫理的「相養相化」之祕語在其中。本文最後檢討了法國莊子學者畢來德的天人機制轉化和本文的差異，希望將跨文化的莊學對話帶入漢語學界。（曾載於《諸子學刊》，第17輯。）

　　第十章，〈養生療癒與平淡主體──《莊子》的夢喻書寫與身心修養〉：本章以《莊子》有關「夢」寓的文獻為詮釋對象，分為五類別來討論：情識之夢、至人無夢、弔詭之夢、物化之夢、虛構之夢。一則個別分析這五類夢喻書寫的內涵，其次勾連融通這五類夢喻的關係，由此詮釋而建構出《莊子》的夢喻書寫和養生宗主的辯證性。《莊子》的多元夢喻書寫現象，既透露失養與善養的人生哲理，同時也表現出高度創意的文學技藝。夢喻既是虛構形式的文學書寫遊戲，同時也傳達存在體驗的養生訊息。潛意識底層的莫名欲望所推動的夢靨世界，所謂「其寐魂交」的精氣亂流，是《莊子》觀照魂縈夢牽的第一向度，並打開「其覺形開」的身心結構之省察。而從散亂破碎之魂交多夢到寧靜恬淡之神明少夢，則開啟《莊子》對夢的第二面向考察，如所謂至人「其寢不夢，其覺無憂」。這一特殊對夢的否定性書寫，涉及真人療養身心的修養工夫。而真人善養吾生的身心氣象，不只限於「其寢不夢」，更涉及主體淡化（未始有回、吾喪我）與存有開顯（聽之以氣、聆聞天籟），而這種「天地與我並生，萬物與我為一」的身心冥契，指向真人打開主體封閉而融入氣化流行的存有

開顯。而《莊子》第三向度的弔詭之夢與第四向度的物化之夢，大約可視為主體消融與氣化交換的夢喻書寫。第三向度的弔詭之夢的解答之鑰，在於看清主體同一性的虛妄，洞曉主體變化之實相才是真知大覺，而唯有觀照主體自我的變化流行之實然，方能參與弔詭而不迷，甚至遊戲而歡怡。而第四向度莊周夢蝶的恍惚夢感，也可說是一種美學型態的冥契感受。莊周夢蝶屬於自然美學的冥契體驗，莊周的自我主體性漸趨淡泊，以至和周圍世界的邊界漸趨模糊，因此會有「不知周也」，甚至「栩栩然胡蝶也」的日夢玄冥感受。最後，《莊子》的第五向度乃透析夢魘世界的變形特質，將其移位到文學空間的虛構世界來，使夢空間的變形現象反映到文字技藝的書寫遊戲來，讓文學空間中的物類跨界與顛覆效果，創造出萬物皆可發聲的齊物舞臺。在這第五向度虛構之夢的文學空間中，《莊子》轉化了人類長期來的價值意識型態，重新映射出新語境、新倫理的異質空間。（曾載於《中正漢學研究》總第19期，再經修改。）

展望與謝辭

「當代新道家」這五本專書的寫作完成，行者已走到屬於自我的林中空地。在這片林中小空地，行者跨過五十知命安命的天年，疲憊行旅約可放下。然而此時，空谷中響起足音，忽遇芝加哥大學任博克教授（Brook Ziporyn）悠然而來。一見如故，共享莊魂。如今又開眼於天臺的圓教眼界（對此本人最受陳榮灼與任博克兩位教授之啟發），重新望見莊子弔詭兩行道路與天臺開權顯實妙方便，祕嚮旁通之思維道路。妙哉！攖寧法門、弔詭兩行、自我反諷、開權顯實、一念三千、本體論幽默……等等新名相，成為行者想像未來道路的新路標。知天命年，遇旦暮交，人生幸事。讓人對無情無聊無滋味的學術江湖，重啟一個相忘江湖、曳尾泥中的新想像。人生百春，白駒過隙，吾謂汝夢吾亦夢！一路行來，緣遇臺灣多位莊友們（何乏筆、林明照、劉滄龍、鍾振宇、方萬全、鄭凱元、宋灝、楊婉儀、林俊臣，等等），還有各方莊友師生們，難以一一言謝，只

有對天一默，以敬因緣妙義。最後感謝李志桓博士，他對本書各章節的閱讀校訂與修改建議提供了諸多幫助。也感謝科技部支持我的專題計畫與寫作計畫，讓我長年來對道家的倫理關懷與養生哲學的摸索，有了初步輪廓。

賴錫三

初寫於芝加哥密西根湖畔旁，回臺後改寫於西子灣鼓山下。

CONTENTS
目　錄

第一章

道家的「原初倫理」與「差異倫理」導論——納受罪惡與卑污的渾沌玄水

一、道家和神話面對罪惡的差異：化除代罪羔羊的儀式暴力

　　道家哲學和神話思維的關係探討，是當前道家學術研究一項頗爲突出的成果。原始神話做爲道家哲學的思想源頭之一環，漸成學界通見。道家思想向來被認爲和南楚文化有著近緣關係，據張光直說法，殷商的巫術神話正好也保留最多成分在楚文化中。[1]大體上，「殷商巫術——楚地文化——道家思想」之間，有其連續性或共通性的文化氣質在。將道家溯源於神話思維，可能比劉歆《七略》、班固《漢書》〈藝文志〉的「王官說」（認爲道家出於史官之察勢變通），劉安《淮南子》的「淑世說」（認爲道家出於改善世風之社會關懷），牟宗三《中國哲學十九講》的「周文疲弊說」（認爲道家出於對周文有爲之批判），等等各有部分合理性的主張，還更貼近道家的思想主題、思維方式和觀念用語。將道家往商巫神話回溯，這種說法較早曾被聞一多「古道教說」所點出，[2]後經張亨

---

[1] 「保存巫師巫術資料最多的文獻史料，常常是春秋戰國時代楚國遺存下來的，如《楚辭》、〈楚語〉等。楚與殷商文化的關係特別密切，有不少學者相信楚文化是殷商文化的一脈相傳。」《中國青銅時代（第二集）》（臺北：聯經出版公司，1994年），頁42。

[2] 聞一多的古道教，即是原始的薩滿巫教，參見〈道教的精神〉，收於《聞一多全集》第一冊（臺北：里仁書局，1993年），頁143。

的具體論證，[3] 再經楊儒賓的深入探討[4]，加上葉舒憲和蕭兵百科全書式
的推擴發明[5]，大體可備爲一說[6]。

　　有關道家和神話思維的連續性，學者們已有令人信服之客觀論證，筆
者亦曾有過接續討論，本文不再重述。[7] 本文反而特別關注道家和神話之
間的「斷裂」面，因爲兩者的差異性甚爲關鍵。尤其本文爲了描述道家倫
理關懷的基本梗概，首先想從道家和神話在面對罪惡的重要差異，來做爲
切入點。

　　神話時代的初民屬於文明早期的典型宗教人。而宗教人的核心特質，
對伊利亞德（Mircea Eliade）而言，乃時時渴望：「讓自己盡可能長時間
地停留在神聖的宇宙中。沒有宗教體驗者是活在（或希望活在）一個『已
剔除了神聖的世界』（desacralized world）中，宗教人的整個生活經驗與
他們是不同的。」[8] 神話時代的初民如何將渴望神聖落實爲經驗神聖，便
涉及身心「過渡」的轉化課題。而儀式正扮演著橋樑的轉化作用，它將

3　張亨，〈莊子哲學與神話思維——道家思想溯源〉，收於氏著，《思文之際論集——儒道思想的現
　　代詮釋》（臺北：允晨出版社，1997年），頁101-149。

4　楊儒賓，〈昇天、變形與不懼水火——論莊子思想中與原始宗教相關的三個主題〉，刊在《漢學研
　　究》7卷1期（1989年）；〈道家的原始樂園思想〉，收於《中國神話與傳說》學術研討會論文集
　　（臺北：漢學研究中心印行，1996年），頁125-169。

5　葉舒憲、蕭兵，《老子的文化解讀》（武漢：湖北人民出版社，1996年）；葉舒憲，《莊子的文化
　　解析》（武漢：湖北人出版社，1997年）。

6　另外，從神話角度研究《老子》和《莊子》的海外相關資料和狀況，可參見楊儒賓，〈道與玄
　　牝〉，《臺灣哲學研究》2期（1999年3月），頁163-195；葉舒憲，〈莊子與神話：20世紀莊學研
　　究新視點〉，收於氏著，《莊子的文化解析》，頁1-34。

7　參見拙文，〈道家的神話哲學之系統詮釋——意識的起源、發展與回歸、圓融〉，原刊載《清華學
　　報》34卷2期（2004年12月）；〈神話、《老子》、《莊子》之「同」「異」研究——朝向「當代
　　新道家」的可能性〉，原刊載《臺大文史哲學報》61期（2004年11月），現皆收於《莊子靈光的當
　　代詮釋》（新竹：清華大學出版社，2008年）。

8　〔羅馬尼亞〕伊利亞德，楊素娥譯，《聖與俗——宗教的本質》（臺北：桂冠圖書股份有限公司，
　　2001年），頁64。伊利亞德強調「純凡俗世界」在人類歷史上，是晚近才出現的。用社會學家韋
　　伯（Max Weber）的觀念說，西方現代性文明的特質便在於「除魅」，所謂主體理性建構出純契約
　　式的公民社會和一個純物質的物理對象世界，才使原來充滿瑪納（Mana）的泛靈世界觀的諸神退
　　位。

初民從凡俗狀態（profane）帶入神聖狀態（sacred）。從凡到聖的時空過渡是異質性的跳躍，它通常帶有死而重生（reborn）的印記，從而獲得「聖顯」（hierophany）降臨。神聖對初民而言是存在意義之源，源頭一斷將會導致存在的虛無與幻滅。[9]因此時時渴望神聖時光，處處連結聖地中心。如此方可理解初民最為顯題化的行為——儀式性行為的無所不在。儀式具有身心過渡轉化效果，因此也具有治療意義。人類學家對初民的宗教神話研究，發現巫儀的普遍存在和治療效果。[10]也因為儀式具有身心實踐的過渡轉化和治療效果，馬凌諾斯基（Bronislaw Malinowski）就將儀式稱為「活的神話」。[11]換言之，神話在初民那種前文字時代，主要是以儀式性氛圍來傳遞。所謂儀式氛圍，涉及神聖空間及儀式活動，語言魔力的性質經常和面具、舞蹈、鼓樂、酒藥等等，共同出現在充滿力量的儀式境遇中。而神聖話語與故事展演之所以能活靈活現，又和儀式的身體舞動密不可分，離開儀式的身體實踐感，神話便容易失落戲劇情境的力量氛圍，[12]淪為空泛文字之糟粕，不易再有身心轉化的治療效果。[13]

---

[9] 例如一旦神聖空間的「中心」標誌之「聖柱」斷裂，對一個族群而言，便可能意味災難與末日，這是因為與神聖失去斷裂就必然導致意義崩落。正如伊利亞德指出的：「Spencer和Gillen曾一度報導過此事：聖柱一旦斷裂，整個部落都將陷於恐慌之中，他們徘徊於沒有終向的時間中，至終將一起倒在地上，等著死亡追上他們。」、「人一旦失去了與超越界的聯繫，在這世上的生存便可能終止，而對Achilpa人來說，便是任由自己死亡。」伊利亞德，《聖與俗——宗教的本質》，頁83、84。

[10] 參見〔英〕特納（Victor Witter Turner），黃劍波、柳博贇譯，《儀式過程：結構與反結構》（北京：中國人民大學出版社，2006年）。透納此書透過非洲部落的具體田野考察，將儀式在初民群體中的地位進行深刻的詮釋，其中並提及「閾域」、「交融」重要概念；他特別強調儀式的象徵不在認知分類而在存在性的身體實存體驗，尤其儀式扮演了對異常事物的治療意義。

[11] 〔波蘭〕馬凌諾斯基，朱岑樓譯，《巫術、科學與宗教》（臺北：協志工業叢書，1996年），頁79-90。

[12] 戲劇的起源很可能就來自於儀式，尤其源自遠古的宗教神話儀式；這樣的神話儀式劇，強調徹底的身心轉化，而不是一般舞臺戲劇的認知欣賞或娛樂效果。法國的戲劇革命家阿鐸（Antonin Artaud，或譯亞陶）便企圖回歸儀式劇的精神，強調他的殘酷劇場具有強烈存在轉化效果，並且打破觀眾、演員、舞臺上下的分隔，他要讓導演如巫師般創造真實而有力量的氣氛，將演員、觀眾一起帶入生命最真實的存在狀態。阿鐸這些觀點和他對峇里島的神話儀式劇的吸收有密切的關係。參見〔法〕阿鐸，劉俐譯，《劇場及其複象——阿鐸戲劇文集》（臺北：聯經出版公司，2003年）。

[13] 例如「創世神話」對伊利亞德而言，幾乎是一切治療儀式之母源，許多重要的治療儀式都會歌舞

　　宗教、神話、儀式的密切合體，是人類學家田野發現的普遍現象。
代表中國早期文明階段的殷商時期，據人類學家張光直的考察與詮釋，
同樣也符合上述觀點。中國思想史從宗教神話階段進到人文理性的關鍵
轉變，便發生在商、周之際的突破與變革。若干學者延用了雅斯培（Karl
Theodor Jaspers）「軸心時代」和帕森思（Talcott Parsons）「哲學突破」
等觀念來說明。[14] 也有學者將中國軸心時代、諸子百家的哲學突破，溯源
回到商、周之際的重大轉折，例如將軸心時代的孔孟思想，溯源回周初
的憂患意識、敬德、天命、民命等重要觀念。[15] 而商、周文明最主要的差
異，徐復觀認爲商代完全是宗教人的神權時代，而周初已從神權逐漸走向
人文精神的躍動。本節的焦點正在商、周文明特質的基本差異，以及商
代所代表的宗教神話階段之內涵，以及道家思想對商巫思維的突破與轉
化。正如《禮記》〈表記〉所言：「殷人尊神，率民以事神，先鬼而後
禮。……周人尊禮尚施，事鬼敬神而遠之。」[16] 據此，王國維便以「禮」
之有無來論斷商、周文明之重大差異，而王國維所謂的「禮」主要便是
就典章制度的人文意義而爲言。[17] 就此而論，對比於周代較具人文意味的
禮制，商代則保留了對鬼神祭祀更爲熱烈的原始宗教情感。其實周代之

<hr>

創世詩篇，但我們現在所見到的創世神話（如舊約創世紀、盤古開天等），已然失去真正的神聖
脈絡。關於創世神話和各種身心疾病的治療關係，可參見伊利亞德的精采分析與內哈特的田野記
錄，伊利亞德，楊儒賓譯，《宇宙與歷史：永恆回歸的神話》（臺北：聯經出版公司，2000年）；
〔美〕內哈特（John Neihardt），賓靜蓀譯，《黑麋鹿如是說》（臺北：立緒文化事業有限公司，
2003年）。

[14] 余英時，〈軸心突破和禮樂傳統〉，《二十一世紀》58期（2000年4月），頁17-28；張灝，〈世
界人文傳統中的軸心時代〉，收於氏著，《時代的探索》（臺北：聯經出版公司，2004年），頁
1-26。

[15] 最早將孔孟思想上溯到周初的憂患意識與敬德傳統，應該是徐復觀，《中國人性論史·先秦篇》
（臺北：臺灣商務印書館，1999年），頁15-32。另參見陳來，《古代宗教與倫理——儒家思想的
根源》（北京：生活·讀書·新知三聯書店，1996年），頁1-4。

[16] 〔漢〕鄭玄注，〔唐〕孔穎達等疏，《十三經注疏·禮記》（臺北：藝文印書館，2001年），頁
915-916。

[17] 王國維，《殷周制度論》，收於氏著，《觀堂集林》卷10（臺北：河洛圖書出版，1975年）。

「禮」原本來自商代的「豐」之蛻變，如徐灝《說文解字注箋》所言：
「禮之名起於事神，引申爲凡禮儀之禮……豐本古禮字。」[18] 而殷商時期
的「豐」，就是指宗教儀式之祭器，象徵兩串玉置於祭器之中，而玉則具
有巫術效力。換言之，「豐」的脈絡原指整個原始宗教祭祀儀式的鬼神交
通活動。[19]

　　商代是個熱衷和鬼神打交道的原始宗教神話時代，這也可從甲骨卜
辭的記錄得到證明。不僅如此，張光直從商代考古器物的發現中，更證明
卜辭有關求神問鬼的大量文字記錄，其實是在整個宗教儀式氛圍下來進行
的。如商代考古有關祭器、酒器等大量發現，一則可證明商人是無所不祭
的宗教人，再則可將卜辭的文字記錄和宗教儀式合併觀之。張光直曾從儀
式的領導者「巫」的角度入手，觀察商巫儀式視域下的卜辭世界：「殷
代巫師溝通上下的具體手段，顯然是一套套的儀式。卜辭裡面看得到的儀
式名稱很多，有彡、賓、各、夔、勺、福、歲、御、曰、曶、帝、校、告、
求、祝等等，其中最重要的有彡、翌、祭、賓、各五種：『彡爲鼓樂之
祀，翌爲舞羽之祀，祭則用肉，賓則用食（黍稷），而各則爲合祭。……
五種祀典皆同時用酒致祭，樂、舞、酒、肉、黍稷具備。』……但在舉行
儀式過程中有一項重要的手續，值得特別提出來的，便是血在儀式中的作
用。」[20]

　　不僅如此，張光直更透過考古文物和文獻記載的雙重證據，配合宗
教神話學的詮釋，研究商代整個宗教世界觀、巫政合一、巫術儀式的具體

---

[18] 〔清〕徐灝，《說文解字注箋》，收於續修四庫全書編纂委員會編，《續修四庫全書》，第225輯
（上海：上海古籍出版社，1995年），頁132。

[19] 關於商代的祭祀之豐，周代的人文之禮，到後來春秋時代的法政之禮的演變過程，參見《中國人性
論史・先秦篇》，頁41-51。

[20] 張光直，〈商代的巫與巫術〉，收於氏著，《中國青銅時代（第二集）》，頁59。特別值得注意的
是，張光直認為從巫地位的轉變（他指出商巫比周巫一則靈通、再則興盛）、酒器的多寡（他認為
商代出土青銅器中酒器數量種類繁多，而這些都是祭祀或出神之用），亦可證明商、周的文明差
異，參見《中國青銅時代（第二集）》頁61-63、46-47。

內涵、藝術品的法器特質，以及人和動物間的關係，得出諸多精采洞見。
這些研究成果，除了有助於整體把握商代的宗教神話特質，亦有助於本節
所要討論道家和神話之間的連續與斷裂關係，尤其足以突顯兩者面對罪惡
（異物）的重要差別。筆者先將張先生對商代的巫與巫術研究，所得核心
結論引述如下：

　　㈠商人的世界分爲上下兩層，即生人的世界與神鬼的世界。
這兩者之間可以互通：神鬼可以下降，巫師可以上陟。㈡從商人
占卜的頻繁和内容我們可以知道在商人的觀念中神鬼是有先知
的；他們知道生人計劃中要作的行爲會有什麼樣的後果。生人對
神鬼的這種智慧是力求獲得的。進一步的自然推論是掌握有這種
智慧的人便有政治的權力。因此在商代巫政是密切結合的。㈢神
巫降陟不是任意可以發生的，而是巫術的結果，並需要若干本領
和道具。巫的本領是怎樣來的，現有的材料中不明；可能巫是世
襲的，但這一點還待進一步研討。巫師所用的一些道具和法器，
有若干是知道的：山、樹、鳥、動物、占卜、儀式與法器、酒
（與藥物）和飲食舞樂。在考古學上最要緊的是各種藝術品，亦
即有關法器的表現。既然巫政是密切結合的，法器的占有便是掌
握政權的一個重要手段，也就是説藝術品的掌握便是政治權力占
有的象徵。㈣從考古和美術研究的眼光來看，在殷商巫術系統之
内，人與動物之間的關係特別值得注意。代表這個關係的有兩個
觀念，一是人與動物可以彼此轉形，二是作爲巫師的親暱的夥伴
的動物便是巫師作法的助手。[21]

　　張光直上述第㈠個結論，實涉及最根本的世界觀課題。如果將世

---

[21] 張光直，《中國青銅時代（第二集）》，頁64-65。

界觀以空間來具體說明的話，商人的宗教神話世界實可分爲神聖空間與凡俗空間，亦即所謂：「世界分爲上下兩層，即生人的世界與神鬼的世界。」[22] 生人／神鬼的聖俗對比（或常／非常的對比）[23] 世界觀，用伊利亞德的觀念說，便是所謂的「上古存有論」（archaic ontology）。原始宗教神話雖未必能在概念層次提出世界觀的哲學建構，但他們的儀式實踐已體現出活生生的世界想像，而藉由儀式所體現的上古存有論，其結構便在於聖／俗的區分與連結。「區分」是指神聖時空和凡俗時空並不均質甚至相對，而「連結」是指這兩層世界卻不是完全斷裂，乃可透過儀式來重新連結聖俗間隙。正是由於聖俗斷裂的重新縫合，宗教人才又得到意義的安頓與治療。就是這種聖與俗的區分與連結之並存結構，上古存有論的神話世界仍然具有細微的二元論傾向。其中「二元論」是指聖與俗的區分，因此它必然難逃聖俗的二元對立，所以伊利亞德才特別強調：「對神聖的第一個可能的定義，便是它與凡俗相對立。」[24] 然而原始巫術宗教的二元論並非絕對斷裂，而是可以透過儀式來連結溝通，因此又具備溝通二元的傾向，對此筆者才稱其具有細微二元論傾向。例如「門」、「門檻」既是聖俗的區隔象徵，但同時又是聖俗的通道象徵。巫的通天地、通鬼神之儀

---

[22] 值得注意的是，這裡的人世界與神鬼世界的區分，亦可能展開為「天上神界──地上人界──地下鬼界」三層空間觀。不過這三層空間觀，由於鬼的世界對原始初民而言，也是充滿魅力而相對於人間，因此神、鬼世界對比人間的「常」，便都具有「非常」的特質，因此，空間的三層劃分，其實和聖、俗兩層存有論並不矛盾。至於中心軸貫通「天上─地上─地下」的宇宙山、宇宙樹等討論，參見伊利亞德，《聖與俗──宗教的本質》，頁86-92；張光直，《考古學專題六講》（臺北：稻鄉出版社，1993年），頁4-9。

[23] 關於常／非常的對比，是由李豐楙先生所提出的一套觀念或結構，它可以用來解釋諸多禮俗和民俗的儀式中，那些無法直接用聖／俗架構歸類的現象，因此所謂「非常」一觀念比伊利亞德的「神聖」概念外延性還大。參見李豐楙，〈節慶祭典的供物與中國飲食文化──一個「常與非常」觀的節慶飲食〉，收於林慶弧主編，《第四屆中國飲食文化學術研討會論文集》（臺北：財團法人中國飲食文化基金會，1996年），頁211-238。

[24] 伊利亞德，《聖與俗──宗教的本質》，頁61。因此，神聖空間對比於凡俗空間、神話時間對比於歷史時間、中心祝聖空間對比於邊緣塵俗空間等等，「非同質性」的突破點，正標明聖俗差異的存有論斷裂，此斷裂便是二元論結構的起源。

式，即是聖俗的重新連結並嘗試打破二元，但是這也預設了聖／俗的區分已然先預存，才有所謂重新連結的必要和可能。[25] 也由於重新連結聖／俗的必要和可能，才能說明張光直的第㈡個結論，掌握了通天地鬼神的巫師，也就同時擁有了政治權力，因為彼時政權離不開神權。也由於巫者掌握通往神聖的權力，掌握了族群福禍的神祕知識，便可理解為何商巫和商王間的關係那樣密切，而商巫與鬼神的交通會那樣頻繁。因為唯有不斷仰賴儀式的過渡效力，方能不斷證成世俗權力的合法性和族裔意義的存在感。順此，便可呼應張光直的第㈢個結論，即考古文物和甲骨文獻，幾乎多與巫術儀式有關。例如山、樹、鳥、動物、占卜、酒、法器、飲食舞樂等等，甚至後世以藝術品視之的文物（如玉琮），皆不離儀式法器特質。最後由於儀式出神的必要性，巫師需借神聖動物靈力之助，因此人與動物在泛靈論的神話世界中非常親密，甚至可以彼此相互變形轉化，而這便是張光直的第㈣個結論。

對道家不陌生的人來說，上述四個結論都可在道家思想中看到兩者間的連續與斷裂。如就第四點來說，道家也保有變形神話並改寫它們，如鯤化鵬徙、莊周夢蝶等，物類之間在氣化流行的作用下，不只人和動物，動物和動物，一切存在皆能不斷變形交換。[26] 以道家哲學觀念說便是「通天下一氣耳」，而「物化」的觀念也由此而來。所以不只動物和人的關係親密，一切萬物莫不處於「天地與我並生，萬物與我為一」的氣化交際狀

---

[25] 人類學家鮑伊（Fiona Bowie）在介紹諸種宗教儀式的基本定義時，就發現儀式象徵活動之所以可區分於日常工具性行為，主要就是因為它藉由超越存在、終極實體、首位力量來轉換，亦即儀式涉及聖俗的對比與轉換課題。〔英〕鮑伊，〈儀式理論、通過儀式與儀式的暴力〉，收於氏著，金澤、何其敏譯，《宗教人類學導論》（北京：中國人民大學出版社，2004年），頁176。

[26] 物類之間的氣化變形之交換，〈至樂〉篇亦有一特殊表達：「種有幾，得水則為𧎥，得水土之際則為鼃蠙之衣，生於陵屯則為陵舄，陵舄得鬱棲則為烏足，烏足之根為蠐螬，其葉為胡蝶。胡蝶胥也化而為蟲，生於竈下，其狀若脫，其名為鴝掇，鴝掇千日為鳥，其名為乾餘骨。乾餘骨之沫為斯彌，斯彌為食醯。頤輅生乎食醯，黃軦生乎九猷，瞀芮生乎腐蠸。羊奚比乎不筍，久竹生青寧，青寧生程，程生馬，馬生人，人又反入於機。萬物皆出於機，皆入於機。」〔清〕郭慶藩輯，《莊子集釋》（臺北：華正書局，1985年），頁624-625。

態。大體上，商代泛靈論神話世界觀的動物與巫師親密互動關係，已被道家改寫轉化爲萬物平齊的一體關係。它既是一體觀的深化，也是平等觀的擴大。至於第三點的巫術儀式之具體實踐，我們可看到道家將巫術儀式的出神投射，轉化爲身心的致虛守靜、心齋坐忘。如有學者指出，「巫」、「舞」、「無」，早期通而爲一，都和巫者透過儀式的舞樂出神狀態以溝通無形神力相關，而《老子》體「無」之前身，有可能源自巫者的通過儀式之出神體驗。[27]而《莊子》槁木死灰、解心釋神一類的心齋坐忘，也可能有早期巫師的啓蒙試煉儀式之淵源。亦即伊利亞德指出的：「被召喚去做巫師的年青人要經過一個精神的危機。在這時候，他被認爲被由啓蒙師扮成的鬼怪所虐待。這種『啓蒙病』一般呈現下列元素：⑴虐待及肢解，⑵刮肉後，餘下骨架，⑶換器官及換血，⑷到地獄一短時期，得到鬼怪或死去巫術的靈魂的指導，⑸升天，⑹復活——即是達到一個新的生存模式（有神性的人能和鬼神溝通）。」[28]

　　道家的工夫論當然不可和巫術儀式等量齊觀。因爲巫術儀式是透過身心投射而出神遠遊（或降神臨現），因此它需要藉助種種法器（如玉琮），動物靈（如神鳥），藥物（如酒或迷幻植物），鼓樂舞蹈（以助身心解離）等等。然後靈視宇宙樹、宇宙山這類天地中心軸，藉此攀登上界或躍入下界。對於道家的致虛守靜、心齋坐忘而言，神話儀式的靈視和投射，已被還原爲身體精氣（所謂「專氣致柔」）、心性神明（所謂「解心釋神」）的身心內修與自我轉化。若用史泰司（Walt Terence Stace）的觀念說，道家帶有哲學反思的修養工夫所具有的冥契（mystic）特質，早已遠離靈視幻音那種強烈感官意象的解離體驗，而巫師的出神入神則不免帶

[27] 龐樸，〈無玄：道家哲學的基本範疇〉，收於氏著，《中國文化十一講》（北京：中華書局，2008年），頁83-86。
[28] 伊利亞德，陳炳良節譯，〈啓蒙儀式與現代社會〉，收於陳炳良等合譯，《神話即文學》（臺北：東大圖書股份有限公司，1990年），頁96。

有情識狂熾的恍惚特質。[29] 對道家而言，巫術的恍惚陟神與降神、靈視與幻音，挾帶太多不自覺的情感能量之幻象投射。

　　而張光直的第二點結論，一則預設了外在鬼神的實體存在，再則當時巫者壟斷了交通鬼神的權力。正如徐復觀所指出：「把精字神字連在一起而成立『精神』一詞，則起於莊子。這一名詞之出現，是文化史上的一件大事。」[30] 如何之大事？徐先生還未說得很清楚，筆者以為它可類比於孔子使周「禮」找到內在主體性根據（「仁」）之貢獻，從而開啓了一個道德修養的傳統。可以說，《莊子》使得「神」不再只是一外在仰求的祖靈或神格實體，它轉化成內在身心而開啓精神修養的煉己傳統，從此神明成為人人可達致的身心清明。所以《莊子》「神」一概念，雖然也可能有巫術神話淵源，但早已具備「哲學突破」之重要新義。《莊子》的「神」，不再只是原始宗教崇拜中那永恆不死的瑪納，[31] 也不是西周之前祖先崇拜意義下，「嚴」、「神」、「鬼」一類的靈魂[32]。這些觀念在《莊子》之

---

[29] 對史泰司而言，靈視、幻音、恍惚、入神等經驗，皆不能被歸類為「冥契主義」，參見〔美〕史泰司，楊儒賓譯，《冥契主義與哲學》（臺北：正中書局，1998年），頁48-58。

[30] 徐復觀，《中國人性論史·先秦篇》，頁387。

[31] 葉舒憲認為《莊子》的「神」觀念源頭，遠端可溯至母系社會中的地母崇拜，參見氏著，〈原型與漢字〉，收於《弗萊研究：中國與西方》（北京：中國社會科學出版社，1996年），頁209。

[32] 杜正勝指出，西周初期祭祖禮器銘文，稱乎祖考為「前文人」，西周中晚期以下，才出現「文神」、「文神人」、「皇神」；至於死後，這種離開軀體的存在去那裡呢？西周銅器銘文，常說皇考或前文人「其嚴在上」（即天上的帝廷），而且祖先的「嚴」不但在天上，而且「在帝左右」，更且經常下凡人間，即所謂「歸格」。總之，這種死後離體而存在的「嚴」（即現代人所說的靈魂），這種祖先的靈魂之「嚴」，西周多稱為「神」，但春秋似乎普遍稱作「鬼」。參見〈形體、精氣與魂魄——中國傳統對人的認識〉，《新史學》2卷3期（1991年），頁34-35。至於為何西周多稱祖先的（靈魂）「嚴」為「神」，到了春秋卻普遍地稱作「鬼」呢？這之間的轉變是否可能牽涉到一個社會功能論的問題（亦即神、鬼之區分是否與其社會地位、能力、功績等差別有關），如西周所謂的「神」主要是就王公貴族的靈魂而言，其靈魂之能力、地位較強較高，此如子產所謂：「用物精多，則魂魄強，是以有精爽，至於神明」（左傳昭公七年），故稱之為「神」，以其能通天配天之故。至於春秋時期，或許如余英時先生所說的，到了子產之後，靈魂已不是王公的專利品，而是匹夫匹婦所同有了，而這種普遍性意義下的靈魂，恐怕其地位、能力已不再如西周王公英雄一般地被認為特殊神明之靈，故多名之為「鬼」。余英時，〈中國古代死後世界觀的演變〉，收於氏著，《中國思想傳統的現代詮釋》（臺北：聯經出版公司，1978年），頁123-143。

前的巫術世界，多少都和實體性的靈魂相關，也正是《莊子》所要超越轉化的對象。正因如此，〈應帝王〉曾對神巫季咸加以嘲諷，顯然對《莊子》而言，神巫的神通能力和壺子的體道境界，差以毫釐而失之千里。因爲眞正的體道乃在神明靜觀之自照自顯，所謂「至人用心若鏡，不將不迎，應而不藏，故能勝物而不傷」。[33] 這種至人神明若鏡的狀態，一則淨化了神巫的出神通神之恍惚不定。再則人人皆可透過心齋坐忘而通達，解放了神巫對通天的政權壟斷。

　　最後和本節的課題尤爲相干的是，張光直第㈠點所指出的神話世界觀。由於上古存有論的世界觀結構有其細微的二元論傾向，因此需要不斷依賴儀式來轉俗成聖，所以張光直特別提醒，整個儀式過程經常出現一個極重要的環節，便是有關犧牲獻祭的血之力量。一者藉由血之獻祭的巫術力量來通神，二者藉由血祭來祓除不潔：「如陳夢家所說的，『卜辭祓禳，尚注意及巫術中的巫術物，而以血（尤其犬、豕、羊家畜的血）爲最具有巫術能力的。……巫術之祭的用牲重其血，因血可以祓禳一切。』」[34] 伊利亞德也再三指出，在聖／俗二元對立的世界觀之下，爲了尋找神聖的意義定向，血的犧牲與獻祭成爲了轉俗成聖的重要劇碼：「在空間的同質性中建構起定向感，人們要求某種記號，以便中止因相對與迷失方向所致的緊張與焦慮，簡單地說，就是要顯示出一個絕對的支持點來。舉例來說，一隻野獸遭到獵殺，而後便在牠被殺死之處建立了聖殿。或者一隻家畜（譬如一隻牛）任牠自由地行動，過了幾天之後再去找牠，便在牠被尋獲之處將牠獻祭。後來人們便在此立起祭壇，並圍繞著此祭壇建造村莊。」[35]

　　換言之，爲求心靈由污染轉爲潔淨的祓禳過渡，其所採取的血祭犧

---

[33] 莊周，郭慶藩輯，〈應帝王〉，《莊子集釋》，頁307；關於神巫季咸和壺子四示的公案，參見〈應帝王〉，頁297-306。

[34] 張光直，《中國青銅時代（第二集）》，頁59。

[35] 伊利亞德，《聖與俗──宗教的本質》，頁77-78。

牲，強烈帶有人類中心主義的「儀式暴力」。而且此暴力所犧牲的對象，可能還不只限於犬、豕、羊等家畜之血，有時甚至還會有人祭之血。根據王平、顧彬的研究，殷商是有人祭存在的：一、人祭爲殷商時期最隆重的祭祀儀式。二、人祭實施的對象主要是祖先神。三、人牲是祭祀神靈之極品。四、異族人是人牲的主要來源。五、殷商人祭以武丁時期最爲盛行。六、人祭的目的主要是祈福免災與鞏固王權。他們還進一步指出，造成殷商人祭興盛的原因，一是過分信賴依賴神靈，二則仇視排斥異族。[36] 由於過分仰賴神靈的神聖眷顧，因此必得不斷依賴犧牲儀式來祈神賜福、祓禳不淨。又由於對異族的仇視，異邦人便成爲犧牲的最好來源。然而不管是以家畜動物爲祭、還是人祭，基本上都離不開「血」的儀式暴力。[37]

　　血的儀式暴力是早期原始宗教儀式普遍出現的現象，其中癥結便由於聖／俗二元的世界觀，因爲要返回聖潔的同時，就必得殺死罪污。弔詭的是，爲了獲得神聖而舉行的殺戮暴力，卻是合理而被容許的，因爲唯有透過暴力來清除罪污，聖潔才得重新臨現。是故此時的放逐異類、公開殺人、當眾血祭，竟獲得了神聖合法性，甚至成爲通向崇高神聖的倫理管道。[38] 爲何血祭的對象主要是家畜動物和異族人類？這是因爲它們被當成「罪惡」的投射對象，成爲「代罪羔羊」的犧牲品。當罪惡不能在自己身

---

[36] 王平、〔德〕顧彬（Wolfgang Kubin），《甲骨文與殷商人祭》（鄭州：大象出版社，2007年），頁204-212、213-215。

[37] 例如做爲道家神話思維源頭的《山海經》，其中《五藏山經》每一座山系後面記載的山神祭祀儀式，便充滿了各種血的犧牲，參見袁珂注，《山海經校注》（臺北：里仁書局，1982年）。

[38] 此如里克爾指出的：「恰恰是褻瀆和用來表示褻瀆的詞語之間的聯繫揭明了潔與不潔表象的原始象徵特性。因此，不准被告進入所有神聖場所和公共場所──因爲是公共的才神聖──的『禁令』表明拒絕讓褻瀆者進入神聖之地。判決之後的犯人要爲甚至更嚴酷的可以說是要取消他和他的褻瀆的禁令所苦。放逐和死亡就是這一類的褻瀆者和褻瀆的取消。……被放逐者不是僅僅被趕出一個有形的接觸區域；他也是被趕出由法律畫定的人的境域。從此以後，被放逐者將不再出沒於祖國這人的空間；祖國的界限也是他褻瀆的禁區。在雅典人的國界內殺死一個兇手等於是淨化這個世界。」〔法〕里克爾（Paul Ricoeur），翁紹軍譯，《惡的象徵》（臺北：桂冠圖書股份公司，1992年），頁41。

上或族群之內被正視時，罪惡感只好被投射轉移到異物異人身上。正如人類學家鮑伊在討論儀式的暴力與神聖的弔詭關係時，就指出了這個隱祕的邏輯：「儀式的核心總是隱含暴力……暴力是普遍的，而且有著容易識別的生理標記。當找不到能夠使暴力轉爲一個替代的犧牲時，就以身邊的某物或某人爲對象。吉拉德（René Girard）把獻祭儀式看做『社會總是轉而尋找一個相對不同的犧牲，即一個「可獻祭的犧牲」，否則，暴力將會以它自己的成員（它最不希望保護的人）爲宣洩對象』。獻祭的替代物在一定程度上消除了混亂。」[39]

　　血的獻祭犧牲之儀式暴力，背後涉及人類學和心理學所謂的「替罪羊」。人爲了去除自身（或族群共同體）的罪惡不潔，便找來一隻原本無辜的羔羊（如異形家畜或異邦人）來做爲代罪者，然後將罪惡全部投擲在它身上，以便去除自己的罪惡感。就社會或心理功能來說，血的獻祭有助於暫時去除自己或族群的雜質與混亂，使得自我同一性得以再度穩固，秩序意義得以再度確定。但這種神聖或秩序的獲得，同時也奠基在對他者暴力的蔑視上。嚴格講，這並未面對過自身的罪惡感，它總認爲罪污來自外在污染，因此總要找出外在污染源而將其驅逐或消滅，以便消除混亂而重返秩序。所以無辜的羔羊（他物或他人）總是被人類強迫性地貼上罪惡標籤，成爲儀式暴力下的犧牲者。如此一來，人類或氏族一則逃避了己身罪責，二則將其投射給外在對象，三則透過代罪羔羊又重返聖潔。[40]

　　諾伊曼（Erich Neumann）曾從心理學的角度，揭露初民透過「儀式暴力」來轉化罪感的心理模式爲「舊道德」。因爲它所採取的方式是將陰影投射到「異己」身上，而不是整合自身的內在陰影。他認爲這種二元對立式的舊道德，不但無法眞正解除心理困境，反而落入了「異己必邪惡，邪惡必異己」的恐怖暴力：

---

[39] 鮑伊，〈儀式理論、通過儀式與儀式的暴力〉，《宗教人類學導論》，頁204。

[40] 關於「代罪羔羊」的相關討論，請參見〔法〕吉拉爾（René Girard又譯吉拉德），馮壽農譯，《替罪羊》（臺北：臉譜出版社，2004年）。

　　對原始人來說——每個民族的大部分人，如我們所知，作出與原始人一樣的反應——邪惡根本不能被認爲是「他自己的邪惡」，因爲意識依然發展得太弱，以致不能處理所產生的衝突。正是由於這個原因，邪惡總是被大部分人體驗爲某種異己的東西，所以，無論如何，陰影的投射的犧牲品總是異己。

　　替罪羊的犧牲品是可以替換的——人們發現，不僅邪惡的人是異己，而且反過來，異己也是邪惡的——這是人類心理學的基本事實之一。這是一個主旋律，它的蹤跡可以從原始人的心理學一直追尋到對現代所謂文明國家的異己的政策。[41]

諾伊曼指出初民之原始心理狀態，其癥結在於：「邪惡根本不能被認爲是『他自己的邪惡』，因爲意識依然發展得太弱，以致不能處理所產生的衝突。」這便是本文認爲道家和商代宗教神話在面對罪惡時最大的差別。因爲當道家將儀式實踐內化爲哲學反思的精神活動時，它已經不再用投射方式來逃避自身陰影，它已然採取了另一種面對自己、整合自我的新道德。諾伊曼主要是從心理學的角度來說明，而本文底下將要透過道家觀點來分析：初民產生代罪羔羊的心理結構，它和聖俗二元世界觀，以及「語言分類」的環扣關係。

　　但由於道家的世界觀已不再是二元論結構，而是「通天下一氣」的一元論，並肯定即物而道、道物不離的物化多元論。[42]不再採取儀式暴力

41　〔德〕諾伊曼，高憲田、黃水乞譯，《深度心理學與新道德》（北京：東方出版社，1998年），頁29-30、31-32。

42　筆者曾在另一篇專文討論神話和道家的世界觀差異，指出：「神話思維隱含細微的二元論傾向。如地上人間的世界只有在對應模仿天上諸神世界的原型時，才具有分享理型的價值，換言之，天上的典範性之時空存在，乃是先於人間物的時空存在，如人間的宮殿城市等，都只是對先存在的聖殿之模效。然而，道家的道物之間、形上和形下之間，並不是這種二元論的結構。所以它不必隔開於凡俗的時空之外，才能畫出另一個聖顯的時空；道家的道是『無逃乎物』、『道在溺尿』的，所以能『即俗而真』。換言之，神話只能觸及存有論的差異（聖俗之差異），沒有能力談到存有論的隸屬（聖俗之同一）。如此一來，神話只能永遠與歷史產生一種背反的緊張關係，沒有辦法建立起一

的方式將自身陰影投射到無辜的對象上，回歸「無物不然，無物不可」的
萬物差異之自身。道家將儀式解脫轉化為語言反省和主體修養，所以能走
向淡泊寧靜的自然無為，而不被儀式的重複依賴給反控。[43] 只有把握老莊
思想和原始宗教神話之間的斷裂差異性，才較能理解為何《莊子》對神巫
季咸有所批判，為何要諷喻涉身政治權力就猶如神龜獻祭般自我犧牲，[44]
為何用「無用之大用」來反諷那些被人類標籤化為污穢不潔物（如牛之白
額、豚之亢鼻者，人之有痔病），反因不夠資格被當成代罪羔羊而逃過了
儀式暴力。對於《莊子》而言，這些剩餘物、逃逸物，弔詭地成就了各自
回返差異的吉祥大用。[45] 下一節我們將先從「語言分類」與罪惡不潔的關
係深化上述觀點，並逐次擴及老莊的「原初倫理」與「差異倫理」之基本
視域。

二、語言分類對倫理規範的創設與罪惡污穢的賤斥

　　罪惡感關涉主體對自我不潔的心理感受，通常也連帶道德意志的自
我譴責。而做為道德（純淨感）對立面的罪惡（不潔感），也就成了道德
主體想要消除的「（自我內部的）他者」（the other）。當文化系統下的
道德規範，被共同體成員認定為心理和行為的主體內發價值時，罪惡自然

　　種統合性的自由關係，而這在道家是可能的。」〈神話、《老子》、《莊子》之「同」「異」研
　　究──朝向「當代新道家」的可能性〉，收於《莊子靈光的當代詮釋》，頁258。
[43] 在討論神話和道家的工夫實踐差異時，筆者指出：「神話離不開情感和想像的投射，需憑藉儀式、
　　依賴儀式。又因為儀式是典範性神聖行為的重複，具有法典效果的不可變更性，如此一來，有將儀
　　式實體化之嫌。然而道家深深了解到儀式只是要造成心靈的還原和轉化，實不必將象徵給實體化，
　　否則停留在這些『貌相聲色』的巫術儀式層次，是有待的，會使自由逍遙的心再度受到桎梏。道家
　　顯然超越了這些不自覺的投射和依待。而原始神話則只能不自覺地以本能衝動來投射，久而久之，
　　就將這種典範行為實體化為絕對性的規範，如此為了維護神聖性的作為，乃有種種相對性的禁忌產
　　生，結果也就被儀式所反控了。」〈神話、《老子》、《莊子》之「同」「異」研究──朝向「當
　　代新道家」的可能性〉，《莊子靈光的當代詮釋》，頁257-258。
[44] 〈秋水〉：「莊子持竿不顧，曰：『吾聞楚有神龜，死已三千歲矣，王巾笥而藏之廟堂之上。此龜
　　者，寧其死為留骨而貴乎？寧其生而曳尾於塗中乎？』」郭慶藩輯，《莊子集釋》，頁604。
[45] 〈人間世〉：「故解之以牛之白顙者與豚之亢鼻者，與人有痔病者不可以適河。此皆巫祝以知之
　　矣，所以為不祥也。此乃神人之所以為大祥也。」郭慶藩輯，《莊子集釋》，頁177。

應當要被驅逐於主體外部。然而道德感是否來自先天？罪惡感起源何處？
這類涉及道德、倫理問題，道家的思考角度爲何？筆者先從人類學家道格
拉斯（Mary Douglas），詮釋學家里克爾（Paul Ricoeur），神話哲學家卡
西勒（Ernst Cassirer），等人對宗教、倫理、神話的分析角度談起，然後
再推擴到老莊的觀點。首先要說明的是，道格拉斯和里克爾對罪惡的「分
類」與「象徵」之討論，主要雖以西方原始宗教的材料爲考察對象（如猶
太教、基督教等），但本文認爲其所得出的洞見，卻未必僅能說明特定宗
教之罪惡現象，在一定程定上仍頗具參考價值。最主要的原因，乃因兩者
都將特殊性的宗教材料，提升到「語言」本身的「分類」和「象徵」這些
基源視域來考察。若用卡西勒的神話學研究概念說，即兩者都將文明起源
與倫理規範之考察，歸源到神話象徵與語言創設的關係上。換言之，筆者
將這些重要研究成果視爲對罪惡和語言的根本性關係之分析，而不僅僅視
其爲特定宗教罪惡觀的單一考察而已。

　　關於內心的疚責不潔感之起源，道格拉斯曾在《淨化與危險》
（Purity and Danger）這一經典作提出啓發性觀點：人類對不潔或污穢的
憎惡，根源自「失序」的恐懼。例如道格拉斯發現《利未記》所禁止的
事物，正源於《創世紀》造物主對自然萬物「即創造即分類」的規範系
統中，那些被歸爲「異常」事物，因爲不合乎分類秩序而給人們帶來憎惡
感。通過迴避那些逾越造物秩序的異常事物，人們才得以確保與造物主的
緊密連結。排除失序，一方面確保了造物主的德行有序世界，另一方面與
造物主保持著德性連結關係。如此一來，所謂原始宗教的道德感被體會爲
遵守造物理序。分類理序是超越者創世時的天命告誡，此一誡命既帶來了
自然法則之天序，同時也是人間秩序的原型範式。道德關涉造物理序，嚴
守理序將帶來恩賜。敗德將侵犯世界的分類構造，由於瀆神而導致災禍。
道格拉斯如是說：

　　上帝通過賜福所做的一切，從根本上說創造秩序。人類事務的繁榮昌盛依據的是這種秩序。婦女的生殖力，牲畜以及田野，全都可以通過賜福而獲得，也可以通過信守與上帝所立的契約，並遵守他的誡命與儀式而獲得。凡是在違背賜福的地方，災禍作祟的地方，就會有荒蕪、瘟疫與混亂。

　　由此我們可以得出如下結論：神聖性是以完美性來檢驗的。神聖性要求每個人都要符合他所歸屬的階級或階層；神聖性要求不同種類層次事物不能混淆。以上述認識為基礎，還有一些誡命得到進一步發揮。神聖性意味著要保持創世諸範疇的獨特性。因此它包含著正確的定義（界限）、區別與秩序。在此意義上，所有性方面的道德原則都體現了神聖。亂倫與通奸在最簡樸的意義上違背了正常秩序，也就冒犯了神聖。

　　神聖的事物總是完整的，神聖性是統一的、完整的、無論個體還是整個類都是完美的。飲食規則只不過是以同樣的方式發揮了有關神聖的隱喻。

　　貫穿於動物方面的潔淨原則，在於它們應當充分地或完整地與其種類保持一致。這些鳥類之所以是不潔淨的，乃是因為它們在其種類中是不完美的成員，或者是因為它們的種類本身混淆了世界總的架構。[46]

透過道格拉斯的考察，宗教人的道德規範和帝令、天理等形上系統的誡命、契約有關。即人的道德與罪惡，源自遵循或違犯上帝（或形上超越界）的神聖律則。合律合序則合德合福，犯律失序則敗德遭罪。原來帝令造物的賜福乃在創造秩序，一個神聖完美世界架構的給予，一切事物均要

46　〔英〕道格拉斯，〈《利未記》的憎惡〉，收於史宗主編，《二十世紀西方宗教人類學文選》（上海：上海三聯書店出版，1995年），頁324、326、326、328。

在既定範疇中依序生存，如此才能配享造物主的福祐。同樣地，人必須遵守帝令的誡命和契約，如此才能確保與神聖相連續。換言之，道德的潔淨在於遵循超越界所創造的分類誡命，而不潔之罪責則歸因於混淆分類的完美神聖性。所以某些行為被視為敗德，某些動物被歸為不潔，某些食物被視為禁忌，皆因混亂了造物者在創世時所給予的神聖分類。對道格拉斯而言，考察污穢的起源同時就是考察道德規範體系的起源，因為兩者同時成立，共成一個「體系」。只是不同宗教文化各有不同的具體分類之象徵體系，但一樣都離不開「語言」分類所必然帶來的二元結構。骯髒不潔等觀念，並不具先天獨立的本質性，也不是事物本身不潔骯髒，它們只是道德規範的脫序反作用，同時卻以詭譎的方式維繫了道德體系。而當人們公開懲治惡行時，道德秩序系統便能更加確立：

　　仔細分析我們對污穢的想法，如果能撇開其中病原論與衛生學的成分，所見的便是一個對污穢的古老看法，認為它是脫序的事物。這個研究方向非常有啟發性。它隱含兩個條件：一方面有一套符合規範的關係；同時有違反此規範的種種可能。這麼看來，污穢絕非獨立偶發的事件；有污穢必有體系。我們可以說污穢是系統分類下的副產品，因為秩序管理的過程都不免要摒除不合宜的成分。對污穢的這種看法遂將我們帶入象徵系統的領域中，使我們得以進一步地討論它與已明顯象徵化的純淨系統之間的聯結。我們這樣談污穢，實際上是把污穢當成無所不包的字眼來使用，涵蓋所有被制度化系統排斥的事物。污穢其實是個相對性的概念。……總之，我們的污穢行為是一種反作用：用來抗拒任何可能擾亂或牴觸我們遵行的分類體系的種種事物。

　　污染意識提供一種制度化懲治惡行的方式，這便是維繫現存

公認道德體系之道。[47]

對道格拉斯言，污穢是體系，道德也是體系。所謂「體系」是由兩個條件同時構成，即「規範」與「反規範」同時成立，道德「作用」和污穢「反作用」一體並生。詭譎地說，污穢意識可增進了神聖意識，懲治罪行更確立倫理規範。由上可知，就宗教神話的世界觀言，自然秩序是神聖秩序的象徵，同時也是人必須實踐遵循的價值秩序。換言之，自然秩序和人的倫理秩序是同源同構而不可分，皆是帝令權能、天道天理之象徵系統。令人驚訝的是，里克爾在《惡的象徵》揭露出屬人的倫理秩序，其根源竟是出於「恐懼」而不是「愛」的心理狀態：

　　經由害怕而不是經由愛，人類才進入倫理世界。……那畏懼的起因是報復與褻瀆……首先，不潔得到報復。因為這種報復將可能以一個受損害的正義神的「發怒」而歸入命令的觀念，甚至歸入拯救的觀念。褻瀆意識的最初直覺所餘留下來的是：受難是以違背命令而付出的代價；受難是為「滿足」因純潔而報復的要求。……原始意識所敬畏的這種自動制裁作用，表達了報應的天譴的這種先天綜合，彷彿過錯傷害了發號施令的神力，又彷彿那種傷害必然要得到回報。……這種無名的天譴，這種不露面的懲罰暴力，以受難的文字被銘刻在人世間。報仇引致受難。由於懲罰的中介，整個自然秩序因此被納入這一倫理秩序。[48]

---

47 道格拉斯，黃宗儀譯，〈污染象徵秩序〉，收於Jeffrey C. Alexander、Steven Seidman：《文化與社會》（臺北：立緒文化事業有限公司，2002年），頁186-187、192。人類學家鮑伊就此特別點出：「因此骯髒不是『事物本身』，而是一個象徵的範疇，它是個相對的觀念。」《宗教人類學導論》，頁54。

48 里克爾，《惡的象徵》，頁31-33。里克爾一再強調「褻瀆領域」是「先於」倫理和自然之間做區分的領域，亦即它超越實然／應然二分的架構。

世界是神聖權柄所律定的美好，這是一切萬有和人類必須嚴守的秩序，因
爲它不折不扣呈現了正義之神的無上律令。律令劃定了可行與不可行的種
種範疇理序，因此對人的規範倫理之實踐而言，秩序和懲罰也就同時共生
並立。人總在犯禁、違令、報復、懲罰的陰影下，憂懼而害怕地踏在倫理
的軌道內，深怕一出軌即遭來天譴責難。害怕被懲罰更使得自然秩序充斥
著誡命的價值象徵，使得自然秩序和倫理規範統合爲一整套價值象徵系
統。尤其重要的是，這種源自恐懼的倫理世界之成立，含藏複雜而矛盾的
情感。對於褻瀆（有罪）與受難（贖罪）的因果合理關係，里克爾將其稱
爲最牢固的「合理化」，並指出其中充斥張力的情感動力結構：

　　　　這種在害怕與顫抖中所體驗到的褻瀆與受難之間的聯結，已
變得更加堅牢，因爲它長時期地提供了一個合理化的組合，一個
最初的因果關係輪廓。如果你遭難，如果你失敗，如果你生病，
如果你死亡，那是因爲你犯了罪過。受難對於褻瀆所具有的徵兆
和察覺的價值表現爲道德上的罪惡所具有的解釋和原因論的價
值。如果人的受難確實是因爲他的不潔所致，那麼，上帝就是清
白的。這樣，倫理恐懼的領域就保留了遺風中有關受難的罪惡的
一種最爲牢固的「合理化」。[49]

　　　　儘管禁止先於報應，但禁止的意識預期了報應……在禁止上
而已經投下報復的陰影，如果違背了禁止，就會得到報復。「禁
止」的嚴重性、分量都來自「否則，你就要死」。因此，禁止本
身預期了受難的懲罰，並且，禁止的道德強制本身就戴著含情感
的面具。禁忌無非是：由於禁止而從情感上對懲罰的預期和防
範。因此，禁止的力量——就它提早產生害怕而言——是一種令

---

[49] 里克爾，《惡的象徵》，頁33。

人難以忍受的力量。[50]

里克爾所謂牢固的「合理化」關係，其實和道格拉斯的「體系」之說遙相呼應，只是里克爾將它往心理情結的實存狀態加以詮釋。此合理化不是指褻瀆之有罪與受難之贖罪的抽象邏輯關係，而是在恐懼的實存情感中再三被體驗被信念的因果合理關係。它甚至是種神聖的合理因果關係，且是建立在二元對立的整體結構基礎上。亦即上帝與人，清白與不潔，受難與幸福，等等二元相立相生的結構。人因褻瀆、罪過、失序而受難是一邊，上帝則降罪、洗滌、重返理序而幸福是另一邊。兩邊雖帶有緊張矛盾性，卻又詭譎地相即為一。秩序性的修辭和懲罰性修辭，也是一體兩面。褻瀆的同時即有懲罰與報復，懲罰同時又預告了重返理序。這是一連串二元相對又相生的情感邏輯。這樣特殊的情感結構甚至造成如下景觀，罪惡開出聖潔，破壞再生秩序，苦難降生幸福，受虐帶來狂喜：

　　報復不僅是破壞，而且也是通過破壞再建立。隨著畏懼的深入、消失，還感知到秩序——不論哪一種秩序——被恢復起來動向。那已建立而現在已破壞的東西都是重新建立的。通過否定，秩序重又肯定了自身。因此，在懲罰的否定要素中，先在地已絕對肯定了原始的完善；並且與此相關，對報復性懲罰的畏懼是一種更加基本的讚美的負面表現，這是對秩序的讚美，對任何秩序——甚至暫時性的秩序和注定要消滅的秩序——的讚美。也許任何禁忌都帶有某種敬畏，某種對秩序的崇拜。……真正的懲罰是那種在恢復秩序過程中產生幸福的東西，真正的懲罰導致幸福……忍受懲罰和以受罰去抵償我們的過錯都是得到幸福的唯一途徑。於是，懲罰不可能再是人在神祇面前的死，而是著眼於

50 里克爾，《惡的象徵》，頁34。

秩序的苦行和著眼於幸福的痛苦。……如果處罰不想得到任何結
果，如果它沒有任何目的，那又爲什麼要求與過錯相當的一種處
罰呢？倘若沒有處罰的目的，處罰的輕重是無意義的。換句話
説，報復旨在抵罰——即爲了被除褻瀆而去處罰；但這種被除褻
瀆的消極做法者在重新肯定秩序。現在，秩序倘若還得不到有罪
之人内心的重新肯定，就不可能在有罪之人外部得到重新肯定。
因此，所以要借助報復和抵罪，目的皆在於改過——也就是説，
通過一種公正的懲罰去恢復有罪之人做爲一個人的價值。[51]

里克爾深刻地洞察到，從罪惡、受難、懲罰所轉化出來的倫理價值，正猶
如道格拉斯所指出的，都可回溯原初的分類秩序。秩序的破壞與重建，才
彰顯了人的價值和幸福。在這二元結構裡，價值和幸福可說是由罪惡所開
出的花朵，沒有罪惡與處罰也就沒有洗滌與拯救。這整個二元對立的宗
教象徵系統，內化並形塑了人的價值結構。[52]換言之，道格拉斯上述的洞
察，非常有價值，但在「分類」這個重要的關鍵點上，仍有進一步探究的
空間。里克爾則進一步討論複雜的情感結構和倫理規範意義，甚至特別強
調不潔玷污、懺悔復潔與「詞語」的關係。他指出：「玷污總是……在表
示什麼是潔和不潔的詞語影響下，才有成爲褻瀆的」、「畏懼是經由詞語
才獲得其倫理特性」、「懺悔的語言總是跟不可思議的排除（邪惡）程序
有關」、「用言語表明的畏懼不再只是哭喊，而是一種供認。」[53]

　　宗教人的道德來自於遵守造物主所創造的範疇，而範疇延伸的秩序
則建立在類與類的井然不亂，即「分類」的完美性。造物主所創造的不是

---

[51] 里克爾，《惡的象徵》，頁44-45。

[52] 就尼采（Friedrich Nietzsche）而言，這樣的價值是一種反動的生命力，它造成的是譴責、否定生命
的奴隸道德，因此需要價值重估、顛覆基督教的内疚、負罪對無辜生命力的譴責。參見汪民安，
《尼采與身體》（北京：北京大學出版社，2008年），頁31-99。

[53] 里克爾，《惡的象徵》，頁42-43。

一團雜然的渾沌，而是井然類分的理序，造物者的創造是分類式的創造，所以創造了分類的天理世界。道格拉斯從《利未記》有關人的道德倫理實踐，上溯《創世記》有關神的分類創造。然而這個神聖分類的意義爲何？《創世記》有關造物的分類創造之神話象徵意義爲何？這是底下要進一步討論的。首先可將造物主所創造的分類世界揭露爲「語言的創造」，正因爲創世之神是透過語言來創造，世界才會呈現出分類井然的宇宙。在此便可進到創世神話與語言關係的核心課題，卡西勒對「語言創世」的神話象徵之哲學反省，正可以加深道格拉斯的「分類」觀點：

　　語言意識和神話——宗教意識之間的原初聯繫主要在下面這個事實中得到表現：所有的語言結構同時也作爲賦有神話力量的神話實體而出現；語詞（the Word；邏各斯Logos）實際上成爲一種首要的力，全部「存在」（being）與「作爲」（doing）皆源出於此。在所有神話的宇宙起源說，無論追根溯源到多遠多深，都無一例外地可以發現語詞（邏各斯）至高無上的地位……在幾乎所有偉大的文化宗教的創世說中，語詞總是與至尊的創世主結成聯盟一道出現的；要麼它是主使用的工具，要麼它就是第一源泉——主本人，像所有其他「存在」和「存在」的序列一樣，都是從這個源泉中衍生出來的……的確像某些學者指出的那樣，遠在基督教紀元數千年之前，人們便有了這樣一種觀念：上帝是一種精神的「存在」，他先思想世界而後創造世界，而語詞則是他用來表達思想的手段和創造世界的工具……那些本質上以某種基本的倫理衝突，即善惡二元論爲其世界圖景和宇宙起源之基礎的宗教，都把口說的語詞尊奉爲首要力量；唯有憑藉它的媒介，「渾沌」才得以轉變爲一個倫理——宗教的「宇宙」。[54]

54〔德〕卡西勒（Ernst Cassirer），于曉等譯，《語言與神話》（臺北：桂冠圖書股份有限公司，

卡西勒從原始宗教神話的創世紀主題中，發現普遍出現的關鍵力量在於語言。做爲宇宙起源的創世主，其創造工具或祂本身便是語言自身，祂思欲創造世界，而這個思欲便是語言活動。可見神的創造、神的思欲、神的語言三者是同一件事。由此道格拉斯所謂的上帝分類說，便可由卡西勒的語言創造說來加以深化。而且不僅猶太宗教的創世紀如此，這種語言創世的神話象徵其實遍見於遠古的宗教神話。更重要的是卡西勒指出，這個語言創世的哲學意義在於：從渾沌無名到語言創世的過程中，一個倫理宗教的秩序宇宙才得以出現。而它的結構便在於善惡二元論的世界圖景，建立倫理規範的同時隱含著種種倫理衝突。從渾沌到宇宙，從無名到有名，從原初倫理到規範倫理，正是從渾沌雜然到善惡對立的轉變。其中涉及道德價值、倫理規範的出現，而這樣的價值意義便建基在秩序與失序、潔淨與污穢的辯證：

　　這個過程——即從實存隱約的充分性中脫穎而出，變成一個由清晰的、可由言語確定的諸形式所構成的世界的過程——在神話思維中，以其特有的意象方式被表象爲「渾沌」與「創世」間的對立。這裡，同樣還是言語促成了這種由無特徵的存在母體向其形式和組織的轉變。於是，巴比倫——亞述的創世神話就把「渾沌」描繪成這樣一種世界狀況：那時，天界「尚未命名」，地上也沒有任何事物有名稱。在埃及，創世之前也被稱作「沒有神存在，也沒有物體的名稱爲人知的時候」。當創世之神說出他自己的名稱，並憑藉寓於那個語詞中的力量召喚自己進入存在時，最初確定的實存就從那不確定的狀態之中脫身而出了。……從這寓於造物主身上的原初言語力量中，產生出其他一切具有實存和確定存在的萬事萬物；一當造物主開口說話，他就成了諸神

1994年），頁42-43。

和人的誕生之因。《聖經》的創世說中也有著同樣的動機，不過
多少有些變化，意義也深化了一些。在《聖經》中，同樣也是上
帝的語詞（話）把光明與黑暗分別開來，創造出天和地。但世間
造物的名稱卻不再由造物主直接賦予，而要等人來指派。上帝創
造出地上的走獸和天上的飛禽之後，又把它們帶到人那裡，看人
會怎樣稱呼它們。於是，「亞當把每一種活的造物稱作什麼，那
就成了它的名。」（《創世紀》2:19）在這個命名行為中，人不
僅在物理上而且在智力上也據有了塵世——令塵世臣服於他的知
識和統治。[55]

　　從不清楚到清楚，正是語言的分類作用，如此也才使得「不存在」成
為了「存在」，使得非語言的模糊存在轉變為語言的定性存在。原本無固
定形式的渾沌母體，被分化為時空、形式、秩序。同時光明和黑暗區別開
來，天與地分離出來。接下來，男與女、動物和植物，一切存在萬物皆在
二元結構的區分下，被編織出井然有序的範疇綱紀和羅網秩序。不管是上
帝之初的語言創世，還是亞當對受造物的二度命名，都一再強制命令宇宙
服從於語言的活動、思想的活動、知識的活動。更重要的是，這個語言、
思想、知識活動，必然要造出一個二元對立的價值世界，而且只有完全遵
循此價值世界的秩序律則，一個宗教倫理的有福世界才得以保障。[56]
　　由上分析可知，原本以為的先天道德之基礎，就宗教神話的象徵看，
是來自上帝的神聖分類之塑造，但從哲學的還原分析來看，實離不開語言

---

[55] 卡西勒，《語言與神話》，頁70-71。
[56] 鮑伊：「德國社會學家馬克斯‧韋伯將人類描述為『意義的製造者』。對所有的人類社會來說，為
環境賦予意義，賦予秩序、分類和調整，構成最基本的東西。『象徵的分類』……它涉及創造世界
和意義之網的各種努力。年齡、性別、種族和文化的特徵，健康與殘疾，都可以在分類過程中用做
標記。」《宗教人類學導論》，頁44。人是意義製造者，此意義的第二度創世，乃是透過語言而有
所謂分類秩序等網絡，故語言是關鍵者，其本質和結構在於：切割、對立、比較、區分，等等無窮
切割所成之象徵網絡與秩序。

的建構。聖潔離不開語言建構，罪惡也離不開語言建構，兩者同時在語言的二元結構中一併出現。這裡便可以回到道家的立場，看看道家如何對善惡二元給予語言起源式的分析。道家的終極價值在於「道」，然而道又可以「渾沌」來意象之。對於道之渾沌本性，《老子》用混一、惚恍、窈冥等等帶有詩性隱喻的辭語來形容：

> 視之不見，名曰夷。聽之不聞，名曰希。搏之不得，名曰微。此三者不可致詰，故混而爲一。其上不皦，其下不昧，繩繩兮不可名，復歸於無物，是謂無狀之狀，無物之象，是謂惚恍。（十四章）
>
> 孔德之容，唯道是從。道之爲物，惟恍惟惚。惚兮恍兮，其中有象，恍兮惚兮，其中有物。窈兮冥兮，其中有精。其精甚眞，其中有信。（二十一章）

渾沌之道原是「不可名」的世界。這「不可名」的世界，一方面可說是不存在的世界，另一方面又不可說是不存在。所謂「不存在」是指：它不是語言命名下的具體分類之時空佔有物的存在，因此在這一意義下它是不存在的。因爲它超越了上／下、皦／昧的具體分類指涉，非是定名的對象物存在方式，所以才會說它：視之不見、聽之不聞、搏之不得，它是「非對象化」的「不在之在」。然而從另一角度說，渾沌之道雖然無法用語言分類的明晰性來限定它，但它在自身的恍惚、窈冥、繩繩（玄玄）的混一之狀，自有其精、其眞、其信。換言之，它的存在眞實性雖超越語言劃分，卻又具有不容置疑的存有力量。對於混一之道這種既不存在（絕對無）又存在（絕對有）的現象，《老子》才使用了弔詭語言，將其描述爲「無狀之狀，無物之象，是謂惚恍。」

若從創世神話的角度說，《老子》的惚恍之道便是指創世前那無名的渾沌母體。它處於非定名、非對象、不存在的「無物」狀態，所以《老

子》有時又以「無」來描述渾沌之道。「無」不是空洞之無，而是語言定名前的豐盈之無。對於無之豐盈，《老子》又將其隱喻爲母、玄牝、水，等等帶有生化、滋潤等意象。可以這樣說，神話的語言創世強調的是語言秩序的意義豐富，而《老子》渾沌之道強調的則是一體無名的原初豐盈。基本上，渾沌、道、一、無、無名、惚恍等，通而爲一而可互文相證。故《老子》首章言：「道可道，非常道；名可名，非常名。無名天地之始，有名萬物之母。」即無名而不可道的混一世界乃是天地創世的始源，而有名可道的萬物世界則已是語言分類所成的意義世界。對於這個可道有名的意義世界，老莊的立場大抵是一致，同樣採取批判治療、價值重估、活化更新的立場。可再從《莊子》有名的渾沌寓言進一步申論：

　　南海之帝爲儵，北海之帝爲忽，中央之帝爲渾沌。儵與忽時相與遇於渾沌之地，渾沌待之甚善。儵與忽謀報渾沌之德，曰：「人皆有七竅以視聽食息，此獨无有，嘗試鑿之。」日鑿一竅，七日而渾沌死。[57]

　　《莊子》內七篇最後結穴於「渾沌死」，呼應了〈天下〉篇所感嘆的「道術將爲天下裂」。渾沌的「死」正在於「破裂」，而破裂的突破點與其說是在於視聽食之七竅，眞正的關鍵乃破裂於：南／北、儵／忽等等一切二元對立的切割。而南北二帝實乃語言創世之神的分身，二神便是語言創世的二元結構之神格化象徵。可見，渾沌死於語言偏執，道術裂於百家爭辯。對此道家採取了戒愼恐懼的批判與轉化立場，即破裂對於創造一個神聖的分類秩序是必須的價值肯定，但它同時也讓人容易掉入一偏一曲的成心偏執之符號陷阱。而對於價值建立的開顯與遮蔽，道家一樣將關鍵處歸於「名以定形」的語言介入，同時揭露其二元結構的「封」、

---

[57] 莊周，郭慶藩輯，〈應帝王〉，《莊子集釋》，頁309。

「常」、「畛」等特性，一方面讓「有左有右，有倫有義」的規範系統被設立起來，但這個體系自身同時也帶來相較、相傾、分辯、競奪：

天下皆知美之爲美，斯惡已。皆知善之爲善，斯不善已。故有無相生，難易相成，長短相較，高下相傾，音聲相和，前後相隨，是以聖人處無爲之事，行不言之教。（二章）

夫道未始有封，言未始有常，爲是而有畛也，請言其畛：有左、有右，有倫、有義，有分、有辯，有競、有爭，此之謂八德。[58]

在語言命名分類的意義世界裡，美麗的界定和成立，必然要依於醜惡的反證。同樣地，善與不善、有與無、難與易、長與短、高與下、前與後，沒有一項是可以依靠自身而成立，它們必然立在語言切割界線之兩邊。猶如翹翹板的兩端一般，一高必然一低，兩者同時成立。《老子》告訴我們：人間的道德倫理價值必然要依賴語言而建立，而由於語言的二元結構本質，因此潔淨與污穢、神聖與禁忌看似分明兩立，實乃一體並生。而《莊子》也相應指出，道封、言常之後，範疇分類的界限便處處可見，結果便產生一個左右相對的倫理規範世界。這個價值世界在《莊子》看來，經常落入了「自是非他」的偏取一端與競爭傾軋，他因此反諷此一支離破碎的羅網爲「八德」世界。這裡可看到道家的觀點和道格拉斯、卡西勒的相應處，即人間的規範倫理其實不離語言的分類建構，道德聖潔不但不具有先天本質的獨立意義，它是在排斥又抑制罪惡不潔的矛盾張力下，才得以暫時成立一端之價值。若從心理學的動力原則來看，道德與聖潔是將原本無名的整體生命力量，透過語言類分爲正向與負向的力量分流，然後只允許生命趨向正義之流，將生命另一趨向命名爲罪惡之流，並壓抑生

---

[58] 莊周，郭慶藩輯，〈齊物論〉，《莊子集釋》，頁83。

命只能以一種方式來呈現。即一般的道德總要符合價值階序的次第之流，違反它將帶來社會的裁判，更是自我的反噬。然而對於老莊而言，這樣的生命呈現方式，將永不得平靜，它宛如翹翹板兩端，表面看似平衡，實乃危脆而永遠擺盪[59]：「禍兮福之所倚，福兮禍之所伏。孰知其極？其無正。正復為奇，善復為妖。人之迷，其日固久。」（五十八章）故《老子》的治療之道，乃在「處無為之事，行不言之教」。無為即不言，不言乃回歸未名的混一之道的原初倫理世界，那裡並不僵化在潔淨與污穢、神聖與禁忌的本質定分。萬有差異的皆是生命力自身呈現，不輕易給予名以定形之譴責。順此本文將進一步描述老莊的原初倫理之基本梗概。

三、原初倫理：批判「舊道德」以敞開「新道德」

　　「道」、「德」二字，在道家思想中也屬關鍵性核心概念。道家雖揭露一般意義的道德（如周文規範倫理之「始制有名」），離不開語言建構的相對性，從而批判之、治療之，但並不意味道家走向了價值的虛無主義。[60]事實上，道家的上德、玄德可能隱含非人類中心主義、非二元對立的原初倫理之價值重估。若以諾伊曼的分析心理學概念來說，老莊批判了二元論式的「舊道德」，反而是為提倡不同於周文舊制的「新道德」。

　　道家式的存有論美學意義下的道、德，並不是與價值、意義全然無關

---

[59] 這樣對道德的考察，實和尼采有呼應之處：「尼采的《道德的譜系》表明，沒有一個絕對的、冷靜的、客觀的、先天的本源，善和惡都不是超驗的，不是毋庸置疑的……善的確立必須踩在惡之上，反之亦然，善和惡進行著無休無止的彼此參照的相對主義遊戲，一個以另一個為前提，一個又以另一個為對手。」汪民安，〈尼采與身體〉，收於《身體、空間與後現代性》（南京：江蘇人民出版社，2006年），頁63。

[60] 道家的價值論，乃是實然、應然未二分前的「價值中心存有論」（value-centric ontology），換言之，這裡的價值都是從存有論層次的根源而發，因此，這種價值一則不落入人類中心主義，再則不只限於社會學層次的倫理價值。關於「價值中心存有論」一語是方東美先生提出，另外關於道家的存有與價值的理論反省，是當代老子詮釋如袁保新、劉笑敢等學者爭議的課題之一，參見筆者的反省，〈當代學者對《老子》形上學詮釋的評議與重塑──朝向存有論、美學、神話學、冥契主義的四重道路〉，原刊載《清華學報》38卷1期（2008年3月），頁35-83。後收於拙著，《當代新道家──多音複調與視域融合》（臺北：國立臺灣大學出版中心，2011年），頁1-106。

的客觀實然之形上理論，而是要回歸人與萬物的原始本眞之共在關係。所
謂本眞、共在、關係，這些辭彙同時具有存有論和倫理學意涵，其中理路
暗合於方東美指出的：「根據中國哲學的傳統，存有學也就是價値論，一
切萬有存在都具有内在價値，在整個宇宙之中更沒有一物缺乏意義。」[61]
據此道家是可能在天人不二的根源意義下，轉化人類中心主義下名言規範
過於僵化的倫理體系，它同時關懷共同棲居在大地上的全體自是其是之
差異化生命。此或可與海德格（Martin Heidegger）天地人神共同棲居於
「在世存有」之「原初倫理」（original ethics，或稱爲根源倫理）遙相呼
應：「倫理生活的實際性不是因爲它體現、重覆具有和我們主體性的其他
人的『共在』，而是因爲倫理德性、人的『居留』首先是『在世界中』
的。這就是說，人在眞實的『在世』的生活中使自己是其所是，這是人們
之間眞實相處的前提。正是由於海德格爾看到道德倫理的根基在『在世界
中存在』，從而使人的生活『世間化』，倫理問題的非主體論、非人類中
心論的解決才成爲可能。」[62]底下筆者回到道家文獻來稍加闡述：

　　道生之，德畜之，物形之，勢成之。是以萬物莫不尊道而貴

---

[61] Thome H.Fang（方東美），*The Chinese view of life : the philosophy of comprehensive harmony* (Taipei: Linking Publishing Co. Ltd, 1980), p.21；轉引自袁保新，《老子哲學之詮釋與重建》（臺北：文津出版社，1991年），頁102。另外，關於存有與價值的統合而超越實然／應然的二分，歷來曾引起陳康、袁保新、劉笑敢等學者的爭論，請參見拙文，〈當代學者對《老子》形上學詮釋的評論與重塑──朝向存有論、美學、神話學、冥契主義的四重道路〉。

[62] 毛怡紅，〈海德格爾的「原始倫理學」及其當代影響〉，收於《哲學雜誌》12期（1995年4月），頁76。道家的大地倫理亦可開發出環境倫理學，並與海德格存有學相應，參見拙文，〈「當代新道家」與「深層生態學」的存有論基礎〉，原刊載《揭諦》2期（1999年7月），頁195、197-247，現收於《莊子靈光的當代詮釋》，頁271-311。另外，海德格強調「原始倫理學」並不是存在主義式的人本位主義立場，它是超人類中心的存有學立場而來的大地倫理，參見〔德〕海德格，〈關於人道主義的書信〉，收於孫周興譯，《路標》（臺北：時報文化出版企業公司，1998年），頁313-364。再者，關於海德格對人本位主義的批判與根源性的倫理學的討論，參見袁保新，〈什麼是人？：孟子心性論與海德格存有思維的對比研究〉，收於氏著，《從海德格、老子、孟子到當代新儒學》（臺北：臺灣學生書局，2008年），頁132-144。

德。道之尊,德之貴,夫莫之命而常自然。故道生之,德畜之:
長之、育之、亭之、毒之、養之、覆之。生而不有,爲而不恃,
長而不宰,是謂玄德。(五十一章)

　　首先道和德在《老子》的根源義,並不指一般社會範疇下的規範倫
理課題,並不特指人與人關係的應然義務問題。其原初關懷在於存有論,
是關於一切萬物的無蔽開顯之生命力課題。即由道和德的充盈滋潤、生畜
長育、亭毒養覆,萬物才能生生不息地開顯出生命的千姿百態。道和德
的尊與貴,就在於它們是萬有生命力的活水源頭。「道」做爲混一流通之
道,是就萬有生命的感通共振而爲言,而「德」做爲分殊物化之道,是就
混一之道表現出萬有生命的風格分殊而爲言。「道」乃萬物共通之所由
(同一),「德」乃萬物分別之所是(差異)。以隱喻意象來說,「道」
猶如大海般而一切生命力均由它所充盈洋溢,而「德」猶如眾浪般而一切
眾浪湧現均不離大海之充盈激盪。當然大海乃眾浪之德力性相所共成,並
沒有超絕於眾浪之外的大海之道。總之,「德」乃萬物享有的生命活力之
自身,卻又敞開而共融於大道之流,故曰:「孔德之容,惟道是從。」
(二十一章)

　　做爲老莊的體道有德之人,當他洋盈著自身生命力的眞實之德時,同
時呼應於宇宙萬有生命的物化差異,此時充滿生命活力的歡怡乃融於存有
共振狀態,〈齊物論〉讚嘆爲:「天地與我並生,而萬物與我爲一。」即
天地、萬物、人我,皆「由德通道」而冥契於全體生命力的萬化大流中。
這樣包容萬有的一體共感,同時也是欣納多元差異的物化美學。它歌頌萬
有生命力自由自在之奔放,一切盡是純眞無辜的生命遊戲,呼應於自然萬
化之天地大美。道家式存有論與美學統合的美,前提是建立在存有論的本
眞與活力,只有既聆聽天籟的自使自取,聽任萬有爭奇鬥豔之自我生命
活力的朗現,才能產生存有與美學的相應之道。而相應之道便表現於「自
然」一觀念。道家的「自然」一方面既是指道在具體化爲德的運化過程中

之「自化自然」。如所謂「道之尊，德之貴，夫莫之命而常自然」、「道法自然」。另一方面是指體道有德之人聆聽觀照而任一切生命流行、自在自唱地「無爲自然」（觀復自然）。如所謂「功成事遂，百姓皆謂我自然」（十七章）、「希言自然」（二十三章）、「致虛極，守靜篤，萬物並作，吾以觀復。夫物芸芸，各復歸其根」（十六章）。[63]

「自化自然」與「無爲自然」的合一景觀，便是存有與美學的貫通之道，所謂：「道常無爲而無不爲，侯王若能守之，萬物將自化。」（三十七章）即道是源源不絕的生命大流，它分殊性地盈滿於萬有自身性德中，乃是「無爲而無不爲」的「自化自然」過程，此時萬有乃盈滿道德活力而自生自化。而體道有德的侯王則須能「守之」（無爲而守護著道之存有），不禁其源不塞其流地安守在「無爲自然」之任運狀態。此時，存有論的自化自賓與美學的無爲任運，同時成立融通爲一。把握這種即存有即美學的相應之道，才較能觸及由此而來的「玄德」、「上德」、「常德」，即道家所隱含的納受差異萬有的原初倫理態度。而玄德出現的脈絡如：「道生之，德畜之：長之、育之、亭之、毒之、養之、覆之。生而不有，爲而不恃，長而不宰，是謂玄德。」「玄德深矣，遠矣，與物反矣，然後乃至大順。」（六十五章）可見玄德必須先放在存有論的層次來理解，必須放在存有與美學的統合角度來理解，如此深邃、玄妙之德，由於來自於體得混一無名之道，因此必要進到超越定名的層次來理解，如《老子》言「道常無名」、「希言自然」。無名、希言才能尊重自化自然，才能敞開無爲自然，而不單用人類的名言分類來裁判萬有、強制規範。

我們可以從玄德、上德、常德的脈絡，把問題導回道家如何面對罪惡一課題。由玄德而進入「上德」的倫理關懷，以便由此揭露道家是如何思

---

[63] 關於道家的存有論和美學的統合之道，以及道家「自化自然」與「無爲自然」兩層面的統合關係，請參見拙文，〈牟宗三對道家形上學詮釋的反省與轉向——通向「存有論」與「美學」的整合道路〉，原刊載《臺大中文學報》25期（2006年12月），頁322-329，現收於《當代新道家——多音複調與視域融合》，頁107-172。

考善／惡、聖潔／罪惡這類問題。道家批判周代禮樂封建文化，與其說它是專爲批判周文系統，不如說是對透過語言符號所建構的文化機制本身進行批判治療。它批判異化的社會面具與角色扮演的固著框架，企圖重新復歸人與萬物的原初關係。此原初關係是從「夫道未始有封，言未始有常」來善待萬有生命，所以它一方面具有治療文化異化的更新效果，另一方面則泰然任之於萬化自在的原始關係。道家和儒家對周文疲弊的診斷和藥方不同，顯示兩種不同的價值取向：儒家是文化建構取向，故要承繼周文以恢復其活水源頭，企圖使文明的規範形式找到主體仁性的自覺基礎。道家則是文化治療取向而渴望恢復原初的活水源頭，治療文明規範制約所產生的僵化暴力，企圖在原初倫理與規範倫理之間找尋轉化關係。道家要復活的是渾沌之善並拯治污穢與潔淨的二元對立。這種渾沌狀態意義下的玄善上德，是以什麼態度看待善惡規範？《老子》言：

　　上德不德，是以有德。下德不失德，是以無德。上德無爲而無以爲，下德爲之而有以爲。……故失道而後德，失德而後仁，失仁而後義，失義而後禮。夫禮者，忠信之薄而亂之首也。（三十八章）

　　「上德」是道家眞正肯定的，它由存有論與美學的統合概念「玄德」而來，其中的「上」不是上下相對的「上」，而是由「玄」而來的「絕對性」，嚴格講它是超越二元對立的無名上德。「上德不德」的「不」是批判治療的超越、否定之意，而「不德」之「德」，既指相對性的周文儒式道德，也可廣泛指涉一切語言符號所建構出來的社會倫理規範。而經由「上德不德」的否定辯證，才能說「是以有德」（此時擁有的德才是上德），可見，由「無名玄德」而來的「上德無名」，必須超越相對的善惡倫理規訓。一般倫理規範肯定善方、裁判惡方，在《老子》這便落入「下德」，即語言二元結構所建置的價值對立和衝突。由於人們在價值意識型

態的內化和執取的規訓過程中，認同並追求價值的正向以獲求社會認同和自我實現，因此便要時時強求自己競逐於「不失德」（此時堅執不失之「德」乃相對有名的下德），結果在堅持追逐善名、善行的同時，掉入《老子》所批判的「無德」之境。因為無法超越二元價值的擺蕩矛盾，故無能隨順無名玄德，亦無能體得上德無名，故曰「無德」。「上德」超然於價值裁判故曰「無為」，「上德」無心於二元的名言分判故曰「無以為」。至於「下德」在事相上呈現懲惡揚善之作為故曰「為之」，心境上則不斷進行善惡分別的命名衝動故曰「有以為」。最後，《老子》總結從無名到有名的支離破裂的次第：只有「失道」了，亦即離失了無名玄德、上德無名之境，才會落入語言分類下的「而後德」之徵向，此「後德」之「德」便是語言符號在不同的歷史性、地方性所建立出來的相對性倫理框架。順此而下，在渾沌之道已死、道術已為天下裂的情況下，二元之德的律令將更加競逐演化，一步步延展出更具體化的相對性價值規範，如仁、義、禮等，尤其一旦進入了「禮」的社會契約和規範框架，那麼語言文化的價值意識型態之僵化固著就很難避免，原來那無名而自然的純真厚樸不再復見矣，從此進入《莊子》嘲諷的「八德」苦境：「有左、有右，有倫、有義，有分、有辯，有競、有爭，此之謂八德。」

　　由無名玄德來的上德無名，其所發出的倫理態度，本著存有論與美學的真、美與活力，聆聽靜觀一切生命自身，轉化語言切割而來的裁判和抑制，採取包容、諒解、滋潤之良善。這種由上德無名而來的倫理態度，並不以語言分類的一方對立於另一方的計算之善，而是渾沌之善、上德之善。正如《莊子》渾沌寓言點出的，南北二帝所體會到的「渾沌待之甚善」，此中「甚善」的玄機便在於尊重順任一切生命自在地開顯自身。渾沌沒有區分南北的地方差異，沒有計較二帝的身份差別，沒有一絲語言分判之價值暴力強加在儵和忽的身上。當一切回歸渾沌之道、上德無名之時，儵忽之別、南北之分，皆在「環中」能包容一切差異下，得到在其自己之復歸。是故儵忽二帝的快樂是「復歸於嬰兒」的遊戲之樂，也是「彷

徨乎无爲其側，逍遙乎寢臥其下」的無用之樂。就在「不用成心」的納受差異中，萬有生命的本眞活力受到尊重肯定，生命的原初倫理關係恢復自然相親。

渾沌之善、無名上德，《老子》又勉強權名爲「德善」、「德信」：「善者吾善之，不善者吾亦善之，德善。信者吾信之，不信者吾亦信之，德信。聖人在天下，歙歙爲天下渾其心，百姓皆注其耳目，聖人皆孩之。」（四十九章）善者／不善者、信者／不信者，儘管社會對它們的價值取向有正負之別，但一樣都是語言所分類出來而對立於兩端，一般堅持有名之下德者，必會取善取信，捨不善捨不信，兩者雖一體難分卻不可正邪兩立。然而，老莊卻以渾沌之善、上德之善來化導，將符號命名的畛界之僵化與暴力加以暫時「擦抹」（under Erasure）[64]，結果使得語言分割的疆界趨於柔軟，讓善與惡、信與不信等名言標籤落下，一切還回生命力之天眞流動。對此《老子》又稱其爲：「常德不離，復歸於嬰兒……常德不忒，復歸於無極……常德乃足，復歸於樸。」（二十八章）「常德」讓百姓復歸孩童渾樸整全之心，而孩童渾樸之心正呼應遊戲於無用的詩意時光，此種逍遙無爲的詩意時光中，沒有善惡之名之行，只有天眞純粹的遊戲律動。道家認爲一般倫理學由於落入「善／惡」翹翹板的鬥爭之環，因此不管如何揚善懲惡，終是難逃「道高一尺，魔高一丈」的恐怖循環[65]。

---

[64] 這個概念取自德希達（Jacques Derrida），而德希達發明此概念是從海德格而來，海德格爲表明「存有」一詞無法眞正表達「超越名言」的「存有自身」，故在勉強稱其爲「存有」的符號上，打上一個「Ｘ」；而德希達的「擦抹」則同時具有消除抹去和保留痕跡的雙重意義，它否定語言的本質意義，但不否定語言具有暫時的軌跡意義，故採取擦抹以導向解構式的語言遊戲。而這裡採取此概念，是爲了強調道家不是完全要取消一般性的倫理規範，而是要鬆開它的二元論意識型態之固著。關於「擦抹」，可參見汪民安主編，《文化研究關鍵詞》（南京：江蘇人民出版社，2007年），頁9-11。

[65] 這種「道高一尺，魔高一丈」的現象，巴塔耶認爲這正是西方基督宗教道德觀的危險景觀：「基督教的鎮壓只能使異教的節日幸存下來，至少在偏遠地區如此。但是崇拜撒旦代替了崇拜古代的神。這就是爲什麼我們可以在魔鬼身上毫不荒謬地辨認出復活的狄奧尼索斯。無論如何，在寂寞的夜裡，祕密崇拜作爲上帝的對立面的這個神的巫魔夜會只能增強一個儀式的特徵，這個特徵本身將節

　　魔對道的反撲報復，其實不是來自外在的醜惡，而是人們以聖善長期壓抑、裁判自己，所分裂而潛藏於心靈底層的「莫名力量」，此莫名力量由於不見容於聖名善行之框架，乃被污名化爲「卑賤」。這種莫名的卑賤力量，久而久之將凝結成人格化的「卑賤體」，有如揮之不去之幽靈，人們既恐懼它又魅惑於它，想遠離它卻又被深深吸引。對此克莉斯蒂娃（Julia Kristeva）極爲深刻而動人地描繪出，這種被主體自我所賤斥而成的「卑賤體」（abject）之反叛魅力：

　　在卑賤情境之中，其實蘊含著一種狂熱而模糊的反叛，它是出自存有者在面臨威脅時，所激起的對抗……它就在那裡，靠得極近極近，卻無法被同化。它煽動、煩擾、蠱惑著從不易任人引誘的慾望……只是，這股衝動、這陣痙攣、這番驚跳，仍然被引向一處無比誘人又遭人唾棄的他方……當我受到卑賤情境侵襲時，這個我稱之「卑賤情境（abjection）」的、由眾多情感和想法纏繞而成的混合體之中，嚴格地説，並無一可被定義的客體。卑賤體並不是自主體由內向外投射，而與我面面相覷、可以被我命名或想像的對立客體……卑賤體既然作爲一個已遭徹底逐出的墮落物，卻把我引導向一個意義崩解的所在。於是，某個與超我這位主人混融的「自我」，便硬是把這個部分趕出去。它在外面，外於這個它似乎認不出遊戲規則的我的世界。然而，在這流亡生涯中，卑賤體從未停止它對主人的挑戰。總是在未曾預警之下，它促使主體進行一種釋放、教他驚厭，逼迫他發出吶喊。每個自我都有其對應的客體，而每個超我都有它的卑賤體。[66]

日的顛覆意義推向極端。」〔法〕巴塔耶（Georges Bataille），劉暉譯，《色情史》（北京：商務印書館，2006年），頁110。
[66]〔法〕克莉斯蒂娃，彭仁郁譯，《恐怖的力量》（臺北：桂冠圖書股份有限公司，2003年），頁3-4。

　　自我在想要不斷走向超我的同時，卻創造了一個莫名的卑賤體。從此，自我將永遠擺盪在超我與卑賤體之間，甚至當人們在最接近超我的同時，也是卑賤體最有魅惑力的時刻。同理，對於道家而言，身陷「道高一尺，魔高一丈」的擺盪，絕不是最好的道德倫理處境。因為它終將掉入生命對抗生命，自己反對自己的魔咒，而永不得淡泊寧靜，因為卑賤體的挑戰反噬是永不停止的，除非這個被自己異化為「他者」的自身生命力量能得到釋放。所以道家主張，與其落入寵辱若驚、禍福倚伏、正奇流轉、善妖輪生的迷惑境地：「得之若驚，失之若驚，是謂寵辱若驚。」（十三章）、「禍兮福之所倚，福兮禍之所伏。孰知其極？其無正。正復為奇，善復為妖。人之迷，其日固久。」（五十八章）不如對善名／惡名、肯定／否定暫時兩忘，而化之以無名之道：「泉涸，魚相與處於陸，相呴以濕，相濡以沫，不如相忘於江湖。與其譽堯而非桀也，不如兩忘而化其道。」[67]

　　道家這種以包容取代壓抑、理解取代裁判的「兩忘」主張，更合乎現代深度心理學對人性結構的洞察。除了上述克莉斯蒂娃的主張外（主要受佛洛依德（Sigmund Freud）和拉岡（Jacques Lacan）影響），心理學家諾伊曼（主要受榮格（Carl Gustav Jung）的啟發）也一再指出，事實上每個生命整體都同時擁有堯與桀的力量，當社會的集體價值只允許某種力量以某種方式來呈現時，整體必然要自我分裂為表層社會人格和底層陰影人格，而這兩種心理動能將處於永無止盡的鬥爭。那看似平靜安穩的社會人格，實乃建立在隨時將越界翻湧而上的陰影地下室。因此為維持表層人格的疆域於不潰，只好更加壓抑心理底層的能量，將污穢化的地下室陰影徹底「他者化」，甚至以尋求代罪羔羊的方式將其投射出去。換言之，人若無能以自覺方式面對陰影人格，將其接納整合為生命整體的部分，就只好以壓抑的方式將它暫時隔絕或遺忘。然而一旦陰影人格力量在壓抑下愈來

---

[67] 莊周，郭慶藩輯，〈大宗師〉，《莊子集釋》，頁242。

愈強大時，一則可能墮入人格分裂的危機，再則就是以外在投射的暴力方
式來犧牲無辜：

　　基於陰影存在的這種罪惡感被個體和集體以同樣的方式──
也就是說採取陰影投射現象的方式從體系中摒棄。與公認的價值
相抵觸的陰影不能被人們接受為自己的精神的消極部分，因而被
投射──也就是說，它被轉移到外部世界並被感受為外部物體。
它被當作外部的異己而加以鬥爭、懲罰和消滅，而不是被當作
「自己的內部問題」處理。舊道德用來消除這些內疚感並拋棄被
排除的消極力量的方式，其實是人類面臨的最大危險。這裡我們
所想的是經典性的心理應急辦法──用替罪羊來替代……這裡對
集體的淨化是莊嚴地把一切不純和邪惡都堆加在替罪羊頭上，然
後把它流放到荒野去。[68]

　　將自身的生命整體分離為二，並將原本屬於整體的部分力量異化疏離
為他者，對於這種心理動能和結構的倫理困境，諾伊曼稱其為「舊道德」
的處理方式。也就是在社會的二元價值裁判中，人分裂自己為兩邊，以神
聖的一方污名化另一方，原本無辜的生命力遭受暴力的自我譴責和否定，
結果它終將爆發而反噬自身，這裡可看到和克莉斯蒂娃對卑賤體的探討所
揭露出來的同樣心理結構。換言之，污名化來自自身的生命力，壓抑否定
它是無法真正得到安祥寧靜的，相反地，我們反而要重新接納被賤斥的卑
賤體。[69]因此諾伊曼企圖從榮格的「四位一體」的觀念中，發展出「新道
德」的處理方式，他所謂新道德主要便在於將污穢與神聖的界限加以柔

---

[68] 諾伊曼，〈舊道德〉，《深度心理學與新道德》，頁27-28。
[69] 正視被西方現代性文明所賤斥的卑賤體，幾乎是西方後現代主義者的共同關懷之一，正如巴塔耶所
言：「否定性欲，污穢，死亡，讓世界服從我的行動。但是這種否定是虛幻的。最終我應該從我感
到羞恥的肉體起源方面思量，這畢竟是我的起源。」巴塔耶，《色情史》，頁75-76。

軟，應該將光明射入黑暗、讓黑暗大陸浮出地面，以便接納陰影人格而復歸完整的個體化（individuation）生命本身。[70]

　　諾伊曼心理學式的新道德主張相應於道家的洞察。「譽堯而非桀」是一般規範倫理所謂的道德模式，乃不脫諾伊曼所謂充滿壓抑的舊道德形式。但對於道家言，去除罪惡的最好方式並非以神聖之名去譴責罪惡之行，反而是抹去神聖之名、諒解罪惡之行。因為就道家看來，神聖／罪惡都不具有先天本質性，也不具實體般的不變動性，它們都逃不開語言在歷史時空中的建構，而且相生相立、陰陽合體，肯定一端的出現，否定一端便也同時成立，《老子》所謂：「智慧出，有大偽；六親不和，有孝慈；國家昏亂，有忠臣。」（十八章）因此與其透過鬥爭的方式想要減殺無辜的生命力而不可得，不如理解神聖和罪惡的語言學起源。理解罪惡與神聖產生的語言癥結，從此才能化導罪惡之行、平淡神聖之名。最後乾脆聖名、惡名暫且兩忘，只有當下無名無用的遊戲天真。依此我們才較容易理解道家為何主張：解構聖智名、放下仁義行，因為如此才能復歸無名而有自然的玄德上德之利，故而強調：「絕聖棄智，民利百倍；絕仁棄義，民復孝慈；絕巧棄利，盜賊無有。此三者，以為文不足。故令有所屬，見素抱樸，少私寡欲。」（十九章）上述語句看似讓人驚異，它不但不先去譴責罪惡，反而從批判神聖美名的意識型態下手，如絕聖棄智、絕仁棄義、絕巧棄利、不尚賢、不見可欲、不貴難得之貨。但它並非是要歌頌惡名與罪行，而是在洞察並理解到善惡名行的語言學起源和結構後，發現釜底抽薪的治療之道，因此採取先釋放壓迫的源頭（即神聖暴力、以理殺人等），終而瓦解名言分類之二元魔咒，以回歸一個自然渾樸的生命力來表現自身。結果反而成就了民利百倍、民復孝慈、盜賊無有、使民不爭、使民心不亂、使民不為盜等功能。當道家解構了神聖的價值中心，同時也就釋放了中心霸權和邊緣幽暗的對立，如此才是「上德」所採取的拯救之

---

[70] 關於上述諾伊曼的主張，請參見諾伊曼，〈新道德〉，《深度心理學與新道德》，頁54-78。

道、倫理態度。（有關本節所謂「原初倫理」的更多細節討論，可參見本書第三章，〈原初倫理與規範倫理——《老子》的渾沌玄德與他者關懷〉）

四、差異倫理：從「賤斥他者」到「納悅他者」

　　如上所述，道家的存有與美學的統合之道，隱含著原初的倫理態度。具體言之，則是「自化自然」與「無為自然」統合為一，由「無言玄德」開顯出「上德希言」，萬物便在這自化無為的自然中自開自落、自吟自唱。在此生命得到本真的力與美之開顯，不僵化於語言的分類和評價，所有存在都以原初關係而通達於「天地並生，萬物為一」的大化遊戲中。在這無名的大化遊戲中，一切關係處在天籟般的眾聲喧嘩，既同一又差異的氣之交換，柔軟中心與邊緣的價值區分，敞開一個不賤斥他者的共生世界。這種包容他者、納受差異的特性，我們暫且可方便權稱為差異倫理。筆者先從「天籟」這個音樂隱喻說起，再描述道家所謂沒有他者被賤斥的差異倫理風景。

　　〈齊物論〉曾以音樂隱喻方式，揭露體道而具上德的真人南郭子綦之「天籟」境界：「吹萬不同，而使其自己也，咸其自取，怒者其誰邪！」[71] 對比於人籟和地籟的有待於怒者，天籟是無待於怒者的音樂隱喻，它讓萬有回歸「天地並生，萬物為一」的存有開顯之境（即「自化自然」），也是觀照和聆賞萬物的物化美學之境（即「無為自然」）。天籟需透過「形槁木、心死灰」的「喪我」工夫而獲得，因為「自我」的構成不外乎身心兩造，而身心所共構的自我實不能脫離社會、歷史、文化的系統形塑。而文化形塑、社會規訓所內化的身心習性，所凝結而成的自我同一性思維，其關鍵又可溯源前文所論及的「語言」。人的社會文化性是由語言符碼所羅網交織而成的，所以「我」不是白板而是銘刻錯綜複雜符號

---

71 莊周，郭慶藩輯，〈齊物論〉，《莊子集釋》，頁50。

的語言叢結。這樣的「我」便是《老子》「始制有名」建構下的「有爲」之「我」，身體是社會文化符號意義下的象徵身體，[72]心靈也充滿了社會文化符號所設定的意識型態。[73]可以說，身體、心靈、自我皆是語言分類下的構造物。對於道家，這種名言意義下的我之存在，不具有先天本質性，它更不是自然無名的原初本眞。爲了回復自己與自己的本眞關係、還原一切存在的本眞實相，不得不長途跋涉地走上一條「喪我」之路，柔軟語言符號對身心的「即開顯即遮蔽」，以對語言分類的價值銘刻進行價值重估與更新轉化。

　　上曾論述，眞人喪我後處於無爲之自然，而「無爲之自然」乃敞開參贊於「自化之自然」，無爲與自化皆只能在「非定言（無定名）」中，才得以現身、得以互證。此「自化之自然」便是天籟隱喻的核心精神。首先要確認的是，天籟是混雜之道的冥契世界，一切存在皆融入沒有絕對此疆彼界的氣化流行中，正所謂〈知北遊〉的「通天下一氣耳」。「通」者，沒有絕對封閉隔閡，這是一個氣化不斷交換的連續流動世界，生命在此沒有內外之隔絕、主客之旁觀，而是共在相擁、相即相入，這才是生命「在世存有」的原初情境。這種天籟所隱含的原始親密關係，或許可以呼應將海德格的存有學發展爲倫理關懷的列維納斯（Emmanuel Levinas）主張。他說倫理學才是最原初的，而肉身擁抱與愛撫則是人類生命最原初關係的互動，它先於任何主客的旁觀或佔有關係。[74]

---

[72] 對於文化人類學家而言，身體必定是個系統，是地方化的符號體系之象徵。參見鮑伊，〈作爲象徵的身體〉，收於《宗教人類學導論》，頁43-72。

[73] 對巴特（Roland Barthes）而言，人離不開符號活動，一旦不能覺察符號背後由歷史所建構的意識型態性，就很容易將之視爲自然法則，如此而染上神話學的色彩，因此要從事「解神話」的活動。參見〔法〕巴特，許薔薔、許綺玲譯，《神話學》（臺北：桂冠圖書股份有限公司，2000年）。

[74] 「列維納斯告訴我們，與他者的關係『先於所有存在論；它是同存在的最終關係。存在論預設了形而上學』；而且，由於這種關係也是倫理的，列維納斯也斷言倫理學優先於存在論。」、「在肉欲之愛中，無論自我還是他者都沒有被取消；兩者實際上都被確證了，因爲他者是被作爲他者來欲求的，而不是作爲一個被還原成同者的不同者。被愛者是被『愛撫』而不是被『占有』。」〔英〕戴維斯（Colin Davis），李瑞華譯，《列維納斯》（南京：江蘇人民出版社，2006年），頁64、50。

　　由於沒有固著語言分類範疇所限定的疆界和裁判，生命在其自身便能以整體力量之流自然而行，然後讓一切生命之流相互敞開、共振交響。此境便是天籟的音樂交響世界，每一存在自吟自唱不受抑制與裁判，彼此又多音共鳴爲一無窮豐富的交響樂。這是一個擁有無限差異的合唱，因爲每一頌唱都是「使其自己、咸其自取」，沒有任何背後的支配、強迫的「怒者」，一一皆是在其自己的差異之聲。但每一差異之聲又不封閉限隔，既唱出自身也合唱共響，如此一來又共成一個既差異又交織的交響曲。這種力量與力量共生共榮的音樂隱喻，即是天籟的「同一」與「差異」不一不二的綿延無盡。

　　德勒茲（Gilles Deleuze）爲呼應尼采永恆回歸的世界觀，也曾提出類似的音樂隱喻，或可和上述的天籟相互發明：「迄今只有一個本體論命題：存在是單聲部的……從巴門尼德到海德格爾，所採用的都是同一個聲音，都在同一個聲音的回蕩之中，這個回蕩本身施展開了單聲部的渾身解數。一個單個聲音構成了存在的喧囂。」[75]、「哲學與本體論相融合，但本體論融合的是存在的單聲部。存在的單聲部並不意味著只有一種存在，相反，存在是多元的和有差異的，它們總是由一個分離的綜合體生產出來的，它們本身是分離的和發散的。存在的單聲部意思是說，存在是聲音，它言說自身，而且是以它所言說的每一事物的單一『意義』被言說的。它所言說的東西都不是相同的，但對它所言說的每一事物而言，存在是相同的。因此，對發生於大多數不同事物的每一件事來說它都是獨特的事件，是所有事件的終極事件，所有形式的終極形式，它使自身內部所有分離的形式形成共鳴和分支。存在的單聲部與分離性綜合的積極使用相融合，這是最高級的肯定形式。如我們在理想的遊戲中所見到的，這本身就是永久回歸，是對某一單一時刻內的所有機會的肯定，是爲進行全部投擲的一顆

75　〔法〕德勒茲，〈自在的差異與虛擬性〉，收於陳永國編譯，《游牧思想——德勒茲‧瓜塔里讀本》（長春：吉林人民出版社，2003年），頁65。

獨特的骰子，是所有形式和所有時代的一個惟一存在，是所有存在物的一個惟一堅持，是所有生命的一個惟一幻影，是每一聲哼唱和大海中每一滴水的惟一聲音。」[76]

德勒茲的「單聲部」是指天籟交響回蕩所成的「整體一味」，但具體言之，所謂「單聲部」實由無限多元的差異之匯流，如同大海一音實由百千萬波浪交響而成。故整體一味，乃百千滋味。筆者關懷的重點是，這個同一與差異相即的存有力量之景觀所帶出的倫理意義。大海中的浪浪相擁、峰峰相連，彼此自歌自詠又聆聽彼此，這樣的世界自身就是徹底的倫理世界。這是一切存在共享的原初倫理世界，而不是人類中心、限於社會秩序的規範倫理。就在這個共在相親的原始關係中，道家將之歌頌為一個沒有賤斥他者的樂園，打破分類禁忌的狂歡遊戲世界。[77]

特別要強調的是，道家所謂的「沒有他者的樂園」，絕不意指一切存在物皆被消融到同一性的道之中，而是指在這個天籟的交融共唱中，沒有任何一個存在被人類中心主義的語言分類所賤斥，每個生命都回到自身的中心，而不是成為別人生命眼光下的「邊緣他者」。對這種「以物觀物」而不是「以我觀物」，萬物自使、自取的天籟境界，暫時勉而強名為沒有他者的樂園。事實上，天籟樂園是由無盡差異所共融的樂園，其中沒有任何一物能被化約。對於這種自使自取、不能被化約的差異存在，如果用列維納斯的概念，則又可權稱為絕對的「無限他者」。因為每一存在皆差異於其他，而彼此間是不可共量的，不能被我的認知暴力給同一化，只能絕對地納悅千差萬別的差異。[78]因此道家這個沒有他者的樂園，用列維納斯

[76] 德勒茲，〈哲學的意義與任務〉，收於陳永國編譯，《游牧思想——德勒茲・瓜塔里讀本》，頁76-77。

[77] 這裡的「狂歡」採巴赫金的意義，即在狂歡節儀式中，所有官方、正統、上層的分類秩序和禁忌，都被打破而回歸一近乎渾沌的生命力狀態。巴赫金的狂歡儀式、笑的哲學帶有顛覆的文明治療意義，可和道家相對話比較，參見〔俄〕巴赫金（Mikhail Mikhailovich Bakhtin），李兆林、夏忠憲等譯，《拉伯雷研究》（石家莊：河北教育出版社，1998年），頁1-69。

[78] 列維納斯將同一性形上學與暴力等同起來，因此轉向無限他者的絕對差異性來：「列維納斯則把

的概念，則又成就了一個充滿「無限他者」的差異倫理。[79]

　　不管是「沒有他者賤斥」的原初倫理，還是充滿「絕對無限他者」之差異倫理，可以確定的是，只有在這個關係親密的原始情境氛圍裡，才能理解爲何《莊子》要歌頌異文化、歌頌支離者，甚至讚嘆一切無用者。任何被社會所視爲邊緣無用的他者：如醜者、兀者、犯者、禁者、不潔污穢者等等，皆重新回到舞臺中央來，他們不再是邊緣物、卑賤體，反而成爲了道的最佳代言人。社會價值評判下的無用標籤一旦落下，一切存在便回到那無辜而可親的生命自身來。底下我們來看看《莊子》是如何幽默地描述這沒有賤斥他者的歡怡世界。

　　一般倫理規範的世俗社會裡，價值的正向受到高揚與追求，同時它建立在對負向價值的賤斥和放逐。每個社會都會有它樹立的價值中心圈，相對於中心圈外的邊緣之地，便放逐了諸多陰暗、失範、帶罪、恐怖、異物。它們或被視而不見、或被認定危險，甚至隨時會因異己而被當成了替罪羊。對於這樣的邊緣異物，由於不能被眞正接納到正軌的社會秩序來，因此可統稱爲污穢不潔而危險的他者世界。這個次級世界充斥著各式各式的卑賤體：諸如怪者、醜者、死亡、無用者、犯禁者、文化低劣者、無法歸類者，等等有待排除的不可接觸物。[80]

柏拉圖到笛卡爾一路思想家建構的形而上學及其同一性的幻想讀成『暴力哲學』，反過來將『他者』、『自我與他者的關係』引入這一哲學文化體系之中，引發一場出離希臘存在論的反叛運動。列維納斯通過把『他者』激進化，引出一種『絕對差異性』，掙脫畫地爲牢的形而上學存在論體系，最後引爆一場思想的『災變』。『災變』，就是星球漂移天體秩序的迷亂狀態，也就是『差異』不斷產生和不斷散播。」汪民安主編，《文化研究關鍵詞》，頁19。

[79] 關於列維納斯對「同者」、「他者」、「無限他者」等倫理學的討論，參見《列維納斯》，頁37-68。另參見金惠敏，〈無限的他者——列維納斯的形而上學〉，收於氏著，《後現代性與辯證解釋學》（北京：中國社會科學出版社，2002年），頁153-171。

[80] 鮑伊：「大多數社會都會有一些群體被看做實際上處於『人類』範疇的邊界之外。這些人中可以包括印度種姓系統之外的『不可接觸者』，納粹德國中的猶太人，甚至包括當地居民眼中的吉普賽人和旅行者。對某些民族來說，同性戀的男人或女人，不同膚色或不同宗教信仰的人，都可能被視爲『界限之外』的人。如果發生戰爭和衝突，敵人首先會被『失人性化』，然後可以對之大開殺戒。在每一個例證中，我們都不是在與生物學的『自身』打交道，而是關聯到象徵的分類。正是這些範

　　奇異的是，在《莊子》眼光下，世界顛倒過來了：上／下、貴／賤、美／醜等正典秩序都被位移了。例如一向爲人類所恐懼的死亡與屍體、被人類所厭棄的屎溺，對《莊子》而言都不再是被賤斥的他者。正如克莉斯蒂娃指出的，死亡、屍體、糞便對人類而言，都帶有逼迫人們觸及生命極限的難堪處境性：「屍體，這無可救藥地衰落的物體，死去、變成垃圾。對那些視死亡爲遙遠而虛幻的偶然的人而言，眼前的死物，更爲猛烈地衝擊著他們的身分認同……像屍體這樣的殘物，向我們清楚昭示著我爲了活著而不斷逃離的東西。死亡透過這體液、污漬、糞便，教生命勉爲其難地、痛苦不堪地承受著。作爲生者的我，在此觸及生命處境的界限。」[81] 但是在《莊子》「以物觀物」的眼界下，「死亡」不是「生命」的對立物，它不再是禁忌的陰影世界，反而從「死生一貫」、「生死一條」的整體角度，正視、理解、接納、超越一般對死亡的恐怖。如此一來，死亡不再是他者世界而充斥著鬼影幢幢之遠方異物，它是可親可安的世界。生死之間的藩籬，成爲了「方生方死」的連續性整體。順此，喪禮不必過分哀痛、可以安時處順（從老聃死、莊子死、莊妻死等帶有挑戰儒家喪葬禮制的寓言看，都帶有安時處順的意味），因爲這是「歸根曰靜，是謂復命」（十六章），是生命的安息而不是終止：「夫大塊載我以形，勞我以生，佚我以老，息我以死」（〈大宗師〉）。《莊子》甚至透過各種戲仿、遊戲方式來歌頌死亡的不可知性（如〈齊物論〉的驪姬悔泣），死亡是那樣自然甚至可以美好（如〈大宗師〉的子輿之病、子桑戶之死等描述）。更另類的是，屍體腐爛殆盡後的髑髏，不但不必是極度恐怖污穢之禁物，它竟然還可夜入夢中教示莊子死後快樂之理（〈至樂〉）。最後，人人嫌棄的排泄物，居然也成爲了道的棲居之所，對此《莊子》似乎以戲謔而歡怡的聲調，高喊道不僅在一切低下處卑下物，如螻蟻、如稊稗、如瓦甓，更

對我們所意願的或所代表的東西，決定了我們對其他人的行爲。」《宗教人類學導論》，頁44。

[81] 克莉斯蒂娃，《恐怖的力量》，頁5。克氏此洞察，主要是承續巴塔耶的洞見，參見《色情史》對死亡、屍腐、排泄、性欲等相關禁忌的討論。

是「在屎溺」（〈知北遊〉）。

對道家而言，原始無文的自然部落生活也不必是野蠻低等的他者。我們在〈齊物論〉中看到儒家的聖王堯，由於無法將他心中的禮樂文化教養廣被於南方的原始部落（宗、膾、胥敖），因此悶不釋然、興起討伐之心。然《莊子》藉由舜之口，指出這種企圖將某一文化形式、價值規範強加給所有不同地方文化的想法，不正表現出文化霸權、文化殖民的同一性暴力嗎？而《莊子》藉由舜口所說出的「昔者十日並出，萬物皆照，而況德之進乎日者乎！」正反映道家認同文化多元差異的精神。另外〈逍遙遊〉也提到宋國生意人，以宋國的禮教價值意識型態，理所當然地以為宋人生活必備的章甫禮冠是普遍適用於一切時空，因此他雄心勃勃、自認精明地往南方越國做生意，才發現文化的多元差異，原來南方越人的斷髮文身是屬於另一個自生自長的地方文化系統。在《莊子》看來，宋國和越地之間的文化差異是不可共量的，與其將自我中心的價值意識型態強加給別人，將自己的地方性擴張為普遍性，不妨欣賞多元豐富的在地性差異文化。總言之，禮教與原始之間是不該直接被視為進步與落後、文明與野蠻的二元對立。而原始自然更不該被賤斥為化外之地的他者，等待我們自以為是禮教文明的中原大國之救贖。這裡隱含著道家對文化優越感背後的道德暴力和權力擴張之質疑。[82]

再則，一切形貌醜陋、身形殘缺者皆不是他者。〈德充符〉的哀駘它雖然就一般美醜的評價看是奇醜無比的「惡人」，但《莊子》卻不可思議地許他：丈夫與處思而不能去，婦人見之寧為夫子妾，甚至連魯哀公和他相處後都想將國家拱手讓與。惡人的魅力如此巨大，令人不得不詠嘆：

---

[82] 道家這種對多元文化的尊重，可以相應於人類學者對異文化接觸的反思。在人類歷史文明發展的過程中，原始無文字的自然部落生活，極容易被視為野蠻的他者，在這樣評價下，他們幾乎被剝奪了語言、失去了歷史，或者說他們只具有被強勢文明觀看下的「他者歷史」，近來西方許多人類學家又重新思考這些被「他者化」的真正歷史文化向度。參見〔丹麥〕海斯翠普（Kirsten Hastrup）編，賈士蘅譯，《他者的歷史》（臺北：麥田出版公司，1998年）；另參見〔美〕紀爾茲（Clifford Geertz），楊德睿譯，《地方知識：詮釋人類學論文集》（臺北：麥田出版公司，2002年）。

「德有所長而形有所忘」。這裡是要揭露，外表的美醜標準並非先天本質，那是不同歷史時空下的語言界定，況且人類語言界定也只是人類自我中心的設定，它不該無限擴張自己的衡量尺度於絕對普遍性。所以〈齊物論〉嘲諷人類的美感標準之自大與擴張：「毛嬙麗姬，人之所美也；魚見之深入，鳥見之高飛，麋鹿見之決驟。四者孰知天下之正色哉？自我觀之，仁義之端，是非之塗，樊然殽亂，吾惡能知其辯！」[83] 人的「自我觀之」只是語言視域下的一個特定角度，不同語言視域必然產生不同的「自我觀之」，如此一來，便容易落入符號詮釋權力的鬥爭。然對道家而言，美之為美勢必是存有論與美學的統合，當每一生命回歸無言自化的活力自身，就如同哀駘它一旦回歸生命的德性本真（德有所長），那麼也就超越了外表美醜的符號評價（形有所忘），而讓身旁的人強烈地感召他生命自身的整體大美。在道家看來，毛嬙、麗姬之外美是建立在一時一地的符號評價上，它不可能自身成立一個不變動的中心點。同理，當哀駘它的外惡超出了二元符號的框架時，自然也就逃逸出邊緣他者的惡名。另外，〈德充符〉也一再出現類似的殘缺異人、犯禁者，如闉跂支離無脤、甕㼜大癭，如兀者王駘、申徒嘉、叔山無趾，然而這些殘缺醜怪者不但未被驅逐於遠方、異地、邊緣之境。事實上《莊子》反倒讓這些看似小丑類型的人物重新加冕，讓他們登上大道狂歡的舞臺中心，使我們看到的是，當他們與孔子、子產、衛靈公、齊桓公等等，這些上層雅文化精英發生對話角力時，完全展現出出人意料之外的智慧大美。換言之，原來屬於智慧精英的上層雅文化代表者，反而被《莊子》脫冕了，在這個狂歡大道舞會上，美／醜、雅／俗都被位移顛覆了，身形殘缺、其貌不揚，不必再是被賤斥的他者了。[84]

---

83 莊周，郭慶藩輯，〈齊物論〉，《莊子集釋》，頁930。

84 巴赫金：「狂歡節的形式和象徵的特殊語言，一種非常豐富，能夠表達人民大眾複雜統一的狂歡節世界感受的語言。這種世界感受與一切現成的、完成性的東西相敵對，與一切妄想具有不可動搖性和永恆性的東西相敵對，為了表現自己，它所要求的是動態的和變易的、閃爍不定的、變幻無常的

　　又如無用之人、無用之物也不是他者。一個社會的價值儘管可以多元，但基本上都不離「有用」這一評量視角（《莊子》所謂「功」），舉凡無用之人如：老者、流浪者、病弱者、殘疾者等，無用之物如：不合規矩之奇木、不合繩墨之大瓠等等「恢恑憰怪」者，幾乎難逃落得邊緣的命運。然而《莊子》卻透過〈人間世〉的支離疏、〈逍遙遊〉的大瓠、巨木等等看似無用之人與物，讓他們重新找回生命本真的初衷，另類成就了「無用之大用」的景觀。支離疏是典型的殘疾無用之人，他不但對社會的功業沒有用處，反而還是社會負累，《莊子》不但未加添邊緣人的悲劇情調，反而以幽默的哲學強調他：「足以養其身，終其天年。」換言之，不合乎社會的功用尺度（無用），反使他得以回歸生命自身（大用）。相反地，對於有用的事物，《莊子》不禁反諷：「山木自寇也，膏火自煎也。桂可食，故伐之；漆可用，故割之。人皆知有用之用，而莫知无用之用也。」[85] 只有解構了有用／無用的語言分類之價值裁判，生命才有機會超越二元而還回自在身。總之，「無用之用」的妙用處只在於回復無名之自然，《莊子》筆下的無用之人如是，無用之物亦如是。表現在惠施棄而不用的大瓠和匠者棄而不顧的大樗，《莊子》一本美學的觀物態度，讓這些不合人類功用尺度的實用物、工具物，一一回歸物之在其自己。然後在存有與美學的統合之道的觀照下，讓人我兩忘、物我交融地遊戲於逍遙的美學天地裡。如此才有《莊子》以大瓠為大樽而浮遊江湖之逍遙時光，任大樹長於無何有之鄉、廣莫之野，然後「彷徨乎无爲其側，逍遙乎寢臥其下」（〈逍遙遊〉）。從某個角度說，無用之人和無用之物在《莊子》的

　　形式。狂歡節語言的一切形式和象徵都洋溢著交替和更新的激情，充溢著對佔統治地位的真理和權力的可笑的相對性的意識。獨特的『逆向』、『相反』、『顛倒』的邏輯，上下不斷易位、面部和臀部不斷易位的邏輯，各種形式的戲仿和滑稽改編、降格、褻瀆、打諢式的加冕和脫冕，對狂歡節語言說來，是很有代表性的。在一定程度上來說，民間文化的第二種生活、第二個世界是作為對日常生活，即非狂歡節生活的戲仿，是作為『顛倒的世界』而建立的。」《拉伯雷研究》，頁12-13。

[85] 莊周，郭慶藩輯，〈人間世〉，《莊子集釋》，頁1860。

筆下，解離了做為社會他者的邊緣窘境，回到了生命在其自己的中心，而這種物我相遊的純然遊戲時光，則近乎巴塔耶的非生產性、非有用性的、無條件性的消盡，那是當下生命力的轟然釋放與純粹耗費。[86]

再則，渾沌無名不是他者。人類自從使用語言文字以來，莫不渴望透過「名以定形」來確定秩序，亦即透過二元語言結構的符號化過程，來演繹出井然有別的價值秩序來。因此渾沌無名很自然會被當成混亂危險，因而帶有恐怖的力量。因此語言代表黃帝四面所打開的分類秩序世界，而渾沌則是語言未定之前的怪異物。許多文獻記錄，都將渾沌投射為一個令人毛骨悚然的吃人獸物，如《左傳》提到：「昔帝鴻氏有不才子，掩義隱賊，好行凶德；醜類惡物，頑囂不友，是與比周，天下之民謂之渾敦。」[87]《神異經》則提到：「昆崙西有獸焉，其狀如犬，長毛四足，似羆而無爪，有目而不見，行不開，有兩耳而不聞，有人知往，有腹無五臟，有腸直而不旋，食物徑過。人有德行而往牴觸之，有凶德則往依憑之，天使其然，名為渾沌。《春秋》云：『渾沌，帝鴻氏不才子也，空居無為，常咋其尾，回轉仰天而笑』。」[88]然而弔詭的是，渾沌在道家世界裡卻翻了身、換了臉，甚至連德性都完全改觀，此即〈應帝王〉那未被鑿七竅前、待人甚善的渾沌。對道家而言，渾沌其實就是「道」的代言人，它是體道者入於未執定語言前的本體模糊狀態——「恍兮惚兮、窈兮冥兮、繩繩兮不可名」。甚至可以說，道家的樂園是一個渾沌無名的樂園。[89]在此，超越語言分類、不可用語言命名的渾沌，不再被賤斥為恐怖

---

[86] 對這兩個無用之用故事的美學詮釋，參見拙文，〈論道家的逍遙美學——與羅蘭・巴特的「懶惰哲學」之對話〉，原刊載《臺大文史哲學報》第69期（2008年11月），現收於《當代新道家——多音複調與視域融合》，頁173-224；另參見巴塔耶，〈耗費的觀念〉，汪民安編譯，《色情、耗費與普遍經濟：喬治・巴塔耶文選》（長春：吉林人民出版社，2003年），頁24-41。

[87] 鄭玄注，孔穎達等疏，《十三經注疏・左傳》（臺北：藝文印書館，1982年），頁354。另外，袁珂根據畢沅的說法，強調《山海經》的帝江，即是《左傳》的帝鴻，因為江讀如鴻。

[88] 〔漢〕東方朔，《神異經》〈西荒經〉，收於《漢魏叢書》，百部叢書集成第19輯，第5函（臺北：藝文印書館，1971年），頁8。

[89] 筆者曾對渾沌的兩面性、黃帝四面以及道家的樂園神話，做過比較詳盡的討論，並以「住守渾沌」

異物之他者，它回歸無辜的力量流動之自身（渾沌可謂是最自然的氣化流行）。對無名渾沌的重新肯定復位，連帶地使《莊子》對那些不合乎嚴格語言分類而成爲不祥的人事物，也給予了重新的肯定和復位。

　　換言之，暫時不可歸類的存在（即略帶渾沌特質）也不是他者。正如道格拉斯所指出的，許多存在被視爲不祥之人、帶罪之物，原因在於他們具有污染、混淆秩序的特質。這導致這些異類存在不是被隔離於神聖，就是被推上代罪羔羊的命運。然而對《莊子》而言，這些所謂失範的非典型人物，完全不具有任何先天本質的原罪，事實上他們只是人類定名定言的符號暴力犧牲品。《莊子》要撕下污名化的標籤，讓這些異人、異物回到不必膠定一義的差異自身。因此莊周以歡快的筆調，歌頌有痔之人、亢鼻之豬、白腳之牛等存在，不但因此不必成爲獻祭的犧牲品，反而因人之不祥的標籤而逃過血的暴力。如此得以還轉生命，回歸自身。這裡便又回應了筆者一開始就所討論過的，神話和道家在面對罪惡不潔時的重大差異立場：原始宗教神話以代罪羔羊的方式驅逐他者，而道家的樂園世界沒有他者賤斥，或者充滿著不可被取消的無限差異他者。（有關本節的「差異倫理」之更多細節討論，可參見本書第四章，〈他者關懷與差異倫理——〈德充符〉對醜惡的文學書寫〉）

五、渾沌玄水的「和光同塵」：非染非淨、非善非惡

　　道家的無名玄德、上德無名的原初倫理態度，表現出：「善者吾善之，不善者吾亦善之；信者吾信之，不信者吾亦信之。」（四十九章）它超越定名分類的本質區分與絕對裁判，要包容差異接納萬象。這種由存有與美學統合之道，所發展而出的接納包容之倫理態度，又可透過「水」的意象隱喻來揭露。故《老子》又言：「上善若水，水善利萬物而不爭，處

和「不住渾沌」來進一步區分老、莊的細微差異，參見拙文，〈莊子神話哲學的系統性研究——意識的起源、發展與回歸、圓融〉，原刊載《清華學報》34卷2期（2004年12月），現收於《莊子靈光的當代詮釋》，頁167-228。

眾人之所惡，故幾於道。」（八章）

　　上善即上德之善、玄德之善，其善不在善／惡對立下的一端之善，而是善／惡未強分之初，那各種差異立場不被輕易裁判的渾然包納之善。此良善表現在理解、接納、包容、滋潤。此一渾沌無面目之善，乃是容許南（儵）北（忽）兩行的中央通道。〈應帝王〉寓言中渾沌的「待人甚善」，此「善」呼應於《老子》上德的原初倫理態度，可以給予兩造不同的是非差異立場——「善者與不善者」、「信者與不信者」——不輕易受到裁判，而可重新進行「兩行」的對話與轉化。所謂「與其譽堯非桀，不如兩忘而化其道」，便是描述這猶如深谷空虛的環中之地，能讓一般所認定的各種是非毀譽之標籤暫時鬆脫，讓各種是非善惡能夠「渾然中處」而相生共化。中央帝的渾沌之善，不但歡迎「善者」「信者」，甚至「不善者」「不信者」也受到納受。沒有一物一事會輕易被裁判被賤斥，正是這種「無棄」的渾然納受，使得老莊的原初倫理、差異倫理，具備了「處眾人之所惡」的藏污納垢（而非輕易裁判污垢）之「處卑」「居下」能耐。

　　渾沌之善、上德之善，《老子》正是用「水」來隱喻，故贊曰「上善若水」。《老子》善用隱喻來對不可常名的道，給予詩歌意象性的啓發，而水意象正是《老子》最廣用的隱喻：「道沖而用之，或不盈，淵兮似萬物之宗。」（四章）「譬道之在天下，猶川谷之與江海。」（三十二章）「大道汎兮，其可左右。萬物恃之而生而不辭，功成不名有，衣養萬物而不爲主。」（三十四章）[90] 體道而來的玄德、上德可以用水來隱喻，這是因爲水的不爭、滋潤、流動等物質特性，呼應並興發了混沌雜然之道的原始倫理特性。[91] 簡單說，這些特性例如有：「善利」、「不爭」、

---

[90] 《老子》的道體與水意象的隱喻之探討，參見拙文，〈從《老子》的道體隱喻到《莊子》的體道敘事——由本雅明的說書人詮釋莊周的寓言哲學〉，原刊載《清華學報》40卷1期（2010年3月），現收於《當代新道家——多音複調與視域融合》，頁337-395。

[91] 黃冠閔：〈音詩水想——倫理意義之一環〉：「物質意象的詩意構作也承載著意義與價值，意象的聲音同時也是價值的呼喚。在此一價值化的實踐過程中，純淨乃道德想像的主要範疇之一。巴修拉也專就淨化之水，來談論水的德行象徵。水的純淨意象在神話、宗教與詩之中早已扮演重要的象徵

「處惡」。首先，「善利」之「利」不是利／害相對的私好之利、裁判之
利，而是普遍之利、包容潤澤之利，因是遍利於一切存在「萬物」，所以
沒有無辜的存在物遭到遺棄，所謂「是以聖人常善救人，故無棄人；常善
救物，故無棄物。」（二十七章）。它之所以能普遍性地滋潤，《老子》
指出這是因為水能「不爭」、「處惡」。渾沌之水由於沒有固化在定名定
言的分類與計算，它沒有一己的私欲愛好，哪裡有需要就流通到哪裡。換
言之，渾沌水德沒有強烈「自我觀之」的趨避之心而來的爭善、爭名、爭
利。這種不爭的渾然水德，具有柔順無我的善回應特質，如《老子》所謂
「聖人無常心，以百姓心為心。」（第四十九章）。他沒有「意必固我」
的常心，故能回應千差萬別的眾生處境，順其脈絡而給予生路。

　　這種「不爭」的水德特質，《老子》更用「處惡」來說。這裡的
「惡」是指不爭善不爭名不爭利而來的包容與承擔，甚至足以容納一般人
厭棄賤斥的罪惡與污垢。這個「處惡」即是「不爭」而來的「兼容」。它
和處中、處卑、處拙、處柔等精神，通而為一。「不爭」、「處惡」由於
不執定於語言分類的趨／避、善／惡之強分，故能展現出渾沌水德的雜然
遍潤，因此《老子》又稱其為「多言數窮，不如守中。」（五章）中者，
乃是渾沌之水不斷湧出的空谷地中，也是萬物出入的源頭活水處。因此
《老子》又言：「上德若谷」（四十一章）、「為天下谷，常德乃足，復
歸於樸。」（二十八章）「江海所以能為百谷王者，以其善下之，故能為
百谷王。」（六十六章）由此可見，「中空之深谷」又是相通於「上善若
水」的另一隱喻，它們同樣「處惡」、「處下」、「處卑」，因此足以容
納千差萬別之渾雜萬有，讓眾竅怒號在此得以自使自取，而不被定於一尊
而受到裁抑犧牲。

　　深谷、大海又是上善之水、不爭之水的常德之隱喻。谷能納、海能

　　作用，而此象徵乃是建立在倫理想像上，而不是建立於現代化學與保健觀念所蘊涵的理性分析、操
　　作程序。藉由物質想像的中介，水的純淨與否直接作用在精神的實踐預期上。」《藝術評論》16期
　　（1996年3月），頁111。

容、水能潤，三者皆能在不爭、處惡的狀態下，表現其「常德」（亦即上德、玄德）。而常德之所以能是常德，又突顯在「樸」之特質上。樸者，未鑿形式而含納一切形式可能的渾然狀態，故常德又能表現出守拙、能樸。最後這個處惡、守中、處卑、歸樸的渾然水德，也能表現出「柔（弱）」之德。故《老子》乃強調：「守柔曰強」（五十二章）、「柔弱勝剛強」（三十六章）、「天下之至柔，馳騁天下之至堅」（四十三章）、「天下莫柔弱於水，而攻堅強者，莫之能勝，其無以易之。」（七十八章）「柔（弱）」相通於「不爭」，它應於水之柔的嬰兒之柔，也是《老子》出現的重要意象。所謂：「常德不離，復歸於嬰兒……常德不忒，復歸於無極……常德乃足，復歸於樸。樸散則為器。」（二十八章）「眾人熙熙，如享太牢，如春登臺。我獨泊兮其未兆，如嬰兒之未孩。」（二十章）「載營魄抱一，能無離乎？專氣致柔，能嬰兒乎？滌除玄覽，能無疵乎？」（十章）水和嬰兒的「柔」，一方面是因為沒有自我之常心，故能隨順於當下。另一方面若從肉體的感觸來說，它們都具有一種給人「撫慰」的特性，亦即物質的柔軟和肉體的撫慰等特質，一旦人們接觸它們時，通常會有一種被滋潤、不孤立的環抱整體感。正如巴塔耶所言：「我們永遠也無法以這種方式發現一個孤立的時刻，在這個時刻，這些通常被孤立的因素肯定不充分。還不如把握產生於擁抱之中的總體顯現的逆向活動。這是因為，在擁抱中，一切都重新揭示出來，一切都以一種新的方式出現。」[92] 所謂在「擁抱」中一切都以新的方式出現，那便是因為生命得到了整體的接納，其中沒有固化的主客，沒有絕對的孤立，沒有被賤斥的他者。而這便是水與嬰兒的環抱之德，給人們帶來的柔軟潤澤。

《老子》有關上善若水的意象，《莊子》裡也不斷出現，只是有時以江湖意象、有時以大海意象，甚至蛻變成「氣」的概念來加以呈現。例如《莊子》傳神地指出，那種落入二元對立的是非價值之傾軋，結果就好

---

92 巴塔耶，《色情史》，頁95。

像魚被打撈上岸不再悠遊自在，卻只能難堪地勉強維持生存，這都是因爲
失去活水源頭的本根所造成的：「泉涸，魚相與處於陸，相呴以濕，相濡
以沫，不如相忘於江湖。」（〈大宗師〉）換言之，只有回歸江湖的渾沌
水德，生命方能超越「譽堯非桀」的擺蕩，才得以寵辱兩忘於江湖大道。
故《莊子》又言：「材與不材之間，似之而非也，故未免乎累。若夫乘
道德而浮遊則不然。无譽无訾，一龍一蛇，與時俱化，而无肯專爲；一
上一下，以和爲量，浮遊乎萬物之祖；物物而不物於物，則胡可得而累
邪！」[93] 人儘管可以在材／不材間不斷計量衡酌，但對道家而言終未免乎
累，不如乘著渾沌之道、無名之德而浮遊，才能入於「無譽無訾」而含納
萬有之境。另外浮遊於江湖的意象，又可轉化爲「遊乎天地之一氣」的概
念來表達，例如：「人之生，氣之聚也。聚則爲生，散則爲死。若死生爲
徒，吾又何患？故萬物一也，是其所美者爲神奇，其所惡者爲臭腐。臭腐
復化爲神奇，神奇復化爲臭腐。故曰：『通天下一氣耳！』。」[94] 可見人
的語言所界定出的美／惡、臭腐／神奇，其實是可以渾然中處而相互轉化
的。

　　最後要提醒的是，道家上述的渾沌之水、上善若水，嚴格講並不是
「清淨之水」，而是染淨未強分前的「渾然玄水」。道家的水德滋潤之療
法，並不同於宗教懺悔儀式經常出現的「淨化之水」。宗教過渡儀式普遍
出現水的洗滌與淨化，哪裡有罪惡哪裡就可以利用水之淨化象徵，來達
到儀式治療的宗教效果。然而宗教之水並非道家之水，因爲淨化儀式的清
水，常常座落在染／淨二元對立的張力下，來呈現它的清洗之德。換言
之，儀式之水是建立在染淨二元結構的前提上，才得以發揮它「由俗轉
聖」、「從不淨到清淨」的淨化效果。然而對道家言，這種染淨二元下的
儀式清淨之水，其實已經遭受到了染污，它早已不是真正納受差異的渾然

---

[93] 莊周，郭慶藩輯，〈山木〉，《莊子集釋》，頁668。
[94] 莊周，郭慶藩輯，〈知北遊〉，《莊子集釋》，頁733。

玄水。「上善之水」是容納萬千滋味的渾然玄水，它非染非淨、非善非惡，卻允許染淨兩行、善惡兩行地進行著，渾然共生與雜然相化的轉化運動。它沒有宗教儀式的固定形式，沒有懺悔的贖罪激情，它只是默默無名地滋潤，讓一切回歸渾樸原真的生命力量與多元遊戲。

　　染淨二分下的儀式之水有治療功用，這是眾所周知的。透過水這一特殊物質意象，清淨水德帶出心靈洗滌的身心感受，並透過宗教懺悔儀式的氣氛，引導人們進行能動想像（active imagination）而體驗由染至淨的通過覺受。因此水意象歷來在人類的淨化儀式場合中不斷出現，它跨越了文化藩籬而成為各大宗教懺悔、淨業、滌罪等等儀式中的原型要素。例如基督教的洗禮、佛教的水懺、印度教的水葬，民間宗教隨處可見以水來祓禳不潔的現象，在在顯示水在淨化儀式的普遍意義[95]。但仍然要再思考與辨別的是，既然道家面對罪惡的方式，不是採取二元對立的相抗方式，而是對善（名）／惡（名）給予語言學式的起源分析，並以渾沌玄水來平淡善名、化解惡行。因此道家的上善若水的水德，其實是一切儀式之水的更原初狀態。[96]而這種非儀式的治療若不特別見用於宗教懺悔儀式，那麼它

---

[95] 「水域的神聖性與水的宇宙論及啟示論結構，二者都只能透過『水的象徵』，始能完全地被呈現出來，『水的象徵』是唯一能夠整合所有不可計數之聖顯的特殊啟示的體系。」伊利亞德，《聖與俗──宗教的本質》，頁174。

[96] 筆者將道家理解為「智慧解脫」，而不是依賴方便法門的「儀式解脫」。參用佛教術語，所謂「智慧解脫」是指用般若空慧觀照一切法無自性空，所以不但染污沒有實體自性，清淨一樣沒有實體自性，故究竟解脫的重點不在於「去染求淨」，不在於「安住清淨」，而是「染淨皆不住」地處於「應無所住而生其心」的靜觀狀態，亦即以「無住心而立一切法」。在此，特別著意的懺悔或懺悔儀式，稍一不慎可能使原本無自性的罪業產生實體自性感，如此反而增重罪的實質感，而遠離佛教的第一義諦空。因此維摩詰主張，真正懺悔者無罪可懺，而不是增重其罪的個人或集體懺儀。而維摩詰之所以如此主張者，其實和佛教對業力與語言二元戲論的洞察有關。參見鳩摩羅什譯，《維摩詰所說經卷上》〈弟子品第三〉：「佛告優波離：『汝行詣維摩詰問疾。』優波離白佛言：『世尊！我不堪任詣彼問疾。所以者何？憶念昔者有二比丘，犯律行以為恥，不敢問佛。來問我言：「唯優波離！我等犯律，誠以為恥，不敢問佛，願解疑悔得免斯咎。」我即為其如法解說。時維摩詰來謂我言：『唯優波離！無重增此二比丘罪，當直除滅，勿擾其心。所以者何？彼罪性不在內、不在外、不在中間。如佛所說：「心垢故眾生垢，心淨故眾生淨。」心亦不在內、不在外、不在中間。如其心然，罪垢亦然，諸法亦然，不出於如。……優波離！一切法生滅不住，如幻如電，諸法

存在於何處？它對知識分子、廣土大眾的人們如何具有啓示性或治療性價值？

首先，道家的水德絕不是染淨二分下的清淨之水，因此道家的水德不是一般儀式中用來淨化罪惡的「善水」，而是「上善若水」。如前所述，「上善」之「上」在於絕對，亦即美／醜、善／惡，等語言固定類分作用之前，那不可定名定言狀態之「X」。只是《老子》用「水」來隱喻此前語言的「X」，這或許是因水的流動性、沒有固定本質性、柔軟性、包容接納與滋潤等物質特質，故道家以此來興發道之體、德之用。然而這個恍兮惚兮、窈兮冥兮的力量變動之道，道家又以「渾沌」狀之。它是一切具體存有物的存有論基礎，它讓一切形式的存有物得以充盈無蔽地朗現，因此《老子》又以玄牝之母來喻之。以神話的象徵來說，渾沌代表著創世之前的原初整體流動狀態（即天地並生，萬物爲一的氣化流行之狀）。而所謂創世正如先前討論過的和語言密切相關，就在語言創世的同時，渾沌鑿破於二元之分化，層層演繹爲一文化符號的畛域世界，漸走入海德格所謂「世界圖象的時代」[97]。在此「道術將爲天下裂」的世界圖象中，必有正向與負向價值的競爭，必有倫理的規訓與懲罰，必有心理矛盾與壓抑，必有禁忌的違犯快感與罪感內疚等等。總之在語言二元的文明世界裡，必有分類的禁忌對人們原始自然生命力的延遲與裁判，如此一來，自然生命便可能有種種異化變形與卑賤反噬。

所以道家認爲釜底抽薪之道，不在於以火救火、以水救水，而在於

不相待，乃至一念不住。諸法皆妄見，如夢如炎，如水中月，如鏡中像，以妄想生。其知此者是名奉律。」收於《新修大正大藏經》（臺北：宏願出版社，1992年），頁541。另參見〔日〕阿部正雄，王雷泉、張汝倫譯，〈大乘佛教的清淨觀〉，收於《禪與西方思想》（臺北：桂冠圖書股份有限公司，1992年），頁245-251。

[97] 海德格：「現代的基本進程乃是對作爲圖象的世界的征服過程。這裡，『圖象』一詞意味著：表象著的制造之構圖。在這種制造中，人爲一種地位而鬥爭，力求他能在其中成爲那種給予一切存在者以尺度和準繩的存在者。」〈世界圖象的時代〉，收於氏著，《海德格爾選集（下）》（上海：上海三聯書店，1996年），頁904。

回歸渾沌之水、無名之火。可見儀式中的淨化之水（也包括除穢之火），對道家言不是究竟之道而只是方便法門。而體道而來的渾沌水德，其功用並不在於對治罪污、重返聖善，而是暫且回歸定形之前、對立之前的「道通為一」狀態。假使要說道家的上善若水具有治療意義和功能，就必須從渾沌的「恢恑憰怪，道通為一」的納受差異來看，而不是從善惡二元對立的一端之善來看。亦即，只有深入染淨未定分之前的渾沌之流，才較能把握道家的特殊倫理向度。順此，我們或可根據伊利亞德對水的儀式功能和本體功能的探討，來幫助我們鑑別渾沌玄水（非淨非染之水）與儀式之水（去染存淨之水）：

透過象徵，世界變得顯而易見，也得以顯示出其超越性來。水域象徵各種宇宙實質的總結：它們是泉源，也是起源，是一切可能存在之物的蘊藏處；它們先於任何的形式，也「支持」所有的受造物。其中一種受造物的典範之像，就是突然出現在海中央的島嶼。另一方面，在水中的洗禮，象徵回歸到形成之前，和存在之前的未分化狀態結合。自水中浮出，乃重複宇宙形式上的創生顯現的行為；洗禮，便相當於一種形式的瓦解。這也就是為什麼水域的象徵同時指向死亡，也指向再生。與水有關聯的，總是會引致一種重生的記號，一方面是因為死亡乃伴隨新生而來，另一方面是因為洗禮充實、並孕育了生命的潛能。[98]

以人的層面來說，水的宇宙論有其對應之物——即「物質發生說」，此即根據人類乃由水域而生的信仰。而洪水，或洲陸的定期淹沒亦有其對應之物，以人的層面來說，即人的「第二次死亡」，或者，透過洗禮進入死亡中。不過，以宇宙論及人類學的雙重層面來看，沒入水中的浸禮，並不等於進入最終的毀滅，

---

[98] 伊利亞德，《聖與俗——宗教的本質》，頁173。

而只是暫時地進入朦朧模糊中，隨後則是新創造、新生命或新人……由此結構的觀點來看，洪水與洗禮是可以相互對照的，而且喪禮中的奠酒，乃對應於新生命的洗淨，或對應於水泉的儀式性沐浴，可因而達到健康與多產。不管我們在什麼樣的宗教網絡中發現它們，水域必然保留著它們的作用；它們瓦解、廢除各種形式、「滌除罪惡」；它們同時可使人潔淨與再生。[99]

伊利亞德所謂的水之象徵，其實統合了本體論和儀式論的功能，而且因為先有水的本體論功能，才使得他重新對一般儀式的水之象徵作用，給予更深刻的本體論層次的詮釋。伊利亞德清楚地指出，水的第一義在於本體模糊性的渾沌，它是蘊育一切存在的力量源流，而宇宙萬有正如水域中育生而出的島嶼形式，它來自水域且終將回歸水域。此蘊育萬有形式的水域本體，便具有了他所謂的宇宙論功能。所謂本體力量發用於宇宙生化，無形力量作用於形式之中。也由於水這樣的本體論、宇宙論功能，伊利亞德才認為水具有最深義、最普遍的儀式治療的功能。所以我們可看到伊利亞德重新詮釋浸禮的受洗儀式、喪禮的奠酒儀式，甚至一般水泉的沐浴儀式等等，正是在渾沌本體論的眼光下，一切儀式之水才具有「從形式回歸非形式」的源初意義。這樣意義下的重生，已多少契近道家「善惡兩忘而化之」的「和光同塵」，而非僅是一般儀式意義的「滌除罪惡」而已。[100]

六、含容萬物、無言獨化、善惡兩忘的自然更新

　　本文感興趣的是，這樣的原水若不作用在染淨對立的淨化儀式中，那麼道家的水德要如何發揮對人類苦難的包容滋潤？希言自然的玄道水

---

[99] 伊利亞德，《聖與俗——宗教的本質》，頁173-174。

[100] 「洗禮不只是從罪惡與揀選的恩寵中得到淨化，而且是基督所受苦難的相對原型。洗禮時的裸體，同時也產生了儀式上與形上的意義。脫掉『墮落與罪惡的外衣，也就是受洗者在模仿基督中取下的衣服，這衣服曾是亞當犯罪之後所穿的衣服』；而且洗禮也回到了最初的天真和純潔，回到了亞當墮落之前的狀態。」伊利亞德，《聖與俗——宗教的本質》，頁178。

德,如何在儀式之外產生治療作用?在何處產生非儀式性的重生作用?筆者認為,道家的上善若水之功用,主要不在於人們如何再去設計一套有關「上善若水」的宗教儀式來企圖達至救贖功能,而是將生命直接交還給自取自取的萬化本身,交還給希言自然的靜默本身,讓人走回天地人神共同棲居的自然世界——那是「玫瑰花開了,不必問為什麼」的「自現世界」(Ereignis),[101] 是「澗戶寂無聲,紛紛開且落」的「非常名」世界,那是「春來草自青」的「自化世界」,也是「無何有之鄉、廣漠之野」的「無用世界」,亦是「寵辱皆忘、死生一條」的「逍遙世界」,也是「天地並生,萬物為一」的物化通感世界。

　　當人們從家庭倫理、社會歷史的符號糾纏中,百思不解、越解越纏之時,除了採取宗教儀式的有為治療外,東方文化經常會運用一種自然轉化現象,將自己抽離於定名的符號網羅,深入無名的自然場景裡。不管是自覺地尋覓(如閒話歷史的漁樵及沈從文),或不自覺地逃逸(如窮途而哭的阮籍),是自願地選擇歸去來兮(如陶淵明),還是遭受貶謫流放(如陳凱歌),一旦走到符號邊緣而契入自然世界——田園阡陌、遠古森林、浩瀚海涯、荒漠無際、山巔古木、星夜遼闊、楊柳依依、湖邊倒影、桃花流水、竹葉紛飛——不管那是浩瀚的自然大景,或只是寧靜的自然一角,甚至只是庭園後院的花紅柳綠之平常。當人們漫步其間、遊觀於內、吞吐俯仰之際,隨時隨地都可能被這一自化自然的無名力量捲入其中,被湮沒、被穿透、被包圍,共同載浮載沉於無名的氣化流行中。此時,生命被無言氛圍浸泡而重返於渾沌大流,並興發出渺小卻甘心的安祥、寧靜、淡泊感。這是一種由自然空間本體所興發而生的冥契感,人的主體自我在此漸趨消融,語言符號逃逸無蹤。人成了氣化流行中的一葉浮游,其中沒有

---

[101] 這是海德格晚期的用語,或譯為「自現」、「生現」、「自然」。許多學者多注意到海德格和道家的對話可性,參見陳榮灼,〈道家之「自然」與海德格之「Ereignis」〉,《清華學報》34卷2期(2004年12月)。另參見拙文,〈當代學者對《老子》形上學詮釋的評論與重塑——朝向存有論、美學、神話學、冥契主義的四重道路〉。

主宰欲、沒有壓抑感，純粹地任隨無言獨化之自然大流。此時身心狀態，正如〈山木〉篇所謂「乘道德而浮游」：「无譽无訾，一龍一蛇，與時俱化，而无肯專爲：一上一下，以和爲量，浮遊乎萬物之祖；物物而不物於物，則胡可得而累邪！」[102]

　　在這種身心狀態，人成了天眞無用的純樸者，他不譴責自己，亦不評判別人，它將一切交還希言自然的大化，順之浮游、以和爲量，自然無累而尊重萬化。就是這種冥契自然萬化的非定名之境，帶給人們或休憩、或安息、或治療、或重生的寧靜淡泊之治療感。這種自然力量本身所擁有的無爲療法，不但不是人文的儀式符號設計，反而解放了一切符號的有爲造作。其中沒有神聖感與罪惡感的激情特寫，它只是無名的素樸自在。它不是透過語言主體的悔罪而得救贖，反而因爲語言主體的淡泊而得恬淡。

　　這種道家的自然美學式的治療，首先最常看到的是以自然山水的宏觀場景來渺小化、平淡化人間的是非成敗之滄傷。例如，以自然的永恆力量來觀照歷史的是非成敗之堅執，結果身陷歷史成敗的哀樂榮辱之情，便頓時得到了釋放與超然。此如《三國演義》開場詩：「滾滾長江東逝水，浪花淘盡英雄。是非成敗轉頭空，青山依舊在，幾度夕陽紅。白髮漁樵江渚上，慣看秋月春風。一壺濁酒喜相逢，古今多少事，都付笑談中。」[103]江水浪花便是水之意象，而且是代表本體力量的渾沌之水，它永恆輪迴地作用於青山、夕陽、秋月、春風，這便是無名而浩瀚的自然宏景，它來去一如、死生一貫地循環往覆。相較地，歷史的是非成敗是人建構出來的符號世界，是二元競爭而不得止息的轉輪，極少數人在歷史舞臺留下可歌可泣的軌跡，但在自然宏偉的宇宙場景中，終如浪花淘盡英雄般，徒留滄傷與空虛。因此詩中的人物從歷史走回自然，轉化爲無名無號之漁樵，既以自然之流淘盡歷史滄傷，亦以象徵渾沌之水的壺酒洗滌人心計較，結果只

---

102 莊周，郭慶藩輯，〈山木〉，《莊子集釋》，頁668。

103 〔明〕羅貫中，《三國演義》（臺北：華正書局，1987年），頁1。

留淡泊笑談於靜觀中。這裡約略可看到自然化身為渾沌水德的超越作用。

　　以自然宇宙對照歷史舞臺，以無言無我之自然對治語言主體之自我，以永恆流變的大化流行對治禁忌規範的價值秩序，可能一直對中國文人的心靈發揮著平衡與治療之用。例如，蘇東坡〈赤壁賦〉便明顯承續了自然美學的超越作用。〈赤壁賦〉的場景，亦是歷史人文與自然宇宙交接重疊的場景，一方面是曾經發生宏偉歷史事件的赤壁古戰場，一是永恆流變卻萬古長新的水天交際之浩瀚自然景觀。不變的是，宏偉的水意象不斷出現，清風微微於水面遼闊之際、明月星稀於天上遙遠之際、水波月光交接於平遠之際，一幕幕壯大的天地場景席捲而來，而人泛一葦客舟，浮沉於萬頃浩瀚之茫然。茫然者，是因渾沌大水的本體力量之席捲，映照人之一切的渺小與危脆，個人悲喜如是，歷史集體的成敗亦如是。所以蘇子與客一遊此境，兩人先有暢快適意、遺世獨立之樂，爾後客卻不禁陷入個人渺小、歷史如幻的虛無感中。換言之，這依然是自然無限與人世有限的對比，人在此幾乎同時會產生浩瀚感與渺小感。先前之快意在於瀚浩空間帶來的超然感（故有遺世獨立、羽化登仙之樂），爾後的悲音則在於瀚浩映照渺小所帶來的虛無感。因此，客乃大嘆「寄蜉蝣與天地，渺滄海之一粟。哀吾生之須臾，羨長江之無窮。」[104] 人生短促如蜉蝣（時間感）、存在渺小如一粟（空間感）、歷史如幻今安在（幻化感）、神仙邈遠不可得（絕望感），如此而使客興起大虛無、大悲哀。總之，這是渾沌大水的變動力量對人世一切的吞噬，它沖刷並粉碎任何固著之物，直到茫然無寄之境。渾沌、洪水、吞噬、虛無，對客而言成了人生最深沉的進犯與逼迫。但哪裡有危險，哪裡便有拯救。拯救之機，實來自視角的轉換、心念的一悟，這便是東坡所揭露的自然本身自有治療之道。

　　如上所言，浩瀚與渺小有並生結構，而客顯然是感到自然浩瀚對人

---

104 〔宋〕蘇軾，〈赤壁賦〉，收於傅成、穆儔編，《蘇軾全集（中）》（上海：上海古籍出版社，2000年），頁648。

世渺小的侵犯與傷害，因此興起不可解於心的疑情。但對東坡而言，他顯然承繼漁樵閒話的視野與心境，即人當放棄以語言符號對抗無言本體，放棄以主體自我對抗大化流行。反而該將自我消融於萬古長新的變化之流中，以浩瀚觀浩瀚，在永恆輪迴的流動中任運浮沈（如陶淵明所謂「縱浪大化中，不喜亦不懼。」）[105]，在一切皆流中找安身立命處。此安立處便是，讓物回歸各自的物化（物各有所主，非吾之所有），一切本皆大化流行的純粹遊戲，不可執取亦不必執取，與物保持自由的逍遙遊戲關係即可。如此乃能耳得為聲、目遇成色，取之無盡、用之不竭，遂與造物者相遊於無盡藏也。可見，〈赤壁賦〉對歷史成敗的滄傷、人世暫促的虛無，並不採取宗教式的救贖治療，反而是將一切符號的苦難拋入渾沌大流、宇宙長河中，讓無名無言的自然浩瀚穿透人們的心胸，滌除符號的曲折狹隘之苦。總之，這是以自然宇宙的「長鏡頭」[106]來觀看人世滄傷，所得來的淡泊與超然；其中，人只能將主體的視角調整為宇宙的視角，讓無名洪流沖刷語言痕跡，才能將主體承載的苦難消融於默然之境。

　　最後，筆者再以兩個現代文學中的水意象為例，看看其中自然所扮演的非儀式性治療之道。一是文學家沈從文的例子，另一是導演陳凱歌的例子。首先是沈從文《湘行書簡》中寫給妻子張兆和的書信，這些家書信

---

[105]〔晉〕陶淵明，〈神釋〉，收於袁行霈撰，《陶淵明集箋注》（北京：中華書局，2005年），頁67。

[106]這裡的「長鏡頭」延用自導演侯孝賢的電影取鏡技術的意涵。就筆者看來，侯孝賢長鏡頭之美學意境，絕非只是技術層次，而是背後有其世界觀的本體在，亦即有關他是如何看待生命、看待人間滄傷、歷史苦難的「觀看」問題。其長鏡頭下，經常出現大山或大水的自然長景（如《戀戀風塵》、《悲情城市》等某些關鍵鏡頭），並將人的哀樂榮辱置於此鏡頭下，產生一奇異的疏離感、超然感、淡泊感。筆者以為這便是一種以自然淡化人間苦難的美學治療，這背後可能蘊涵著道家的自然哲學、觀物哲學在其中。另一有趣的對比是，希臘國寶級導演安哲羅普洛斯（Theodoros Angelopoulos）亦擅用長鏡頭來觀看人間苦難，但就筆者的觀察言，他的長鏡頭觀看，反而是為了襯顯人世的渺小虛無感，換言之，他的長鏡頭具有極大的剝離感，將人一層層剝除後的脆弱悲哀狀，這或許和他對戰亂中人的苦難有著最深的悲憫有關（參見《悲傷草原》、《霧中風景》等影片）。

是後來散文名篇《湘行散記》的前身；其中沈從文不斷提到湘江這條河流以及生活其間的人事物，所帶給他的無限感動，可以說一切人事的可愛皆溶入這帶有冥契特質的河流中，而令他興發無限的情思和體悟。[107] 筆者之所以說這條河流對他而言具有冥契的特質，是因為他特別提及河流所貫穿包容的人事物，令他的心特別柔軟，其間沒有任何對人間世物的評判，反而具有如水一般謙卑柔軟、無窮包容的潤澤之情，這是一種安祥寧靜卻又接納萬有的心靈情狀。[108] 所以他有時又將此心此情所交融而出的一體感之景物，呼為「聖境」。[109] 此聖境儘管雜多紛陳，但一切俱為可親可愛、令人疼惜，它們皆被河流所融解滋潤。沈從文更這樣描述：

　　三三，我因為天氣太好了一點，故站在船後艙看了許久水，我心中忽然好像徹悟了一些，同時又好像從這條河中得到了許多智慧。三三，的的確確，得到了許多智慧，不是知識。我輕輕的嘆息了好些次。山頭夕陽極感動我，水底各色圓石也極感動我，我心中似乎毫無什麼渣滓，透明燭照，對河水，對夕陽，對拉船人同船，皆那麼愛著，十分溫暖的愛著！我們平時不是讀歷史嗎？一本歷史書除了告訴我們些另一時代最笨的人相斫相殺以外

---

[107] 如他說：「這裡小河兩岸全是如此美麗動人，我畫得出它的輪廓，但聲音、顏色、光，可永遠無本領畫出了。你實在應來這小河看看，你看過一次，所得的也許比我還多，就因為你夢裡也不會想到的光景，一到這船上，便無不朗然入目了。」、「到這樣的地方，使人太感動了。四丫頭若見一次，一生也忘不了。你若見到一次，你飯也不想吃了。」《湘行書簡》，收於沈從文、張兆和，《沈從文家書》（臺北：臺灣商務印書館，2003年），頁45、49-50。

[108] 「這裡河面已不很寬，加之兩面山岸很高，夜又靜了，說話皆可聽到。羊還在叫。我不知怎麼的，心這時特別柔和。我悲傷得很。……風大得很，我手腳皆冷透了，我的心卻很暖和。但我不明白為什麼原因，心裡總柔軟得很。」沈從文、張兆和，《沈從文家書》，頁50-51。

[109] 「這黃昏，真是動人的黃昏！……這城恰當日落處，故這時城牆同城樓明明朗朗的輪廓，為夕陽落處的黃天襯出。滿河是櫓歌浮著！沿岸全是人說話的聲音，黃昏裡人皆只剩個影子，長堤岸上只見一堆一堆人影子移動，炒菜落鍋的聲音與小孩哭聲雜然並陳，城中忽然噹的一聲小鑼，唉，好一個聖境！」沈從文、張兆和，《沈從文家書》，頁62。

有些什麼？但真的歷史卻是一條河。從那日夜長流千古不變的水裡石頭和砂子，腐了的草木，破爛的船板，使我觸著平時我們所疏忽了若干年代若干人類的哀樂！我看到小小漁船，載了它的黑色鸕鶿向下流緩緩划去，看到石灘上拉船人的姿勢，我皆異常感動且異常愛他們。我先前一時不還提到過這些人可憐的生，無所為的生嗎？不，三三，我錯了。這些人不需我們來可憐，我們應當來尊敬來愛。他們那麼莊嚴忠實的生，卻在自然上各擔負自己那份命運，為自己、為兒女而活下去。不管怎麼樣活，卻從不逃避為了活而應有的一切努力。他們在他們那份習慣生活裡，命運裡，也依然是苦、笑、吃、喝，對於寒暑的來臨，更感覺到這四時交遞的嚴重。三三，我不知為什麼，我感動得很！我希望活得長一點，同時把生活完全發展到我自己這份工作上來。我會用我自己的力量，為所謂人生，解釋得比任何人皆莊嚴些與透入些！三三，我看久了水，從水裡的石頭得到一點平時好像不能得到的東西，對於人生，對於愛憎，彷彿全然與人不同了。我覺得惆悵得很，我總像看得太深太遠，對於我自己，便成為受難者了。這時節我軟弱得很，因為我愛了世界，愛了人類。三三，倘若我們這時正是兩人同在一處，你瞧我眼睛濕到什麼樣子！[110]

沈從文將此信名為〈歷史是一條長河〉。其實這一條河更是自然之河、宇宙之河，也是融解歷史，讓人們對歷史、對活在歷史中的人事物有著更深更徹的領悟。沈從文提到這樣的河帶給他智慧的領悟，更令他充滿對人間的愛。這絕不是一般對水的客觀或旁觀的觀察，而是整個存在被捲入長河大流的冥契體知。在此觀水的深度體悟中，他感到心境的純粹無渣、透明燭照，並興發對世界的愛。可以說，此時節的他，如水一般柔弱謙下，承

---

[110] 沈從文、張兆和，《沈從文家書》，頁60-61。

載著一切悲欣交集，甚或成為上善若水、善利萬物而不爭的水德自身，而他所謂成為了受難者，是指心如水德般地處卑、處柔、處下之容受。他完全沒有對人間苦難有多餘自我的愛憎，而是對萬事萬物充滿全部的肯定。顯然，他已不從一般人間的眼光來看愛憎了，而是以渾沌之水的心眼來觀照人的莊嚴、包容人的命運。讓一切皆在長河大流中自在地流唱自身。這樣的一條河是讓人能重新觀看、重新理解歷史的渾沌之水的象徵，它包容著無限差異，並讓生命如天籟般自歌自唱自莊嚴。

再以陳凱歌為例，看看自然渾沌之水如何讓人在生命苦難之際，興發它無言無名的拯救之道。陳凱歌是中國當代著名導演，因為曾身處文革時代，當過紅衛兵並公開批鬥父親，因此當他被下放雲南時，內心底層的罪惡感漸漸浮現，當時還年輕的他，無力理解歷史苦難與人性悲哀，但是，流放雲南邊緣之地的他，卻因此不斷地親近於「青山綠水」。結果在青山綠水之地，深深地被接納、被滋潤而來到一渾沌無名之境：

　　有許多次，我坐在林中砍倒的樹身上，深深地吸一口煙。風從林子深處吹乾了我頭上的熱汗。眼前視野開闊，遠山一層淡似一層，在陽光和雲的遊戲中忽明忽暗。我和身邊的一切沒有區別，都只是自然的一部分。我知道我找到了一個友人，它很寬大，足以容納許多生命。我並不對它娓娓談情，只是傾聽和注視。它也並不溺愛我，只是暗示。這是一個生和死並存的世界。死亡的跡象驚心動魄；可同時地下竄出尖筍，枝頭長滿新芽。死，透露了自然的本意：生命重在過程，目的卻僅在次要。新生令人想到無限；可它的蓬勃熱烈又決沒有哲學的酸腐。陽光下，萬物並榮，生而復死；沒有兩片相同的樹葉，沒有兩棵完全相同，自由就是它們自己。而在山下不遠的人間，真理、道德、秩序卻像魚刺一樣蒼白、貧瘠、抽象而悖理，我每次在村後小河中

洗腳，都會有成群的小魚啄著我腿上的傷口，使我得了撫慰；我走上山去，用手指觸動大株的含羞草，在葉片收攏的瞬間，意識到尊嚴；一片黃葉，在溪水的轉彎處久久盤旋不去，讓我懂得了命運。若說人人都需要欣喜或懺悔的去處，山林就成了我的教堂。在陽光和綠葉之間，我頭一次有時間回首，想起受難的父親、病中的母親和尚小的妹妹；想起我的同學和朋友；所恨和所愛，侮辱了我的和我侮辱了的一切，禁不住失聲而泣。在自然接納了這一切之後，我覺得心慢慢沉下去，沉到它該在的地方，同時問：我是誰？我對我是誰感到滿意嗎？我慢慢知道這個問題的嚴肅，走下山去。[111]

《少年凱歌》的最後一章裡，他不斷提及自然與人間的對比、山林與城市的對比，一方面由此對照出人間的醜陋、政治的暴力、人事的荒謬；另一方面，他不斷重返自然，在那裡體驗到死生一如的自然生機，並成為他的精神庇護與寄託。他更因此體會到自然對人世間所謂真理、道德、文化之治療救贖、寬諒善意[112]。多年後，他反思文革時代的苦難與悲哀時，特別一再提及自然對當時知識青年所發揮的寬慰力量是難以估量的：「我相信，當年的知識青年都從大自然中得到過，特別是心靈方面，我們的所得，對今生的影響難以估量，許多人只是不自覺罷了。而自然付出的寬大和善意，所得的回報卻是毀滅。」[113]

撫慰過陳凱歌的青山綠水其實便是渾沌之流。他因為走入青山綠水的深處而被捲入無言靜默、大化流行的自然，並透過融入眼前自然萬物的自化自然，讓身心敞開而體驗到「我和身邊的一切沒有區別」的冥契一體感，從此解放了塵世符號，成為自然的一部分。這是一個無比寬大、包容

---

111 陳凱歌，《少年凱歌》（臺北：遠流出版公司，1991年），頁141-142。
112 陳凱歌，《少年凱歌》，頁147、148。
113 陳凱歌，《少年凱歌》，頁142。

一切的大流，陳凱歌在此不但沒有孤寂荒涼感，反而得到接納與相親。他並微微地感到，此中並不存在太過激情的人類式溺愛，只是淡然的包圍之暗示。而自然渾沌大流統合了生死二元的斷裂，它不斷地死而重生、生而又死，不斷在腐爛中竄出新機，將一切捲入連綿不絕的長河大流中，並且是無限差異的自在自由。對比於這個自然長河大流，人間的符號式真理、道德與秩序，對陳凱歌而言顯得蒼白、貧瘠、抽象，更重要的是其中充斥二元對立的悖理。顯然地，他在自然場景、渾沌之流中領受了存有的命運，不但滋潤了苦難的心靈，更讓他體悟任一微小存在皆是生命莊嚴的自唱，其間沒有任何一生命可被輕視，任隨無辜而天真生命活力奔放流行。他亦特別提及山林教堂、自然聖殿一體會，然而這個青山綠水的教堂聖殿，卻不是一般宗教儀式那罪疚懺悔與清淨欣喜並生的結構；當人們被捲入山林教堂時，一切愛恨榮辱的激情都將淡泊逝去，歷史的苦難與罪責記憶都將暫時沉落漸漸離去，唯有全然的被接納感。身處其中，人的自我感甚至漸漸失去，並且在這樣的自我消逝與無言沉默中，人真正理解了自己，更新了自己。

第二章
詩意棲居與原初倫理——老莊的柔弱無用與海德格的泰然任之

一、導論：跨文化環境霧霾需要跨文化資源來澄清

　　人類文明，總是要座落在「天地大美而不言」的自然根基上。默默無言的自然大美，原本像空氣般自自然然、無聲無息地包圍著我們。然終日競逐經濟利益，只求科技發展的現代人，幾乎將它們當成無關生存利益的背景，久而久之遺忘了背景的存在。就像無所不在的呼吸最容易遭人遺忘，直到人們帶上口罩過濾空氣才能勉強呼吸時，才驚覺已然身陷難以安居的十里霧霾中了。所以在談論「生存危機」與「生命永續」這類環境倫理與永續居存課題，首先應該「近取諸身」地回歸最切近處，將生存不可須臾離卻被遺忘的自然情境給召喚回來。用海德格（Martin Heidegger）「遺忘存有」的說法，現代人處於「遺忘自然」並持續破壞自身持存根基的危急狀態。

　　現代性理性啟蒙主體的直線進步發展，掉入一條詭異邏輯：人類文明得依賴自然環境做為生存延續的穩固磐石，但眼前的經濟發展、工業開發，卻大規模地自我淘空永續性的生存根基。一方面高度的技術發展、經濟開發，另一方面極端侵犯自然、迫害環境。人類進步與物種毀滅，經濟成長與環境惡化，成為矛盾難解的共在景觀。人類正陷入一種尷尬處境：科技大大創造了進步，也狠狠製造了災難。弔詭的是，眼前似乎又不得不仰賴科技來解決危機與災難。值得懷疑的是：倘若我們面對自然環境的態度不徹底翻轉，只是一再突顯「啟蒙主體」的絕對優位性，將自然視為「客體對象」（object）而可任意主宰支配，甚至如海德格所痛心指出的，科技只將自然大地當做能源場、加油站。那麼人們又要如何逃脫這種

「不斷挖洞又不斷補洞」的技術邏輯？重複原先製造環境問題的心態和手段，如何轉化爲維護環境的永續邏輯？

在人類中心主義、技術效益主義的政策與思維之外，應嘗試思考更爲深層的環境倫理、存有思維，來做爲守護人類與自然共命的基礎。我們必須提出比現代性啓蒙主體的人類中心主義更具根基性的人類圖像。例如海德格將人重新界定爲存有的守護者（老莊將人歸屬爲自然之道的守護者），使主體從「權力主宰」轉向爲「泰然任之」，使科技的「效用性」思維轉向於「無用性」思維，這一類「技進乎於道」的關懷，或可提供我們思考人與自然的原初倫理關係之復原。換言之，在實務性的環保工作之技術後面，還涉及哲學層次或世界觀的存有基礎視域之轉變，也是人類對主體自我的重新深化與定位。

生態浩劫或環境危機，已然成爲全球性共同難題，它無分東西南北地將全人類處境，一同捲入正負2℃的氣候變遷陰影。這是人類有始以來，最大規模超越地域歷史文化的差異性，全人類正在跨文化地感同身受溫室效應下的惡運共同體。人類共在一個地球上，共活在同一天空下，立在同一大地上，既共享著天地之間的自然資源，卻也要共同面對一個可能崩解的自然世界。當代的環境危機早已超越區域文化的界線，成爲所有人類的跨文化課題。既然災難是跨文化的災難，那麼回應與提供環境倫理以養分，也應該儘量納入跨文化的各種思想資糧。本文嘗試著手一種跨文化的居住與環境倫理的基礎性思維，以補充科技思維的迷思和科技環保的神話。本文並非要在環保的技術層面取代科技的功能與角色，而是嘗試提供技術性環保以一種跨文化哲學的思維補充。本文主張：只有調整科技的表象性、對象化思維的「宰物」心態，才有可能不再將地球只當成能源場、加油站，改將自然大地當成庇護萬物的永續家園。對老莊的「道法自然」而言，「天地有大美而不言，四時有明法而不議」、「天地與我並生，而

萬物與我爲一」[1]，其中深含人和萬物共生共榮的原初倫理之「齊物」關懷，批判人類中心主義的用物暴力，可提供另類的差異倫理與存有美學來治療之、解放之。海德格晚期也不斷反省科技座架（Gestalt）思維的強制性暴力，一再呼喚拯救大地，其中深刻蘊含對啓蒙的「主體性形上學」之反省批判。對老莊和海德格而言，人的本眞都不只在於人類中心主義的主體性突顯，反而必須藉由「虛而待物」、「泰然任之」來轉化強力意志的宰控性，以成爲存有之道、天地之道、自然之道的守護者。如此方能打開一條人以詩意安居的倫理方式，恢復自然與人類的共生共榮。

二、海德格對「天地人神」棲居於「物」的原初倫理之沉思

　　本文首先循著海德格對「何謂安居」的問題意識，「沉思」何爲人類的「詩意安居」？以期重返築基在「自然存有」之上的大地棲居。海德格晚期〈築・居・思〉一文[2]，曾透過「對存有的思維」或「對存有的沉思」這一基礎視域，將建築和安居緊密地扣連在一起。他反對以建築爲手段、以居住爲目的二元論思維，主張應將「築造」（building）和「棲居」（dwelling）合爲一體，並認爲唯有「沉思」（thinking）棲居的深義，建築才能獲得存有意蘊的開顯。[3]他所謂詩意安居或詩意棲居，並不以實用性住宿爲滿足，它深遠地觸及到「安身立命」的根源性、神聖性的存有課題，甚至有限性、責任性等存在課題。海德格無意討論建築的任何實質技藝內容，而是以他長期以來的存有論思維，想要爲建築現象尋求始

---

[1] 莊周，郭慶藩輯，〈知北游〉、〈齊物論〉，《莊子集釋》（臺北：華正書局，1985年），頁735、頁79。

[2] 海德格（Martin Heidegger），孫周興譯，〈築・居・思〉，收入《海德格爾選集（下）》（上海：生活・讀書・新知三聯書店，1996年），頁1188-1204。

[3] 海德格這裡的「沉思」，大不同於主體主義的「表象思考」、「計算性思維」，反而是轉化主體的控制性、有用性思維之後，所打開的「泰然任之」的詩意之思、沉思之思。換言之，海德格的「沉思」批判轉化了笛卡兒（René Descartes）的「我思」，並想由此重新打開「與物爲春」的物我原初倫理性。

源意義。他呼籲人們應聆聽語言對我們的原初呼喚，從「築造」的古典語意出發，他發現原來的：栖居、鄰居、持留、逗留，等等多元意義已漸被遺忘。對於海德格，築造的古義原是透過：讓人安棲、與鄰相友、讓人逗留，來打開安身立命的初始訊息。爲何海德格所謂「終有一死者」（有限存在）之人，其一生短暫的持存與逗留，可以透過詩意棲居或與鄰相親，獲得安身立命的歸屬感？這便是海德格企圖透過對「建築」與「安居」的關連性思考，帶領我們朝向人的存在（守護存有），和存有開顯（體現於人）的同步性思維。對於將人的存在與存有眞理同步化的根源性思考，海德格認爲它同時會觸及一種「非人類中心」的「原始倫理學」（或原初倫理學）的開啓：

　　思存在（**筆者注：臺灣則譯爲思考存有**）的眞理，這同時就叫做：思人道的人的人道。主要的是人道，要從存在的眞理著想，卻不要形而上學意義之下的人道主義。但若就存在的思說來，人道是如此有本質意義的需要看到的東西，那麼「存有論」豈不是必須由「倫理學」來加以補充嗎？

　　倫理學深思人的居留，那麼把存在的眞理作爲一個生存著的人的原始的基本成分來思的那個思想本身已經是原始的倫理學。[4]

　　海德格〈關於人道主義的書信〉一文脈絡的「人道」，不同於主體主義、人類中心主義的「人道」。他的「人道」，必須和「存有之道」或「存有眞理」相滲透，使人成爲「存有的守護者」。用道家的概念說，「人道」必須和「天道」參贊呼應，人才能發揮出人性脫出自我中心的超越性。如《老子》強調，人必須法地、法天、法道、法自然，人才能成爲

4　海德格，孫周興譯，〈關於人道主義的書信〉，《海德格爾選集（上）》，頁395、頁398。

域中四大的「人（王）亦大」。[5]「人」之「大」在於謙退地成爲天地之道的守護者，成爲自然之道的體現者。而《莊子》也認爲「眇乎小哉，所以屬於人也。謷乎大哉，獨成其天。」[6]只有與天相互連結與歸屬，才能呼應於《老子》「以其終不自爲大，故能成其大。」相似這種「非人類中心」、「非主體性」思維，海德格也指出：「假若我們決心堅持『人道主義』這個詞的話，那麼現在『人道主義』的意思就是：人的本質是存在的眞理而有重要意義的，所以，事情恰恰不是視僅僅是人的人而定。」[7]「人性」唯有與「存有」相連繫，「人道」唯有與「天道」相溝通，人才不會成爲孤獨的主體性，不會成爲暴力對待萬物的強權主體。如此所謂「人道」才能擺脫人類中心主義，讓原始倫理重新在天人之際的土壤中生長出來。換言之，天人關係的重新轉化與連結，將使人重新思考人和天地萬物的原初倫理關係。[8]

海德格強調人的逗留、持留、棲居、親鄰，首先要從「大地」出發。因爲這是人的存在之「有根性」，人一開始必得安居於大地之上，才能獲得支援長養，使人的逗留不會無根如萍而漂浮不定。這種棲居思維首先突顯了人的存在之具體根基性。不僅人植根於大地而受到滋養孕育，獲得安居的首要條件，更重要的是海德格強調人做爲Dasein（存有守護者），他同時也對愛護與照顧大地的生生不息，有著存有論的天職與責任。換言之，人根植於大地的存在本性，同時就與大地有著原初倫理的互相親密性，並召喚人對大地的看護責任：「所謂人存在，也就是作爲終有一死者

---

5 《老子》二十五章：「故道大，天大，地大，人亦大。域中有四大，而人居其一焉。人法地，地法天，天法道，道法自然。」
6 莊周，郭慶藩輯，〈德充符〉，《莊子集釋》，頁217。
7 海德格，〈關於人道主義的書信〉，《海德格爾選集（上）》，頁388。關於海德格的人（Dasein）與存有（Sein）的相依關係，可參見陳榮灼的分析，《Heidegger and Chinese philosophy》（臺北：雙葉出版社，1986年），頁105-109。
8 《莊子》的天人之際或天人關係的辯證性思考，可參見拙文，〈《莊子》「天人不相勝」的自然觀──神話與啓蒙之間的跨文化對話〉，《清華學報》46卷3期（2016年09月），頁405-456。

在大地上存在，也就意味著：居住。古詞bauen表示：就人居住而言，人存在。但這個詞同時也意味著：愛護和保養，諸如耕種田地，養植葡萄。這種築造只是守護著植物從自身中結出果實的生長。」[9]

　　海德格透過對古德語的聆聽，將建築（築造）沉思爲「大地上的安居」。並由此揭露人的存在本質，猶如植物根植大地而得以休養生息與開花結果。將人居存於大地，以植物來類比譬喻，暗示大地爲人的存在磐石，並由此論及建築的安身立命性格。[10] 經由傾聽古語bauen，海德格從「人居住」、「人存在」的語言呼聲中，還聆聽到了愛護、保養的重要迴響。雖然這些重要迴音，已逐漸被今人遺忘，但它們仍亙古長存地迴盪在「人的基本特徵」之深處。對此，海德格再次暗示我們：人和大地之間的原始倫理性。人植根於大地並親鄰於周遭事物，既受大地庇護養育，也對大地負有原初性的倫理關懷與責任，應該去珍愛保護大地之萬有。也唯有人與大地的原初倫理被重新召喚，人做爲「終有一死者」的短暫逗留之有限存在，才可經驗到安身立命的祥和與自由之滿足。海德格說：

　　讓我們再傾聽一下語言的呼聲……哥特語中的wunian更清楚地告訴我們應如何經驗這種持留。Wunian意味著：滿足，帶來和平，保持在和平中。和平一詞意指自由……自由的眞正意思是保護……眞正的保護是某種積極的事情，它發生在我們事先保留某物的本質的時候，在我們特別地把某物隱回到它的本質之中的時候，按字面來講，就是在我們使某物自由的時候。棲居，即帶來和平，意味著：始終處於自由之中，這種自由把一切保護在其本

9　海德格，〈築‧居‧思〉，《海德格爾選集（下）》，頁1190。
10　海德格對大地的強調，或許和他繼承尼采（Friedrich Nietzsche）對西方形上學的批判解構有關，亦即從形上世界返回自然大地。而晚期海德格經常環繞在「拯救大地」這一關懷上，參見宋祖良，〈海德格爾的《哲學論文集》〉，《哲學雜誌》8期（1994年4月），頁228-238。

質之中。棲居的基本特徵就是這種保護。[11]

　　海德格聆聽古德語而解讀出：人和大地萬有的原初倫理之珍養保護經驗，除了經驗到祥和平和的氣息外，更經驗到「自由」。由此看來，在海德格所想像的原初倫理學底下，和平、保護、自由，三者氣息相通、渾然相關。問題是此種「自由」該做何理解？我們從海德格點出人之持留除了帶出平和，同時也能保護大地萬有隱回其本性，等等話語看來，「自由」不只屬於「人」這「終有一死」的有限者之事，它還涉及到「物的本性」之實現。從海德格「泰然任之」的思維方式說，人對大地萬物有一種保護或守護的責任，乃在於他能「讓」大地萬物「自然而然」地順其本然自性去開顯自身。可見對大地的原初倫理關懷，同時也涉及讓萬物在其自身的自由，讓萬物自性得以開顯出來。即人的安居同時具有的原始責任，乃在於要能保護大地萬物皆可「順其性命」地各適其性、各遂其生。這裡我們又再度看到，海德格將人（Dasein）界定為「存有守護者」的一貫主張。[12]而在〈築·居·思〉一文中，「存有」已落實為「存有物之存有」，而「守護」的倫理責任，則帶有「無為」（不控制）的「任其自然」（泰然任之）意味。如海德格再三強調：「終有一死者棲居著，因為他們拯救大地……拯救的真正意思是把某物釋放到它的本己的本質中。拯救大地遠非利用大地，甚或耗盡大地。對大地的拯救並不控制大地，並不征服大地──這還只是無限制的掠奪的一個步驟而已。」[13]

　　海德格長期關懷現代科技對大地萬有的強索與宰控，科技已遠離古希臘那種「帶出來」、「讓顯現」的古意。而人的安居並不建立在無所

---

[11]海德格，〈築·居·思〉，《海德格爾選集（下）》，頁1192。
[12]「人是存有的守護者」，可參見〈關於人道主義的書信〉，《海德格爾選集（上）》，頁358-406。
[13]海德格，〈築·居·思〉，《海德格爾選集（下）》，頁1193。

限制地控制、征服、掠奪自然大地，使其成爲一座加油站般的資源場。[14]
人的安居更是建立在人做爲「在世存有」的原初倫理性之召喚，以及對自
然萬物的珍愛善待。而「在世存有」（Being in the world）一觀念，更被
〈築・居・思〉開展成：天、地、人、神的四方一體性。海德格有關「四
重整體（或四方域）」的首次公開詳細說明，大概在1949至1951年間的三
篇公開演講稿，即1949-1950年的〈物〉，1950年的〈語言〉，和1951年
的〈築・居・思〉。根據王慶節的說法，海德格在提及「四方域」的三年
前，曾和蕭師毅共同譯讀《道德經》，而且諸多學者（如Otto Poeggler、
劉小楓、宋祖良、王慶節等）也都相信，海德格的四方域曾受到《老子》
二十五章「人法地，地法天，天法道，道法自然」的「域中四大說」之
影響。[15]其中人雖做爲終有一死者，卻從來就不是孤零零地被拋擲在虛無
中，而是共在並生於「天地人神的渾然一體中」。用《莊子》的概念說，
人活在「天地與我並生，萬物與我爲一」的物化關連宇宙中，因此人的存
在便與天地萬物這一神聖家園，相互依存而且通達共化。所以「天地人神
四重整體」一說，既是對「在世存有」的進一步十字打開，也顯示了人處
身世界的原始倫理性格。人既承受庇佑之澤，也身負守護之責：

　　「在大地上」就意味著「在天空下」。兩者一道意指「在神
面前持留」，並且包含著一種「進入人的並存的歸屬」。從一種
原始的統一性而來，天、地、神、人「四方」歸於一體。[16]

---

[14] 有關海德格對科技對大地的強索，以及科技背後的形上學思維之批判，可參見拙文分析，〈海德格
存有學對技術、科技的現代性批判：形上解構、重返自然、詩意棲居〉，收入拙著，《莊子的跨文
化編織：自然・氣化・身體》（臺北：臺大出版中心，2019年），頁541-591。

[15] 有關 Otto Poeggler、劉小楓、宋祖良對四方域與《老子》相關連的看法，可參見王慶節的分析，
〈道之爲物：海德格的「四方域」物論與老子的自然物論〉，《現象學與人文科學：現象學與道家
哲學專輯》（香港：邊城出版，2005年），頁261-313。

[16] 海德格，〈築・居・思〉，《海德格爾選集（下）》，頁1192。

　　所謂人的存在本質乃居存於大地之上，還只是點出了植根性的起點。其實人除了根植於「在大地上」，同時還敞開於「在天空下」，亦即人乃頂天立地活在「天地之間」。而天與地所一道敞開的氣韻（Aura）空間，並非物理學、數學意義的靜態幾何空間，而是海德格所謂可棲居、可安身、可歸屬、可給自由的空間之「空間化」。也因為這種「空間化」充滿人之存有體會的意蘊盈餘，故此天地乃具有氣韻生動或神韻靈光充斥其間，從而構成了神聖空間或世界：「空間化為人的安家和棲居帶來自由和敞開之境……空間化產生出那一向為棲居所備的地方。世俗空間始終是那些往往遠遠座落的神聖空間的私有化。」[17] 可見海德格雖然解構了西方的形上學思考，也不再強調宗教的位格神性，但他並未取消世界的靈光氣韻。他所謂四重整體中的「諸神」之神聖氣韻之隱喻，早已內化為世界自身而不在世界之外。形上性或超越性未被完全放棄，只是必須被根植在大地之上，必須內在於天地之間，體現於萬物之中，成為具體而差異的物化存有，終而成全為「天地神人」共同詩意棲居於「萬物」的神聖世界。海德格強調的不再是世界之上的單一上帝，而是內在於隱顯於萬物之中的諸神（die Göttlichen）。諸神之說亦即指天地所開啟的神聖空間，也可更具體地指向「存有物的存有」之物化美學的氣韻生動。[18] 而當人類將空間給私有化的世俗佔有過程中，也就容易自我孤立而遺忘了「天地神人」的神聖世界，從而未能詩意棲居於意義豐盈的自然天地間了。就海德格而言，「終有一死」的有限之人，並非真如存在主義所強調的孤零零的被拋擲性，而是「天地神人四方歸一」的可歸屬性。這種「歸於一體」、「原始統一」的可歸屬性，才是人「渾然中處於世界」的最原初狀態。而這種一體、統一的原始世界處境，便揭露出一個原始倫理的互相關連之親密世

---

[17] 海德格，孫周興譯，〈藝術與空間〉，收入《海德格爾選集（上）》，頁484。

[18] 關於海德格的「存有物的存有」之開顯，可透過物化美學的氣韻生動來詮解，可參見拙文，〈《莊子》的自然美學、氣化體驗、原初倫理：與本雅明、伯梅的跨文化對話〉，收入《莊子的跨文化編織：自然、氣化、身體》，頁399-480。

界。同理，人不只是關注個己，更關係著他人，而人的原始倫理處境也還要守護天地之間（四方域中）的自然萬物。正如關子尹曾指出的：「從海德格對主體全面的批評可見，現代人的最大毛病是過於自我中心。海德格感於人類中心思想無論對自然生態，乃至對人際關係均構成前所未有的危機。……因此，後期的『同一性思維』正好提供一種足以對治有關危機的良方。因為同一性思維的其中一個重要課題，就是勸說人類不要自別於存在和走上把存在對象化、敵對化的胡同中，而應以返歸宇宙『同一』的存在為志業。存在實包涵宇宙和人類萬物這一點。」[19]

　　對於上述「天地神人」四方的原始統一性，海德格在各別描述每一方的境域時，總是會一再指出彼此間的存有連續之親密性。例如「當我們說大地，我們就已經一道思及其它三者」、「當我們說天空，我們就已經一道思及其它三者」、「當我們指出諸神，我們就已經一道思及其它三者」、「當我們指出終有一死者，我們就已經一道思及其它三者」。而上述的「一道思及」便同時觸及了四方的整體性（einigen）和純一性（einfalt）。[20]

　　本文特別想要再加以探討的有兩點。一是海德格在分析四重整體性時，特別著重在對「人」的描述，亦即「終有一死者」的「赴死」內涵。第二個更重要的課題則是將四方的整體性、合一性，落實在「物」的具體性、差異性、多元性來描述。第一點涉及棲居所開顯的原始倫理關懷之「安身立命」，因為人做為「終有一死者」雖然只是短暫地持留於天地

---

[19] 關子尹，〈海德格的「同一性」思維與道家哲學〉，《現象學與人文科學：現象學與道家哲學專輯》，頁228-229。

[20] 關於四重整體或四方純一性，參見〈築‧居‧思〉，《海德格爾選集（下）》，頁1192-1194。另外，亦可參見〈物〉，《海德格爾選集（下）》，頁1165-1183。據王慶節的說法：「『合一』說的是四方乃一整體，而『純一』則應指在這合一的整體中，各方保有既立足自方又『鏡象』它方的單一性和單純性。或者說，因為純一，而有合一。」〈道之為物：海德格的「四方域」物論與老子的自然物論〉，頁273。簡言之，「合一」表示四方萬有的「同一性」，而「純一」表示四方萬有的「差異性」，但兩者實乃共構為「即同一即差異」的圓舞遊戲、交光互映。

間，但由於人總是與「天地神人」關連並生，一體循環而相互歸屬，因此人的死亡乃是存有事件的天命韻律，它是「世界的世界化」（空間之空間化）之自然律動，而非單屬個人事件。人若能領略天地神人的一體性、世界的世界化之命運，甚至承擔起存有守護者、大地拯救者之倫理責任，那麼做爲「終有一死者」的人，便擁有了四方一體的天命歸屬感，從而能夠從容地「赴死」，自在地「安命」。所以海德格如是說：「終有一死者乃是人。人之所以被叫作終有一死者，是因爲人赴死。赴死意味著能夠承受作爲死亡的死亡。唯有人赴死，而且只要人在大地上，在天空下，在諸神面前持留，人就不斷地赴死。……終有一死者把四重整體保護在其本質之中，由此而棲居。」[21]

「唯有人能夠（不斷）赴死」，意味終有一死者領受了四重整體的存有天命，安身立命於雖短暫卻充滿意蘊的此生，領受了參贊存有的宏偉運動、守護四方的倫理保護。當人實現了人的暫留棲居之存在本性，故得「沒身不殆」地安死赴命。這是海德格透過沉思建築與存有，聆聽建築與安居，隨後爲人們打開的詩意安居之原始倫理，其中也隱含人由「命限」到「立命」的終極關懷與守護倫理。此如關子尹所指出的：「傳統的所謂『思有合一』在海德格的嶄新的詮釋下成爲『人與存在的彼此同屬』；在這彼此同屬中，造化和人彼此聽從和聽隨。在這一理解之下，人一方面被『安頓於存在當中』，但亦因而要爲天地造化承擔了不可搪塞的責任，因爲作『萬物之靈』的人類，只有他才最能體會和領受這萬物原與造化一體的道理。」[22]

第二個引發筆者特別關注的問題是，有關「四方」與「物」的關係。因爲海德格並不只滿足於四方純一說或四重整體說，他在描述完四方境域後，更將四方落實到「物」或總攝到「物」上來說。四方開啓的氣韻生

---

21 海德格，〈築·居·思〉，《海德格爾選集（下）》，頁1193。
22 關子尹，〈海德格的「同一性」思維與道家哲學〉，《現象學與人文科學：現象學與道家哲學專輯》，頁230-231。

動或神韻世界，為何要透過具體之物來呈現？這是否表示唯有透過具體的物化世界，才能凝結並落實氣韻生動的存有開顯？我們先看看海德格怎麼說：

倘若棲居僅僅是一種在大地上、在天空下、在諸神面前和與人一道的逗留，那麼終有一死者就決不能實現這一點。毋寧說，棲居始終已經是一種在物那裡的逗留。作為保護的棲居把四重整體保藏在終有一死者所逗留的東西中，即物（Dingen）中。不過，在物那裡的逗留並非作為某個第五方，而僅僅依附於前述的四重保護，相反，在物那裡的逗留乃是在四重整體中的四重逗留一向得以一體地實現的唯一方式。棲居通過把四重整體的本質帶入物中而保護著四重整體。但只有當物本身作為物而被允許在其本質中，物本身才庇護著四重整體。[23]

海德格在連結棲居與四重整體的親密關係之後，又特別強調僅停留在「天地神人」四方，還不能真正實現棲居，必須將棲居和「物（Dingen）」給予具體地鏈結起來。因為只有「在物那裡的逗留」，才能將「四重整體中的逗留」給一體實現，而且海德格強調這是「唯一方式」。筆者認為這是晚期海德格成熟思想的落實處，亦即存有開顯必然只能以「存有物的存有」之具體開顯方式來呈現。換言之，這是不抽離具體存有物而形上空談純粹的大寫存有。同樣地，我們也不能著定在存有物而遺忘存有物的「存有」。此即海德格一再強調的存有與存有物的「旋轉」關係，[24]若用《老子》的概念來說，關涉有與無「同出而異名」的「玄

---

[23] 海德格，〈築‧居‧思〉，《海德格爾選集（下）》，頁1194。

[24] 海德格：「自亙古以來，『存在』同時就為『存在者』而存，反過來『存在者』亦同時為『存在』而存，兩者如在一種罕見而未被深思的交替作用中旋轉。」〈關於人道主義的信〉，《海德格爾選集‧上》，頁382-383。另可參見王慶節所言：「海德格近七十年哲學生涯，雖然孜孜追問的是

同」關係。[25]因此「在世存有」雖被描述為「在天地神人的四方整體性中存在」，但這樣的「在世」描述應該可以更為具體化，亦即前述所謂：存有不離存有物，超越不離內在性，形上性不離物殊性，四方純一性不離物化之差異性。可以說，人和大地、天空、諸神的親密倫理關係，都只能透過每一當下自然萬物的物化本性來開顯、來獲得保證。而這裡的「物」並非四方之外的第五方，而是當下千差萬別的「物」之自性顯現，此便是「天地神人」四方一體的具體化顯現。換言之，「物之物化」乃是「天地神人」這一神聖世界的「即物而道」、「一歸萬法」。換一種說法，「世界的世界化」的整體性，便是透過「物之物化」的差異性來朗現。此如海德格指出：

　　物如何成其本質呢？物物化。物化聚集。居有四重整體之際，物化聚集四重整體入於一個當下棲留的東西，即入於此一物彼一物。[26]

　　物物化。物化之際，物居留大地和天空，諸神和終有一死

存在（即存有）問題，但存在總是存在物的存在（即存有物的存有），所以海德格無論早期還是晚期，總也逃不脫存在物的『困擾』……《存在與時間》中探究存在物存在意義的道路的『中止點』，構成了海德格將近二十五年後在『物』中，進一步思問存在物的存在的『新起點』。」〈道之為物：海德格的「四方域」物論與老子的自然物論〉，《現象學與人文科學：現象學與道家哲學專輯》，頁264-265。

25 有關「存有」與「存有物」的旋轉之弔詭關係，筆者建議可透過《老子》有與無的「同出異名」的「玄」來理解，可參見拙文，〈原初倫理與規範倫理——《老子》的渾沌玄德與他者關懷〉收入本書第三章。亦可參見黃文宏透過天臺宗的「即」之弔詭性，來呼應晚期海德格Ereignis的思維方式：「存有必須過轉為存有者才能現身，而當存有過轉為存有者，存有本身即陷入隱蔽，存有之陷入隱蔽不是歸於空無，存有者即為其現身之場所，存有在存有者之中以隱蔽的方式現身。我們因而可以說，存有與存有者相互依待以現身，而Austrag所表示的，即為存有與存有者這種『相向』又『相離』的關係。『相離』表示兩者之間存在著一種『依待』的關係，『相向』表示兩者之間相即而『互轉』。西方傳統形上學即是將這種依待又互轉的關係，以奠基與被奠基的思維模式來理解，遂而產生『存有——神——學』，而將差異的如相遮蔽。」氏著，〈海德格的「共屬」與天臺宗的「即」——試論詭譎之說法〉，《中國文哲研究集刊》16期（2000年3月），頁9-10。

26 海德格，孫周興譯，〈物〉，《海德格爾選集（下）》，頁1174。

者；居留之際，物使在它們的遠中的四方相互趨近，這一帶近即是近化。近化乃切近的本質。[27]

　　上述的「物」並非柏拉圖（Plato）、亞里斯多德（Aristotle）、笛卡兒的形上學、知識論思維底下，那種主體表象思維所對立的對象物。所以海德格強調：「柏拉圖這位從外觀方面來表象在場者之在場狀態的思想家，並沒有思考物之本質，亞里士多德以及所有後來的思想家亦然。」[28]這也就是爲何海德格要批評自柏拉圖、亞里斯多德以來的西方形上學，一開始就走向了遺忘了存有物的「存有」，因爲他們只著眼存有物的擴延性和實體性，如此將使「物」之豐富生機受到裁抑。而海德格上述的「物」，則富含存有開顯的氣韻生動之「敞開」特性，因爲「物」不封閉也不固著，而是不斷敞開於四方、迎接四方，可謂物物相依相化：

　　物化本身是輕柔的，而且每一當下逗留的物也是柔和的，毫不顯眼地順從於其本質。柔和的是這樣的物：壺和凳、橋和犁。但樹木和池塘、小溪和山丘也是物，也以各自的方式是物。蒼鷹和獅子、馬和牛，也是物，每每以自己的方式物化著。[29]

　　順此，物與物的本性既各自差異卻又通達互化，故有所謂「物物化」這一更動態性說法。[30]然而「物化」或「物物化」之說，其實同時包含著「聚集」與「敞開」的雙重特性，或者說，「即聚集即敞開」的二而一之弔詭性。此即海德格強調的，「物」因敞開於四方，故而能聚集四方。四

---

[27] 海德格，〈物〉，《海德格爾選集（下）》，頁1178。
[28] 海德格，〈物〉，《海德格爾選集（下）》，頁1168。
[29] 海德格，〈物〉，《海德格爾選集（下）》，頁1183。
[30] 王慶節曾有一簡明扼要的說法可參考：「換句更簡單的話說，存在物無非就是讓存在『在起來』的『地方』！讓存在『在起來』的過程，又被海德格稱爲『物物化』。」〈道之爲物：海德格的「四方域」物論與老子的自然物論〉，《現象學與人文科學：現象學與道家哲學專輯》，頁273。

重整體總是具體聚集而呈現於當下「此一物」或「彼一物」，但是又因為每一物的物化本性皆相互敞開，故而又能邀請「遠處的四方相互趨近」。換言之，四方的純一性或四重整體的原初倫理之「切近」關係，乃透過每一當下的物化召喚而被顯示出來。這一顯示便是海德格所謂「近化」，便是在每一差異的物化歷程中，顯示彼此切近相親的原始倫理性格。因為這種「切近」與「近化」，並非意指空間靠近的外在關係，而是彼此相互歸屬、互為依存的內在親密性（若對照於《存有與時間》對時間性的突顯，這裡更著重在空間性來朗現存有）。

對於「物」所召喚的原初倫理性，海德格曾透過「橋」[31] 和「壺」[32] 這兩個「物化」意象，來說明四方聚集的倫理切近性。例如，透過「橋」將原本隔開的兩邊河岸給予連結，既讓河水自橋下不受擺佈地自然流過，又使人們可以自由往來而通達兩岸，甚至透過橋上橫跨連結的空間聚集，將遠方的天際浩瀚、四周的氣韻靈光給邀請過來，促使行人的眼界得以遊目四方，胸襟得以逞懷天地。如此一來，河岸大地，天際視野，便在行人的漫步逍遙中，聚集出充滿氣韻生動的非凡空間。原本只是一物的橋之聚

---

[31] 海德格指出：「橋與河岸一道，總是把一種又一種廣闊的後方河岸風景帶向河流。它使河流、河岸和陸地進入相互的近鄰關係中。橋把大地聚集為河流四周的風景。……橋讓河流自行其道，同時也為終有一死的人提供了道路，使他們得以往來於兩岸。橋以多重方式伴送。……橋以其方式把天、地、神、人聚集於自身。按照我們德語中的一個古老詞語，聚集（Versammelung）被叫做『物』（thing）。橋是一物——而且作為前面所述的對四重整體的聚集。……橋是一物，它聚集著四重整體。但它乃是以那種為四重整體提供一個場所的方式聚集著四重整體。……這些物乃是位置，它們為四重整體提供一個場所，這個場所一向設置出一個空間。在這種作為位置的物的本質中包含著位置和空間的關聯，但也包含著位置與在位置那裡逗留的人的聯係。」〈築‧居‧思〉，《海德格爾選集（下）》，頁1195-1198。

[32] 海德格指出：「從壺裡傾倒出來，就是饋贈……在贈品之水中有泉。在泉中有岩石，在岩石中有大地的渾然蟄伏。這大地又承受著天空的雨露。在泉水中，天空與大地聯姻。……在作為飲料的傾注之贈品中，終有一死的人以其自己的方式逗留著。在作為祭酒的傾注之贈品中，諸神以其自己的方式逗留著……在傾注之贈品中，同時逗留著大地與天空、諸神與終有一死者。這四方是共屬一體的，本就是統一的。……在贈品中被聚集起來的東西集自身於這樣一回事，即在有所居有之際讓四重整體棲留。這種多樣化的質樸的聚集乃是壺的本質因素。我們德語裡用一個古老的詞語來命名這種聚集。這個古老的詞語叫做thing。」〈物〉，《海德格爾選集（下）》，頁1172-1174。

集作用，竟讓四方域的天地神人會聚在「切近」而相親的空間中，使得原本隱而未顯的四重整體，微妙地朗現在「橋（物）」所召喚的天地風景之中。做為空間之空間化中的物化之橋，由於位置的巧妙邀集，遂能將天地神人的原初倫理關係，給予切近地召喚出來。做為終有一死而有敏銳覺受之人，並不純是功能性地利用橋來做為行走通過而已，更是在這種天地神人四位一體的倫理風景中，得到詩意安居的倫理逗留，成為了四方域倫理風景中的一景。而橋的連結奧祕，便在於透過場所的設置，讓有形無形的隱顯空間，產生多維的參贊相依。讓物我之間、天地之間、神人之間、物物之間，皆獲得切近的召喚與邀請。可以說，海德格透過橋（位置中之一物），所召喚的四方聚集（諸空間之切近），來揭露存有物的存有之具體化開顯，而人便是被此倫理風景所開顯，並守護著萬籟自化又相化的倫理世界。[33]

　　同樣地，壺之為物也不只是一個有壺底和壺壁的實用容器，海德格認為壺的「虛無」、「中空」的容納作用，才是壺之為壺的敞開本性：「壺的虛空，壺的這種無，乃是壺作為容納作用的器皿之所是……器皿的物性

---

[33] 對於「橋」做為邀集天地人神的詩意之「物」，筆者以宜蘭的建築師黃聲遠的作品，如「礁溪林宅」、「宜蘭縣社福館」等建築為例，他將社福大樓向河邊蔓延而去，設計一座「橋亭」來鏈結宜蘭河道，讓社福的人文建築和自然河牀的遼闊天際，相互交織起來。黃聲遠的建築設計經常有一個主題或意象在連綿貫串，那便是橋或者具有橋樑意味的長廊。橋樑有著溝通甚至邀請意象，既是敞開於空間兩端，又可聚集兩端空間，使疏遠隔離轉為切近比鄰，能生發出空間設計的倫理關懷和倫理轉化。這便是黃聲遠建築之所以使人相親，使人與自然相親的魅力。他將建築的身體敞開出來，不讓建築封閉在獨立的客體中，運用了橋樑、街道、巷弄，來聚集不同的存在向度——例如自然空間（河邊天際）、人文空間（辦公或閱覽）、宗教空間（廟宇祭臺）、休閒空間（民間戲巷）——等等不同層次的存有意義，乃被建築所延伸的敞開與聚集給溝通起來。「田中央」在宜蘭修的一座橋「津梅棧道」即是出於這樣的考慮，「慶河橋」則連接了宜蘭舊城巷弄和北岸的津梅田野，亦有如此意味。因此從黃聲遠的建築意象中，我們可發現海德格所謂「天、地、神、人」詩意棲居於「物」的可能性。黃聲遠的建築以人為出發，卻又將多元的自然存有意義給邀請過來，嘗試打破建築物之實用性、視覺性的獨立擴張，以便讓居住者能藉由建築物的「虛懷敞開」與「邀請聚集」，找回生命歸宿與倫理關係。

因素絕不在於它由以構成的材料，而在於有容作用的虛空。」[34]一般人只看到它裝了飲料之水，卻沒有看到壺的「虛而待物」之虛無性或虛空性。而壺中之水，乃正是虛而待物所邀集而來的豐盈、虛空敞開所帶來的禮物。所以海德格以切近相連的物化關係，描繪了：水含泉，泉含岩石，岩石連結大地，大地又承臨天空雨潤，而雨水洗滌拂柔過動植萬物……如此環環相即。可以說，壺中之水，乃聚集了天空與大地的聯姻。而壺之「虛而待物」才讓大地與天空的微妙因緣，共同溶進去壺水的豐盈饋贈之中。不管是將壺中之甘露傾注於人，亦或將壺中之祭酒傾注於神，它們皆已然包含著萬化的饋贈。而這樣的饋贈，已然將「天地神人」一同聚集在此贈禮的祝福中了。如此一來，壺之「虛而待物」的容納、傾注、饋贈，一方面將壺之物化本性給顯露出來，另一方面也將天地人神四重整體的切近倫理關係給朗現出來。

可見，「物」具有敞開於四方的「通達」功能，也因為敞開而有邀請四方的「聚集」功能。此種既通達又聚集的「物之本性」，便是海德格上述指出的：「物物化。……物化聚集四重整體入於一個當下棲留的東西，即入於此一物彼一物。」這裡的「此一物」、「彼一物」，除了意指具體之物，同時也涉及差異之物。物化的通達敞開與聚集召喚作用，當然不限於特定物，天地之中的自然萬物，莫不或隱或顯地召喚著四重整體的親近倫理性。甚至人們勞動手作而不離開於「帶出」或「讓顯現」的技術原初本性，其所開顯的物（如壺與橋），亦可召喚四方來聚。[35]

---

[34] 海德格，〈物〉，《海德格爾選集（下）》，頁1169。

[35] 「物化本身是輕柔的，而且每一當下逗留的物也是柔和的，毫不顯眼地順從於其本質。柔和的是這樣的物：壺和凳、橋和犁。但樹木和池塘、小溪和山丘也是物，也以各自的方式是物。蒼鷹和獅子、馬和牛，也是物，每每以自己的方式物化著。每每以自己的方式物化之際，鏡子和別針、書和畫、王冠和十字架也是物。」〈物〉，《海德格爾選集（下）》，頁1183。可見對海德格而言，能召喚四方來聚的物，不只有樹木、小溪這些自然物，也包含了壺、橋、鏡子、十字架等等技藝之物。只是這裡的技藝之物，主要是指承繼古希臘的技術原意。用道家的觀念說，這樣的技藝已含有「技進於道」的內涵。這樣的技術不再是主體對物的單方面宰制，其實包含著「物我之間」的彼此轉化關係，亦即主體亦要能夠「因循」於物化之天理。對此可參見拙文，〈天人之間與養生達

　　由上可知，海德格從早期的「在世存有」，到晚期「在四方渾然一體中存有」，將可透過「在世界的世界化中存有，在物的物化中存有」來落實。此即海德格在〈物〉一文中，要將「世界的世界化」之遊戲歷程，描述爲「物之物化」的敞開（四方柔順開敞）與聚集（四方依偎嵌合）的相互轉讓、相互映射之圓舞遊戲。[36] 可見，物化世界就是四方世界交光互映、圓舞環繞的具體化遊戲，而且是「一多相即」、「同一與差異並現」的眞正唯一「世界之世界化」臨現。「近化」便是在描述這個「處處敞開」又「相互依偎」的原初倫理性。故海德格言：「這種遊戲出於轉讓過程的合抱起來的支持而使四方中的每一方都與其它一方相互信賴。四方中沒有哪一方會固執於它自己的游離開來的獨特性。而毋寧說，四方中的每一方都在它們的轉讓之內，爲進入某個本己而失去本己。這種失去本己的轉讓就是四重整體的映射遊戲。由之而來，四方之純一性才得到了信賴。」[37] 可見，每一物在「化」的狀態下，既因敞開而轉讓了自己，但卻也因爲失去了自己，才能邀請四方來聚，使自己與四方相依相賴，從而又獲得自己實現自在。就在這種相互轉讓的「合抱」、「切近」狀態中，圓舞的物化遊戲便同時是一個原初的倫理親密世界。海德格此處的圓舞遊戲、物化交織之說，透過〈物〉的壺之物性所鏈結的天地人神之逗留聯姻，具體而微地揭露出「在世存有」的親密關聯性。[38] 筆者認爲正是這種

　　生——《莊子》技進於道的天理與物性〉收入本書第九章。

[36] 海德格：「世界化的世界的映射遊戲，作爲圓環之環化，迫使統一的四方進入本己的順從之中，進入它們的本質的圓環之中。從圓環之環化的映射遊戲而來，物之物化得以發生。物居留四重整體。物物化世界。每一個物都居留四重整體，使之入於世界之純一性的某個向來逗留之物中。如果我們讓物化中的物從世界化的世界而來成其本質，那麼，我們便思及物之爲物了。如此這般思念之際，我們一任自身爲物的世界化本質所關涉了。如此思來，我們就爲物之爲物所召喚了。……物化乃是世界之近化……切近之近化乃是世界之映射遊戲的真正的和唯一的維度。」〈物〉，《海德格爾選集（下）》，頁1181-1182。

[37] 〈物〉，《海德格爾選集（下）》，頁1180。

[38] 對此，王慶節的說法很值得參考：「和《存在與時間》中所描述的『孤獨的』、『無所關聯的』、『向死而在的』親在似乎很不相同，在海德格二十三年後的演講〈物〉中，作爲『會死者』的人的

存有論的親密性，隱含著海德格存有論式的原初倫理學。而人這一終有一死者，也才能徹底超越孤獨無根的拋擲性，重新找回「四方來（聚集）」即「四方去（通達）」的一體歸屬感。

三、海德格「世界之世界化」與老莊「即氣化即物化」的關聯性宇宙

　　後期海德格的「物論」，具體轉向了將「存有」落實爲「存有物之存有」，克服了前期「存有」與「存有物」的「奠基」與「被奠基」的形上思維之殘跡。更重要的是，他將「在世存有」具體化爲「天地人神」匯聚於「物之物化」，並由人之詩意棲居的可歸屬性，而更加顯化了原初倫理向度。前者具有對形上學「尋求根據」的克服之功，後者具有原初倫理「泛愛萬物」的深化之功。對於形上根據的克服以及原初倫理的肯認，一樣可以在道家身上看到類似思維。甚至諸多學者（如Otto Poeggler、劉小楓、宋祖良、王慶節等）認爲正是老莊觀點先影響過海德格，如四方域的觀點和《老子》二十五章的關係（「大曰逝，逝曰遠，遠曰反。故道大，天大，地大，王亦大。域中有四大，而王居其一焉。人法地，地法天，天法道，道法自然。」）、壺的空無與容納觀點和《老子》十一章的關係（「三十輻，共一轂，當其無，有車之用。埏埴以爲器，當其無，有器之用。鑿戶牖以爲室，當其無，有室之用。故有之以爲利，無之以爲用。」）。

　　但是老莊的道物關係，無有關係，有時也會被誤讀成形上和形下的上下兩層次，並由此將「道」錯置爲超離萬物之上的「高道」，或將「無」錯置爲超離萬有之前的「本無」。如此一來，道和物，無和有，恐將被

『向死而在』的道路，不再具有極強存在主義色調的『孤獨性』和『無所關聯性』。相反，會死者毋寧說是在『四方域』的四方鏡象嵌和的『圓舞』歡欣中『柔和地』，『輕巧地』成其『向死而在』。這裡，『會死者』似乎不再孤獨和無所關聯。」〈道之爲物：海德格的「四方域」物論與老子的自然物論〉，《現象學與人文科學：現象學與道家哲學專輯》，頁280-281。

解讀成（西方）形上學模式「奠基」與「被奠基」的本末優次關係，如此將導致對具體差異的自然物化世界產生次級化的否定作用。因為安身立命的永恆國度被孤高地投射到超越物化之上的道貌岸然之彼界，無法真正擁抱「在世存有」而開啟「物我並生為一」的物化倫理。[39] 然而老莊的「道物關係」、「無有關係」，終究是要「道法自然」地落實在「道無逃物」的物化繽紛上，終究是示現在「有無同出」與「大逝遠反」的物化交換循環中。正如〈知北遊〉指出「道」只能落實到「每下愈況」的物化世界來：「所謂道，惡乎在？……莊子曰：無所不在。……在螻蟻。……在稊稗。……在瓦甓。……在屎溺。……無乎逃物。至道若是，大言亦然。」[40]《莊子》透過「每下愈況」，促使形上道學的高遠想像土崩瓦解，返回觸目所及的微小生命之具體存在。如螻蟻（昆蟲物），如稊稗（植物），如瓦甓（礦物），如屎溺（排泄物），無不彰顯道之靈光氣韻。所謂「道無逃物」正是形上高道在崩解時，向下落實在「天地一指也，萬物一馬也」的「一指」「一馬」之即物微觀中。正如海德格的「一橋」、「一壺」能邀集「天地人神」，而共同棲居每一物化之身，《莊子》的「一指」、「一馬」也能邀集「天地萬物」，而共同棲居於任何細微事物之中。一方面，反映出存有之道必須開顯為「無物不然，無物不

---

[39] 王慶節底下觀點正和本文觀點相應：「『有生於無』展現出來的是一種寬泛意義上的神學宇宙論式的，等級高低分明的，『創世紀』式的一元論形上學。在這一形上學的框架裡，『無』為『一』，為『本』，為『體』，而『有』為『多』，為『末』，為『用』。『無』具有某種先天的尊貴而『有』則帶來一種與生俱來的原罪。於是，從無到有，從一到多，從本到末，從體到用，乃是一逐次下降，沉淪的過程，是一『得道之人』應當克服的過程。反觀『有無相生』的模式，我們看到的則是一幅截然不同的圖景，這是一種天地自然發生，萬物自性平等，二元甚至多元相蕩互蕩，中道平和的形上學……鑒於古代和中古時代中國特定的宗教、文化、社會、政治的『大一統』的背景，神學宇宙論式的、一元論的『有生於無』形上學成為道家哲學形上學的主流解釋，乃至構成整個中國哲學形上學的『道統』不足為奇……我想由於受海德格的啟發而建構的老子自然物論，無疑為我們在傳統的『有生於無』的一元論形上學之外開啟出了『有無相生』的二元論或多元論的形上學的可能性。」〈道之為物：海德格的「四方域」物論與老子的自然物論〉，《現象學與人文科學：現象學與道家哲學專輯》，頁304-305。

[40] 莊周，郭慶藩輯，〈知北遊〉，《莊子集釋》，頁749-750。

可」的物化差異性。另一方面，萬物彼此間又「相造於化」地交響爲存有連續性。前者彰顯出物化世界「咸其自取，使其自己」的殊異性風格，後者彰顯出物化世界「天地並生，萬物爲一」的親密性倫理。

〈齊物論〉言：「道行之而成」，「道」正在不斷活動的生成變化歷程中持續展開著。而這種不斷「道行」的生成變化，又可透過「通天下一氣」的氣化流行來描述其「大逝遠反」的循環往覆、差異重複之運動。進一步說，氣化流行的道行運動，同時也開顯出千差萬別的物化交換。因此《莊子》便以「萬化」來統稱「萬物」，如〈大宗師〉言：「若人之形者，萬化而未始有極也……又況萬物之所係，而一化之所待乎！」[41]如此一來，「道行」即「氣化」，「氣化」即「物化」。對於《莊子》，道行即氣化即物化，三者都指向同一個「天地並生，萬物爲一」的萬物「相造於化」的「萬化」歷程。我們宜掃除「奠基」與「被奠基」的二元論思維，不宜將「道行」視爲「氣化」之奠基，也不宜將「氣化」視爲「物化」之奠基。對於「萬物即萬化」，安樂哲（Roger Ames）和郝大維（David Hall）底下的觀點，值得參考：

《道德經》宇宙觀中，過程優先於實體，連續性優先於非連續性。因此，「物」最好不要理解爲靜態的「事物」，而應理解爲過程；完成事件只不過是這些過程暫時性的標點。因此，我們必須將「物」理解爲既是過程（偶然事件〔happenings〕）又是事件（已經獲得某種相對完備狀態的偶然事件〔happenings that have achieved some relative consummation〕）。……「萬物」或「無數過程或現象（ten thousand processes or events）」指涉建構這個世界所有特定過程和現象不匯總的總合：「萬物」就是所有發生著的事情。《莊子》「物化」（過程和現象永遠轉化）的表

---

[41] 莊周，郭慶藩，〈大宗師〉，《莊子集釋》，頁244。

達，描述一事物向另一事物的轉化，正是表明了過程中所有物形間的相互依存和彼此貫通。[42]

《莊子》這種「天下一氣」、「萬物化作」的道行流變世界觀，並不將人類從萬化物類中區隔出來，反而將人視爲萬物流變眾聲喧嘩的多聲部合唱團之一員。人非但不是孤零零的原子般存在，反而必然要被萬化天籟影響，也是影響天籟萬化的參贊者，因此對萬化交響的關連性宇宙具有守護與回應的倫理天職。對於《莊子》這種物化流變世界觀，筆者過去曾經將其描述爲道家式的物化存有論，或將其描述爲物化存有美學，並嘗試挖掘其原始倫理意涵。[43] 道家式的物化存有論本身，存有之道即展現爲存有物的豐盈歷程。用道家的話說，道行是物之物化的豐盈，而物之物化的豐盈就是氣化流行的差異化表現。道行開顯實即氣化流行本身，不必在氣化流行之外，別立一個道體來做爲氣化開顯的根據。而氣化流行又完全展現爲物化的豐盈宇宙，所以道家的物化存有論本身就是生機活潑、自本自根、相互關聯、循環不已的有機宇宙。對於這一點，海德格上述的「物之物化」、「世界的世界化」等觀念，正可呼應老莊即存有即活動的有機宇宙觀及物化世界觀。筆者過往將《莊子》「即物而道」的物化論、存有論、倫理學結合申論，其中一項核心因素正是和海德格進行跨文化對話相關。因爲海德格的存有論思維頗受老莊影響，他的「即存有物而論存有」的基本存有論方向，也同樣具有解構希臘以來的形上學思考，批判本體與現象斷裂爲二的超絕形上學，以重新回返自然大地的物化世界。晚期海德格在討論「物之物化」與「世界之世界化」時，明白反對離開世界自身而

---

[42] 〔美〕安樂哲、郝大維，何金俐譯，《道不遠人——比較哲學視域中的《老子》》（北京：學苑出版社，2004年），頁77-78。

[43] 賴錫三，〈論先秦道家的自然觀：重建老、莊為一門具體、活力、差異的物化美學〉，《文與哲》16期（2010年6月），頁1-44；賴錫三，〈《莊子》的自然美學與氣化體驗與原初倫理——與本雅明、伯梅的跨文化對話〉，《文與哲》26期（2015年6月），頁85-146；賴錫三，〈童真遊戲與倫理呼喚——《莊子》的視點轉換與遊戲轉化〉收入本書第六章。

另立它者來做為奠基的（西方）形上學論證：

　　天、地、神、人之純一性的居有（Ereignis）著的映射遊戲，
我們稱之為世界（Welt）。世界通過世界化而成其本質。這就是
說：世界之世界化（das Welten von Welt）既不能通過某個它者來
說明，也不能根據它者來論證。這種不能說明和論證並不是由於
我們人類的思想無能於這樣一種說明和論證。而不如說，世界之
世界化之所以不可說明和論證，是因為諸如原因和根據之類東西
是與世界之世界化格格不入的。一旦人類的認識在這裡要求一種
說明，它就沒有超越世界之本質，而是落到世界之本質下面了。
人類的說明願望根本就達不到世界化之純一性的質樸要素中。當
人們把統一的四方僅僅表象為個別的現實之物，即可以相互論證
和說明的現實之物，這時候，統一的四方在它們的本質中早已被
扼殺了。[44]

　　正上前節所述，海德格的「世界」其實就是天、地、人、神之純一性
的居有（Ereignis，appropriation，或翻譯為自然、自化）的映射遊戲。但
何謂「居有：Ereignis」的遊戲？其實Ereignis就是指「世界」乃「物之物
化」的自然自發的湧現歷程，並沒有在自生自化的物化世界背後，存在任
何的形上根據或超越奠基。「世界」正是存有之道的開顯可能性之聚集，
沒有在這個世界之外還另有它者做根據，或者做為超越奠基，物化世界就
是天、地、人、神會聚遊戲的存有場所。物之物化或世界之世界化，乃是
存有開顯出來的唯一世界。由此可見，它契近於老莊所謂存有之道即開顯
為氣化流行的物化宇宙。而且就在這個氣化流行的物化宇宙中，乃是「即
氣化即物化」的一（連續性）、多（多樣性）相即狀態。

---

44 海德格，〈物〉，收入《海德格選集（下）》，頁1180-1181。

　　如上節所述，海德格的四方統一性是透過四化來說明。所謂四化，其實就是存有開顯爲一切的可能性。而四化做爲存有開顯的可能性之遊戲，本身就是自然的自化歷程。對於四方之四化的相互依賴、相互映攝，每一方既自開自顯（多樣性），又同時交光互映（連續性），如此「四方即四化」（多樣性即連續性）的交相互攝，海德格又稱其爲「自然（居有）的圓舞」。而這自然圓舞的循環共振，就是世界之世界化的自發湧現本身。海德格這種「物之物化」、「世界之世界化」、「四方即四化」的說法，相通於老莊的「道行即氣化即物化」的觀點，它們都表明了主客不二、相互關聯、一體有機、即連續即多樣的親密性宇宙觀。我們可以再度用安樂哲和郝大維的說法，來呼應我們的討論，並做爲這一節的總結：

　　道家關聯宇宙論開始於這樣一種預設：……對道家而言，就是：只有「存在物」存在（only beings are）；或者，就強調世界作爲變化過程本身這一現實性而言，我們更應進一步說：只有「生成」存在（only becomings are）。這就是說，道家並不認爲在現象背後存在著某種永久的眞實、某種不變的基體，某種在變化的偶然性背後本質限定等方面的東西。……道家宇宙論的第二個預設基於對「變化」和由此而來的「獨特性」同樣實在的承認，即：特定「事物」其實就是「過程性現象」，而且，它們與那些爲其提供存在環境的其他「事物」是內在地關聯著的。換言之，這些過程性現象是有涵納滲透能力的，它們在我們稱之爲「經驗」不斷進行著的各種轉化過程裡，彼此互融互滲。……道家宇宙論的第三個預設是……沒有無中生有的觀點，沒有全然外在的視角，也沒有非情境化的優勢立場。我們始終身處其中。正是事物間這種內在、構成性的關係，使它們擁有了反身性，且在時空之流中相互依存、彼此共在。然而，這種相互性卻絕不會

取消特定視角的獨特性。……道家宇宙論的第四個預設是：我們不是我們經驗的被動參與者。世界萬物轉化的力量就存在於這個世界本身，也是構成這個世界萬物的一個整體特徵。無需求助任何外在有效的因素：不需要造物主，也不需要任何什麼限定了的第一原理。正因為沒有任何與這樣一個外部原因相關聯的預定機制，這種轉化的力量就體現在事物各種關係所獲得的互融互惠、共同創造的成就中。[45]

四、《老子》「慈柔儉嗇」與《莊子》「虛而待物」的原初倫理性格

安樂哲和郝大維反對將道家理解成西方形上學式的本體宇宙論，強調道家契近於一種懷德海式的關聯性宇宙論。他們兩人對老莊文獻所詮釋和譯讀出的道家式關聯性宇宙論，正可和本文所描述的「物之物化」、「世界之世界化」互相對話，尤其也都隱含著原初倫理做為第一哲學而有待進一步挖掘。對此，我們可回到老莊文獻來略加描述。首先就《老子》而言，不管是一般通行的王弼版本將「道經」放前，或者出土帛書版本將「德經」放前，基本架構皆由「道經」和「德經」兩部分構成《老子》一書。初步來說，「道經」涉及萬物開顯的存有之道探討，「德經」涉及倫理規範的批判反思。我們可用王弼通行版的「道經」第一章（《老子》1章），和「德經」第一章（《老子》38章），來各做代表：

---

[45] 安樂哲、郝大維，《道不遠人——比較哲學視域中的《老子》》，頁16-26。筆者早期（2008年）就曾將晚期海德格「物之物化」、「世界之世界化」的道家式詮釋觀點，和安樂哲、郝大維所詮釋的懷德海（Alfred North Whitehead）式道家關聯性宇宙，合觀並讀，參見拙文，〈當代學者對《老子》形上學詮釋的評論與重塑——朝向存有論、美學、神話學、冥契主義的四重道路〉，《清華學報》38卷1期（2008年3月），頁35-84；後收入《當代新道家》（臺北：臺大出版中心，2011年），頁1-105。

　　道可道，非常道；名可名，非常名。無名天地之始，有名萬
物之母。故常無欲以觀其妙，常有欲以觀其徼。此兩者，同出而
異名。同謂之玄，玄之又玄，眾妙之門。（第1章）

　　上德不德，是以有德；下德不失德，是以無德。上德無爲而
無以爲，下德爲之而有以爲。……故失道而後德，失德而後仁，
失仁而後義，失義而後禮。夫禮者，忠信之薄而亂之首。（第38
章）

　　對上述兩個基本範疇的劃分，自陳康以來若干東方學者慣以西方實然
（存有）、應然（倫理）二分來看待。但這種將《老子》道／德給予實然
／應然二分，卻不符合《老子》自身的思想特色。西方文化傳統認爲的存
有原理和倫理原理的二分、實然範疇和應然範疇的對舉，對於《老子》卻
可通達無礙地相互融貫。[46] 可以說，《老子》的存有原理即是倫理原理。
從《老子》「道」之「玄德」和「聖人」之「上德」的相互通達，以及強
調「人法地，地法天，天法道，道法自然」的天人相參，皆可看出道／
德、天／人的二分對立，並未出現在《老子》的思維中。[47]

　　對於《老子》道、德不二的表述，與其用西方形上學前見下的知識論
架構，將之視爲混淆了實然、應然的「自然主義之誤謬」，而把《老子》

---

[46] 如袁保新指出的，陳康最早用「實然／應然」的二分架構，來質疑與檢證現代學者如何面對「道
的異質性」之難題。參見氏著，《老子哲學之詮釋與重建》（臺北：文津出版，1991年），頁26-
29。陳康的問題意識，是在西方形上學思維下的知識論模型，即在實然與應然二分、存有原理與倫
理學原理二分的架構下，所提出的「以西非中」、「以今非古」的質疑。然而這樣的問題視域非但
不符合東方的文化脈絡，從海德格基本存有論對西方形上學的批判角度來看，反而是有待反省批判
的思維架構。陳康這種以西方式的問題視域，來看待《老子》文獻的做法，就好像勞思光用實然與
應然二分的西方理論結構，來質疑《孟子》、《易傳》的天道與心性之關係，因爲就勞思光而言，
形上之天和道德心性的混淆就是將道德應然價值建立在形上實然層的混淆。

[47] 安樂哲和郝大維指出：「如果我們回頭思索一下承載道家世界觀的漢語言，我們就會知道，詹姆
士（William James）關於事實和價值──認知和情感、思想和情緒──的不可分離性，多麼富有見
地！」《道不遠人──比較哲學視域中的《老子》》，頁32。

打入人類早期素樸不成熟的思維冷宮，不如藉由海德格的基本存有論與原初倫理學的原始共構，來反轉「以今非古」、「以西非中」的成心成見。如前兩節所述，從海德格的基本存有論之根源性出發，主客二分之前的存有開顯，同時就展開了人和人、人和萬物，「共在於世」的相生相化之原始性倫理親密關係。可以說，人處身在「渾然其中」的萬化世界，本身就與萬物共處於休戚與共、圓舞遊戲的原始境遇中。所以《老子》的道、德合論的「即存有即倫理」模式，並不適合以「遺忘存有」後的主客二元思維來加以否定，反而應該將主客二元思維回溯存有根基，以重新打通「四方即四化」的「天地並生，萬物爲一」的原初倫理經驗。如此一來，老莊反而有可能提供當代人思考一種更根源性、非人類中心主義的原初倫理向度。如上所論，《老子》「人法天地」的域中四大觀點，可能啓發了海德格「四方即四方」的四方域觀點，以及「人做爲存有之道的守護者」等主張，而現在我們也可反過來運用海德格觀點來詮解《老子》，一方面既可批判性回應存有／應然二分的質疑，另一方面可開展原初倫理關懷的第一義。誠如王慶節在《老子》和海德格的跨文化對話研究中曾經指出：

　　無論老子還是海德格，大談「物論」的「醉翁之意」並不眞的在「物論」，而在「人論」，在於人類在這個宇宙中，世界上的位置及命運，在於人類與其生於斯、長於斯的周遭世界和自然的關係。正因如此，海德格大談人「人，詩一般的棲居」，談在「四方域」中人類之爲「看護者」的角色，而老子則談「無爲」、「無事」、「守柔」、「嗇」、「慈」、「儉」、「去甚」、「去奢」、「去泰」、「不敢爲天下先」以及「能輔萬物之自然」……我們看到，老子的「四大」自然物論與海德格的「四方域」物論，無論在其形上學的根基源頭上還是在其人生終

極關懷的關節上，都有許多相互融通和彼此呼應之處。[48]

　　《老子》「柔弱勝剛強」這一類看似詭辭的語句，既不適合純以思辯的命題視之，也不能只停留在一般經驗層次視之，更不宜從術的鬥爭角度濫用之。本文認爲最好扣緊著道家的倫理關懷來解讀，在閱讀這類語句時宜將主體的「自我轉化」帶入。批判性地思考一般規範倫理的「光之暴力」，跳出強弱鬥爭的二元對立，不以一方裁抑另一方，轉而從虛己、容納、傾聽、包容、回應、滋潤，等等「敞開性」的倫理回應態度爲首初要務。換言之，其中涉及主體自我的省察與轉化，以開啓如何回應人我、物我的原初倫理態度。[49]「柔弱勝剛強」等觀念，其所謂「剛強」的背後預設一種主體中心的強悍與誇大，是以「我」爲中心的「自是」、「自矜」、「自伐」的權力擴張狀態。而「柔弱」並非與「剛強」二元對立下的另一端，而是轉化爲「不自是」、「不自矜」、「不自伐」的無我與虛待狀態。猶如水、谷、嬰兒等隱喻意象，給出的隨順、包納、柔軟等等感受。若從存有論的角度說，柔弱也是參贊存有、聆聽存有、任隨存有的「無爲」狀態。「柔弱」的虛損主體，才能使人「法地、法天、法道、法自然」地眞正成爲萬物守護者。其中的「法」並非外部性的效法或摹擬自然界的實然律則，而是將人原本有爲爭強之權力主體，釋放並敞開於「人與世界共在」的原初倫理情境。這種人對道的柔順回應，人與世界萬物的共在交融，既是存有的原初體驗，也能自然興發出倫理的原初回應能力。這種原初倫理的關懷，即《老子》所謂的慈、柔與儉、嗇。「儉」與「嗇」是將人類中心主義過度用物、宰物、傷物的「奢」與「華」，逆轉收回地保持「樸」與「素」的簡單生活態度。「慈」與「柔」則是將人類

---

[48] 王慶節，〈道之爲物：海德格的「四方域」物論與老子的自然物論〉，《現象學與人文科學：現象學與道家哲學專輯》，頁295-296。

[49] 關於《老子》對規範倫理的「光之暴力」的批判反思，以及其「原初倫理」的細節討論，可參見拙文，〈原初倫理與規範倫理——《老子》的渾沌玄德與他者關懷〉收入本書第三章。

自是、自見、自明的主體中心主義，逆轉收回地轉爲「泰然任之」的包容與聆聽，給予了萬物自生自長與存在差異的最大空間。正如劉國英透過現象學對西方形上學暴力的批判視域下，其詮解《老子》也特別著重在柔弱思維對現代性剛強主體的批判潛力：

　　在揭櫫「柔弱勝剛強」之際，老子實質上是從事對宰制的批判、對暴力的批判、以及對一切形式的英雄主義之批判……順應「道」而行事、非強力、非宰制、揭櫫柔弱勝剛強：老子這一思路經常被提出與晚期海德格所鼓吹的Gelassenheit（泰然任之）比較。不單如此，老子這一對強力和宰制的批判還從當代意大利的著名後現代哲學家Gianni Vattimo處獲得迴響……他跟隨尼采和海德格的思路，呼籲把現代思維往「柔弱」思維的方向蛻變……Vattimo認爲，尼采和海德格的思想遺產正在於展示出，「（西方）形上學傳統是一個『暴力』思維的傳統。在它偏好進行統一的、顯示主權的和從事一般化的範疇，和崇拜arche（起源）的情況下，（西方）形上學傳統顯現出一種基本的不安全的感覺，並且誇大了自身的重要性，由此它的反應便變成過分自衛。形上學的一切範疇都是暴力範疇：存在和它的屬性、『第一』因、需要『負責任』的人，甚至強力意志──若果它被形上學地閱讀成確認或僭取支配世界的權力。這些範疇必須被『弱化』或者去除它們過分的權力。」……倘若Vattimo提出「柔弱範疇的存在論」之想法，其首要目的是批判現代世界和批判西方形上學傳統，那我們不會奇怪，埋藏在老子的柔弱與無爲思想之中的是偌大的批判潛能：對宰制的批判、對暴力的批判、對虛榮的批判、對競爭的批判。[50]

---

[50] 劉國英，〈現象學可以還中國哲學一個公道嗎？──試讀老子〉，《現象學與人文科學：現象學與

　　而《莊子》〈齊物論〉的天籟思維，不同於人籟和地籟那種在現象背後求取「怒者」的形上思維。天籟解構了「怒者」的形上根據，要我們安身立命於眼前「吹萬不同」的物化關聯性世界。唯一能體會與安止的是，眼前不斷自我湧現又不斷相互轉化的無窮物化世界。除了「自本自根」而「其往無窮，其來無止」的物化萬象，在「咸其自取，使其自己」以外，「怒者其誰邪」這一類的形上衝動，終於被放下。〈齊物論〉的天籟思維，衝破了形上幻像並轉而肯認眼前自然萬化的相吹交響。任何形而上的彼岸界（如本體先驗世界），超越性怒者（如第一因創造者），都頓然消融在「自使自取」又「相待相化」的「相蓋相造」[51]之萬有造化世界。南郭子綦對於萬物背後「怒者其誰邪」的質疑，讓「從物索道」的外在超越性之高求，轉化為「從道返物」的萬物相吹又依待相化的內在超越性。這促使了縱貫式的「離物求道」，落實為水平式的「即物而道」。「道」不再被視為物化世界背後的形而上怒吹者、作動者，千差萬別的物化世界本身就是不折不扣的道行委化之自身。

　　正如「吾喪我」才得以聆聞吹萬「天籟」，而「吹萬」正是萬化之間交互關係的音樂隱喻。而天籟的「不同」表示了萬物之間既有著存有連續性的整體關係，卻又不掉入減損多樣性差異的同一性形上學暴力。用音樂的譬喻來說，「吹萬不同」卻又「交響共鳴」，表示出每一物既保有「使其自己，咸其自取」的主動創造性，但又不是封閉的獨我式原子論的各吹自調。每一存在物（象徵不同的樂器）既吹出自身弦律，卻又與不同樂音相互吹拂彼此共振，「相造相化」地譜出變化流行的天籟曲調。因此可以

　　道家哲學專輯》，頁32-33。

[51] 「相造」一詞來自〈大宗師〉：「魚相造乎水，人相造乎道。相造乎水者，穿池而養給；相造乎道者，無事而生定。」而任博克極有敏銳地意識到「相造」一詞的「交互主體性」之要義。簡言之，一切存在事物（吹萬不同），不只是「自取自己」，更是「相造相化」。人我之間，物我之間，莫不參與了相遊相化的「相造」歷程。有關「相造」一語的有趣討論，可參見任博克（Brook Ziporyn），"Zhuangzi's Tumultuous Tranquility" 發表於第24屆世界哲學大會，北京大學主辦，2018年8月13-20日。

說，每一樂器既是交響曲的中心（主聲調），又是其它吹奏樂器的邊緣（副聲調），因此這一宇宙交響曲有無窮的中心主調（吹萬不同），同時也意味著有無窮的邊緣副調（相吹互化）。因此每一中心即邊緣，每一主調即副調，反之亦然。由於每一中心皆是「以虛為體」、「以無為體」，因此所謂中心乃是不斷和各種音響交織互滲的「以化為體」與「去中心的中心」。因此我做為暫時性的中心主調，完全無妨於我成為其它主調的副聲部。同樣道理，其它身為暫時性的中心主調，亦無妨成為我的副聲部。如此相互調頻、交光互映的「一多相即」，才成為了中心無所不在的天籟物化之關連性宇宙。遍中心論（omnicentrism）的物化實相，乃是萬物既在其自己（吹奏自身），又敞開彼此（相互共鳴），既有分又無分（際之不際），既無分又有分（不際之際），既是「主音調」（自使自取）又是「副聲部」（相造於化），如此一再呈現弔詭兩行的無窮運動。換言之，物化之弔詭實相，正是「道行」運動的變化邏輯。而這種「世界之世界化」的弔詭運動，自身便以「大逝遠返」而無窮無盡地變化下去，根本無需預設或推求超絕的形上它者或形上實體，來做為控制世界的單一中心與給定法則。[52]

　　〈齊物論〉：「天地一指也，萬物一馬也。」正是以詩意心境傳達出：任何看似孤立之一指，單槍之匹馬，其實皆不離於「野馬也，塵埃也，生物之以息相吹也」的「聲氣相通」、「氣息相吹」的微妙關係。而此等氣息通化的關係之微之妙，若徹底言之，將可層層演繹成無止無盡的一大關係網。換言之，「一指」的屈伸活動終究不離於「天地」大脈絡，「一馬」的奔馳走作終究不離於「萬物」互聯網。一指如是，一馬亦然，

---

[52] 有關「遍中論」一概念，是任博克用來描述《莊子》和天臺的共同思維方式：「遍中論認為，所有事物的實質只是由其與其他事物的關聯所決定，如是整體不只是部分之總和（整體論），而是說在如此徹底的意義上這也是正確的，即任何整體中的每一點都是那一整體的中心，這樣每一點都足以表徵、感知並具有整體。這意味著，任何部分就是整體自身，並且所有的部分交互性具。」
任博克，吳忠偉譯、周建剛校，《善與惡：天臺佛教思想中的遍中整體論、交互主體性與價值弔詭》（上海：上海古籍出版社，2006年），頁376。

而「我」之存在，亦不得不在這浩瀚的世界關係網絡中而「在世存有」、「渾然中處」。於是我們便可理解惠施和莊子共享的原初世界觀，同時就會展開一個原初倫理觀的基本命題：「泛愛萬物，天地一體。」只是惠施大體以抽象方式（牟宗三稱之爲「名理」）來分析此命題，莊子則以體知方式（牟宗三稱之爲「玄理」）來證成此感受。而〈秋水〉就將這種「天地並生，萬物爲一」齊物胸懷，描述爲海納百川般的倫理兼懷：「嚴乎若國之有君，其无私德；繇繇乎若祭之有社，其无私福；汎汎乎其若四方之无窮，其无所畛域。兼懷萬物，其孰承翼？是謂无方。萬物一齊，孰短孰長？」[53]《莊子》式的泛愛萬物並不表現人類中心主義式的「私德」、「私福」，然而卻因不偏坦私愛於「一方」，更能「無方」地兼容千差萬別的萬化。《莊子》這種「兼懷」、「泛愛」，正含藏著原初倫理與差異倫理的精神。[54]

　　正如南郭子綦歷經「喪我」的認知轉化後，才得以聆聽「吹萬不同，而使其自己也，咸其自取」的「天籟」差異之大美。而主體的固蔽之解放（解心釋神），才能重新恢復物我「分而無分」的連通（虛而待物）與敞開（聽之以氣）。經由〈人間世〉的心齋修養，顏回的知性主體就從「實自回也」的自我中心，轉化爲「未始有回也」的忘我、喪我狀態。其中轉化的關鍵，便從「无聽之以耳」（官止）、「无聽之以心」（知止），最後上達爲整體情境氣氛的回應（神行），此即有名的「解心釋神」後的「聽之以氣」：「氣也者，虛而待物者也。唯道集虛。虛者，心齋也。」[55] 神行或聽氣，毋需神祕化去理解。它們主要意指恢復人和天地萬物的「神以通之」、「遊乎一氣」的原初倫理親密性。亦即世界最原初性的萬化共在之承認狀態：「夫徇耳目內通而外於心知，鬼神將來舍，而

---

[53] 莊周，郭慶藩輯，〈秋水〉，《莊子集釋》，頁584-750。

[54] 有關《莊子》的差異倫理之更多討論，可參見拙文，〈他者關懷與差異倫理——〈德充符〉對醜惡的文學書寫〉收入本書第四章。

[55] 莊周，郭慶藩輯，〈人間世〉，《莊子集釋》，頁147。

況人乎！是萬物之化也。」⁵⁶。

「虛」便是掃除主體的封閉臃擠而虛懷納物（虛室生白），如此人便能再度復甦與一切存在（包含物我神鬼等一切可能），棲居共遊的原始倫理性。人一旦能虛薄自我之膨脹、清掃心知之固執，便能參贊萬物之變化常新（萬物之化也）。而這種「與物相遊」的「聽氣」、「觀化」狀態，〈大宗師〉便稱之為「遊乎天地之一氣」、「離形去知，同於大通」。⁵⁷眞人這種「與物爲春」的身心情狀，⁵⁸正是自我的十字打開，從此「乘物遊心」地與萬物情意相感互通。所以《莊子》描述的眞人特性，其中一項關鍵描述便是物我通達的承認情狀：「若然者，其心志，其容寂，其顙頯；淒然似秋，煖然似春，喜怒通四時，與物有宜而莫知其極」、「精神四達並流，无所不極，上際於天，下蟠於地，化育萬物，不可爲象，其名爲同帝。」⁵⁹眞人就是能在當下環境中，回應自然萬物而與它們互相承認。不管是春夏秋冬的環境氛圍，還是身邊切近的物我遭遇，眞人總能與它們感「通」、合「宜」地連綿共振。眞人的精神氣化身心總能四達並流地與天地萬物互化共育，承認「獻身於世界」而守護萬物的共榮共在，共同活在「萬物化育」的有情天地裡。因此我們看到《莊子》對「與物相遊」的逍遙美學之描述，總會或隱或顯地涉及與自然萬物的親密倫理，尤其散發出物我相親的無害氛圍。

五、結論：無害於物、與物爲春的詩意棲居

當代是個用物、宰物、傷物到了積重難返的極端時代，人類正以最

---

⁵⁶ 莊周，郭慶藩輯，〈人間世〉，《莊子集釋》，頁150。
⁵⁷ 莊周，郭慶藩輯，〈大宗師〉，《莊子集釋》，頁268、頁284。
⁵⁸ 筆者曾有幾篇文章討論真人的「氣化身體」，參見〈《莊子》身體觀的三維辯證：符號解構、技藝融入、氣化交換〉，《清華學報》42卷1期（2012年3月），頁1-43；〈《莊子》精、氣、神的工夫和境界——身體的精神化與形上化之實現〉，收入《莊子靈光的當代詮釋》（新竹：清華大學出版社，2008年），頁119-166。
⁵⁹ 莊周，郭慶藩輯，〈大宗師〉、〈刻意〉，《莊子集釋》，頁230-231、頁544。

「自是、自見、自伐、自有功」的技術性、計算性思維，佔領大地、侵犯
自然、傷害萬物。人類的有為有用的強力意志，完全將慈柔儉嗇、泰然任
之、無為無用的道家式思維拋諸腦後，徹底遺忘詩意棲居的倫理關懷與守
護萬物的存有天職。晚期海德格在1945年就曾以預示性口吻表示，人類正
以極端否定自己的存有之根、大地持存的異化方式，快速地走向沒有未來
的荒蕪化。並認為要扭轉人類權力意志的惡性宰制暴力，應該重新召喚道
家式的無用主體、無用思維，才能帶領我們轉向有未來的拯救之路：

　　這種荒蕪因此就在於，所有一切，世界、人和大地，都完成
了對所有生命的遺棄。……一個荒蕪時代的存在就恰恰在於存在
的遺棄性……今天的人幾乎不去思考：在一個有保障的、上升
著的生命外表下面（**筆者注：意指現代科技的進步表象遮蔽了
荒蕪的實相**），有可能會發生對生命的荒置，甚或是對生命的禁
阻。……因此也就會在世界於上升、優勢以及幸運財富的輝煌中
發出炫目光彩的地方，在人權受到尊重的地方，在市民秩序被遵
守的地方，並且首先是在可以確保提供舒暢愉快之持續充分享受
的地方，以致於所有一切都始終是一目了然地被兌換為和化解為
有用之物。

　　主體性的本質就在於，人、個別人、群體和人屬，他們站起
身來，使自己立足於自身，並聲稱自己就是根據和現實的尺度。
隨著這種向主體性之中的站起，向勞動之中的站起便作為一種成
就形式而產生出來，大地的荒蕪便是通過這種成就形式而被處處
得到準備，並且最終被建立在絕對之物之中。荒蕪的惟一法則就
是，有用之物是最有用的東西，並且是惟一有用的東西。[60]

---

[60] 海德格，倪梁康譯，〈在俄羅斯戰俘營中的一個較年輕者與一個較年長者之間的晚間談話〉，《中
國現象學與哲學評論（第五輯）》（上海：上海譯文出版社，2003年），頁177-181，頁201。

　　海德格認爲西方以理性的表象思維、計算思考做爲人的「主體性」之核心定位時，其實便已走向以「有用性」做爲直線向上進步的發展道路。但這種以理性啓蒙主體做爲權衡價值的有用性思維，卻在「遺忘存有」的權力意志主導下，逐步將人類帶向了無盡征用的荒漠化後果。海德格揭開現代人繁華進步的外表底下，其實到處流露無所不在的荒蕪。大地的荒蕪，人際的荒蕪，物種的荒蕪，可謂一切皆蕪。面對這種天地人神四方皆蕪的徹底荒漠化，海德格採取的救治方式並非技術性層次的環境保護，而是重新將人從貪婪掠取的有用主體，轉化爲簡樸貧儉的無用主體，將權力意志宰物用物的傷物害物，轉化爲泰然任之的任讓無爲與無用無害。海德格這種詩意棲居的沉思之思，可謂吸收了老莊的慈柔、儉嗇、無用，等等跨文化思想資源來救治全球性荒蕪危機。他認爲釜底抽薪之道，在於人類得重新學習一種「非意志」、「無用性」的「等待之思」（呼應前文所謂「詩意棲居」的「沉思之思」）。而海德格在描述這種無用性的純粹等待與任讓發生的泰然任之，其內涵不僅相應於《莊子》的「無用之大用」[61]，他甚至直接引用莊子與惠施關於有用無用的辯論，來總結他面對當代歷史災難的苦口良藥：

　　一個人說（**筆者注**：即惠施）：君所言之，乃無用之物？

　　另一個說（**筆者注**：即莊子）：若欲言有用之物，則需先思無用之物。地雖廣而大，而欲立則只需寸土以供立足即可。然若足之側生裂隙，直達深淵，此立足之地復有何用？

　　一個人說（**筆者注**：即惠施）：不復有用。

---

[61] 海德格：「攫取的貪婪始終只依附於所謂的有用的東西。它們使我們的生物的眼睛看不見無用之物。而且看不見，無用之物在任何時候都始終是所有東西中最有用的東西。只有能夠知道無用之物的必然性的人，才能至少是大致地估量由於禁止人進行思維（筆者注：此思維意指回應存有的詩性思維）而產生的痛苦。」〈在俄羅斯戰俘營中的一個較年輕者與一個較年長者之間的晚間談話〉，《中國現象學與哲學評論（第五輯）》，頁186。

　　另一個說（**筆者注：即莊子**）：無用者之必然便明了於
此。[62]

海德格所引用的衛禮賢（Richard Wilhelm）的《莊子》德語譯文，正是出
自〈外物〉篇：「惠子謂莊子曰：『子言无用』。莊子曰：『知无用而始
可與言用矣。天地非不廣且大也，人之所用容足耳，然則廁足而墊之致黃
泉，人尚有用乎？』惠子曰：『无用。』莊子曰：『然則无用之爲用也亦
明矣。』」[63] 莊子的用意在於指出自然的浩瀚世界與廣大的天地萬物，乃
是人類可以眞正安居的支撐背景。就像人人腳下都已然立足在大地之上，
但人們卻很容易遺忘這未必直接有用，卻實際支撐人類生存的大地靠山。
而當看似暫時無用的大地靠山，完全被代換成人類手中的有用房產或腳下
有用的建地時，人類也將失去一個看似無用，卻讓人眞正能棲居安命的詩
意家園：「從理論上來說，因爲空間不僅供居住，還能成爲增值的財產，
這種性質的居住空間就可以被無休止地追逐和投資，它是貪欲攫取的對
象。在另一方面，空間的擴張，是尼采式的權力意志的本能要求：空間總
是在擴充著空間，空間總是在尋求自身的繁殖，空間總是在爲自身的擴大
再生產所驅動。這樣，空間就自然地成爲家庭身體的動力機器。家庭不再
深陷於自身內部的倫理糾纏中，相反，它作爲一個整體，作爲一個好戰的
身體，而捲入到同外部的殘酷競賽之中。每一個家庭變成了無限廣闊的空
間之戰的一方，家庭短暫而漫長的歷史，就是佔據和奪取空間的戰爭歷
史。」[64]

　　正如〈逍遙遊〉莊子也曾提醒惠施，當人類只將自己當成「狸狌」那
樣無所不取、無所不用的獵奪主體時，那麼人類所到之處便猶如利刃斤斧

---

[62] 海德格，〈在俄羅斯戰俘營中的一個較年輕者與一個較年長者之間的晚間談話〉，《中國現象學與哲學評論（第五輯）》，頁204-205。

[63] 莊周，郭慶藩輯，〈外物〉，《莊子集釋》，頁936。

[64] 汪民安，〈空間、家政與婚姻〉，《藝術世界》258期（2011年11月）。

橫掃而無所不害。原本「無所可用」的無用大瓠、無用大牛、無用大樹，都將因爲人類「規矩繩墨」的有用性計算思維，而遭受各種暴力的征用對待。[65] 甚至最後連人自己都掉入無限爭奪與自我擴張的荒蕪化之網罟中，再也無法與萬物共同詩意棲居在「無何有之鄉，廣漠之野」的無害樂園了：

　　惠子謂莊子曰：「吾有大樹，人謂之樗，其大本擁腫而不中繩墨，其小枝卷曲而不中規矩。立之塗，匠者不顧。今子之言，大而不用，眾所同去也。」莊子曰：「子獨不見狸狌乎？卑身而伏，以候敖者，東西跳梁，不辟高下，中於機辟，死於罔罟。今夫斄牛，其大若垂天之雲，此能爲大矣，而不能執鼠。今子有大樹，患其無用，何不樹之於無何有之鄉、廣莫之野？彷徨乎無爲其側，逍遙乎寢臥其下；不夭斤斧，物無害者。無所可用，安所困苦哉？」[66]

　　當今在全球化發展下，環境污染的速度和經濟成長速度，一同齊頭並進。資本主義的高度發展、經濟崛起的快速開發，竟讓人們連最基本的生存要素，水、空氣、大地，都被污染危害到不再提供永續養分。原本自自然然的永續養分，竟被人爲地轉化成難以分解的有害毒素。詭譎的是，人類以渴望建立桃花源、烏托邦的夢想去發展科技、經濟、工業，但人類卻建構出了一個遠離桃花源、背離烏托邦的有害環境。這在在都讓我們不得不重新思考：如何安居？何謂建築？何以永續？等等既古老又當前的基

[65] 對於惠施（技術之思）與莊子（藝術之思），所展開的兩種對待萬物的倫理態度，以及其與海德格的跨文化對話可能性，筆者曾有專文做進一步的細節討論，〈《莊子》藝術思維與惠施技術思維的兩種差異自然觀：與海德格的跨文化對話〉，收入《莊子的跨文化編織：自然·氣化·身體》（臺北：臺大出版中心，2019年），頁181-230。
[66] 莊周，郭慶藩輯，〈逍遙遊〉，《莊子集釋》，頁39-40。

源問題。對海德格和老莊而言，在思考環境永續性或永續性建築之前，更應該思考人與自然萬物的原始關係。在目前現代性的全球化情境下，從建築商業行為展現出人類意志對待環境的方式，自然只是被人類權力意志所宰控的他者。然而當萬物被人類徹底資源化而掠奪殆盡時，瀕臨滅絕的物種也將擴及人類自身。因此少數當代建築師如隈研吾發問「自然建築是永續的嗎？」其對當前綠建築工業亡羊補牢的質疑，其實更想觸及的是比環境倫理更為基源的課題。[67] 隨著科技的進步我們所需要的並不是那種把人因禁在人工環境裡的建築，而是能夠帶領我們重新接近自然環境，喚醒人類感官知覺本能的建築。建築原是作為人類安居於自然天地之間的中介，然而現代性文明以人類為中心的剛強建築，幾乎已淘空自然而截斷永續循環的天地律韻。因此若干建築師開始從海德格和老莊的另類思維中，重新思考弱性建築、詩意安居與主體轉化的原初倫理關係。例如阮慶岳對所謂「弱」、「負」等建築與空間的再思考，便是針對現代化建築的剛強、佔滿之弊病，企圖進行批判性轉向。阮慶岳批判性轉向的思維啟發，主要正是來自《老子》「柔弱勝剛強」、「柔弱者生之徒」、「反者道之動，弱者道之用。天下萬物生於有，有生於無。」等等非爭奪、非暴力的共生思維。[68]

　　倘使建築與人之關係必然具有遮蔽與保護的功能性，那麼「弱」則是放下人類爭勝自然的主體強力意志。甚至承認越是自以為堅固不催的剛性建築，將更弔詭性地彰顯出無所逃於「化則無常」的危脆。因此如何將人類的剛強與佔據，逆向轉化為弱軟與虛懷，便代表著人類向自然的回歸與承認。這種「弱」與「負」的建築與安居，能將人類中心主義放下，以關懷土地、珍惜資源，與自然共生的方式來打開詩意棲居的建築原始意

---

[67] 隈研吾，林錚顗譯，《自然的建築》（臺北：博雅書屋，2010年）；隈研吾、三浦展，林錚顗譯，《三低主義》（臺北：博雅書屋，2012年）。

[68] 阮慶岳，阮叔梅譯，《弱空間：從道德經看臺灣當代建築 *Weak Architecture 2: Dao De Jing and Contemporary Taiwanese Architecture*》（臺北：田園城市，2012年）。

義。正如《老子》強調「致虛極，守靜篤。萬物並作，吾以觀其復。夫物芸芸，各歸其根。歸根曰靜，靜曰復命，復命曰常，知常曰明。」（十六章）建築所扮演的角色，應是一種促成萬物並作與各復其根，使所有的生命皆能得其寧靜安祥與生命自在。最後，我們從老莊的觀點提出三項基本棲居大地的安居倫理，以做為本文重返詩意棲居的最後結論：

一、法自然（天的層次）：我們應該將人重新放回自然天地的原生脈絡來定位。例如《老子》有言：「人法地，地法天，天法道，道法自然。」（二十五章）人本來就是自然家族的一員而與萬物平等生活在天地之中。人總是先受恩惠於自然環境，同時也應對自然萬物有一份愛護和回饋的責任感。從老莊的觀點看，人類的發展再怎麼進步都不可能脫離自然世界而獨活獨大，反而應該深切體認人類文明終究只是浩瀚宇宙的滄海一粟，就像《莊子》所謂：「眇乎小哉，所以屬於人也！謷乎大哉，獨成其天！」[69] 人的偉大並不在於「存人忘天」的自我誇大，反而應該向自然萬物敞開，成為自然天地的守護者，並從事人對天地萬物的化育參贊。這種將人重新放回「天人之際」的古老脈絡，也可能隱含返本開新的未來性。換言之，未來人類的永續與發展，要批判性地思考「人定勝天」的技術性思維，並創造性地繼承天人不二的關係。未來文明的永續發展，應重新復活文明與自然的辯證共生關係。

二、弱建築（物的層次）：阮慶岳曾出版《弱建築》一書[70]，曾大量運用《老子》的觀念來觀察建築或與建築師對話。對於老莊來說，世界所以能永續地生成變化，乃在於萬物的「可回歸性」，所以才能帶來循環反覆的再生運動。萬物皆沒有不生滅、不變化、可抵抗時間的固我性。時間一到總要：「夫物芸芸，各復歸其根。歸根曰靜，是謂復命。」正因為芸芸萬「物」的可回歸性，才能再度導向天地之道的「周行不殆」（也就是

---

69 莊周，郭慶藩輯，〈德充符〉，《莊子集釋》，頁217。
70 阮慶岳，《弱建築：從《道德經》看臺灣當代建築》（臺北：田園城市，2006年）。

循環永續）。運用到人類的建築或人工製造物來說，人類應該盡量多使用在地性、易回歸性的自然材質，因為這些自然物質明顯比人工器物（如塑膠、水泥等等），來的容易回歸自然，也容易循環再生。它既可降低污染，也可大量減少回收成本。這在《老子》可以用：「反者，道之動；弱者，道之用」（四十章）來表示。道的永續運動，就在於萬物的可逆返性（反者，返也）。人類文明的創造物或製造品，不應一味追求「強固」、「抗時間性」，反而應該承認「柔弱性」和「無常性」。物在時間性的生成流變之下，總要能「物化」，接受它柔弱而被收回自然循環的一面（復歸其根）。物的柔弱，反而得以回歸於道之運動，才有萬化相互循環的永續性。人所製造的生活器物，宜效法「反者，道之動；弱者，道之用」的永續原理。

　　三、懷虛心（人的層次）：人之所以不能法地、法天、法道、法自然，或者人之所以不能效法「反者，道之動；弱者，道之用」的永續原理，主要在於人的主體過於自我膨脹，以為人總能勝天、總能靠科技征服自然世界。卻遺忘了自然並非人的外部環境、對象化客體，而是人生於斯、長於斯、安身立命於斯的家園。倘若人遺忘了《莊子》所謂：「天地與我並生，而萬物與我為一」，這種簡單又明瞭的存有事實，人將遺忘敬畏天地大美的感受力，也將逃避與萬物共存共榮的倫理責任。那麼不僅人自身難以永續生存，人的生存擴張更成為了其它物種的大災難。做為現代的理性人，如何深沉地面臨主體性的膨脹，以便找回謙虛柔軟的自我，正如《老子》的「不自是，不自見，不自伐」，正如《莊子》所謂：「虛而待物者也。唯道集虛。虛者，心齋也。」也只有再度將過度膨脹塞滿的主體，清理出猶如林中空地般的虛懷納物，我們的心才能再度「虛室生白，吉祥止止。」換言之，謙虛的人類、虛空的心靈，將使得人的主體能夠真心容納多元的生命。這樣一來，人類的永續與其它物類的永續，才成為同一等權利與同一等責任。

第三章

原初倫理與規範倫理——《老子》的渾沌玄德與他者關懷

一、渾沌之道的「無有玄同」之弔詭邏輯與神話溯源

　　「渾沌」意象，是老莊經常用來形容「道」「德」的核心修辭，筆者認為，它也是老莊用來重估「倫理」內涵的重要依據。道家許多極為重要的基本隱喻（radical metaphor），都和渾沌意象難脫干係，甚至可說，老莊之道是一系列有關渾沌之道的變形複寫。然萬變不離其宗，萬事萬物既然根源於無所不在的渾沌之道，也就可能分享了渾沌德性。萬物德性既源自於道又復歸於道的世界觀，[1]可被描述為：一切從此渾沌流，一切還歸此渾沌。渾沌做為道之源流的意象表述，它也同時灌溉了萬物存在的德性生機，如《老子》五十一章言：「道生之而德畜之，物形之而器成之。」[2]然而渾沌為何？渾沌的道德生機如何展現？似乎又甚為模糊難言，本文將嘗試言之。首先，渾沌作為老莊「不可道之道」的首要容狀或隱喻，它猶如神龍一般首尾難見，似乎總是逃逸人們的語言規範，難被概念明晰把握，如《老子》十四章、二十一章所言：

　　視之不見，名曰夷；聽之不聞，名曰希；搏之不得，名曰微。此三者不可致詰，故混而為一。其上不皦，其下不昧。繩繩不可名，復歸於無物。是謂無狀之狀，無物之象，是謂惚恍。迎之不見其首，隨之不見其

---

[1] 〈天地〉：「物得以生謂之德。……性修反德，德至同於初。」莊周，郭慶藩輯，《莊子集釋》（臺北：華正書局，1985年），頁424。這裡的「初」便指涉著「道」，可見「物」來自於道（初）並歸於道，而「德」乃是道內化於萬物的生機德性。

[2] 此章句本文採用《老子》帛書甲本的「道生之而德畜之，物刑（形）之而器成之」的兩層表述，而暫不採取王弼通行本「道生之，德畜之，物形之，勢成之」的四層表述。

後。執古之道，以御今之有。能知古始，是謂道紀。

　　道之為物，惟恍惟惚。惚兮恍兮，其中有象；恍兮惚兮，其中有物。窈兮冥兮，其中有精；其精甚真，其中有信。自古及今，其名不去，以閱眾甫。吾何以知眾甫之狀哉！以此。

　　從以上兩章句的表述結構來看，渾沌之道或道之渾沌性格，至少可從兩方面來加以觀察。第一，就文獻的前半部，《老子》總一再強調渾沌之道的「否定性格」，例如它具有：「超感官」（不可視見、不可聽聞、不可搏得），「超語言」（不可致詰、不可名言），「超分別」（混而為一、超越上下與明暗），「非對象性」與「不確定性」（無狀之狀、無物之象、恍惚、窈冥），等等透過「不」、「無」之否定性來表達「復歸無物」（絕對無）之特徵。不過要注意的是，渾沌之道雖然不是「對象物」那般可見之形物，但也絕非虛無空洞、毫無生機，否則《老子》不會再三運用詭辭來強調它具有「無狀之狀」、「無物之象」的豐富生機。弔詭而微妙的是，看似絕對否定性的「三無」之「夷希微」，[3]卻也在「混而為一」的醞釀中，呈現「其中有精」、「其中有信」的絕對生機。換言之，「恍惚窈冥」又「復歸無物」的渾沌之道，同時也呈現出「其中有象」、「其中有物」的「物化」性格。如此又可說，渾沌之道的「絕對無」仍然必要通向於「物化」的「絕對有」。關鍵在於此時所謂「甚真」、「甚精」之「物」，必然浸潤在「混然為一」的三無力量中，而分享了渾沌之道的流動生機。因此「其中有物」、「其中有象」的「物象」，並不以對象物的封閉姿態而孤立自己，反而是在大化流行的渾沌偉力之「其中」，而分享了恍惚窈冥的流通性。可以說，此時的恍惚之物分享著「渾沌之道」的沖虛力動；或者說，窈冥之物敞開於「復歸無物」的裂隙深度。換

---

[3]　如河上公註曰：「無色曰夷，言一無采色不可得視而見之；無聲曰希，言一無音聲不可得聽而聞之；無形曰微，言一無形體不可搏持而得之。」《老子道德經河上公章句》「贊玄第十四」，收入《四部要籍注疏叢刊・老子》（北京：中華書局出版，1998年），頁7。

言之，「物形器成（或勢成）」必根於「道生德畜」之活水源頭；而「道生德畜」乃要具體泛化爲「物形器成」之萬化多元。總體來說，對於渾沌這第一面向，我們可以觀察到：渾沌的「無性」（可暫名爲絕對無）與「物性」（可暫名爲絕對有）的矛盾又同一之弔詭運動，此即所謂：「無」、「有」同出而異名的「玄道」邏輯。[4]

　　第二個可以觀察到的渾沌面向，則是第十四、二十一章後半部文獻顯示出：渾沌之道具有特殊價值。原本看似「否定性格」的渾沌之道，卻被《老子》當做一切存在與價值的活水源頭（以閱眾甫），它具有調整或重塑當今價值的綱紀特性（執古御今）。在《老子》「獨異於人」的眼光下，渾沌之道的否定性格，爲何可以發出超越時代的肯定價值？在筆者看來，這是因爲《老子》相信渾沌之道既可做爲灌溉自然萬有之存在活力（玄德），也可調整人文世界的倫理價值（上德），從而使自然與人文既不失根又不異化地循環辯證，以保有生命活力的原樸清新。筆者認爲，這裡含藏著《老子》對周文的「道」「德」主張之批判反省與重塑，並由此嘗試倫理重估之新主張。

　　《老子》自覺要以渾沌素樸的柔性主體，來溯源存在與重估價值。這種顛倒常人機巧伶俐而轉化爲淡泊素樸的柔弱主體，《老子》二十章曾自白其獨異心跡：「我獨泊兮其未兆，如嬰兒之未孩。儽儽兮若無所歸。眾人皆有餘，而我獨若遺。我愚人之心也哉！沌沌兮。俗人昭昭，我獨昏昏。俗人察察，我獨悶悶。眾人皆有以，而我獨頑似鄙。我獨異於人，而貴食母。」到底是什麼讓博大眞人無畏孤寂而與世相違？關鍵就在於永不

---

[4] 筆者此處稍微運用了日哲西田幾多郎的「絕對矛盾之自我同一」與「否定性邏輯」等意味，來嘗試描述「無有同出而異名謂之玄」的道之運動。西田晚期透過「絕對無的自我否定以展開形的顯現」，來說明「世界形成世界自身」的運動邏輯，筆者認爲西田有關「實在」的發展邏輯，將來或可和道家的渾沌之無性與物性的玄同運動，產生對話契機，因爲它們都涉及「以世界說明世界」的實在邏輯。關於西田的「否定性邏輯」之內涵，可參見〔日〕新田義弘，黃文宏譯，〈西田哲學中的「哲學邏輯」：特論其後期思想中的「否定性」邏輯〉，《揭諦》5期（2003年6月），頁239-261。

放棄的「食母」堅持。所謂「食母」便是以道爲母，進一步說則是，以渾沌之道做爲歸依的謙卑柔軟之無我心境。所以他看似被眾人所遺棄，或者自覺地捨下眾人熙攘爭奪之路，那是因爲他走向了一條看似人煙稀少、卻亙古常新的渾沌古道。博大眞人以復歸嬰兒般之渾樸天眞，將主體柔化而依歸在渾沌母懷中。這裡，《老子》借用了母子的環抱依偎意象，來隱喻渾沌（玄德）和眞人（上德）的原始親密關係。

　　而當《老子》顚倒俗人「昭昭察察」的機心分別，期待復歸「昏昏悶悶」的天眞渾樸，其實已經預示了價值逆轉的重估訊息。首先它預告了主體自我的逆轉與復歸，使得原本自以爲萬物主宰的俗人主體，能夠「去自」（無我）而轉化爲天眞赤子般的謙遜柔軟，從而返歸渾沌之道的母懷。我們若借用海德格（Martin Heidegger）的話說，《老子》邀請人們從主體的表象思維與計算操控（昭昭、察察），返回「泰然任之」的虛懷敞開（昏昏、悶悶），從而守護「存有根源」之奧祕。[5]此中同時涉及主體的轉換以及存有的聆聽，尤其如何從ontic深入到ontological的主體轉換，以便再次疏通Dasein與Sein的根源關係。[6]而《老子》「以母爲食」，或者《莊子》「與天爲徒」，都嘗試要以渾沌之道來轉化眞人主

---

[5] 筆者將《老子》的「昭昭察察」與「昏昏悶悶」之兩種主體狀態，類比於海德格的「表象思維（計算思維）」與「泰然任之（沉思之思）」之兩種主體狀態，並非毫無根據。一則海德格曾翻譯並吸收過老莊思想，二則他也以「泰然任之」來對「計算思維」加以批判轉化，並再三強調人和自然大地的根基關係。海德格，孫周興譯，〈泰然任之〉，《海德格爾選集》（下）（上海：上海三聯書店，1996年），頁1240-1241。

[6] 據梅依（Reinhard May）研究，海德格曾和蕭師毅合譯《老子》（最後僅完成八章），並將十五章「孰能濁以靜之徐清，孰能安以動之徐生」一句，翻譯爲：「誰能處於安然，卻又能從之出並經由之，而將某物置於路途之上（動之），以使其逐漸敞開？」與「誰能通過平和靜之而將某物帶入存在？天之道。」氏著，張志強譯，《海德格爾與東亞思想》（北京：中國社會科學出版社，2003年），頁7。如果我們回到十五章完整的前後文來看，《老子》所歌頌的「孰能」，指涉能將主體淡泊化、素樸化而歸依於渾沌之道的眞人：「古之善爲士者，微妙玄通，深不可識。夫唯不可識，故爲之容……敦兮其若樸，曠兮其若谷，混兮其若濁，澹兮其若海，飂兮若無止。孰能濁以靜之徐清，孰能安以動之徐生。」換言之，海德格既可能吸收《老子》渾沌之道來詮解他的存有之道，而且也注意到其中主體「平而靜之」、「泰然任之」的轉化與敞開。

體，以便做爲一切存在開顯與倫理價值的活水源頭。換言之，這裡隱含著一條「基礎存有」到「原初倫理」（或原始倫理）的疏通之道。[7]

有關世界與人、道與物的關係，亦或天地與人的關係，《老子》經常使用「復歸嬰兒」、「貴食母」這些隱喻。對道家思想的神話溯源研究不陌生的學者，大都知曉老莊的渾沌之道，實和遠古普遍出現的渾沌創世神話，關係甚深。尤其《老子》更是充斥大母神（The Great Mother）的原型意象，如玄牝、谿谷、陶埴、谷神、江海、食母、甘露、橐籥等等，皆運用一連串與母神相關的生殖意象，來隱喻渾沌之道的孕育力。[8] 渾水、渾圓等生殖意象，事涉宇宙萬物的生命起源之創世神話，而渾沌正象徵著萬物分殊生化源頭，那渾然未分的本體存有狀態。據普遍傳世的創世神話情節，開天闢地、萬有諸象產生之源，宇宙原處於「渾沌如雞子」（宇宙蛋）一類的渾融原水狀態。[9] 相應於這種渾沌之流的始源無分狀態，依照諾伊曼（Erich Neumann）對全世界大母神的神話原型意象之研究，圓環、圓壺、容器、蛋卵、陶甕、母腹、海怪、子宮、洞穴、峽谷、海洋、深水等等，都屬於環尾圓蛇（the uroboros）那象徵無所不包納的渾沌意象群。由於它們多少都和母腹的身體意象發生隱喻連結，故可統攝在大母神的神話範疇中。有意思的是，諾伊曼承繼榮格（Carl Jung）分析心理學

---

[7] 參見毛怡紅，〈海德格爾的「原始倫理學」及其當代影響〉，《哲學雜誌》12期（1995年4月），頁72-85。有關海德格的「原初倫理」之討論，亦可參見本書第二章〈詩意棲居與原初倫理——老莊的柔弱無用與海德格的泰然任之〉。

[8] 楊儒賓，〈道與玄牝〉，《臺灣哲學研究》2期（1999年3月），頁163-195。

[9] 如盤古支開天地之前，宇宙正處於「渾沌如雞子」狀態（神話學稱其爲宇宙蛋類型）：「天地渾沌如雞子，盤古生其中。萬八千歲，天地開闢，清爲天，陰濁爲地。盤古在其中，一日九變，神於天，聖於地，天日高一丈，地日厚一丈，盤古日長一丈，如此萬八千歲，天數極高，地數極高，盤古極長，後乃有三皇。」引自袁珂，《古神話選釋》（臺北：長安出版社，1986年），頁1。而這種渾沌創世神話後來經常成爲解釋存在的形上學來源，例如老莊的道論，以及《淮南子》底下的描述則受啓發：「天墜未形，馮馮翼翼，洞洞灟灟，故曰太昭。道始于虛霩，虛霩生宇宙，宇宙生氣。氣有涯垠，清陽者薄靡而爲天，重濁者凝滯而爲地。清妙之合專易，重濁之凝竭難，故天先成而地後定。天地之襲精爲陰陽，陰陽之專精爲四時，四時之散精爲萬物。」劉文典撰，〈天文訓〉，《淮南鴻烈集解》（北京：中華書局，1997年），頁79-80。

的心性還原路數，主張這些渾沌意象，象徵著人類心理底層整體未分化狀態的集體無意識（collective unconsciousness）之投射（projection）。[10]榮格和諾伊曼對渾沌神話的心理分析研究，正可補充渾沌的本體論或存有論解釋，而將其落實爲主體轉化後的渾沌人格或渾沌心性來說明。這就好像《老子》的渾沌之道既做爲解釋萬物的存有基礎，同時也指涉眞人上德之「去主體化」（去自我中心化）狀態，並成爲《老子》思考人與世界、與他者的原初倫理關係之啓示。

　　然而渾圓母孕的原水無分狀態，終究要被打破而流出生命，以開展「一切從此渾沌流」的泛育遍潤。所以支解渾沌以泛濫生命的開天闢地神話，便普遍流傳於世界各地而成爲生命起源的第一神話。在位階上乃做爲生命源頭、人類萬有的形上端緒。而老莊的渾沌之道即保有清晰可見的渾沌神話痕跡，只是它在哲理的層面上具有後出轉精的批判反思意義。也就是說，渾沌意象雖是老莊承續《山海經》等原始神話而來，[11]但渾沌的深刻哲學內涵則因爲老莊的重新解讀才得以揭露。

　　渾沌創世神話的特質，就在於：世界如何從混亂無序的一片渾沌，走向井然有序的天尊地卑、貴賤有位。渾沌象徵著開天闢地之前，暗然無光、渾然無序的「無形式」、「非結構」之非分別狀態。神話經常使用「（原）水」來隱喻，世界初始猶如子宮內羊水般渾然爲一，那是天際星空、山河大地、萬物群分、雌雄類別，一切「類聚群分」的個物分別形式，皆未產生之前的「原始根本」狀態。就好像一切個別存在物還未從母腹奪胎而出之前，萬有皆安眠在羊水的渾沌之流中，以「非分別」、「無形式」的「混融」方式，胎息於根源模態。這大概也是《老子》所謂「泊兮未兆，嬰兒未孩」的想像來源。換言之，《老子》這個嬰兒處於泊兮未

---

[10] 諾伊曼，李以洪譯，《大母神》（北京：東方出版社，1998年），頁3-62。

[11] 例如《山海經》之〈西山經〉曾提及如下的渾沌面貌，這很可能就是《莊子》渾沌鑿七竅的想像來源：「天山……有神焉，其狀如黃囊，赤如丹火，六足四翼，渾敦無面目，是識歌舞，實爲帝江也。」袁珂注，《山海經校注》（臺北：里仁書局，1982年），頁55。

兆的想像，很可能就源自渾沌神話的變形，它猶如未出胎前的盤古。一旦盤古奪胎而出，就代表著渾沌奪胎、天眞刺破，同時千差萬別的獨立生命、個我分殊，從此一一站立在天地之間。這幅景像，正是盤古神話開天闢地之後的連環景觀：「首生盤古，垂死化身。氣成風雲，聲爲雷霆，左眼爲日，右眼爲月，四肢五體爲四極五嶽，血液爲江河，筋脈爲地里，肌肉爲田土，髮髭爲星辰，皮毛爲草木，齒骨爲金石，精髓爲珠玉，汗流爲雨澤，身之諸蟲，因風所感，化爲黎旺。」[12]

對於渾沌破裂前（食母）／生化後（失母），這兩種存在對比處境，我們或可從宗教神話歷史學家伊利亞德（Mircea Eliade）透過水域與島嶼的關係隱喻來觀察。亦即生命雖紛紛從渾沌水域浮出，只是誕生的同時卻隱含擱淺的危機：

水域象徵著各種宇宙實質的總結：它們是泉源，也是起源，是一切可能存在之物的蘊藏處；它們先於任何的形式，也「支持」所有的受造物。其中一種受造物的典範之像，就是突然出現在海中央的島嶼。另一方面，在水中的洗禮，象徵回歸到形成之前，和存在之前的未分化狀態結合。自水中浮出，乃重複宇宙形式上的創生顯現的行爲；洗禮，便相當於一種形式的瓦解。[13]

他也指出：「依據某些古代的宇宙開闢論，世界之所以能存在，乃是因爲犧牲了象徵混沌的原始怪物（激滅特Diamat）；或犧牲了宇宙巨人（伊迷Ymir）、盤古、普魯沙（Purusa）。」[14]從伊利亞德對渾沌水域（水怪）的相關神話研究來類比，《老子》一樣擔憂「分殊之物」的形式

---

[12] 《繹史》卷1引《五運歷年記》，轉引自袁珂，《古神話選釋》，頁8。
[13] 伊利亞德，楊素娥譯，《聖與俗》（臺北：桂冠圖書股份有限公司，2001年），頁173。
[14] 耶律亞德，楊儒賓譯，《宇宙與歷史：永恆回歸的神話》（臺北：聯經出版事業公司，2000年），頁16。

誕生，存在著離開「渾沌之道」而擱淺孤立的危險。就好像海上島嶼在浮出自己的同時，必然有若干部分因為離開始源而間隔於海洋。對《老子》來說，孤島從海中突出的誕生隱喻，就像萬物脫胎於渾沌母體的洋水懷抱一般，在離體出生的同時，也隱含了離母失根的枯竭危機。萬物從渾沌之道脫胎而出，就像形式、分別的「有」（其中有物），從無形式、非分別的「無」（復歸無物）之「其中」浮顯而出，稍一不慎，便會離開「食母」而孤絕疏離。

弔詭的是，渾沌之道也不可能完全停留於「在其自己」的原始無形式狀態，正如上述曾言，《老子》亦強調渾沌之道不離於「其中有物」、「其中有象」，它絕非純然無物無象的眞空之道。《老子》的完整主張在於：一方面，道必然也要「否定」「絕對無」的純粹（住守）渾沌狀態，以便展開「其中有物」、「其中有象」的物化開顯；另一方面，從渾沌流出萬物後，萬物也必須「否定」封閉而孤立的「絕對有」，從而使萬物仍能敞開於「渾沌之道」的「其中（水域）」來開顯自身。換言之，渾沌並不能住守於在其自己，它必須走向物化而流出渾沌；同樣地，物象也不能住守於在其自己，它也必須敞開物化而流向渾沌。透過這種雙重否定、雙邊不住的來回運動，「即物而道」的妙用乃循環不息。看來，自然萬物之開顯，並不眞能完全隔開於「食母」狀態，就好像島嶼底部仍然浸潤於汪洋。如此一來，「萬物（存在物）」雖有其「分別」殊異的形式風格，但又同時浸潤在「道母（存有）」的「非分別」狀態。這種「非分別」與「分別」既矛盾又統一，用概念來說就展現出「玄之又玄」的弔詭邏輯。若用隱喻來觀察，則又觸及「上善若水」這一類和水域有關的洋溢（沖）、氾濫（氾）、浸沒（淵）、容納（谷）等意象。如《老子》第四章：「道沖，而用之或不盈。淵兮，似萬物之宗。」、第八章：「上善若水，水善利萬物而不爭，處眾人之所惡，故幾於道。」、三十二章：「譬道之在天下，猶川谷之於江海。」、三十四章：「大道氾兮，其可左右。萬物恃之以生而不辭，功成而不有。」

　　對《老子》來說，就算人們暫時「失母」、「忘道」，他們仍然未曾真正離開渾沌道母、上善原水，只是不察不覺而已。據此，《老子》所以要強調顛倒俗人「察察昭昭」的「失根」狀態，以復歸「昏昏悶悶」的「食母」狀態，其實就是要人們自覺並體察「非分別的一體性」與「分別的差異性」之間，共榮共在之動態平衡關係。而《老子》的獨異眼光就在於，它要人們重新「復歸於樸」，使得「樸散爲器」的「分別」而「定形」之存有物，能夠重返渾沌懷抱之存有根源，敞開於渾沌之水的灌溉而不枯竭。

　　以《老子》另一組概念來說，物象萬有（分別）與渾沌之水（非分別）的「既矛盾又統一」的動態關係，其實就像「無」與「有」的玄同關係。「無」是就渾沌之道「不可見性」、「非對象性」、「不可言說性」的絕對否定面來講；而「有」則是就「其中有象」、「其中有物」、「其中有信」、「其精甚眞」的絕對肯定面來講。然而完整的渾沌之道的運動表現，則應該是「道物相即」、「有無玄同」的「絕對矛盾又相互交織」，如此才能造就「絕對無」與「絕對有」的互相讓渡與運動循環。此即《老子》第一章「同出異名」之「玄」邏輯：「無，名天地之始；有，名萬物之母。故常無，欲以觀其妙；常有，欲以觀其徼。此兩者，同出而異名，同謂之玄。玄之又玄，眾妙之門。」所謂「妙無」是指向「不可見性」的渾沌大海，「徼有」則是指向「渾沌之水」湧現的「可見性」之萬有島嶼。而「無／有」兩者雖看似可以分別來表述（異名），其實兩者實乃共同構成「妙道」之運動而無法分離（同出）。對於「絕對無（不可見性）」與「絕對有（可見性）」的這種「無分而分」、「分而無分」的詭譎關係，《老子》便用「玄」來描述。換言之，「無∞有」這種相互否定又互相肯定的迴旋狀態（玄之又玄），便是屬於道之運動的「絕對矛盾又交纏共生」之「玄邏輯」。也因爲這種特殊的力量邏輯，才能促使渾沌之水生生不息地展現爲物化流動，故云：「玄之又玄，眾妙之門。」

　　無／有之間、道／物之間、渾沌／秩序之間、非分別／分別之間、

一／多之間，便都是以這種「相反又相返」的「既矛盾又同一」模式來
運作。由此，筆者認爲《老子》四十章的「反者道之動……天下萬物生於
有，有生於無。」其中的「反」同時要包含「相反」（相離）與「相返」
（相纏）之二義。[15] 而且「相反」與「相返」並非兩種運動，而是同一個
循環往復運動中「既矛盾又交織」的弔詭關係。而所謂的「天下萬物生於
有，有生於無。」則是在描述無／有之間連續反覆的來回運動，從而構成
了一個萬物生生不息的道之運動歷程。換言之，道／物、無／有之間的玄
妙運行，就是渾沌之水（渾一）與島嶼之形（萬有）的永續平衡之道。筆
者也要強調，《老子》無／有之間的「同出異名」關係，最好不要再用西
方形上學思維那種形上／形下，或者本體／現象的兩層存有論來解讀。本
文雖借用了海洋／島嶼來隱喻道／物關係，但是《老子》在吸收神話隱喻
的同時，並未掉入隱喻實體化的陷阱，反而將「母子隱喻」的縱貫思維
（容易造成奠基與被奠基的形上學二元論想像），轉化爲「有無玄同」的
水平思維之循環反覆。[16] 如此一來，《老子》的「道物之間」、「無有之
間」的「玄邏輯」，應是就同一個存有世界的力量流動而產生「既分離又
歸屬」的運動關係，而非「奠基者」（形上）與「被奠基者」（形下）的
兩層存有世界（本體與宇宙）之生化關係。[17]

---

[15] 如陳鼓應指出：「反：通常有兩種講法：㈠相反：相對立。㈡返：如林希逸說：『反者，復也，靜
也。』如高亨說：『反，旋也，循環之義。』」參見氏著，《老子今註今譯》（臺北：臺灣商務印
書館，1991年），頁153。陳先生建議以「返」爲從，而本文則願意保留二義的辯證豐富性。

[16] 關於《老子》運用大母神的生育隱喻，卻未掉入隱喻實體化的執定，乃和《老子》對語言的反思覺
察有關，參見拙文分析，〈後牟宗三時代對《老子》形上學的詮釋與重塑——朝向存有論、美學、
神話學、冥契主義的四重道路〉，收入拙著，《當代新道家：多音複調與視域融合》（臺北：臺大
出版中心，2011年），頁1-106。

[17] 頗受《老子》啓發的海德格，晚期在思考存有與存有者的關係時，也有極類似的主張。此如黃文宏
分析晚期海德格的Ereignis思維時所指出的：「存有必須過轉爲存有者才能現身，而當存有過轉爲
存有者，存有本身即陷入隱蔽，存有之陷入隱蔽不是歸於空無，存有者即爲其現身之場所，存有
在存有者之中以隱蔽的方式現身。我們因而可以說，存有與存有者相互依待以現身，而Austrag所
表示的，即爲存有與存有者這種『相向』又『相離』的關係。『相離』表示兩者之間存在著一種
『依待』的關係，『相向』表示兩者之間相即而『互轉』。西方傳統形上學即是將這種依待又互轉

　　不僅道之運行要透過「無∞有」玄同的力量邏輯，對於《老子》，任何具體之物其實也都彰顯出「無∞有」共在的玄同現象。比如《老子》第十一章所示：「三十輻，共一轂，當其無，有車之用。埏埴以為器，當其無，有器之用。鑿戶牖以為室，當其無，有室之用。故有之以為利，無之以為用。」《老子》獨具慧眼地提醒，眼前任一有形有象的具體事物，其所以能發揮空間納用，並非單獨憑靠「可見性」之「有」這一面向，它同時也含藏了「不可見性」之「無」那一面向。也正是這種「無／有」相涵的玄同現象，促成了事物得以發揮「利／用」之循環生機。正是《老子》這種「無有玄同」的空間洞見，使得西方現代建築師逐漸在實用空間之「有性（可見性）」以外，逐漸領會「非實用性」的空無空間之妙用，[18]從而促使人們打開空靈之無限可能，並邀請天地神人（域中四大）共同安居於物之空間。[19]雖然《老子》再三強調，「無／有」、「道／物」、

的關係，以奠基與被奠基的思維模式來理解，逐而產生『存有──神──學』，而將差異的如相遮蔽。」氏著，〈海德格的「共屬」與天臺宗的「即」──試論詭譎之說法〉，《中國文哲研究集刊》16期（2000年3月），頁475-476。

[18] 例如法國當代建築家鮑贊巴克（Christian de Portzamparc），曾明言《老子》的空無觀念，深刻地啓發了他對建築空間的「超技術性」、「非功用性」之新領悟：「當我把水上城堡建成巴別塔的形狀時，我將它看作對功用性程序的偏離……我向自己提出了技術功能語言的專制問題。建築是否能夠走出這種專制，不再僅僅限於功用性？現代的建築形式也許只是對一種限制的技術性回答？我不是首先看見一種建築物的形式。我也看見空無的形式。我看見一個建築允許、容納一種『空』的形式，讓人在其中居住。有一天，我讀到老子在《道德經》裡這樣寫道：『鑿戶牖以為室，當其無，有室之用。故有之以為利，無之以為用。』在80年代，當我偶然讀到這篇文字時，我很激動。這就是我從1972年起嘗試言說的東西，但卻沒人理解。人們總告訴我：可您說的這套空無啊，空間啊，都是否定性的……『無』，幸虧有了老子，不再被感知為一種否定的元素。老子找到了至高無上的表述。」氏著，姜丹丹譯，《觀看，書寫：建築與文學的對話》（桂林：廣西師範大學出版社，2010年），頁116-117。

[19] 海德格有關「天地神人共同棲居於物」的主張，以及「四重整體（或四方域）」的首次公開詳細說明，大概是在1949至1951年間的三篇公開演講稿，即1949-1950年的〈物〉，1950年的〈語言〉，和1951年的〈築·居·思〉。而據王慶節的說法，海德格在提及「四方域」的前三年暑假，曾和蕭師毅共同讀譯過《道德經》，因此若干學者（如Otto Poeggler、劉小楓、宋祖良、王慶節等）都相信，海氏的四方域曾受過老子二十五章「人法地，地法天，天法道，道法自然」的「域中四大說」影響。王慶節，〈道之為物：海德格的「四方域」物論與老子的自然物論〉，《現象學與人文

「一／多」之間的玄同關係，才是存在之所以能永續運作的生成邏輯，但一般常人的視覺卻容易擱淺在「物」的「可見性（有性）」之一端，遺忘了「道」的「不可見性（無性）」。因此《老子》才會處處強調「食母」、「抱一」、「上善若水」的重要性，也就是對渾沌的根源性、一體性、流動性的活水源頭之呼籲。但這未必表示《老子》只能停住在渾沌之一，而不能肯定物化之多，雖然就表述的圓融性這一點來看，《老子》不如《莊子》對物化差異那麼強調。

二、渾沌之道對倫理價值的重估潛力

　　《莊子》大體上也吸收了神話和《老子》的渾沌思維，而《莊子》對渾沌之道的表述，最耐人尋味者，莫過於〈應帝王〉渾沌鑿竅而死這一寓言。我們可從此一寓言討論起，以帶出老莊渾沌思維下的倫理關懷。〈應帝王〉就總結在渾沌死亡的故事上：

> 南海之帝爲儵，北海之帝爲忽，中央之帝爲渾沌。儵與忽時相遇於渾沌之地，渾沌待之甚善。儵與忽謀報渾沌之德，曰：『人皆有七竅以視聽食息，此獨無有，嘗試鑿之。』日鑿一竅，七日而渾沌死。[20]

　　這是一個始於歡樂而終於悲傷的故事，在悲欣交集之間，可以嗅出某些倫理關懷消息透露其間。首先。南／北二地、儵／忽二名，一開始便標示出它們的時空二元對比性，從兩者皆有視聽食息的七竅分別，顯示儵、忽二者的存在狀態，大抵皆有以機伶自是爲中心的主體趨向。[21] 其主體內

科學：現象學與道家哲學專輯》（香港：邊城出版，2005年），頁261-313。有關海德格「天地人神」棲居於物的討論，亦可參見本書第二章〈詩意棲居與原初倫理——老莊的柔弱無用與海德格的泰然任之〉。

[20] 莊周，郭慶藩輯，〈應帝王〉，《莊子集釋》，頁309。

[21] 「儵」、「忽」皆有疾速敏捷意味，以對比「渾沌」的悠然樸拙。關於儵、忽的相關訓解，可參見陳鼓應，《莊子今註今譯》（臺北：臺灣商務印書館，1999年），頁239-240。

涵猶如《老子》所謂俗人「昭昭察察」的機伶善算，亦或如《莊子》所謂「自是非他」的成心爭鋒。〈應帝王〉中，原本神速巧算的儵／忽，因相遇於中央渾沌的素樸悠緩之心地，從此放鬆對立走向和解，甚至重返樂園無爭之境。此一寓言不禁讓我們聯想到〈齊物論〉，那超然儒／墨「此亦一是非，彼亦一是非」的「環中」之地。環中之地一樣具有「中央」與「空虛」的容納特性，從而讓儵（彼）／忽（此），從對立到「兩行」。另外，儵／忽的南北對立，儒／墨的是非爭議，也可進一步聯繫到〈天下〉篇。在那裡，儒墨的對立演化成諸子百家的紛亂。而〈天下〉篇仍採用了渾沌鑿竅的意象，即當整全遭受裂解之後，耳目感官各自為政的偏蔽情景：

> 天下大亂，賢聖不明，道德不一，天下多得一察焉以自好。譬如耳目鼻口，皆有所明，不能相通。猶百家眾技也，皆有所長，時有所用。雖然，不該不遍，一曲之士也。判天地之美，析萬物之理，察古人之全，寡能備於天地之美，稱神明之容。是故內聖外王之道，闇而不明，鬱而不發，天下之人各為其所欲焉以自為方。悲夫，百家往而不反，必不合矣！後世之學者，不幸不見天地之純，古人之大體，道術將為天下裂。[22]

諸子百家的議論爭鋒，乃是儒墨是非的擴大版，但它們的主體大致一樣，皆不能免於「得一察焉以自好」、「以自為方」的獨我心態，也就是單一觀點、中心主義的偏蔽、膨脹。《莊子》評點他們「勞神明為一」地落入了自言自語，成為了「一曲之士」，既無法跳開一偏視角而換位思考，更遑論淘空自我、總觀全局地容納多音複調。這就好像人們的耳目口鼻各自發揮「自好」、「自方」的專擅作用，卻遺忘了它們其實是在身體這一有機體的共通感域來發揮作用。這裡我們再度看到渾樸整全的渾沌

---

22 莊周，郭慶藩輯，〈天下〉，《莊子集釋》，頁1069。

意象，亦即原本相通、連續的「天地之純」、「古人大體」，以及《莊子》感嘆儒墨諸子百家，就像儵忽鑿破渾沌七竅一般，從此「判天地之美，析萬物之理」，大家一起掉入「一察自好」的百家紛爭、道術離亂。由此看來，〈天下〉篇和〈齊物論〉，正可以補充〈應帝王〉渾沌寓言之實質內涵。例如就本文所欲探討的道家倫理關懷而言，渾沌整全所象徵的意涵，當不只是個人身心的復全安頓（內聖），同時也涉及對他者的關懷（外王）。只是這種倫理關懷不同於「一偏之善以自好」的規範倫理（normative ethics），[23] 而是從超越善／惡對立的原初倫理（original ethics）來著手。而老莊這種原初倫理的洞見，同時必須進到它對語言結構的批判反思來分析。規範倫理若回到先秦思想史的文化背景來考察，則和周文建制一開始透過語言活動的強名規範有著密切關係。可以說，不管是偏向道德禮教思考的儒家，還是偏向政治統御思考的法家，還是後來強調刑名一體的黃老之學，名言一直是建立客觀普遍性的規範基礎。[24] 而老

---

[23] 規範倫理的基本精神在於探討人們在日常生活的道德行為中所遵守的規範或規則。當人們思考某事件應如何做出對的行為判斷之時，規範倫理學的主張會試圖給出具體的行為指示，對於正確或錯誤行為提出道德規範之建議。另外本文對規範倫理的批評內涵，亦或相應於德國法蘭克福學派孟柯（Christoph Menke）對尼采的吸收詮釋：「所謂道德的道德性，尼采有時也稱之為『規範的規範性』，無非是行動和主體理論的根本模式。……實踐是社會性的，以道德的方式來看，善是在社會實踐中的善；不只是在各個實踐領域中的特定的善，而是在社會實踐中確實參與的普遍的善。道德的善是指，作為『群體生活的成員、社會參與的夥伴、合作的夥伴』是善的。道德的德行——正義、尊重、謹慎等等——是在普遍的社會實踐中參與的能力……目的導向和社會實踐參與是一體兩面的，它們共同構成了道德的道德性、規範的規範性。」Christoph Menke, *Kraft, Ein Grundbegriff ästhetischer Anthropologie* (Frankfurt/M.: Suhrkamp, 2008). 英文譯本：*Gerrit Jackson, trans, Force: A Fundamental Concept of Aesthetic* (New York: Fordham University Press, 2013)。中譯本：翟燦、何乏筆（Fabian Heubel）、劉滄龍合譯，《力量做為美學人類學的一個基本概念》（上海：華東師範大學出版社，即將出版）。引文參見劉滄龍譯，〈倫理學：自我創造的自由〉，《力量做為美學人類學的一個基本概念》，頁19-20。

[24] 關於黃老之學企圖透過「名形相參」、「刑名一體」、「名為法之基礎」，等等政治規範秩序之建立，甚至「名」做為先秦諸子共同的政治關懷，可參見曹峰的分析，〈名是《黃帝四經》最重要的概念之一〉，發表於「渾沌與秩序：道家哲學及其現代語境學術會議」，北京大學哲學系主辦，2014年7月4-6日，頁5-28。

莊「無名」（或「無──名」）、「不言」（或「不──言」）之批判思
維，則相當另類地開啓了另一種辯證性的倫理關懷。

　　南／北兩地，代表決定並限定儵／忽兩人視角觀點的固定場所。當
他們離開南／北而來到渾沌所處的「中央之地」時，原本封閉在自我中心
的膨脹主體就被轉化而敞開，而固持一偏的成心視角也被柔化而位移了。
所謂「中央之地」，嚴格講並非任何特定的中庸或中心位置，它反而具有
「非場所」的「空虛」特性，所以才能對片面「自是」的特定觀點給予虛
位與渾化。中央之地是一種「非地之地」的空間隱喻，它象徵的是渾沌洗
禮淨化的解構魔力，就像伊利亞德所言，一旦特定的結構形式來到渾沌水
域，都將重新返回非分別、無形式的恍惚之境。中央場域那種暫時鬆解二
元對立的環中空無，[25] 其消融成見機心所帶出的渾沌時光，使儵／忽原本
熱燙的爭鋒主體轉趨平淡清涼，讓自我重返謙柔而彷若孩子般復歸天眞，
浸潤在「上善若水」的渾沌母懷中，度過了一段樂園般的美好時光。

　　寓言中強調「渾沌待之甚善」、「儵與忽謀報渾沌之德」，本文尤
其關注「渾沌之善」、「渾沌之德」所可能隱含的道家倫理關懷之原初消
息。筆者認爲，渾沌之「善」「德」猶如《老子》強調的「慈」，[26] 具有
母性包容的柔性滋潤力量。可以說，渾沌的善與德是一種柔軟、傾聽、接
納、包容的慈愛力量，而《老子》則經常藉由渾沌的母性特徵來隱喻。至
於儵／忽之樂，則因爲原本充滿計算競奪的主體膨脹，能柔軟轉化爲「如
嬰兒乎」，[27] 能平淡消化爲「泊兮未兆，嬰兒未孩」一般，如此使得儵／
忽重返中央之地，就像子入母懷於慈柔納受之中。若援用海洋與島嶼的意
象來描繪，儵／忽二帝原本猶如佔據南／北兩座孤島而據地爲王，而當他

---

[25] 〈應帝王〉的渾沌中央之地，其實也就是〈齊物論〉那超越「此亦一是非，彼亦一是非」的環中之
　　地，而環中之地亦一樣具有中央與空無的特性。

[26] 《老子》六十七章：「我有三寶，持而保之。一曰慈，二曰儉，三曰不敢爲天下先。」筆者認爲
　　《老子》的「慈」最好透過渾沌之母來理解，其展現方式不是「善惡對立」的二元性道德正義裁
　　判，而「善者吾善之，不善者吾亦善之」的「玄德」包容與慰解。

[27] 《老子》第十章：「專氣致柔，能嬰兒乎。」

們遊乎中央地的渾沌之流時，就好像島嶼溯源於海洋基底，從而使孤島上原本擱淺在岸上魚網而乾枯浮躁的岸魚，得以解開網羅而重新遊回大海中央，從此享受「相忘於江湖」的逍遙自在。如今南北兩帝猶如無機天真之遊魚，重新在汪洋大海中「相忘於江湖」，相應於《老子》三十六章所強調的「魚不可脫於淵」。換言之，「魚相忘乎江湖」這一魚水隱喻，其實含藏著道家式的原初倫理消息而有待揭露。而渾沌正是一切存在的淵深水域，生命的存在無時無刻都需要這活水甘露的潤澤。而遊魚重返渾沌大海的天真與謙柔，則讓我們想起〈秋水〉篇原本自我膨脹浮誇的河伯，有天當他來到一望無際的大海中央時，才了解以往的自我膨脹，實在「見笑於大方」。河伯遇於北海若，從此如「復歸於嬰兒」地被汪洋大海所包容納受，並感受前所未有的謙卑柔軟之安祥。[28]

故事的倫理消息在於「渾沌待之甚善」，然而渾沌之善、之德到底為何？則可透過《老子》的「上善若水」及「上德不德」，以及《莊子》「與其譽堯而非桀，不如兩忘而化其道」，來進一步補充說明。

善體《老子》渾沌之道所表現出來的上善、上德，[29] 它不同於一般「善／惡」二元對立下的「一端之善」。「一端之善」的倫理特徵，實不免於《老子》第二章所言：「天下皆知善之所以為善，斯不善已。」亦即當某一行為被規範肯認為善行時，這一被眾人所認可的行為典範，必然同時擁有一個善名符號，甚至可以說，善行實由善名來加以界定並形成規範。簡言之，名言符號的標籤化作用，決定了倫理規範的實踐取向，並由

---

[28] 雖然令人慨然的是，故事的結尾在於，儵／忽終究退回他們原先七竅做主，感官各自為政的知覺狀態，並鑿破了「渾沌無面目（槁木死灰）」的渾然天成，終而使得渾沌支離而又再度被逐出樂園。看來《莊子》此寓，多少在諷諭眾人昭昭察察的自以為是與一察自好，結果在「失而復得」、「得又復失」之間，又錯過了大道之全、渾沌之源。既然恢復了得失分明的七竅主體，那麼原本渾沌之善的原始倫理氣圍，也就容易再度被遺忘。

[29] 《老子》用上德、上善，區分開它和周文所強調的德與善之差別，甚至為了強調此區別，用「下德」來稱呼周文的德。所謂下德和上德的區分，是《老子》自覺做出的判教。而本文暫時以「原初倫理」和「規範倫理」來區分上德與下德。底下將進一步討論。

此強調名實相符的對稱性，以及正名對禮制規範的必要性。然而《老子》不但不偏好這種善名善行的符應與標榜，反而批判地指出以善名規範善行所產生的倫理弔詭。如何說？《老子》洞察到：善名符號標籤對「一偏之善」的肯定，使它在肯定自身的同時，也造成不符合善名標籤的另類事行被否定與排斥，甚至直接被賤斥爲惡行並從此惡名昭彰。《老子》深刻之處在於發現「始制有名」的規範暴力，尤其語言對倫理建制的決定性作用，正是在語言二元結構的分類系統支配下，透過名言分判所標定出善行／惡行的界限。善惡相對，就好像「有無相生，難易相成，長短相較，高下相傾，音聲相和，前後相隨。」語言名相在界定某一事行的「是」之本質時，它必然同時標定出「不是」的界限。如此一來，「是」之肯定與「不是」之否定，表面看似判然二分，但是從內在的語言結構來看，其實對方正是自我成立的必要條件。因此當某一事行被圈定爲價值「中心」之標準典範，必然有諸多事行因暫時無法被納入規範「中心」，於是被拋棄或貶斥爲「邊緣」。[30] 問題是，美善價值的中心與邊緣之間的那條線，既然是透過語言分類所劃定出來，那麼誰決定了劃分方式？這樣的劃分具有絕對普遍性嗎？顯然地，《老子》既要質疑「始制有名」背後的話語掌控之權力問題，即周文建置其實奠基在貴族階級掌握倫理、政治、宗教話語的支配權；也要質疑這種中心／邊緣二分的倫理暴力問題，即語言分類下

---

[30] 此如孟柯吸收尼釆的觀點之後，嘗試從規範倫理的道德裁判，走向非關善惡之道德判斷的原初生命力自身：「道德判斷的遊戲──責備、究責、懲罰，是以行動及行動所對應的目的模式為基礎。然而，若是在所有的行動中，特別是在成功的行動那兒，富有生氣的運動起了作用；而且富有生氣的運動若是僅由自身力量的表現而施行，並非來自主體所施展的行動──那麼活生生的運動便介入了所有行動之中，而且成為無責任可言的環節。因此，道德『審判』（verurteilt）了生命。因為，生命力的環節將道德上善惡價值的對立自行動中抽離出來。……因此，道德才會反對生命，並且成了『創發的阻礙』。從實踐的角度來看，道德本身才是糟糕的：『只有道德：它使人貧乏，而且不再有創發。』……美學的世界觀照反對道德的『善或惡』──來自生命力的異議意識──產生了另一種善的名稱，即超善惡的善；這種善植根於生命力。正是這種非道德的善具有倫理與政治的意涵。」劉滄龍譯，〈倫理學：自我創造的自由〉，《力量做為美學人類學的一個基本概念》，頁17。從筆者看來，孟柯這種非關善惡的「另一種善之名稱」，可以和本文的原初倫理相呼應。

的中心價值，不但沒有先驗普遍性，反而可能抑制並排除多元性。如葉維廉所指出：

它們的撰寫原是針對商周以來的名制而發。名，名分的應用，是一種語言的析解活動，爲了鞏固權力而圈定範圍，爲了統治的方便而把從屬關係的階級、身份加以理性化……道家覺得，這些特權的分封，尊卑關係的訂定，不同禮教的設立，完全是爲了某種政治利益而發明，是一種語言的建構，至於每個人生下來作爲自然體存在的本能本樣，都受到偏限與歪曲。老子從名的框限看出語言的危險性，語言的體制與政治的體制是互爲表裡的。道家對語言的質疑，對語言與權力關係的重新考慮，完全是出自這種人性危機的警覺。所以説，道家精神的投向，既是美學的也是政治的。[31]

《老子》對周文建制的語言與權力之批判分析，筆者曾有多篇文章觸及相關討論，此處不再特別申論。[32]本文的重點在於強調，不只是語言的體制和政治的體制互爲表裡，它也和倫理體制互爲表裡。而且在周文封建體制之下，倫理體制（親親）和政治體制（尊尊）本來就難以分離，甚至和宗教祭祀等禮儀規範緊密相關，而《老子》的深刻之處，便在於直指這套倫理政治的宗法制度背後的語言體制。如此一來，孔子心中「郁郁乎文哉吾從周」的周文價值神話，反而被《老子》看出種種權力支配和意識型態。可以説，孔子傾向看出周文建制的名言規範之積極價值（因此走向「正名」的倫理政治之必要規範），[33]而老子則傾向在周文建制的名言開

---

[31] 葉維廉，〈道家美學、中國詩與美國現代詩〉，《道家美學與西方文化》（北京：北京大學出版社，2002年），頁1。

[32] 參見拙著，《道家型知識分子論：莊子的權力批判與文化更新》（臺北：臺大出版中心，2013年），尤其第八章的第九節，頁493-506。

[33] 當然，孔子在先秦思想史的重大意義還在於「仁」，這一道德情感之心性內在化的提出，所謂「人而不仁，如禮何？如樂何？」，而孟子的「不忍人之心」，亦使得先秦儒家不只停在規範倫理層

顯中，同時揭露規範的暴力，因此要對「名制」的倫理政治給予權力批判。

　　相對於周文「始制有名」的規範倫理之權力支配與價值暴力，《老子》反而主張要以「不言之教」、「無爲之道」來消除弊病。「不言之教」乃是對名言劃分下的道德判斷與規訓，「暫時」給予懸擱而「放入括弧」，改以包容體諒的方式來緩和正義裁判與規訓懲罰。此如《老子》四十九章強調要復歸玄德善信：「聖人無常心，以百姓心爲心。善者吾善之，不善者吾亦善之，德善。信者吾信之，不信者吾亦信之，德信。」這裡的「德善」、「德信」，其實就是玄德（或上德）表現出來的善與信。「玄德」、「上德」屬於《老子》的原初倫理關懷概念，它們皆表示出非二元性的詭譎智慧。例如《老子》十五章那種「敦兮其若樸，曠兮其若谷，混兮其若濁，澹兮其若海，飂兮若無止」的渾沌玄德之無限心量，就像深谷曠達一般容納一切，也像淵海浩澹一般包容萬有，而不會擱淺在自我中心的名言標籤之價值成見（無常心），反而能夠放開以自爲光的偏狹成心，從而對他人興發感同身受的回應（以百姓心爲心）。此一「以心爲心」的玄德，乃能同時傾聽接納：善／不善、信／不信之兩端，而不會像耶和華輕舉分判善惡的正義右手。有時《老子》又以「上德」稱呼「玄德」，以對比於一般「揚善懲惡」的「下德」。如三十八章強調：「上德不德，是以有德；下德不失德，是以無德。」

　　下德乃是指「始制有名」（周文建置）標籤下的規範倫理，這樣的德乃是一端善行的偏執，而且這樣的德離不開商周統領階層「以德配天」的傳統。[34]而上德則是不輕陷名言裁判之一端，而復歸「以心爲心」的原

面。所以，現今學者亦有以「存心倫理學」來指涉儒家的倫理關懷，例如李明輝就以孟子和康德（Immanuel Kant）皆屬「存心倫理學」而對照於「功效倫理學」。參見氏著，〈孟子與康德的自律倫理學〉，《儒家與康德》（臺北：聯經出版事業公司，1990年），頁47-80。不過要強調的是，李先生的「存心倫理學」和本文的「原初倫理學」，並不屬於同一脈絡。
[34]《老子》所謂「下德」的批判性，其核心對象主要在於殷周以來的倫理政治規範，此如學者指出：「那麼，老子要批判的『下德』者究竟是誰？不乏觀點會基於儒道對立的視野，認爲老子試圖批

初倫理之納受傾聽。玄德之善或上德之善，《老子》八章、六十六章則嘗試以水爲喻：「上善若水，水善利萬物而不爭，處眾人之所惡，故幾於道。」、「江海之所以能爲百谷王者，以其善下之。」也就是說，玄德之人能將自我擱淺而膨脹的主體中心，給予淡薄、柔弱、謙卑化，使主體消融轉化爲去主體的無我狀態，從而像水之德性那樣不爭而安於謙下（處卑、善下），所以才有能力十字打開地扮演容納（谷王）、滋潤（善利）的慈柔力量。當眾人皆以擴張自我主體而你爭我奪、自是非他，使得人與人的關係陷入力量鬥爭時，《老子》的玄德倫理則要以「上善若水」的「不爭」之水德爲法。這種看似落後眾人熙熙、昭昭、察察的爭奪之外（處惡、善下），《老子》卻認爲反而可以發揮「柔弱勝剛強」、「以其不爭故天下莫能與之爭」的柔性力量。例如南北二帝（儒墨是非）原本各自偏執於一端知見或傾軋於一端之善，終於在渾沌的謙卑無我、淡薄主體的淵深玄德之下，得到了爭端的止息，並重新學習「以心爲心」的傾聽與納受。

　　而渾沌玄德（上德）之所以能發揮如此收納效果，原因無它，主要在於它能去除自我遮蔽，如《老子》二十二和二十四章強調的：「是以聖人抱一爲天下式。不自見，故明；不自是，故彰；不自伐，故有功；不自矜，故長。」、「自見者不明，自是者不彰，自伐者無功，自矜者不長」。只有「去自」或「不自」方能「居下」，而能「居下」方才「有容」，「有容」才可成爲「天下谿」之「百谷王」。而渾沌玄德（抱一）便是發揮「江海能爲百谷王」的收納德量。而這樣的德量，不只是個人內

斥儒家，但我們更傾向於認爲老子所要批判的是殷周以降借用『德』觀念以進行自我解釋的統治者……在《老子》書中我們可以看到他絕口不提殷周以降流行的『明德』、『嘉德』、『懿德』之類，而是說『孔德』、『常德』、『玄德』、『廣德』、『建德』等等。」葉樹勛，〈論老子對『德』觀念的改造〉，頁211，發表於「混沌與秩序：道家哲學及其現代語境學術研討會」，北京大學哲學系主辦，2014年7月4-6日。不過於由於先秦儒家繼承了德治與禮治之周文傳統，因此《老子》從名言的權力批判視域著眼，先秦儒家是否可以完全跳出被批判檢視的範圍，仍然值得再深究。

聖的主體修養轉化，還牽涉人與人、人與天地萬物之間，那種「分而無分」的納受，共在於世的原初倫理之復歸。[35] 由此看來，它隱含著老莊的倫理關懷之外王學。所以《老子》心目中的政治聖王，就是要扮演這種恢復原初倫理的「不爭」、「處惡」、「善下」之自然無爲角色：「太上，不知有之……功成事遂，百姓皆謂：我自然。」（十七章）「聖人在天下，歙歙焉，爲天下渾其心，百姓皆注其耳目，聖人皆孩之。」（四十九章）《老子》並不主張實施積極的政治權力管理統御之外王學，相反地，《老子》反而認爲政治的干擾愈少愈好：「其政悶悶，其民淳淳；其政察察，其民缺缺。」（五十八章）而最好的外王學，反而在於政治權力的自我節制與消弱，讓人與人復歸一種自然無爲、素樸天眞、渾然天成的原初倫理狀態，此如《老子》五十七章所嚮往的：「故聖人云：我無爲，而民自化；我好靜，而民自正；我無事，而民自富；我無欲，而民自樸。」

　　《老子》有關渾沌之道的水德溫潤力量，也被《莊子》承繼下來。例如南北二帝重返中央渾沌水德的意象，也轉化爲魚脫羅網而悠遊江海的逍遙意象：「泉涸，魚相與處於陸，相呴以濕，相濡以沫，不如相忘於江湖。與其譽堯而非桀也，不如兩忘而化其道。」、「魚相造乎水，人相造乎道。相造乎水者，穿池而養給；相造乎道者，無事而生定。故曰，魚相忘乎江湖，人相忘乎道術。」[36]

　　之所以能超出「譽堯非桀」的善惡對立，使其暫時是非兩忘，乃因爲能以渾沌之道、玄德之善來化解價值兩端的「自是非他」。這就好比讓堯／桀（一如南／北二帝）暫時拋下「以自爲光」、「自是非他」的紛擾，解放猶如被是非羅網打撈上岸的兩條魚乾，讓它們回歸上善若水的大海，重回可以對話和解的「相造又相忘」之「兩行」場域。而這種大海式的倫

[35] 鄭開曾指出一值得注意的現象，亦即：道家不言明德、儒家不言玄德，而「玄」與「明」的對照，或者「以玄代明」，多少反映了儒、道的論爭旨趣。參見氏著，〈玄德論──關於老子政治哲學和倫理學的解讀與闡釋〉，《商丘師範學院學報》29卷1期（2013年1月），頁1-8。
[36] 莊周，郭慶藩輯，〈大宗師〉，《莊子集釋》，頁242、頁272。

理胸懷之復歸，〈秋水〉篇便藉由北海若之口來宣揚：「以道觀之，何貴何賤……與道大蹇，何少何多……嚴乎若國之有君，其无私德；繇繇乎若祭之有社，其无私福；泛泛乎其若四方之无窮，其无所畛域。兼懷萬物，其孰承翼，是謂无方。」[37]

　　由此推斷，南帝（堯）和北帝（桀）之所以感受到渾沌待之甚善，乃是因為他們來到一個中央樂園之地，而那裡的渾沌氏主人，其渾沌心性乃如「泊兮其未兆，如嬰兒之未孩」（二十章）一般，他那看似「沌沌兮」「昏昏悶悶」的「愚人之心」，卻深沉渾厚地朗現了「其無私德」、「其無私福」、「無所畛域」的一種「兼懷萬物」的無方心量、大海胸懷。換言之，這涉及原初倫理對規範倫理的批判治療與調節轉化。

三、規範倫理的暴力與原初倫理的治療

　　以上對渾沌玄德（渾沌無名）的討論，大致可以確定《老子》並非完全否定一切倫理價值，他所以直接批判周文（間接旁及儒家）的「規範倫理（始制有名）」，其實是為了治療與復甦更原初性的倫理情境。從《老子》的批判反思看來，周文的規範倫理與語言符碼的權力系統脫離不了關係，看似合理有序的倫理規範之價值肯定，其實也隱藏語言二元結構的分類系統之暴力。因此仁義孝慈、聖賢禮義，等等看似理所當然且為當時周文建制所歌頌的德行價值、所標榜的倫理規範，背後實不能免於封建貴族的意識型態，混雜著精英階層的符號權力。至於哪些行為被視為可以安立秩序（禮），而哪些行為又被賤斥為違犯秩序的禁忌（刑），其間的界限則由掌握符號權力者，透過語言二元標籤所強制劃定出來。因此在肯定一端的同時（得善名），便也排擠出否定的一端（遭惡刑），此即〈養生主〉指出的「名／刑」異名而同體之結構：「為善（無）近名，為惡（無）近刑。」[38]這種規範倫理的「肯定即否定」、「秩序即失序」之

---

[37] 莊周，郭慶藩輯，〈秋水〉，《莊子集釋》，頁584。
[38] 莊周，郭慶藩輯，〈養生主〉，《莊子集釋》，頁115。

「刑名同體異用」邏輯，便是延續自《老子》第二章的批判洞見：「天下皆知美之爲美，斯惡已；皆知善之爲善，斯不善已。」而《莊子》則透過〈齊物論〉的「彼是方生」之說，來進一步展開。

　　人們在地方文化系統下，經常不自覺地被該時空場所的名言分類系統，給規訓成一味追求某種美之標準、善之典範，卻未必反思這些善行、美典背後的語言機制、社會成規。然而《老子》認爲文化建制下的美善之行，通常和美善的名言定義或分類有關，它們並不具有任何先驗本質性或客觀普遍性。而如何設定這一套分類標準，除了文化積習的承襲之外，時常也和統治階層、精英貴族的階級複製或管控需求有關。他們經常站在光明價值一端（明德）來執行正義，卻不省察規範秩序可能隱含的光之暴力（刑罰），而只是不斷賤斥並懲罰不合規範的事行，藉以鞏固結構秩序的權威與利益。因此美善的秩序勝利，通常也就奠基在對不善不美的失序之暴力懲戒上。老莊對周文的規範倫理之批判，涉及它對語言結構所帶來的秩序羅網之權力反思，亦即語言的「即開顯即遮蔽」現象：「有無相生，難易相成，長短相形，高下相傾，音聲相和，前後相隨」（第二章）、「彼出於是，是亦因彼。彼是方生之說也……是亦彼也，彼亦是也。彼亦一是非，此亦一是非」[39] 導致人們陷入光明與黑暗的二元對立與簡化思考，而簡化的癥結在於，彼／是兩端總容易認爲自己這一方才是光明之善，而污名化對方爲黑暗之惡。由此而來的倫理規範之禮序世界，其實就是「始制有名」的宗法制度，所建立出來的符號世界。然而《老子》希望人們能同時看到符號秩序的開顯與遮蔽，並且洞悉它們之間一體兩面之詭譎性，如此方有可能深層治療秩序的暴力。[40] 而《老子》尋找的治療藥

---

[39] 莊周，郭慶藩輯，〈齊物論〉，《莊子集釋》，頁66。

[40] 而《莊子》的〈德充符〉一文，一方面以刑殘之人來對顯禮教階級的暴力性，另一方面也要以支離形殘之人來體現「上德」、以解構禮教規範的「下德」。關於〈德充符〉對德刑的重新反思，以及其中隱含的倫理關懷，可參見拙文，〈《莊子》的雅俗顛覆與文化更新〉，《道家型知識分子論：莊子的權力批判與文化更新》（臺北：臺大出版中心，2013年），頁235-304。

方，就在於渾沌玄德「處無爲之事，行不言之教」的療癒之道。

所謂「無爲」乃對準「始制有名」的規範倫理建制，經過反思後而給予暫時的懸置，也就是對於符號體制的價值分類不過度執實。所以「處無爲之事」，必然要連結著「不言之教」，因爲「無爲」就是對語言體制的有爲與僵化，給予批判治療和活化更新。用上述渾沌寓言來說，無爲就是對南帝（儵）／北帝（忽）的名言二分與成心主體給予柔軟平淡，使其復歸「無爲」、「不言」的渾沌玄德狀態。以此或能尋回復歸「以心爲心」的原初感通與呼應，而不異化於語言強制下的行爲規範。可以說，渾沌玄德狀態下的倫理關係，是比規範倫理更爲基礎的原初倫理狀態。它讓生命與生命回到原初共在的「在世存有」之中，彼此間的呼應交流，早在語言制定相關規範之前，就已經在渾沌之流的聲氣相通中共感呼應了。在這種原初性的倫理共感狀態中，人並不突顯封閉而自大的主體性，反而在「去自」「不自」的你我敞開中，既能感受彼此、亦能互相納受，而不急於用一套語言規範或行爲準則來進行絕對性的善惡評判。

由於擔憂原初倫理性被遺忘，以及復活渾沌玄德的渴望，使得《老子》一再批判當時已然流行的周文傳承之倫理規範。例如《老子》總是詭譎地看到：人們在追逐德性人格、價值光輝的同時，經常導致光之暴力。並且在規範和反規範、結構與反結構、秩序和失序之間，揭露它們明手暗鬥之下互爲土壤的弔詭。面對這種善惡幽通的微妙邏輯，《老子》十八章有如下洞察：「大道廢，有仁義。智慧出，有大僞；六親不和，有孝慈；國家昏亂，有忠臣。」片面看來，聰明才智是爲了救治社會亂僞，父慈子孝是爲了挽救家庭倫理，而板蕩忠臣則是爲了拯治國家體制。但是《老子》卻看見了兩者互爲表裡、蛋雞相生的詭異邏輯。其中尤爲關鍵者就在於「大道廢」，也就是當渾沌之道被支離廢解了，那麼原本玄德感通的原初倫理也就失落，緊接著仁義禮制等規範便接手要來調理秩序，從此便落入「仁義／非仁義」的一系列二元對立。在這種二元相對又相成的規範倫理之架構下，一般人只片面地看見仁義、智慧、孝慈、忠臣等倫理價值，

卻往往忽略其中暗藏「以理殺人」的道德暴力。而從《老子》看來，父慈
子孝、忠君愛國等等價值的歌頌與標榜，正反映出現實的家庭倫理、國家
社會的價值失序，所以才會特別宣揚標榜這些行爲典範，以求穩固原先的
秩序結構。然而問題在於，所謂原先穩固的秩序結構本身，在《老子》看
來，同時也是問題的源頭。因爲在語言二元分類的秩序結構之中，原本就
建立在種種否定與排除的前提上。然而這些在分類系統下看似要被否定排
除而消失不見的生命力，其實從來不曾死去，它們反而如幽魂魅影般地藏
身在個我與社會潛意識的陰影角落，並隨時等著集結起來對結構進行反
撲。如此看來，渾沌大道失落之後，社會結構經常會產生一種「秩序暗生
失序」、「失序孕育秩序」的雞生蛋、蛋生雞的循環邏輯。正如文化人類
學家道格拉斯（Mary Douglas），從語言的分類結構中所發現的文化邏輯
那樣：

　　從公共的意義上說，文化是將一個群體的價值觀標準化，它在個人經
驗間起仲裁和調和的作用。它在最初提供了一些基本的類別，這些類別是
一個積極的模式，其中的觀念和價值整齊排列。並且最重要的是，它具有
權威，每個組成成員都已經達成一致了。但是它的公眾特性使它的分類更
加僵化。……然而公眾的分類是公共的事務。它們無法被輕易地修正和改
動。可是也不能忽視反常形式的挑戰。任何一種已有的分類體系都免不了
會產生非正常的東西，任何一種文化也總會面對一些公然挑戰其假設的事
件。除了有喪失信心的危險外，它不能忽視那些從它體系本身產生的非正
常現象。[41]

　　其實《老子》並非完全反對仁義禮制等規範。事實上，人文在語言分
類下所形成的規範倫理架構，有時特別強調仁義孝慈也有它對治失常的救

---

[41] 道格拉斯，黃劍波等譯，《潔淨與危險》（北京：民族出版社，2008年），頁49。

治意義在，它有時也是不得不然的對治舉措。問題是，這種規範倫理下的對治之道，存在著「規範產生反規範」、「正常衍生異常」的本質限制。《老子》認爲我們不能全部依賴這種「禍兮福之所倚，福兮禍之所伏……正復爲奇，善復爲妖。人之迷，其日固久」的詭異邏輯（五十八章）。因爲這種救治之道並非根治之道，它未能深入問題核心，從而發現「失序」的基因正好就根植於「秩序」本身。換言之，解藥居然就是毒藥。正因爲秩序是一套套語言分類的規範體系，而語言分類又建立在二元分判下的層層堆疊，因此仁義道德、父慈子孝、忠君愛國等典範行爲的設置，原本就是對多元差異的渾沌整體之分判割裂，並在二元割裂的對立中，只允許單邊價值被人們的正常意識所肯定，同時由此建立諸多禁忌規範，以穩固價值中心、確立規範準則。行之久遠，人們便會習慣於圈限中心範疇來樹立價值信念，成爲自我意識所認定和追尋的行爲趨向，終而牢固僵化爲成心主體的意識型態。然而價值中心圈限之外的邊緣，則成爲正常結構行爲的禁區，並且絕不容許它們侵犯價值意識與秩序王國。久而久之，這些不能見光的幽黯力量，便逐漸被地下化、陰暗化，成爲個人潛意識或社會反結構的底層反動力。這些個人潛意識或社會集體潛意識的反動力道，其實是意識世界、秩序結構所製造出來的連體孿生兄弟。它們看似絕對矛盾實又自我同一，原因就在於它們是語言分類結構，所創造出來的錢幣「正面／背面」之表裡相即。

也因爲這種語言結構與規範倫理的互爲表裡之系統洞察，使得《老子》在觀察周文疲弊的失序亂象，其所提出的拯救之道，並不單純走向立即恢復系價值信念、或急於標榜撥亂反正的行爲規範，以爲由此就可以完全消滅或導正異常行爲或負面價值。對於《老子》，試圖以仁義孝慈忠信聖賢，來導正失序以便重返秩序王國，雖然不無一定的意義和效果，但仍然不能免於落入「以右手打左手」的正義暴力，並在暫時重返秩序的同時，骨子裡也可能又暗中種下反常失序的毒莠子。例如以「貴右賤左」的身體文化現象爲例，象徵人類學家赫爾茲（Robert Hertz）在研究人類長

期普遍的左手禁忌現象時，就同樣發現文化經由語言二元分類所建構的象徵體系，其中充斥著諸多道德禁忌與美學暴力：「右手的優越是社會強制力促成的，它受到社會約束力的保障。相反地，左手卻受到社會禁忌的制約，以致近乎癱瘓。因此，我們身體左右兩側在價值和功能上的不同，在很大程度上體現出一個社會制度的特徵；而試圖解釋這種差異的研究，無疑屬於社會學的範疇。更確切地說，它是追尋一個半是美學半是道德規則的起源。」[42] 赫爾茲最後這句話，幾乎完全相應於《老子》第二章：「天下皆知美之爲美，斯惡已；皆知善之爲善，斯不善已。」也就是一個文化的道德和美學體系，乃是建基在語言二元結構的分類上，其中隱含著系統性的暴力結構，只是這個暴力經常被表面的道德和美學體系所掩蓋。

　　想來老聃會對儒家用仁義道德恢復周文疲弊，有所保留。因爲在《老子》看來，儒家以仁義禮制來試圖重整秩序版圖的理想，很難不重複掉入「解藥即毒藥」的循環圈套。[43]《老子》認爲這種處理方式不免落入「下德」層次，而不能上達於原初倫理的「上德」層次。上德與下德的差別，最主要便在於前者是「分別的非分別」之原初倫理情境之復歸，後者則是「二元分別」的倫理規範體系的秩序建構。所以《老子》三十八章要我們辨別上德與下德的兩種倫理處境：「上德不德，是以有德；下德不失德，是以無德。……故失道而後德，失德而後仁，失仁而後義，失義而後禮。夫禮者，忠信之薄，而亂之首。」

　　渾沌之道一旦被遺忘（失道），那麼原本包容接納一切的渾沌玄德（上德），便會掉入二元對立的一偏之善（下德）。而這種「善／惡」對立下的善端堅持（不失德），反而因此排斥了規範以外的其它可能，從而

---

[42]〔法〕赫爾茲，吳鳳玲譯，《死亡與右手》（上海：上海人民出版社，2011年），頁98。

[43] 不過孔子所提出的對治方案，除了恢復周文禮序之外，更重要的是，他還提出「仁心」這種帶有「感同身受」、「以心爲心」的方案。從這一面向來看，它似乎接近原初倫理，但是值得進一步思考的是，由於孔子對周文建制和語言結構的權力性質，比較缺少批判反思，因此其「仁禮一體」的觀點，和老子的原初倫理關懷的差異，仍然是不得不辨別的重要問題。

難以反思自身、體諒他者（是以無德）。而渾沌玄德由於不被「天下皆知善之爲善，斯不善已」的「善／惡」二元規範所捆綁，並深刻反思到二元對立的善／惡行爲規範之界限，實和語言二元結構的分類方式有關，因此並不特別標榜此端之善（不德）來對治彼端之惡，有時反而呈現出對被賤斥、被禁忌的人事物，有更大的體諒（是以有德）。然而《老子》擔憂原本：「聖人無常心，以百姓心爲心。」（四十九章）、「聖人常善救人，故無棄人；常善救物，故無棄物。是謂襲明。」（二十七章）、「聖人亦不傷人。夫兩不相傷，故德交焉。」（六十章），那種「以心爲心」、「無棄」、「不傷」的渾沌德量一旦失去，就只能進到下德層次的仁義一偏善端，來對治一偏惡端，甚至將價值信念落實成種種標準行爲的規範體系，也就是禮文、禮治、禮序的周文建制。而禮儀三百、威儀三千的周文典章制度，在禮崩樂壞之前，雖然多少扮演讓當時人民（尤其貴族）可以措其手足的穩定秩序之來源，但從《老子》看來，這一秩序其實充斥著統治精英的權力建構與分配，而且在語言二元結構的支配下，禮序的全面支配其實也代表著渾沌玄德的原初倫理世界幾乎全被遺忘。所以《老子》才會強烈批判在禮教規範之下，其實隱含著權力中心、價值傲慢，甚至道德暴力，而且它們都以結構性的系統方式來呈現，所以很難被察覺。《老子》反而要刻意突顯禮制系統的暴力性：「禮者，忠信之薄，而亂之首。」（三十八章）只有當人與人之間「以心爲心」的渾樸之德失去了，才會擱淺在「成規成矩」的禮義法度。而禮義法度的宣揚歌頌，其實還是落在：「秩序與失序」、「正常與反常」的整體結構之一環，它看似爲了對治失序，但同時也是導致失序的根源。如此一來，禮序弔詭地成爲了「亂之首」。所以在春秋戰國走到禮崩樂壞的周文疲弊之關鍵時刻，《老子》並不選擇像孔子那樣急於恢復周文禮序，反而認爲這是重新思考「原初倫理」與「規範倫理」兩者辯證關係的好時機。在筆者看來，《老子》並非要純然反對秩序，而是要更根源性地思考「渾沌」對「秩序」的批判與治療意義，並且重新疏通「渾沌」與「秩序」之間的微妙平衡關係。

　　也因為這種弔詭的洞察，或者弔詭的智慧，使得道家想要跳出儒墨以此端之善對治彼端之惡的「是／非」之爭，因為這種打著仁愛旗幟的明德傲慢（光之暴力），並無法真正解決惡之根源，甚至可能詭譎地成為了惡之土壤。而《老子》提出的面對方式，並非一般規範倫理的秩序重新整頓，也非一般社會政治層次的正義重新分配。對《老子》來說，這些做法並無法超脫「以自己的右手反對自己左手」的魔鬼邏輯。為了解決這種「秩序／失序」相反相成的魔鬼邏輯，它提出以渾沌玄德的原初倫理之復歸，來治療「道高一尺，魔高一丈」的惡性循環，讓原本對立的雙方（南帝／北帝），可以重新來到渾沌之地（中央的非分別），讓善惡的名相暫時脫落，「以心為心」地善解善納對方，如此或有機會暫時重新恢復原初倫理。就是為了脫開這種「中心／邊緣」的價值鬥爭，《老子》不但不主張消滅魔鬼，有時反而主張解構高道。由此我們才比較能理解《老子》底下這一類看似反對仁義的驚人藥方，如十九章呼籲：「絕聖棄智（民利百倍）」、「絕仁棄義（民復孝慈）」、「絕巧棄利（盜賊無有）」。又如第三章主張：「不尚賢（使民不爭）；不貴難得之貨（使民不為盜）；不見可欲（使民心不亂）。」這顯然是一帖苦口良藥，它為了治療規範倫理的系統之弊，於是暫時解構價值中心的過分標榜，以免符號利益的爭奪持續擴大，從而期待解放光之暴力對他者的陰影賤斥。這種消弱光之刺眼與傷人，即是原初倫理的玄德容納之初心，它可以讓明暗重新在渾沌中交織相遇，而非光明／黑暗勢不兩立的惡鬥，而這在《老子》便屬於「襲明」、「和光同塵」、「光而不耀」的原初倫理與玄德智慧。

四、「柔弱勝剛強」的他者倫理關懷

　　《老子》別名《道德經》，如此命名者，正因《老子》第一章（上經首章），和第三十八章（下經首章），各以「道」和「德」做為討論起點。而《老子》意義下的「道德」，明顯具有對周文的道德教條與道德暴力之批判精神。這種批判立場雖不同於儒家透過道德主體性（仁心）之重

建以繼承周文禮制之主張，但《老子》對周文疲弊的批判也絕非要導向道德倫理的全盤否定。《老子》這種批判治療周文僵化的倫理桎梏，並不同於儒家找尋倫理關係背後的心性論基礎，本文暫時將其描述爲：從「規範倫理」復歸「原初倫理」的本懷。亦即在共在情境的「即存有即倫理」的原初遭遇中，恢復「感同身受」的倫理回應能力之第一初衷，而非語言強制規範下的道德條目之執行或倫理角色之扮演。而本文對原初倫理與規範倫理的區分，相應於法哲列維納斯（E. Levinas）談論他者關懷時，所強調的「倫理」與「倫理學」之區分，並將第一哲學的存有關懷直接通向倫理關懷。[44]

　　當代新儒家的宗師們，經常站在以儒觀道的判教立場，不無簡化地認爲道家式的心靈只能傾向美感式的自由空靈追求，其虛靈無著的道心根本無法爲道德主體奠立實有根基，也不能積極證成道德自律之自由以及倫理規範之落實。因此他們堅持主張唯有道德本心可以爲道德主體立下眞實不虛之根基，並且由此展開具體的仁義禮智等倫理德行的推擴法則。不管是牟宗三或者唐君毅，對於老莊能否給予道德倫理積極內涵一事皆不無質疑：

　　　在道家，其心齋之道心只就消化學知之依待與追逐後之止、寂、虛、無說，並無道德的內容，亦不爲道德實踐之可能而建立此道心，彼雖不必反道德，但亦不能積極地爲道德立可能之根據，且由遮撥道德之德目而顯（如絕仁棄義，大道廢有仁義等），一往視道德爲外在物，並未意識到如何內在化之以開悟道

---

[44] 如楊婉儀在分析列維納斯的他者倫理內涵時指出的：「倫理一旦脫離與生存的具體關係，將逐漸轉變爲普遍性的律則或規範，此倫理趨近logos的超越將固化原本內在於倫理與生存間的活性，使倫理逐漸僵固爲倫理學。」，見氏著，〈以「在同一當中的大寫他者」論萊維納斯的責任與倫理意涵〉，《東吳哲學學報》26期（2012年8月），頁129。關於列維納斯的「他者倫理」之討論，亦可參見本書第四章〈他者關懷與差異倫理——〈德充符〉對醜惡的文學書寫〉。

德可能之超越根據（本心仁體），是則其語道心在道德方面即落空，故其道心之寂照之創生性亦不顯。[45]

　　孟子之教，在本孩提之愛親敬長之心、四端之情，而充達擴充之，以成聖人之爲人倫之至者，而備萬物於我。莊子則游於天地萬物之中，而更透過之，超出之，以游於無窮，而成其所謂眞人、天人、至人、聖人，即皆兼爲超世間人倫之人耳。[46]

　　當代新儒家的立教宗師們，經常站在儒釋道三教的判教立場上，有意無意地認爲道家的超越心靈傾向於無社會、無倫理、無建構之純粹超越意識之追求。這種理解雖看似有據，卻不免「以儒觀道」而不夠深入同情，並有流於抽象簡化之嫌。若將《老子》第一章和三十八章同時閱讀，則較能清楚掌握《老子》的「道德」關懷。耐人尋味的是，《老子》的「道」、「德」主張，確實和它的「虛」、「無」體會，密切相關。其「道德」具有去主體化、去實體化、去中心化的「無爲」、「慈柔」特性，並且在這種「去自」、「無我」的否定性思維下，產生出對「他者」的絕對肯定性。這也就是《老子》一再主張的：百姓與萬物皆能自生自長、自賓自化之境。而《老子》這種「他者的肯定」與「自我的否定」之同時成立，其中實含藏著原初性的倫理洞見與關懷。

　　《老子》的「道」並非一套客觀存有論的思辯系統，「道」總要落實在「人（大）」的身心體驗、價值實踐之中，亦即《老子》的「道之大」並不能離開眞人玄德（人亦大）的呼應與回響。據此，本文嘗試挖掘眞人玄德（人法道）所隱含的原初倫理內涵。若將第一章：「道可道，非常道；名可名，非常名。」和三十八章：「上德不德，是以有德；下德不失德，是以無德。」二者合併觀察，即可發現它們都具有詭辭現象。詭辭

[45] 牟宗三，《智的直覺與中國哲學》（臺北：臺灣商務印書館，1987年），頁208。
[46] 唐君毅，《中國哲學原論・原道篇・卷一》（臺北：臺灣學生書局，1986年），頁348。

現象放在第一章看，似乎純就存有（道）與語言（言）的關係而論，亦即二元性語言結構無法表達「有無玄同」的道之運行，因此採取辯證的詭辭以突顯二元性的語言限制，並敞開「不可道（無言之教）」的靜默態度。然而將詭辭單獨放在存有與語言的關係脈絡來看，仍然不夠全面性。連結三十八章這一類有關「德」的討論來補充觀察，便可發現《老子》的詭辭策略，必須同時放在倫理關懷的脈絡下來思考。也就是對於「上德（玄德）」的重新發微深掘，同時也必須對「下德」有所反省批判。亦即對一般規範的「德」進行「不」的否定作用，才能再度肯定不落倫理規範俗套的原初倫理關懷，如此方才有「上德不德是以有德」的詭辭表述。從此一脈絡看來，《老子》的詭辭爲用，便具有批判庸俗倫理以復歸倫理初衷的功能。

　　所謂俗套是指在某一歷史時空下爲某一權力階級服務，或順從於「始制有名」的價值階序之規範倫理。從哲學的反省角度說，這便涉及語言二元結構所強制定下的一整套價值符號，並以符號系統形構了道德規範或倫理準繩。在《老子》看來，語言二元結構「強名」的倫理規範，成立的同時也造就了賤斥現象的「他者」暴力。語言二元結構所型構的價值階序，正如《老子》第二章所言：「天下皆知美之爲美，斯惡已；皆知善之爲善，斯不善已。」而正向價值的設立與競逐，所帶來的「光之暴力」，正如十八章所言：「大道廢，有仁義。智慧出，有大僞。六親不和，有孝慈。國家昏亂，有忠臣。」而《老子》對這種「下德」進行批判，目的並非取消一切價值，而是批判以後再施以肯定，並期待批判後的肯定將重新透露原初倫理的初光微明。這種初光微明，不同於日正當中的強烈光照。它解放了自是、自矜爲正義的光之暴力，將強烈光明柔化爲初光微明，使得倫理光譜從絕對光明的一端，「和光同塵」地移向曾被賤斥的他者。從此，倫理成爲了眞正的容納而非排擠「差異性」，此即《老子》二十八章所謂：「知其白，守其辱，爲天下谷。爲天下谷，常德乃足，復歸於樸。」

　　《老子》爲了突顯對他者的原初倫理關懷，曾運用了一連串意象，例如慈、柔、水、谷、海、母、嬰兒、處下、不爭、處卑。這些「柔弱勝剛強」的意象隱喻群組，幾乎都含藏原初倫理質素在其中。柔弱勝剛強，一般只從滴水穿石這樣的現象出發，渴望將「弱勝強」的特殊現象給普遍化爲另類的競爭邏輯；又或者從術的眼光出發，將其發展成一種力量鬥爭的主奴辯證術。然而《老子》這一類詭辭語句，並不適合純以「弱勝強」的特殊經驗出發而普遍之，更不宜從術的鬥爭角度濫用之。亦即《老子》雖善用物質意象給人帶來興發想像，但我們不宜從滴水穿石這類經驗意象的隱喻，將其實體化、普遍化爲《老子》在追求一種另類鬥爭的術／勢思維。筆者認爲，最好扣緊道家的原初倫理關懷來解讀，尤其在閱讀這類語句時，最好將主體的「自我轉化」帶入，批判性地思考一般規範倫理的光之暴力，跳出「強／弱」對立的勝負邏輯，改從虛己、容納、傾聽、包容、回應、滋潤，等等「敞開性」的倫理守護爲大本大根。換言之，這種詭辭的閱讀法，其中的「柔弱」，乃是指眞人玄德「去主體化（去自）」之後的無我、謙柔狀態；而其中的「剛強」，則指一般人以「自我」爲中心的主體膨脹狀態。如此一來，其中的「勝」，並非眞指勝負競爭邏輯下的贏得、勝出，而是指「無我」對「自我」的轉化與接納。這裡的「柔弱」涉及了逆向於自我的主體轉化，以開出對他者的倫理納受。

　　「剛強」背後通常預設一種主體中心的強悍與誇大，是以「我」爲中心的「爭」、「鬥」之權力擴張狀態。而《老子》的「柔弱」並非與「剛強」二元對立結構下的另一端，而是另一種「去主體」的虛敞狀態。若從存有論的角度說，柔弱則是參贊存有、聆聽存有、任隨存有的「無爲」狀態，亦即「柔弱」指向了人法地、法天、法道、法自然的謙卑與廣大。其中的「法」並非外部性的效法或摹擬自然界的實然律則，而是眞人將有爲爭強的主體化膨脹，給融釋回「人與世界共在」的交融互滲之原初經驗。這種人對道的柔順回應，人與世界萬物的共在交融，既是一種存有的原初體驗，也能自然興發「自他共在」的倫理感通能力。這種柔軟的倫理回應

模式，由於不是建立在以自、以我、以己爲中心的語言二元狀態，也不以善心主體做爲出發點而向外推擴，因此其倫理關懷的首初性並不呈現善／惡的二元規範，而是一種非二元性、無強加性的「水德」之回應模式。如《老子》所謂：「上善若水，水善利萬物而不爭。」（八章）「聖人無常心，以百姓心爲心。」（四十九章）這種「虛懷（無常心）」之潤澤與納受，才是《老子》原初倫理的「慈」、「柔」力量。

五、結論：在渾沌與秩序之間

以「名（言）」來確立倫理、政治、文化的常規常序，乃是周文建制以來最重要的政治目標與行動，這也造就了先秦諸子到秦漢之際，在「周文疲弊」下，各類思想流派不得不面對的共同難題，亦即倫理政治秩序的規範性重構。然而從《老子》看來，問題的解答不再是那麼簡單地重建新規範就可以，亦即其他諸家大都單純地以爲透過正名、刑名、名辯，立即便可再度地從渾沌走向新秩序。《老子》，更深刻的辯證藥方反而在於：適度地從秩序（名制）走回渾沌（無名），然後重新辯證思考渾沌與秩序的雙向流通之必要。換言之，《老子》的倫理關懷就存在於「無名」和「名言」之間（「無——名」）的來回辯證思維裡。

《老子》並非完全反對秩序與規範，而是要我們同時觀照秩序的開顯與遮蔽，從而治療秩序規範過分僵化的遮蔽暴力。換言之，渾沌的「非分別」雖具有暫時治療秩序規範下「分別」之僵化與暴力，但人們並不可能永住全無規範的混融世界，世界依然要有它人文理序的約定俗成。這就好像《老子》對語言的批判而強調「不言之教（渾沌）」，這僅是爲了治療「始制有名（秩序）」的僵化與宰控，並非完全停留在超語言的神祕之境，它最後仍然要肯定語言的使用並持續活化語言。就老、莊兩者的比較而言，《莊子》對語言的肯定幅度，比《老子》更大且更爲通達。[47]雖然

---

[47] 參見拙著，《當代新道家：多音複調與視域融合》，尤其第五、第六章〈老莊的肉身之道與隱喻之道〉、〈從《老子》的道體隱喻到《莊子》的體道敘事〉，頁289-393。

老、莊都意識到規範倫理與名言分別有密切關係，也都批判規範倫理的道德暴力，但《老子》似乎強調更多「不言之教」以復歸原初倫理，並以原初倫理來治療規範倫理的異化，因此規範倫理和原初倫理之間，呈現一定的張力。而《莊子》則呈現更多「入遊其樊而無感其名」的通達，簡言之，《莊子》除了承繼《老子》的原初倫理對規範倫理的批判治療之外，更主張要將原初倫理的精神帶入規範倫理之中，以促使人們在倫理體系的名言網羅之中，能同時具有「在其中又不在其中」的圓教特質。[48] 就筆者目前的觀察來看，原初倫理和規範倫理二者，在《老子》身上仍呈現較明顯的張力，前者既是後者的存有論之活力源頭，也是做爲批判治療的發動處，因此《老子》具有略爲往渾沌靠攏的傾向。相較而言，《莊子》在《老子》渾沌玄德的基礎上，除了一樣要對規範倫理的異化進行批判外，更企圖將原初倫理的活力源頭注入到規範倫理之中，而《莊子》這種「不住渾沌」的圓通特質，將可以促使渾沌與秩序產生「不一不二」的平衡效果。筆者認爲上述老、莊的細微差異，也可以從兩者對渾沌和語言的細微差異，找到類比的印證。

　　整體來說，道家對語言的即開顯即遮蔽，皆有完整而深刻的洞察，因此總要在批判與治療之後，才能進一步肯定語言的活化妙用，而非輕易直接地肯定語言符碼所設定的一切價值規範。同樣道理，道家對秩序的整體性看法，其實也符應於它對語言的整體性看法。而從《老子》的「不言之教」，到《莊子》的「卮言日出」，道家的原初倫理關懷，雖然一開始看似要以渾沌（非分別）來暫時淨化秩序（分別），但終究不是要以渾沌無序來永久取代規範秩序。而是先以渾沌的原始倫理來治療並疏通規範倫理，從而使人們對倫理規範的異化保持批判自覺，最後方可能促使規範倫理和原初倫理「不一不二」的來回流動關係。其中的「不一」，使得原初

---

48 參見拙著，《道家型知識分子論：莊子的權力批判與文化更新》，尤其第一章〈《莊子》的生存美學與政治批判——重省道家型的知識分子論〉，頁1-42。

倫理保有對規範倫理的根源批判性格；其中的「不二」，更使得原初倫理
和規範倫理產生交織的來往性格。而這種圓通的來往，我們將在《莊子》
那種「在結構中活出結構」、「在語言中活化語言」的「即天即人」（或
天人不相克）之圓轉模型中，[49] 找到更爲徹底的落實。

---

[49] 《莊子》只是強調「無以人滅天」，並非走向《荀子》所批評的：取消或否定人文的「蔽於天而不
知人」。其強調人文秩序的結構建制、分類系統，不應走向自我封閉而遺忘了渾沌之道，如此將如
孤島隔絕於大海，產生自我膨脹與自我枯槁之末路。事實上，《莊子》尋求的正是天人互滲之道，
此如〈大宗師〉強調：「知天之所為，知人之所為者，至矣。……庸詎知吾所謂天之非人乎？所
謂人之非天乎？」、「其一與天為徒，其不一與人為徒。天與人不相勝也，是之謂真人。」〈秋
水〉：「何謂天？何謂人？」郭慶藩輯，《莊子集釋》，頁224-225、頁234-235。對於《莊子》的
天人之學及其倫理內涵，可參見拙文，〈《莊子》「天人不相勝」的自然觀──神話與啓蒙之間的
跨文化對話〉，《清華學報》46卷3期（2016年09月），頁405-456。

第四章

他者關懷與差異倫理——〈德充符〉對醜惡的文學書寫

一、《莊子》對微觀形上學之拯救：天地一指，萬物一馬

　　人類文明向來存在著善、惡二元對立的思維模式，如何保障善之正義不被惡之不義給污染侵蝕，長期來都是人類文化普遍存在的規範性課題。從最原始的巫術神話（如巫儀的代罪羔羊之淨化儀式），到所謂高級宗教（如基督教的驅除魔鬼儀式），甚至現代性文明（如規訓與懲罰之現代監獄的誕生），種種「以善驅惡」、「排除他異」的獻祭儀式與自我保存，是人類自古至今極為普遍的思維方式和文化現象。據里克爾（Paul Ricoeur）對惡之象徵的研究所示，這也是人類道德規範、社會禁忌之起源。[1] 而根據道格拉斯（Mary Douglas）對文化秩序起源的象徵性研究，這也和人類透過語言二元結構運作價值分類體系密切相關，不管是古代文化或現代社會的分類規範、象徵體系，都有它建立「秩序」（歸屬潔淨），處理「失序」（歸屬污染）的機制。[2] 不管是原始機制的代罪羔羊，宗教機制的驅魔除惡，還是現代機制的監獄訓惡，基本運作乃是透過「自是／非他」的自我觀之，「建立同一／排除他異」的類以群分，來進行維持規範與守護體系之正常性重返。例如禁忌，也正是為了維護秩序規範的合法性甚至神聖性之一體兩面。這種神聖性在《莊子》看來，經常帶有神聖暴力，而《莊子》的文學書寫，則擅長捕捉神聖暴力底下的漏網之魚、殘餘剩物：

---

[1] 里克爾（Paul Ricoeur），翁紹軍譯，《惡的象徵》（臺北：桂冠圖書股份公司，1992年）。
[2] 道格拉斯（Mary Douglas），黃劍波等譯，《潔淨與危險》（北京：民族出版社，2008年）。

　　故解之以牛之白顙者，與豚之亢鼻者，與人有痔病者，不可
以適河。此皆巫祝以知之矣，所以為不祥也。此乃神人之所以為
大祥也。[3]

　　古來人類普遍利用「犧牲」儀式來避禍求福，而被用來犧牲獻神的
血祭對象，如肥豬、壯牛、羔羊，甚至人類自身（如處子，如女巫），成
為了淨化人類集體污穢與罪責的投射對象，納受這些代罪羊以祈求神聖洗
滌，渴望復原生活秩序之常軌。原始宗教這種神巫淨化儀式，某些特定動
物或特定人類被當成揀選對象或咎責對象，在儀式進行過程中或可能被美
學化（時而打扮成純淨聖物），或可能被妖魔化（時而披上魔鬼外衣），
但後果總是一樣血祭而成為《莊子》筆下的「中道夭折」。弔詭的是，被
揀選者時以「材」而被夭折，被咎責者時以「不材」而獲夭壽，禍福不
定而莫可奈何，由此〈山木〉篇有所謂「周將處夫材與不材之間」的自我
嘲諷。[4]《莊子》對這些代人受罪的無辜生命，不只有其不忍心，更要對
這類神聖儀式、美學裝飾、道德暴力的交織共構，進行結構性的文化批
判。最後喜以反諷筆調，刻劃某些偶然性的非常狀態（如白顙、亢鼻、痔
病），因為「不材」成為神聖不愛的漏網之魚，反能逃過一劫。這些被賤
斥的殘餘剩物，卻反而「妖復為善，禍轉為福」地得享天年，不落入中道
夭折。故《莊子》以幽默反諷語氣說道：「此乃神人之所以為大祥也」。
這些被暫時排除在聖域之外的無用之材、不祥之人、禁忌之物，弔詭地保
全了自家性命，成全了自身存在之大用大祥。

　　《莊子》的哲思隱晦，文風奇倔，上述這類看似嘲諷的文學筆觸，

3　莊周，郭慶藩輯，〈人間世〉，《莊子集釋》（臺北：華正書局，1985年），頁177。《莊子》涉
　　及對巫術暴力的批判文獻隨處可見，最有名的大概是〈應帝王〉真人壺子與神巫季咸的鬥法。
4　莊周，郭慶藩輯，〈山木〉，《莊子集釋》，頁668。有關老莊對儀式暴力的反省與批判，筆者曾
　　有專文討論，〈他者暴力與自然無名——論道家的原始倫理學如何治療罪惡與卑污〉，李豐楙、廖
　　肇亨編，《中國文化的懺悔書寫論集：沉淪、懺悔與救度》（臺北：中研院文哲所，2013年），頁
　　1-78。此文已收錄為本書第一章。

很容易被輕看而低視其中的文化批判和倫理潛力。然我們若借用阿多諾（Theodor W. Adorno）的「微觀邏輯」之即物、微觀角度來細讀品味，《莊子》這種對殘餘剩物的微觀文學書寫，正好展示出它對原始巫術宗教神話那種「神聖／道德／美學」宏大敘述的批判反思，並從中提供我們平等齊觀個物具體而微的眾相生命，並呵護珍視這些具體微型的生命姿態，打開另類的他者倫理、差異倫理之超越可能。[5]有關阿多諾的微觀邏輯的描述，筆者啟發自阿多諾的《否定辯證法》之外，陳旭東在〈形而上學的微觀拯救〉也舉出阿多諾在〈形上學沉思〉提及的老鼠隱喻，列維納斯（Emmanuel Levinas，另譯：勒維納斯、萊維納斯）在〈一隻狗的名字，或自然權利〉提及集中營的流浪狗，以及德希達（Jacques Derrida）在〈我所是的動物〉提及的貓眼注視，都具有解離宏大敘述，轉從生活來激發與他者遭遇時的不容已觸動，湧現具體而微的人性超越。於是宏大的「總體形上學」之抽象體系雖然崩塌，卻在感物而動的當下觸動體驗中，重新團聚出另類的「微觀形上學」之拯救可能：

　　阿多諾的老鼠，列維納斯的狗，德里達的貓這些動物形象正是形而上學微觀邏輯的體現。離開人的視野，他們或許是完全的本能存在；在後形而上學的世俗視野看來，它們有自己的權利，需要被尊重；但在形而上學的微觀視野之下，這些動物的存在彰顯了某種形而上學的超越性，這種超越性不是通過普遍抽象的概

---

[5] 阿多諾在《否定辯證法》中提及微觀形上學、微觀邏輯的書寫方式，已不再是西方傳統形上學的宏大敘述，而是回歸物性、人生當下的微型書寫。關於《否定辯證法》的「非同一性」之思維方式，請參見〔日〕細見和之，謝海靜、李浩原譯，《阿多諾：非同一性哲學》（河北：教育出版社，2002年）。另外阿多諾的微型書寫頗受本雅明（Walter Benjamin）的啟發影響。據馬欣觀點：「他（筆者註：即本雅明）不僅熱衷於微觀書寫，更看重手寫下來的文字，不論是明信片的背面、旅店信紙、還是咖啡館收據條、藥品處方或電影票的背面，都用手寫筆記記錄了他思想的靈光一現。」〈本雅明對中國書法的闡釋及其筆跡學思想〉，發表於「否定與承認──批判理論及其最新發展國際學術研討會」，上海復旦大學馬克思研究中心主辦，2017年10月14-15日，頁264。

念獲得，而是否定辯證法的微觀邏輯呈現的。所以我們可以說阿
多諾試圖用這種微觀邏輯來拯救傳統的超越性。[6]

　　在筆者看來，〈知北遊〉透過東郭子與莊子的對話，即可嘗試解讀爲
《莊子》正自覺進行一場對宏大的整體形上學之還原計畫。但它並非由此
完全走向形上學的終結，而是讓原本高高在上、冰冰涼涼的形上高道，重
新團聚在具體而微、萬象紛紜的物化生命之中，要求人們更細微體察、更
敏銳感受。莊子透過「每下愈況」，這一既解構又還原的手段，雖使形上
道學的高大體系暫時崩解，但觸目所及的微小生命與存在物，如螻蟻（昆
蟲）、如稊稗（植物）、如瓦甓（礦物）、如屎溺（排泄物），卻無一不
彰顯自身的靈光氣韻（aura）。所謂「道無逃物」正是形上之道在崩解的
同時，轉而落實在「天地一指，萬物一馬」的即物微觀之萬化中（本文底
下將有專節討論〈知北遊〉這段文獻的重要意義）。爾後，「即物而道」
的形上體現方式便在於，人們是否有能力與觸目所及的微細存在，甚至與
微脆生命的當下遭遇中，時時被他異性事物給驚奇觸動，以召喚出「感物
而動」的人性超越性。在「即物」「微觀」的解讀視域下，我們便可嘗試
理解，爲何《莊子》一書出現那樣眾多微細生命相，卑微存在物，甚至一
再出現被人們視爲卑賤污穢而不值觀視的人事物。這可能反映出《莊子》
的「以道觀之」，終究要「目擊道存」地落實爲「以物觀物」的「無物不
然，無物不可」。而且需將人們「以我觀之」的「成心之知」、「一偏之
見」給予批判解放，才能聆聽萬化生命「咸其自取，使其自己」的天籟萬
唱。

　　《莊子》不像《孟子》熱愛高懸道統、大唱仁義，處處倡揚國家大
政、浩然正氣的宏大敘事，反而充斥著賞物書寫與微型書寫的細瑣現象。

6　陳旭東，〈形而上學的微觀拯救〉，發表於「《否定辯證法》翻譯與研究──第一屆批判理論工作
　　坊」，上海復旦大學哲學系主辦，2017年3月18-19日。

讀莊經驗，風景萬殊，人物百態，迎面而來，讀者遊觀賞玩，目不暇給。單單〈逍遙遊〉，我們便可隨處觀賞到──鵬鳥展翅的飄逸姿態，野馬塵埃的遊氣蕩漾，覆水坳堂而芥可為舟的細微觀察，學鳩槍榆枋而控於地的自負姿態，朝菌蟪蛄的小年不為短，冥靈大椿的大年不為長，肌膚若冰雪的藐姑射神人，無用而遭掊擊的大瓠，越人斷髮紋身的文化多樣性，卑身而伏卻自陷羅網的狸狌，其大若垂天雲卻無所可用的犛牛與大樹⋯⋯萬事萬物在莊周心眼與筆觸底下，萬籟齊唱、眾聲喧嘩，呈現「無物不然，無物不可」的具體細微性與豐富差異性。而隨著〈齊物論〉的天籟展開，風吹眾竅的奇聲異調，朝三暮四的人猨鬥智，罔兩問影的精微體察，莊周夢蝶的翩翩詩夢，庖丁解牛的神乎奇技，螳臂擋車的夸父之舉，也將一一粉墨登場。

　　不僅如此，《莊子》還有一連串有關邊緣他者的顛覆性書寫，除了牛之白顙、豚之亢鼻、人之痔病，還有本文將要討論的醜惡無比卻得其天年的支離疏，以醜為美的哀駘它、闉跂支離無脤、甕㼜大癭，等等被社會道德所厭棄的邊緣人。都將在《莊子》所搭建的另類微觀舞臺，重新以絕對他者的角色粉墨登場。他們不但得其天年，更因過人智慧和美麗德性，展演出對道德暴力的批判力道，體現「才全而德不形」「內保之而外不蕩」的「葆明」之光。上述連環上演的人事物，從對細微事物的仰觀俯察，到人心人性的幽微洞見，再到人事物矛盾並立的弔詭覺照，《莊子》總是呈現令人驚奇的細膩書寫風格。這種對人事物的具體賞識與細微覺察，再從中領受差異事物的存有意義，顯示出《莊子》藉由文學精微深描之書寫技藝，一方面深察人間事物的詭譎處境，另一方面顯露愛惜品物流行的萬化生機。此種文學書寫不宜以雕蟲小技視之，反而大有可說可玩味處。本文傾向從三個相互交織圖像，來理解這種文學書寫現象：一者，《莊子》在解構宏大形上道學的抽象論述後，這種書寫表現出重新團結在「即物而道」的微觀形上學之拯救努力上。二者，在「以物觀物」的細微描述中，除了批判講求全體忽視差異的總體形上學（或整體形上學），同時也批判

與形上學共構的道德暴力，以便解放出「非人類中心」、「非自我中心」的他者倫理關懷。三者，微觀細品、即物愛物的文學書寫，其所體現的具體性他者倫理，還必須同時與《莊子》對「同一性思維」的批判性合併而觀，如此方能全幅掌握《莊子》文哲兩行的特質。換言之，《莊子》的他者關懷，同時奠基在三根支柱上：一是對總體形上學的解構，二是對同一性思維的哲學批判，三是即物微觀的文學書寫所示現的差異倫理。底下將一一論述之。

二、列維納斯與《莊子》遊乎域外而相遇他方

本文所謂的同一性與非同一性思維的論述脈絡，核心處正在於批判同一性形上學的暴力，即嘗試破除實體性、本質性的終極實體之設立，回歸具體而差異的物化美學。這種非本質性、非實體化的「物」，不再是形而下的個體物，而是精微、變化的「物之物化」歷程，這種「即物而道」的重新描述，將使道的「一」與「多」之表述，不再成為「以一統多」的傳統縱貫結構，而轉向於「即一即多」的水平超越。這種打破形上學的抽象高論，回歸物化流行的美學式超越之論述方向。西方當代其實從尼采（Friedrich Nietzsche）以來就開其端緒，而海德格（Martin Heidegger）更大大深化對整個西方形上學史的解構，以及從現象學開展出新的基本存有論。有趣的是，海德格和阿多諾，兩人都深受尼采啟發，也都批判西方的實體形上學，總體性形上學。只是阿多諾（包括列維納斯，底下將有專節討論）認為海德格的大寫存有（Being）還沒有完全破除「同一性思維」的幽靈，因此想要透過「否定辯證法」再次處理相關問題，其中關鍵性轉向便是「非同一性思維」的提出。它類似於列維納斯也質疑海德格（尤其前期海德格）未能超越「同一性思維」，因此列維納斯從而發展出同者、異者、他者、絕對他者等倫理思維。阿多諾和列維納斯對海德格的檢討反省，類似像海德格對尼采的檢討反省，皆指出影響他們最深的思想家並不夠徹底。但是許多尼采專家並不同意海德格將尼采視為最後一位形

上學家，就像許多海德格的專家並不同意將海德格定位在「同一性」思維，尤其晚期海德格大談「物之物化」的詩意美學，大大展開了「非同一性」那種肯定差異、肯定他者的潛力。[7] 而華人的道家哲學與海德格的對話研究，已經發展了近三十年，其中對老莊的「道」與「一」，是否會和海德格一樣會受到「同一性形上學」的質疑？是個重要的學術論辯課題，這對道家思想是否經得起當代哲學的批判反思，意義深遠。總之，本文將《莊子》〈德充符〉，定位在微觀的「文學書寫」與他者的倫理關懷，刻意採用文學深描與敘述來進行，主要是為了呼應阿多諾的微觀書寫策略，以及列維納斯的他者、差異之倫理關懷。

　　從哲學角度說，西方現代性文明主要建立在「同一性」的論述上，不管是傳統形上學的本體論架構（本體的同一性），還是認識論的主體性架構（主體的同一性），那種以「同一」（the one）來統御「差異」（difference）的等級性、本質性思維，貫穿了希臘 ── 歐洲哲學傳統「以一御多」的「邏各斯中心主義」（logoscentrism）。例如本體與現象的區分，永恆與流變的區分，精神與肉體的區分，理性與感性的區分，上帝與世俗的區分，文明與原始的區分，一連串中心與邊緣的結構性階序構成了基本文化圖像。前者以其「同一性」權威穩坐價值中心王座，劃定自我同一性的真理與道德界限，界限以外便屬次真理、次價值的邊緣區，甚至非真理、無價值的域外他界。換言之，「同一性」光圈以外，很容易被賤斥為沒有真理之光、缺乏道德澤輝的黑暗大陸。「光」之照耀，造就了「真／善／美」的同一性國度。「光」之缺如，也剝奪了「真／善／美」之榮耀，造就了赤裸暗淡的他者（the other）。「光」既正面賜給了光明，同時也遮蔽出背面暗影。光明的自我同一性之恩賜，也同時造就出「他者」的暴力陰影。如此看來，自我同一性的光明未必真是普照，它只

---

[7] 對此可參見拙文對晚期海德格的物論分析，〈詩意棲居與原初倫理 ── 老莊的柔弱無用與海德格的泰然任之〉，已收入本書第二章。

照耀在同一性的範圍以內，同一性的視域外便被歸屬爲荒原之地。人類的區域文明總愛自我標榜爲文明中心，並經常想要將它自身推擴爲普遍，例如過去的中原文明的中心化與普及化，當今西方文明的中心化與普及化，這些文化擴張現象以其「同一性」思維而「自我觀之」，經常挾帶同化暴力而不自知。甚至在光之救贖的文明普渡號令下，自身合理化抹滅差異的暴力性。

對於這種經常以道德、美善、文明之名，而大興義師討伐四方的同一性暴力，乃是當代權力反思與文化批判的核心關懷。例如法哲列維納斯對同一思維或同者暴力的深刻批判，便將同一思維的批判溯源西方形上學的批判（甚至對海德格的存有論批判）。從筆者看來，《莊子》對先秦以來各種同一性思維保有最敏感的洞察力，並藉由批判同一性的成心視角與化約暴力，提醒人們應對天地萬事萬物的差異多元，保有最大的敬重與遊賞，打開自我單一視角以促成各種意識型態的批判與更新。進一步說，《莊子》對同一性思維的批判，重點不單單在於對成心之知的批判，或者眞人眞知的認識論或眞理觀的興趣，它還涉及更根本的關懷旨趣：他者關懷與差異倫理的復原。本節的寫作主要集中在這一核心點上，嘗試讓列維納斯和《莊子》相遇於倫理之地，希望重講《莊子》的倫理面目（倫理臉龐），打開《莊子》的他者關懷、差異倫理的跨文化視域。

這條彎曲時空的域外通道，或許德希達（Jacques Derrida）早有預告。在《書寫與差異》這篇巨文〈暴力與形上學〉，德希達嘗試描述列維納斯賦予哲學起死回生的手勢，乃在脫困西方哲學的永恆輪迴，希望逸出希臘源頭以外而重新生長於他方之旅。西方哲學的文化基因，長期透過「希臘─歐洲」的根源性範式，規範性重構了西方思維和哲學命題。「希臘」就像母題或原型，一直主宰著西方哲學的寶瓶傳統，爾後哲學再怎麼嘗試舊瓶裝新酒，大抵都在同一傳統繞著母題重複打轉。從德希達看來，老狗變不出新把戲，舊瓶難以換新酒！至於決定西方哲學舊寶瓶的整體性架構何在？德希達主要透過三個核心概念來把握：一是同一性的主宰。二

是形上學的還原。三是倫理學的次級化。[8]

　　上述三者，也形塑了德希達所謂希臘——歐洲哲學寶瓶的「邏各斯中心主義」。在德希達看來，胡賽爾（Edmund Husserl）甚至海德格，依然脫不開希臘人性情，僅管海德格企圖想賦予「脫水已久（遺忘存有）」的西方哲學以活水源頭，但終究未能完全脫開「以存有爲本」那種：整體統治、存有統治、邏各斯中心統治的希臘之淵。而列維納斯的哲學手勢或哲人臉孔，在德希達看來，正是不可思議地想要脫出希臘人性格，想要離開存有論母題的希臘寶瓶，他想要走向希臘域外而眺望他者經驗：

　　在乾旱深處，在有增無減的沙漠中，這個從根本上不願再作關於存有及現象思想的思想，使我們對一種前所未有的解母題化與解脫滿懷夢想……勒維納斯的思想呼籲我們從希臘邏各斯中脫位，從我們自身的一致性中脫位，也許是從一般一致性中脫位；它呼籲我們脫離希臘場域，也許是脫離一般場域，趨向某種甚至不再是源頭和場所的東西，趨向某種呼吸……趨向那個希臘的他者……這個思想不想藉助語文學，只想憑藉埋藏在經驗中的對直接當下裸露性的忠誠，去擺脫「絕對同一」與「乙太」（換言之即指存有與現象之光）這種壓制性的希臘統治。[9]

　　脫出希臘而漂移於希臘外部的所謂「希臘的他者」，德希達特別提醒我們，不必以希伯來的地域和歷史去框限列維納斯的原初經驗（呼吸他者）。這種非本源性、非整體論、非存有論、非先驗性的另類思考，與其將它執實爲希伯來宗教傳統或猶太文本，不如說列維納斯想藉由希伯來的另類經驗解讀，而對偏執希臘加以轉向，從而使自己可以打開寶瓶蓋口，

---

[8] 德希達、張寧譯，〈暴力與形上學〉，《書寫與差異》（臺北：國立編譯館，2004年），頁176。
[9] 德希達，〈暴力與形上學〉，《書寫與差異》，頁178。

重新呼吸域外的新鮮空氣，回到原初的經驗他者、他者經驗之自身。[10]
這一通向原初經驗、通向他人關係的通道或開口，才真正促使列維納斯
從存有學的整體思維走向形上學的超越欲望（他又稱之為「關係的形上
學」），從同一性暴力走向差異性納受，從存有論優位走向倫理性優位。
列維納斯終於有能力經由與他人面對面的相逢經驗，從同一性形上學的合
理性暴力出走，邁向差異性倫理關係的原始復位：

　　　勒維納斯想要恢復其隸屬關係的形上學，他要從這種形上學
中修復出用以對抗亞里斯多德的整個傳統的那種概念。這個思想
要從形上學中呼喚倫理關係——即作為無限地他者的那種與無限
性、與他人的非暴力關係——因為唯有這種倫理關係方能夠打開
超驗的空間並解放形上學。[11]

　　可見，列維納斯理想中的那種形上學（超越的欲望），或可稱為關
係形上學（即在關係中打開自我同一而超出自身），或可稱為形上學欲望
（解放）。總之，它是在原初關係的他者遭逢中，打開自我封閉與自我同
一而達於形上超越。這種形上超越，一者不能離開與他人遭遇的倫理具體
性關係，二者不在超驗彼岸而是在具體關係中來實現。三者它具有打破希
臘統治中心的跨文化解放意義。
　　上述描述列維納斯「繞出希臘」而朝向域外「開口」，是否也有助
於我們鋪陳一條讓《莊子》與列維納斯可以相遇的「通道」？這或可從兩
個角度來說，一是做為中國先秦思想文本的《莊子》，也正是處於希臘傳

---

[10] 德希達，〈暴力與形上學〉：「因為它在最後時刻從不以希伯來論題及文本為權威依據。它要求在
　　對經驗本身的某種求助中獲得理解。而經驗本身和那種經驗中最無法還原的東西，指的正是朝向他
　　者的通道和出口……它就是開口本身，是開口的開口，是那種不讓任何範疇和整體將之封閉起來的
　　東西。」《書寫與差異》，頁179-180。
[11] 德希達，〈暴力與形上學〉，《書寫與差異》，頁179。

統亞里斯多德的存有論整體思維的域外，或者說，處於海德格所批判的自柏拉圖以來西方傳統「形上學思考」的絕對外部。而《莊子》這種處於希臘之外的絕對他者之另類思維，在朱利安（François Jullien）所謂「遶道（détour）中國」以解構西方哲學成見的跨文化批判視域下，正代表了跳脫存有思維、理型範式、本質主義，等等希臘同一性思維、形上學思維之外，打開另類差異的內在性、過程性思維。朱利安企圖以先秦中國思想的異質性，來做為打開希臘成見、西方統治的跨文化「間距」，而「間距」也正是朱利安認為「他者」可為跨文化交流帶來的「生產性開口」。[12] 筆者過去曾解讀，朱利安希望透過迂迴中國而拉開東方先秦與西方希臘的思想「間距」，並期許透過「間距」（l'écart）所產生的域外張力，反思希臘傳統以來的西方存有論、整體性思維的成見，並期待中西文化可以再走向跨文化「之間」的交流生產性。若對照於西方存有論那種「外部超越性」思維，朱利安認為東方傾向於「內在過程性」思維，他特別用「之間」（l'entre）這一概念，來表明古典東方這種希臘外部的域外思考特性。而朱利安認為中國先秦思維所強調的流變性、過程性、內在性、關係性的「之間」特質，最能透過老莊思想而被體現出來。在筆者進一步鋪陳《莊子》與列維納斯的通道之前，我先引述幾段朱利安對「之間」的非形上學描述，以便做為鋪陳《莊子》與列維納斯「之間」的基本通道或者域外橋樑：

---

[12] 朱利安指出：「某些一致性（理）樹立了自己的威望，就埋藏並掩蓋了其他的一致性（理）；從此之後，只有跳出那些被同化了的視角 —— 同化到沉積為『自明性』或是我稱之為『思想的皺褶』—— 才能重新發現那些被掩蓋的一致性（理）。然而，只有遇見一個外在而透過與之對照，才可能產生這種面對自己的突破與檢視。如此一來，常常接觸中國思想就會間接地使人對歐洲思想內部的張力更敏感，這點會使歐洲那些被深埋的選擇重新浮現：不再是從外在，而是從內在，凸顯出在歐洲本身的發展當中使它富有孕育力的『異質性』。因為這種在文化與思想之間檢視它們的間距之舉，不會把思想孤立起來。」〔法〕朱利安（François Jullien），卓立、林志明譯，《間距與之間》（臺北：五南出版社，2013年），頁51-53。

　　之間的本性是，不留焦點，不留固定點，它就不引人注意。之間總是遣回到不是自己的他者。……我們看到爲什麼歐洲哲學未能關注「之間」：之間必須——或者也可以說它命該如此——避免存有問題，而這個問題，自古希臘到現在，乃是哲學據以立論的根基。因爲「之間」沒有定義，而定義製造「存有」，所以「之間」避免了本性與屬性問題；結果是，之間是那個逃離了「有關存有的論說」——即本體論——之掌握的。……之間是一切爲了自我開展而「通過」、「發生」之處。因爲中文不是源自「是／存有」這個動詞，所以它不必關注存有……我們所謂的「世界」，也許說得太客觀了，難道不是指「天地之間」，就如老子說的：「其猶橐籥乎？」「虛而不屈，動而愈出」，（《老子》第五章）。呼吸行於「之間」，如人體裡面的氣囊；是呼吸使我們活著。又好比，文人畫家在筆劃之中留下之間，因此使筆劃生氣蓬勃。……又如，生活在出生與死亡之間開展，以持續的變化來自我更新，如《莊子》所說的：「注焉而不滿，酌焉而不竭。」[13]

　　希臘人對「極端」深深著迷，因爲只有極端會凸顯出來，具有可以分辨的特徵而且可讓人辨識它們之間的差異。但是希臘人很可能忽略了流動的「兩者之間」與過度時的「模稜兩可」，它們都不具有特定屬性（它們是《老子》一書裡所謂的通「道」）。其後果是：柏拉圖無法給這個生命之間任何實質，因爲把生命一分爲二，在「之外」裡提倡了他在《泰阿泰德篇》當中所謂的「眞正的生命」，該生命奠基於存有並且排除了生成與

---

[13] 朱利安，《間距與之間》，頁61-63。值得一提的是，朱利安對「之間」的描繪方式，總讓人想起海德格對「無」的描述，而海德格亦一再指出西方形上學未曾眞正沉思過「無」的深意。關於海德格對「無」的探討，參見氏著，〈形而上學是什麼？〉，收於孫周興選編，《海德格爾選集（上）》（上海：三聯書店，1996年），頁135-153。

曖昧。但是**生活**的思想卻因此被遺棄了。哲學自此之後思索「眞正的生命」，可它豈不因爲生活不停地越界而進入另一方，而默默地變化，因而放棄了這個逃離了「本質」的「生活」嗎？哲學豈不因爲缺乏「之間」的概念，而「放棄了」生活？換句話說，放棄生活的後果的確很嚴重。[14]

德希達眼中的列維納斯因「走出希臘」，方能回歸經驗自身。朱利安則期盼「遠道中國」來解構西方成見，這樣才能「逃離本質」而再度「重返生活」。然而重返生活與回歸經驗，是否可能被想像成《莊子》與列維納斯相遇的倫理之地？而爲了鋪陳這回歸生活經驗的原始之地，如何脫出希臘存有論的瓶蓋遮蔽，似乎成爲了一條逃生路線。朱利安借傅柯（Michel Foucault）「異質邦（l'hétérotopie，另譯異托邦）」這一概念，強調與外部性的異質他者（如中國）相遇，將可打開一個令人不安的干擾境界，並藉由「互爲他者」的不安，來轉化原先早已習慣成自然的自我重複。[15]列維納斯和朱利安皆想要解離希臘存有論（或本體論）的整體性控制、解放抽象定義的本質主義，以便能重新經驗天地之間、生死之間、你我之間「模稜兩可」的「呼吸」經驗，那種即呼即吸、即吸即呼「弔詭共生」的「之間」性格。列維納斯和朱利安兩人皆使用呼吸隱喻，暗示出他們長久浸泡在希臘天空底下，想像另類的天空和渴望差異的呼吸經驗：一者期待活生生的實存體驗（眞正的生命），二者它必建立在敞開的流動開口或通道。

而如何藉由道家的「之間」思維，打開《莊子》與列維納斯的「之間」通道，以便重新呼吸原始的生活經驗，促使不可同一化（模稜兩可）的關係流動，讓生命世界的「弔詭共生」持續地綿延下去。朱利安強調

---

[14] 朱利安，《間距與之間》，頁71-73。

[15] 朱利安的觀點，應該頗有受惠於傅柯、德希達、德勒茲（Gilles Deleuze）等思想啓發，只是朱利安經常加上他漢學的豐富解讀，造成他獨特的跨文化書寫風格。

「之間總是遣回到不是自己的他者」。然而帶領朱利安想像這個非形而上的內在性流動的生成變化之生活世界，並不在「之間」之上，也不在「之間」之外，而純粹是安身立命於生活「之間」、世界「之間」、文化「之間」。筆者過去曾分析，朱利安對「之間」的描述，主要來自於對老莊的領會。[16] 例如《老子》將萬物身處「天地之間」的活生生關係，描述爲「其猶橐籥乎」。而《莊子》也將人與世界共拍、人與萬物共在的親密性，描述爲「天地與我並生，而萬物與我爲一」，都一再彰顯出天地之中、萬物之間，彼此休戚與共的呼吸關係。「橐籥」完全就是呼吸鼓動的譬喻，而無人無物能脫離橐籥天地，因爲橐籥並非空洞預存的外部空間，而是由人事物呼吸相即、共同吐納所交織而成的生活關聯。而橐籥中的呼吸狀態，又由老莊結晶爲一個「萬物負陰而抱陽，沖氣以爲和」的「通天下一氣」狀態。這樣的氣化通一的狀態，筆者過去又將其具體性地表現詮解爲物化差異的天籟多元交響。[17] 然不管是從「氣化」的連續通達，亦或者從「物化」的多元差異，都一再展現爲「即存有即倫理」的原初事件。甚至可以說，這不再是整體的存有論優先於倫理關係，反而應該倒過來說，只有在相互關係的原初倫理狀態下，差異的物化存有論才能抵抗整體論的暴力。

　　氣之差異流行的橐籥世界，並非是一個客觀存有論的抽象世界，反是一個充滿關係與事件遭逢的原初倫理生活。這便是生活其中的呼吸事實，也可呼應列維納斯的關係形上學的生活落實，而經由回歸「之間」的生活事實，才可以說明倫理關係復位之後的倫理優先性。列維納斯所謂西方向來以存有論優位來統御倫理學，可呼應朱利安所謂西方以本體論的超越追

---

[16] 拙文，〈朱利安與莊子相遇於「渾沌」之地：中、西「跨文化」交流的方法反思〉，《文與哲》23期，收錄於《莊子的跨文化編織：自然、氣化、身體》（臺北：臺大出版中心，2019年），頁1-50。

[17] 參見拙文，〈先秦道家的自然觀：重建老、莊為一門具體、活力、差異的物化美學〉，收入《莊子的跨文化編織：自然、氣化、身體》，頁129-179。

求而犧牲生活，其後果不是倫理優位的被遺忘，就是生活世界的遮蔽。而重返倫理與找回生活，正是列維納斯和朱利安的共同想望，而他們選擇了一條離開希臘本源，藉由域外他者（不管是希伯來做爲他者，或者中國先秦做爲他者），以重返原初經驗「與他者弔詭共生」的倫理性。如此一來，《莊子》和列維納斯的跨文化相遇，就是爲了呼喚與他者交換、納受差異的弔詭共生與原初倫理關係，並藉此機會爲彼此打開一條具有生產性的「之間」隙道。

三、列維納斯對「同者思維」的破除與「他者倫理」的關懷

　　列維納斯曾區分兩種欲望，「一般的欲望」和「形而上的欲望」。前者是一種以「自我」（ego）的自養保固爲中心，並持續滿足自己的同一化運動，雖然這種同一化欲望看似也遭遇了「他者」，卻是將他者收編爲「自我同一性」，而繼續其自我擴大的活動徹向。列維納斯認爲這種同化欲望，嚴格講，不曾眞正遭遇「他者」。因爲「自我」在中心化的欲望擴張活動下，並未眞正敞開、移動、轉化，自我只是持續它慣常的同一化演進。換言之，「一般的欲望」通常不免於消化他者後的自我增強與固持作用。批判「一般的欲望」，並非取消欲望或走向無欲望，列維納斯希望引領人們走向「形而上的欲望」（它不再同於西方形上學思考）[18]，那是一種能夠帶出：「自我」被「轉化」，「同者」被「他異化」的另類轉化運動。這種所謂形而上的欲望或移動，「超越」出自我同一化或促使自我不再穩固不移地持存慣常的同一性重複，反而要讓塵封的自我因爲遭遇了「他者」而產生了脫位作用（無法固持自我）與離散作用（無法專心做自己）。換言之，一般欲望總是傾向於固持根源的自我同一性，而形上欲望

---

[18] 列維納斯的「形而上的欲望」，完全不同於西方傳統形上學對靜態本體的思辯推求，也不同於神學的向上超越，而是一種活生生的存在綻出，一種實存的走出自我同一性重複之超越，而且這種超越是通過與他者的遭逢才能不斷綻出自己，這乃是一種他者倫理關懷所帶出的超越。

則要讓主體敞開於「生活在他方」的域外。所以列維納斯這樣說：「形而上的欲望並不渴求回歸，因為它渴求的並非原生之地，反而是異域之地。正因未曾停住在原鄉處，我們再也無法只是專心地做自己。」[19]

　　我們可以這樣來隱喻形上欲望，遭遇他者所引發的「主體轉化」、「存有移動」，此種另類欲望所打開的超越性，在於它突破自我同一性的塵封，而鑿開了一道裂隙或破口。它既是鑿開存有論整體的一道破口，也是鑿開邏各斯中心、我思主體的一道裂隙。破口或裂隙所打開的通道，才因此讓異質性刺入了同一性。那穿越而來的陌生、異質、不定、無名的流動域，從此才讓自我產生出遊乎他方的恍惚、陌異感。對於列維納斯，形而上欲望的真正特質，與其說是「滿足」，還不如說是「匱乏」。因為一般欲望才是建立在自我同一性的滿足習癖上，而列維納斯的形上欲望卻是因為自我同一性產生了破口，它才真正打開了無住自我或自我無住的欲望。亦即這種欲望，反而只有在自我虛位或主體裂縫之下，它才真正能被激活，從而走向「無所住」的變化流動。換言之，只有主體體會到自身的匱乏（虛），它才能真正迎向永無止盡的形上欲望（虛而能納）。[20] 並且在無盡的形上欲望啟動下，主體在「移向他者」的流浪歷程中，生生不息地「差異化」運動起來，由此超出了主體、越出了自我。

　　所謂「破口」或「裂隙」之喻，乃源自列維納斯所謂「整體的缺口」（The Breach of Totality）一說。破口或缺口，意指原本主體同一性所建造的封閉整體，因遭逢他者而鑿開一道非主非客的裂隙，從而促使自我再

---

[19] "The metaphysical desire does not long to return, for it is desire for a land not of our birth, for a land foreign to every nature, which has not been our fatherland and to which we shall never betake ourselves." 引文參見Emmanuel Levinas, "Metaphysics and Transcendence," in *Totality and Infinity*, Translated by Alphonso Lingis (Pittsburgh: Duquesne University Press, 1969), pp. 33-34.

[20] 因此列維納斯才會強調：「形而上的欲望並不奠基於任何先前的親密依屬關係，而這種欲望是無法被滿足的。」"The metaphysical desire does not rest upon any prior kinship. It is a desire that can not be satisfied." 引文參見Emmanuel Levinas, "Metaphysics and Transcendence," in *Totality and Infinity*, Translated by Alphonso Lingis (Pittsburgh: Duquesne University Press, 1969), p. 34.

也無法封鎖自己，而必得敞開於或迎向於外在性（exteriority）。缺口既是主體的洞開暴露域外，也意味主體十字打開於他者，於是主體將因為遭遇異域、異質的他異混雜，從而不再只是原來的自己。列維納斯這種「面向他者」所帶來的形上超越，既不再是西方形上學柏拉圖式的永恆不變之理型追求，也不是基督宗教彼岸式的垂直向上之上帝投企，而是自他倫理關係所帶來的生存活動之自我「踰越」（ex-cendance）。[21] 在描述形而上欲望的超越性時，列維納斯雖也使用了垂直性譬喻，如「他異性」（alterity）的至高無上（the Most-High）、升越（transcendence）等崇高隱喻，但他這種看似挾帶宗教性的空間譬喻，還是可以回到主體內部對外在他者的「通達」來理解，而且永遠保持著不可被消除的「距離」（不通）。這種裂隙既通達（通）又間距（不通）的洞察，標示出了列維納斯對他者絕對不可被同化的堅持，又顯示出他者對自我的絕對吸引力。而他者對自我這種既幾乎迫近（通）又絕對距離（不通）的詭譎狀態，就發生在他者（臉龐）對自我的倫理召喚上。所以具體的倫理關係之無盡召喚，以及「內在超越」所可能帶出的至善，就未必要建立垂直性彼岸的超越投企。[22]

　　如上可知，所謂的「內在超越」是指：內在自我在不斷面對外在他者的衝擊感受中導致位移轉化，而這樣的位移轉化只能在與他者的具體倫理

---

[21] 上述「非神學」的超越解讀，可證諸德希達的「倫理學踰越」之觀點：「1947年勒維納斯把這個非神學的也並非向『某種更高存有』超越的運動叫作『踰越』（ex-cendance）。這種踰越立足於存有，它是『某種對存有及其描述範疇的脫離』。這是個倫理學踰越，它已經勾畫出那個作為超神學、超存有論、超現象學的形上學場所。」德希達，〈暴力與形上學〉，頁184。楊婉儀亦強調列維納斯的超越，並不適宜被解讀為主體脫離自身的關注或無關乎生存之外的「神性倫理學」，參見其，〈以「在同一當中的大寫他者」論萊維納斯的責任與倫理意涵〉，《東吳哲學學報》26期（2012年8月），頁109-136。

[22] 關於列維納斯他者倫理可帶出的「內在性」與「超越性」之關係重談，以及他對西方哲學以超越性貶抑內在性的二元危機，可參見楊婉儀，〈孤獨與他人：以人為核心所展開的內在性與超越性〉，《哲學與文化》39卷12期（2012年12月），頁109-124。而列維納斯這種水平流動式內在超越式的倫理崇高，或可和中國哲學喜歡談的「內在超越性」相互對話。

遭遇中被打開。[23] 據此，列維納斯的形上欲望便自然要展示為倫理回應。
或者說，離開與他者「面對面」（face to face）的倫理遭逢，也就沒有形
上欲望的流動可言，更無所謂形上超越可說。此即列維納斯震聲發聵的著
名洞見：倫理學要先於存有論，倫理關係才是形而上欲望的此在性，倫
理學才是第一哲學。[24] 此亦可證諸上述德希達在評點列維納斯的他者思想
時，直指核心在於既解放形上學（西方的整體存有論），又打開超驗空間
（真正的形上欲望）：「要從形上學中呼喚倫理關係——即作為無限地他
者的那種與無限性、與他人的非暴力關係——因為唯有這種倫理關係方能
夠打開超驗的空間並解放形上學。」

　　對於列維納斯，自我的「同一性」也可說是自我的「整體化」
（totalized）。換言之，自我同一性就建立在自我不斷吸納並整併的整體
化過程。就一般經驗而言，人們也總是不斷遭逢「另一個」他人或異己，
問題是，通常的遇他經驗極容易趨向消化異者、收編他人的「整體化」歷
程。嚴格說，這只是自我同化、自我演繹的擴張行為，事實上自我並未真
正轉化，未曾違逆自我，反而只是自我增生地重複演繹。列維納斯甚至幽
微地指出：「藉由自我作用所否定的我，恰好仍然是自我認同作用的一種
模式。」[25] 亦即不管是自我所肯定的我，還是自我所否定的我，否決與肯
認的背後，一樣都預設了一個近乎「本體論式的我」（或者「實體自性的
我」）。自我行行重行行地由自我中心而構造一整個整體，不管這個中心
或左旋（或否決）或右旋（或肯認），它總是繞著自我中心而旋轉，並藉

---

[23] 所謂的內在與外在都仍然是方便之說，雖然列氏為了強調他者的絕對不可同一化時，刻意突顯了他
者的外在性、隔離性，但這種外在性並不宜用主客知識論模型來理解。此正如德希達指出的：「我
們預感到這種形上學將會很難在某種完全受控於『內——外』、『內在性——外在性』結構的傳統
邏各斯基礎找到它的語言。」〈暴力與形上學〉，《書寫與差異》，頁191。

[24] 這裡涉及列維納斯對海德格的反省批判，對此可參見德希達的分析，〈暴力與形上學〉，《書寫與
差異》，頁207-209。

[25] "The negation of the I by the self is precisely one of the modes of identification of the I." 引文參見
Emmanuel Levinas, "Metaphysics and Transcendence," in *Totality and Infinity*, Translated by Alphonso
Lingis (Pittsburgh: Duquesne University Press, 1969), p. 37.

此更穩固中心並自我增強。列維納斯的批判對象尤其針對「我思」主體（或所謂的「主體形上學」），我思就像自己咬住自己的尾巴所形成的環尾蛇（uroboras），它成為吞噬一切而又自我圓成地形成封閉性迴圈。而這樣的「我思」之封閉迴圈，竟成為推動一切、統整一切的地基：

　　事事物物都可被我處置，甚至星辰亦然，如當我估量它們，把它們當成計算的媒介或手段時。其位址（現場性），做為一種媒介，正可供作手段。經由一開始就對位址（現場性）的佔定，事物乃被捕獲被掌控，於是現場的事事物物，都被歸屬於我。換言之，一開始就擱置了與我相關的他者他異性，其所實現的擁有掌控的可能性，就是同者方式（同一性思維）。[26]

　　「同者方式」就是以概念思維來不斷系統化自己、整體化自我的認同過程。而認同的「持存」既久，也就形成了堅如磐石的自我王權。這種「我思」（理性主體）的對象化思維，讓人們在遭逢他者的活生生可貴經驗中，一直錯過了絕對他者的「臉龐」所帶來的豐富禮物。或者說，沒有臉龐的「我思」主體，也只是一再地將他者化約成沒有面容的「同一者」。[27] 由此，「我思」既同化了「自我」，也同化了「他者」。這種「我思」的統一王國所成就的「自我學」，完全沒有領悟到真正讓自我質

---

[26] "Everything is at my disposal, even the stars, if I but reckon them, calculate the intermediaries or the means. The site, a medium, affords means. Everything is here, everything belongs to me; everything is caught up in advance with the primordial occupying of a site, everything is com-prehended. The possibility of possessing, that is, of suspending the very alterity of what is only at first other, and other relative to me, is the way of the same." 引文參見Emmanuel Levinas, "Metaphysics and Transcendence," in *Totality and Infinity*, Translated by Alphonso Lingis (Pittsburgh: Duquesne University Press, 1969), pp. 37-38.

[27] 列維納斯特別批判了西方哲學中：我思主體、理性之光、知性觀看的共謀關係。而德希達亦將這種希臘哲學、視覺、光顯的連結，稱之為「哲視宰制主義」（theoretisme），而列維納斯為了超出這種「光之暴力」的哲視（theoria）傳統，主張要走出希臘甚至殺掉仍然支配我們的希臘之父。德希達，〈暴力與形上學〉，《書寫與差異》，頁182-192。

變、讓城堡開門的，正是他者那無法歸類的異質性：「只有當思想面逢一個拒被範疇化的他者時，才能保有突破總體性的虛空（void），以抵抗很難避免的整體化、概略化思想……換言之，並非我，而是他者，才能抗抵系統。」[28]

　　列維納斯一直強調，非概念、非認知、非理論的「面對面」之震驚，才能做為一種「對話關係」，從而展開抵制自我體系化的封閉。而這種自他面對面的遭逢關係，並不來自或走向於「融合」，反而產生自或保持著「距離」。也就是因為這種「距離」的絕對性，使得「對話」不會造成單向的自我統合，反而要在限制自我、改變自我的過程中，才能守護他者的他異性、才可以促成自我的轉化與更新。換言之，面對面的對話，並不是要去達成自我（或同者）和他者的整體化。[29] 自、他兩者之間應永遠保有「不一」的絕對差異性，這便是列維納斯強調「距離（陌異）」的甚深用意。[30] 而列維納斯之所以區分所謂「本體論（或譯為存有論）」（Ontology）與「形而上學（或形上欲望）」（Metaphysics），原因就在於西方傳統以來的本體論就建立在「同一」的基礎思維上，而他則要以打

---

[28] "The void that breaks the totality can be maintained against an inevitably totalizing and synoptic thought only if thought finds itself faced with an other refractory to categories. [...] It is not I who resist the system, ... it is the other." 引文參見Emmanuel Levinas, "Metaphysics and Transcendence," in *Totality and Infinity*, Translated by Alphonso Lingis (Pittsburgh: Duquesne University Press, 1969), p. 40.

[29] 列維納斯更完整的觀點在於強調同者與他者的連結與斷裂：「事實上，同者和他者的關係總具現在這種情境中，其中的超越性不會割斷其所蘊含的關係連結，但這些連結也不是把同者和他者統合為一整體。」"This relation of the same with the other, where the transcendence of the relation does not cut the bonds a relation implies, yet where these bonds do not unite the same and the other into a Whole, is in fact fixed in the situation..." 引文參見Emmanuel Levinas, "Metaphysics and Transcendence," in *Totality and Infinity*, Translated by Alphonso Lingis (Pittsburgh: Duquesne University Press, 1969), p. 48.

[30] 「距離」強烈意指出對自我的同化宰控之限制，也就是他者永遠在我所能同化的距離之外。對此德希達又將其描述為「隔離」以帶出絕對差異形上學：「勒維納斯所追求的絕對差異形上學。在勒維納斯看來，胡塞爾的現象學認識論依然是同一形上學，因為認識對象被認識主體所吸收，而只有絕對的他者是無法被認識所吸收的，關於主客體的絕對隔離的形上學由此成為可能。」德希達，〈暴力與形上學〉，《書寫與差異》，頁188。

開形上欲望的「他者」、「差異」思維，來「批判」整體存有論的同一性思維。這裡我們再度看到了從本體論的批判到形上欲望的復歸，其實也爲了呼應上述：形而上的欲望指向了倫理關係的落實。可見，列維納斯的形上欲望與他者倫理等觀點，具有濃烈的批判精神，甚至要和整個西方哲學的古希臘傳統決裂：

　　批判不像本體論（ontology）那樣將他者簡化爲同者，而是將同者的運作（同一性思維）帶入問題化。對同者進行問題化的召喚，並不發生在同者的自我自發性當中，而是由他者所帶來的。我們將這種藉由他者呈現所引出的自發問題化之召喚，叫做倫理。無法被還原爲我的思想和擁有物的他者陌異性，才是倫理。形上學，超越性──同者迎接他者，我對絕對他者的迎接，經由他者帶來的問題化之召喚所產生──做爲倫理，實現了知識的批判本質。而且批判先於教條，形上學先於本體論。[31]

　　從某個角度說，列維納斯對西方哲學傳統的批判比海德格還要徹底，甚至海德格也是他要批判的對象。主要原因在於他認爲海德格並未完全超出同者思維，依然要以大寫存有（同一）的優先性，來統合小寫存

---

[31] 要再三強調的是，列氏這種的形而上學實爲形上欲望，而完全不同於西方的形上學思維（他勉強稱之爲本體論）。"Critique does not reduce the other to the same as does ontology, but calls into question the exercise of the same. A calling into question of the same--which cannot occur within the egoist spontaneity of the same--is brought about by the other. We name this calling into question of my spontaneity by the presence of the Other ethics. The strangeness of the Other, his irreducibility to the I, to my thoughts and my possessions, is precisely accomplished as a calling into question of my spontaneity, as ethics. Metaphysics, transcendence, the welcoming of the other by the same, of the Other by me, is concretely produced as the calling into question of the same by the other, that is, as the ethics that accomplishes the critical essence of knowledge. And as critique precedes dogmatism, metaphysics precedes ontology." 引文參見 Emmanuel Levinas, "Metaphysics and Transcendence," in *Totality and Infinity*, Translated by Alphonso Lingis (Pittsburgh: Duquesne University Press, 1969), p. 43.

有者（差異）。尤其前期海德格（轉向前的海德格）依然帶有「存有」
（Being）優先於「生存者」（existent）的隸屬關係。[32] 所以列維納斯不
僅要將「從存有者到存有」的順序，顛倒爲「從存有到存有者」，以徹底
思考德希達所謂原初差異的「絕對差異形上學」。列維納斯也要將「存有
與存有者」的普遍關係，重新譯解爲「生存與生存者」的具體關係，因爲
生存總是被某個生存者所擁有這一事實，絕不能被化約爲中性而無名的存
有整體。他更捨棄本體論的先驗性，要人們忠實於當下遭遇他者所帶來的
裸露經驗，並從中體悟「關係的形上學」。此亦即德希達所指出：「這個
思想無論如何想在其第一可能性中將自己定義爲形上學……這是勒維納斯
想要恢復其隸屬關係的形上學，他要從這種形上學中修復出用以對抗源自
亞里斯多德的整個傳統那種概念。」[33] 從抽象而先驗的存有論式之本體追
求，反轉爲與他者相遇時所打開的「倫理開口」，並由這一開口所打開的
倫理關係，來開啓了自我位移的超越性。此一超越乃是經由經驗他者所開
啓的裂隙，藉此脫出自我封閉的整體性迴圈，從此打破先驗形上學、同一
性形上學之迷思，轉向由他者所打開的關係性形上學、差異性形上學。

　　需要戒慎恐懼的是，本體論的先驗優先性、我思的同一性權柄，同
時也提供了國家集權統治的存有地基與主體根據。身爲納粹種族主義威權
暴力下的殘遺者，列維納斯對於國家專制的暴力顯然有最深沉的痛，那是
人類有始以來對於他者最極端的同一化暴力。換言之，大寫存有、大寫我
思、大寫國家，對列維納斯而言，其間都具有類似的「同一化」之暴力邏

---

[32] 這也是列維納斯要「批判」海德格判定存有開顯之「自由」追尋，視爲高於生存者與他人之間的倫
　　理正義：「將每個與存在者的關係下屬於與存有的關係，海德格式的本體論確認了自由優先於倫理
　　之上。」相反的，列氏要將倫理責任、生存正義視爲第一學問。"In subordinating every relation with
　　existents to the relation with Being the Heideggerian ontology affirms the primacy of freedom over ethics."
　　引文參見Emmanuel Levinas, "Metaphysics and Transcendence," in *Totality and Infinity*, Translated by
　　Alphonso Lingis (Pittsburgh: Duquesne University Press, 1969), p. 45.
[33] 德希達，〈暴力與形上學〉，《書寫與差異》，頁179。列維納斯認爲海德格回到前蘇時期的古希
　　臘，仍然無法克服西方哲學的「同者學」、「自我學」，或許唯有走出希臘「觀看哲學」、「理性
　　之光」以外，例如向希伯來的「傾聽傳統」學習。

輯。由此，列維納斯強烈質疑海德格的存有思維與帝國霸權的共謀關係，關鍵皆在於一連串的同一性思維做祟：同者優先於他者，自由優先於正義，本體論優先於形上學。而列維納斯則要透過他基進的批判，一舉翻轉同者思維的威權邏輯：

　　海德格式的本體論儘管拒斥對生存者的遮蔽而造成存有遺忘及其所帶來的科技激情，但它仍將與他者關係從屬於與普遍存有的關係之下。因此它仍然服從於無以名狀的、難以逃離的帝國霸權與暴政宰制，亦即宰制不只純然表現在科技領域對人的精煉……存有先於生存者，本體論先於形上學，自由（儘是自由的理論）先於正義，這都是在我們對他者盡義務前，先臣服於同者。[34]

　　列維納斯既要扭轉存有乾坤為：「從存有到存有者」的差異方式，更要扭轉真實人生為：「從存有到生存者」的實存情境，以徹底促使海德格以存有論為第一哲學的同者思維嫌疑，完全轉化為「與他者對話」的倫理關懷。[35] 列維納斯以他堅毅卓絕的遺民姿態，再三強調唯有這種走向他者

[34] 對於列維納斯而言，海德格的這種自由，仍然只是同一性在演繹增生之自我實現過程時不受阻礙。"Even though it opposes the technological passion issued forth from the forgetting of Being hidden by existents, Heideggerian ontology, which subordinates the relationship with the Other to the relation with Being in general, remains under obedience to the anonymous, and leads inevitably to another power, to imperialist domination, to tyranny. Tyranny is not the pure and simple extension of technology to reified men. [...] Being before the existent, ontology before metaphysics, is freedom (be it the freedom of theory) before justice. It is a movement within the same before obligation to the other." 引文參見 Emmanuel Levinas, "Metaphysics and Transcendence," in *Totality and Infinity*, Translated by Alphonso Lingis (Pittsburgh: Duquesne University Press, 1969), pp. 46-47.

[35] 黃文宏也曾分析海德格的Dasein雖已大不同於笛卡兒的「我思」，而其「共在」（Dasein-with）雖也觸及與他人共在之實存向度。問題是前期海德格只能從「各自屬己性」的「此在」出發，如此所遭遇的並非真正的絕對他者，而可能是更深層的自我擴張與膨脹。黃文宏透過晚期西田幾多郎的「絕對無」以及「我與汝」相互限定甚至絕對否定，來反省前期海德格「獨我論」傾向，此舉和列

臉龐的教導，才能中止無所不在的同一化暴力之侵犯，並教導人們謙卑地
對邊緣他者負擔起絕對責任。由於他者無限，而同者在遭遇外在他者時，
其破口、斷裂所開啟的超越性，才可能無限地展開下去。如此一來，列維
納斯從他者的倫理意涵中，開出了關係的超越哲學以及超越的形上欲望。
而自我遭遇他者所打開的破口，也暗示著主體總是在自我與他者「之間」
的迴蕩關係中而活了出來。亦即當我承擔了他人，我才朝向內在多元差異
的主體化運動而生存。這種在同者當中活出他者的差異化主體，正是列維
納斯突破西方「我思」的同一性主體後，能對人的本性給予重新肯定。而
這樣的所謂人性，就在與他人面對面（眼神見眼神）而無法迴避的敞開
中，回應出電光火石的人性閃耀，於是「我思主體」被他者給贖了出來，
真正回歸到「人性主體」或「倫理主體」的豐富道路上。如此一來，列維
納斯可謂顛倒了由自我感通他者的自律倫理，轉向了由回應他者才開啟自
我的他律倫理。而列維納斯脈絡下的他律倫理，其背後的主體性基礎在
於：主體的自由不再從自我設定的自我意識而來，反而在於回應人的承擔
上。不過要注意的是，這種「我是他者」的原初經驗，乃是主動與被動二
分之前的原始承應。換言之，這種特殊意義的原始承應或者他律回應，並
不意味著放棄責任後的軟弱服從，反而只有在承擔責任的應承之後而有自
由。如此一來，列維納斯描述了一種特殊他律又具有特殊意味的自律性，
只是這種自律不再以康德（Immanuel Kant）的道德意志主體來理解。[36]

　　列維納斯並未實質提出一套令人具體循行的道德法則，他也並未在
現今諸多倫理學系統之中，增加任何一套倫理學的新說法。然而對列維納
斯而言，這正是他自覺採取的「從倫理學復歸倫理」的批判路徑。對他而
言，一切倫理「學」的言說系統，都不免被Logos給同一化了，而每一種

　　維納斯對海德格的批判有其呼應性。參見，〈從西田哲學來看前期海德格「實存論的獨我論」〉
　　《國立政治大學哲學學報》31期（2014年1月），頁31-65。

[36] 對此可參見黃冠閔，〈主體之位：唐君毅與列維納斯的倫理學思考〉，《中國哲學與文化》第8輯
　　（桂林：廣西師範大學，2011年），頁165-194。

道德準則的建立都不免因落入規範倫理，而可能失掉了生存處境下的原初倫理關係之活生生回應力。[37] 換言之，人性對他者的感受、傾聽、回應，才是人性不斷自我踰越、自我超越的形上欲望。而這種形上欲望與關係倫理，很容易在「語言系統」的同化作用下，掉入到規範倫理的法則化訴求。可以說，這種倫理「學」的建立之衝動，正又是西方邏各斯中心主義、我思主體的甚深「同一化」習性，所來的自我驅迫與體系強求。而列維納斯反而要我們安於這種道德法則之外的活性倫理處境，因為那才是一切倫理發生的活水源頭，而我們應該要承認人性這種活活潑潑的回應能力，這才是倫理關係的真實發生地、原初經驗的生發處。

四、《莊子》的氣化差異與物化多元：天道的形上同一性之破除

　　列維納斯的他者倫理關懷，建立在對西方文化傳統的「整體化暴力」之批判，由此揭露「差異」的徹底肯認，即如何從「同者思維」到「差異思維」的轉向。所謂整體化暴力的批判，正涉及西方本體論的解構。就西方形上學的本體論思維的批判而言（不同於他所肯認的形而上欲望），列維納斯對海德格雖有其承續關係（海德格基本存有論的出發點也是為了克服西方形上學的靜態本體論），值得深思的是，列維納斯強烈認為海德格的存有論進路並未完全克服西方形上學的同者思維，甚至其前期的「大寫存有」之「根據」思維，仍然不免挾纏形上學思考痕跡，導致以大寫存有（Being）統合小寫存有者（beings）的整體化暴力。而這也是德希達〈暴力與形上學〉對列維納斯的高度禮讚，並同意海德格難以徹底克服形上學思維而自身成為最後一位形上學家的反諷。對於晚期海德格走向「物

---

[37] 楊婉儀曾引述Gérard Bensussan的觀點來說明倫理意涵和倫理學的差異：「萊維納斯的倫理絕不意味著一群人整體舉止的準則或多或少協調一致的系統化。其倫理不再立於道德標準於統一準則之下的理性辯護的可能性。聆聽與理解（在道德之外的意義上）確實是需要的。」〈以「在同一當中的大寫他者」論萊維納斯的責任與倫理意涵〉，頁118。

論」思維，或許可能稍爲緩解「由一統多」的形上學（本體論）暴力之批判，但這仍是一個極爲專業的學術爭論課題，本文暫時難以置喙。但前期海德格不易脫逃「從存有者到存有」的整體化嫌疑，正是列維納斯的批判轉向之出發點：「要從存有轉向存有者」的差異轉向，以及「與他者面對面」的倫理轉向。而差異與他者，則標示了列維納斯倫理關懷的基本精神。

　　列維納斯對海德格的轉向思維，代表了他和整體化思維、根據性思維、返鄉式思維的徹底絕裂，這也導致了他要從存有轉向存有者，從一轉向多，從同者轉向差異的轉變關隘。從他看來，海德格的基本存有論仍然不免掉入奧底修斯式「返鄉情結」的嫌疑，而他則是要徹底走向他方、流浪異鄉，藉由與他者的遭遇而不斷打破自我同一性，以朝向形而上欲求的超越。而這一形上欲望無涉於彼岸式或垂直式的形上根源之逆返，而是水平式超越的他者遭逢之十方打開。正如上述列維納斯所謂：「形而上的欲望並不渴求回歸，因爲它不企求回歸我們的原鄉，而是眺望那塊迴異的他方。此地不曾是我們的原鄉，且在此我們無法專心只做自己。」

　　筆者以爲，正是在這一點上，列維納斯有其克服Ilya的計畫。在筆者的初步理解裡，他對Ilya的克服，正是爲了克服大寫存有對小寫存有者的吞噬性，也可以說是爲了克服小寫存有者對大寫存有的原鄉式母懷的依歸。Ilya就像無名無相卻能吞沒一切的整體連續性（類似於道家的「渾沌」概念），這樣的力量雖然浩大原初，卻也因此讓人的主體性難以升起，而萬物也只能在這一渾沌原力中暗合自然，此時的Ilya（原初自然或者渾沌），主要以其同一性大能顯示，而非呈現爲千差萬別的物化差異。正約類比《莊子》對渾沌（無分別的整體性，或非分別的存有連續性）的克服，而兩者都有強烈克服形上整體論（一）的吞噬，以走向差異流變（多）的物化論傾向，並由此升起他者倫理關懷的差異化思維。

　　由上可知，將《莊子》和列維納斯放入互文性對話脈絡，必須先澄清一項疑慮：亦即《莊子》的天、道是否屬於同一性形上學？假使《莊子》

無法迴避同一性形上學或整體化思維的嫌疑，那麼也就難以迴避列維納斯對同一性暴力的極權批判。由於列維納斯的他者倫理關懷出發點，立基在同一暴力的揚棄與整體思維的崩塌，由此才迎向多元、差異的絕對他者之臉龐遭遇。這也是列維納斯質疑海德格式存有論陷溺在「以一統多」，將「大寫存有」做為「小寫存有者」的本源根據，於是仍然掉入本體論式的尋根鄉愁。而根源本體論以及延伸而來的主體中心論，經常導致同一中心的重複旋轉和自我中心的擴張，由於未能真正「面對面」地遭逢他者，難以發生轉化自我的真正原初倫理經驗。列維納斯為了打開遭逢他者臉龐的倫理情性，認為必須先解放同一性主體包裝下的假面遮蔽。如上所言，他強烈批判海德格「從存有者到存有」的根源同一性思維，要將其反轉為「從存有到存有者」的絕對差異性思維，從此強調生存者之間「面對面」的陌異遭逢，以迎接他者帶來的自我缺口之倫理超越經驗。他認為有了他者的倫理遭逢，人的超越性才能啟動並打開形上欲望的無盡敞開。從此活生生的倫理事件成為了第一哲學要務，而非假藉一套同一性形上學來給定任何客觀性的倫理規則。雖然列維納斯的他者遭逢主要設定在人與人之間，而《莊子》隱含的他者倫理向度乃擴及至非人類中心的天地萬物，但兩者對他者的關懷實則都與同一性的批判密切相關，因此本節有必要先消除以同一性形上學解讀《莊子》的疑慮。

　　依學者相關研究，前期海德格仍然帶有「以存有做為存有者之根據」的西方形上學思考之嫌，至少前期海德格是無法完全免除同一形上學嫌疑的。[38] 若暫且不論晚期海德格轉向Ereignis之後的發展，[39] 列維納斯對（前期）海德格的批判值得嚴肅以對，尤其同一性思維可能和國家極權、民族主義等政治結盟，其中隱藏的極權暴力、種族災難等幽魂魅影，實

---

[38] 參見陳榮灼，《Heidegger and Chinese philosophy》（臺北：雙葉出版社，1986年）；陳榮灼，〈王弼與郭象玄學思想之異同〉，《東海學報》33期（1992年6月）頁123-138。

[39] 陳榮灼以道家的「自然」翻譯Ereignis，參見〈道家之「自然」與海德格之「Ereignis」〉，《清華學報》34卷2期（2004年12月），頁245-269。

不宜輕忽。[40]尤其海德格的存有思維介入東亞的跨文化詮釋甚深，其中又以對道家哲學的當代詮釋最富影響力。[41]而將海德格的存有論與老莊的天道論互文合觀，目前也獲得華人學界相當多討論，累積不少研究觀點。[42]所以在嘗試闡述《莊子》的他者關懷之前，有必要先進行兩項基礎性學術工作：一是澄清《莊子》「道通爲一」這種擬似同一性形上學或整體論主張，其完整的內涵該如何理解？換言之，必須澄清《莊子》在道與物之間，一與多之間，是否採取了同者思維的「以一統多」之化約傾向？二在洗清《莊子》的同一形上學嫌疑，講明《莊子》屬於「物化存有論」的多元差異立場之後，筆者認爲也需要進一步積極詮釋《莊子》批判各種同者思維而走向差異思維的具體內涵。希望在消極澄清（抗拒同一性形上學），積極詮釋（走向差異性倫理關懷），這雙向循環之互證效果下，防止《莊子》被「同者思維」所浸染，進而穩立《莊子》的「差異思維」，爲重建《莊子》的他者倫理關懷做出奠基工作。

對於同一性形上學疑慮的第一項消極澄清工作，筆者首先以畢來德（Jean François Billeter）和關子尹底下的觀點做爲回應緣起，由此進一步展開《莊子》的氣化差異論或物化差異論，以及「天人不相勝」的非同一性思維。至於上述第二項有關《莊子》對各種差異思維的積極詮釋工作，筆者將先以《莊子》對「成心之知」的同者思維之批判，以及「兩行」概念所揭露差異思維，來做爲《莊子》對差異思維與他者倫理的奠基工作。將來會再進一步展開對《莊子》的「非同一性思維」的全幅內涵之重建工

---

[40] 阿多諾對同一性思維的批判，以及對非同一性思維的重視，也洞察到同者思維就是種種宰制形態的溫床。參見〔德〕阿多諾、霍克海默（Max Horkheimer），林宏濤譯，《啓蒙的辯證：哲學的片簡》（臺北：商周出版社，2009年）。

[41] 參見梅依（Reinhard May），張志強譯，《海德格爾與東亞思想》（北京：中國社會科學出版社，2003年）。臺灣目前較爲集中處理海德格與道家的學者，可參見鍾振宇，《道家與海德格》（臺北：文津出版，2010年），此書較集中在《老子》與海德格的對話，近來他亦有一系列論文處理《莊子》與海德格的對話。而筆者在《當代新道家：多音複調與視域融合》（臺北：臺大出版社，2012年）一書，亦有多篇專文涉及道家和海德格的對話詮釋。

[42] 例如張祥龍的《海德格爾思想與中國天道》（北京：三聯書店，2007年）。

作。

畢來德由於擔心中國大一統君主專制與同一性形上學的合謀共構，因此反對從氣論角度解讀《莊子》，認為此舉將消除《莊子》的批判性潛能，因為畢來德所理解的氣論完全屬於否定差異的整體論模型。[43] 而關子尹雖欣賞海德格對近代西方主體性膨脹的人類中心主義之批判，但他認為海德格將人歸屬於大寫存有的去主體進路，終究也偏向於「人與存有合一」的「同一性思維」。關子尹尤其認為海德格和道家所以特別相契，就在於「人與存有彼此共屬」、「人道與天道合一」這一類的「同一性思維」，他因此同意《荀子》對《莊子》「蔽於天而不知人」的批評。[44] 值得注意的是，不管是畢來德所反對的《莊子》「氣化宇宙論」之解讀，還是關子尹所疑慮的道家「人天合一觀」傾向，其實都反映出兩人對整體論的同者思維或者同一性形上學的擔憂：

> 中國的帝王不僅成功地「讓人民習慣服從和奴役，還讓他們為自己犧牲奉獻」，使他們「為『一』（un）之名目眩神迷，換言之，受到蠱惑」。……這些宇宙論到後來歷經變化，被改動、重塑或轉化成宗教或形上學的體系，但始終起了同樣的作用：將權力的具體實踐合理化，並同時將它隱藏起來。從帝國初期以降，整個中國思想史是在這樣的框架中發展出來的。[45]

---

[43] 關於畢來德對氣論和中國大一統集權的合謀疑慮，以及他對氣論解莊的擔心，請參見筆者的分析與批判回應，可參見拙文，〈身體、氣化、政治批判──畢來德《莊子四講》與〈莊子九札〉的身體觀與主體論〉，原發表於《中國文哲研究通訊》22卷3期（2012年9月），此文已收入拙著：《道家型知識分子論──莊子的權力批判與文化更新》（臺北：臺大出版中心，2013年），頁171-234。另外畢來德的反氣論主張，可參見宋剛譯，〈莊子九札〉，《中國文哲研究通訊》22卷3期（2012年9月），頁5-39。

[44] 關子尹，〈海德格的「同一性」思維與道家哲學〉，《現象學與人文科學：現象學與道家哲學專輯》（香港：邊城出版，2005年），頁211-259。

[45] 畢來德，周丹穎譯，《駁于連：目睹中國研究之怪現狀》，頁57-58。

　　海德格與道家思想最相契合之處，是某一意義地都主張『與道合一』。論者談海德格存在與人『彼此同屬』這一想法時，很容易只被設想爲一形上事態，而昧於此説對人事之指引……此説最重要的關鍵，就是誘導吾人去除私見以順從大道。這一番道理，中國道家中老莊二氏同都觸及。首先，老子便提出了許多相類的説法，如『故從事於道者，同於道』，和『孔德之容，唯道是從』……到了莊子，則除了強調『同』外，還進一步強調與『同』字一音之轉但帶有方向性的『通』字。故此，所謂『同一』的形而上問題，便引出『通於一』這一行事守則。此中，莊子的『通』字更明顯地強調了必須捨離人的角度而上達於天道這個道理。[46]

　　對於畢來德和關子尹上述頗具挑戰的批判觀點，筆者曾有多篇專文給予完整回應，尤其配合《莊子》的文獻解讀，嘗試細節的澄清。[47] 畢來德非常反對從形上學角度來理解《莊子》的天、道等概念，認爲這些概念應盡量還原爲當下切近的體驗性來理解，不必掉入抽象而玄遠的形上世界去索求，而他最掛慮的還是同一性形上學和政治大一統的結盟，而他認爲氣論（氣化整體論）在中國文化脈絡下，便深藏著形上論述與政治威權結合的暴力陰霾。對此筆者曾有二篇專文回應畢來德，筆者同意他對《莊子》的權力批判性之看見，進而揭露《莊子》的批判性具有當代跨文化潛能。[48]

---

46 關子尹：〈海德格的「同一性」思維與道家哲學〉，頁241-242。

47 其中兩篇完全針對畢來德，如〈差異、離心、多元性——《莊子》的物化差異、身體隱喻與政治批判〉、〈身體、氣化、政治批判——畢來德《莊子四講》與〈莊子九札〉的身體觀與主體論〉，兩篇論文目前皆已收入《道家型知識分子論——莊子的權力批判與文化更新》（臺北：臺大出版中心，2013年）一書。另一篇涉及對關子尹的回應，參見〈《莊子》「天人不相勝」的自然觀——神話與啓蒙之間的跨文化對話〉，《清華學報》46卷3期（2016年9月），頁405-456。

48 筆者和何乏筆皆主張應嘗試對《莊子》氣化論的跨文化潛力進一步再開發，參見何乏筆，〈氣化主體與民主政治：關於《莊子》跨文化潛力的思想實驗〉，《中國文哲研究通訊》22卷4期（2012年12月），頁41-73。

但筆者並不同意畢來德對《莊子》「氣化差異論」的解消與不見，筆者指出《莊子》的「氣化」之「一」必須落實爲「物化」之「多」來理解，不可將《莊子》的氣化論化約爲完全無視「差異」的「氣化整體論」，並由此以偏蓋全地將氣化論一律視爲「同一性形上學」。畢來德擔憂中國的氣化宇宙論和政治大一統的合謀，雖然有其哲學深刻性甚至歷史脈絡性，但那種漢代以後逐漸成型的同一性形上學與氣化一元論，不宜歷史錯置地套用在《莊子》「即氣化即物化」的差異多元論身上。其次，除了應當全面把握《莊子》「氣化即物化」的具體存有論、差異物化論以外，有關老莊充斥不少看似同一性形上學嫌疑的概念或命題（如「道通爲一」、「通天下一氣」），都必須同時注意「一多相即」的雙向互滲關係。例如〈齊物論〉「天地與我並生，而萬物與我爲一」等主張，實不能偏取「並生爲一」這「一」面（連續性），必須同時看見「天地萬物」的「多」面（多元性），否則就會變成只偏取「周與蝶無分」的「氣化（一）」連通，而忽略了「周與蝶必有分」的「物化（多）」差異。亦即周與蝶的「齊物（無際）」體驗，以及周與蝶「物化（有際）」體驗，兩者的弔詭合觀，才能完整掌握《莊子》「即物而道」的「同一與差異」、「際之不際，不際之際」、「無分別的分別，分別的無分別」之兩行體驗。所以《莊子》所謂「道通爲一」、「復通爲一」、「萬物一也」，其前提必然已是承認眼前萬物的差異俱在，否則難以理解〈知北遊〉「道在屎溺」這種「無逃乎物」的物化命題：

東郭子問於莊子曰：「所謂道，惡乎在？」
莊子曰：「无所不在。」
東郭子曰：「期而後可。」
莊子曰：「在螻蟻。」
曰：「何其下邪？」曰：「在稊稗。」
曰：「何其愈下邪？」曰：「在瓦甓。」

　　曰：「何其愈甚邪？」曰：「在屎溺。」

　　東郭子不應。

　　莊子曰：「夫子之問也，固不及質。正獲之問於監市履狶也，每下愈況。汝唯莫必，无乎逃物。至道若是，大言亦然。[49]

　　上述對話，將「道」從「垂直本源（先天地生）」的形上追問，轉向了「水平分化（吹萬不同）」的十字打開，確立了「即物而道」的物化方向。東郭子追問「道，惡乎在？」其心態近於典型的形上本體之高求，所以他無法領悟「无所不在」的現象式回答。而「无所不在」的宣告，乃針對「道」的根源一本論給予解構，並轉向「即物而道」的多元物化之貞定。此呼應了〈齊物論〉南郭子綦聆聞「萬物咸其自取，使其自己」的天籟，不必在物化之外尋覓任何背後的超越本體，來做為萬物交響互化背後的創造性怒者。不管是〈知北遊〉中的莊子破除東郭子將「道」錯置於現象物之外的本體論意識型態，亦或者〈齊物論〉中的南郭子綦提醒顏成子游不必在吹萬天籟之外另尋「怒者」，兩者皆為撼醒人們對於「道」的形上本源之外求，以便引導人們回歸當下切近的多元物化之吹萬世界。而這種物化吹萬之變化自身便是道的氣化流行之示現，正如王夫之《莊子解》對《莊子》天、道、物的「相即」與「自本自根」之善解：「觀渾天之體，渾淪一氣，即天即物，即物即道，則物自為根而非有根，物自為道而非有道。」、「謂有道之可名可執者，以為物生於道，道為萬物之所自起耳。」[50]

　　莊周這種「即物即天」、「即物即道」，甚至「無物無道」，徹底顛覆了形上／形下的二元論，返回「每下愈況」的具體存有、物化多元。眼前觸目所及的螻蟻、稊稗、瓦甓、屎溺，一切千差萬別的具體存在物，都

---

49 莊周，郭慶藩輯，〈知北遊〉，《莊子集釋》，頁749-750。

50 〔清〕王船山，《莊子解》〈知北遊〉、〈則陽〉，《船山全書》（長沙：嶽麓書社，1996年），冊13，頁333、頁403。

能獲得存有之靈光。而《老子》主張「道法自然」，也強調自然萬物「自賓」、「自化」的「觀復（萬物之循環反復）」；而〈齊物論〉大體繼承《老子》自賓自化之說，並將其推展爲天籟生機：「夫吹萬不同，而使其自己也，咸其自取，怒者其誰邪！」[51]「吹萬不同」就指風格殊異的自然萬物，「怒者其誰邪」則暗示萬物背後沒有超絕的吹動者。亦即萬物之上、之外沒有任何本根超絕之道，反而如王夫之所言：「道爲萬物之自起耳」。「使其自己，咸其自取」則契同於「道法自然（萬物）」，它直接肯定了「即物即道」。可見〈齊物論〉所謂天籟的萬物自化，呼應了〈知北遊〉的「道无逃乎物」。它們都具有回歸自然的遊物傾向。而這種在其自己的自然萬物，乃是氣韻生動的多元開顯，故而成爲可遊可觀之大美：「天地有大美而不言，四時有明法而不議，萬物有成理而不説。」[52]需要提醒的是，《老子》：「萬物並作，吾以觀復。夫物芸芸，各復歸其根，歸根曰靜，是謂復命。」（十六章）其中的觀復美學，需在「致虛極，守靜篤」的主體轉化狀態，靜觀萬物的循環復歸之安寧。而《莊子》的虛而待物、以物觀物，更著重萬物氣化流行的活潑生機。因此在《莊子》身上，處處可見氣化、物化的玩賞遊觀與流變描述。[53]

---

[51] 莊周，郭慶藩輯，〈齊物論〉，《莊子集釋》，頁50。另外，關於《老子》「觀復美學」與《莊子》「物化美學」背後的自然觀，請參見拙文，〈論先秦道家的自然觀：重建一門具體、活力、差異的物化美學〉，收入《莊子的跨文化編織：自然‧氣化‧身體》第三章，頁129-179。

[52] 莊周，郭慶藩輯，〈知北遊〉，《莊子集釋》，頁735。而「天地大美」便顯現在「萬物成理」的自然生機，陳榮灼認爲正可用海德格所詮解的古希臘physis（被譯爲自然或生起、生現）來理解。physis比techne更原初，因爲physis乃某物之自發湧現，而techne則必依賴工匠之作爲。參見陳榮灼，〈The Chinese philosophy of art and Heidegger: art and nature〉，《Heidegger and Chinese philosophy》，頁161。

[53] 關於《莊子》的氣化、物化美學對中國山水詩畫美典的影響，可參見楊儒賓，〈「山水」是怎麼發現的——「玄化山水」析論〉，《臺大中文學報》30期（2009年6月），頁209-254；另可參見蕭馳，《中國思想與抒情傳統第一卷：玄智與詩興》（臺北：聯經出版事業，2011年）。另外亦可參見筆者從「自然觀」脈絡對《莊子》的「非同一性形上學」的分析，〈《莊子》自然觀的多元考察與當代反思〉，《東華漢學》19期（2014年6月），收入《莊子的跨文化編織：自然‧氣化‧身體》第二章，頁51-128。

另外就天人關係來說，《莊子》雖爲對治諸子百家掉入「道術爲天下裂」的一端偏見，因此常用「照之以天」的視角來批判之、拯治之，但這並非意味《莊子》的終極立場完全偏執在「以一御多」、「存天去人」的同一性形上學，否則我們將錯失〈天下〉篇中莊周對自我的定位：「獨與天地精神往來而不敖倪於萬物，不譴是非，以與世俗處⋯⋯其應於化而解於物也。」[54] 既要與天地精神往來，同時也要不敖倪於萬物。換成〈德充符〉的話說，這正是一種同時照見「同者」（天地）與「異者」（萬物）兩行共在的不偏不倚：「自其異者視之，肝膽楚越也；自其同者視之，萬物皆一也。」[55] 換言之，物化的千差萬別乃是「與物相遊」的前提，只是在「應化解物」的相遊過程中，不掉入「只見其異，不見其同」的另一片面。

筆者亦曾回應關子尹，認爲他太快將道家歸屬於同一性形上學的片面理解，並分析《莊子》既不偏住於同者（一），也不偏住於異者（多），《莊子》「天人不相勝」的天人兩行思維，實不應以「蔽以天而不知人」的同一性思維解之，反而應該辯證性地同時把握莊周兩行於：逍遙天地與人間世處的共構性，遊刃有餘與牛體錯綜的共構性。相對於關子尹的「天人一統」甚至「以天統人」的極端性解莊（其立場來自於《荀子》「蔽於天而不知人」），筆者建議要以〈大宗師〉的「其一與天爲徒，其不一與人爲徒。天與人不相勝也，是之謂眞人」[56]，來做爲《莊子》天人之學的最後定位。亦即「一」與「不一」的「天人共在」又「天人不相勝」，其所帶來的天／人「之間」的往來動態平衡，才是深解《莊子》天人「不偏不倚」的兩行之道。換言之，儘管《莊子》時常批判先秦諸子有「忘天存人」的「存有遺忘」之危機，因此爲了對治先秦時人過於膨脹的人類中心主義、自我中心主義，乃刻意提醒世人要適度重返「與天爲徒」、

---

[54] 莊周，郭慶藩輯，《莊子集釋》，頁1098-1099。
[55] 莊周，郭慶藩輯，《莊子集釋》，頁190。
[56] 莊周，郭慶藩輯，《莊子集釋》，頁234-235。

「與古爲徒」，以便重新謙虛地尊重並善待天地萬物。但這並非意味《莊子》徹底反對人文，並退回遠古神話那種「存天去人」的自然原始情狀，也絕非意指《莊子》要走向「去多存一」的同一性形上學之神祕超絕。[57]正如〈大宗師〉曾以辯證往復的語氣強調：「庸詎知吾所謂天之非人乎？所謂人之非天乎？」[58]由此種「庸詎」的雙向不定語氣，可推知《莊子》實不願停住在任何單邊的一極立場。筆者主張，《莊子》對「天」的強調，實不能分離出「人」而獨唱，同樣道理，《莊子》對「人」的批判，亦絕不能脫離「天」之視域。正是這種「天而人，人而天」，「即氣化即物化」，「即一即多」的兩端不住之動態邏輯，筆者嘗試運用阿多諾那種「否定辯證法」來加以對話詮釋，並反對用「存天去人」的同一性形上學來定位《莊子》。[59]因爲這種錯解，一則很容易讓《莊子》的氣化與物化、天與人、一與多，被化約爲氣化整體論或被錯解爲同一性形上學，其惡果將產生畢來德所質疑的，與中國大一統政治專制合謀共構之嫌疑。二則加上海德格存有學與納粹政權的糾纏陰影，假使無法澄清《莊子》與同一性思維的根本差異，將處處妨礙《莊子》在當代的跨文化批判潛力之開展。

五、從成心之知到兩行差異：《莊子》的同者批判與差異倫理

上述主要從氣化與物化關係，天與人的不相勝關係，來澄清《莊子》

---

[57] 筆者亦曾指出，儘管《莊子》曾有「既已爲一矣，且得有言乎」，這一類近乎絕對無言的一體冥契體驗，但《莊子》從未主張要停住在這種超越世間、遺忘差異的密契之境，事實上，《莊子》終究走向了自然物化與肯定世間人文，換言之，千差萬別的自然與人文世界才是《莊子》之最愛。參見拙文，〈道家的自然體驗與冥契主義——神祕、悖論、自然、倫理〉、〈老莊的肉身之道與隱喻之道——神話、變形、冥契、隱喻〉，兩文俱收入《當代新道家》（臺北：臺大出版中心，2012年）。

[58] 莊周，郭慶藩輯，《莊子集釋》，頁225。

[59] 參見拙文，〈《莊子》「天人不相勝」的自然觀——神話與啓蒙之間的跨文化對話〉，《清華學報》46卷3期（2016年9月），頁405-456。

不屬同一性形上學行列，並強調物化的差異多元、天人不相勝等主張，實
為對治同一性思維的偏執。但以上仍只是消極性澄清《莊子》並非屬於同
一性思維，而本文底下將轉從積極面向來揭露《莊子》的「兩行思維」，
透過它所帶來的《莊子》多元活力、差異思維，將可進一步破除同一性思
維的解莊偏見，穩立《莊子》對各種意識型態的批判潛力之活水源頭，並
從此打開差異倫理的大門。

　　人的認知活動，理想上雖能盡其可能地累積擴充，但依然有它明顯
的限度，其中一個自明限度就在於時間之有限性。以個人壽命之涯限來追
逐人類歷史積累的無涯知識，必然遭受渺小無知的事實，此即《莊子》之
嘆：「吾生也有涯，而知也無涯。以有涯隨無涯，殆已。」[60]〈養生主〉
對生有涯知無涯的有限、無限之對照提醒，其實不在於全面「反知」，[61]
而是要人們體認競相求「知」背後是否潛藏著偏執而未覺，以及「知也
者，爭之器」所可能導致的人生「失養」。《莊子》對「知」的觀照反
思，主要並不在於客觀知識或認識機能的純粹知識論探討，《莊子》更為
關懷的是，人們在「以我觀之」、「以自為知」、「知多爭勝」的知性擴
張底下，更深層的主體狀態是否足以安身立命？此已涉及廣義的「養生」
課題。而《莊子》的養生宗主，並非個人獨我式的延年益壽一類，反而涉
及面對自我、面對他人、面對世界，一連串關係網絡的互動與回應之倫理

---

[60] 莊周，郭慶藩輯，〈養生主〉，《莊子集釋》，頁115。

[61] 《莊子》並非否定知識或採取不可知論，《莊子》批判的是固化「一偏知見」所造成的「是非」爭
辯之「同一化」知見型態。換言之，筆者認為將《莊子》視為「反知論」，並沒有掌握到《莊子》
對同者思維的批判核心，以及朝向「非同一性」的開放思維之特色。同樣地，筆者亦反對將《莊
子》解讀為神祕直覺，那將讓《莊子》的后言思維被弱化為「去語言」，從而產生自我矛盾。筆者
愈來愈認為，《莊子》對「知」的批判，乃是對同一性思維的批判，而「以無知知之」則開啓了傾
聽他者的差異化思維。關於莊子相對照於惠施「同一性」思維，而傾向「非同一性」思維，筆者曾
透過《莊子》的「物化」多元觀，和當前法蘭克福學派霍耐特（Axel Honneth）承續阿多諾之後所
提出的「承認」概念做對話，讀者可以參看「同一性」思維，和對象化、本質化、效用化的交涉關
係，〈《莊子》與霍耐特的跨文化對話——承認自然與承認人文的平等辯證〉，《國文學報》61期
（2017年6月），頁55-100。

課題。[62] 在筆者看來，《莊子》對「知」的批判性反思，主要不在於知識論的客觀興味，反而在於主體省察與倫理回應的存在關懷。例如《莊子》不斷出現惠施與莊周的對照形象，主要就圍繞在兩種主體所帶出的失養與安養之反襯。從莊周法眼看惠施之名辯人生，惠施雖以「知多」來擴張「爭勝」版圖，在看似滾雪球般不斷自我增強的名辯主體之下，自我和他人的關係成了一片荒漠。若他人成了我之地獄，我又何嘗不成爲他人地獄。看似勝利人生，卻弔詭地呈現無以自寧，疲累淘空的悲哀。〈天下〉篇就總結在描述惠施這樣的人生圖像：

　　惠施日以其知與人之辯，特與天下之辯者爲怪，此其柢也。然惠施之口談，自以爲最賢……惠施不能以此自寧，散於萬物而不厭，卒以善辯爲名。惜乎！惠施之才駘蕩而不得，逐萬物而不反，是窮響以聲，形與影競走也。悲夫！[63]

　　其實閱讀《莊子》百科全書式的文本，不難印證司馬遷對莊周「其學無所不窺」的判斷。莊周所知之多，不亞於惠施，這經常也反映在兩人勢均力敵的對話機鋒上。如魚樂之辯、有情無情之辯、有用無用之辯。惠施死後，莊周更感嘆，從此以後「吾無以爲質矣，吾無與言之矣。」[64] 可以試問的是，爲何知識廣度不亞於惠施，言辯能力不落後惠施的莊周，卻要批評惠施「知盛」？批評惠施有「知盛」之蔽，不也同時指涉自己一樣犯有「知盛」之病？邏輯上來說，批判惠施「知盛」似乎很難不導致莊周的自我否定？換言之，莊周自身難以掩飾的「知盛」現象，如何能成爲批評他人「知盛」的利器？

[62] 關於《莊子》的養生哲學與倫理回應之密切相關性，請參見拙文，〈《莊子》的養生哲學、倫理政治與主體轉化〉，《中國文哲研究集刊》47期（2015年9月），收入本書第八章。
[63] 莊周，郭慶藩輯，〈天下〉，《莊子集釋》，頁1112。
[64] 莊周，郭慶藩輯，〈徐無鬼〉，《莊子集釋》，頁843。

　　筆者認爲問題關鍵在於，莊周面對「知」、「知多」、「知盛」的主體狀態和思維方式，非常不同於惠施。問題主要不在於「知」的有無、多寡這類客觀認知的衡量，而在於認知主體的質性狀態以及它所帶出的人我倫理關係。用〈人間世〉「心齋」的話來說，或可反映出惠施和莊周的不同主體狀態：「聞以有知知者矣，未聞以無知知者也。」[65] 惠施「知多」背後的主體狀態乃是「以有知知者矣」，而莊周「知多」背後的主體狀態則屬於「以無知知者也」。我們應該承認莊周也具有「知多」這一客觀事實，但莊周的「知多」卻並未導向惠施「自是非他」的爭強辯勝之人生擴張，關鍵就在於「以無知知」而敞開了「必有餘地」，以讓多元知見得以「化而不固」地「兩行」遊歷。[66]

　　爲何一樣知盛的莊周，可以避開知多導致爭勝的駘蕩人生？「知多」和「爭勝」不正是同一性主體的一體兩面嗎？莊周如何可能在「知多」的狀態下，保有自寧的人生安養？筆者認爲，關鍵在於莊周並非「以有知」而「知多」，而是「以無知」而「知多」。「以無知知之」的主體狀態，在〈人間世〉的心齋脈絡，則指向了「集虛」或「虛室」的主體轉化工夫。亦即莊周之「知多」，背後並未有一個「以自爲實」的同一主體或自戀實體，莊周並不透過自戀主體來累積知識、擴張知性。用心齋主人翁顏回的話說，心齋修養後的顏回，乃處於「未始有回」的「虛我」狀態。

<hr>

[65] 莊周，郭慶藩輯，〈人間世〉，《莊子集釋》，頁 150。

[66] 任博克（Brook Ziporyn）曾提出一種 Wild card（萬用牌）的妙喻，筆者認爲它可以解釋並呼應本文觀點的「以無知知者」。而一般的「以有知知者」，他譬喻爲有固定內容的指示牌（instruction cards）。而 non-knowing 的 Wild card 則因能自「虛」其「成心」，願自我反思任何觀點的脈絡限定性和彼是相對性，因此能使自身暫時擁有的觀點不掉入「指示牌」的自我固著，反而在遭遇他異性觀點時，能隨順差異而進行觀點的再變化。因此這種以虛、以化爲體的 Wild card 之妙用，因爲「體無體」，因此不會被「知多」給妨礙，反而對各種知見的多元能保持興味，並促進持續對話的兩行遊戲。由此可見，「知多」不但不必成爲問題，反而「以無知知者」的遊化主體狀態，可以走向差異觀點的再豐富化，而莊周的知多現象，大體可依此解之。任博克的觀點可參見 "Zhuangzi's Wild Card: Thing as Perspective," in *Ironies of Oneness and Difference: Coherence in Early Chinese Thought; Prolegomena to the Study of Li* (New York: SUNY Press, 2013), pp. 162-197.

正是這種「虛」與「喪」的離中心、去實體的虛化主體狀態，使他能「虛室生白，吉祥止止」地納而不滿、充而不盈。甚至因爲這種主體的虛室狀態，才眞正讓主體自我的同一性擴張，轉化爲多元觀點的差異性納受。換言之，上述的「吉祥」內涵，可以放在多元差異、自他轉化的互養，來進一步深化解讀其倫理內容。

　　《莊子》重點根本不在於反知，或反對知多，而是在於批判大部分人很容易患上「以有知知之」的自我感、實有感，然後「以有涯隨無涯」地擴張話語權勢版圖。而未能轉化出喪我、去自的虛化主體，以讓各種語言知見穿梭交織在永不固化、互不堵塞的虛室餘地之中。以此既保有虛化主體的清安祥寧，又促使多元差異的知見能兩行交織，從而豐富了虛化主體的知多現象。正是這種「以無知知之」的虛化敞開，才眞正造就了莊周納受「差異思維」的多音複調之知多。從莊周的角度來說，惠施在實我主體（以有知知之）的主宰擴張下，其知多的特性很難免於「同一性思維」的自我重複與同質擴張。而莊周在虛化主體（以無知知之）的敞開納受下，其知多的特性則走向「非同一性思維」的他者遭逢與差異轉化。相較於《莊子》，惠施的實體性主體的同一性知見之擴張，其「知多」的同時，很容易導向人我關係的知見爭勝、相刃相靡，由此「知多」反成爲導致人生失養的麻煩轉接器。而莊周虛化主體的差異思維所帶來的互文交織，「知多」不但不必成爲倫理互養的困擾，反而走向「卮言日出，和以天倪」的卮言主體之流動景觀。正是這種虛化主體的化而不固，可以開出莊周式的卮言主體之知多現象。這種卮言知多的主體化運動，並不能脫離與他異性的遭遇撞擊，否則流動的主體將不再流動，而差異思維下的知多互文、倫理互養，也將異化爲同者思維的知多爭勝、倫理宰制。

　　可以說，《莊子》批判的是：「知」、「心」、「名」三者的繫聯交纏，所產生的主體同一性之「我取」活動。《莊子》對「知」的批判並非完全否定知識，《莊子》批判的是固化在「一偏知見」，所造成的「是非爭辯」之同一化知見型態。一般將《莊子》視爲「反知論」的學者們，

未必能掌握到《莊子》對同者思維的批判核心，以及敞開差異思維的卮言流動。筆者亦不贊成將《莊子》「以無知知之」解讀爲純粹的神祕直覺，因爲那將使《莊子》卮言觀背後的虛化主體（內在多元的主體化差異運動），被弱化爲去語言、反知識的貧乏主體。〈齊物論〉對於「偏知」、「成心」、「定名」三者所皺折而成的「主體我」之執取傾向（所謂「非我無所取」），有非常深刻的洞察。而本節將重點放在人類「以我觀之」的「成心之知」、「是非爭鋒」的「同者思維」之特徵，並由此探討《莊子》如何從「知」的同一性思維，走向「無知之知」的差異化思維。也就是如何向「他異性」開放，從而導致思維的差異化之延異增生，造就「因無知而知多」的莊周弔詭智慧型態。

　　從〈齊物論〉的分析來看，一般人的「知」很少不流於「勞神明爲一」的一端知見，這是因爲人的認知活動常被「成心」的特定視角所決定。而這種人人「隨其成心而師之」的「自我觀之」之認識死角，又與名言「彼是方生」之二元結構相伴而生。如此一來，語言二元結構所推動的思維活動必有其認識死角，既容易掉入「一偏之見」的限制，又和「有蓬之心」的固化偏取有關。可以說，《莊子》對「知」的批判，主要在於意識型態化的主體偏執之批判。「有蓬之心」也是〈逍遙遊〉用來批判惠施之「知」的重點，[67]它指出惠施知見背後是一種封閉、蓬塞、卻又擴張的知性主體狀態，企圖將個人片面的認知擴張成普同觀點。例如他總是以其「知多之盛」而強行加諸異於他的人事物身上，而大不同於莊周以虛室之心來傾聽差異化的多元觀點，所以莊周才用茅草堵塞的「有蓬之心」，來譬喻惠施「以有知知之」的主體固化狀態。關於有蓬之心的不通，成心自師的固化，又可透過「彼是相因」的二元結構來分析，〈齊物論〉將其與「儒墨是非」的批判連結起來：

---

[67] 莊子和惠施討論「大瓠」的有用、無用時，就曾批判惠施說：「夫子固拙於用大矣……則夫子猶有蓬之心也夫！」〈逍遙遊〉，《莊子集釋》，頁37。關於這個批判內涵，本文在底下討論莊子對惠施的「效用同一性」之批判觀點時，會再進一步分析。

故有儒墨之是非，以是其所非而非其所是……物无非彼，物
无非是。自彼則不見，自知則知之。故曰彼出於是，是亦因彼。
彼是方生之說也，雖然，方生方死，方死方生；方可方不可，方
不可方可；因是因非，因非因是。[68]

從以上〈齊物論〉對儒墨是非的批判，到〈天下〉篇所批判的諸子
紛爭：「多得一察焉以自好……一曲之士也。」[69]深層反省都指向「一端
知見」背後的語言結構甚至主體狀態。語言二元結構的「彼出於是，是亦
因彼」之現象，揭露出知見判斷的即開顯即遮蔽，即中心即邊緣的結構處
境。人們都陷泥在語言結構中進行思考與判斷，卻難以反思語言符碼系統
對人們的結構性限定。由於處身結構中不同位置的發言者，通常都只習慣
「自我觀之」地「以此非彼」，結果便難以跳出「此亦一是非，彼亦一是
非」的惡性爭勝。儒墨彼此陷於「一曲之士」的危機在於，只看見自己的
「是（知）」，卻不能反身省察自己的「非（不知）」。於是兩種各有
「成心」的「自知之明」、「一察自好」、「一偏之見」，就掉入「自彼
則不見，自知則知之」的「我是你非」之勝負鬥爭。若轉從語言結構的主
體狀態來看，當「彼（如儒之立場）」與「是（如墨之立場）」，各在自
我同一性的封閉主體下，都宣稱擁有真知灼見時，彼此就難以產生「面對
面」的相互轉化之差異化運動（兩行）。倘若只是重複自我主體的單邊知
見之宣示（自是）與爭辯（非他），其結果將是「各是其是，各非其非」
的無窮爭辯。從《莊子》看來，儒墨兩家甚至諸子百家，看似眾聲喧嘩、
多音複調的話語流動現象，其實骨子裡大多在進行著「彼是對偶」的正
統、異端之辯。各家或許都期待自家話語系統終究可以一統江湖，成為普
遍真理、大是大非的典範。

---

68 莊周，郭慶藩輯，〈齊物論〉，《莊子集釋》，頁63-66。
69 莊周，郭慶藩輯，〈天下〉，《莊子集釋》，頁1069。

　　從《莊子》看來，這樣的知多爭鳴乃是從未放棄主體固我下的同者思維之運動，諸子百家們並沒有藉由百家爭鳴的多音複調，走向虛化主體並從而打開卮言日出的差異化思維。換言之，他們大抵皆只是自我話語權的宣示與爭搶，很少能進入「互爲他者」的雙向轉化過程。用〈齊物論〉的話說，大家還是各自走在「以成心爲師」的思想單行道上，錯過了面對面「互爲他者」的「兩行」來回之轉化契機。而這種以「成心爲師」的「是非爭勝」之世俗人生，在《莊子》看來實有甚深的自我同一性之習癖作祟：「世俗之人，皆喜人之同乎己而惡人之異於己也。同於己而欲之，異於己而不欲者。」[70]然而有誰可以跳出「以我爲師」、「以自爲光」的盲目鬥爭呢？有誰能逃開「喜同於己」「惡異於己」的同一性慣習？從而迎向「異己」所帶來的差異化贈禮呢？對此，《莊子》從不敢高估主體性的我取構成之習性，因爲主體早已千錘百鍊於習慣順從同一性成心的自轉運動：

　　人之生也，固若是芒乎？其我獨芒，而人亦有不芒者乎？夫隨其成心而師之，誰獨且無師乎？……未成乎心而有是非，是今日適越而昔至也。[71]

　　成心所造就的是非爭辯之快感與痛楚，太陽底下無新鮮事，這是人人都曾歷經滄傷的老戲劇。問題是，「人之生也」的你我人生，爲何總是重複這種是非傾軋、交纏並生的老故事？讓同一性思維載我浮沉、無力自拔，一而再地讓我們錯過與他者遭逢的差異化事件。然而，自我幾乎沒有能力走向差異，唯有藉由陌異的他者介入，才是開啓「成心」、轉化「固芒」的域外力量。亦即藉由「他異性」所刺穿的破口，人或許才有可能走

---

[70] 莊周，郭慶藩輯，〈在宥〉，《莊子集釋》，頁392。
[71] 莊周，郭慶藩輯，〈齊物論〉，《莊子集釋》，頁56。

向自我超越的契機。自我同一性的斷裂與破口，很難藉由自我的同一性重複而產生，原因在於自我容易重複慣性的同一自轉，由此持續地增生演繹而擴建自我的勝利版圖。儘管人在有限涯際的短暫人生，可以盡其可能擴張知識版圖來累積名聲威望，《莊子》卻對這類看似勝利人生的自我擴張，採取批判觀點：「名也者，相軋也；知也者，爭之器也。二者凶器，非所以盡行也。」[72] 從《莊子》看來，這樣的功名擴張與知見積累，通常只是重複著「同者」的權力意志之自我演繹，很少能真正促進認識活動的質性轉化。一般人極容易掉入自我同一性的主體權能之擴充（爭），而《莊子》則要指出這種權能擴張的暴力性格（凶器）。

　　暴力何在？在《莊子》看來，權能主體的自我同一性暴力是兩面刃，除了向外具有取消多元差異的「他者暴力」之外，它在內在自我擴充權能的自轉過程，也容易產生「自我暴力」，如〈人間世〉所謂「山木自寇，膏火自煎」的「中道夭折」之失養人生。從《莊子》的養生「主」看來，以「己」為中心的「功」、「名」之掠取與擴張，在看似自我增強的同時，卻也導致了人我之間的相刃相靡，終而產生人我關係的倫理破壞，以及自我人生的虛無淘空。[73] 此如〈齊物論〉指出「知」「言」爭鋒的「我取人生」（非彼無我，非我無所取）之悲哀：「大知閑閑，小知閒閒；大言炎炎，小言詹詹。其寐也魂交，其覺也形開，與接為搆，日以心鬪。……與物相刃相靡，其行盡如馳，而莫之能止，不亦悲乎！終身役役而不見其成功，苶然疲役而不知其所歸，可不哀邪！人謂之不死，奚益！」[74]

　　《莊子》除了批判同者對他者的暴力現象，也再三強調同一性的擴張

---

[72] 莊周，郭慶藩輯，〈人間世〉，《莊子集釋》，頁135。

[73] 對比來看，得養生主旨者乃：「可以保身，可以全生，可以養親，可以盡年。」換言之，它可以在倫理關係與自我保存兩方面，獲得良好回饋與循環。莊周，郭慶藩輯，〈養生主〉，《莊子集釋》，頁115。

[74] 莊周，郭慶藩輯，〈齊物論〉，《莊子集釋》，頁51-56。

將產生自我傷害的人生失養。換言之，同者的暴力傷害也是兩頭皆通的，外則傷害他者（倫理的異化），內則傷害己身（自我的孤立）。正如上述〈齊物論〉指出，人人若皆以一己爲師，各逞大知／小知，大言／小言的爭鬥與傾軋，其結果將難免彼此壓迫、兩敗俱傷。對於這種以己爲師、以自爲光的主體膨脹人生，其所帶來的自我傷害之失養典範，《莊子》最常以惠施的人生爲例。因爲將「知」的同一思維給體現的最淋漓盡致者，在莊周心中大概最屬惠施了。惠施的多學善辯是當時最「以知聞名」的知盛名辯大家，他總是偏執地：「唯其好之也，以異於彼，其好之也，欲以明之。」硬要將他所認定的「堅白」一類名家主張，強加在與他人不同的觀點事物上。[75] 而爲了將自我認定與喜好的一端知見，普遍化成大家認可的絕對知見，他一生費盡心機、耗盡心力地與人爭辯「堅白」相關論題。莊周對這位至交好友「勞精外神」的馳耗人生，[76] 同情至深。惠施之知可能就是「同一性思維」的自我膨脹與權力擴張之典例，其人一生都在「是非爭辯」的競賽身影中度過，然而就在自以爲爭得勝利人生的「知盛」邏輯底下，莊周卻看到了另一幅勞役無寧的失養圖像：

飾人之心，易人之意，能勝人之口，不能服人之心，辯者之囿也。惠施日以其知與人之辯，特與天下之辯者爲怪，此其柢也。然惠施之口談，自以爲最賢……惠施不辭而應，不慮而對，徧爲萬物說，說而不休，多而无已，猶以爲寡，益之以怪。以反人爲實而欲以勝人爲名，是以與眾不適也。弱於德，強於物，其塗隩矣。由天地之道觀惠施之能，其猶一蚊一虻之勞者也。其於

---

[75] 莊周，郭慶藩輯，〈齊物論〉：「昭文之鼓琴也，師曠之枝策也，惠子之據梧也，三子之知幾乎，皆其盛者也，故載之末年。唯其好之也，以異於彼，其好之也，欲以明之。彼非所明而明之，故以堅白之昧終。」《莊子集釋》，頁74-75。

[76] 莊周，郭慶藩輯，〈德充符〉：「今子外乎子之神，勞乎子之精，倚樹而吟，據槁梧而瞑。天選子之形，子以堅白鳴！」《莊子集釋》，頁222。

物也何庸！夫充一尚可，曰愈貴道，幾矣！惠施不能以此自寧，散於萬物而不厭，卒以善辯爲名。惜乎！惠施之才，駘蕩而不得，逐萬物而不反，是窮響以聲，形與影競走也。悲夫！[77]

　　雖在口舌上能「勝人之口」，卻一點也不能「服人之心」，但惠施還是志得意滿地認定「自以爲最賢」。其知盛辯勝的生涯目標，顯然是由主宰性格極強的自戀主體所推動。爲了突顯自身知見的獨特優異性，他要以口談之能、善辯之才與「天下辯」，直到獲得「勝人之名」爲止，否則便難以自寧罷休。他雖暫時獲得「善辯爲名」，卻也因此走向了既疲憊（形影競走），又孤絕（與眾不適）的失養人生與倫理異化。在《莊子》看來，惠施這種「知盛」「恃才」「傲物」的自戀性格，實不免於主體膨脹的駘蕩人生。然而《莊子》從天地廣大之道，來觀看惠施的主體權能之膨脹，他那種想要將一己堅白知見，推闡爲天下人皆心折口服的普遍眞理，終將不免如蚉蝱空鳴，徒勞而已。而惠施這種「其行如馳」、「口說不休」的爭辯人生，顯然在其孤傲而封閉的「知盛」中，未曾眞正與「他異性」的人事物，產生差異轉化的意義性遭逢。弔詭的是，當他的辯才在攻佔他人的同時（與眾不適），自我人生亦一同隨其狂肆而熾（不能自寧）。據此，惠施的人生實相，落得倫理失養與自我失養，兩頭皆空。

　　相異於惠施「以成心爲師」的「知盛」人生，《莊子》認爲人生的豐富乃在於與「他異性」的遭遇，因爲只有在與他者的對話過程中，我們的主體才可能走出同一性固持而運動變化起來。眞正造成認識知見的質性轉化，必須經歷自我同一的「斷裂」經驗。而這樣的「同者」斷裂，甚至必須從「知」的主體擴張，轉化爲「無知」的柔軟敞開。亦或使「成心」的投射，轉化爲「虛心」的納受。若用列維納斯的觀點說，「知」的特性就在於它是認知主體的「我思」之理解活動，「我意欲」之吸納佔有，一

---

[77] 莊周，郭慶藩輯，〈天下〉，《莊子集釋》，頁1111-1112。

且經由「知」的理解之同化過程，「他者」的「他異性」便已被消化成為了「同者」。如此一來，他者並未真正被遭遇，而他異性也從未真正改變我們的同一性。即「我」的「知」仍然只是朝向自我演繹而擴張，實未曾真正因為敞開於他者而遭遇「斷裂」，從而真正產生出「兩行」的化學變化。如上所言，從「以有知知之」到「以無知知之」的認知變化，其實更關涉從「我」到「喪我」的主體變化，如此的自我超越、向外敞開，人們才可能真正傾聽他者的絕對不可化約性，並因敞開於「絕對他者」，而導致「非同一性」思維的流動生發，並促成自我與他者的差異交換。

　　在〈齊物論〉中，只有當南郭子綦在「喪我」之後，他才能聆聽到「萬物咸其自取，使其自己」的「吹萬不同」之「天籟」。天籟就是萬物各各在其自己而唱出自身獨特的生命之歌，根本不必再為這些千差萬別的「物化」之多元生命，尋求任何背後的根源同一性來做為萬化的推動「怒者」。[78] 對於南郭子綦而言，他的「喪我」經驗，讓他放下了「成心之知」對萬物的同一化認知或形上索求，如此才能聆聽每一生命做為不可化約的「絕對他者」，並對真人重新十字打開於世界的陌異性，從而迎向前所未有的豐富與超越。同樣地，〈人間世〉的顏回，只有從「實自回也」到「未始有回」的「心齋」後，他的「成心」才能轉化為「虛室生白」的虛心狀態，正是這種「聽之以氣」的虛心敞開，使他能夠發揮「以無知知之」的回應與轉化能力。[79]

　　從本文的立場看來，「以無知知之」不必要被理解為神祕直覺，反而可以理解為：當顏回解放了先前主體的同者思維（仁義禮樂之知）以後，我們的生命才更有能力傾聽絕對他者的多元聲音（聽之以氣）。這種「無知之知」是在主體自我歷經了「心齋」、「坐忘」的「離形去知」、「解心釋神」之後，開啟了另一種傾聽與回應的被動式（無知無為）主

---

[78] 莊周，郭慶藩輯，〈齊物論〉：「夫吹萬不同，而使其自己也，咸其自取，怒者其誰邪！」《莊子集釋》，頁50。

[79] 莊周，郭慶藩輯，〈人間世〉，《莊子集釋》，頁147-150。

體。所謂的「神」正是指這種「虛而能應」的新主體狀態，而它之所以被描述爲被動式主體，主要就在於同一性的主體擴張已被轉化，從而眞能向他異性存在開放。正因爲讓這些異於我的他者生命，保存其絕對差異性，並與我的主體產生了眞正的對話關係，從而使自我產生質變的位移轉化。正如〈人間世〉將「無知之知」的回應狀態描述爲：「循耳目內通而外於心知，鬼神將來舍，而況人乎！是萬物之化也。」[80] 可以見出，「無知」正因爲打開了「知」的封閉性，才能眞正「外於」同一性的心知，使得自我生命打開一條「以無知知之」的通路。藉由這一內外相通的「空隙」（「闕者」），邀請一切外於我者的陌異性存在（包括鬼、神、人、物），皆能進到我的虛室靈臺裡來安居（來舍）。從此重組了我的心知，豐富了我的主體。正是這種與他者性、他異性的倫理遭逢，讓眞人內在多元的主體化運動，再度差異化地差異起來。

對於這種喪我主體的「以無知知之」的虛心回應，〈齊物論〉又將其描述爲「樞始得其環中，以應無窮……故曰莫若以明」，亦或者「和之以是非而休乎天鈞，是之謂兩行」。[81] 可見「無知之知」的環中虛室，並非要取消一切知見，反而是要「以應無窮」，亦即要能夠回應「無窮」差異的知見。而「和之以是非」並非取消不同的知見，而是避免偏執一端知見而掉入無謂的是非爭鬥，並從「儒墨是非」走向儒墨「兩行」。《莊子》顯然認爲多元知見的眾聲喧嘩，不應被某一自認爲絕對大寫的獨我知見給同一化，因爲它們皆是在不同觀看位置所顯示出來的視域之見，都有彼此互爲他者的「異議的意義」。而《莊子》建議我們與其將一己知見強行加諸在他人身上，不如同時看見所有知見皆具有暫時性、區域性的「見與不見」。也因爲深切明瞭「見與不見」並生爲一的限制，才勉強能讓自己更有「虛心」「以明」的能力。也因爲明白「成心爲師」的無所不在，才使

---

[80] 莊周，郭慶藩輯，〈人間世〉，《莊子集釋》，150。
[81] 莊周，郭慶藩輯，〈齊物論〉，《莊子集釋》，頁66、頁70。

得我們具有盡量不掉入「自是非他」的同者單行道，轉而讓彼此「面對面」進入溝通的「兩行」流動。換言之，「兩行」正是彼此從絕對自我的對峙，轉化爲彼此互爲他者的相互傾聽。也唯有這種彼此都暫時放下自我同一性的同化作用，彼此才都爲自己打開了一條隙縫通道，讓雙方都「來舍」於「餘地」。從而轉化了固我自轉，走向彼此豐富的觀點互轉與倫理相養。[82]

《莊子》深刻地理解到：要跳開自師成心、解構同者思維是一項高難度的工程，低估此事，通常只會顯出思考者再度流於「以成心爲師」的不覺。也唯有對人人皆以成心爲師這件事，有著最謹愼幽微的「照／明」（照之以天、莫若以明），我們才有一點機會逃逸成心主體的宰控，以進行離心化的「兩行」遊牧（弔詭共生）。以〈齊物論〉的隱喻來說，只有淘空自我、虛化中心的「道樞／環中」，才能從「彼是對立」走向「和以是非」，甚至讓「彼是莫得其偶」，而進入「兩行」交換。這就像「天鈞」的宇宙演化就在於陰陽氣化的互相過渡，同理，巵言的人文更新也必須不斷讓語言結構進行「莫得其偶」的兩行過渡，以便不斷「延異」

---

[82] 這裡的「虛室」、「餘地」，《莊子》也曾用虛心明鏡來比喻。而筆者同意任博克對《莊子》的闡釋，它並非意指一個完全超然物外的神祕直覺或沒有觀點內容的純粹透明之鏡，而是可以讓觀點在來來去去的交織中，既「應而不藏」又「交織互攝」地讓變化可以無窮止地施行下去。關於任博克對《莊子》「應而不藏」、「擾而成寧」的鏡心詮釋，他又將其與狙公賦茅的「環中應無窮」、「是謂兩行」合併詮解。與本文上述觀點可以合觀並參：" The trainer's going "by the rightness" of the monkeys' "present 'this'" is parallel to the mirror's "responding but not storing." The monkey trainer took up the values of the present situation, without concern for rightness or wrongness. Rightness and wrongness are not objective; their ultimate grounding can never be known or justified. It is the "present 'this'" that the mirror reflects or, rather, responds to. "Not storing" is "remaining at rest in the middle of Heaven the Potter's Wheel." By being empty——or, in the terms of the monkey story, "remaining at rest in the middle of Heaven"——the mirror responds to every (yet stores no) monkey image or bias or project. The mirror furthers and enhances any and every project, but doing so is in the mirror's own obscure interest. The mirror's own project is no more disinterested than the monkey trainer's; both get to flow on without obstruction, without harm." 參見Brook Ziporyn, "On Sort of Knowing: The Daoist Unhewn," *Common Knowledge* 19.1(Winter, 2013), p123.

（Différance）出新的創見出來。[83] 同樣地，倫理的互養也必須在「自我的內在他者性」的異質遭遇中，讓主體的自我同一性習癖被暫時中斷，從而迎向納悅他者的差異運動而走向自我超越。

六、解構舊道德，打開新道德：從規範倫理到他者倫理

《老子》第二章對語言劃分尺度，標定範式的批判性反省，有所謂「天下皆知美之爲美，斯惡已。」當人們普遍採取了某種美典範式來衡定對象，不合乎此美典化準繩者，經常被標籤化爲醜惡（斯惡已）。《老子》批判性指出，語言在進行命名與界義的轄域化（territorialization）功能的同時，也蘊含了「始制有名」、「名以定形」的規範僵化與排他暴力。亦即名言在類分事物、建立規範、圈定價值的同時，必然內在性地帶有體系化的排他現象。對於語言如何決定觀點的批判性反省，《莊子》也承續了《老子》對名實符應眞理觀的批判，例如〈齊物論〉對八德的嘲諷：「道未始有封，言未始有常，爲是而有畛也，請言其畛：有左有右，有倫有義，有分有辯，有競有爭，此之謂八德。」[84] 「有封」、「有常」脈絡下的「八德」，隱含《莊子》對八德規範的意識型態或價值框架之批判性嘲諷。批判重點在於，人類語言的分類結構（有左有右的二分特性），在系統性的秩序編碼與規範推演過程中（有倫有義），會將原本自然差異的多元性（無封）和可能性（無常），給強行裁割並標準化置入一套預定尺度的規矩繩墨中。結果造成：差異被同一化，多義被單義化。而

---

[83] 有關《莊子》的卮言與人文更新的創造性豐富潛力，非只停留在牟宗三將《莊子》判爲「只破不立」的般若掃除作用，而是更傾向於「以無住本而立一切法」的思維方式，因此才能在人文符號的「虛而能構，構而還虛」的往來弔詭運動中，「立法而不被法立」地不斷「開權顯實」，筆者過去曾有專文處理，〈氣化流行與人文化成──莊子的道體、主體、身體、語言文化之體的解構閱讀〉，《道家型知識分子論：莊子的權力批判與文化更新》（臺北：臺大出版中心，2013年），頁417-512。另外筆者將陸續處理《莊子》的弔詭性思維和天臺思維的契近性，筆者對此深受任博克教授啓發。

[84] 莊周，郭慶藩輯，〈齊物論〉，《莊子集釋》，頁83。

原本「無封」「無常」的豐富可能性，也就墮化爲「有封」「有常」的單一本質性。而儒家樂觀地以爲名實相符的正名規範，將使得禮樂循規蹈矩、政道海晏河清。但道家卻不輕易相信「八德」烏托邦，反而指出隱含其中的「有分有辯，有競有爭」之變相爭奪與權力支配。以《老子》的話說，仁義賢孝等名分的自我實現，很難不成爲爭名奪利的絕佳工具，更難不成爲貶抑他者、分裂自我的極佳銳器。[85]難怪《莊子》〈人間世〉一開始對顏回看似救衛的道德動機與從政心態，要給予更深層的自我挖掘與批判省察：「且若亦知夫德之所蕩，而知之所爲出乎哉？德蕩乎名，知出乎爭。名也者，相軋也；知也者，爭之器也。二者凶器，非所以盡行也。」[86]

　　《莊子》不僅在觀念上對語言與規範的關係進行反省，也擅長以寓言形式的形象思維，將哲思批判再度轉化爲文學書寫的微觀細察。例如古來流傳久遠的美人範式（西施），長壽範式（彭祖），崇高範式（泰山），在〈齊物論〉「以物觀物」的重新審視下，形象與價值幾乎翻倒過來：「毛嬙麗姬，人之所美也；魚見之深入，鳥見之高飛，麋鹿見之決驟。」、「天下莫大於秋豪之末，而大山爲小；莫壽乎殤子，而彭祖爲夭。」[87]這些以美爲醜、以大爲小、以壽爲夭的顛覆現象，不只帶有解構策略的解放功能，它同時也具有以醜爲美、以小爲大、以夭爲壽的變形轉化之遊觀創新。我們可以從文學藝術角度來考察與發揮《莊子》這種「遊戲」、「變形」在藝術上的影響與潛力，例如中國藝文「以醜爲美」對書法、繪畫、石藝、小說書寫等文藝影響。而本文重點在於《莊子》用「以

---

[85] 《老子》底下這些話，並不容易理解，甚至容易被淺解與誤解。但若能善解之，則可嘗試理解其用心良苦：「不尚賢，使民不爭；不貴難得之貨，使民不爲盜；不見可欲，使民心不亂。」（三章），「大道廢，有仁義。智慧出，有大僞。六親不和，有孝慈。國家昏亂，有忠臣。」（十八章），「絕聖棄智，民利百倍；絕仁棄義，民復孝慈；絕巧棄利，盜賊無有。此三者，以爲文不足；故令有所屬，見素抱樸，少私寡欲。」（十九章）。

[86] 莊周，郭慶藩輯，〈人間世〉，《莊子集釋》，頁135。

[87] 莊周，郭慶藩輯，〈齊物論〉，《莊子集釋》，頁93、頁79。

醜爲美」來批判美的同一化範式之書寫風格，除了做爲藝術美學的啓發資源以外，它同時還蘊含一種倫理關懷，尤其一種非人類中心、非自我中心的他者倫理。因爲這種「以道觀之，物無貴賤」、「以物觀物，物各付物」的「莫若以明」、「照之以天」，正是最能以宏大的包容視域去遊觀天地萬象，並聆聽人間事務的差異之美、生存之眞：

　　齧缺問乎王倪曰：「子知物之所同是乎？」曰：「吾惡乎知之！」「子知子之所不知邪？」曰：「吾惡乎知之！」「然則物無知邪？」曰：「吾惡乎知之！雖然，嘗試言之。庸詎知吾所謂知之非不知邪？庸詎知吾所謂不知之非知邪？且吾嘗試問乎女：民溼寢則腰疾偏死，鰌然乎哉？木處則惴慄恂懼，猨猴然乎哉？三者孰知正處？民食芻豢，麋鹿食薦，蝍且甘帶，鴟鴉耆鼠，四者孰知正味？猨、猵狙以爲雌，麋與鹿交，鰌與魚游。毛嬙、麗姬，人之所美也，魚見之深入，鳥見之高飛，麋鹿見之決驟。四者孰知天下之正色哉？自我觀之，仁義之端，是非之塗，樊然殽亂，吾惡能知其辯！」[88]

　　王倪對人類「自我觀之」、「一偏之見」的同一性思維、同一性偏見之擱置（吾惡乎知之），其所導向的「全景場視」（以物觀物），才能解放人類自我「有蓬之心」「成心爲師」的價值等序之編碼排列。讓萬物（人、鰌、猨猴、麋鹿、蝍、鴟鴉、魚、鳥，等等），讓萬事（寢臥、食物、姿態，等等）都受到平等正視並各正性命。不再以人類自以爲的正色／正味／正處的標準設定，強行傷害與我相異的不同物類存在。欣賞萬事萬物在其自身（道無逃物）的美學欣趣，深含一種納受異我的他異性之他者倫理關懷。而一切紛然萬陳的存在物，能在這種「非同一性」的多元

---

[88] 莊周，郭慶藩輯，〈齊物論〉，《莊子集釋》，頁91-93。

差異之遊觀下，既顯示其自身生命活力之美，同時物我之間，也呈現出尊重、包容、遊戲的原初倫理關係。

《莊子》對美／醜、大／小、壽／夭的顛覆策略，用意在於導向〈齊物論〉「天地與我並生，而萬物與我爲一」的眼界與胸懷。此脈絡下的「我」，解構了希臘哲學家畢達哥拉斯（Pythagoras）所謂「人是萬事萬物的尺度」之認知我，或康德啓蒙哲學所謂「人類知性爲自然立法」的主體我。「天地與我並生，而萬物與我爲一」的「我」，實乃南廓子綦的「喪我」，顏回心齋之後的「虛我」。此時的天地萬物，則呈現出南廓子綦聆聞天籟時的「夫吹萬不同，而使其自己也，咸其自取。」此時萬物千姿百態地活出自在本眞，背後既不必預設一個形上本源的外部創造者來做爲終極眞實的同一本源（解消超絕本體的形上怒者），也解放了人類符號編碼強行標定的價值階序之排列組合（消解人做爲名以定形的怒者）。而所謂「萬物與我爲一」的「一」，和〈齊物論〉「舉莛與楹，厲與西施，恢恑憰怪，道通爲一」的「一」，不但不是人類符號建構下的認知同一性，也不是萬物完全無所分別的形上同一性。事實上，「道通爲一」要落實爲「萬物與我爲一」，因爲「道」乃「無逃乎物」，並示現爲萬物運動變化的物化歷程。所謂的「道通爲一」，乃在描述萬物咸其自取、使其自己，卻又「氣化」交換且變形轉化的「物化」關係。「一」，僅是在於描述萬物在氣化交換、變形轉化之間的親密關係性，並非意指萬物都處於沒有分別的純粹同一性。此即，「道通爲一」終究體現爲多元差異的「以物觀物」。這裡所謂「遊觀」的物化美學，除了批判、鬆解了以我爲尺度的「宰物」認知，更導向了欣納萬物的倫理關懷。此乃〈齊物論〉批判「同一性思維」的「知」之偏執後，所要導向的人我、物我關係之原初承認。我與萬物共同存在於氣化世界的運動變化關係中（Being-in-the-world），從《莊子》看來，也必定同時是與千差萬別的他者共在的物化世界。這種原初關係的承認，並非建立在認知的客觀性上，而是感受性、感通性的實存遭遇、處身情境。這種物我共在的「際之不際，不際之際」的原初關

係，同時包含了「際」（他異性、陌異性、邊界性），與「不際」（連綿性、共感性、親密性）。而〈齊物論〉的「齊」觀，也只有在同時把握這種：「際」與「不際」的弔詭共在性──「齊之不齊」、「不齊之齊」，才能全幅彰顯《莊子》物化美學所藏身的「無私德」、「無私福」、「無偏方」的「兼懷萬物」之他者倫理：

> 以道觀之，何貴何賤……與道大蹇，何少何多……嚴乎若國之有君，其无私德；繇繇乎若祭之有社，其无私福；泛泛乎其若四方之无窮，其无所畛域。兼懷萬物，其孰承翼，是謂无方。[89]

　　《莊子》上述所謂「無私德」、「無私福」、「無偏方」、「何貴何賤」、「何少何多」的他者納受，所導向的大海般「無所畛域」、「泛乎四方無窮」的兼懷一切之倫理關懷，也承續了《老子》：「江海所以能為百谷王者，以其善下之。」（六十六章）、「聖人無常心，以百姓心為心。善者吾善之，不善者吾亦善之。」（四十九章）、「是以聖人常善救人，故無棄人；常善救物，故無棄物。是謂襲明。」（二十七章）老莊這些隱喻式的倫理意含，以往常被低看而有待我們進行價值重估。為闡發老莊這種道德、倫理內涵的潛力，我們可以從它批判的對象出發。老莊上述觀點顯然是建立在對於周文（禮教）的規範倫理之暴力批判，所轉化出發的他者倫理關懷。亦可說是批判周文的「舊道德」系統，嘗試提出一種「新道德」主張。而這種新道德並不同於孔孟那般回歸人的本心本性，來建立規範的自律基礎。而是將人放回與萬物共在的氣化感通世界（例如「魚相忘於江湖」的之譬喻），迎向與他人他物「際之不際，不際之際」的感通承認之原初倫理狀態。[90] 並且這種他者倫理的存在感受，奠定在對

---

89 郭慶藩：《莊子集釋》〈秋水〉，頁584。
90 筆者將嘗試將〈大宗師〉：「魚相與處於陸，相呴以濕，相濡以沫，不如相忘於江湖。與其譽堯而非桀也，不如兩忘而化其道。」詮解為原始倫理關係的復歸。任博克另有一種不全相同卻相應的觀

於人類中心、自我中心的同一性思維之批判解放上。

　　老莊對周文舊道德的規範倫理之批判，非常明顯。一般人卻將老莊對周文的批判，簡單視爲反道德、去倫理，未能看出老莊可能提出了不同於孔孟「以仁攝禮」、「以心著性」的救治周文方式，另闢蹊徑地提出了另類的新道德主張，反映出新的倫理關懷。否則我們不易理解《老子》爲何要用「下德」來批判周文儒式之道德，並另外提出「上德」這種觀念：「上德不德，是以有德；下德不失德，是以無德。……故失道而後德，失德而後仁，失仁而後義，失義而後禮。夫禮者，忠信之薄而亂之首。」（三十八章）上德是爲了對照下德，《老子》將周代禮文的規範倫理批判爲「下德」，並透過批判而嘗試重估新道德、新倫理的「上德」內涵。《莊子》也有它對周文因過分著重形式規範而流於情感空洞、浮文虛飾的批評，例如〈漁父〉所虛構的孔子和漁父對話，在批判禮文空洞化的背後，也對禮之本、禮之眞，給出深刻的追問：

　　孔子愀然曰：請問何謂眞？客曰：「眞者，精誠之至也。不

點：道德的相待之善，猶如相濡以沫的涸魚，這是人類在社會化結構下的自我認同與評價系統的不可避免活動，其「可貴可愛」和「令人作嘔」乃一體兩面事，而真正最好的是超越善惡的「相忘江湖」，他稱之爲amoral（超道德的）狀態。但他的amoral其實不是反對moral，而是要讓moral提升到更好的超越狀態。如此看來，他的amoral和本文的原初倫理、他者關懷、差異倫理乃是相互通達與對話的道路。參見Brook Ziporyn, "Zhuangzi's Tumultuous Tranquility": "Zhuangzi is comparing our moral judgments of other people to the spit of the beached fishes, barely surviving, choking and drooling on each other to keep each other wet. The satire touches both our morality and our sociality, which are seen here as two sides of the same coin, part of a single package. We need each other, and we need our judgments of each other, because we are out of our element, we are trapped and grounded and immobilized and starving to death. ... of being oblivious to both judging and being judged, as spit is a sort of gross but still much needed gob of what was once water, the unconstraining lakes and rivers of mutual oblivion. Our morality is indeed the most valuable thing in all our experience, our only reminder and the only contact with the beyond-good-and-evil, the sovereign amorality in which we used to freely transform. The Course, the water, is transformation. Transformation is the transformation not only of what we are, but of what we associate with and what we approve, of our loves and our values." 發表於「第24屆世界哲學大會」，北京大學主辦，2018年8月13-20日。

精不誠，不能動人。故強哭者雖悲不哀，強怒者雖嚴不威，強親
者雖笑不和。真悲無聲而哀，真怒未發而威，真親未笑而和。真
在內者，神動於外，是所以貴真也。……禮者，世俗之所爲也；
真者，所以受於天也，自然不可易也。故聖人法天貴真，不拘於
俗。愚者反此。不能法天而恤於人，不知貴真，祿祿而受變於
俗，故不足。惜哉，子之蚤湛於人僞而晚聞大道也！」[91]

　　《老子》批評「夫禮者忠信之薄而亂之首」而提倡「上德」，《莊
子》批評「禮者，世俗之所爲」而提倡「法天貴真」。這都是在周文「始
制有名」的禮樂規範體系的僵化與崩解下，重新反省語言分類、秩序規
範、權力控制、賤斥他者的弔詭關係。周文舊道德的規範倫理的基本原則
爲何？用《老子》的概念涉及「始制有名」，亦即語言分類系統（名）和
等級秩序建置（制），二者實爲一體兩面。秩序規範乃是透過名言類分，
來建立別異秩序與類統關係，而一套套語言分類系統，則會表現在倫理和
政治的層階關係中（例如親親與尊尊）。語言如縱橫交錯之經緯織線，社
會階層的建置則透過名言網絡的規範系統來呈現。人與人之間的社會具體
性關係，亦經由這套經緯系統的名實相符來表現與管理，如此才能落實周
文建置的禮序規範。《周禮》所謂「禮儀三百，威儀三千」，無不表現在
具體的名言規定與名實規範上。在老莊看來，語言分類系統的規範秩序，
經常不自覺地掉入建立認同（中心），而排斥他者（邊緣）的同一性威權
傾向。亦即語言的分類準則，其實是一種畫分等級的權力表現，而它在
「同一性思維」的延伸演化過程中，天經地義、理所當然地建立了中心
（美與善之範式）與邊緣（不美不善之他者）的等級階序。如此一來，規

---

[91] 莊周，郭慶藩輯，〈漁父〉，《莊子集釋》，頁1031-1032。有關《莊子》對「禮之文」與「禮之
　　真」的批判思考，以及「質與文」之間的弔詭思維和價值重估，可參見拙文，〈《莊子》對禮之真
　　意的批判反思──文質辯證與倫理重估〉，《杭州師範大學學報》（2019年5月）3期，收入本書第
　　五章。

範成立的同時，必然賤斥了納不進常軌範式的所謂醜惡事物。[92] 此即《老子》要批判自以為道德，自認為文明的「光之暴力」，重新柔軟善／惡的分割界線，給予被賤斥的醜惡他者，更多的容納與體諒，故有所謂「和其光，同其塵，是謂玄同」的「和光同塵」主張。「玄同」能將光和塵的絕對對立，給予彼此涵容的包容空間，由此通向了「光而不耀」的襲明：「是以聖人常善救人，故無棄人；常善救物，故無棄物；是謂襲明。」襲明，除了具有批判「以自為光」的道德暴力之外，它同時也隱含著一種納受他者、尊重差異的倫理關懷。故《老子》強調：善與不善，光與塵，中心與邊緣，同一與差異，都在玄同的倫理胸襟之中，重新獲得了「兩行」對話的轉化餘地。

七、《莊子》的醜惡書寫與他者倫理——以〈德充符〉形殘人物為例

　　對「他者」的關注，是一項龐大的文化批判與治療工程，而人類進入二十世紀，才比較有能力用另類思維重新面對被異化的「他者」，重新正視光之暴力。[93] 從當今各種藝術表現中，我們才不斷看到各種殘缺、醜

---

[92] 鮑伊（Fiona Bowie）在研究人類文化符號的象徵時就指出：「大多數社會都有一些群體被看做實際上處於『人類』範疇的邊界之外。納粹德國中的猶太人，甚至包括當地居民眼中的吉普賽人和旅行者。對某些民族來說，同性戀的男人或女人，不同膚色或不同宗教信仰的人，都可能被視為『界限之外』的人。如果發生戰爭和衝突，敵人首先會被『失人性化』，然後可以對之大開殺戒。在每一個例證中，我們都不是在與生物學的自身打交道，而是關聯到象徵的分類。」鮑伊，金澤、何其敏譯，〈做為象徵的身體〉，《宗教人類學導論》（北京：中國人民大學出版社，2004年），頁44。

[93] 林鎮國：「『它者』的問題，可以說是現代文化論述最為核心的問題。馬克‧泰勒，一位著名的解構論宗教哲學家指出，社會與文化的歷史即是一部試圖解決差異與它性的歷史，而此種情況莫甚於當今。在現代論述景觀上，那些以往被壓抑而失聲的『少數』成了眾所討論的焦點——『性別』的意涵重新檢討，女性主義成為顯學，而同性戀、多性戀的正當性也被要求重新考察；少數民族（猶太人、次等國民、黑人）與殖民文化的構成與認同、人類學上『原住民』如何被曲解地表述，愛滋病與死亡的談論，都成為批判反省的焦點論題。這些問題以往在『理性的學問』視域下，只能佔有邊緣性的地位，作為『中心』的陪襯，『同一性』的輔證而已，如今視域翻轉，中心／邊緣，同一／差異之階位格局遂受到質疑。」〈它者、慾望與言說：佛教的文化哲學〉，《空性與現代性》（臺北：立緒文化事業有限公司，2004年），頁247。

惡、病態、小人物被搬上舞臺，成為主角而重新受到觀看與關懷，甚至被英雄化為救贖者。對於這種正視醜惡、書寫醜惡的藝術追究，巴塔耶（Georges Bataille）認為這才是文學的本質與最誠實的道德。他在《文學與惡》一書中強調：

　　我認為，人必然會反對自己。如果他不是譴責的對象，他就不能認識自己、永遠熱愛自己。

　　文學是本質，否則就不是文學。惡──尖銳形式的惡──是文學的表現；我認為，惡具有最高價值。但這一概念並不否定倫理道德，它要求的是『高超的道德』。文學是交流。交流要求誠實。按照這一概念，嚴格的道德來自對惡的認識，這一認識奠定了密切交流的基礎。文學並不純潔，它有過錯，應該承認這點。只有行動才有權利。我想表明，文學是找回來的童年……由於行動的必要，出現了卡夫卡的誠實。……最後，文學應當自我認錯。[94]

　　巴塔耶所謂的惡，尤其文學所面對與書寫的惡，絕不能簡單地理解為歌頌或縱容罪惡。巴塔耶是尼采主義者，其關懷延續自尼采（Friedrich Nietzsche）那種「生命力是無辜」的全然肯定立場。例如尼采批判基督教奴隸道德用一套形而上的神學系統，將人們的整全生命力切割為左／右兩半，半者屬肉欲之沉淪，半者屬靈性之救贖，並以右手裁判左手，譴責並裁抑原本無辜的生命力（如身體、情感，欲望）。於是身體與欲望被醜惡化，成為了靈性救贖的代罪羔羊。[95] 巴塔耶賦予文學最誠實甚至高超的道德關懷，不同往昔歌頌神聖，譴責罪惡的宗教文學，而是要徹底挖掘神聖

94 巴塔耶，陳慶浩、澄波譯，《文學與惡》（臺北：國立編譯館，1997年），頁29、頁5-6。
95 參見汪民安，〈道德與疾病〉，《尼采與身體》（北京：北京大學出版社，2008年），頁31-99。

與醜惡的內在關係，嘗試解救被污名化的無辜生命力。由此巴塔耶強調文學應與醜惡誠實面對面，隱含著對往昔善惡二元對立的主體性批判與重探。[96] 人的生命原本就存在著內部差異性，當宗教教義或道德系統試圖以純粹同一性，來裁抑甚至消除自我內部的「非同一性」時，人格分裂與人性鬥爭將使生命成為自我獻祭的聖臺。於是如何納受生命內在的非同一性，便是文學要學習打破宗教教條與道德暴力的「卡夫卡式誠實」，並由此展開熱愛自己、全然肯認的一條新生之路。其中包括納受自身的內部他者，以及納受異於我者的外部他者。由此巴塔耶主張文學對醜惡的直面相見，非但不會否定倫理道德，反而要求更高超的道德。這樣的新文學、新使命，發出了新的定言令式——只有與醜惡誠實地面對面，完整的人性救贖與新倫理道德，才得以在廢墟中萌發新芽。

其實《莊子》也在進行著類似於「在反對自己中來重新認識自己」的批判解放活動。[97] 透過對傳統舊道德以「善行譴責惡行」的「再譴責」，人類才有可能超越周文舊道德的光之暴力，以建立新道德的「和光同塵」，從而全心熱愛、全部肯定生命自身。能與醜惡現象面對面，將展現出更堅忍、更誠實的觀看方式與面對能力，而這便是擁有文字技藝的書寫者之新天命，巴塔耶由此將其定位為「文學本質」。據此文學則可視為新

---

[96] 對於這一點，巴塔耶對波特萊爾（Charles Baudelaire）的分析，最能顯示這樣的立場：「『他（筆者注：即波特萊爾）在《私人日記》中寫道：……任何人、任何時候都同時有兩種訴求：一是向上帝，一是向撒旦。祈求上帝或神靈是一種向上的願望，祈求撒旦或獸性是一種向下的喜悅。』……任何人、任何時候都同時有兩種訴求，一種傾向工作（增強力量），另一種傾向享樂（消耗力量）。工作適應對未來的關心，享樂則應付現在的片刻。……『從我現在的精力看我是應該消耗它，還是增強它？』從整體來說，波特萊爾的答覆是很奇特的。一方面，他的注釋充滿了工作的決心，但在生活中，他長期拒絕有成果的活動。他甚至寫道：『做一個有用的人，我一向認為這是令人非常厭惡的』。對向善的問題同樣無法解決……他甚至不能確定對立是不是自願的和內在的（享樂和工作的對立）或是外在的（上帝和魔鬼的對立）。只能認為他傾向於擯棄超驗性形式。」巴塔耶，《文學與惡》，頁39-40。

[97] 《莊子》對個我主體、文化主體的自我批判反思，都涉及自我反身觀照所發現的「內部他者性」。此一立場類似尼采。可參見劉滄龍，〈內在多元的主體〉，收入《氣的跨文化思考：王船山氣學與尼采哲學的對話》（臺北：五南圖書出版股份有限公司，2016年），頁21-38。

良知事業。所謂新良知並非一廂情願的道德濫情、歌頌美好，反而需有重新面對幽暗的能力，他要能為人類進入他界，重新為人類尋回黑暗之光或將光明重新帶入暗界，以能為人類的真善美擴張其包容界域。由此一來，文學乃可能與惡為友，發展出惡法門，不再只是純潔而蒼白的歌頌，而是以最誠實的心眼，觸及最尖銳的醜惡。

　　《莊子》對於醜惡的文學書寫，散見全書。最為集中體現醜惡書寫者，並以其顛覆性策略而打開他者倫理的關懷向度者，〈德充符〉堪為代表。放在先秦眾多文本來觀察，〈德充符〉極為特殊，五大段落都在講述類似當今的身殘支離者、醜惡身形者，亦即廣義的社會邊緣人。例如王駘、申徒嘉、叔山无趾、哀駘它、闉跂支離无脤、甕𤮬大癭。古時這種身體有殘缺，不管天生殘疾還是肉刑懲罰，基本上都是罪污不潔之印記。即便天生之疾也被常視為缺德符徵，古代通常將此歸諸先祖缺德遺業。而肉刑烙印身體，敞開在眾人歧視眼光下，更是終生無法抹去的污穢圖騰。劓刑直接削刻在臉上，無所逃於賤斥的每個眼神。刖刑則砍掉腳跟，讓罪記永遠銘刻在身體跛態上。這種刑殘餘人幾乎注定遭受排斥，甚至被遺棄為邊緣者。這樣的醜惡敗德者，被視為最遠離美善範式之威儀，不但不能當君子而身居雅層，甚至成了社會底層墊背而苟活。在《莊子》年代裡，這些刑餘之人經常被折辱成所謂的「閹者」。[98] 而對於這種因身殘而被折辱為「守門之賤者」，其政治社會、倫理網絡的邊緣處境，底下這一描述大體可說明：

　　「閹」的社會處境，可稍從「刑餘無名」與「祭物分配」二面向觀察。在「刑餘無名」的面向上，《公羊傳》釋「閹弒吳子餘祭」曰：「閹者何？門人也，刑人也。刑人則曷為謂之閹？

---

[98] 如《左傳》莊公十九年載：「遂自刖也。楚人以為大閹，謂之大伯。」《左傳》昭公五年載：「若吾以韓起為閹，以羊舌鮒為司宮，足以辱晉，吾亦得志矣。」《禮記》〈祭統〉載：「閹者，守門之賤者也」。

刑人非其人也。」説明受荆刑之守門者並不具有「人」應具備
之價值與地位；相同史事，《穀梁傳》更從「不得君其君」顯示
對「閽」的歧視：「閽，門者也，寺人也。不稱名姓，閽不得
齊於人；不稱其君，閽不得君其君也。」從受刑人之生命歷程觀
之，其受刑前應處於倫理網絡中，受刑後卻被排除其外，甚至不
能敬國人皆敬之「君」，這深化「不得齊於人」的處境，呈現受
刑人在原有的身心痛苦與社會對「刖刑」的歧視之外，還被剝奪
倫理網絡之歸屬感。……「煇胞翟閽」皆爲至賤役者，在位者透
過分與祭餘之物的行爲，突顯受刑人皆爲應接受憐憫而不與人等
齊；先秦文化中，對名的指稱與確立以及祭之參與，皆爲禮之重
要實踐，「閽」被剝奪「與祭權」，亦側面呈顯其被邊緣化的處
境。[99]

　　從《左傳》、《禮記》、《公羊傳》、《穀梁傳》等記載，遭受刖
刑而淪落爲「守門之賤者」的「閽」人，他們不但被剝奪了參與重要的政
治（「不得君其君」）與宗教（「不得與祭」）之公眾活動，僅能從事最
低賤之工作（如守門）。我們更從「刑人非其人也」、「不稱名姓」、
「不得齊於人」，等等「次人格」、「非人格」描述來看，他們近乎是匿
名甚至是無名的「非存在」。這樣的無名之人，不可能有機會如〈逍遙
遊〉「知效一官，行比一鄉，德合一君，而徵一國」那樣躍身上層政治社
會舞臺來功成名就。他們只能成爲經常被賤視、偶而被同情的餘人（多餘
者）。或成爲上位者偶而略施小惠（分與祭餘之物），以突顯統治者德政
愛民的道德工具。顯而可見，這些刑殘者終究只是苟活度日的被救濟者。
《左傳》、《禮記》、《公羊傳》、《穀梁傳》的周文時代，善／惡，美
／醜，潔淨／污穢，明顯分屬於上／下、貴／賤的等級區分與二元對立。

99 何儒育，〈論《莊子‧德充符》之創傷療癒〉，《清華學報》46卷1期（2016年3月），頁7-8。

所謂「禮不下庶人，刑不上大夫」，顯示階層之間禮法待遇的不相及。這些受刑之人幾乎被剝奪話語權，就算冤獄也經常含冤莫白。醜惡之人，上天不眷顧，歷史不紀錄，幾屬無名的極端他者狀態。用社會學者高夫曼（Erving Goffman）的概念說，這些被污名（stigma）甚至無名的不存在者，最多苟活於社會「後臺」，是絕不能在光鮮亮麗的「臺前」粉末登場的。[100]

　　但《莊子》卻能用「以道觀之，物無貴賤」來「照之以明」，將臺前燈光移轉到後臺的幽暗他界。值得注意的是，它完全不再用「貴視賤」的歧視眼光來道德裁判，或用「高看低」的悲憫眼光來道德同情。〈德充符〉這種文學書寫，除了明顯批判周文規範倫理的暴力性與遮蔽面以外，細讀〈德充符〉將發現它開顯了一道他者倫理的「襲明」之光，讓臺前與臺後那道「有封」「有常」之轄域疆界，獲得了疏通與調節。它把光從臺前視域移到後臺，照亮這些兀者、刖者、支離者、身體破碎者，結果黑暗舞臺重啓了「惡之華」。醜惡原來並沒有那麼醜惡，甚至展示出他們的生命之美，凸顯以往不被看見的德性與魅力。〈德充符〉的「德」，重新演示一種內在湧現、以自爲光的生命力，不一定得合乎外在美善標籤的行爲規範、道德守則，那種〈齊物論〉所謂「有倫有義、有左有右、有分有別、有競有爭」的四維八德。與此相反，這種生命力是一種生命自身之美，一種由內而發的光暈氣韻。〈德充符〉就是這樣來重新審視王駘、申徒嘉、叔山无趾、哀駘它、闉跂支離无脤、甕㼜大癭，這一類被先秦社會所賤斥的「刑餘無名」之人，重新賦予他們新的美善形象，甚至智者風範。《莊子》由此表達出，他者倫理絕非「以自爲光」的道德同情，因爲這仍然是「同一性思維」、「同一性標準」在主導，而不是以不可化約的他者做爲前提。底下筆者嘗試選取〈德充符〉幾則書寫醜惡爲例，具體彰

---

[100] 參見高夫曼、徐江敏譯，《日常生活中的自我表演》（臺北：桂冠，2012年）；曾凡慈譯，《污名：管理受損身分的筆記》（臺北：群學出版有限公司，2010年）。

顯《莊子》如何透過文學書寫來展開他者倫理的關懷。由於為突顯《莊子》對他者倫理的具體關懷之微型書寫，因此底下將儘量採取「文學複刻」的深描來進行：

申徒嘉，兀者也，而與鄭子產同師於伯昏無人。子產謂申徒嘉曰：「我先出，則子止；子先出，則我止。」其明日，又與合堂同席而坐。子產謂申徒嘉曰：「我先出，則子止；子先出，則我止。今我將出，子可以止乎，其未邪？且子見執政而不違，子齊執政乎？」申徒嘉曰：「先生之門，固有執政焉如此哉？子而說子之執政而後人者也！聞之曰：『鑑明則塵垢不止，止則不明也。久與賢人處，則無過。』今子之所取大者，先生也，而猶出言若是，不亦過乎！」子產曰：「子既若是矣，猶與堯爭善，計子之德不足以自反邪？」申徒嘉曰：「自狀其過，以不當亡者眾，不狀其過，以不當存者寡。知不可奈何而安之若命，惟有德者能之。遊於羿之彀中，中央者，中地也，然而不中者，命也。人以其全足笑吾不全足者多矣。我怫然而怒，而適先生之所，則廢然而反。不知先生之洗我以善邪！吾與夫子遊十九年矣，而未嘗知吾兀者也。今子與我遊於形骸之內，而子索我於形骸之外，不亦過乎！」子產蹴然改容更貌曰：「子無乃稱！」[101]

故事的主角是「申徒嘉，兀者也」。申徒嘉是個人身體殘缺之人，這樣的人卻與鄭子產「同師於伯昏無人」。子產是《左傳》經常出現的鄭國執政大臣，高高在上的他卻要和兀者申徒嘉同堂共室一起學習，這讓子產心中不是滋味而悶悶不樂。子產為何不快？因為就周文禮制來說，士大夫階級的禮樂威儀是不可能與兀者共享的。空間的配置分佈與身分地位的

---

[101] 莊周，郭慶藩輯，〈德充符〉，《莊子集釋》，頁196-201。

象徵，密切相關。因此子產才會說「我先出則子止，子先出則我止。」他斥責申徒嘉竟敢不卑不亢與他同出同入，完全無視我鄭子產是位高權重的執政大臣。子產希望清楚拉開兩人之間「我出你進，你進我出」的份位距離，以保持他的德性、威儀不受污染。子產活在權力的空間世界，就算來到伯昏無人這樣另類的學習場域，他依然改不掉權力傲慢的階級心態。何況眼前此人是個殘缺不全、德性有虧的兀者，他如何能與污者同進同出呢？[102]

　　《莊子》的描述很傳神。子產嚴厲提醒申徒嘉之後，沒想到第二天，申徒嘉居然像耳聾沒聽見似的，又與他合堂同席而坐。告誡之後，申徒嘉竟膽敢故我，簡直不把「執政」放在眼裡。是可忍，孰不可忍。子產最後終於講出他的心裡話：「且子見執政而不違，子齊執政乎？」子產終於搬出了官威。子產以「執政」居廟堂之上，猶如〈逍遙遊〉「夫知效一官，行比一鄉，德合一君，而徵一國者，其自視也亦若此矣」般自視甚高。而「子齊執政乎」這一質問或責備，明顯表示出子產的權力心態與階級意識。只是他萬萬沒想到，眼前這個殘疾人士申徒嘉猶如大鵬般心懷天池之志，根本無心無視於執政名位等社會頭銜。申徒嘉確實由衷認為，我申徒嘉和他鄭子產本來就是「齊物一等」之存在。而「執政」在子產心中則是官位名分，是位高權重的君子象徵。本來他還壓抑住這個內藏心態，最後還是忍不住搬出權力標籤，這樣也就把伯昏無人「以道為親」的公共道場，頓時墮化為權力場所。[103]

---

[102] 這種空間分配的權力象徵性，不僅在周文禮教處處可見。其實古代和當今社會都有類似的空間權力化現象，例如印度種姓制度下的貴族與賤民、歐洲人與吉普賽人，都呈現認同與空間的區隔關係。參見鮑伊，〈保持與改變邊界：宗教認同的政治〉，《宗教人類學導論》，頁79-103。

[103] 任博克的《莊子》英譯本，很能掌握住子產那種權力化的空間佈置感："I said you should wait behind when I leave, and I'd wait behind when you leave. Now I'm about to go——will you wait behind or not? You see a holder of political power and you don't give way——do you think you're equal to a holder of power?" Brook Ziporyn, *Zhuangzi: The Essential Writings with selections from traditional commentaries* (Indianapolis: Hackett Publishing Company Inc., 2009), p. 34.

　　不過就當時社會階級價值觀而言，子產其實並未過分，他只是體現了周文禮制的正名思維。比較不可思議的，反而是申徒嘉的思維與做法。就筆者解讀，申徒嘉似乎是體現〈人間世〉稱之為「與天爲徒」的觀點：「與天爲徒者，知天子之與己皆天之所子，而獨以己言蘄乎而人善之，蘄乎而人之不善之邪？」[104] 簡言之，申徒嘉已能從無昏伯人的道場那裡學到了，超越社會階級（人的層次）的外在認同，轉從生命本眞（天的層次）的平等觀來納受自己、欣悅他者。[105] 人人生命皆本源自天，而活出本眞便可謂是「天之所子」，因此無須依待他人肯定（善）與否定（不善）的外在標籤，皆能自在自得活出自己、表達自我。問題關鍵在於，《莊子》為何要透過申徒嘉這樣的兀者來體現這種「人人皆爲天子」的平等智？不管是「人人皆爲天子」這種革命性觀點，還是透過殘疾人來傳達這種驚人主張，《莊子》的書寫策略不可不謂帶有強大的批判性，甚至革命性動能。

　　申徒嘉這麼回應子產：「鑑明則塵垢不止，止則不明也。」這裡借用了水鏡譬喻，暗示出子產未能照見實情，而只能看見自己的欲望投射。子產的心態處在流行般混濁狀態，暗示出他的成心太多，猶如塵垢沾黏而使鏡鑑難明。只有心如止水般化掉混濁的成心干擾，猶如鑑明則塵垢自然不會沾黏，才能發揮洞察實情的智慧。這裡的「鑑」與「止」，既屬於哲學慧見，也是修養工夫。而鄭子產的「執政」成心，就是一種塵垢沾黏的「有蓬之心」，一種自亂其心的流水。他雖來到伯昏無人的公共道場，心中的塵埃從未眞正落下。「久與賢人處則無過」、「今子之所取大者，先生也，而猶出言若是，不亦過乎」我們同在公共道場裡面學習，與賢明智

---

[104] 莊周，郭慶藩輯，〈人間世〉，《莊子集釋》，頁143。

[105] 「伯昏無人」的名字，也是《莊子》的弔詭思維之修辭手法，可謂是「無名之名」或者「名無名」。伯昏無人之「昏」字，顯示超越善惡對立的渾沌特性。而「無人」既是自我的虛損，也暗示了超越外在名利權位、男女相、執政相、兀者相，等等社會符碼。子產顯然未參透其師假名為「伯昏無人」的用心。

者天天相處，難道不能被潛移默化？申徒嘉這個回應，甚至是代伯昏無人給予訓示，十分犀利地直指權力傲慢的核心。一針見血地刺痛了子產。

沒想到子產並不受教，惱怒回擊申徒嘉說：「子既若是矣，猶與堯爭善，計子之德不足以自反邪？」這個「既」帶有輕視口氣和輕蔑態度，而且是在指責申徒嘉的敗德過去。「若是」表示出你已經是個遭刑之人、污穢之身，這樣的醜惡印記是洗刷不掉的。你這樣的罪人之身，自我贖罪懺悔都來不及，還敢大言不慚地講道說教，想要和堯爭賢比善嗎？

申徒嘉平淡地回答：「自狀其過，以不當亡者眾，不狀其過，以不當存者寡。知不可奈何而安之若命，唯有德者能之。」大部分人都會為自己辯解，粉飾自身過去的「過」，會為自己找出無辜理由來自我辯解，卻不一定能夠如實面對自我而承認過錯，這是多數人經常出現的心理機制。而能不為自己辯解，誠誠懇懇面對，如如實實理解，坦白面對、放下過去，接納自己又不推責他人，這樣的人反而是少有的。申徒嘉的回答，顯示出他完全不同於子產那種近乎本質，也帶有階級意識的罪責觀看。由於過去的肉刑是將一個人的錯誤銘刻在身體上，幾乎走到那裡都難脫眾人歧視，因此很容易把醜惡給本質化。而身為執政的鄭子產，顯然也在增重這種歧視眼光。罪人就是罪人，污穢就是污穢。鄭子產不能理解像申徒嘉這樣罪罰之身，怎能可能體現「德充符」？在子產眼中，兀者的身體就是醜惡的他者體現，但《莊子》卻要允諾兀者可以做為「德充符」的體現者。而兀者申徒嘉不但納受當下的自己，也體現了不推責他人，不怨天尤人的包容德性。

「知不可奈何而安之若命，唯有德者能之。」有德有智有修養的人，他並不罪咎自我，也不推責他人，而是「知其不可奈何」而安之若命。「知不可奈何而安之若命」，不該淺解或誤解為消極、無奈、宿命。而是體現出對不同的生命處境，能夠放下「自我觀之」的道德裁判與責求，轉而從「以道觀之」的多元差異情境，或者「以物觀物」而設身處地去接納事物的差異，從而能產生感同身受、納受差異的包容與寬諒。其次，「知

不可奈何」還具有體諒萬事萬物皆有其繁複因素與力量推移，任何人事物都未必能純由個人意志所主宰與決定，反而經常是被諸多看不見的因緣力量所推移而「不可奈何」。「知不可奈何」隱含著一種去自我中心後的平淡泊主體之領受。對於主體妄想主宰一切的妄自尊大之看淡，使得《莊子》能體諒生命本身的「不可奈何」。我們不但要學會安命於「不可奈何」，甚至要從這種柔軟的平淡主體狀態，接納那些不可能全然被主體同一性控制的他異事物與力量。[106]

　　「知其不可奈何」，帶有高度對於生命的理解與諒解。生命有限，有時犯過並不都是個人問題，有可能是青春階段與生帶來的本能力量，讓你衝撞叛逆乃至犯過。有些時候我們被拋擲在弔詭的兩難情境，前進不是，後退不得。有時太多力量牽引，以致使人們被混沌時局挾帶而去，無能為力。所以個人眼前的錯誤，不必被固化為個人性的本質邪惡。「知其不可奈何」，讓我們放下善惡的截然裁判，學習去聆聽各種不同處境的生命故事。顯然故事中的子產，沒有能力傾聽申徒嘉的生命故事。如此看來，「知不可奈何」，是深刻而成熟的自我認識與他者面對。人們慢慢會理解到一個人不能獨活，任何人都是在複雜的情境中與大環境浮沉與共。社會的道德標籤很容易讓我們譴責別人，甚至掉入社會輿論的集體譴責，並將其本質化為天生之惡。可是申徒嘉卻由於親身的刖刑經歷以及謙卑的學習，使他能夠同時領受生命何其可貴（皆天之所子），又何其渺小（知其不可奈何）。並由此展現出「安之若命」的超越智慧與柔軟德性。

　　莊周是哲學家兼文學家，兩方造詣皆高超。對於人生的「知不可奈何而安命」，他給了一個耐人尋味的譬喻：「遊於羿之彀中。中央者，中

---

[106] 任博克底下的英文本頗能掌握住「知其不可奈何而安之若命」的超然平靜與主體淡泊，可惜的是，似乎未進一步揭示其隱含的差異倫理、他者倫理的關懷向度："Only a true Virtuoso can understand what is unavoidable and find peace in it as his own fate. If you play around near Archer Yi's target, lurking near the bull's-eye, it is only normal to get hit. If you manage to escape being hit, that's just fate, good luck." Brook Ziporyn, *Zhuangzi: The Essential Writings with selections from traditional commentaries*, p. 35.

地也；然而不中者，命也。」有個百發百中的神射手羿，幾乎每次都能射中靶心，而人生處境就像落在羿的箭術射程裡，早晚幾乎注定都要被他命中紅心。這個譬喻暗示人生就像是遊於羿之彀中，凡存在皆無所逃於命限。比如變化之偉力不可能不找到你我，我們都終將遊於「化則無常」的必死之彀，必定會被羿箭給射中，這便是無所逃於比我們都還宏大的天命力量。人生就像在這樣的羿之彀中存活，有時必然犯錯，有時必然挫折。它來擋不了，它去留不住。不可都由我來做主，也不可能永遠毫髮無傷。「中央也」，我們都在羿百發百中的中央射程裡，「不中者」只是暫時的意外逃過，這只是「命也」的意外放過。但生命中有太多東西是無所逃於羿之彀中，總有一天會被碰到。人們必須對這樣的「不可奈何」有足夠的體認與包容。其實這也是在暗喻申徒嘉的兀腳背後，也自有難為外人道的故事，也可能有他遊於羿之彀中的「不可奈何」。

　　「人以其全足笑吾不全足者多矣」。面對各種歧視，一開始申徒嘉或許也曾「怫然而怒」。可是自從來到伯昏無人的道場後：「適先生之所，則廢然而反。」他便能逐漸返回生命真正重點，把過去的傷害給塵埃落下。而且申徒嘉還說「不知先生之洗我以善邪」他幾乎沒有特別感覺到任何刻意的洗惡還善。申徒嘉是在伯昏無人的潛移默化中，自然自在地找回他的本來自信。這個伯昏無人的「善」，可透過〈應帝王〉渾沌寓言中的渾沌之善來理解。「渾沌待之甚善」，其善不是善惡對立的善，絕非「為善無近名，為惡無近刑」的那個「近名之善」。伯昏無人的善是「上德之善」，是「上善若水」，是「善者吾亦善之，不善者吾亦善之」的「玄同」之善。是對所有生命都有一份「知其不可奈何」的諒解與納受。伯昏無人能夠這樣洗我以善，申徒嘉也就不再自哀自憐地自我譴責，同時也學會體諒他人的「不可奈何」。「吾與夫子遊十九年矣，而未嘗知吾兀者也」在這十九年中，申徒嘉幾乎不再意識殘疾的自卑。「今子與我遊於形骸之內」，如今我申徒嘉跟你一起向老師伯昏無人學習「遊於形骸之內」的智慧與德性，可是鄭子產你為何總是「索我於形骸之外」？最後「子產

蹴然」，又羞又愧。意識到自己的淺薄而覺得難堪，主動結束了這場智慧超越階級的不對等對話。我們接著看醜人哀駘它的故事：

> 魯哀公問於仲尼曰：「衛有惡人焉，曰哀駘它。丈夫與之處者，思而不能去也。婦人見之，請於父母曰『與爲人妻，寧爲夫子妾』者，十數而未止也。未嘗有聞其唱者也，常和而已矣。無君人之位以濟乎人之死，無聚祿以望人之腹。又以惡駭天下，和而不唱，知不出乎四域，且而雌雄合乎前。是必有異乎人者也。寡人召而觀之，果以惡駭天下。與寡人處，不至以月數，而寡人有意乎其爲人也；不至乎期年，而寡人信之。國無宰，寡人傳國焉。悶然而後應，氾而若辭。寡人醜乎，卒授之國。無幾何也，去寡人而行，寡人卹焉若有亡也，若無與樂是國也。是何人者也？」仲尼曰：「丘也，嘗使於楚矣，適見㹠子食於其死母者，少焉眴若，皆棄之而走。不見己焉爾，不得類焉爾。所愛其母者，非愛其形也，愛使其形者也。」[107]

　　這是個有關其醜無比之人哀駘它的故事。魯哀公一直聽聞有關哀駘它的異人異事，有一天，他求證於博學多聞的孔子：聽說衛國有個其醜無比的人叫哀駘它，可是卻聽聞他有一種眾人爭相來會的奇特魅力。照常理說，這麼醜惡之人，大家都唯恐避之而不及，爲何這樣奇醜之人身邊卻總是眾人雲集：「丈夫與之處者，思而不能去也。」、「婦人見之，請於父母曰『與爲人妻，寧爲夫子妾』者。」《莊子》的誇張描寫，十足戲劇性。重點在於，《莊子》爲何要賦予這樣醜怪之人，這麼大的人格魅力？尤其他的魅力超越階級，超越性別。

　　令魯哀公不明白的還有，聽說此人「未嘗有聞其唱者也，常和而

---

[107] 莊周，郭慶藩輯，〈德充符〉，《莊子集釋》，頁206-216。

已。」哀駘它這樣的人似乎不太主動發表高超言論和強烈主張。「唱」是主動從「自我觀之」去宣稱是非立場，背後通常有個主宰性意志在強烈表達自我價值判斷。但是哀駘它並未主動宣揚，只是「常和人而已矣。」「和」代表一種柔軟而敞開的傾聽主體，經常回應、傾聽、隨順他人。魯哀公實不明白，這樣平凡無奇的行事風格，又奇醜無比的外貌，如何能讓眾人著迷傾心？真是不可解於心。更驚人的是，聽說哀駘它能發揮：「無君人之位以濟乎人之死，無聚祿以望人之腹」的神奇效應，這尤其刺痛了魯哀公。因為真正具有君人之位和聚祿之利的人，正是魯哀公這樣位高權重的統治階級，而眾人之所以敬愛與畏懼魯哀公，則是趨利避害的人性弱點。魯哀公自可理解權力和資源能發揮聚眾使眾的效力，但是一個無君人之位又無聚祿之利，奇醜無比的哀駘它，如何可能發揮「濟乎人之死」、「望乎人之腹」的魔力？我們再次看到，《莊子》在〈德充符〉中，發揮了文學書寫「以醜為美」的顛倒魔法，讓高高在上威儀棣棣的魯哀公反而變的平凡無奇。而卑微低賤且殘缺醜惡的哀駘它，卻能發揮人格的無窮魅力。

　　魯哀公很困惑，但心想「是必有異乎人者也。」此人應有他殊異勝處才是。於是「寡人召而觀之」，一見面果然感到驚駭非常，此人果真「以惡駭天下」。如何醜惡，魯哀公並未具體描述。但從「駭天下」來推斷，加上哀駘它這個名字所暗示的身體形象，我們幾乎立即聯想到〈人間世〉那個支離疏的醜怪模樣：「支離疏者，頤隱於齊，肩高於頂，會撮指天，五管在上，兩髀為脅。」[108]這種支離扭曲的身體模樣，我們一再從《莊子》的文學書寫中看到。例如〈大宗師〉子輿的身形樣態：「曲僂發背，上有五管，頤隱於齊，肩高於頂，句贅指天。」[109]而這樣的醜惡形貌，絕不只是一般長相的不甚美觀。在古代的社會價值觀裡，這種身體扭曲變

---

[108] 莊周，郭慶藩輯，〈人間世〉，《莊子集釋》，頁180。
[109] 莊周，郭慶藩輯，〈大宗師〉，《莊子集釋》，頁258。

形至此的殘疾人，經常是天罰報應的污穢體現。用具體形象來比擬，哀駘它、支離疏、子輿的病體模樣，簡直就像痲瘋病人形象那般，容易引發極大恐懼甚至被投射爲魔鬼附身，甚至受到隔離甚至監禁。在筆者的閱讀經驗中，先秦同代文本從來沒有像《莊子》這般赤裸描寫這些被社會遺忘的病體人物。不僅如此，《莊子》還要賦予這些「惡駭天下」之人，最能彰顯「德充符」之新型典範人物。而且這種新典範所挑戰甚至取代的舊典範人物，如孔夫子、鄭子產、魯哀公等等，正都是「知效一官，行比一鄉，德合一君，而徵一國」，等等社會雅層的賢達人士。

　　魯哀公並不信邪，嘗試讓哀駘它「與寡人處」。這個「處」，帶來了與「他異者」的面對面遭遇。想必一開始，魯哀公的成心成見，也曾讓自己很不自在。但經由深度的相處後，「不至以月數，而寡人有意乎其爲人也」。魯哀公便能逐漸超越皮貌上的偏見，感受到哀駘它的人格魅力，時常被他觸動。經由「不至乎期年」的更久相處，魯哀公已徹徹底底地與哀駘它產生「寡人信之」的承認關係。承認與信任到什麼地步？魯哀公向孔夫子掏心掏肺表示：「國無宰，寡人傳國焉。」君王是決不會輕易相信旁人的，這也是爲何國君叫做寡人。最是寂寞君王心，寡人永遠害怕君權旁落，一直警惕自己不讓旁臣偷走權力。但這位醜惡無比的哀駘它在與魯哀公「面對面」長久相處後，不但讓哀公完全忘掉了他的醜惡形貌，甚至全心想把國家最重要的權力託付給他。這必然是一種最心悅誠服的承認，最由衷而發的信任了。

　　魯哀公這麼愼重地託付國之重寶，結果哀駘它的回應卻是：「悶然而後應，氾然而若辭。」哀駘它不但沒有任何高興自滿，反而心事重重，悶悶不樂。好像回應也不對，不回應也不對。似乎哀駘它一方面覺得應該幫幫魯哀公，才不愧對哀公信賴。可是另一方面，權力對於哀駘它又是可有可無，甚至是傷人害己的不祥之器。這樣的反應，更讓魯哀公自愧不如地自以爲醜。旁人皆阿諛諂媚，千方百計地想要從哀公身上獲得權力，但這位哀駘它卻是「悶然而後應，氾然而若辭。」連魯哀公最爲看重的位高權

重，在哀駘它心中居然舉重若輕地被放下了。這完全超乎哀公預期之外，不過哀公最後還是硬把國家大政託付給哀駘它。但在哀公「卒授之國」以後沒多久，哀駘它也就「去寡人而行」矣。哀駘它終還是悄然離去，留下一個深宮寡人「卹焉若有亡也」。獨留魯哀公在朝堂上，憂悶不已，悵然若失。「若無與樂是國也。」再也找不到共同分憂解勞，同甘共苦之人了。魯哀公終於還是失去了知己，獨處權力深宮而最是寂寞。最後感嘆地向孔子問道，竟究哀駘它「是何人者也？」

於是《莊子》假藉仲尼之口，說了一個發人深省的故事。孔子向哀公說道，他曾在周遊列國而途經楚國時，看到「適見豚子食於其死母者」這一幕令人既感慨又動人的景象，讓他深深銘刻在記憶裡。那是母豬處在彌留狀態，生死之間短短幾分鐘的景象。一堆餓壞的豚子正在分食母親奶水，一開始豚子們並沒有意識到母親病危的異樣，只是在本能飢餓中搶食。瞬間母豬斷氣，體溫急速冰冷，豚子們頓時一轟而散。孔子說，當他看到「少焉眴若」的景象，感受極深。「少焉」是母親突然斷氣的瞬間。「眴若」則是豚子們突然驚慌四散的瞬間。這是因為當母親還有體溫與喘息時，它就仍然是豚子們的母親。然而當豚子們意識不到體溫和氣息，本能也就告知了它們，眼前是一具陌異屍體而非溫馨母親。《莊子》透過這個微觀細描的文學書寫之故事譬喻，就是為了回應魯哀公對哀駘它「是何人也」的大哉問。

「不見己焉爾，不得類焉爾。」豚子們的「見」，絕不只外表輪廓的形式之見，因為當時母豬形體還未腐爛，容貌上依然還是原來母親模樣。可是動物們有種本能，對於氣味、體溫，甚至更為細微的力量氛圍，有一種本能體察。所以母親並不只是形體，而是慈愛、納受、包容的生命熱力之具體朗現。而這些生命力量的內涵，同時也體現在身體性的味道、氛圍、氣息之間。當這些「精誠於內而動於外」的生命氣韻，消失不見的時候，儘管形體仍在，但豚子們都已本能地體認到母親的「不在場」。母親已轉變成一具冰冷而陌異的「缺席」，因此才會驚慌失措地逃散而去。

「不得類焉爾」，小豬感覺到這具屍體不再是眞正同類。《莊子》總結說：「所愛其母者，非愛其形也，愛使其形者也。」這裡有兩個概念，一是「形」，另一是「使其形」。眞正觸動魯哀公的不是「形」，而是「使其形」。[110] 正如母親給我們刻骨銘心的感受，其實無關於形貌之美與醜，母親之爲母親在於「使其形」，也就是那種無法取代的慈母之親。正是那眷戀、呵護、關懷、包容的情感力量，才能不斷扣動你我最內在的心弦，讓「形」得以成爲母親之爲母親的「德充符」。由此可知，做爲「使其形」的母親之「德」，才眞正讓母親「在場」，這才是我們眞正著迷熱愛的生命力量。

我們應當要愛什麼？《莊子》說，愛「使其形」。在魯哀公的故事中，指的就是哀駘它「內保之而外不蕩」的「德之和」。但這樣的德卻不是周文規範倫理的四維八德，而是由內湧現、衷心而發的眞實生命力自身：「眞者，精誠之至也。不精不誠，不能動人。故強哭者雖悲不哀，強怒者雖嚴不威，強親者雖笑不和。眞悲無聲而哀，眞怒未發而威，眞親未笑而和。眞在內者，神動於外。」[111] 像哀駘它那麼醜惡，魯哀公自然不會是「愛其形」。可是與他相處一久，則被他的精神內發、眞實湧動的「精誠之至」、「神動於外」的生命力，強烈觸動而深深著迷。這種來自生命內在的精神、德性、氣韻之「使其形者」，才是促使「形」有本有源，氣韻生動的活水源頭。而《莊子》一再挑戰俗人「愛其形」的表淺眼光，一再透過各種殘疾醜惡之人來體現「使其形」的眞實魅力：

---

[110] 任博克對「使其形」的英譯，很能將「使」的動狀力量之存有狀態給呈現出來，尤其能將「使其形」做爲「形」的存有基礎（fundmental thing）給顯示出來："I was once sent on a mission to Chu, where I saw some piglets still nursing at the teats of their dead mother. After a short while, they suddenly looked very startled and bolted away from her. They could no longer see themselves in her, could find no similarity to themselves there. What they loved in their mother was not her physical form but what moved that form." Brook Ziporyn, *Zhuangzi:The Essential Writings with selections from traditional commentaries*, p. 36.

[111] 莊周，郭慶藩輯，〈漁父〉，《莊子集釋》，頁1032。

闉跂支離無脤說衛靈公，靈公說之；而視全人，其脰肩肩。甕盎大癭說齊桓公，桓公說之；而視全人，其脰肩肩。故德有所長而形有所忘，人不忘其忘而忘其所不忘，此謂誠忘。[112]

愛上了不是重點的「形」是盲目，遺忘了真正值得愛的「使其形」是悲哀。〈德充符〉的主角，不管是兀者王駘，兀者申徒嘉，還是醜惡扭形者哀駘它，或者叔山無趾，亦或者闉跂支離無脤，還是甕盎大癭，無一不是被社會賤視的形殘餘人。但《莊子》卻透過文學書寫來開啟黑暗之光，讓這些他者來重新教導我們更深刻的智慧與德性，以及什麼才是更為包容的愛。這種納悅異己的欣賞與包容，一再呈現出《莊子》透過了文學具體而微的書寫，來與醜惡他者進行面對面的彼此轉化，啟示出他者倫理的革命性關懷與前瞻性洞見。

八、結論

《莊子》對各種同一性思維保有敏感的批判洞察，並藉由批判同一性中心視角的化約暴力，打開人們對天地間人事物的差異多元之敬愛與遊賞，進而展開思想解放與文化更新。本文重點在於先指出：《莊子》如何透過對語言和認知的批判性分析，來展開它對同一性思維的認識批判，至於如何具體展開《莊子》對各種同一與差異的辯證分析，筆者將在過去論述的基礎上再繼續深化擴充之。[113] 本文分析《莊子》的同一性批判，重

---

112 莊周，郭慶藩輯，〈德充符〉，《莊子集釋》，頁216-217。

113 筆者將陸續處理《莊子》的「非同一性」思維的批判潛力，例如對形上學、對語言、對政治、對倫理、對技術……等等層面的再發揮。但筆者過去的多篇文章中，已相當程度處理過《莊子》對「同一性形上學」的批判，尤其放在海德格和阿多諾的爭論脈絡下的探討，可參見拙文，〈《莊子》「天人不相勝」的自然觀──神話與啟蒙之間的跨文化對話〉，《清華學報》46卷3期（2016年9月），頁405-456。另外筆者亦曾從政治解放與思想多元爭鳴的角度，描述過《莊子》「非同一性思維」的批判與解放潛力，參見〈大陸新子學與臺灣新莊子學的合觀對話──「學術政治、道統解放、現代性回應」〉，《思想》35期（2018年05月），頁1-41。還有曾從死生一條一貫的角度，描述《莊子》「非同一性思維」對死亡哲理的深刻義涵，參見〈藏天下於天下的「安命

點主要不是認識論或真理觀的興趣，根本的關懷旨趣在於原初倫理關係的
復原，尤其要打開《莊子》在他者倫理向度的關懷潛力。倫理規範的特質
主要在於善美與醜惡的二元對舉，前者高揚與後者貶抑，分屬一上一下的
規範邏輯。對於老莊的他者倫理而言，這種自以為理所當然的道德之光、
規範之理，很少能自我反身地觀照自身的排他暴力。用《莊子》的話，它
難以反觀自身「即成即毀」之「即開顯即遮蔽」，因此掉入了《老子》
所批判的棄人、棄物之賤棄他者。[114] 而《莊子》的「舉莛與楹，厲與西
施，恢恑憰怪，道通為一」，便是為批判規範過於僵化的暴力性，解構同
一性思維的威權化標準，以肯認多元差異的各色生命風姿，重新納受被賤
斥的棄人棄物。掌握上述的老莊對同一性思維與等級性規範的批判，我們
才好理解為何《莊子》會有那麼多關於醜惡人事物的文學書寫，以及《莊
子》對「以醜為美」的文藝傳統之影響，其背後深藏的解放差異之他者倫
理關懷。

與「任化」：《莊子》「不解解之」的死生智慧〉，《應用倫理評論》59期（2015年10月），頁
101-122。
[114] 有關《老子》反省規範倫理容易掉入「二元對立」模式的棄人棄物之內涵，可參見拙文，〈《老
子》的渾沌思維與倫理關懷〉，《臺大中文學報》49期（2015年6月），收入本書第三章。

第五章

質文辯證與倫理重估──《莊子》對禮之眞意的弔詭反思

一、導論：儒、道對周文禮制的差異思考

先秦諸子的思想起源，牟宗三曾用「周文疲弊」這一之文化危機，解釋諸子對「禮崩樂壞」的回應之道、拯救之法。晚周諸子遭遇天下秩序之崩壞，孔子心中「郁郁乎文哉」的周文建制，近乎徹底崩塌，原來親親、尊尊之宗法倫序、政治名制，無以維繼封建制度的名實規範之有效運作。孔子心中「禮儀三百，威儀三千」燦然明備之「禮」文，被違犯到疲弊不堪而難再綱紀人倫政序，於是先秦諸子蜂起以救天下。牟宗三進而指出最具代表性的儒、道兩家，正因爲對周文崩壞有了差異性診斷，從而開出針鋒相對的藥方：儒家維繼充實周文，道家批判周文虛架。

孔子在積極肯定周文的立場上，自覺承擔周統天命[1]並維繼周禮規範，嘗試對禮文傳統給予生命化，另尋「禮」的內在主體性奠基：「仁」。孔子曾嘆言：「人而不仁，如禮何？人而不仁，如樂何？」仁做爲倫行規範的主體性或情意性根據，正是孔子要爲已然疲弊的周文形式，再度找尋生命躍動的活水源頭。孔子「攝禮歸仁」之創舉，促使牟宗三樂觀表示：「親親之殺、尊尊之等這些是等級，是價值觀念，這是以人的才能、道德以及孝心之親疏來決定的。這不是階級。」[2]並據此強調儒家精神最能夠表現出：「開闢價值之源，挺立道德主體，莫過於儒。」[3]於是

---

[1] 孔子自覺繼續並承擔著周文王的天命：「子畏於匡。曰：『文王既沒，文不在茲乎？天之將喪斯文也，後死者不得與於斯文也；天之未喪斯文也，匡人其如予何？』」引自朱熹，《四書章句集注：論語・子罕》（北京：中華書局，1983年），頁110。

[2] 牟宗三，《中國哲學十九講》（臺北：臺灣學生書局，2002年），頁63。

[3] 牟宗三，《中國哲學十九講》，頁62。

牟宗三判定承續周文的孔子仁學，做為價值之源與挺立道德主體，才是先秦諸子流派中，唯一能夠穩立人文之大教。

相對於儒家，牟宗三大體認為道家立場傾向唐君毅所謂的「超人文」。當代新儒家巨擘總是判識道家由於渴望自由自在的心靈逍遙，於是太快就把周文看成純是外在束縛的虛文，一心想要完全超脫「始制有名」的周文管控與規訓，於是修養出超脫倫際的精神獨立之世外逍遙。如《老子》確曾批評「夫禮者，忠信之薄而亂之首。」《莊子》也曾嘲諷：「中國之民，明乎禮義而陋乎知人心。」而根據牟宗三，《莊子》所謂的人心：「不是儒家所說的道德心性，而是指人的心境的自由自在。」[4]牟宗三由此將其對比於儒家，論定道家精華只能在於「察事變莫過於道」，以及「道家重觀照玄覽，這是靜態的，很帶有藝術性的味道，由此開中國的藝術境界。藝術境界是靜態的、觀照的境界。」[5]言下之意，由於道家處處想越出名教人倫以求超越性的美學自由，因此立身處世之道，若不是在人倫政治的局勢事變中尋找有利個我養生的逃逸空隙，不然就是精神企求於形而上的方外空靈。徐復觀也有類似唐、牟的超人文、去人間的道家判斷，例如徐先生斷定遠離人間最徹底而體現出形上自然最究竟的山水畫藝境，其中藝術主體之根據便在於《莊子》的方外逍遙：「莊學的純淨之姿，只能在以山水為主的自然畫中呈現。」、「所以在中國藝術活動中，人與自然的融合，常有意無意地，實以莊子的思想作其媒介。而形成中國藝術骨幹的山水畫，只要達到某一境界時，便於不知不覺之中，常與莊子的精神相湊泊。」[6]

牟宗三對周文疲弊與諸子起源的觀察，不無可參之處，但他對儒、

---

[4] 牟宗三，《中國哲學十九講》，頁64。

[5] 牟宗三，《中國哲學十九講》，頁62、頁122。

[6] 徐復觀，《中國藝術精神》（臺北：學生書局，1988年），頁230、頁133。有關徐先生判斷《莊子》屬方外超脫之藝術主體特質，參見拙文的批判反省，〈《莊子》自然觀導論：多元考察與跨文化反思〉第五節「徐復觀將山水畫與《莊子》理解為自然／人文二元論的再檢討」，收入《莊子的跨文化編織：自然・氣化・身體》（臺北：臺大出版中心，2019年），頁94-113。

道立場的斷定，卻不免以儒觀道的單色鏡片。依其「以儒觀之」的判教立場，儒與道二家分座於人文、自然二邊，且高下立判：前者方能貞立公共價值，後者唯有察事變以保養己身。即儒家才能穩立人文大業，而道家的超人文仍不免於弱化人文。[7]在牟宗三「周文疲弊說」的回應脈絡下，能否肯定人文、能否對文化價值有積極肯認，關鍵之一就在儒、道兩家對於「禮（文）」的態度。而先秦諸子對於「禮（樂）」這一基源問題的不同回應方式，余英時曾使用雅斯培（Karl Jaspers）軸心時代（Axial Period）這一文化多元論觀念，將先秦諸子視為中國古文明的軸心突破時代，而他在探討軸心突破的歷史脈絡時，也強調禮樂的周文背景正是軸心突破的起源。[8]可以說，孔子和老子兩人對「禮」的立場抉擇，分流了儒、道二家各從不同角度思考了文化傳統。孔子以人心之仁來承繼禮教，而老子則以自然之德來批判禮教。如此一來，似乎也就形成儒家傾向人文，道家傾向自然的差異性見解。如此習慣了「以儒觀道」的學者，對道家的理解也就很難擺脫「以儒判道」的化約。例如《老子》雖言：「失道而後德，失德而後仁，失仁而後義，失義而後禮。夫禮者，忠信之薄，而亂之首。」表面看來似乎直接反對儒家的仁義忠信，反對層層墮落的周文禮制，並批判「下德」而提出「上德」的「道法自然」。然而老莊對於禮的批判，顯然和「禮不下庶人，刑不上大夫」這一類的社會階序與權力宰制有關，其對於異化的道德禮教施予批判，並不宜被簡化為完全反對或取消道德倫

---

[7] 牟宗三雖然不是直接認定道家是反人文的，但從道家將周文視為純粹空洞的虛文外飾來說，以及道家想超脫人文而直契自由境界來說，道家還是不能肯定人文。換言之，牟宗三所理解的道家與人文價值沒有太直接的關係。筆者過去曾為文反駁這種觀點，並嘗試說明道家的「人文化成」之內涵。參見拙文，〈氣化流行與人文化成——莊子的道體、主體、身體、語言文化之體的解構閱讀〉，《文與哲》第22期（2013年6月），收入《道家型知識分子論：《莊子》的權力批判與文化更新》（臺北：臺大出版中心，2013年），頁417-512。

[8] 余英時：「本書的一大綱領在於斷定三代的禮樂傳統（也可簡稱『禮』）為中國軸心突破提供了直接的歷史文化背景。」、「先秦最先出現的三學派——儒、墨、道——都是在禮樂傳統中成長和發展起來的，而它們之間的思想分歧也源於對待『禮樂』的態度各不相同。」《論天人之際：中國古代思想起源試探》（臺北：聯經，2014年），頁17、頁19。

理。[9]在筆者看來，道家的批判治療其實還是爲了復活更新人文，其對道
德禮教施予批判正是爲了價值重估，我們應從更爲辯證的角度來加以探
討。而本文便嘗試重新探索《莊子》面對禮文傳統的質文辯證之弔詭性思
考，以期挖掘其倫理重估的人文關懷。換言之，道家雖批判禮教規訓，但
批判不等於消除或全然否定，而是要經由批判的價值重估以更新人文活
力。類似佛教所謂「除病不除法」，老莊也是要治療禮教異化弊病，而非
要取消關係性存在，或全然否定身份性印記。只是道家的弔詭性思考和更
新轉化之道，並不同於孔子「攝禮歸仁」、「文質彬彬」的方式。本文底
下嘗試描述之。

二、禮教正名的開顯與遮蔽：孔子的理想性與老莊的批判性

「周文」是一套禮樂文化的象徵形式，徐復觀曾將其稱爲以禮爲中
心的人文世紀。然而任何時代的區域文化，實都擁有屬於自身的禮文象徵
系統與規範建制。從中國上古史的歷史來看，「禮文」雖可做爲周代與商
代的文化區別特徵，所謂：「殷人尊神，率民以事神，先鬼而後禮……周
人尊禮尚施，事鬼神而遠之。」但嚴格講，周代的「禮」實際上仍是由商
代的「豊」演變而來，只是將商代過於重視鬼神的宗教祭祀儀式，調整成
更具倫理政治規範性的人文制度之儀文。[10]可以說，商文化和周文化最重
要的差別不在於器物，而是在「儀文」內涵的轉變。商儀幾乎以鬼神的宗
教溝通爲核心，而周文則和國家社會、人倫政治的行爲矩度、身份扮演密
不可分。商代文明的儀式重點在於溝通神人、連結神祕，周代禮制威儀的

9　牟宗三較值得注意的說法，在於他曾提出「作用的保存」一概念，描述道家不是以實有層來否定仁
　　義禮智，而在於思考如何以最好方式來呈現仁義禮智。牟宗三這種說法至少對道家的人文關懷保留
　　了一線生機，但在筆者看來，仍然過於隱晦。參見《中國哲學十九講》，頁127-154。

10　「殷人尊神」一語引自《禮記・表記》。「豊」與「禮」的連續性關係，可以參考徐復觀的討論，
　　〈以禮爲中心的人文世紀之出現，及宗教之人文化〉，《中國人性論史（先秦篇）》（臺北：臺灣
　　商務印書館，1999年），頁36-62。

重點則逐漸轉向人倫行為規範的安頓與身份秩序的象徵。對於這一點，可從《左傳》有關「禮」做為國家社會規範功能之描述，看到它綱紀定序的重要功能：「夫禮，所以整民也。」（莊公二十三年），「禮，上下之紀，天地之經緯也，民之所以生也。」（昭公二十五年），「禮，經國家、定社稷、序民人、利後嗣者也。」（隱公十一年）[11]。而孔子正是承續周禮，並以「仁」深化了《左傳》人文時代的禮觀。因此余英時除了關注孔子仁禮關係的渾然一體性，也強調禮有其淵源流長的歷史古志之傳承背景：

> 仁與禮在概念上雖可以分開討論，但在實踐中卻無往而不渾然一體……《論語》自始至終提到「禮」字必將它和「立」字連在一起。這是因為他接受了春秋晚期一種流行的說法，即魯大夫孟僖子所謂「禮，人之幹也。無禮，無以立。」……所謂「立」即後世通用的「立身處世」之意。「禮」是人與人之間相處的一套形式，為整個社會提供了一個結構；離開結構，人便無法在社會上立足了（重點線為筆者所加，和後文的「結構」觀點之討論密切相關）……「仁」若失去「禮」的支撐，則其精神便根本無從顯現……如果仿照「人而不仁，如禮何？」（〈八佾〉）的語氣，我們竟可說：「人而無禮，如仁何？」……我認為「克己復禮」說見於「古志」而為孔子所承用並加發揮，不但不足驚詫，而且還和他在《論語》中的自我描述頗多相合之處。[12]

繼承「郁郁乎文哉，吾從周」的孔子，不管他如何深化周文禮制，促成禮文產生主體內在的「生命化」根據——源自道德主體或道德情感的

---

[11] 楊伯峻編，《春秋左傳注》（北京：中華書局，1990年），頁226、頁459、頁76。

[12] 余英時，《論天人之際：中國古代思想起源試探》，頁102-106。關於余英時所謂「禮為整個社會提供了一個結構」的觀點，本文將進一步對禮與社會結構的共構關係，提供批判考查。

仁心之內在湧動——孔子總是堅持要將主體情感（仁愛之心）表現在各種
「禮序」的形式規範中。例如《論語》記載孟懿子問孝，孔子轉告樊遲
說：「生，事之以禮；死，葬之以禮，祭之以禮。」[13]綜觀《論語》，孔
子對「仁」的實踐肯認，幾乎和「禮」的實踐肯認，同步進行而一體呈
現。不只如牟宗三所言，孔子用「仁（心）」使得「禮（文）」獲得了
「生命化」。也如余英時「仁禮渾然一體」之說，周文之禮序使得孔子醒
覺之仁魂，獲得了可依托的人文體魄。所以我們一再看到孔子的踐仁修
養，總要落實在禮文的中節軌範中：「恭而無禮則勞，慎而無禮則葸，勇
而無禮則亂，直而無禮則絞。」[14]這種「攝仁歸禮」的群我關係性之具體
實踐，底下《論語》名言，更有十字打開之勢：

　　顏淵問仁。子曰：「克己復禮為仁。一日克己復禮，天下歸
仁焉。為仁由己，而由人乎哉？」顏淵曰：「請問其目。」子
曰：「非禮勿視，非禮勿聽，非禮勿言，非禮勿動。」顏淵曰：
「回雖不敏，請事斯語矣。」[15]

　　「克己復禮為仁」這一回答，非常清楚指出「為仁」絕不純屬內心修
養之事。所謂「我欲仁，斯仁至矣」的欲仁由己實踐，具體施行必須透過
禮文形式來表現，它得聚焦在禮文的人我關係規範中。換言之，孔子的仁
心修養從來就落在「禮尚往來」的互為主體、相偶關係之間，進行相互回
應、彼此調節的人我實踐。孔子為仁的克己活動與由己體現，並不往純粹
一心靜觀去逆覺體證，「仁心發動」與「復禮節行」，實乃渾然一體，而
非內外兩邊。可以說，孔子的道德實踐必然要在歷史、文化、社會脈絡中
表現，它就在人我相偶共在之間的社群生活來實踐，而非先驗性、超驗性

---

13 朱熹，《四書章句集注：論語‧為政》，頁55。
14 朱熹，《四書章句集注：論語‧泰伯》，頁103。
15 朱熹，《四書章句集注：論語‧顏淵》，頁131-132。

的抽象內省。不能把握仁的相偶性與禮文性，也就不好理解《論語》底下容易引人困惑的孔子言行：

> 子貢欲去告朔之餼羊。子曰：：「賜也，爾愛其羊，我愛其禮。」[16]

> 顏淵死，顏路請子之車以為之椁。子曰：「才不才，亦各言其子也。鯉也死，有棺而無椁。吾不徒行以為之椁。以吾從大夫之後，不可徒行也。」[17]

> 顏淵死，門人欲厚葬之，子曰：「不可。」門人厚葬之。子曰：「回也視予猶父也，予不得視猶子也。非我也，夫二三子也。」[18]

以上幾例，所以容易引發後世儒者的困惑，乃因它們呈現出弔詭情景：似乎孔子的弟子們（如子貢等門人），在人生某些關鍵時刻比孔子還更忠於道德情感的當下湧動，孔夫子在此反倒顯得不近人情。或者說，孔子在某些特殊情境，其道德情感的仁心表現似乎更為冷靜理性。表面來看，學生似乎比孔子還要更熱烈於直顯不忍之情，例如子貢於當下直接感通告朔餼羊之無辜，而同學們則直接感通同門情誼而不忍顏回薄葬。再進一步觀之，孔子既不許子貢欲去告朔餼羊之舉，也反對賣掉與自己士大夫身份相襯的馬車來為愛徒厚葬，甚至痛責弟子門私下為顏回厚葬，實屬濫情失禮之舉。孔子給出的理由既明確又坦然，他自己士大夫身份不可失禮而出入無馬車代步，而顏回的身份也不可厚禮葬之。關鍵所在正是：「禮」合不合宜身份、相不相稱名位，絕對要被考慮進來。在孔子看來，子貢和弟子們的道德情感仍然缺乏「禮」的規範度量與適宜考量，以致可

---

[16] 朱熹：《四書章句集注：論語・八佾》，頁66。
[17] 朱熹：《四書章句集注：論語・先進》，頁124。
[18] 朱熹：《四書章句集注：論語・先進》，頁125。

能流於不合禮文體制的私情泛濫。唯有透過禮文形式的規範與節宜，才可以讓仁心獲得客觀化、公共化的關係性體現。可見孔子心中的「仁」並非純粹自我的情感躍動那麼簡單，它同時必須公共化在「生事之以禮，死葬之以禮」的合宜矩度之中，否則仁心之情便會流於無節不中的私情濫發。正是因爲這種「克己復禮曰仁」的社會化、群我性之尊重與堅持，一方面使得孔子對周文之禮採取了大規模的學習與繼承，[19]另一方面也使得孔子對「禮儀三百，威儀三千」的禮文秩序採取了「正名」立場。這些周代「貴族」遺留下來的禮制禮文之價值分類系統，在孔子眼中，既是歷史連續綿延的寶貴資產，也是人倫與政治得以獲得客觀秩序的傳統來源，它們正是孔子學禮、行禮、復禮的「郁郁乎文哉」之文化庫藏。[20]

問題是，就算孔子再怎麼適度地因革損益周文，做爲宗法制度的周文建制之系統性結構，仍然處處滲透、處處作用。如轉從道家的批判反思角度來觀察，周文禮制產生規範秩序的源頭，除了採取孔子從理想化角度的主體仁心來合理化它，也可以從歷史角度的「始制有名」之名言施設、權力佈署來批判考察。對老莊來說，孔子所繼承的禮文正是周代封建結構的遺緒，儘管加以形式的因革損益，內容加入道德情感的充實，但由於它在歷史來源上就是周文宗法名制，因此在具體的形式實施上，必然挾纏著貴族統治結構滲透下來的權力支配性，如中國政治思想史專家蕭公權所指出：「孔子政治思想之出發點爲從周制，其實行之具體主張則爲『正

---

[19] 在〈八佾〉篇中，孔子曾言：「夏禮吾能言之，杞不足徵也；殷禮吾能言之，宋不足徵也。文獻不足故也，足則吾能徵之也。」、「周監於二代，郁郁乎文哉，吾從周。」《四書章句集注：論語·八佾》，頁63、65。當然孔子亦有主張變革的一面：「殷因於夏禮，所損益，可知也；周因於殷禮，所損益，可知也；其或繼周者，雖百世可知也。」《四書章句集注：論語·爲政》，頁59。然而因革損益之說，比較傾向於描述時代演變下的禮文變動的合宜性，比較不能突顯道家那種深度批判性。例如：禮文與符碼系統的施設性、禮文與權力支配的關係、禮文形式的集體控制與個殊性的關係……等等對意識型態的批判革新。

[20] 如余英時指出：「禮樂傳統自夏代以來就體現在統治階層的生活方式之中……這種情形在孔子對當時那些違反禮樂秩序基本準則的貴族的嚴厲譴責中得到清楚的反映。」《論天人之際：中國古代思想起源試探》，頁88。一言蔽之，禮的歷史來由和政治階層及貴族集團，關係密切。

名』。以今語釋之，正名者按盛周封建天下之制度，而調整君臣上下之權利與義務之謂。」[21] 如前所言，仁心的具體呈現不能離開禮文的實際規範，面對周文疲弊的大危機，由於孔子對周代天命與周代禮文的高度認同，以強烈的價值信念創造性地繼承禮樂文化，並期許以名實相符的「正名」機制來嘗試恢復周文理序。然從老莊看來，孔子並未徹底反思文化秩序（制）與語言分類（名）的「即開顯即遮蔽」關係，以致未能在肯定正名的秩序規範之餘，同時看到名制可能產生的形式僵化性與本質虛構性。換言之，孔子雖也看到過去禮文的不合宜處，並思以當下仁心主體來活化之、損益之，卻未必能更進一步思考禮文透過名言分類而設立規範的同時，也可能帶來的規訓暴力和情性壓制。若以道家對語言的批判視角觀之，孔子著重在正名立份的開顯性，對於名分的宰控遮蔽性則較少著眼。[22]

　　所謂暴力性是指名言的二分結構所造成的中心與邊緣的轄域化現象，如《老子》第二章所謂：「天下皆知美之為美，斯惡已。皆知善之為善，斯不善已。」任何透過名言別異下的善行美儀之禮教矩度，若全面視之，它必然也劃出不善不美而有待教化、甚至刑罰的管轄疆域。人們最好規規矩矩站在美善行為的中心圈內，一旦稍有逸出規範而亂動亂行，很容易遭

---

[21] 蕭公權：《中國政治思想史》（臺北：聯經出版社，1982年），頁60。

[22] 值得注意的是，安樂哲（Roger T. Ames）和郝大維（David Hall）試圖為孔子的正名做辯護，想將其維護周文秩序的穩度性給予脫勾，希望轉從語言的隱喻和美學的秩序來理解正名：「『正名』的行為並不是獲得對世界萬物的適當指稱，而是一種協調語言的行為，該行為的實際效果是增加和諧。」、「我們詮釋的『正名』這一概念反對形式結構的優先論……我們認為，孔子把特別環境中的特定個人視為『義』之根源，這說明他強調審美秩序的優先性。通過優先將人視為某一特定焦點，孔子讓『名』之網絡構成的詮釋模型變得一致和連貫，與此同時，這些模型也成為新奇性和獨特性得以顯露的可塑構架。」安樂哲、郝大維，《通過孔子而思》（北京：北京大學出版社，2005年），頁326、頁338。在筆者看來，安樂哲、郝大維這種詮釋進路，幾乎巧妙運用了《莊子》的隱喻后言觀來活化正名內涵，他甚至運用德希達（Jacques Derrida）的語言解構和羅蒂（Richard Rorty）的語言實用策略，來大膽詮釋正名，並用技藝美學的身體訓練來活解禮儀的習慣性。凡此種種，可謂用心良苦、極具創舉。但安樂哲這種解讀徑路，用在理解《莊子》的后言脈絡上可能頗有相應處，但若套在孔子的正名觀上，恐不易說服學界。

受訓導（導之以禮）與懲罰（齊之以刑）。名制理序的規範建立，其實和一定強度的規訓懲罰，經常互為表裡、一體兩面。問題是，站在秩序條理的管理原則這一方，很容易忽略甚至合理化秩序的威權性格。《老子》就特別敏感於藏在道德禮教下的光之暴力，所以主張「知白守黑」、「和光同塵」之「襲明」：「是以聖人常善救人，故無棄人；常善救物，故無棄物。是謂襲明。」（二十七章）「襲明」便是對光之暴力的批判治療，不再只從權力規範下的中心價值來裁判他者，反而要反省自居價值中心的暴力，進而包容接納他者的差異。例如〈德充符〉那些殘疾畸零之人，在那看似極不合乎標準化道德（支離其德）與標準化身形（支離其形）之外，《莊子》卻能「無棄」地看到他們的智慧之光與德性之美。這種同塵之光、守黑之明，不僅迴避了光之暴力、抽象完美，還更揭露出「看見他者」的差異包容，從而敞開了差異倫理。[23]

　　相較於儒家的正名觀，老莊更著重名言的流變性格，認為名言分類、建制施設，都具有因時因地的權變性，它們並非永恆不變的實體本質物，任何名制禮文的理序合理性或有用性，必有其歷史時空性，甚至背後的權力支配性。道家的立場認為，最好時時對其保持戒慎恐懼的批判治療態度，否則它們很容易墮化本質性、實體性的意識型態。如〈齊物論〉指出：「夫道未始有封，言未始有常，為是而有畛也。請言其畛：有左，有右，有倫，有義，有分，有辯，有競，有爭，此之謂八德。」[24]一旦「道」與「言」從原本的未封未常，墮化為有封有常，並順隨中心與邊緣的規範疆界（畛），持續編織演化下去，就會形塑出網羅社會結構的重重規範條目。《莊子》帶有諷刺性的八德世界，正是《老子》所批評的下德

---

[23] 上述所謂的道德暴力的批判反省，以及和光同塵、知白守黑的另類倫理深意，筆者曾將其描述為原始倫理與他者倫理。參見拙文，〈《老子》的渾沌思維與倫理關懷〉，《臺大中文學報》49期（2015年6月），收入本書第三章。至於〈德充符〉透過畸人所打開的「差異倫理」與「他者倫理」，亦可參見拙文，〈《莊子》的他者倫理——以〈德充符〉的文學書寫為例〉，《東華漢學》30期（2019年12月），收入本書第四章。

[24] 莊周，郭慶藩輯，〈齊物論〉，《莊子集釋》（臺北：華正書局，1985年），頁83。

世界。下德的規範倫理雖然結構出了社會理序，但老莊卻也同時看到規範理序背後的系統性暴力，其中尤其埋藏著「理序與反理序」、「結構與反結構」一體並生的詭譎邏輯。儒家偏好看到有左有右、有倫有義的秩序風景，道家卻希望同時看到正名理序（天使臉龐）與分辯競奪（魔鬼面容）的共構現象。而造成左右倫義與分辯競奪的弔詭結構，正是因為名言施設從原先暫時權設的非本質性（未常之言），走向了實體固著的先驗本質性（有常之言），結果造成原本多元流通的「非同一性」之道（未封未常），墮化為綱舉目張的「同一性」規矩羅網（有封有常）。[25] 用筆者的概念來說，「原初倫理」之回應能力反而被「規範倫理」之結構系統給取代，於是感同身受、回應他人的原初能力，逐漸疲軟墮化為一套固定言行模式的形式規範。然而幾乎難以避免的詭譎現象是，規範倫理總是奠基在一整套語言符號系統上，其中的結構（禮教名分）和反結構（違禮亂份），經常陷入相斥又相生的詭譎狀態。從道家看來，「禮教」內部自身反倒經常成為「反禮教」的溫床。

　　本文底下將進一步描述，「周文疲弊」正反映了周文禮制過度控制下的自然鐘擺，禮制結構自身「能趨疲」地走向了它自身的反面，也就是禮制「結構」自身難逃於「反結構」的違禮命運。孔子顯然希望再度恢復禮序的結構狀態來貞定失序，而往常結構的穩定性主要是透過「導之以政，齊之以刑」，現在孔子則嘗試透過「導之以德，齊之以禮」來穩定之、調整之。孔子似乎理想化地相信，這種「攝禮歸仁」又「攝仁歸禮」的「仁禮一體性」之互相支援，由於已經植入仁心的內在性基礎，因此也就更合理化、更穩定化了。但對於道家而言，這種將結構內在化、理想化

---

25 上德與下德的對比，可參見《老子》三十八章：「上德不德，是以有德；下德不失德，是以無德。上德無為而無以為，下德為之而有以為。……故失道而後德，失德而後仁，失仁而後義，失義而後禮。夫禮者，忠信之薄而亂之首。」在此，老莊企圖描述，在訴求同一性與普遍化的社會規範（仁、義、禮）尚未成形之前，還有著一個非同一性的、屬於氣氛感受層次的原初倫理狀態。相關說法，下文將予以討論證成。

的嘗試，雖然可能比周文建制更加合理且深刻，但仍然過於將焦點放在規範與結構的開顯性，對於結構的遮蔽性仍相對缺乏深度的反思力道，因此恐難避免在「結構與反結構」的二元對立之間，鐘擺不定的命運。而本文嘗試從《莊子》的弔詭思維來思考，提出可以將「結構」與「反結構」的矛盾鬥爭之命運，轉化為「結構」與「非──結構」的弔詭轉化之運動，以實現規範倫理（結構）和原初倫理（非──結構）的兩行轉化之調節運動，以期打開對他者與差異更大的包容空間。所謂「非──結構」並不等於「反結構」，本文後半部（尤其第五節）將會有進一步的細節討論。底下先透過《莊子》對「禮」的「文／質」反省，來闡述所謂「結構」與「非──結構」的弔詭轉化與兩行運動，如何運行。

三、《莊子》對「禮之本」的批判反思：文與質、 俗與真、人與天的否定辯證

　　類似《老子》，《莊子》對周文禮制甚至儒家禮樂之教，也經常出現嘲諷之言，這是一般學者都有的基本印象。但對禮教進行批判反思，未必主張取消禮樂教化，更未必等同反對人文化成。對此有必要更加複雜化來理解《莊子》批判禮教異化而重估禮意活化人文的用心。為層層釐析《莊子》批判禮教的別有用心，筆者嘗試先從〈天下〉篇娓娓道來。〈天下〉篇從判教高度品評先秦思想、論衡諸家流派，且看它對儒家的描述與總評：

　　以仁為恩，以義為理，以禮為行，以樂為和，薰然慈仁，謂之君子。以法為分，以名為表，以參為驗，以稽為決，其數一二三四是也，百官以此相齒。以事為常，以衣食為主，蕃息畜藏，老弱孤寡為意，皆有以養，民之理也。

　　古之人其備乎！配神明，醇天地，育萬物，和天下，澤及百姓，明於本數，係於末度，六通四辟，小大精粗，其運無乎不

在。其明而在數度者，舊法世傳之史尚多有之。其在於《詩》、《書》、《禮》、《樂》者，鄒魯之士、搢紳先生多能明之。《詩》以道志，《書》以道事，《禮》以道行，《樂》以道和，《易》以道陰陽，《春秋》以道名分。[26]

這段評述，顯示出《莊子》對承繼周文的鄒魯之士、搢紳先生，有著相當深刻而廣泛的把握。它很精準指出仁義禮樂在儒家君子之學的核心地位，並同情理解儒家的道德理想主義，在於將舊法世傳的歷史文化知識與價值理念，透過百官數度的建制系統來條理百姓、澤及百姓，使民有養、倫常有序。〈天下〉篇亦能客觀看見儒家試圖透過《詩》、《書》、《禮》、《樂》、《易》、《春秋》等經典，在道德價值與政治推擴的數度名制、理序結構下，提供一整套可以導志、導事、導行、導和、導陰陽、導名分，等層層價值規範系統。儒家這套有本有源、涵蓋小大精粗的文明建制，正是承繼自周文禮樂建制，即所謂「舊法世傳之史尚多有之」。帶有保護文化守成傾向的儒家君子們，希望百官能夠在禮儀三百、威儀三千的層層人文建制中，「以此相齒」地環環推動井然有序的禮樂文教、治理機制。致使君子的人文理想可以齒鏈環扣而層層導化，既上達天地萬物的理秩，又下推百姓的生活禮序。以上評述，大體可見《莊子》並非不理解孔子志趣、君子理想，甚至可謂深度同情鄒魯之士，理解搢紳先生的道德關懷與人文理想。如果再對照於〈天下〉篇對墨家的評判觀點，更可清楚看出，《莊子》雖然對禮教有其批判性，但並不讚成墨家帶有反人文傾向的素樸主張：

不侈於後世，不靡於萬物，不暉於數度，以繩墨自矯，而備世之急，古之道術有在於是者。墨翟、禽滑釐聞其風而說之。爲

---

[26] 莊周，郭慶藩輯，〈天下〉，《莊子集釋》，頁1066-1067。

之大過，已之大循。作爲《非樂》，命之曰《節用》，生不歌，
死无服。墨子汎愛兼利而非鬪，其道不怒；又好學而博，不異，
不與先王同，毀古之禮樂。

　　黃帝有《咸池》，堯有《大章》，舜有《大韶》，禹有《大
夏》，湯有《大濩》，文王有辟雍之樂，武王、周公作《武》。
古之喪禮，貴賤有儀，上下有等，天子棺槨七重，諸侯五重，大
夫三重，士再重。今墨子獨生不歌，死不服，桐棺三寸而無槨，
以爲法式。以此教人，恐不愛人；以此自行，固不愛己。未敗墨
子道，雖然，歌而非歌，哭而非哭，樂而非樂，是果類乎？其生
也勤，其死也薄，其道大觳，使人憂，使人悲，其行難爲也，恐
其不可以爲聖人之道，反天下之心，天下不堪。墨子雖能獨任，
奈天下何！離於天下，其去王也遠矣。[27]

上述評論中，我們看到〈天下〉篇並不認同墨家極端非樂（生不歌）、節
用（死無服）的主張。因爲這是墨家鉅子對自我的極端化要求，不能普遍
化到一般的人性人情之中（反天下之心），這樣做法對於自己（固不愛
己）和他人（恐不愛人），都缺乏了人性人情的體會與滋潤。以此行之，
絕對無法做爲治理天下的人文大道，所謂「離於天下，其去王也遠矣」。
讓我們驚訝的是，〈天下〉篇此時似乎站在儒家君子的立場來批判墨家，
突顯出它對儒家人文關懷的同情理解。[28] 問題是，對孔子的理想有同情理

---

[27] 莊周，郭慶藩輯，〈天下〉，《莊子集釋》，頁1072-1075。

[28] 余英時則認爲：「墨子反對的是當時所謂『周禮』，因爲它已流爲極其繁縟的外在形式而無任何內
在的意義可言；用墨子自己的話，即是『繁飾禮樂以淫人，久喪僞哀以謾親』（〈非儒下〉）。
但是他並沒有全面推倒三代禮樂傳統的意圖……不過他走的是化繁爲簡的道路，托名於『夏』而
已。」《論天人之際：中國古代思想起源試探》，頁20。余先生此言可備爲一說，而若從〈天下〉
篇的評論來看，墨家實有落入「次人文」之嫌。若以Franklin Perkins（方嵐生）的觀點，墨子的節
葬與非用，還與其不全相信傳統可理所當然地被視爲權威來源之論辯術相關，相較而言，儒家的
文化保守主義則傾向對傳統的權威合理性有高度認同，例如《孟子》的論辯術經常以傳統權威人
物及觀點做爲證成自身觀點的方式。可參見其"No Need for Hemlock: Mengzi's Defence of Tradition",

解這一回事，並不因此讓我們忽視《莊子》對儒家禮教的異化仍有甚深的反思批判。因此我們還是可以看到，〈天下〉篇仍然在「鄒魯君子」和「體道眞人（天人、神人、至人、聖人）」之間，要做出區分：

> 不離於宗，謂之天人。不離於精，謂之神人。不離於眞，謂之至人。以天爲宗，以德爲本，以道爲門，兆於變化，謂之聖人。以仁爲恩，以義爲理，以禮爲行，以樂爲和，薰然慈仁，謂之君子。[29]

在莊書中，天人、神人、至人、聖人這些大同小異的理想人格範型與描述，主是還是透過博大眞人的老聃，以及既與天地遊又與世俗處的莊周，而表現出來。他們大抵對照於「以仁爲恩，以義爲理，以禮爲行，以樂爲和」的儒家君子、搢紳之士。換言之，〈天下〉篇既同情理解了儒之君子的禮樂教化之人文用心，卻又提倡更爲理想化的人格典範，而且這些《莊子》式的理想人格也不讚同墨家鉅子對禮樂之教的次人文立場。那麼我們自然要問：道家式眞人既同情禮教人文又批判周文禮教的曖昧弔詭性，該如何給予較完整的理解？

在上述討論中，我們有了一個基本印象，老莊對周文禮教的結構化體系，帶有對結構暴力與秩序僵化的批判性。從道家的視角看來，禮文教化很容易落入形式的同一性重複，導致禮教異化爲成規成矩的規訓與控制。我們從〈田子方〉底下嘲諷儒者的文獻，可看出《莊子》對一般儒生能否善體眞儒本意，是頗爲懷疑的。稍一不愼，禮之文飾雖樣樣俱在，但禮之眞質卻早被繁文縟節給掩蓋：

---

in *Ethics in Early China: An Anthology*, Edited by Chris Fraser, Dan Robins, and Timothy O'Leary (Hong Kong: Hong Kong University Press, 2011), pp. 65-81.

[29] 莊周，郭慶藩輯，〈天下〉，《莊子集釋》，頁1066。

　　莊子見魯哀公。哀公曰：「魯多儒士，少為先生方者。」莊子曰：「魯少儒。」哀公曰：「舉魯國而儒服，何謂少乎？」莊子曰：「周聞之，儒者冠圓冠者，知天時；履句屨者，知地形；緩佩玦者，事至而斷。君子有其道者，未必為其服也；為其服者，未必知其道也。公固以為不然，何不號於國中曰：『無此道而為此服者，其罪死！』」於是哀公號之五日，而魯國無敢儒服者，獨有一丈夫儒服而立乎公門。公即召而問以國事，千轉萬變而不窮。莊子曰：「以魯國而儒者一人耳，可謂多乎？」[30]

文獻暗示，莊周眼中唯一真儒，恐怕「以魯國而儒者一人耳」。幾乎可以推斷，這唯一真儒，唯孔子可擔當。因為孔子不但真正能名實相符，內德外禮地契符於禮文之象徵體系：儒服、儒冠、儒佩、儒鞋等等儀文，只是天地德性與行事態度的象徵。更重要的是，此「一人」可以返回「千轉萬變而不窮」的活水源頭，暗示出儀文象徵體系背後，還有更重要的人文之源。「千轉萬變而不窮」，在筆者看來，完全突顯了「禮之本」對於「禮之文」的根源性與優先性。細讀這一公案式文獻，約可間接反駁一般以為《莊子》完全反「禮」的俗見。這類俗見畢竟是一種簡化的扁平理解，未能觸及《莊子》多層次的辯證思維。《莊子》確實批判名實不符、有文無質的禮文規範，但《莊子》批判儒服、禮冠、佩飾等象徵系統的絕對性，其目的是為了重返禮文發生的原初性起點。即前文提及的：從規範倫理的「同一性」固定行為框架，重返原初倫理的「非同一性」之「千變萬化」的差異回應、回應差異之能力。在《莊子》看來，當時大多數號稱儒者的魯國君子們，恐未真能返回人性足以賦予禮文「千轉萬變而不窮」的本源。《莊子》對魯哀公這一本源式的提醒或質問，無疑帶有批判挑戰意味，並暗指「禮之本」無法單從社會結構既有的禮文符號系統之模仿複製

---

[30] 莊周，郭慶藩輯，〈田子方〉，《莊子集釋》，頁717-718。

來全然獲取。或者說，它直指「禮之本」有超乎社會結構與象徵系統之更本源者。然而眞本源何在？眞儒的實質內涵如何？那給予禮文象徵符號以生命力、以創造性的眞實性在哪？

　　從上述文獻，我們還不能獲得更具體線索，但大體可確認，《莊子》的用心除了消極地批判有文無質的虛飾假儒，並提醒魯哀公重新認清「質爲本」、「文爲末」的關係。更重要的是，它還警醒我們要細微敏銳地注意到，有時「有其質卻未必顯其文」的含藏現象，所謂「君子有其道者，未必爲其服」。由此看來，《莊子》在批判之餘，可能也以另一種方式和孔子對「禮之本」、「文質彬彬」等主張，進行另類的價值重估與批判對話。順此，我們應進一步追問的是，假使《莊子》也有「禮之本」的用心，那麼孔子的禮之本和莊周的禮之本，異同何在？這是本文想嘗試探索與釐清的難題。我們或許可再從《莊子》下述文脈，找些端倪：

　　　三軍、五兵之運，德之末也；賞罰利害，五刑之辟，教之末也；禮法度數，形名比詳，治之末也；鐘鼓之音，羽旄之容，樂之末也；哭泣衰絰，隆殺之服，哀之末也。此五末者，須精神之運，心術之動，然後從之者也。末學者，古人有之，而非所以先也。[31]

　　《莊子》說道，種種禮俗（哭泣衰絰，隆殺之服），制度（禮法度數，形名比詳），樂音（鐘鼓之音，羽毛之容），軍容（三軍、五兵之運）、刑罰（賞罰利害，五刑之辟），這些前代歷史遺留下來的有形治理形式，都有它更爲根本的基礎。而眞正能活性推動這些社會結構、象徵體系者，則需有呼應上述所謂「千轉萬變而不窮」之本根，此即下文所強調：「此五末者，須精神之運，心術之動，然後從之者也。」換言之，學

---

31 莊周，郭慶藩輯，〈天道〉，《莊子集釋》，頁467-468。

習的重點，除了形式模仿、學習古已有之的禮法度數，更應該涵養「精神之運，心術之動」，這樣才不容易退化為「文勝於質」的形式化弊病，乃至於掉入「有文無質」的空洞裡頭。這裡明確顯示出，《莊子》主張以「精神之運，心術之動」做為禮法度數的源頭活水，也可說莊周對「禮之本」的呼籲，乃在於「精神心術也」。不過筆者仍要強調，雖然《莊子》看似有著回歸「禮之本」的呼籲，但這個呼籲是與批判同步進行的。孔子雖經常根據自身情感的領會來因革損益周文，但他仍然大規模地承繼周文禮教的象徵系統，故有「郁郁乎文哉，吾從周」、「入太廟，每事問」，等等好禮學禮的積學工夫。亦即，孔子樂觀認為只要自覺擁有「仁」（精神心術）做為禮之本，那麼這個「千轉萬變而不窮」的活水源頭，便可以保住禮文形式於不異化。就此而言，孔子確實展現了高度的文化守護與歷史意識。但相較來看，孔子卻較少深刻質疑周文建制之集體性、階層性、支配性、同一性，等等語言分類系統所帶來之遮蔽性問題。因此《莊子》對孔子所謂禮之本、質勝文、禮後乎、繪事後素，等等創造性的本源呼籲，雖可能也有甚深的同情理解，卻未必完全同意孔子的診斷與藥方。

　　余英時曾引述一段承繼自胡適的觀察，其說正可呼應筆者所稱老莊同樣有著對於「禮之本」或「禮意」問題的關懷與思考：「因此胡適說：『禮者，忠信之薄而亂之首』，正是深知禮制的人的自然的反動。他並進一步推斷，老子這句話，和孔子一樣，也是追求『禮之本』而得到的認識。《莊子・大宗師》中關於『禮意』的一段話恰可助證胡氏之說……以當時通行的喪禮而言，『臨尸而歌』自然是不合『禮』的。但莊子重視的不是外在的形制，而是如何將內心的『禮意』恰如其分地表達出來……這和孔子以『仁』說『禮』，殊途而同歸了。」[32] 余先生此語，雖讀出了《莊子》對孔子有著甚深同情的一面，卻仍顯簡略而未能深入辨微，以觸及《莊子》對孔子批判反思的另一面。簡言之，孔子和莊周雖都關心禮之

---

[32] 余英時，《論天人之際：中國古代思想起源試探》，頁21-22。

本的根源課題，但反思角度和解決方案，並不宜簡單用「殊途同歸」一語帶過。尤其「殊途」的差異意義，在本文看來，正是關鍵。正是這個殊途之差異性，使得《莊子》在同情孔子的前提上，不得不另提新解。而它對禮文禮意的批判重估，顯然也吸收了《老子》的批判性觀點。孔子「攝禮歸仁」然後「文質彬彬」的藥方，在老莊看來，可能過於理想樂觀。原因在於他對周式禮文愛之甚深，以致對周文的宰控與異化，診斷的過於同情，導致藥方子開的相對簡單而理想化。因此在筆者看來，那些再三出現於莊書中的孔、老對話，當可看作《莊子》嘗試走出自身新人文道路的探索。

　　《莊子》一書不斷出現孔子身影，其中一個核心形象或主題，便是對孔子的禮教主張進行辯證性對話。例如關於心齋、坐忘的討論，都可看到其中涉及「忘仁義」、「忘禮樂」的洗滌過程，虛「之」與忘「之」的轉化對象，明確包括了規訓化的禮樂形式和僵硬化的仁義價值系統。[33] 底下可各舉〈田子方〉和〈漁父〉為例，它們一樣涉及對孔子仁義禮教觀點的問難辯證。先看〈田子方〉篇，孔子與溫伯雪子的對比性：

　　溫伯雪子適齊，舍於魯。魯人有請見之者，溫伯雪子曰：「不可，吾聞中國之君子，明乎禮義而陋於知人心，吾不欲見也。」至於齊，反舍於魯，是人也又請見。溫伯雪子曰：「往也蘄見我，今也又蘄見我；是必有以振我也。」出而見客，入而

---

[33] 就禮的演變史來觀察，周「禮」源自於商「豐」。周代的「禮」朝向宗法社會的禮制方向演變，它的人文性意義在於社會性客觀關係的遞增，使得原先商代巫教脈絡下神人交通的「豐」之宗教性遞減。「豐」的宗教性，涉及巫師通神的過渡儀式與主體轉化之「齋」，亦即淘空自我以通神。商代巫儀的「豐」與「齋」，被《莊子》轉化為「心齋」，強調工夫轉化後之虛室生白，以朗現自我神明的虛化主體狀態。筆者要強調的是，孔子更多地繼承了從周禮到春秋時代的倫理社會化之禮，而《莊子》則繼承了商巫那種主體淘空以致誠通神的內在道路，所以對社會化的禮文保有更敏感的批判距離。關於商豐到周文，再到春秋時代的國家社會化禮文之演變，參見徐復觀，〈以禮為中心的人文世紀之出現，及宗教之人文化〉，《中國人性論史（先秦篇）》，頁36-62。

歡。明日見客，又入而歎。其僕曰：「每見之客也，必入而歎，
何耶？」曰：「吾固告子矣：『中國之民，明乎禮義而陋乎知人
心。』昔之見我者，進退一成規，一成矩，從容一若龍，一若
虎，其諫我也似子，其道我也似父，是以歎也。」仲尼見之而不
言。子路曰：「吾子欲見溫伯雪子久矣，見之而不言，何邪？」
仲尼曰：「若夫人者，目擊而道存矣，亦不可以容聲矣。」[34]

　　孔子見溫伯雪子的故事，大抵可和傳說中孔子問道或問禮於老聃的故
事相擬，一樣深具公案情境意味。魯君子（指孔子）雖一而再、再而三地
求見有道者溫伯雪子，故事並未提及任何對話內容，卻透過溫伯雪子與孔
子兩者的感歎而各自暗示出：儒家的禮教威儀與道家真人的支離身體之差
異。從溫伯雪子對儒君子（包括孔夫子）的身心模態之描述：「進退一成
規一成矩，從容一若龍一若虎」看來，顯然是對於「文勝於質」的禮教過
度形式化之批評。成規成矩、若龍若虎的儒者身體氣象，實和春秋以來流
行的禮教威儀身體觀的君子容止密切相連，而這正是禮文形式內化為身體
威儀的教養所成。[35]這種威儀身體觀具體化地展現出儒者的禮儀認同與修
養，可視為儒者踐形的一種美身表現。但是從溫伯雪子的口吻讀來，儒者
所自認的「文質彬彬」，仍然不免有「文勝質」的外在規訓之嫌，所以溫
伯雪子將其評點為「明乎禮義，而陋知乎人心。」這裡我們再度看到：禮
義（末）與人心（本）的對舉。顯然溫伯雪子更加重視的還是：人心的真
誠或內在性情，是否能活活潑潑地流動，而當它本源流出時，自然會有讓
人「目擊而道存」的感動，雖然他未必在行事上完全服從了一套成規成矩
的儀文象徵。

　　此處再度呼應前文，只有「精神之運，心術（人心）之動」，才能

[34] 莊周，郭慶藩輯，〈田子方〉，《莊子集釋》，頁704-706。
[35] 參見拙文，〈《莊子》的雅俗顛覆與文化更新〉，《道家型知識分子論：莊子的權力批判與文化更
新》（臺北：臺大出版中心，2013年），頁235-304。

找到千轉萬變而不窮的禮之本。過度成規成矩的禮儀舉止，無疑容易造成「文勝質」的形式性反控。而孔子在見過溫伯雪子後，默然無言，但內心卻也從此對自己的禮教觀點起了疑情。從他對子路所說的話，顯示他體認到溫伯雪子雖沒有成規成矩、若龍若虎的禮儀身體之聲容，但卻體現出真誠動人的身心魅力。所謂「目擊而道存，而不可以容聲矣」，反映出精誠內發而自然流動的生命力道，雖不見得墨守在禮容文飾上，卻比魯之君子的禮教身體，更加動人心弦。《莊子》編寫這個身體情境故事，要讓敏而好學的孔子在溫伯雪子身上，目擊「由質生文」、「質勝於文」的力量，甚至精誠所至卻未必顯現在當時禮文的另類身心氣象，而這似乎是孔子先前未曾遭遇的另一種「禮之本」形象。假使上述文獻還不夠清晰，我們不妨再看看〈漁父〉篇，其中孔子和漁父的對話，把《莊子》式的禮之本、禮之真，更直接說了出來：

> 孔子愀然曰：請問何謂真？客曰：「真者，精誠之至也。不精不誠，不能動人。故強哭者雖悲不哀，強怒者雖嚴不威，強親者雖笑不和。真悲無聲而哀，真怒未發而威，真親未笑而和。真在內者，神動於外，是所以貴真也。其用於人理也，事親則慈孝，事君則忠貞，飲酒則歡樂，處喪則悲哀。忠貞以功為主，飲酒以樂為主，處喪以哀為主，事親以適為主，功成之美，無一其跡矣。事親以適，不論所以矣；飲酒以樂，不選其具矣；處喪以哀，無問其禮矣。禮者，世俗之所為也；真者，所以受於天也，自然不可易也。故聖人法天貴真，不拘於俗。愚者反此。不能法天而恤於人，不知貴真，祿祿而受變於俗，故不足。惜哉，子之蚤湛於人偽而晚聞大道也！」[36]

---

[36] 莊周，郭慶藩輯，〈漁父〉，《莊子集釋》，頁1031-1032。

〈漁父〉故事，可能是根據孔子周遊列國，時如喪家犬的史實，給予了故事新編。而編寫故事的理由，應在孔、莊價值觀的對話與轉化。故事起於孔子遊於緇帷之林、坐乎杏壇之上，弟子讀書，而孔子則一旁弦歌鼓琴。有一漁父行船路經，下船倚聽。隨後陸續展開一場虛擬實境的儒道對話。而在和孔子對話前，則先由子貢代為說出孔夫子的基本立場：「孔氏者，性服忠信，身行仁義，飾禮樂，選人倫，上以忠於世主，下以化於齊民，將以利天下。此孔氏之所治也。」[37] 但漁父所象徵的道家觀點顯然有所不同。漁父的批評重點，大抵在於他認為孔子過於偏重「天子諸侯大夫庶人」等「人事」治理（後文將其統稱為「結構」立場），反而主張應該將重心更放在修身「守真」（後文將其描述為「非──結構」立場）。於是才展開了孔子愀然問曰：「請問何謂真？」，而漁父才以客之身份，做了上述回應。

　　從漁父的回答可以推知，《莊子》並未反對事親、事君這些「君臣無所逃於天地之間」的倫理事行，更從未抑制飲酒之樂、也未截斷處喪之哀，等等自然人情流露的有情人生。[38]《莊子》透過漁父向孔子傳達的，仍然是「精誠」的自然內發與「事跡」的習俗形式，兩者之間的本末關係，亦即文獻中的真／俗的辯證關係。從俗者，容易受縛於「湛於人偽」之禮文形式，且不自覺地難以避免在群體觀看下，或服從或演出，結果極容易以「跡行」來合禮於社會期待而便宜行事。對於《莊子》，這樣的俗儒禮跡，恐將失去本真之源，徒有禮儀而無禮體。然而禮體本源何在？漁父直指本心地說，無非只是精誠流露之真情所在。更加重要的是，《莊子》所謂精誠真情之流露，一則不能被強拘於定形定跡，因為它經常會帶

---

[37] 莊周，郭慶藩輯，〈漁父〉，《莊子集釋》，頁1025。

[38] 因此《莊子》絕非主張我們可以完全取消政治、社會、文化的符號身份性，而是要對身份背後的語言實體化、權力宰控性，進行批判轉化的更新治療。用本文的概念來說，批判「結構」並非走向「反結構」，而是要進入「非──結構」的弔詭性思維，也就是「在結構中不斷轉化結構」的「虛而構之，構而虛之」的兩行能力。本文後半部，將集中探討這種道家思維的人文潛力。

有獨特而差異風格的表現方式，所以不能強行用普遍性的群體規範來強求所有人都符合絕對標準化的形式。二則，真情流露不但沒有固定的普遍形式，有時深刻的真情（如以喪禮之處哀為例），會超越任何形式表達，因此時有「真悲無聲而哀」的形式缺如之弔詭。然而這種幾乎找不到表現形式，或一時難以憑藉眼前形式的「精誠真情」，卻可能在情境氣氛之中，以「無聲勝有聲」的精誠質樸，最最撼動人心。故漁父強調：「真在內者，神動於外」。

　　《莊子》藉漁父之口，想要向孔子傳達的是：質（真情）不但是文（形式）的存有基礎，有時精誠所至的真情流露還會有它的隱晦性，它的開顯未必能一時全顯，但它具有不容已的綿綿若存之底蘊。而這些情感底蘊，通常能被共同情境中的當事者給敏銳覺察到，卻難以藉由普同的社會結構、客觀形式，一次性地完全表現出來。當被某種禮儀形式給強固下來時，精誠真情的綿綿若存，反而常會被形式給制約而空洞化，甚至被阻塞而遺忘。所以我們到處可以看到，漁父所描述的那種「形式（系統）遞強，存在（能量）遞弱」的「能趨疲（entropy）」之禮崩樂壞現象：「強哭者雖悲不哀，強怒者雖嚴不威，強親者雖笑不和。」相反地，有時沒有明顯的表達形式或樸實的當下呈現，卻可以蘊釀動人心弦的真情流露：「真悲無聲而哀，真怒未發而威，真親未笑而和。」

　　在一般更貼近生活世界的情感自然表現裡，《莊子》也體察到類似情況。愈是情感親密的互動關係，反而會有愈疏遠於禮文拘束的現象，例如父母與我這等至親關係的蹑足，幾乎不需要任何禮貌性致歉。反而情感關係愈是疏遠，例如市人過客和我的臨時遭逢，才需要更多禮儀客套來緩和彼此間的緊張：「蹑市人之足，則辭以放驁，兄則以嫗，大親則已矣。故曰：至禮有不人。至義不物，至知不謀，至仁無親，至信辟金。」[39] 由此可見，「禮」總是要在親疏網絡中，劃出種種界線，以便別異出距離份

---

[39] 莊周，郭慶藩輯，〈庚桑楚〉，《莊子集釋》，頁808。

際與公共秩序。然而禮儀這種必要的別異關係，也因爲它總是要在社會體系網絡中來呈現，因此必然和情感流動的個我差異、關係跨域，產生出頡抗關係。[40] 而在這個頡抗關係的辯證中，《莊子》選擇了「質勝文」的守拙立場。亦即，寧願形式樸素而情感眞切，也絕不願意形式華美而情感造作，以使自身維持在「反——能趨疲」（Negative Entropy）的活性狀態中[41]。此如〈齊物論〉所謂：「道隱於小成，言隱於榮華。」老莊不僅在道與言的立場上，選擇素樸之道、平淡之言，在面對人類社會化的禮文形式方面，也選擇禮文的平淡質樸。因爲唯有如此，它才能更自覺於禮文符號的增生演繹之異化，並常保主體天眞如實的精誠摯情。換言之，過於理想化地認爲文質之間的頡抗關係，可以簡單地辯證融合爲文質彬彬，這種想法本身就是對於「文質頡抗」的不可化約之「非同一性」，給予相對理想化、抽象化的「同一性」處理。

　　漁夫上述所謂「眞者，所以受於天也，自然不可易也。」暗示我們眞情流露的重要。但眞情流露不就如「人受於天」般自然天成，爲有何難？此中微妙曲折，涉及天／人之間的曲折辯證。因爲身而爲人，他雖屬於自然之子（屬天），卻也已是人文之子（屬人）。透過語言而創造人文的所謂文明人，必然歷經一個語言符碼的人文化成過程，這一過程必然要對天生原成的人之情性，有所裁抑、調整、薰習、養成。這一人文化成的養成過程，一方面確實創造了文化人的意義豐盈，但另一方面它同時也隱含「去天存人」的異化與遺忘之危機。而《莊子》所謂「眞者，所以受於

---

[40] 其實儒家是透過「樂」之和同來拯救「禮」之別異。但「樂」之和同並不能獨存，同時也必需以「禮」節之。由此可見，孔子的禮樂同樣具有互補和頡抗關係。如所謂：「禮之用，和爲貴。先王之道斯爲美，小大由之。有所不行，知和而和，不以禮節之，亦不可行也。」《四書章句集注：論語・學而》，頁67。

[41] 「反——能趨疲」（Negative Entropy），又稱之爲「反熵作用」，主要是將力學第二原理的「能趨疲」（Entropy）現象，轉而運用在系統理論上，希望能提出克服「形式增／存在減」，「系統增／能量減」的悖論，於是提出「反——能趨疲」一概念，封閉的系統可以敞開於外在環境，以取得更新轉化的新動能，以促使一個系統或結構能自我新陳代謝而不至於疲乏崩解。此一觀點，可用來呼應本文後半部所謂「結構」與「非——結構」的弔詭運動。

天也，自然不可易也。故聖人法天貴眞，不拘於俗。」雖指出在人文化成的符號化、社會化、結構化之過程中，人有可能逐漸對自身內在的自然（「人之天」)產生拘礙、遺忘的片面化發展，故要能持有戒愼恐懼的憂患。但「法天貴眞」的天眞，也並非徹底去除人文之後的純粹自然天情，而是指向那保留在文化人內心深處、精誠之情的渾然湧動。換言之，人文和自然不是絕對分立爲兩邊事，人文（人）和自然（天）內存著頡抗，兩者處於既相互需要卻又存在張力的弔詭關係。禮文和眞情的辯證，正類似於人和天之間的弔詭關係：兩者既相互滲透卻也互相頡抗。也就是說，《莊子》思考「禮之文」與「禮之本」的背後，還牽連著它對自然與人文這一「天人之際」的辯證思考。[42]

　　《莊子》對天／人關係的終極定位在於：「天人互滲」與「天人相分」的同時並立，而既是同時並立，也就不固著於「以天統人」或「以人統天」之任何一端，否則皆有掉入不同類型的同一性暴力之嫌。而只有以「天人不相勝」的否定辯證方式，才可能比較自覺地保有天人之間，往來返覆的生成變化[43]。《莊子》的圓通立場在於「天人不相勝」，但《莊子》亦要不斷提醒我們天／人之間的頡抗性，以及天大／人小的優次性。同樣地，在禮與情、俗與眞的否定辯證的光譜位置上，《莊子》也寧願採取：多眞實少虛華、多自然少造作的「法天貴眞」之堅持。相對來說，儒家在「天道遠，人道邇」的天人關係上，朝人間秩序性增演的歷程中，逐漸走向正名規範、倫理社會的積極建構。而在這個發展過程中，天或道（可謂主體內在的自然眞情），雖沒有完全被取消，但也有朝向以「德行

[42] 關於「天人不相勝」之頡抗關係的完整討論，可以參見拙文，〈《莊子》「天人不相勝」的自然觀——神話與啓蒙之間的跨文化對話〉，《清華學報》46卷3期（2016年9月），頁405-456；〈《莊子》與霍耐特的跨文化對話——承認自然與承認人文的平等辯證〉，《國文學報》61期（2017年6月），頁23-67。在文章裡，我嘗試指出《莊子》對「自然」與「人文」採取了平等的辯證思考，本文所欲討論的「禮意」問題，也是在平等辯證的問題意識下的推演。
[43] 參見拙文，〈《莊子》「天人不相勝」的自然觀——神話與啓蒙之間的跨文化對話〉，《清華學報》46卷3期（2016年9月），頁405-456。

之理（禮）」來詮釋之、代換之的傾向，而這種意味的理序之天，具有更多條理化、文則化的傾向[44]。由此可說，儒、道的不同模型的文質之辯，也多少呈現出儒、道天人之辯的不同思維。

四、《莊子》「緣情制禮」的喪禮美學儀式與「才全德不形」的質文觀

　　從《莊子》看來，孔子「文質彬彬」的理想主張，卻未必真能挽回形式遞增、情感遞減的空洞化徵向。對於這點，《莊子》最常以喪禮爲例，因爲面臨喪親之痛，最是逼顯真情精誠的時刻，此時最不容許虛僞矯飾。但是，喪禮也是儒家禮文規範最綿密、儀文舉止最謹嚴之處。與亡者的親疏關係，將決定行禮者的進退出處，其情感被要求在親疏關係的網絡中，順軌道而或流或止，並期以中節合情。透過中節合情的情感表現，行禮者乃得以在一整套群我關係中，完成自我與被他人認同。但對《莊子》來說，這種喪禮的公開化、群體化、層級化，也很容易同時走向壓抑、表演、去個體，等等「文勝於質」的異化。[45] 所以《莊子》一再挑選喪禮做爲它挑戰「文質彬彬」的刺點，並從中思考禮文與情感、群體與個殊之間的辯證張力。[46] 我們先從〈養生主〉的老聃死亡而秦失往弔的故事看起。

---

[44] 在春秋時代，天、德、禮這幾個概念彼此交織成理則化的表述，如《左傳》文公十五年：「禮以順天，天之道也。」、昭公二十五年：「夫禮，天之經也，地之義也，民之行也。天地之經，而民實則之。」、文公十八年：「則以觀德，德以處事，事以度功，功以食民。」此一現象反映著從宗教神話世界走向人文世界後仍必須保有社會結構的秩序象徵，而這個特徵多少被孔子與後來的儒家學者所繼承。相對來看，《莊子》的德／天觀念，未有明顯結構化、範式化的傾向，仍保有更多流動生機的原初特性。

[45] 孔子和他的學生曾一再表示：「禮與其奢也，寧儉；喪，與其易也，寧戚。」（《論語·八佾》）、「吾聞諸夫子：喪禮，與其哀不足而禮有餘也，不若禮不足而哀有餘也。」（《禮記·檀弓》），可見即便對當時的儒家而言，就已經遭遇到「處喪」時，「禮文」反控「情質」的難題。

[46] 《莊子》這些挑戰喪禮的故事，後來常成為文人思考情禮辯證的靈感啓發。例如魏晉文人阮籍等人在喪禮過程中，以不合禮俗的行為，突顯個人殊異而至真之情。相關討論，可以參考余英時，〈名教危機與魏晉士風的演變〉，《中國知識階層史論：古代篇》（臺北：聯經出版公司，1984年），頁329-372。但從本文的立場看來，阮籍等人仍不免掉入「結構與反結構」的二元對立，而還未能

由於傳說孔子曾問「禮」於老聃[47]，因此秦失弔喪的這段故事，不妨看作是別有用心的寓言設計：

　　老聃死，秦失弔之，三號而出。弟子曰：「非夫子之友邪？」曰：「然。」「然則弔焉若此，可乎？」曰：「然。始也，吾以爲其人也，而今非也。向吾入而弔焉，有老者哭之，如哭其子；少者哭之，如哭其母。彼其所以會之，必有不蘄言而言，不蘄哭而哭者。是遁天倍情，忘其所受，古者謂之遁天之刑。適來，夫子時也；適去，夫子順也。安時而處順，哀樂不能入也，古者謂是帝之縣解。」[48]

首先，我們從道家人物秦失「往弔」好友老聃的行爲，約可間接推測《莊子》並未全然否定喪禮舉行的需要，否則不會有參與往弔之舉措。而故事的重點在於，秦失洞悉一般參與喪禮者，很容易在集體渲染的形式要求下，表現得過與不及，離開了眞情如實的自然流露，所謂「有老者哭之，如哭其子；少者哭之，如哭其母。彼其所以會之，必有不蘄言而言，不蘄哭而哭者。」參與喪禮之際，言過於實、情失其眞的「文勝質」現象，在

進行「虛而構之，構而還虛」的弔詭思考。

[47] 孔子問禮於老聃的傳說，可參見《史記》兩段描述：「適周問禮，蓋見老子云。辭去，而老子送之曰：『吾聞富貴者送人以財，仁人者送人以言。吾不能富貴，竊仁人之號，送子以言，曰：聰明深察而近於死者，好議人者也。博辯廣大危其身者，發人之惡者也。爲人子者毋以有己，爲人臣者毋以有己。』孔子自周反於魯，弟子稍益進焉。」(〈孔子世家〉)、「孔子適周，將問禮於老子。老子曰：『子所言者，其人與骨皆已朽矣，獨其言在耳。且君子得其時則駕，不得其時則蓬累而行。吾聞之，良賈深藏若虛，君子盛德容貌若愚。去子之驕氣與多欲，態色與淫志，是皆無益於子之身。吾所以告子，若是而已。』孔子去，謂弟子曰：『鳥，吾知其能飛；魚，吾知其能游；獸，吾知其能走。走者可以爲罔，游者可以爲綸，飛者可以爲矰。至於龍，吾不能知其乘風雲而上天。吾今日見老子，其猶龍邪！』」(〈老子韓非列傳〉)。引自韓兆琦編，《史記箋證》(江西：江西人民出版社，2004年)，頁3194、頁4431-4432。

[48] 莊周，郭慶藩輯，〈養生主〉，《莊子集釋》，頁127-128。

在反映禮儀可能對自然真情的遮蔽扭曲。此正是喪禮的弔詭處，原本喪禮
最是告別親友亡靈、最莊嚴無華飾的時刻，但公開化的喪禮演繹與觀看，
再加上模式化的行禮如儀，經常會誇大或壓抑人情的自然與殊性。然而對
道家型人物秦失而言，他雖參與了喪禮的公開儀式，卻不願在群體中展演
他人所預期的成規成矩與情感模式，其內心自有屬於他個人向亡者致意的
特殊情感。在往弔的儀式外相上，也只是適度從俗而相對簡樸（質勝文）
地「三號而出」。再加上他與老聃同道結交於「死生無變己」的超然，對
死生一條深有領悟，因此能任命安化，表現出「安時處順」的坦然。他在
喪禮上的情感表達，自然也就不會全同於一般「悅生惡死」之輩，呈現出
捶胸頓足、哀毀骨立的俗情狀貌。[49] 類似情形，也反映在莊周為惠施「送
葬過墓」的故事裡。莊周為好友惠施送葬，比秦失往弔具有更深的喪禮參
與性，因為通常唯有至親至友才會進一步送葬過墓。然而莊書卻無心刻畫
喪禮儀式的種種細節，唯有深情款款地記錄莊周對好友感觸甚深的憶念：
「自夫子之死也，吾无以為質矣，吾无與言之矣。」[50] 這種深情卻看似無
華文的表達，在筆者看來，未必不能被看成是「禮之本」的一種自覺。

　　除了「質先於文」的主張之外，從秦失往弔的案例來看，我們還能夠
推論，《莊子》大概會去思考禮儀的彈性化與個殊性。一般認為《莊子》
否定禮儀者，經常是站在禮儀身份的標準化與同一性來發言，一旦行禮者
未能合乎所預期的公開展演準繩，便立即被戴上「無禮」或「反禮教」大
帽。為深化我上述的說法，可再看看〈大宗師〉底下案例：

---

[49] 《莊子》將生死疑情放在氣化流行的背景中看待，故而能引出「以死生為一條」、「無憚化」、
「夫藏天下於天下，而不得所遯，是恆物之大情也」等相關說法。參見拙文，〈《莊子》的死生隱
喻與自然變化〉，《漢學研究》29卷4期（2011年12月），收入《《莊子》的跨文化編織：自然‧
氣化‧身體》（臺北：臺大出版中心，2019年），頁231-273。

[50] 「莊子送葬，過惠子之墓，顧謂從者曰：『郢人堊慢其鼻端若蠅翼，使匠石斲之。匠石運斤成
風，聽而斲之，盡堊而鼻不傷，郢人立不失容。宋元君聞之，召匠石曰：『嘗試為寡人為之。』
匠石曰：『臣則嘗能斲之。雖然，臣之質死久矣。』自夫子之死也，吾无以為質矣，吾无與言之
矣。』」莊周，郭慶藩輯，〈徐无鬼〉，《莊子集釋》，頁843。

子桑戶、孟子反、子琴張三人相與友，曰：「孰能相與於無相與，相爲於無相爲？孰能登天遊霧，撓挑無極，相忘以生，無所終窮？」三人相視而笑，莫逆於心，遂相與友。莫然有閒，而子桑戶死，未葬。孔子聞之，使子貢往侍事焉。或編曲，或鼓琴，相和而歌曰：「嗟來桑戶乎！嗟來桑戶乎！而已反其眞，而我猶爲人猗！」子貢趨而進曰：「敢問臨尸而歌，禮乎？」二人相視而笑，曰：「是惡知禮意！」子貢反，以告孔子曰：「彼何人者邪？修行無有，而外其形骸，臨尸而歌，顏色不變，無以命之。彼何人者邪？」孔子曰：「彼遊方之外者也，而丘游方之内者也。外内不相及，而丘使女往弔之，丘則陋矣。彼方且與造物者爲人，而遊乎天地之一氣。彼以生爲附贅縣疣，以死爲決疣潰癰。夫若然者，又惡知死生先後之所在！假於異物，託於同體，忘其肝膽，遺其耳目，反覆終始，不知端倪，芒然彷徨乎塵垢之外，逍遙乎無爲之業。彼又惡能憒憒然爲世俗之禮，以觀眾人之耳目哉！」[51]

從子貢對「臨屍而歌，禮乎」之質問，到孟子反與子琴張的「惡知禮意」之回應，再度突顯禮儀之行（文）和禮意之本（質）的辯證課題。孟子反與子琴張在喪儀期間——「編曲、鼓琴、臨尸和歌」——從子貢習禮、執禮的常情角度看來，無疑表現出對處喪的「失禮」、「無禮」之冒犯。但從孟子反與子琴張的回應來看，卻又再度突顯出一種弔詭的情狀：表面行禮如儀者未必眞能擁有「禮意」，而本於眞情流露而堅守「禮意」者，則未必全然遵守「俗禮」之規範框架。換言之，孟子反與子琴張的行動，突顯的也正是「禮意爲何」的大哉問。如以孟子反、子琴張和子桑戶這個實際案例來看，禮意的本眞要如何呈現？它至少還涉及兩個更爲具體的面

向：一者，孟子反與子琴張會主張以他們和子桑戶三人的生死知交之情
誼，告別亡友自然會有屬於自身眞情流露的方式，他們並不想強制自己在
臨終告別的最眞時刻，過於規訓自己去服從「慣慣然爲世俗之禮」。反
之，若能跳出子貢世俗之眼、規範之禮的俗情角度，別具隻眼地改從孟子
反與子琴張的禮意與眞情來體察，那麼我們或許便可同情理解，甚至適度
欣賞他們的另類儀式。換個角度看，孟子反與子琴張看似不合禮數的編
曲、鼓琴、臨尸和歌，反而成爲了他們最眞情流露的另類美學儀式。對
此，郭象底下注解算能得其眞意：「夫知禮意者，必遊外以經內，守母以
存子，稱情而直往也。若乃矜乎名聲，牽乎形制，則孝不任誠，慈不任
實，父子兄弟，懷情相欺，豈禮之大意哉！」[52]換言之，孟子反二人其實
是不強制自己遵守，而未必是要刻意違犯世俗普遍化那種「矜乎名聲」、
「牽乎形制」之定見禮行，兩人最願忠實於屬己本眞的深情厚意。由兩人
「稱情直往」的眞實情意，自然而然地找到屬於自身告別摯友的儀式——
編曲、鼓琴、和歌——這應可視爲既忠實於自身生死觀的哲理信念，又找
到了屬於自身「緣情制禮」的美學儀文之創設。從這一角度來說，孟子反
與子琴張明確自覺，不僅禮意才是行禮之本，而且當禮意的呈現容許差異
化的美學形式，它才更能自然眞實地流動情感。這或許可視爲道家式的
「緣情制禮」，只是這種「制」不同於階級的分類配置以及群體對個體的
絕對優位。因爲一旦差異性被世俗禮行給普遍化規定，那麼個人最眞實的
情意流動，便容易受到忽視或扭曲。再則原先具有風格性的美學儀文，也
可能跟著墮化爲群體性的矯情演出。

　　上述案例和秦失往弔也有相似處，即孟子反與子琴張面對子桑戶的
喪亡告別，兩人所以採取「編曲、鼓琴、和歌」，這種帶有風格化的美學
儀式，根本出發點又和三人對死生課題的通達領悟有關。三人深厚的友誼
基礎，就建立在「相忘以生，撓挑無極」的死生一如之體悟上。一般世俗

---

[52] 莊周，郭慶藩輯，〈大宗師〉，《莊子集釋》，頁267。

性處喪的行禮規範，通常建立在死生兩隔、幽明兩界的「悅生惡死」之前提上，因此喪禮的程序也和階次送走亡靈（慎終追遠），安撫生者（民德歸厚）有關，並根據與亡者不同遠近親疏之角色關係，規範出不同形式與程度的情感表達。例如在春秋戰國的喪禮行儀過程中，通常會在服飾（或麻或苧），顏色（或黑或白），空間（或左或右），物品（或酒或水）等等次序與方式中排列組合，從其過渡儀式——舉措的象徵物體系，反映出身份階級、角色扮演和禮儀體系的對應關係[53]。然而對孟子反與子琴張來說，「進退成規成矩」的禮儀系統是世俗（方內）之行，這種禮行背後對於死亡的認知，只反映出「不通乎命」的世俗之見。孟子反等三人情誼，對死生同體既有超然物外的同道見解，這就促使他們風格化地為老友設計了一個合乎情誼、忠於禮意，又帶有個殊性、美學化的告別式。

如此我們再度碰到了思考道家式緣情制禮的可能性——其中的「情」，涉及本真之情（而非迎合他人預期的情緒展演，如秦失案例中的「不蘄哭而哭」）。其中的「制」，涉及自我立法般的彈性施設（而非社會政治語意下的絕對權力的管控強制性）。其中的「禮」，涉及禮意延伸的美學風格形式（而非成規成矩的一套已然定制的符號體系）。有趣的是，這種出乎禮意真情的道家式緣情制禮，在善於執禮行禮的儒門大弟子貢看來，卻只是違禮而無禮。而在孟子反與子琴張二人來看，則又弔詭地顯示出子貢不知禮意、遺忘了禮之本。足見《莊子》編寫這些故事，正是要與儒家仁禮觀點進行辯證性對話，再由此價值重估來轉化儒家觀點，進而嘗試思考緣情制禮的禮意本懷。由此觀之，《莊子》並非簡單否定儒家的禮文，可能是以另類思考提出解救方案。或者也可以說，是以另類方

---

[53] 如〈天下〉篇提及：「古之喪禮，貴賤有儀，上下有等，天子棺槨七重，諸侯五重，大夫三重，士再重。」莊周，郭慶藩輯，《莊子集釋》，頁1074。有關先秦喪禮儀式的空間、食物之象徵分類，林素娟曾進行一系列結構人類學式的分析，請參見，〈喪禮儀式中的空間象徵、遞變與倫理重整——以三禮書之喪禮空間象徵、轉化為核心進行探討〉，《漢學研究》33卷4期（2015年12月），頁1-36。

式來激活儒家承繼周文的僵化包袱。《莊子》最爲人知的喪禮公案，要屬莊周爲亡妻「鼓盆而歌」的故事。經由上述討論，我們或許可以嘗試詮解「鼓盆而歌」的禮文迷霧，另眼看待莊周送亡妻的眞心禮意：

　　莊子妻死，惠子弔之，莊子則方箕踞鼓盆而歌。惠子曰：「與人居長子，老身死，不哭亦足矣，又鼓盆而歌，不亦甚乎！」莊子曰：「不然。是其始死也，我獨何能無概然！察其始而本無生，非徒無生也，而本無形，非徒無形也，而本無氣。雜乎芒芴之間，變而有氣，氣變而有形，形變而有生，今又變而之死，是相與爲春秋冬夏四時行也。人且偃然寢於巨室，而我嗷嗷然隨而哭之，自以爲不通乎命，故止也。」[54]

若以子貢心眼來解讀此一事行，必然會膠著在鼓盆而歌的違禮外相上，由此斷定莊周失禮、無禮。更甚者，如往弔者惠施，他不但膠著在箕踞鼓盆而歌這一事行上，並由此斥責好友莊周涼薄而無人之情。筆者認爲惠施此處的責問，可以連結至〈德充符〉一段關於有情、無情的討論作解：「惠子謂莊子曰：『人故無情乎？』莊子曰：『然。』惠子曰：『人而無情，何以謂之人？』莊子曰：『道與之貌，天與之形，惡得不謂之人？』惠子曰：『既謂之人，惡得無情？』莊子曰：『是非吾所謂情也。吾所謂無情者，言人之不以好惡內傷其身，常因自然而不益生也。』」[55]一般淺解

---

[54] 莊周，郭慶藩輯，〈至樂〉，《莊子集釋》，頁614-615。

[55] 莊周，郭慶藩輯，〈德充符〉，《莊子集釋》，頁220-221。筆者認爲〈德充符〉有情無情之討論，脈絡不同於〈齊物論〉：「如求得其情與不得，无益損其真。」也不同於〈大宗師〉：「夫道有情有信，无爲无形。」上述〈齊物論〉和〈大宗師〉這兩處文獻的「情」，大抵可用葛瑞漢（Angus Charles Graham）和莊錦章所謂「情實」來理解。但是莊周妻死而惠施質問其「人故无情乎」，以及老聃死而眾人不蘄哭而哭的「遁天倍情」，這一類脈絡的「情」當涉及人的實存情感之表現樣相。換言之，不管惠施與莊周對這類實存情感或沉溺或超越，此「情」不太容易只以「情實」解之而能得到深刻的說明。關於「情實」之說，參見莊錦章，〈莊子與惠施論「情」〉，《清華學報》新40卷1期（2010年3月），頁21-45。另外，安樂哲提醒中國先秦思維並不二分應然

者，據此誤以為《莊子》否定人的情感活動，筆者曾分析莊周與惠施的有情無情之辯，指出莊周批判的是「以好惡內傷其身」的有為造作之情，讓人掉入或增益或減損的情緒跌蕩太過，絕不是主張完成取消人的情感活動之「死人之行」。可見，莊周式「常因自然」的真情與深情，仍必得透過自覺與修養而得以呈現，它已是天人辯證意義下的「復歸自然」。[56]

　　若能暫時放下貼標籤式的禮教定見與裁判，轉從道家式緣情制禮的角度來善意體察，我們或許不難發覺：子貢的批評和惠施的不悅，往往源自於禮俗常情的習慣遭受挑戰時的焦慮反應，因此未能善察莊周嘗試體現另類緣情制禮的堅持，也完全忽略莊周對死亡有著深沉的體驗與感受。從莊周的答辯辭來看，其實他也經歷過一場從「背乎命」到「通乎命」的心情轉折。從個我倫理關係與私密情感而言，髮妻無疑是人生極親密的朝夕伴侶，所以妻死對未亡人莊周而言，一開始所感受的強烈情感之斷裂，並不特異於眾人皆有的感慨萬端。就人之常情而言，莊周和眾人一般，皆不免生老病死帶來的情感危機與情緒流轉。但莊周對生死領悟所以能構成一種生死智慧而自我療癒，就在於他不住執在「其始死也，我獨何能無概然」的情緒流轉，更是在面對亡妻離別的陪伴時刻，體認亡妻除了與他發生私密倫理關係的個我生命史外，夫妻還共享參贊了一個更莊嚴的「氣化流行」之宏大天命與自然循環歷程[57]。莊周由此

與實然，因此「情」和「實」並不適宜用西方的主／客二分模式去理解，這也導致中國先秦思維的「情」字，經常橫跨在情、實之間。安樂哲此觀點，或可用來活讀《莊子》與《孟子》有些涉及情、實間之間的文獻。參見安樂哲，〈孟子的人性概念：它意味著人的本性嗎？〉，收入江文思（James Behuniak Jr.）、安樂哲編，梁溪譯，《孟子心性之學》（北京：社會科學文獻出版社，2005年），頁86-124。

[56] 參見拙文，〈莊子藝術思維與惠施技術思維的兩種差異自然觀：與海德格的跨文化對話〉，收入《《莊子》的跨文化編織：自然‧氣化‧身體》，頁181-230。

[57] 氣化流行的流出與逆返，相契於《老子》十六章所描述的歸根復命：「夫物芸芸，各復歸其根。歸根曰靜，是謂復命。復命曰常，知常曰明。不知常，妄作凶。知常容，容乃公，公乃王，王乃天，天乃道，道乃久，沒身不殆。」莊周如何從遭遇死生流變的概然轉向對氣化流行的肯納與通達，參見拙文，〈藏天下於天下的「安命」與「任化」：《莊子》「以不解解之」的死生智慧〉，《應用

洞悉並接納了他與髮妻另一個共命本源，此即氣化流行所貫通的死生一體。由此，莊周才通乎命地領受了亡妻的天命流行，從而興發另一種通命觀化的「攖寧」心境。亦即觀照情感在流動攖亂中，任隨情感「化而無常」地淡然來去。由於這種安乎天命「既真情又平淡」的情感流露方式，超乎惠施習慣的處喪定見、有外於常人之情，乃被粗心地簡化解讀為純然無情。至於莊周則由「通乎命」而與亡妻冥契於氣化天命，所以另類創設了屬於夫妻間特有的親密美學儀式──「鼓盆而歌」。

可以說，莊周的「鼓盆而歌」，和上述孟子反、子琴張的「編曲、鼓琴、和歌」，心心相印、如出一轍。他們都暫時地價值重估了公開性、集體性的禮文體系，自覺地忠於自身最純粹的情感而精誠流露，並由摯情當下而創設出「質勝文」的簡樸美學儀式。這種帶有個殊性的真情流露與緣情制禮，表面看似逾越於一般禮俗，但實有另類的禮意真情在背後，有待我們善加體察。大凡深情厚意、微婉曲折之綿綿情意，都不宜大肆張皇、公開展演，然而《莊子》時代的周文儀節，雖美稱「禮儀三百，威儀三千」，然此三千繁華之禮文，其「威儀」更多著重在集體群我與符號體系的演繹上。正如〈齊物論〉言：「道隱於小成，言隱於榮華」，「禮」何嘗不是隱於繁文縟節的榮華？正是在周文「威儀三千」的榮華展示過程，真正的禮意反而可能被隱沒，禮文反倒可能架空質樸真實的情感。人生此刻，面對髮妻、面對摯友，莊周與孟子反、子琴張，寧願「去彼取此」，與其「文勝質」不如「質勝文」，承擔緣情制禮去尋獲一個獨特送別的美學儀式。然則《莊子》一書「去彼取此」的喪禮故事，便很容易被簡化為反文化、反禮儀，就像《老子》「禮者，忠信之薄而亂之首」的批判觀點，也極容易被誤解為完全反禮儀、甚至反倫理。經過上述分析，我們便可順道釐清《老子》對禮文「去彼取此」的用意：

倫理評論》59期（2015年10月），頁101-122。

上德不德，是以有德；下德不失德，是以無德。上德無爲而
無以爲，下德爲之而有以爲。上仁爲之而無以爲，上義爲之而有
以爲。上禮爲之而莫之應，則攘臂而仍之。故失道而後德，失德
而後仁，失仁而後義，失義而後禮。夫禮者，忠信之薄而亂之
首；前識者，道之華而愚之始。是以大丈夫處其厚，不居其薄；
處其實，不居其華。故去彼取此。（三十八章）

《老子》的重點在於：當人與人之間，「處其厚」的存在關係，「處其
實」的眞誠基礎，逐漸被繁文縟節（華）與形式規範（薄）給取代後，人
與人原本自然淳樸的「忠信之厚」（禮之原質），反而可能墮化爲「忠信
之薄」的形式主義（禮之文飾太過）。[58]《老子》上述文獻做了「上德」
（取此）和「下德」（去彼）的重要區分，並批判「下德」或「爲之」
或「有以爲」，因而走向了仁義禮等過於具體形式規範，而《老子》調適
「上」達的上德，則轉向「無爲」或「無以爲」的特性。無爲或無以爲，
並非沒有任何作爲，也不是絕不呈現或者沒有形式[59]。我們大致可推斷，
《老子》期許的無爲或無以爲之上品德行，應該是自然由衷、有本有源地
流露，其表現形式則呈現「質勝於文」的樸實傾向。這也是《老子》爲何
不斷強調：大智若愚、大巧若拙、無名之樸、被褐懷玉、見素抱樸、爲腹

---

[58] 相似的表達還有「天下皆知美之爲美，斯惡已。皆知善之爲善，斯不善已。」（二章），這樣的表
述不應解讀作反對倫理、去除人文，在此《老子》所企圖捕捉的感受，即是前文所描述的「蹞足」
經驗，在已然有著信賴感的親密關係裡，行爲的規範幾乎不被意識與強調，相反地，在處處講明契
約與法律精神的現代社會裡，背地裡反映的正是彼我信任感的缺乏。可以說，《老子》察覺到一種
禮教的自我反諷情狀，對於規範的強調正好反映了「禮意」的淡漠，對於「下德」的要求連帶葬送
了原先不待說明的信任感（上德）。

[59] 《老子》從上德到下德的衰落描述，亦被《莊子》承繼：「夫知者不言，言者不知，故聖人行不言
之教。道不可致，德不可至。仁可爲也，義可虧也，禮相僞也。故曰：『失道而後德，失德而後
仁，失仁而後義，失義而後禮。禮者，道之華而亂之首也。』故曰：『爲道者日損，損之又損之，
以至於無爲，無爲而無不爲也。』今已爲物也，欲復歸根，不亦難乎！其易也，其唯大人乎！」莊
周，郭慶藩輯，〈知北遊〉，《莊子集釋》，頁731。

不為目、去甚去奢去泰，等等「還樸歸真」的一貫呼籲。對《老子》來說，由沖虛之道而顯現的沖虛玄德（上德）之「質」，是一個超越眼前任何形式規範的生命可能性，任何表現形式都只是暫時性朗現，它無法為生成變化的生命躍動，找到一定永定的表現形式。一旦我們將表現形式固定下來，或用傳統遺留的過去形式來強行規範，恐將造成「形式遞增、存在遞減」的「能趨疲」現象。換言之，從上德到下德的轉移，乃是「力量先於結構」墮化為「結構先於力量」的典範轉變。自此以往，繁文縟節（下禮）、自做聰明（前識）的下德條目，將掩蓋人與人之間的真情流露與樸實親密的上德交流。因此《老子》針對當時周文疲弊之時病，主張契機契理的拯救之道，應該適時「去彼取此」，也就是去甚去奢去泰，改而取素取樸取拙。將目眩神迷、外在繁華的忠信之薄（「為目」），調整成內在由衷、真實質樸的忠信之厚（「為腹」），以回歸「力量先於結構」的淳樸「上德」，並依此展開信實淳厚的來往關係。[60]

我們可以設問，《老子》批判「夫禮者，忠信之薄而亂之首」，若主要是針對「下德」之「禮」的繁華無實而發，那麼是否也意味著《老子》間接暗示另一種真實誠摯的關係互動之可能。若對照於周文禮樂體制的權力規範之象徵秩序（繁華之禮），由上德而來的還樸歸真之人際關係，或將打開另類的渾厚禮意或禮之真質，本文暫時方便權稱為「上德之禮」。而這種道家式的緣情制禮之樸素關懷，有幾個特質：一者，「上德之禮」建立在批判下禮之形式墮化，因而首先帶有批判否定或價值重估特

---

[60] 對於《老子》「為腹不為目」的「去彼」（不為目）、「取此」（為腹）的內涵，任博克的理解可以參考："(1)The desires of the "eye," which are attached to a particular coherent intelligible socially determined way of "cutting out" valued objects, and have no intrinsic point of satiation; (2)The desires of the "stomach," which arise spontaneously, are not sparked by a particular intelligible object, and follow an autonomous course of arising and decay, with a built-in limit of satiation." Brook Ziporyn, *Ironies of Oneness and Difference: Coherence in Early Chinese Thought; Prolegomena to the Study of Li* (New York: SUNY Press, 2013), p.148.尤其他將「為腹不為目」，當做理解《老子》「樸素」之道的關鍵詞，甚有理趣與洞見。

性，例如質疑過分的繁文縟節。二者，「上德之禮」並非完全沒有表現形式，但堅持由質而文的簡樸性，以至於堅持眞情力量的優先性。三者，「上德之禮」的簡樸形式仍然只是力量的暫時表現，並不具備普遍常存的某種樸拙形式。由上可知，規範建構幾乎很難避免「形式遞增、存在遞減」的「下德之禮」邏輯，而爲保有原初性倫理回應差異的能力，《老子》堅持由質生文、質勝於文的「力量優先」、「情感優先」。《老子》「質勝文」的「上德之禮」，也可以在《莊子》看到類似觀點：

　　繕性於俗，俗學以求復其初，滑欲於俗，思以求致其明，謂之蔽蒙之民。古之治道者，以恬養知；知生而無以知爲也，謂之以知養恬。知與恬交相養，而和理出其性。夫德，和也；道，理也。德無不容，仁也；道無不理，義也；義明而物親，忠也；中純實而反乎情，樂也；信行容體而順乎文，禮也。禮樂偏行，則天下亂矣。彼正而蒙己德，德則不冒，冒則物必失其性也。古之人，在混芒之中，與一世而得澹漠焉……當是時也，莫之爲而常自然。逮德下衰，及燧人、伏羲始爲天下，是故順而不一。德又下衰，及神農、黃帝始爲天下，是故安而不順。德又下衰，及唐、虞始爲天下，興治化之流，澆淳散朴，離道以善，險德以行，然後去性而從於心。心與心識知而不足以定天下，然後附之以文，益之以博。文滅質，博溺心，然後民始惑亂，無以反其性情而復其初。[61]

　　「繕性於俗」和「求復其初」，正是「下德」（從俗）與「上德」（復眞）的對比。從文獻看來，《莊子》「求復其初」（可視爲「禮之本」的再次強調）的上德表現形式，並不取消人與人之間的原初倫理親密

---

[61] 莊周，郭慶藩輯，〈繕性〉，《莊子集釋》，頁547-552。

關係，它只是再三強調恬淡樸實的活水源頭和表現形式。而且這種真實情性的原初流露，才能真正揭露原初倫理的展開：「德無不容，仁也；道無不理，義也；義明而物親，忠也；中純實而反其情，樂也；信行容體而順乎文，禮也。」換言之，這才是善體平淡之道而來的上德之行。值得關注的是，從「無不容之仁」、「無不理之義」、「與物相親之忠」、「純實反情之樂」、「容體順文之禮」看來，再度可證《莊子》並不取消人際之間自然生成的美好倫理關係。然問題出在何處？一個重要的墮化轉折，《莊子》點出關鍵在於：「禮樂偏行，則天下亂矣」。這裡的禮樂偏行，大概意指「唐虞始為天下」而結晶為周文禮樂的封建規範禮序。「禮樂偏行」的「偏」，正是指以普遍性的形式規範強行建立秩序，從此「下德之禮」取代了人與人之間的自然流露，由質而文的原初性、個殊化的「上德之禮」。換言之，原本性情之初而表現出交互流動的仁、義、忠、樂、禮，現在為何急轉直下地反轉成「天下亂矣」的來源與表徵？這正呼應於《老子》：「夫禮者，忠信之薄而亂之首」的下德邏輯！所以〈繕性〉篇接下來，才會有從古之人到燧人伏羲，再到神農黃帝，以逮唐虞，這一連串「德（又）下衰」的描述。其所描繪的正是一幅「形式遞增而存在遞減」，或者「力量遞減而結構遞增」的質／文辯證觀。而道家站在批判觀點看，憂心這種以結構取代個人，以形式凌駕存在，以普遍超越個殊的「下德之禮」之繁衍邏輯，將會逐步偏向情性麻木、力量疲弱的「禮崩樂壞」之鐘擺效應駛去，此即《莊子》上文所謂：「文滅質，博溺心，然後民始惑亂，無以反其性情而復其初」。對於老莊而言，與其順著「文勝質」的「能趨疲」徹向駛去，進而掉入「文滅質」的溺心惑亂，不如「反其性情而復其初」地回到「質生文」的原初倫理關係，以守護自然呈現的素樸禮文。因為這種素樸的質文觀，一者能善保上德的原初情性，二者能權變上德之禮的美學儀文。

　　這也是《老子》為何不斷強調無名之樸、見素抱樸、復歸於樸，等等「為腹不為目」的精神。與其被外在眩目的繁華儀文帶著走（為目），不

如「被褐懷玉」守住胸中那口眞實情氣（爲腹）。對於《老子》這種「聖人去甚，去奢，去泰」的質文觀，《莊子》則又以〈德充符〉的「德不形」，或者「才全而德不形」的主張，來加以呼應。〈德充符〉區分「使其形」相對於「形」的優位性，所謂：「所愛其母者，非愛其形也，愛使其形者也。」[62] 顯示《莊子》更認同形貌形式（外文之形）背後的力量或精神（內質之德）。但這裡的力量或精神（生命力的自然生機之德），並不是形而上的超越實體，而是那促使形貌或形式可以飽滿充實（充符），那自然流露的生命力之初衷。一旦這種生命力的眞誠流溢被抑制或遺忘了初衷，那麼外貌形式就可能墮化爲貧乏無根之表象。此正如〈德充符〉故事中狟子們的「見」與「愛」，絕不只是形式之見與外表之愛，反而動物們依其感受性本能，對於氣味、體溫，甚至更細微的交感氛圍，有著能感能應的回應能力。原來狟子感受中的母親絕不只是形貌，而是慈柔包容的生命熱力之朗現在貌相聲色的物質性上。而這樣的母子往來之力量迴蕩，同時也自然流露在質樸無華的情境中，例如身體境遇的氛圍氣息之間。然而當「精誠於內而動於外」的靈光氣韻消失不見了，儘管形體形式俱在眼前，但豚子們卻很快地體認出「使其形」的力量已不在場。到底是什麼使母親成爲了母親？「類焉」與「不得類焉」的親密性關係的初始發生處何在？《莊子》給出了總結性的回答：「所愛其母者，非愛其形也，愛使其形者也。」原來眞正觸動我們而讓親密關係得以發生的「類」感受，不在於空有「形」式，而在於「使其形」的精誠力量[63]。可見，做爲「使其

62　「狟子食於其死母者，少焉眴若，皆棄之而走。不見己焉爾，不得類焉爾。所愛其母者，非愛其形也，愛使其形者也。……今哀駘它未言而信，无功而親，使人授己國，唯恐其不受也，是必才全而德不形者也。」莊周，郭慶藩輯，〈德充符〉，《莊子集釋》，頁209。

63　任博克對「使其形」的英譯，很能將「使」的動狀力量之存有狀態給呈現出來，尤能將「使其形」做爲「形」的存有基礎（fundmental thing）給顯示出來：" I was once sent on a mission to Chu, where I saw some piglets still nursing at the teats of their dead mother. After a short while, they suddenly looked very startled and bolted away from her. They could no longer see themselves in her, could find no similarity to themselves there. What they loved in their mother was not her physical form but what moved that form. " Brook Ziporyn, *Zhuangzi:The Essential Writings with selections from traditional commentaries*

形」的「其德甚真」，才真正讓母親的形貌得以「在場」。倘若失去了「使其形」的真質，那麼徒有華麗外形也仍然只是空洞在場，而非「德充符」的真實在場。

　　由上述故事之隱喻，我們可以嘗試理解《莊子》更為深沉的思考，可能在於他雖然也贊同孔子「與其文勝，不如質勝」、「繪事後素」的觀點，但卻不同於孔子「文質彬彬」的人文化成觀，而是更願意將「德充符」的質文關係定位在：「才全而德不形」的原初質樸狀態。而《莊子》這種「德不形」的觀點，呼應了《老子》去甚、去奢、去泰的素樸平淡主張：

　　哀公曰：「何謂才全？」仲尼曰：「死生存亡，窮達貧富，賢與不肖，毀譽、饑渴、寒暑，是事之變，命之行也；日夜相代乎前，而知不能規乎其始者也。故不足以滑和，不可入於靈府。使之和豫通而不失於兌，使日夜無郤而與物為春，是接而生時於心者也。是之謂才全。」「何謂德不形？」曰：「平者，水停之盛也。其可以為法也，內保之而外不蕩也。德者，成和之修也。德不形者，物不能離也。」[64]

　　首先我們要注意，德「充符」和德「不形」，並不衝突。因為所謂：德「充符」，指的是真實內在的情感或生命力量，由內湧現地流露、自然而然地體現，並符現在身心氣象上。這種自然充實、內外符應的身心之文，其實正是「由質而生文」，「氣韻能生動」地在場顯現。至於所謂：德「不形」，則是指為了能夠守住「內保之而外不蕩」的真質狀態，乃要頡抗各種繁榮物引、形式踵華的誘使，以便能長保「由質而文」的「內

(Indianapolis: Hackett Publishing Company Inc., 2009), p. 36.

[64] 莊周，郭慶藩輯，〈德充符〉，《莊子集釋》，頁212-215。

保」狀態，而不被帶向「文勝於質」的「外蕩」之支離歧路（物不能離也）。可見，德「不形」是爲了「保內質」，是爲了「物不能離」而忠於自己的「成和之修」。但這絕不意味自然生機之德，不能找到屬於自己的生命出路或表現形式。事實上，《莊子》依然相信：「德不形」自然會找到屬於自身的「德充符」。並深信只有在「內保之而外不蕩」的高度自覺和素樸修養下，質勝文的原初倫理敏感性，才可對任何禮文形式、規範倫理的異化，保有最敏銳的批判活力[65]。由此觀之，我們也可將「鼓盆而歌」視爲在「內保之而外不蕩」的「成和之修」之自覺下，施行了一種「由質而文」的美學儀式之自我表現。最後，本節將以〈大宗師〉一段孟孫才「善處喪」的故事，來做爲道家式「由質而文」、「質先於文」的結論。這段故事也是假藉孔、顏之口，再度傳遞出老、莊的簡樸禮儀之心：

　　顏回問仲尼曰：「孟孫才，其母死，哭泣無涕，中心不戚，居喪不哀。無是三者，以善處喪蓋魯國。固有無其實而得其名者乎？回壹怪之。」

　　仲尼曰：「夫孟孫氏盡之矣，進於知矣。唯簡之而不得，夫已有所簡矣。孟孫氏不知所以生，不知所以死，不知就先，不知就後，若化爲物，以待其所不知之化已乎！且方將化，惡知不化哉？方將不化，惡知已化哉？吾特與汝其夢未始覺者邪！且彼有

---

[65] 安樂哲底下觀點也可參考：「儒家關注的是能夠直接『禮』化表達的高雅情性的培養。我們前面已經記敘了道家對這種修養的過分強調恰恰會產生相反預期結果的擔憂，因為人為的人類建構常常會覆沒自發的自然情性。這就是說，道家寧願把自然生命的節律看作培養和純化我們自然感受性的源泉。道家對儒家的批判就在於，他們認為『禮』在僵化為某種專門道德時，不僅遠遠不會使直接感受得到更清晰的表達，反而會擾亂人類社會的自然韻律。實際上，一般的、制度化的禮在成為行為中介且發生作用的時候，就會壓抑各種自發的自然習性。儒家和道家都認識到了培養一種作為情感經驗基礎的養成性品格的必要，其不同之處僅在於獲得和保持該品格的方法和途徑。」《道不遠人：比較哲學視域中的老子》（北京：學苑出版社，2004年），頁63。然而有必要指出，安樂哲對儒家的「禮」向來給予合理化的高看，較少給予批判性的反省，所以他對於道家對儒家禮教的批判反省，也就只能點到為止，未及深入對話。

駴形而無損心，有旦宅而無情死。孟孫氏特覺，人哭亦哭，是自
其所以乃。且也，相與吾之耳矣，庸詎知吾所謂吾之乎？且汝夢
爲鳥而屬乎天，夢爲魚而沒於淵，不識今之言者，其覺者乎，
夢者乎？造適不及笑，獻笑不及排，安排而去化，乃入於寥天
一。」[66]

透過孔子之口，《莊子》再度傳達對喪事禮文的「唯簡」態度，我們歸納
如下，以做爲本節的結論：一，「處喪」的核心精神，不能只從外在形式
來判斷，否則難以理解爲何外表看似「哭而無涕，中心不戚，居喪不哀」
的孟孫才，會假孔子之口而被稱許爲「以善處喪蓋魯國」。可見，情之眞
或情之質，未必都要或都能以符合社會規則的喪儀行爲來表達。二，爲忠
於自身眞實情感之狀態，有時反而需要頡抗社會集體要求的繁文縟節的公
眾演示，才能忠於自己的質樸無華的情感狀態，此即所謂「造適不及笑，
獻笑不及排」。眞正由衷而發的悲喜精誠，不可能透過事先的預期來安
排，一旦透過事先預期來照排演出，由衷的感情眞質反而容易受到扭曲變
形。三，《莊子》並非否認喪禮的人文意義，而是傾向「唯簡」（「唯
樸」），因爲唯有忠於自己的簡樸眞情，才足以精誠自己以及觸動他人，
這樣也才眞有民德歸厚可言。四，「喪禮」讓人們一再面向死亡「化則無
常」這一死生大事，《莊子》不希望人們只停留在情緒層次的哭泣與哀
戚，也應從中領悟死生大事的存在意義，亦宜參透「化」與「不化」的弔
詭智慧。唯有此一弔詭智慧，方能在人生如夢中覺察觀照之，獲得「在其
中（處喪），又不在其中（而不哀）」的「善處喪」之德與慧。

---

[66] 莊周，郭慶藩輯，〈大宗師〉，《莊子集釋》，頁274-275。

五、老莊的渾沌思維與特納的「閾限」思維的跨文化對話：結構與非──結構的否定辯證

　　為輔助筆者說明道家對禮文儀式的「非──結構」之辯證思維，本節打算徵引英國象徵儀式學派人類學家特納（Victor Witter Turner）的觀點，做為跨域對話的嘗試。特納對儀式行為與象徵研究的經典著作《儀式過程：結構與反結構》，超越一般僅從「結構」觀察文化的社會人類學，尤其從「閾限」與「結構」的辯證關係來思考文化更新的動態歷程，正和本文從道家對禮儀的結構反省，以及和筆者長期思考道家「人文化成」的「渾沌」與「規範」之來回辯證，頗有可對話性。底下將藉由特納對文化儀式行為的相關研究，轉注詮解道家對禮文批判背後的「非──結構」與「結構」之辯證關係，以佐證《莊子》對禮與情、禮與真的辯證思考，期能在儒家「文質彬彬」的「辯證融合」思考模式外，打開「結構」與「非──結構」「之間」的弔詭思維以開新端。

　　特納對於文化結構的動態觀察，是從范熱內普（Arnold van Gennep）有關於「通過儀式」（rites of passage）的研究擴展而來。范熱內普指出，人類的活動凡涉及從一種身份轉換到另一種新社會身份（如青少年的成年禮、單身者的婚禮），或一種自然狀況轉換到另一種新的自然處境（如年末入冬的尾牙與年初的春酒），其間普遍存在著各種通過儀式的現象。[67] 其中所必須經歷的過渡結構，可用三個階段加以概括描述：「分離」（separation）、「邊緣」（margin）與「重新整合」（aggregation）。第一階段的separation，意指當事人從原有的文化地位、社會狀態之固有位置，遭遇「分離」的對待，從原先日常生活、各種象徵

---

[67] 關於「通過儀式」的介紹與討論，參見特納，黃劍波、柳博贇譯，《儀式過程：結構與反結構》（北京：中國人民大學出版社，2006年），頁94-98；鮑伊（Fiona Bowie），金澤、何其敏譯，《宗教人類學導論》（北京：中國人民大學出版社，2004年），頁184-197。現代生活中的種種活動仍或顯或隱地保留著各種通過儀式的變形與作用，參見伊利亞德（Mircea Eliade），楊素娥譯，《聖與俗：宗教的本質》（臺北：桂冠，2001年），頁203-252。

事物的對應體系裡被隔離出來。也因此，這個階段具有「反結構」的特性
和意義。而特納最為關注的則是被稱作margin的中介狀態（又可稱為「閾
限階段」），此時儀式主人公進入到一種「去身份」的渾沌無名處境，
因為他失去了舊有的社會符號指涉，而新的社會人格符碼又尚未到來。
換言之，他暫時處在新、舊結構之間的「非此非彼」，此即本文所謂的
「非──結構」狀態。如果我們運用〈齊物論〉的語言，便可稍加區分
出：「舊結構」屬於「此」，「新結構」屬於「彼」，舊結構和新結構有
著「彼是相偶」的排斥關係。而所謂的「非──結構」則不願掉入「彼是
相偶」，它乃是「非此非彼」的潛在狀態。同時，要特別留意的是，第二
階段的「非──結構」狀態，也不等同於第一階段的「反結構」狀態。
因為第一階段的「反結構」純粹是結構的刻意破壞，而第二階段的「非
此非彼」，則是指向結構「將生而未生」的可能性。最後，第三個階段
aggregation是說，當事人獲得新的名字，被賦予新的職責與身份，從而又
進入新的社會階層與角色中生活。可見第三階段又重新回到了結構狀態，
只是在歷經了「反結構」的破壞解離，和「非──結構」的更新轉化之
後，新獲得的結構內涵已具有了差異性的更新意義。[68] 底下嘗試將特納關
於「非──結構」與「結構」的過程思考，連結到《老子》對「原初倫
理」與「規範倫理」，以及《莊子》對「禮之真」與「禮之文」的思路中
進行對話。

　　第一階段的分離之前，和第三階段的融合之後，兩階段的主體狀態皆

---

[68] 筆者用「更新」來描述「非──結構」之轉化意義，啓發自伊利亞德對於「水」在儀式中具有存有
論轉化作用的描述：「水的宇宙論有其對應之物──即『物質發生說』，此即根據人類乃由水域
而生的信仰。而洪水，或洲陸的定期淹沒亦有其對應之物，以人的層面來說，即人的『第二次死
亡』，或者，透過洗禮進入死亡中。不過，以宇宙論及人類學的雙重層面來看，沒入水中的浸禮，
並不等於進入最終的毀滅，而只是暫時地進入朦朧模糊中，隨後則是新創造、新生命或新人……由
此結構的觀點來看，洪水與洗禮是可以相互對照的，而且喪禮中的奠酒，乃對應於新生命的洗淨，
或對應於水泉的儀式性沐浴，可因而達到健康與多產。不管我們在什麼樣的宗教網絡中發現它們，
水域必然保留著它們的作用；它們瓦解、廢除各種形式、『滌除罪惡』；它們同時可使人潔淨與再
生。」《聖與俗：宗教的本質》，頁173-174。

屬日常生活角色扮演的社會結構處境，只是過渡前和過渡後的社會身份和
存在處境有所不同，但兩者再度擁有各自明確的社會身份與規範。如用語
言分類概念來觀察，分離前的少年會有一個童稚之名，融合後的青年則會
有另一個成年之名，而兩個不同「名」則對應著兩種身份的「名（位）」
與行爲規範的「實（分）」。名實相應、份位相符，也就規範了人們在不
同階段、不同階層的行爲結構。而社會的禮文秩序，正好是透過這一連串
的「結構」轉換，來呈現人們不同身份的過渡。此即禮儀的過渡與轉化，
扮演著社會角色一連串位移遷變的轉換機制，而人們乃能在約定俗成的社
群關係中，進行恰如其份的交互主體之社會交換。

　　再以周文傳統禮儀的角度來說，人一出生從童稚到成年社群認同的
「冠禮」，男女在日常社會生活的行住坐臥的「容禮」舉止，再從男女
關係轉化爲夫妻角色的「婚禮」，以及從事各種類型的神鬼之溝通活動的
「祭禮」，最後安排亡者到彼界的死生兩隔、愼終追遠的「喪禮」，這一
連串周式禮文的人生過渡，正爲了將人的一生，安排在社會角色的連續性
演變歷程中。而每個社會角色的扮演和演變，皆有其結構性的價值象徵系
統（例如「親親」與「尊尊」）在背後推動與支配。一般屬於社會秩序的
積極建構主義者，大都很自然地將關懷重點放在「結構」的重獲與穩定，
因爲那是社會秩序能夠階序化、合理化運作的前提。例如儒家強調名實相
符的「正名」，以及隨之而來的禮儀三百、威儀三千，皆是做爲穩定周文
禮樂社會的必要構成。從《論語》底下記載，可見一斑：

　　齊景公問政於孔子。孔子對曰：「君君，臣臣，父父，子
子。」[69]
　　子路曰：「衛君待子而爲政，子將奚先？」子曰：「必也正
名乎！……名不正，則言不順；言不順，則事不成；事不成，則

---

[69] 朱熹，《四書章句集注：論語·顏淵》，頁136。

禮樂不興，禮樂不興，則刑罰不中；刑罰不中，則民無所措手足。」[70]

由此，名實相符和禮治規範，乃屬「政者，正也」之一體兩面，它們既爲家庭倫理也爲國家政治的系統性秩序，給予了結構奠基。

　　社會建構者的觀看焦點，通常會直覺地將價值重點放在結構狀態，而任何「反結構」現象，都代表著失序、違禮的危險，以及負面的價值狀態。例如季孫氏跳八佾舞（違反政治秩序），孔子弟子要求將顏回厚葬（違反身份秩序）。換言之，在「君君，臣臣，父父，子子」的結構穩定性、正名符應性的思維下，任何逸出結構外的人事物，均被視爲異化、非常的「禮崩樂壞」之前奏。而對治任何失序的辦法，就是儘快排除挑戰結構的異常異物（例如在喪禮中不合身份的情感表達），以便再度重返結構的井然有序（恢復喪禮過程符應關係角色而恰如其分之行禮表現），這樣社會秩序才能再度在預期下運行無礙（完成行禮如儀的喪葬禮儀體系）。這種以「結構」作爲核心的運作模型，其機制恰如人類學家道格拉斯（Mary Douglas）所言：

　　他們依照在社會中看到的對稱和層次來規範自己的行爲，並且不斷努力試圖用他們自己對相關結構片斷的觀點給他們生活場景中的其他行動者留下印象。關於社會意識，高夫曼（Erving Goffman）已有很精彩的論述，這裡就無需就此再討論了。沒有一樣衣服、食物或是其它什麼實際用品，不是我們抓來當做小道具，用來戲劇性地強化我們想扮演的角色以及我們演出的布景的。我們做的每一件事情都是意義重大的，沒有任何事不承載著它的意識象徵之負荷。……在這樣的情境之下，他們的行爲就像

---

[70] 朱熹，《四書章句集注：論語‧子路》，頁141-142。

在相互關係決定的特定位置間移動，好像在可能的關係模式中作出選擇。他們對於形狀的感覺對他們的行為提出要求，支配著他們對自己欲望的評價，認可一些，禁止另外一些。[71]

人類學者對生活行動與象徵體系的觀察，可以協助我們更準確地掌握周文禮教的社會運作模式並給予反思。例如「禮」對於「結構」加強，以及「刑」對於「反結構」禁止，具有一體兩面的系統相干性。而這可能也是孔子為何要那麼強調「非禮」則「勿言、勿視、勿聽、勿動」的原因，因為失禮（非禮）之小者，乃使個人無所措手足；失禮之大者，將使倫理政治完全混亂失序。「禮崩樂壞」意謂著整個「結構」的崩解，鐘擺盪到「反結構」的另一極端，原先被禁止的倫理與政治行為，如今則是異見異行充斥橫行，此乃孔子「孰不可忍也」之嘆[72]，進而發起「克己復禮」的救治行動。而這樣的「復禮」拯救，當然不只是個人的仁心修養，它更指向整個周文禮制的結構性救復，因為「仁禮一體」密不可分。

然則類似於當代象徵人類學家的後設觀點，老莊傾向從批判反思來觀察「禮崩樂壞」的結構性問題，而不是急於恢復周文禮制的大結構。因為任何文化系統下的禮教象徵體系，皆無關乎「天經地義」的先驗價值，而是不能離於名言結構所約定俗成的整套社會運作之權力機制。甚至可以說，儀式結構本身就是權力運作的機制，而語言結構就藏有權力支配。因為結構本身就具有排除結構所能容許的異質人事物之特質。[73]也唯有排除異人、異行、異議、異物，才更能讓單一價值系統維持長久支配的合理性和穩定度：

---

[71] 道格拉斯，黃劍波等譯，《潔淨與危險》（北京：民族出版社，2008年），頁125-126。

[72] 「孔子謂季氏：『八佾舞於庭，是可忍也，孰不可忍也？』」孔夫子這種見微知著的發言，自有他站在「結構」立場該有的計較。朱熹，《四書章句集注：論語‧八佾》，頁61。

[73] 關於語言與權力的關係，分類結構在建立秩序時的同一性思維之排斥他者現象，可參見拙文的分析，〈莊子與羅蘭‧巴特的旦暮相遇——語言、權力、遊戲、歡怡〉，《道家型的知識分子論：《莊子》的權力批判與文化更新》（臺北：臺灣大學出版中心2013年），頁305-353。

　　我們的興趣由創造模式的傾向統領著，有些時候我們叫它圖式（schema）。在不斷變換印象的混沌中，我們每一個人都建造了一個穩定的世界……一旦被命名，它們就會更加迅速地投入到未來的鴿籠式分類歸檔中了。隨著時間的推進和經驗的增長，我們越來越大地投資在自己的名稱體系中。這樣，一個保守的偏見得以建立起來。[74]

　　從公共意義上說，文化是將一個群體的價值觀標準化，它在個人經驗間起仲裁和調和的作用。它在最初提供了一些基本的類別，這些類別是一個積極的模式，其中的觀念和價值整齊排列。並且最重要的是，它具有權威，每個組成成員都被誘使表示同意，因為其他成員都已經達成一致了。但是它的公眾特性使它的分類更加僵化。[75]

　　再回到特納的語彙來說，第一階段之前和第三階段之後，大體代表著「舊結構」和「新結構」，兩者雖有不同社會位置的差異，但一樣乘載習俗規範、道德標準等等語言結構的固定期望值。它們完全不同於第二階段「閾限」那種渾沌無名狀態，因為它們都有明確性、結構性的權利義務之固定認同。換言之，兩者都落在結構性範疇內，這一點是類同的。至於第二階段，才是特納特別感興趣而企圖深描（thick description）的「非──結構」現象，它和第一、第三階段幾乎沒有同質性，它是一個完全差異化、異質性的狀態，它是處在結構懸擱的「非──結構」狀態。第二階段的閾限處境，雖看似處於一種前/後之間的「中介狀態」，但嚴格講，它並不意指在第一和第三階段的因果邏輯、直線序列下的「中間」。事實上，它標示出徹底的斷裂，顯示出它暫時的「非語言」、「去主體」、

---

[74] 道格拉斯，《潔淨與危險》，頁46。
[75] 道格拉斯，《潔淨與危險》，頁49。

「無身份」的恍兮惚兮與不可名狀。

閾限處境是超越結構的遊離狀態，類似於社會人格、身份規範的暫時解離或超脫。這種遊離的「非——結構」狀態，特納嘗試透過「無地位」概念來說之：「從較低的地位到較高的地位所經過的通道，是『無地位』（statelessness）的邊緣狀態。」[76] 而道格拉斯也曾指出這種「難定義的無限」現象：「因此，無序的含義就是無限，在其中沒有實現過任何模式，但是它形成模式的潛力也是無限的……讓我們來考察那些處在邊緣狀態的人的信仰。這是一些不知何故被拋在社會模式之外，因而沒有固定位置的人。他們或許沒做過任何道德上錯誤的事，但他們的身份卻無法被定義。」[77] 上述描述的這種「無地位」、「難定義」的「域外」人格狀態，不禁讓我們聯想起《老子》曾經描述過的渾沌人格：「眾人熙熙，如享太牢，如春登臺。我獨泊兮，其未兆，如嬰兒之未孩；儽儽兮，若無所歸。眾人皆有餘，而我獨若遺。我愚人之心也哉！沌沌兮，俗人昭昭，我獨若昏。俗人察察，我獨悶悶。澹兮其若海，飂兮若無止。」（二十章）《老子》的泊兮未兆、嬰兒未孩、愚人之心、渾渾沌沌、昏昏悶悶的人格特質，都具有「見素抱樸」、「渾沌未鑿」的「非——結構」特性，因此表現在人格情調上就帶有「遊於方外」的「邊緣」或「域外」味道，這也多少呼應了特納和道格拉斯所謂「無地位」、「難定義」特徵。但這種看似「虛」「無」的否定特性，卻並非真正虛無，而是具有「虛而能構」、「無而能有」的無限潛力。「無地位」、「難定義」的閾限處境，其中所隱含的渾沌性格、無限潛力之創造性訊息，也可以嘗試用來揣摩道家的「無」之智慧。如以〈逍遙遊〉：「至人無己，神人無功，聖人無名」為例，其中確實有超出結構規範之外的意義盈餘（沒有固定位置者）。而相對的情況則是「知效一官，行比一鄉，德合一君，而徵一國者」這些儒家

---

[76] 特納，《儀式過程：結構與反結構》，頁97。
[77] 道格拉斯，《潔淨與危險》，頁119-120。

事功型人物（身份被定義）的自我認同方式，大都屬滿足於社會結構中的名實份位之獲取與踐履[78]。〈逍遙遊〉這種「三無」智慧，在筆者過去的研究顯示，它並非關係性的簡單否定（因此不能簡化為「反結構」），而是在關係中逍遙又活化關係的「無而能有，有而能無」、「虛而能構，構而還虛」的弔詭智慧[79]。這樣的弔詭智慧，正在於促使「結構與反結構」，從「彼亦一是非，此亦一是非」的彼此惡鬥，轉為「和之以是非，謂之兩行」的轉化運動。而這種兩行轉化的「三無智慧」，又和「不落兩邊又轉化兩邊」的「得其環中」有關。「環中」具有「非此非彼」乃能「轉化彼此」的魅力，[80]此即《老子》的渾沌，《莊子》的環中，和特納的「閾限」之魅力所在。

范熱內普對通過儀式的三階段論（前閾限——閾限——後閾限），被特納總括為「結構」與「非——結構」之對照，並透過這兩者的辯證，試圖說明社會現象與文化運動的歷程。特納不只停留在通過儀式的具體內容之考察，更進入社會本質、文化發展的關懷和分析，其中隱含一套文化哲學的觀察。他強調人類的社會、文化活動甚至個人生活，總是離不開以下這兩種模式的並列和交替：一是有結構組織、有等級體制的模式，另一則是沒有組織結構、平等一體的模式。[81]值得深思的是，對「閾限階段」可

---

[78] 莊周，郭慶藩輯，〈逍遙遊〉，《莊子集釋》，頁16-17。本文立場不在簡單否定社會結構下的功成名就，也不主張道家純屬超越人間名樊結構的方外逍遙，而是在於探討兩者更為複雜的弔詭辯證關係。

[79] 參見拙文，〈《莊子》的關係性自由與弔詭性修養——疏解〈逍遙遊〉的「小大之辯」與「三無智慧」〉，《商丘師範學報》34卷2期（2018年2月），收入本書第七章。

[80] 「彼亦一是非，此亦一是非。……彼、是莫得其偶，謂之道樞。樞始得其『環中』，以應無窮。是亦一無窮，非亦一無窮也。」莊周，郭慶藩輯，〈齊物論〉，《莊子集釋》，頁66。

[81] 特納一再強調這類觀察和觀點：「根據所有這些材料，我可以做出這樣的推論：對於個人和群體來說，社會生活是一個辯證的過程，其中涉及高位與低位、交融與結構、同質與異質、平等與不平等的承接過程。」《儀式過程：結構與反結構》，頁97。此一辯證過程，不僅就宏觀層面的社會文化如此，就連個人的生命體驗亦印證此理：「換句話說，每個人的生命經歷之中都包含著對結構和交融及狀況和轉換的交替性體驗。」《儀式過程：結構與反結構》，頁98。

能帶來的「破壞性創造」，特納常將它和柏格森（Henri Bergson）的「開放性道德」連接起來。他認為，文化系統結構下的道德是一種「封閉性道德」，而閾限則具有瓦解僵化而活化道德的可能。[82] 閾限狀態能夠打破封閉性道德，造成「人與社會、自然以及文化之間的關係的周期性重新分類」[83]，由此釋放而開啟新道德內涵，此觀點呼應了前文《老子》所謂「上德」和「下德」的區分，及「上德之禮」對「下德之禮」的批判性治療與活化。

「交融」（communitas）是特納用來描述「閾限階段」的主要用語。[84] 對此我們可從兩個角度來說明，一是從後設反省的概念角度，另一則是從儀式過程的具體象徵。從概念來說，交融具有以下系列特質：邊緣、不清晰、非此非彼、逃逸、死亡、去主體、無以名狀、無區分，等等去除語言分類的結構框架。而從儀式的具體象徵來看，交融則常具有下述特質：與世隔絕、一無所有、赤身裸體、沒有身份、沒有地位、沒有財產、沒有標識、沒有親屬、被動、謙卑、中央位置、墳墓和子宮的象徵等等。[85] 可見「閾限」階段具有強烈的考驗、磨煉意義，也可說是一趟重生前的「死亡之旅」。如果說第三階段的「重新整合」是一個「新人格（有固定位置）」的再生，那麼此番「閾限」便是徹底的「人格」之「死

---

[82] 特納，《儀式過程：結構與反結構》，頁129。

[83] 特納，《儀式過程：結構與反結構》，頁130。

[84] 此拉丁語為特納所提出，或譯為「融合」，用以描繪閾限階段（亦即「非──結構」狀態）所具有之平等性、共同體、不確定性等特質：「對於我來說，只有在社會結構沒有顯現的時候，交融才會顯現。」《儀式過程：結構與反結構》，頁127。值得注意的是，特納使用communitas一詞受到布伯（Martin Buber）「社區（community）」一概念的啟發，他曾說：「也許，要將這個極具難度的概念用語言表達出來，最好的方式還是馬丁·布伯的方式……布伯曾經使用過『社區』一詞來表述『交融』……布伯所指出的，是交融所具有的自發性、即時性、具體性的特點，這些特點是與社會結構所具有的受社會規範所轄制、制度化、抽象化的特點相對立的。」《儀式過程：結構與反結構》，頁127-128。

[85] 特納曾以恩丹布人的資深酋長的就職儀式為例，說明通過儀式的閾限階段之狀態，其中包含諸如：建造一遠離村莊的樹屋、酋長的普通人格的死去、只披著一塊爛腰布、受盡恥辱、藥物淨身、禁欲等等。《儀式過程：結構與反結構》，頁100-102。

亡」與「再生」之轉化機制。而為了重生以擔當另一個人格位置之認同與
責任，他必得將過去的餘習斬除殆盡，忍受一切刻骨銘心的抹除暴力，[86]
因此處處充滿死亡的烤煉。[87] 然而這一死亡況味並非虛無空洞，而是將人
生帶向無盡可能的虛化或遊化的「非 —— 主體」狀態，以便納受「新主
體」。

　　我們知道，《莊子》和神話思維有許多密切的連續與斷裂關係，例
如〈人間世〉的「心齋」，前身就可能來自神話時代巫師過渡儀式或啓蒙
儀式之「齋」戒。[88] 只是《莊子》的「心齋」創造性地轉化了巫師的啓蒙
儀式。但依然可見，不管是巫師過渡儀式的齋前與齋後之中介狀態，亦或
《莊子》心齋前後的中介狀態，兩者同樣都含有「象徵性死亡」意味。象
徵性死亡是指：原先結構處境、社會性名分（如禮樂）的自我認同或主體
狀態（如仁義），受到了暫時性的中止或解構。對於這一點，我們可以看
到《莊子》的「坐忘」和「心齋」，皆有類似「形枯木，心死灰」、「離
形去知」的死亡性描述。例如〈人間世〉的顏回在心齋前後的最大不同
就在於：「回之未始得使，實自回也；得使之也，未始有回也。可謂虛
乎？」[89] 一言蔽之，在經過「聽之以氣」的「虛心」工夫後，顏回原先擁

---

[86] 特納除了強調精神受盡羞辱的磨礪之外，亦強調身體的銘刻：「初次受禮者所經歷的那些考驗和羞
辱，對他們的身體常常有著摧殘的性質。」《儀式過程：結構與反結構》，頁104。

[87] 特納再三強調：「在恩丹布閾限裡，關於死亡的意象隨處可見。」《儀式過程：結構與反結構》，
頁100。

[88] 巫師必須經歷儀式過程的磨難藉以造就身心轉化，參見伊利亞德的描述：「巫師的啓蒙，它們包括
欣悅的經驗（如夢、幻象、入迷等），和神靈或過去巫師所傳的教訓（如巫術，神靈的名字和作
用，神話和氏姓的譜系，祕密語言等）。有時，啓蒙是公開的，包括很豐富和多樣化的儀式……但
是沒有這些儀式並不表示啓蒙的不存在。它完全可以在新丁的夢中或欣悅經驗中進行。在西伯利亞
和中亞細亞被召喚去做巫師的年青人要經過一個精神的危機。在這時候，他被認為被由啓蒙師扮成
的鬼怪所虐待。這種『啓蒙病』一般呈現下列元素：⑴虐待及肢解，⑵刮肉後，餘下骨架，⑶換器
官及換血，⑷到地獄一短時期，得到鬼怪或死去巫師的靈魂的指導，⑸升天，⑹復活——即是達到
一個新的生存模式（有神性的人能和鬼神溝通）。」陳炳良譯，〈啓蒙儀式與現代社會〉，《神話
即文學》（臺北：東大，1990年），頁96。

[89] 莊周，郭慶藩輯，〈人間世〉，《莊子集釋》，頁148。

有的自我實在感（實自回也），就好像消失死去般（未始有回）。亦即經由心齋的集虛工夫，原本那充滿社會結構價值觀的主體認同方式，現在被解構了、象徵性死亡了。除了南郭子綦的「枯木死灰」之喪我，心齋的「未始有回」之「致虛」，我們還可再從「坐忘」加以印證。「坐忘」的轉化對象或自我的象徵性死亡，也是直指社會結構規範下的舊價值體系和固化的自我認同：

　　顏回曰：「回益矣。」仲尼曰：「何謂也？」

　　曰：「回忘仁義矣。」曰：「可矣，猶未也。」

　　他日，復見，曰：「回益矣。」曰：「何謂也？」

　　曰：「回忘禮樂矣。」曰：「可矣，猶未也。」

　　他日，復見，曰：「回益矣。」曰：「何謂也？」

　　曰：「回坐忘矣。」仲尼蹴然曰：「何謂坐忘？」

　　顏回曰：「墮肢體，黜聰明，離形去知，同於大通，此謂坐忘」[90]

　　顏回「坐忘」所虛、所喪、所損、所忘的「我」之內容，就是仁義禮樂這些周文建制系統下的社會價值結構，而且這些語言結構會沉澱到人的認知主體中，內化成為自我認同與身體知覺，從而無意識地被體現出來。換言之，社會結構的價值體系，會銘刻在身體的無意識活動中，成為無所不在的身心規範。因此要象徵性地殺死自己、大死一回，就必須有一番「墮肢體（離形）」和「黜聰明（去知）」的身心轉化之「心齋」「坐忘」工夫，以便能從「有回」到「無回」，釋放出「同於大通」的另類主體，遊化於「非──結構」、「無──常固」狀態。這種虛化、遊化而「同於大通」的「非──主體」狀態，若用〈齊物論〉的話說，也就是

---

[90] 莊周，郭慶藩輯，〈大宗師〉，《莊子集釋》，頁282-284。

「道未始有封，言未始有常」的解「畛」（固定之轄域）狀態，具有特納
所謂閾限狀態的特徵：不清晰、非此非彼、逸遊、死亡、非主體、難名
狀、無區分，等等暫時抹去語言分類的結構框架。[91]

　　由於「閾限狀態」是「結構」的「虛化」、「遊化」，因此為講明閾
限的交融內涵，最好對「結構」意義下的主體自我之內容，先有一說明，
才能更傳神地理解「非——結構」的「交融」深義。如前所言，第一階段
和第三階段，都離不開結構性的自我或人格構成，亦即離不開社會、文化
體制。而人在社會文化的體制形塑過程中，必然要將結構性紐帶內化到身
心，不管社會的紐帶結構是透過抽象的語言、還是具體的儀式象徵來形塑
社會認同，基本上它都帶有：組織性、差別性、等級性。而這些特性又可
還原為最基本的單位：「二元性」。社會的複雜紐帶便藉由這二元性的基
本區分和符號差別，進一步演繹出重重無盡的等級網絡和組織系統。所謂
二元性其實便是「結構」的本質，它所涉及的是「語言」的形式結構和組
織活動。對此，特納常以親屬的名分之別為例，因為親屬的家庭關係正是
社會結構秩序的組織單位和原理，而親屬的親疏關係則規定出一連串有序

---

[91] 本文此處的用意不在等同《莊子》的心齋與巫儀之齋，事實上從巫術啟蒙儀式的「齋」，轉化到
《莊子》的「心齋」，具有哲學突破的重要轉變意義，其中涉及神聖觀念的現世性轉化、心性論轉
化，修養論轉化。先秦諸子對巫文化的軸心突破之意義，可參考余英時，《論天人之際：中國古代
思想起源試探》，頁36-47。然而，儘管《莊子》和神話巫術思維已有重要的斷裂突破，但兩者仍
具有前後轉化的內在關係。《管子》〈心術〉篇有一段類似心齋、坐忘的表達：「虛其欲，神將入
舍。掃除不潔，神乃留處。」余英時便留意到其中所反映的連續性關係：「這兩句話明明是描述降
神的場面。神降於人間，以巫之身為暫時棲止之所（即『神舍』）。因此巫事先必須沐浴敷香，將
『神舍』清理得極其乾淨。這是舊天人合一的高潮時刻。驟讀此一描寫，不免令人起突兀之感，但
細加體會，則知作者特意用巫的降神語言，加深讀者對於『心』、『道』合一的理解。」《論天
人之際：中國古代思想起源試探》，頁65。筆者以往將其描述為道家與神話思維之間的「連續」
與「斷裂」。參考拙文，〈道家的神話哲學之系統詮釋——意識的「起源、發展」與「回歸、圓
融」〉、〈神話、《老子》、《莊子》之同異研究——朝向「當代新道家」的可能性〉，收入《莊
子靈光的當代詮釋》（新竹：清華大學出版社，2008年），頁167-271。晚近的作品，可以參考
〈《莊子》「天人不相勝」的自然觀——神話與啟蒙之間的跨文化對話〉，《清華學報》46卷3期
（2016年09月），頁405-456。其中論及阿多諾（Theodor W. Adorno）和《莊子》在人文與自然力
量之間的平等辯證思考，與本文主旨最為相涉。

有別的社會、經濟、性活動，等等各類交換原則，而它們正是建立在一套
套語言稱謂的差異符號系統上。若以道家所批判的周文貴族建制來說，周
文的禮樂系統價值乃是在宗法社會、統治階層的「親親」與「尊尊」之等
差階序網絡中，層層演繹出來。所謂的仁義禮樂實和這些宗法倫理互為
表裡、彼此相依。不管這些周文建制所演繹出的禮儀三百、威儀三千，多
麼繁雜細瑣，從道家對語言的反思看來，結構網絡的建立基礎就在「名
制」，亦即《老子》的「始制有名」。而「名（制）」的基本運作模式，
就是〈齊物論〉所謂：「其分也，成也；其成也，毀也。」從此便由
「分」這一基本差異，對比地確立出中心價值（成也），但在確立中心價
值的同時，必然也排除了不被中心規範納受的異質事物（毀也）。正是這
種「既成／又毀」相對又相立的語言分類方式，逐步演化出一整個結構系
統。以〈齊物論〉來說正是：「夫道未始有封，言未始有常，為是而有其
畛也。請言其畛：有左，有右，有倫，有義，有分，有辯，有競，有爭，
此之謂八德。」[92]《莊子》的「八德」之說帶有強烈嘲諷意味，它和《老
子》「下德」說法正可合觀。而不管《莊子》嘲諷的「八德」，亦或《老
子》批判的「下德」，它們都將延展出「成規成矩」的「下禮」體系。而
這種成毀並立、有分有辨的「下德」「下禮」之規範體系，也將反映出特
納所謂結構狀態下的「封閉性道德」。

　　而閾限狀態的「交融」特質，則意味著上述一切身份、名位、等級
組織、二元結構的暫時瓦解和超越，因而轉化出一體感的融通質素。例如
特納從恩丹布人在閾限階段的衣衫襤褸之狀態出發，強調服飾的剝奪其實
象徵著：「這是一種標誌，顯明『初次參加者』處於沒有名字的狀態。沒
有性行為、沒有名字，這些現象都是閾限階段所特有的。在許多種成長儀
式裡，初次受禮者中既有男性又有女性。在這種情況下，男性和女性都被
裝扮成一個樣子，用以指代他們的也是同一個稱呼。……在象徵意義上，

結構化的社會秩序中把各個類別和各個群體分開的所有特徵，都在這裡達成了一致。」[93] 換言之，如果說結構的穩定性是依賴語言稱謂的二元符號化過程所達至，那麼閾限則是瓦解「名以定形」後的流動、均質、水平狀態。此狀態被特納命名為「交融」，並由此強調此中蘊含著一體、平等、無差別等特徵，因而帶有神聖、樂園性質。

特納對這種儀式閾限狀態的交融之無差別、一體性描述，除了從上述衣衫襤褸之象徵來說明外，也從儀式活動的性中止來說明。因為在結構狀態的社會文化的活動中，性活動脫不開符號化作用，做為挾纏著強烈規範的禁忌活動，它通常在性別兩極的規定下，於層層名分關係的限定中進行。所以閾限狀態對性活動的中止，也就代表著性別兩極、性交換規則和禁忌的暫時消失。如特納指出：「親屬關係是眾多群體組織的根基所在，而性節制具有更深一步的宗教力量。這是因為親屬關係，或由親屬關係的稱謂來定義的關係是結構中彼此差別的主要因素之一。閾限中無彼此差別這一特點，也反映在性關係的中止，以及標識性的性別兩極的消失上。」[94] 然而另一種對比的現象卻是在閾限狀態時，出現儀式中的性狂歡現象，這種無禁忌的狂歡也代表著回歸宇宙創生前的渾沌樂園，此正如伊利亞德指出的：「針對某種危機或喜慶事件，這種混雜和過度的性交將整個集體投入了傳說中的最初時代。這一點顯然可見於逢歲末或某些特別神聖的節日周期性地舉行的狂歡集會。事實上，正是這種類型的狂歡濫交儀式——無疑它是非常古老的——揭示了起初的混雜群交的活動。這樣的儀式具體再現了原始的創世的時刻或極樂的初期階段，那時既沒有性的禁忌也不存在道德或社會的約束。」[95]

其實不管是特納針對恩丹布人在「閾限狀態」的「性中止」，或是

---

[93] 特納，《儀式過程：結構與反結構》，頁103。

[94] 特納，《儀式過程：結構與反結構》，頁104-105。

[95] 伊利亞德，宋立道、魯奇譯，〈對歐洲巫術的一些看法〉，《神祕主義、巫術與文化風尚》（北京：光明日報出版社，1990年），頁121-122。

伊利亞德針對達雅克雅朱人在歲末年初之交「渾沌狀態」[96]下的「性狂歡」，其核心意義都在於對符號秩序的「中止」與「破壞」，以回歸無名、交融的原始可能。可以說特納的「性中止」，是爲了強調男女性別二元命名和區分的中止。而伊利亞德的「性狂歡」，則是爲了男女性活動對象的規範和禁忌的破壞和混融。但他們的終極目標則是一致的，都是爲了回歸「非——結構」的一體、交融、平等、自由之境。也是因爲這個因素，特納特別強調一個弔詭現象，即閾限狀態，一方面常被視爲污穢、混亂、不潔的他者，[97]另一方面卻又常被視爲純淨、神聖、樂園的絕對他者。[98]這種現象，就好像老莊哲學中的核心概念「渾沌」，向來也具有這種「既危險又神聖」的弔詭兩面評價。就筆者而言，只有當「非——結構」被簡化或被墮化爲「反結構」時，渾沌才會掉入吞噬結構的純粹破壞之惡境，也就是掉入「結構和反結構」的惡性鬥爭。一旦我們能夠清晰區分「非——結構」的「非同一性思維」，不同於「反結構」的「同一性思維」，我們就能嘗試發揮「非——結構」對「結構與反結構」的兩行溝通與微妙轉化。這才是老莊渾沌之道治療結構、更新人文的活路。

　　「閾限狀態」之所以被視爲不潔是因爲它通常帶來秩序和結構的暫停和瓦解，因此從秩序穩定固著的安全視角去看，它便充滿了不確性、無法預測的破壞性，這種無政府的混亂猶如黑夜一般，令人恐懼、充斥危險。[99]但從另一面講，穩定的秩序和結構之重重規定和限制，總是自我

---

[96] 特納的閾限狀態，其實就是伊利亞德常言的「渾沌」，例如一年將盡、新年未到的「中介狀態」便是所謂的「渾沌」，此時正代表著舊形式已壞、新形式未成的「無形式階段」，此種渾沌無形式最常以「水」做象徵。

[97] 如特納言：「閾限常常是與死亡、受孕、隱形、黑暗、双性戀、曠野、日蝕或月蝕聯繫在一起。」《儀式過程：結構與反結構》，頁95。就這一面言，閾限是混亂和不潔的來源，亦即是該被放逐到邊緣的他者，時而成爲儀式中的代罪羔羊。

[98] 特納：「在這裡，常常賦予交融的『神聖』屬性也並不少見：他們經常用到宗教詞彙，比如『聖徒』和『天使』來稱呼與自己志趣相投的人；他們還對佛教的禪宗表現出了極大的興趣——這些都是『神聖』屬性的體現。」《儀式過程：結構與反結構》，頁113。

[99] 此處可見到特納受到道格拉斯的啓發，《儀式過程：結構與反結構》，頁109。

重複而容易僵滯，行之久遠將如監牢般令人窒息，成為意識型態的自我牢籠。此時閾限的渾然流通與活化，便可帶出新鮮活力和生機，故又具有拯救解放的神聖性，以及「開放性道德」的契機。[100] 在特納之前，社會人類學家通常只將第二階段「無名無實」的邊緣、閾限狀態，視為暫時的中介、消極的「反結構」狀態，由於它很快就要被名分結構所充實取代，因此不具有什麼特別重要意義。然而特納卻別具隻眼地洞見到「閾限」做為「非──結構」，扮演著重要的文化更新之創造性意義。

　　以老莊的概念來說，「閾限」處境契近道家的「渾沌」狀態，它雖無名無實、恍兮惚兮，卻是有名有實的物類結構之活水源頭或存有論基礎。「閾限」狀態就如〈齊物論〉「道未始有封，言未始有常」的渾沌狀態，一旦重新進入「結構」狀態，也就進入了有倫有義、有分有辯的畛域羅網。「閾限」之於「舊結構」與「新結構」，就如〈應帝王〉的「中央渾沌帝」和「南」（儵）、「北」（忽）的關係，只有當南北對立重新相遇於無面目、無分別的渾沌環中狀態，才能暫時卸下結構捆束而獲得自由與活力。換言之，我們可以從道家的渾沌思維來推演特納的閾限內涵，亦或者可從特納的閾限處境來推演道家的渾沌思維。因為兩者皆嘗試在純粹社會結構規範之外，來尋思活化社會、更新禮文的另類創造性思維。

　　尤其值得注意的是，特納和道家絕非簡單歌頌閾限，或者渾沌的「非──結構」，也不主張放棄社會結構，以期在結構束縛之外尋訪全無結構限制的純白烏托邦。但道家和特納也不願掉入純粹社會建構主義者的天真樂觀，也不再將結構與「非──結構」視為二元對立的極端項[101]。

---

[100] 特納認為這種神聖特質具有「域外」（局外人）的還原或開新能力，他將其連結到柏格森的「開放性道德」以對比於「封閉的道德」，《儀式過程：結構與反結構》，頁111。

[101] 對此關鍵處而言，筆者不贊成余英時如下判斷：「道家的突破之所以獨特，乃是由於它不僅近乎徹底地與禮樂傳統決裂，還因為它在中國的語境下，在現實世界和超越世界之間做出了鮮明的分判。特別是莊子，更一直是中國原有的精神傳統中關於彼世思想的主要資源。」《論天人之際：中國古代思想起源試探》，頁119。余先生雖有時點及《莊子》並不全然離世、依然未全脫於內向超越格局，但究實而言，他對《莊子》傾向方外、全然否定禮教的判斷，還是清晰可辨的。

從筆者看來，特納和道家皆嘗試在「結構」（方內）與「非──結構」（方外）之間，尋找一種弔詭的運動關係。若用〈齊物論〉的概念說，即不落「此亦一是非，彼亦一是非」的「兩行」狀態。簡單說，「結構」和「非──結構」之間確實存在著緊張的頡抗關係，但任何嘗試用「結構」以完全統合「非──結構」，或者完全以「非──結構」去統合「結構」，這兩種極端化的同一性思維都將難以避免不同類型的限制。前者或可謂之全面社會化的異化，後者則可謂之超離社會的異化。如何同時迴避兩種類型的同一性暴力與異化，轉而同時擁有社會秩序性和渾沌創造力，這才是特納和道家的共同期待或類似關懷。而在筆者看來，我們可以考慮採取否定辯證的「兩行」思維方式，讓「結構」與「非──結構」永遠保留在弔詭兩行的運動狀態。而這種「結構」與「非──結構」的往來不住之辯證運動，若放在《莊子》對禮的批判與活化的角度來觀察，也就給予了我們上述禮與情的質文辯證關係以線索。

　　我們要再度提醒，老莊雖然批判周文建制、名以定形的規範之宰制與暴力，但並不因此取消「結構」而走向「反結構」之另一極。長期以來，道家被簡化為「反人文」、「反禮教」，就是誤以為老莊純屬於「結構」對反的「反結構」之極端立場，而無法區分「非──結構」和「反結構」的重要差異，因此才將道家對規範倫理的結構批判與治療，簡化為一無所立的「反結構」。事實上，道家的原初倫理屬於「非──結構」之價值重估與更新轉化，也可以說「非立場的立場」。因為「非──結構」的「非」，正是在洞察「結構與反結構」的相反又相成的矛盾鬥爭的鐘擺現象後，提出一種「之間」或「兩行」的弔詭運動，以便能進行「在結構中解放結構」的轉化邏輯。其中所謂的「解放」，正是在承認「結構」的無所逃的基礎上，進行「遊化」結構的「非實體化」、「非本質化」的「化解」運動。因此所謂的「非──X」，其實就是所謂「虛──X」、「無──X」的弔詭狀態。這種弔詭狀態，正是利用「非」「虛」「無」的解化作用，來和「結構對象X」處於旋轉的兩行狀態。也就是「虛」和

「構」，處於「虛而能構」、「構而還虛」的雙向迴旋轉動狀態。如此一來，規範倫理和禮文系統雖暫時被肯認與保障，卻永不能被實體化與本質化，且時時處在被更新調整與因革損益的活性狀態。正是這種「虛而能構」、「由質而文」的弔詭運動，保障了老莊在批判禮文僵化的同時，並不走向簡單的反對禮文，也不簡單地走向文質彬彬，而是以另類新思維嘗試打開「緣情制禮」的新人文運動。

　　所謂「非──結構」不同於所謂「反結構」，兩者既非同一層次、也絕非同等內涵。「結構」與「反結構」，才是同一層次的正反兩面，也正因為「結構／反結構」的「正／反」兩面之同構性，才真正構成了一套符號系統的全體性。結構和反結構，雖然位處於符號系統的對立兩端，但卻彼此共構了語言編碼的符號系統。例如，善／惡、美／醜之兩端，一體共構成規範倫理的系統性。但是老莊將規範倫理的美、善，視為「下德」，因為此層次的美與善同時挾帶了系統性暴力。老莊另外提出的「上德」之原初倫理，乃企圖超出二元分類結構下的一端知見，以期打開尊重差異、包容他者之慈柔。此種「善者，吾善之；不善者，吾亦善之」的原初倫理，由於超越善惡相對又相立的系統結構，故本文名之為「非──結構」，並和「反結構」做出層次區分。一般常識之見，很容易將道家的「非──結構」洞見，簡化理解為「反結構」，由此也很容易將道家淺解甚至誤解為反人文、反倫理。如果我們能細微區分：「結構」與「反結構」其實才是同一認知層次系統下的兩端，而「結構」與「非──結構」則是不同層次的存有論關係，亦即「非──結構」是「結構與反結構」的存有基礎，而當「非──結構」被遺忘時，「結構與反結構」的二元鬥爭，便容易掉入兩極擺蕩的惡性邏輯。

　　用意象性語言來說，道家的「非──結構」涉及了「渾沌」思維，而「結構與反結構」則是「鑿破渾沌」之後的「儵」與「忽」之兩端。位處南／北空間對立的「儵」與「忽」，象徵各偏執一端的「彼亦一是非，此亦一是非」。「彼」與「是」因各位處系統中的兩端，因此以自身為

正（結構），以對方爲反（反結構），但兩者實都未能超脫結構思維的限制。但從〈齊物論〉看來，它們彼此相爲地共成了系統性的全體。這種「此亦一是非，彼亦一是非」的糾結邏輯，便是本文所謂「結構與反結構」的鬥爭邏輯。而道家的「非──結構」之渾沌式思維，則認爲任何在「結構與反結構」模型下的鬥爭都難逃暴力，不管是結構僵化的「秩序暴力」，還是反結構所帶來的「失序暴力」，兩者經常處在一端取代一端的戲劇性鬥爭狀態，難以產生兩行的溝通轉化。而帶入「非──結構」的渾沌式思維，亦即將「環中」做爲存有基礎來思考「結構與反結構」的兩行轉化運動，以超越「結構與反結構」的鬥爭暴力。總體而言，道家的「非──結構」之完整主張乃在於「在結構中遊化結構」，此種弔詭智慧並不眞正要取消結構而掉入反結構之另一極，它只是在結構中不斷進行批判治療、更新活化。如此一來，道家的「非──結構」或「虛──構」，就不只是文學敘事脈絡的「虛構」（fiction）而已，而是表述了「虛」與「構」兩者的弔詭共在性：「虛」和「構」既頡抗也共成。「虛」能夠批判、解放、治療「結構」、「構作」的限定性，但「虛」並非取消「結構」而成爲一無所有的空虛，「虛」乃是不斷解開又不斷生成「構」的活力運動，並一直和「結構」保持「虛而能構，構而還虛」的永未完成之「化而不化，不化而化」之運動。

六、結論：從莊子的「天人不相勝」與孟柯的「力量與官能之頡抗」思考「質與文」的弔詭性

　　〈德充符〉結尾在情無情之辯，從惠施質疑莊周「人而無情，何以謂之人」看來，他似乎預設了人的眞情流露總是自然而然，因爲這是人的本然情性之流動。用《莊子》的話，人的情性不就「受之於天」？而人在「道與之貌，天與之形」的過程中，不也就自然稟賦天情嗎？而當人在處喪期間（如莊周妻死）哀傷泣鳴，不也理所當然、自然而然在流露天情嗎？惠施大概既不解又不滿於莊周妻死卻「鼓盆而歌」，因此而有「人故

無情乎」的責備。然從〈德充符〉整個語境可以看出，莊周是在「天人之際」的辯證脈絡來思考「人」，因為「人」既屬於「人之人」，也屬於「天之人」。由於洞見人擁有這兩重交織性格，使得《莊子》在思考何謂流露本真性情時，也同時在思考天（「非——結構」）與人（「結構」）的弔詭張力。惠施自以為的真情流露，對莊周來說，時常是人在社會符號結構情境下「或損或益」的「是非之情」，人經常在群我觀看情境下帶展演性質，因此未必是「受之於天」的自然流露。[102] 但對莊周，人做為人確實也無法逃離人間世倫理網絡如君臣父子之角色扮演，因此人情也並非獨我論式的情性流動，它仍然得在關係互動中來呈現情性之抑揚頓挫。可以說，由於正視「天人之際」的雙重內涵與弔詭關係，促使莊周在思考情與禮、質與文的關係上，顯示不同於孔子「文質彬彬」的簡單融合，改而採取「天人不相勝」的弔詭運動思維。

　　因為身而為人，他既屬自然之子（屬天），卻也屬人文之子（屬人）。透過語言而創造人文，人必然歷經語言符碼的人文化成，這一過程也會對天生原成的情性（人的內在之天），有所裁抑、調整、薰習、養成。這一人文化成的養成過程，一方面確實創造了文化人的意義豐盈，另一方面也隱含「去天存人」而產生對「內在之天」的壓抑與遺忘。人文和自然儘管無法絕對分立為兩邊事，但人文（人）和自然（天）卻內存複雜的頡抗關係：即兩者既相互需要卻又不免張力的弔詭性。而禮文和真情的弔詭關係，對於《莊子》，可類比於人和天之間的弔詭關係：兩者既相互滲透卻也互相頡抗。《莊子》所謂「真者，所以受於天也，自然不可

---

102 〈德充符〉：「惠子謂莊子曰：『人故无情乎？』莊子曰：『然。』惠子曰：『人而无情，何以謂之人？』莊子曰：『道與之貌，天與之形，惡得不謂之人？』惠子曰：『既謂之人，惡得无情？』莊子曰：『是非吾所謂情也。吾所謂无情者，言人之不以好惡內傷其身，常因自然而不益生也。』惠子曰：『不益生，何以有其身？』莊子曰：『道與之貌，天與之形，无以好惡內傷其身。今子外乎子之神，勞乎子之精，倚樹而吟，據槁梧而瞑。天選子之形，子以堅白鳴！』」莊周，郭慶藩輯，《莊子集釋》，頁220-222。

易也。故聖人法天貴眞，不拘於俗。」[103] 指出人文化成的符號化、社會化、結構化之過程，人有可能逐漸對自身內在的自然產生拘束、抑制的片面化發展，要有戒愼恐懼的警覺憂患。而「法天貴眞」的天眞，意指遺留在文明人內心深處、精誠之情的渾然湧動。筆者過去曾有專文分析，《莊子》對天／人關係的終極定位在於：天人互滲與天人相分的同時並立，而且它的弔詭並立方式，絕不能掉入「以天統人」或「以人統天」之任何一端，否則將會有掉入不同類型的「同一性暴力」之嫌。也唯有「天人不相勝」的「非此非彼」之否定辯證方式，我們才較能自覺保持天、人之間，往來返復地生成變化[104]。在禮與情、俗與眞的否定辯證的光譜位置上，《莊子》寧願採取多眞實少虛華，多自然少造作的「法天貴眞」。相對來說，儒家在「天道遠，人道邇」的天人關係上，朝人間秩序性增演的歷程中，逐漸走向正名規範、倫理社會的積極建構。

　　如前所論，對於《莊子》，禮文的基礎在於眞情。因爲唯有主體內在而發、自然湧動的「精誠所至」之眞情，才能達到「眞在內者，神動於外」的氣氛彌漫。正是這股由內散發的精誠之力、流動之氣，才能發揮「眞悲無聲而哀，眞怒未發而威，眞親未笑而和」的觸動人心、氣氛籠罩。沒有內在精誠之力、流動之氣做底蘊，徒有外在行貌虛文，便會落入「不精不誠，不能動人」的形式主義。這種表演性質意味的模仿行爲，《莊子》認爲敏感的人必然很快就會發現它們像白琴孝女（強哭者雖悲不哀），紙上老虎（強怒者雖嚴不威），強顏歡笑（強親者雖笑不和），虛有其表卻毫無眞質。由於這種精誠之至的體會與堅持，讓《莊子》堅信由質而文、質勝於文的必要。並認爲質／文之間，帶有相互需要又必然頡抗的弔詭特性。對於這種質／文之間的相需又頡抗的弔詭性，使得《莊子》不願輕信文質彬彬的融合主張。反而寧願保持質／文之間的動態頡抗關

103 莊周，郭慶藩輯，《莊子集釋》〈漁父〉，頁1032。
104 參見拙文，〈《莊子》「天人不相勝」的自然觀——神話與啓蒙之間的跨文化對話〉，《清華學報》46卷3期（2016年09月），頁405-456。

係。對於《莊子》這種真質力量流動與禮文結構規範的弔詭辯證，上述將其描述為《莊子》式的緣情制禮，以及具美學意味的差異化儀式。最後在此結論中，我們將再透過法蘭克福學派孟柯（Christoph Menke）分析美學藝術實踐中「力量」與「官能」之頡頏的主體化結構，來做為本文總結呼應：

　　目的導向的行動主體在行動中展現官能……行動官能基本上是能被意識的。相反的，尼采則認為「力量」的作用是不能被意識的。同樣的，迷醉的概念也是如此：迷醉是一種這樣的狀態，主體的力量被提升至抽離了一切有意識的控制。或者反過來說：迷醉力量的釋放正是因為從自我意識的官能、目的導向的行動等固化的狀態解脫開來。因此，在迷醉的力量提升狀態中的人被定義為根本的「失能」……行動能力的失能就是作為美學的必然回應與必然自我表現的力量。[105]

　　禮教規範便是傾向目的導向的行動，因為行禮主體總是預設規範性目的導向，整個行禮如儀的過程被先行的意向性、象徵系統所貫穿，不僅身心官能被行禮主體所意識，也會被規範系統所制約。甚至制約系統可以內化成官能的內部慣性，成為了潛藏的無意識狀態。這種典型「以心控身」的有為操作，容易阻礙情感流動的力量湧現，阻礙了《莊子》所謂「精誠之至、神動於外」。而另一種內在湧動、互為感通的情性交涉，孟柯則運用尼采（Friedrich Nietzsche）的概念將其描述為帶有非此非彼、恍兮惚兮、一體性的「迷醉」。當人們在此力量迴盪狀態，理性與官能的主體強

---

[105] Christoph Menke, *Kraft: Ein Grundbegriff ästhetischer Anthropologie* (Frankfurt/M.: Suhrkamp, 2008). 英文譯本：Gerrit Jackson, trans., *Force: A Fundamental Concept of Aesthetic* (New York: Fordham University Press, 2013), pp. 85-86. 中譯引述自翟燦、何乏筆（Fabian Heubel）、劉滄龍合譯，《力量做為美學人類學的一個基本概念》（上海：華東師範大學出版社，即將出版）。

控性會暫時鬆弛，此即他所謂的「失能」。並且在鬆弛理性與官能的強制性後（如忘仁義、忘禮樂），反而讓力量遊於高峰狀態，並在柔軟目的導向框架之餘，保有高度自我表現的力量美學之回應力。

　　值得注意的是，孟柯解讀尼采所嚮往的生命創造力的迷醉性，其迷醉仍保有哲思觀照。也因迷醉中能有哲思觀照，才使尼采歌揚的希臘酒神不會等同於古巫儀式的巫師狂迷，甚至它還帶有解救原始狂迷的「解迷」作用[106]。這種「入迷」與「解迷」的弔詭共在，使孟柯一方面強調參與迷醉力量，另一方面也強調應與迷醉保持距離的遊觀清明。如此看來，孟柯才會強調藝術家的習練工作乃在於實行「能於不能」的弔詭性：「倘若藝術家的才能是『能夠不能』，那麼向藝術家學習就表示『學會不能』：『學會善於遺忘。』──把『能』和『所能』都忘掉。」[107]。藝術家這種與迷醉保持「不一又不二」的弔詭關係，帶有迷醉又反對迷醉的覺行狀態，孟柯將其描述為「遊玩迷醉」[108]。言下之意，我們需要批判「沉溺迷醉」、將迷醉給絕對化而走向取消結構的狂歡傾向，因為它容易走向反禮教的一極。而「遊玩迷醉」這種在力量與官能之間的能耐，很類似本文所謂在真情與禮文之間的弔詭辯證。此時藝術家處於「有意識的官能」（結構）和「迷醉的力量」（非──結構）之間，非此亦非彼地來回遊玩。這種「既入且出，既出且入」的遊化情狀，可呼應本文所詮釋的「虛而能構，構而還虛」的質文弔詭關係：

---

[106] 可參見拙文對孟柯的分析與討論：〈《莊子》的美學工夫、哲學修養與倫理政治的轉化──與孟柯（Christoph Menke）的跨文化對話〉，《文與哲》28期（2016年6月），頁347-396。

[107] Christoph Menke, "Ethics: The Freedom of Self-Creation（倫理學：自我創造的自由）," Force: A Fundamental Concept of Aesthetic, p. 86.

[108] 「迷醉並非藝術活動的全部，藝術家並非全然（與一直）處於迷醉狀態；他和迷醉保持斷斷續續的關係。藝術家『遊玩』迷醉：藝術的世界『在與迷醉的遊戲中展開，但並非總是全然地與迷醉糾纏在一起』……戴奧尼索斯的藝術家和『戴奧尼索斯的野蠻人』有所區別。那種野蠻不過是完全失能的狀態；戴奧尼索斯的野蠻人是『從人倒退回老虎和猿猴』。藝術家則同時是有意識的官能和迷醉的力量釋放，他來回往復於兩者之間。」Force: A Fundamental Concept of Aesthetic, p. 86.

　　人們除了以目的導向的、自我意識的方式來執行官能之外，還可以有別的行事方式。尼采把這種另類的行事方式稱爲「生命」（Leben）。根據藝術家的模式來行事就表示，不是去行動，而是去活出生命。……誰向藝術家學習並得知有不同於行動的行事模式，就會看見實踐向四面八方發散成活生生的事物。[109]

　　「生命」在這裡主要不是道德範疇（封閉性道德），反而是「非道德」的力量美學範疇（開放性道德）。生命並非用來執行主體設定的美／善目標，而是富有活力地活出自身、活在當下之遊戲。由於「活出生命」踰越了主體的意圖設定與目標控制，因此能將自己拋入「偶然性」的力量機遇中，從事富有冒險性的行事自由和創造生機，而非再三重複行動計畫的既定模式。可以說，這種狀態才是「緣情制禮」的行動基礎。因此孟柯一再強調偶然性可帶來生命的更新力道。而訂購目標的主體意欲，只能使「行動」被規範在封閉的結構迴路中，從而再三重複既有的循環機制。久之，便墮化爲成規成矩的行禮機器。如此也就不容易有新鮮事發生，因爲偶然性已被封閉系統和主體預算給排除，官能只好被迫重複執行既定的行爲結構。然而「生命」本身，卻不是如此也不該如此，否則更新的事行就難以發生，生命也就演化不下去。對尼采而言，生命是力量盈餘的踰越與愉悅（非──結構），它與周遭環境是互相開放的力量交涉，其間充滿著偶然性的嘗試機遇，並促使生命隨時保持生氣勃勃的動力：

　　迷醉轉變了事物：「（迷醉）狀態下的人轉化事物。」迷醉是一種行事方式，它讓事物轉化成「完美的」。「一定要轉化成完美的──就是藝術。」……藝術活動不像達成目的的行動而是自我「宣示」的活動，這個翻轉對應於藝術活動的主體狀態。尼

---

[109] *Force: A Fundamental Concept of Aesthetic*, p. 87.

采在《悲劇的誕生》將它描述爲「迷醉」，並且認爲這是一種「力量提升和充實」的狀態，這種狀態在《偶像的黃昏》中則被稱作戴奧尼索斯式的。[110]

力量的激活便來自於它提升、加速的「運動」，它並不遵循任何規則，而且在運動中也和其他的力量不能整合或協調一致。倘若要能夠整合或協調一致，那麼力量間得有所規定。但是美感力量的激活或提升，正來自於對所有規定性的踰越。[111]

此外孟柯也提及「讓事物得以自發性地運作傳送」，顯示當主體的控制性行動消退以後，力量自然會找到迎拒之間的韻律，其中沒有絕對定則，而只能在美學轉化的當下回應中，自然自發地實踐出來，由此而來的緣情設禮，自然會帶有殊異性的美學自我風格。看來行動概念其實是生命概念的特殊限定化，兩者之間的呈現方式雖看似相反，但活生生的生命其實才是主體意向性行動的存有基礎。當藝術家轉化了主體行動而活出生命時，他其實也是返回生命現象的活水源頭。若以《莊子》的概念說，人對「非──結構」的偶然性開放，其實就是人的「內在之天」的復甦。然而人（目的實現）和天（力量表現）之間，雖具張力但並非毫不相關的兩造。事實上，人的活動機制並不能完全離開天的活動機制，只是暫時被主體設定的封閉系統給壓制而已。而天的活動機制也並非指向任何超絕的形上世界，它仍舊要實現在活生生的生命現象上。孟柯不斷強調，向藝術家學習其實就是學習「另一種善」的生活方式，也就是類似前文所謂「開放性道德」。這另類之善（上德），若對比於目的性行動的道德之善（下德），反而傾向「非道德」的「自身之善」（上德不德，是以有德）。亦即，尼采認爲道德實踐的善經常只是一種社會之善，是社會符碼制約下的

---

[110] *Force: A Fundamental Concept of Aesthetic*, pp. 84-85.

[111] *Force: A Fundamental Concept of Aesthetic*, pp. 73-74.

規範之善。而另類的非道德之善，則從社會規範之善踰越而出，回歸自肯
自得的生命狀態，尤其當他活出生命而富有生氣時，將足以肯認自身的美
善，又重新賦予僵化的生命以活力。[112] 對於力量之善（上德）與規範之
善（下德）的對照性，最後或可用〈應帝王〉的「泰氏」和「有虞式」這
兩種狀態來呼應：

　　有虞氏不及泰氏。有虞氏，其猶藏仁以要人，亦得人矣，而
未始出於非人。泰氏，其臥徐徐，其覺于于。一以己爲馬，一以
己爲牛。其知情信，其德甚眞，而未始入於非人。肩吾見狂接
輿。狂接輿曰：「日中始何以語女。」肩吾曰：「告我：君人
者，以己出經式義度，人孰敢不聽而化諸！」接輿曰：「是欺德
也，其於治天下也，猶涉海鑿河而使蚉負山也。夫聖人之治也，
治外乎？正而後行，確乎能其事者而已矣！」[113]

　　有虞氏或可比擬爲儒家之倫理傾向，泰氏或可比擬爲道家之倫理傾
向。儒家常容易流於目的意向性的「藏仁邀人」，心中總意識著仁義禮
智信等道德判斷與規範，以此自我期許來顯示自身並期盼他人（要人、得
人），然此種二元性的道德倫理格度，也容易以自我同一性觀點來裁判
他人（得人／非人）。從道家的角度來看，有虞氏的道德很難超越「是
（得）／非（失）」的「下德」之病。可以說，有虞氏和泰氏的倫理對
話，相應於《老子》的「下德」和「上德」兩種道德倫理模式。而泰氏則

---

[112] 「道德的觀察與責任有關，根據我們對道德的理解，責任預設了由主體所追求的目的所實現的行
動。道德判斷的遊戲——責備、究責、懲罰，是以行動及行動所對應的目的模式爲基礎。因此，
道德才會反對生命，並且成了『創發的阻礙』。從實踐的角度來看，道德本身才是糟糕的：『只
有道德：它使人貧乏，而且不再有創發。』……美學的世界觀照反對道德的『善或惡』——來
自生命力的異議意識——產生了另一種善的名稱，即超善惡的善；這種善植根於生命力。正是這
種非道德的善具有倫理與政治的意涵。」 *Force: A Fundamental Concept of Aesthetic*, pp. 91-92.
[113] 莊周，郭慶藩輯，〈應帝王〉，《莊子集釋》，頁287-291。

相應於「上德不德」的格局，即不掉入「下德」二元倫理規範的「得人／非人」之二元裁判。但這並不意味泰氏取消了倫理關懷，事實上泰氏「其德甚眞」，只是這種「甚眞之德」乃是「上德不德」之「玄德」。而「玄德」一者不掉入人類中心的人本主義，故其倫理情懷並不只關涉人與人，它還可和天地萬物相感相應而不妄加戕害，因此可和各種物類祥和共在於世，如所謂「一以己爲馬，一以己爲牛。」此種「與物無害」、「與物相遊」的物我倫理，呼應了〈逍遙遊〉：「逍遙乎寢臥其下，不夭斤斧，物无害者，无所可用，安所困苦哉！」[114] 人對萬物的原初倫理關懷，重點不再站在自以爲仁義的「自我觀之」，而是去掉暴力的傷害和有爲的干擾，「以物觀物」而讓萬有回到自身千差萬別的自然生命韻律（天眞之德）。從上述接輿對日中始「經式義度」的批判，可見《莊子》批判「規範倫理」的絕對效用性，認爲「禮義法度」對人倫的規範治理，流於「治外」的強迫性，它既顯出對人原初「其德甚眞」的斷喪（故評斥爲「是欺德也」）。而且以「經式義度」來規範人倫秩序的「強治」、「外治」方式，並不能上達原初倫理的生命理路，故《莊子》稱這種經式義度的禮法治理，猶如「涉海鑿河，使蚉負山。」需注意的是，《莊子》的「治」或「治天下」，並非落在權力政治統治範圍內討論如何進行實質的統治管理，反而比較像是一種「原初倫理」的復歸之關懷，然而「原初倫理」的復歸必須要先進行「異化」「歧出」的治療導正，因此首先呈現出一種政治倫理的批判性，然後由此再描述一種「原初倫理」的祥和理序。而這種祥和倫理，少了政治倫理的暴力強制，多突顯出「無爲而治」、「不治治之」的弔詭智慧，如此而使萬有與物我都「各在自己」又「相遊相忘」。

何乏筆和筆者都曾經批判地指出，法國莊子學者畢來德（Jean François Billeter）所理解的天人關係偏向於「融合」傾向，使其仍然具有

---

114 莊周，郭慶藩輯，〈逍遙遊〉，《莊子集釋》，頁40。

「同一性」哲學的嫌疑[115]。套用到本文的討論脈絡，天人的融合關係仍
類似於「文質彬彬」的融合關係。如果對照於官能與力量的「非融合」思
考，孟柯顯然更能彰顯主體的「非同一性」。從孟柯角度看來，天（力
量）與人（官能）的關係具有複雜的弔詭性：一方面兩者具有相反的力量
頡抗，但另一方面兩者也有微妙的力量連繫。正是這種「頡抗」與「連
繫」的分合共在傾向，使得孟柯無法輕易接受兩者的完全「融合」之說。
孟柯特別注意到兩者間的纏繞性。正因幽黯力量的澆灌烙印，人才能現身
成爲官能的主體，同時也因爲力量的開啓而使人不限制在官能的主體封閉
中。可以說，官能汲取了力量而有向內皺折成爲主體「同一性」的傾向，
但力量卻同時要求官能開啓而通向主體內外的「非同一性」。如此一來，
孟柯認爲力量對於官能的主體同一性傾向，具有「他者」的陌異性質，力
量具有不斷打開官能主體以朝向差異化、多元化的傾向。正是這種力量對
官能的「內在他者化」現象，使孟柯同時看見到官能對於力量的「既開啓
又關閉」、「既面向又背向」的複雜關係。

　　筆者認爲孟柯這種官能與力量的「離而不二、即而不一」、「既連
續又斷裂、既斷裂又連續」的描述，類似《莊子》「人而天、天而人」之
來回思維。對於《莊子》，原本人因受之於天，人才能成其爲人；此猶如
官能源自於（氣化）力量，官能才成其爲官能主體。但也由於人經常會遺
忘了天、道之（氣化）力量之本源，從而使人自拘於主體自我之同一性封
閉。猶如官能的內皺運作經常背離力量的開啓，從而使官能主體僵化於機
械法則。然而倘若能深知並正視人其實是天之產物，那麼他便能透過「人
而天」的工夫，讓官能和力量之間的「非同一性」關係重新恢復。但是
這種「非同一性」並非一種靜態、單一的完全「融合」狀態，此時的天、
人仍具有「既開啓又關閉」的悖論關係。也就是在「互相需求」中，又同

---

[115] 何乏筆，〈氣化主體與民主政治：關於《莊子》跨文化潛力的思想實驗〉，《中國文哲研究通
　　訊》22卷4期（2012年12月），頁41-73；另參見拙文，〈天人之間與養生達生──《莊子》技進
　　於道的天理與物性〉，《諸子學刊》17輯，收入本書第九章。

時保持「互爲他者」的弔詭關係。正是這種「互爲他者」的內部「非同一性」張力，促使天、人之間保持著「非此非彼」的來回平等運動之活性機制。從筆者所理解的《莊子》看來，人和天的關係，猶如人文和自然的關係，亦如結構與非——結構的關係，它們之間雖有「本質區分」但絕非「二元斷裂」，它們之間雖可「連綿共振」但並非「一元融合」。換言之，這種「非一非二」、「非二非一」的天人弔詭辯證，將可以保持官能與力量之間的雙向流動之生生不息，從而保持永無止盡的來回彈性之回應能力。

老莊對禮教的批判是顯而易見的，我們從《老子》、《莊子》都可找到明顯批判禮教的文獻。如前述指出的《老子》有所謂「夫禮者，忠信之薄而亂之首」的評斷，幾乎相反於孔子「攝仁歸禮」的主張。雖然《老子》批判的禮教主要針對周文宗法制度下的禮樂建制，它和孔子心目中經過「攝禮歸仁」改造後、強調「因革損益」的理想化禮樂，不能完全等同。但也由於孔子同時強調「攝仁歸禮」，要讓流動之仁落實在群我關係的結構性表達，於是又大規模地繼承了周文的形式。這便使得孔子的禮樂之教和仁心之情的關係，自然也會處於辯證的弔詭關係。面對這個禮（社會性、外在性）與情（個殊性、內在性）之間的辯證關係，孔子乃以「文／質」關係來表達，並在「質勝於文」的前提上，樂觀地相信可以擁有「文質彬彬」的辯證融合。然而從《莊子》的角度來觀察，莊周雖對孔子禮樂主張保有高度的同情，但也認爲孔子對周文禮教的批判工作做的不夠深入，忽略了禮教和名制之間的權力寄生與支配性，因此難以眞正徹底進行周文的因革損益、批判揚棄的工作。另外孔子傾向文質彬彬的辯證融合之樂觀立場，對《莊子》而言，也有過於樂觀天眞的理想化傾向。

從筆者的分析看來，《莊子》會認爲：禮／情之間、禮／眞之間、文／質之間，具有永不能被統一融合的動力結構在其中。以禮統情（文勝於質）或以情統禮（質勝於文），都容易落於極端化的同一性危機。若以前者，即是偏往禮的僵化之規訓走，此時的禮教將有「徹底社會化」的宰

制危機；而後者，則是偏往情的恣意流動之泛濫走，此時性情將有「極端個人化」的反社會危機。然而孔子雖也嘗試在仁禮之間、文質之間尋找平衡之道，但他的平衡方式相對簡化，亦即認爲兩者之間可以獲得文質彬彬的融合之道。然而這種融合之道，對於《莊子》而言，無疑已經隱含了偏向「形式遞增、存在遞減」的形式化徵向之機微。原因無它，禮文的形式在老莊看來，實乃不脫名言分類之暫時施設，但由於名言的自我固化、自我演繹的權力支配特性，極其容易讓禮文名教產生實體化、權威化的內固心態，因此若不對此有甚深的批判覺察，禮教的僵化與反控總是潛移默化地運作著。對此，《莊子》認爲只有對禮教與名言的權力共構關係，有著最深徹、最警覺的批判反思，才有一點點可能對禮教保持因革損益、變化更新的敞開性。也是在禮教與名言的共構交纏的權力洞悉上，使得《莊子》不輕易接受文／質之間的彬彬關係，甚至主張只有在禮／情之間、禮／眞之間，持續保持弔詭辯證的「互爲他者」之張力關係，我們才可能上達「緣情制禮」的暫時性表達。而這個暫時性表達，既表示眞情做爲禮教的存有論基礎是必要的前提，而且任何禮文形式的表達皆只是暫時性的適宜，它不具有任何普遍永恆性，它無法藉此形式完滿地將眞情綜合地括弧其中。它只能是眞情因時因地之施設（虛而能構），它終將要被眞情給還原（構而還虛），以便重新尋獲下一次暫時合宜的禮文形式。如此一來，禮與情之間並不適宜用辯證融合的方式來表達，因爲它有靜態化的停滯危機，反而透過禮／情之間的弔詭辯證來表達，禮情之間既張力又兩行的動態「非同一性」關係，或許更能保持「緣情制禮」的美學覺察性。

第六章

童真遊戲與倫理呼喚——《莊子》的視點轉換與遊戲轉化

一、緣起：柔弱勝剛強的黃色小鴨快樂出航

《老子》向來有「柔弱勝剛強」的說法，一種主體宰控性的強力作為，經常不如柔性主體來的化人於無形[1]。那種「不自見、不自是、不自伐、不自矜」的「水善利萬物而不爭」的上德，透過以柔克剛的撫慰與包容，經常呈現水德柔潤（上善若水）、孩童純真（復歸嬰兒）等等隱喻意象，映射出（mapping）「你與我」互為主體的容納與信任[2]。其實柔軟的、遊戲的力量無所不在，當代的戶外裝置藝術或公共藝術，就時常運用類似的遊戲力量來轉化人們的主體狀態，甚至轉動彼此間的倫理關係於潛移默化[3]。類似的案例，我們或許可以先看看底下這組對照畫面：

2013年八、九月的夏末，美國宣稱為了嚴懲敘利亞政府軍使用生化武器傷害無辜百姓，即將派遣航空母艦巡行並出兵敘利亞。同年，臺灣的高雄市政府也正好宣佈，將於9月到10月期間，迎接荷蘭概念藝術家霍夫

---

[1] 《老子》二十四章、二十二章，剛好有一組剛強主體（自我中心）與柔軟主體（去自我中心）的對比參照：「自見者不明，自是者不彰，自伐者無功，自矜者不長」、「不自見，故明；不自是，故彰；不自伐，故有功；不自矜，故長。」

[2] 有關老莊的水德隱喻和上德內涵，可參看艾蘭（Sarah Allan），張海晏譯，《水之道與德之端：中國早期哲學思想的本喻》（上海：上海人民出版社，2002年）。另外關於概念隱喻思維中的「來源」（source domain）與「映射」間的多元輻射關係，可參見雷可夫（George Lakoff）、詹森（Mark Johnson），周世箴譯注，《我們賴以生存的譬喻》（臺北：聯經，2006年）。至於這些隱喻所要傳達的上德內涵，可參見賴錫三，〈《老子》的渾沌思維與倫理關懷〉，《臺大中文學報》49期（2015年06月），收入本書第三章。

[3] 對此可參看葉維廉底下兩本和道家美學頗有關係的現代藝術探討，《解讀現代・後現代：生活空間與文化空間的思索》（臺北：三民，1999年）；《與當代藝術家的對話——中國現代畫的生成》（臺北：東大，1987年）。

曼（Florentijn Hofman）送來黃色小鴨（Rubber Duck）快樂駐紮愛河光榮碼頭。電視傳來一樣孩子兩樣情的畫面：敘利亞這一邊，若干孩子正身受生化武器毒害，臉部扭曲、身手不由自主抽搐，驚恐表情傳來陣陣呻吟。美國CNN駐紮敘利亞的電視記者，訪錄到一段畫面，天眞無邪的孩子，童言童語問著父親：「爲何爸爸不拿槍殺死那些士兵？」父親一旁默然無語！（記者補了旁白：「因爲孩童的玩伴，剛命喪於生化武器。」）另一邊臺灣新聞畫面則傳來高雄市民們，興高采烈、歡欣鼓舞地期待黃色小鴨遊來愛河出海口的光榮碼頭，畫面中這些高雄市民說起黃色小鴨，臉上神情就像身邊的孩子一樣天眞興奮。這些年紀不小、老大一把的成人們，好像心甘情願被黃色小鴨給征服，返老還童一般天眞。

　　正是政治、軍事、經濟三位一體、風雲詭譎的年代。當時美法正在爲是否要出兵敘利亞而進退維谷，中日雙方也在爲釣魚臺主權爭議而上演龍爭虎鬥的戲碼，歐美各國則爲低迷經濟帶來失業慘況傷透腦筋。彼時之際，荷蘭藝術家霍夫曼於2001年發想打造，2007年出巡各國的另一艘黃色航空母艦──高達十八公尺的六、七層樓高，需由40位大人雙手攤開才能連環合抱的巨型充氣玩具鴨（據報導黃色小鴨規格不一，本文所述以高雄展規模爲度量）。這隻猶如孩子大玩偶的黃色橡皮鴨，正無聲無息地從海洋一端遊行到另一端，一國一國地遊歷各大城市。據報導，這隻深受大家喜愛的黃色小鴨航空母艦，已經遊玩四大洲、數十多個國家城市，所到之處多人擁戴、群眾爭相合照。黃色小鴨，它不以力霸服人，卻讓某些人心悅臣服。可以想像，持續下去，這隻天眞無辜、手無寸鐵、一無用處的黃色小鴨，不久的將來，應可遊歷世界，在全球知名港口都留下遊蹤。它幾乎呼應了《老子》「柔弱勝剛強」的水德之道、柔軟之理。

　　橫跨幾世代人童年記憶的玩具小鴨，爲何會造成神奇的熱情風潮？霍夫曼或許只是將小時記憶的「它」放大幾百倍，然後放置在一個商業大港或交通要塞（如香港維多利亞港、臺灣高雄光榮碼頭、基隆港等），居然可以引起諸多人潮與話題。這除了再次反映媒體時代的傳媒現象、商業利

機之外，是否還隱藏其它道理可觀察？黃色小鴨有何神奇力量？一隻放大的橡皮鴨有何值得一觀？視時間如金錢的現代人為何浪費光陰留戀忘返？本文寫作重點非從當代公共藝術的流行文化入手，來分析甚至批判大型公共藝術品的商業現象，筆者也承認其中不乏媒體炒作、傳播渲染等流行成分。但由於從文化工業的批判角度揭露其中可能富含的商業邏輯[4]，相關的社會文化研究既久且多，不勞筆者介入。本文則要轉換到遊戲角度，以《莊子》「姑妄言之」的修辭遊戲，藉此一遊戲現象「嘗試言之」[5]，並將重點放在《莊子》的遊戲視域，而透過黃色小鴨這一嘉年華的遊戲現象之引發，以期將《莊子》的「遊觀」所隱含或可延伸的藝術手法與視覺轉換，進行有機連結。藉此觸及並揭露《莊子》在遊戲、童真等逍遙意象之下，其中可能藏身的倫理召喚或倫理消息。

二、即物而道、與物逍遙的美學遊戲

　　莊周向來擅長虛構故事，借寓言、重言、卮言以傳神寫意。他向來偏好以虛化再重構的遊戲之言，來示現變化之理。如〈天下〉篇所示：莊周擅長以謬悠之說、荒唐之言、無端崖之辭，來揭示芴漠無形、變化無常、應化解物之大道[6]。然而大道何處尋？如何與道遇合？對此《莊子》有一則頗具行為藝術意味的應答，體現在〈知北遊〉「道在屎溺」

---

[4] 黃色小鴨的可批判現象從高雄光榮碼頭到基隆港的轉移過程中，便充分顯示出各種商業利益的介入，嘉年華會式的浮光掠影，以及公共藝術資源的集中與浪費，等等可觀察到的異化現象還不少。但此類大型公共藝術之利弊相參，已有諸多從事藝術社會分析者揭露，不勞筆者費辭贅言。有關文化工業的批判經典之作，參見德國法蘭克福學派創始人阿多諾（Theodor W. Adorno）與霍克海默（Max Horkheimer）的開山之作，林宏濤譯，《啟蒙的辯證：哲學的片簡》（臺北：商周，2009年），特別是〈文化工業：作為群眾欺騙的蒙啟〉一章，頁156-210。

[5] 「姑妄言之」、「嘗試言之」，涉及《莊子》語言遊戲的修辭策略，其目的在於使用語言而不著泥語言，使語言常保更新活化的空隙。相關討論可參見〈《莊子》的文學力量與文本空間——與巴特「文之悅／醉」的互文閱讀嘗試〉，收入賴錫三，《道家型的知識分子論：莊子的權力批判與文化更新》（臺北：臺大出版中心，2013年），頁355-416。亦可參見蔡岳璋，〈試論莊子文學空間——來自「嘗試言之」的考慮〉，《清華學報》43卷3期（2012年6月），頁431-460。

[6] 原文參見〈天下〉篇，郭慶藩輯，《莊子集釋》（臺北：華正書局，1985年），頁1098-1099。

的公案中[7]。我們正可藉此嘗試推擴而問，倘若莊周明白應答了東郭子：「道」可以在螻蟻、稊稗、瓦甓、屎溺之中，那麼無所不在又不逃乎物的「道」，可不可能也藉由公共藝術（如黃色小鴨一類活動）而呈現？筆者此一提問或設想，類似杜象（Marcel Duchamp）將現成物「小便斗」重新命名爲《噴泉》（Fountain），並將其從日常生活脈絡移至美術館展場，從此展開了一個概念藝術的顛覆性提問：藝術之道與生活之物的關係爲何？而答案則指向：生活也可以是藝術，重點在於以什麼眼光和態度對待日常性。用《莊子》的話說，其中當涉及如何「觀之」的轉化問題。

　　「道无所不在」、「道无乎逃物」、「道在屎溺」的重要宣言，筆者曾細部分析指出，它讓「大道」從「形而上」轉向具體，並回降「形而下」的「即物」，它明顯指向了「即物而道」的物化美學、藝術存有之開啓[8]。由此一來，視覺所見、耳朵所聆、觸覺所感，等等身體知覺所及的「貌相聲色」，皆有可能成爲「目擊而道存」的微妙義。此等「即色遊玄」、「以形媚道」的色身微妙境界，從此不在超越身體官能之純粹空靈的彼岸，反而內在於身體與事物的具體遭遇之興會遊觀之當下[9]。然而，

---

[7] 〈知北遊〉：「東郭子問於莊子曰：『所謂道，惡乎在？』莊子曰：『无所不在。』東郭子曰：『期而後可。』莊子曰：『在螻蟻。』曰：『何其下邪？』曰：『在稊稗。』曰：『何其愈下邪？』曰：『在瓦甓。』曰：『何其愈甚邪？』曰：『在屎溺。』東郭子不應。莊子曰：『夫子之問也，固不及質。正獲之問於監市履狶也，每下愈況。汝唯莫必，无乎逃物。至道若是，大言亦然。』」郭慶藩輯，《莊子集釋》，頁749-750。

[8] 關於《莊子》的形上之道具體轉向於物化美學，參見拙文，〈論先秦道家的自然觀：重建一門具體、活力、差異的物化美學〉，《文與哲》16期（2010年6月），收入《《莊子》的跨文化編織：自然・氣化・身體》（臺北：臺大出版中心，2019年），頁129-179。

[9] 「興會」一詞採自顏崑陽。他以「興會」來概括陶淵明和王維的詩歌類型經驗：「我們將『興會』理解爲以此『靈覺』之心與自然萬物相遇、彼此契合無間，而顯現萬物自在自化之境象。『興會模式』的產生，除了陶淵明、王維等個人的性情、涵養所至之外，在社會文化上當然有其因素條件：其一，道家與禪宗思想的影響；其二、隱逸意識的實踐。」〈從應感、喻志、緣情、玄思、遊觀到興會——論中國古典詩歌所開顯「人與自然關係」的歷程及其模態〉，收入蔡瑜編，《迴向自然的詩學》（臺北：臺大出版中心，2012年），頁52。顏先生「興會（觀化）」之說，有其見地。但他將道家的觀化（陶淵明爲代表）和佛教的觀空（王維爲代表），幾乎等同視之，仍有討論空間；另外，他的「靈覺」之說，頗有牟宗三（主體）境界形上學意味，帶有去身體化的唯心靈傾向，此亦

「道」在不在螻蟻、稊稗、瓦甓、屎溺之中，並不是一個客觀實在論的課題，它主要涉及「遊化主體」的身體自我（Leib-Selbst或身體主體），是否能「與物相遇」。用〈秋水〉的話說，要避免工具與功利心態：「以功觀之，因其所有而有之，則萬物莫不有；因其所無而無之，則萬物莫不無。」[10] 這裡對「以功觀之」的批評，相應於〈逍遙遊〉對惠施那種「以用待物」的批評。簡言之，如何從「以我觀之」、「以功觀之」的宰物心態，轉化為「以道觀之」、「與物相遊」的「乘物遊心」之逍遙感受。而如何轉化為逍遙美學的感受，其中當要有一個藝術興發或美學修養的官能轉化課題[11]。

　　而要「與物（例如黃色小鴨）相遊」，前提必需有一番「相忘」的工夫修養之主體轉化（至少認知改變）。在《莊子》，「相遊」呼應於「無待」，而「相忘」正是對於「有待」的暫時懸擱，藉以轉化出「無待」的逍遙主體，或者乘物遊心的身體閒適狀態[12]。這種「與物相遊」的逍遙遊興之身體自我，將可重新與萬物恢復「虛而待物」的遇合關係，其理猶如莊周與蝴蝶、與遊魚、與大樹的相親一樣。這種與物遊的「親密」感受，遠非一般的佔有、計算、利益關係，反而契於無機、無用、無害的遊戲關係。物我彼此「自在」（自爾、自化、自使、自取、自然），卻又互相「敞開」（與物為春、遊乎一氣）。如此「乘物遊心」地共在於無宰控、

留下有待釐清的間隙。

[10] 莊周，郭慶藩輯，〈秋水〉，《莊子集釋》，頁577。

[11] 本文用藝術修養、美學工夫來描述《莊子》的主體轉化，是為了強調可以不必從宗教的形上超越觀點來理解《莊子》的工夫論，因為宗教式的工夫容易傾向超絕的形上體驗，而遠離了「即物而道」的具體存有體驗。相較而言，美學的工夫回歸物／我之間的精微轉化來談論與物相遊，而這一條理路亦可從《莊子》對中國藝術傳統的深厚影響看出。關於《莊子》的工夫論與中國藝術精神修養論的關係，可參見徐復觀，〈中國藝術精神主體之呈現──莊子的再發現〉，《中國藝術精神》（臺北：臺灣學生書局，1988年），頁45-143。

[12] 以往《莊子》的逍遙極容易被理解為純粹心靈狀態，但法國莊子學研究者畢來德（Jean François Billeter）卻能深刻挖掘《莊子》的身體自我在相關技藝美學體驗中所扮演不可或缺的關鍵位置。參見畢來德，宋剛譯，《莊子四講》（臺北：聯經，2011年）。

無相害的祥和氛圍中。

　　「相忘」亦即「無待」，也就是主體對客體的表象、計算、宰控的「脫忘」或「無為」。而從「待」到「待無待」，從「為」到「為無為」，既涉及「觀物」方式的視覺轉換，更涉及「存在」方式的主體翻轉。若借用海德格（Martin Heidegger）對西方計算性、技術性思維的反省角度來說，「有待」（有為）近乎知識論式的「以主攝客」，用意識主體將世界表象而框架（Gestell）成世界圖象（Weltbild）。「無待」（無為）近乎存有詩論的泰然任之（Gelassenheit，或譯為「任讓」）的轉化，使身心敞開於存有之道的召喚，而此時的存有之道又體現在天地人神共同棲居於眼前的詩意物化中[13]。若用《莊子》自己的話說，「有待」乃是「以我觀之」而宰制自然萬物（貴賤由我），「待而無待」則是「以道觀之」而任萬物自然湧現，最後呈現一幅「物無貴賤（以物觀物）」的物我相遊情狀。頗受老莊影響啟發的海德格，晚年尤其熱愛詩性存有的物化開顯，並冀望以之治療西方科技可能帶來的異化與疏離。他曾疾聲呼籲：

　　　　對於物的泰然任之與對於神祕的虛懷敞開是共屬一體的。它們允諾給我們以一種可能性，讓我們以一種完全不同的方式逗留於世界上。它們允諾我們一個全新的基礎和根基，讓我們能夠賴以在技術世界範圍內——並且不受技術世界的危害——立身和持存。[14]

---

[13]〈世界圖象的時代〉、〈泰然任之〉，收入孫周興譯，《海德格爾選集（下）》（上海：上海三聯書店，1996年），頁885-923、頁1230-1241。德國學者梅依（Reinhard May）指出，海德格最遲在1930年就已熟知布伯（Martin Buber）的《莊子》譯本，甚至在《存有與時間》寫作期間（1926年）就已經讀過《莊子》，而海德格也曾在相關寫作裡引用「魚樂之辯」、「削木為鐻」等故事。參見張志強譯，《海德格爾與東亞思想》（北京：中國社會科學出版社，2003年），頁4-20。

[14] 海德格，〈泰然任之〉，《海德格爾選集（下）》，頁1240。「泰然任之」這一中文譯語，正源自郭象對《莊子》之逍遙的注解，參考鍾振宇，〈道家的無為與海德格泰然任之之比較〉，收入《道家與海德格》（臺北：文津，2010年），頁115-164。

　　看來能否與黃色小鴨在藝術美學之道中相遇，也可能觸及觀者能否「以道觀之」、能否「與物相遊」、能否「泰然任之」、能否「虛懷敞開」，這一類更爲深沉的認知、存在之調適轉化。從認知觀點的轉換角度說，涉及觀者能否暫時忘卻「成心」、「機心」、「有蓬之心」、「有用之心」等等表象思維、對象化之框架活動，而讓「物化生機」自生自化地自然湧現。而「遊」一概念，在《莊子》可和「逍遙」合觀，如首篇名爲〈逍遙遊〉，它不同於惠施的技術效用思維，而是另一種詩意逗留世界的基礎存在方式。「逍遙」、「無待」、「相忘」等等，皆出自〈逍遙遊〉的美學藝境用語，其關鍵都指向「無用」的懸擱與轉化。它是對「用」的效益主義之擱置，然後轉化出「無用之用」的美學式超越。〈逍遙遊〉中惠施與莊周的論辯，其中兩人最關鍵的辯題之一，便是有用、無用，顯示出兩種不同逗留世界的方式：一者著迷於人對世界圖像的客觀效用之建構，一者根植於人與自然大地的原初倫理關係[15]。換言之，能否與黃色小鴨相遊於道術、相忘於江湖，問題關隘就在於如何暫時放下成人的計算度量下的利益之眼、效用之心，轉換成孩童純眞之眼、遊戲之心，以體驗人和萬物的相遊親近。爲深化這一從「成心用物」到「乘物遊心」的主體轉換課題，底下先進一步分析惠施與莊周的差異。

三、惠施與莊周的差異：從技術到藝術的遊戲轉化

　　我們先從〈逍遙遊〉底下惠、莊對話看起：

　　惠子謂莊子曰：「魏王貽我大瓠之種，我樹之成而實五石，以盛水漿，其堅不能自舉也。剖之以爲瓢，則瓠落無所容。非不

---

[15] 值得一提的是，海德格在1945年德國戰敗投降之日，虛構了一場帶有自我省察與自然治療的對話文本，其結尾便是以莊子和惠施的無用／有用之對話來做爲總結，象徵他以去意志、無用的另類思維，去反省在戰爭中爭強鬥勝背後之強力意志的毒害。參見倪梁康譯，〈在俄羅斯戰俘營中一個較年輕者與一個較年長者之間的晚間對話〉，《中國現象學與哲學評論》第5輯「現象學與中國文化」（上海：上海譯文出版社，2003年），頁170-205。

呺然大也，吾爲其無用而掊之。」莊子曰：「夫子固拙於用大矣。宋人有善爲不龜手之藥者，世世以洴澼絖爲事。客聞之，請買其方百金。聚族而謀曰：『我世世爲洴澼絖，不過數金；今一朝而鬻技百金，請與之。』客得之，以說吳王。越有難，吳王使之將。冬與越人水戰，大敗越人，裂地而封之。能不龜手，一也；或以封，或不免於洴澼絖，則所用之異也。今子有五石之瓠，何不慮以爲大樽而浮乎江湖，而憂其瓠落無所容？則夫子猶有蓬之心也夫！」

惠子謂莊子曰：「吾有大樹，人謂之樗。其大本擁腫而不中繩墨，其小枝卷曲而不中規矩，立之塗，匠者不顧。今子之言，大而無用，眾所同去也。」莊子曰：「子獨不見狸狌乎？卑身而伏，以候敖者；東西跳梁，不辟高下；中於機辟，死於罔罟。今夫斄牛，其大若垂天之雲。此能爲大矣，而不能執鼠。今子有大樹，患其无用，何不樹之於无何有之鄉，廣莫之野，彷徨乎无爲其側，逍遙乎寢臥其下。不夭斤斧，物无害者，无所可用，安所困苦哉！」[16]

惠施眼中的葫蘆是個權力象徵物，是魏王送給他的榮耀表徵。而莊子要點醒惠施的是：某物（如葫蘆）作爲某用途（如容器），通常和某人（如惠施）的認知（如惠施的實用觀看角度）有關。而且人的觀看與認知，離不開語言符碼的框架作用（例如，「瓠」「壺」「瓢」之「名」定義了「容」之「用」）。從〈齊物論〉看來，「我思（知）」必然是一個語言化的運思過程（言者有言），是語言決定了我的思和如何思，因此「我在」必已是語言符號化的存在而成爲語言主體。人總是被語言形塑了從何處來觀看、如何去認知。所以「語言——存在——認知——觀看」，

[16] 莊周，郭慶藩輯，〈逍遙遊〉，《莊子集釋》，頁36-40。

其間有難分難解的連帶關係（本文底下討論視覺觀看與語言認知的關係時，會有專節進一步分析《莊子》的細節主張）。而人對物的符號命名（如惠施謂之「大瓠」、「樗樹」），通常也決定著一物的「定性」、「定用」（如「瓢」用來盛水漿，「木材」作爲工匠料）。然一旦不合於「定用」之標準規範（如「不中繩墨」、「不中規矩」），便很容易被否決爲「無用」之物，故可捨之而棄不顧。對於莊子，「有用」、「無用」的區分，並非來自物之本性，而和人心名言的符號作用，更息息相關。一旦人心僵化（「固」），物之用途便容易被定一端（「拙於用」），成爲了意識型態的制式反映。例如在「瓠」之名的定義下，「某物」就只能在「容」與「無所容」二元之間被觀視、被取捨。而當某物被「定用」模式規定下來時，使用者便也就可能同時落入「拙於用」的僵化處境。此即莊子嘲諷惠施「固而不化」，原本活活潑潑、通達無礙的虛室生白之「神室」，從此封閉而固化爲「有蓬之心」。亦即原本虛靈妙用的自由想像之心，現在被「自師成心」的固執茅草給堵塞住，從此心智活動只能「同一化」地朝直線運動，卻不能進行「差異化」的祕響旁通。

於是莊子透過「不龜手之藥」這一隱喻故事，即事顯理來啓發惠施去尋思一個耐人尋味的現象：「能不龜手，一也；或以封，或不免於洴澼絖，則所用之異也。」用現在的話說，一樣具護手功能的皮膚藥，有人只能拿它在窮鄉僻壤洗衣糊口，卻有人可以將它跨國行銷而富可敵國。問題關鍵，不只在於護手霜的功能本身（「不龜手，一也」），而在於人的想像力與超越性，有沒有「夢想詩學（巴舍拉Gaston Bachelard）」般「無翼而飛」的能力？亦即有沒有活潑通達、靈動無塞的神思，以促進「物」解脫原本語言脈絡下的固定框架，重新創造出意想不到的新脈絡新妙用（「所用之異也」）。在筆者看來，莊子可能在傳達類似海德格用具整體（a totality of equipment）這一類道理，不龜手之物其實沒有固定的用之

本質，它的用之意義會隨著「用之指引脈絡」而移動轉化[17]。而「用之指引脈絡」則可能隨人、隨時、隨地而轉化出流動的新意來。其活口關隘就在於：心靈是否虛待暢通，是否敢於變形遊觀，以能更新指引脈絡。以〈逍遙遊〉中惠施掊棄大葫蘆（大瓠）為例，惠施的暴力作為正反映出封閉而驕傲的認知主體、權力意志的同一性意識型態受挫。當預期某物、某用之慣性習氣，遭受打擾甚至無法正常運作時，受挫的預期心理會因為落空，使得欲望的驅動力無所投射，便可能代換成暴力的掊棄行為。惠施無法像莊子那樣，他不具備「山不轉人轉」的柔軟身段，缺乏換隻眼睛換個頭腦的「圖形轉換」能力。由於相對缺乏轉換「用之指示脈絡」的靈活心思，惠施看到的是一般人眼習慣「單一看見」的葫蘆輪廓之內邊（內容定用），而莊子則提醒惠施，人也可以「兩行看見」葫蘆輪廓的內邊（有之定用）與外邊（無之妙用）。尤其當葫蘆內邊的使用方式不盡理想時（瓠落無所容），為何不設法想像將水裝在葫蘆外邊呢？

　　「將水裝在葫蘆外邊！」莊子這樣的「妙無」想法，乍聽荒謬，其實未然。因為這種「看見無」、「看見虛」的能力，正是《莊子》一書處處閃亮的思維靈光，它既是意識型態的解放之源，也是思維創新的靈泉。莊子首先運用視覺轉換（同時也是觀點轉換），來改變葫蘆的定用特性，他敢於想像他看見了葫蘆的「外部容器性」。從另一角度說，他也是透過「語言遊戲」來改變葫蘆的用具脈絡。例如當它不被稱為「大瓠」而被改叫為「大樽」時，惠施眼下的葫蘆之定用（成心之定用），就被莊子變形為腰舟之妙用（遊心之化用），而類似於現今的浮泳圈。惠施的有蓬之心既限定了他觀看葫蘆的視角，也讓他難以想像葫蘆有時也可不叫葫蘆。而莊子的虛構與重構之創意，是先將惠施的葫蘆（名與形）給「虛化」，然後再「重構」出大樽。他知道葫蘆之名是約定俗成的，是被暫時指示出

---

[17] 海德格討論「及手物」（上手物、上手狀態）必在「用具整體脈絡」中，其存有意義才能顯露出來，並指向一個生活世界的理解領受。參見海德格，王慶節、陳嘉映譯，《存在與時間》（臺北：桂冠，2002年），頁93-117。

來的一時作用，並非來自任何先驗而不變本質（所謂：「言者有言，其所言者特未定也」）。一旦我們暫時中止葫蘆的假名，不再運用先前看待葫蘆的方式來看待它，如此一來，它便從先前的「限定性」轉化出「可能性」。於是，當人們能見葫蘆不只是葫蘆時（如見山水不是山水時），人人便可能成爲一個活用脈絡的魔法師或行爲藝玩家。從此我們不只可以將水裝在葫蘆裡邊的特定脈絡，也可嘗試將水裝在「它（X）」的外邊。此時所謂的「（X）」，便暫時從葫蘆被代換爲大樽，可以陪伴莊子去浮遊九月的愛河碼頭，讓莊子逍遙地渡過一季清涼快意的夏末時光。它不必再因爲一時不符合人們某種特定用途，便得要遭受暴力相向。換言之，莊子這種對物的靈活納受，還可能隱含著一種對「以我觀物」的同一性暴力之批判，並轉化出「以物觀物」的美學欣趣與差異倫理的包容。

　　我們可以進一步指出，這裡有兩個層次可再分辨：一是改變用的脈絡而促使用具意義得到多元化的展開，例如葫蘆從容器之用轉化爲大樽之用，便可看成是從「定用」到「多用」的第一度解放。但第一度的解放，還未能全然超越「用」的層次。第二個更深刻的解放層次，也是莊子更爲關注的向度在於，如何從「用」解放到「無用」的遊戲性格之敞開。亦即，「大樽」雖可被看成是腰舟之另類工具用途，但此一腰舟套在莊子身上，主要並不是用來掙得任何生計的實效工具，而是完全轉換成「非實用（無用）」的遊戲存有，純然帶出「浮於江湖」的逍遙快樂。從這一逍遙暢遊的向度來看，莊子暫時偏離了惠施成人效用的計算心態，他彷彿脫胎換骨而轉化出天眞孩童般的無機玩心。此時此刻，在「物我相遊」之中，「遊戲物」同時脫落於葫蘆或大樽之名，它不被剖開傷害而純然在其自己，而人也暫時解放了自我宰控、剝削他者的「效率人生」[18]。讓自己暫時無用、無事無爲地活在當下，「物我相忘」地悠哉閒適，渡過一段猶如

---

18 〈齊物論〉以悲憫的口氣同情這種效率人生的忙與盲：「一受其成形，不忘以待盡。與物相刃相靡，其行盡如馳，而莫之能止，不亦悲乎！終身役役而不見其成功，苶然疲役而不知其所歸，可不哀邪！人謂之不死，奚益！」莊周，郭慶藩輯，《莊子集釋》，頁56。

日夢玄想般詩意時光。莊子與大樽共在而「浮於江湖」，實已超出用具的
效用思維，轉出一種「無所可用」的慵懶閒適狀態。而這一「無用」正好
又開顯出「無用之用」的人生祕密。「無用之用」的祕方，既事涉「遊
戲」的存有開顯之奧祕[19]，同時也可能涉及：物我無礙、與物爲春的原始
倫理與差異倫理性格。

　　「遊戲」是一個既有趣又嚴肅的課題，帶有淺看深看兩相宜的特性。
從其深度面來深看之，它具有通向存有論的藝術轉化之內涵，甚至世界
自身即展現爲一個物化差異的遊戲交換歷程[20]。如從《莊子》說，「道」
便展現爲「腐朽化爲神奇，神奇復化腐朽」的氣化流行之變化遊戲；又
或者如赫拉克里特斯（Heraclitus）所說，世界之運行可被隱喻爲猶如玩
遊戲而不計成毀的小孩[21]。而繼承海德格存有思維的高達美（Hans-Georg
Gadamer）在《眞理與方法》，以及用遊戲定義人類的胡伊青加（Johan
Huizinga）在《人：遊戲者》，都曾對遊戲的自由、美學力量，以及遊戲
對主體的轉化，有過深刻的揭露。我們不妨引述他們的觀點，以印證前文
「與物相遊」的不凡意義：

---

[19] 海德格在1945年3月給他太太寫的信中，提及莊子的無用與其存有思維之相契：「關於無用的本質
（也就等於我所思考的「存有」）是我最近由兩位中國思想家的簡短對話中得知的（指惠子與莊子
在〈外物〉篇關於立足之地之有用性依賴於無用之地的討論），也就是我為你抄下的那段對話。」
以上這段書信資料轉引自鍾振宇，〈莊子與當代批判——工作、技術、壓力、遊戲〉，《臺灣東亞
文明研究學刊》10卷1期（2013年6月），頁178。

[20] 參見芬克（Eugen Fink），簡水源譯，《人的本質——死亡、愛情、工作、統治、遊戲》（臺北：
師大書苑，2016年），頁217-256。

[21] 關於《莊子》的氣化遊戲與海德格、芬克的世界遊戲之相契性，鍾振宇曾有精采分析：「遊戲以
『非現實』的方式帶給人類自由，以『無負責』的方式去進行負責的活動（類似老子的「正言若
反」）。遊戲恰好是以這種非現實性展露了人與世界的關聯，人類遊戲因此是世界整全的象徵式代
表、是『世界的象徵』、『世界隱喻』或『宇宙隱喻』。作為象徵、隱喻，它所指涉的是『世界遊
戲』。有限的物與無限的世界之間如何能有關聯？世界整全可以在遊戲下的一物中『回照』、『反
照』出來。物不可能現實地成為宇宙全體，但是它可以在作為『幻象』、『回照』中成為『宇宙隱
喻』。因此，人類遊戲是『世界象徵』，在遊戲中展現世界整全。」〈莊子與當代批判——工作、
技術、壓力、遊戲〉，頁159。

　　儘管美的性質並不附麗於遊戲，但遊戲卻傾向於具有突出的美的因素。歡樂與優美一開始就附麗在比較原始的遊戲形式上。在遊戲中，運動中的人體美達於極致。在更爲發展的形式中，遊戲浸透了節奏與和諧，那是審美知覺的最高饋贈。遊戲與美的聯繫是多方面的、密切的。……一切遊戲都是一種自願的活動。遵照命令的遊戲已不再是遊戲……兒童和動物之所以遊戲，是因爲它們喜歡玩耍，在這種「喜歡」中就有著它們的自願。……這裡，我們便獲得了遊戲的最主要的特徵，即遊戲是自願的，是事實上的自由。……因爲它所服務的目的外在於直接的物質利益，或者說外在於個人對生物需求滿足。作爲一種神聖的活動，遊戲自然對團體的福祉有所貢獻，但卻是以別的方式而不是以獲得生活必需品的方式來作出的。[22]

　　藝術作品其實是在它成爲改變經驗者的經驗中才獲得它眞正的存在。保持和堅持什麼東西的藝術經驗的「主體」，不是經驗藝術者的主體性，而是藝術作品本身。正是在這一點上遊戲的存在方式顯得非常重要。因爲遊戲具有一種獨特的本質，它獨立於那些從事遊戲活動的人的意識。所以，凡是在主體性的自爲存在沒有限制主體視域的地方，凡是在不存在任何進行遊戲行爲的主體的地方，就存在遊戲，而且存在眞正的遊戲。遊戲的主體不是遊戲者，而遊戲只是通過遊戲者才得以表現。[23]

　　遊戲的人好像有通過把自己行爲的目的轉化到單純的遊戲任務中去，才能使自己進入表現自身的自由之中。[24]

---

[22] 胡伊青加，成窮譯，《人：遊戲者》（貴州：貴州人民出版社，2007年），頁7-9。

[23] 高達美，洪漢鼎譯，《眞理與方法》（臺北：時報文化，1993年），頁151。

[24] 高達美指出遊戲與存有開顯的關係：愈融入遊戲則愈失去主體，愈失去主體則愈能融入遊戲所開顯的存有之中。換言之，遊戲的存有論超越了主／客對待的模式。《眞理與方法》，頁157。

　　深入遊戲三昧來深看，莊子浮遊於江湖並不是使用某物來滿足目的性效益，而是指向一種「與物相遊」、「乘物遊心」的遊之主體或遊化主體[25]。一種解放有用／無用的二元對立，回到當下「物我礙而無礙」的自由遊戲之存在方式。莊子要警告惠施的是，人不能只有效用性、目的性的計算思維，人還要有與物相遊的去自我、去控制、非目的之遊戲能力。而且愈是能出神入化地進入遊戲，反而愈能在遊戲整體中暫時抹除自我主體的沉重滯礙，重新獲得力與美的自由姿態。我想要再強調的是，這種自由並非個體獨我般的抽象自由，而是與人、與物的相遊情境下的具體自由。換言之，這種遊戲的自由並非脫離關係的自我獨白，反而是在「與人相友」、「相物相遊」的一張一馳韻律關係中，保有自我與他者（包含他人與他物）在「各得其性」、「相互轉化」的前提下，既自化又互化的相養之自由[26]。由此關係性的遊戲轉化，便可能隱含著遊戲關係中的倫理內涵，可被重新思量與十字打開。

　　若以法哲巴塔耶（Georges Bataille）的概念來解說「無用」，即莊子會認爲人不能單憑時時計算「有用無用」這種「有限經濟（一塊兩塊地累積計較模式）」的理性延遲、計畫經濟來決定生活的一切處，人還需要有「無用之用（不計代價活於當下）」那種「無限經濟」的當下消盡、耗費無算的逍遙模式[27]。因爲這種抹除計慮的孩童般自由遊戲，極可能創造出人生最眞誠無憂的極樂時光、高峰經驗。或許可這麼說，當人們在無事無爲的純粹遊戲當中，成年人幾乎重新召喚了人生難再復返的童眞經驗。那曾是「一沙一天堂、一花一世界」的日夢玄想，「天地一指也、萬物一馬

---

[25] 關於《莊子》「遊之主體」、「遊化主體」的「乘物遊心」之深刻內涵，可參見楊儒賓，〈遊之主體〉，《儒門內的莊子》（臺北：聯經，2016年），頁173-224。賴錫三，〈《莊子》的養生哲學、倫理政治與主體轉化〉，《中國文哲研究集刊》47期（2015年9月），收入本書第八章。

[26] 參見賴錫三，〈《莊子》的關係性自由與弔詭性修養──疏解〈逍遙遊〉的「小大之辯」與「三無智慧」〉，《商丘師範學報》2018年2期，收入本書第七章。

[27] 有限經濟／無限經濟、理性延遲／當下消盡（耗費），相關說法參見，汪民安編譯，《色情、耗費與普遍經濟：喬治‧巴塔耶文選》（長春：吉林人民出版社，2003年）。

也」的詩意世界，而主體自我也在遊戲忘我中，被力與美的遊戲整體給轉化與淡薄。如孩童的幸福與甘心，體現在淡化的自我與柔軟的主體上，忘卻量化時間而開顯出另類質性時光[28]。孩子因爲沒有「時間就是金錢」這一類成本計算（有限經濟），所以一旦進入遊戲場域的律動中，便很容易讓其身心綿延於整體遊戲場域中，呈現出遊戲世界的自由舞動、力量酣暢、淋漓盡致（無限經濟）[29]。

　　相對於莊子無用的遊戲立場，在面對一棵參天大樹時，惠施的認知心態，其實和工匠的效用主義是類似的。所以當大樹踰越了規矩繩墨的實用框架時，其命運便遭受到賤視與摒棄的暴力相向。所謂匠者不顧，眾所同去也。如何才可能反轉惠施的成見之心與暴力手勢？莊子要人們暫時脫去符號設定的框架，讓一棵因人而定名著相的「樗樹」（人謂之樗），重新還原回無名流變（無規矩無繩墨）的「X」之單純在其脈絡中。而「在其脈絡的X」（未被定名爲樗樹前），它便可自使自取、自開自落地敞開於「無何有之鄉，廣莫之野」的無名天地之間。換言之，當大樹呼吸吐納於天地之間，自在自得於遼遠無遮的地平浩瀚中，便自然瀰漫一股萬物祥和寧靜的生生氣韻（Aura）。對於莊子，人的原初存在情境正是這種靈光四溢的「天──地──人──神（樹之氣韻如神）」共在於世的氣氛，它有著比匠工、惠施的計算心態更可貴的存在消息可被詩心領受。問題在於，人能否放下（成人）權力主體的膨脹擴張，謙卑柔軟而猶如孩童般地「專

---

[28] 這種物我相遊、合一的特殊時間性，諾赫夫（Georg Northoff）和鄭凱元將其稱為「以道為基的時間性」或「以世間為基的時間性」，並將其和萊布尼茲（Gottfried Wilhelm Leibniz）的單子論形上學之預定和諧論的時間性，進行跨文化的比較閱讀。可參見其作 "Levels of Time in the Zhuangzi"，發表於「Towards a New Paradigm of Subjectivity: On the Contemporary Significance of the Zhuangzi」國際工作坊，Institute of East Asian Studies, Charles University 主辦，2017年6月29日-7月2日。

[29] 社會心理學家米德（George H. Mead）曾指出，遊戲和競賽都關涉兒童形塑社會性的角色扮演，亦即在形構「泛化他人」之內化過程中，遊戲雖不如競賽那般有系統，但多少已涉及角色遊戲。本文討論的童真遊戲主要採取海德格、芬克的存有論哲學角度，而暫不採社會心理學角度，但後者亦有它的理路可參考。米德，趙月瑟譯，《心靈、自我與社會》（上海：上海譯文出版社，1997年），頁133-142。

氣致柔（去自我化的柔軟身體）」，而讓自己被自然天地的氣韻所包容納受，並同時成為自然氣韻生動的遊戲參贊者守護者[30]。所以莊子描述這種當成人轉化為孩童的天真模樣：「彷徨無為其側，逍遙乎寢臥其下。」此時此刻，天地如父母，萬物如搖籃，人猶如「復歸於嬰兒」，無為而逍遙地在大樹下度過詩意時光[31]。那或許是一種切近我們童年都曾有過的遊戲經驗，近乎走入寂靜無為的天長地久之時光隧道。孩子們耗費終日，樂此不疲，一切無關代價，如入天堂之境[32]。

　　以上顯示惠施（技術）與莊子（藝術）不同觀看、認知態度的故事，《莊子》最後都將它們歸結到「用」與「無用之用」的本質差異來。而莊子試圖給予惠施轉化的隱喻，則涉及如何從「成人（計算與分析）」逆返「孩童（遊戲與想像）」。用〈逍遙遊〉之喻，也就是如何從「狸狌獵奪」轉化為「放牛吃草」。對於這種身心轉化，愛蓮心（Robert Allinson）底下觀點和本文有同調之妙：

　　　當心靈的分析功能靜止時，另一種心靈出現了，那是赤子心

---

[30] 莊子此種逍遙於自然天地的身心情狀，不禁令人想起本雅明（Walter Benjamin）有名的靈光氣韻之自然美學體驗：「什麼是『靈光（又譯為「氣韻」）』？時空的奇異糾纏：遙遠之物的獨一顯現，雖遠，猶如近在眼前。靜歇在夏日正午，延著地平線那方山的弧線，或順著投影在觀者身上的一節樹枝，直到『此時此刻』成為顯象的一部份——這就是在呼吸那遠山、那樹枝的靈光。」本雅明，許綺玲譯，〈攝影小史〉，《迎向靈光消逝的年代》（臺北：臺灣攝影工作室，1998年），頁34。關於莊子的自然美學與本雅明靈光氣韻的互文解讀，參見賴錫三，〈《莊子》的自然美學、氣化體驗、原初倫理：與本雅明、伯梅的跨文化對話〉，《文與哲》26期（2015年6月），頁85-145。

[31] 自然天地與人的親密關係，時被老莊比擬為父母與孩子，如〈大宗師〉言：「父母於子，東西南北，唯命之從。陰陽於人，不翅於父母。」莊周，郭慶藩輯，《莊子集釋》，頁262。

[32] 此處不禁令人想起舒國治所描述的，深度睡眠帶來的主體轉化：「睡前種種完全遠絕，醒轉之後全然一重生嬰兒，原先的疲累憂煩竟如不存，體力精神亦是純陽光華。」、「某些遺世孤立的太古村莊，小孩睡得極多極靜，他們的臉格外平靜。」、「睡一個長覺，睡到錶都停了……這是多麼美的狀態，惟孩童方能獲擁。悲夫，老矣。」《流浪集》（臺北：大塊文化，2006年），頁20、21、91；「然一逕無事的躺著靠著，令心思自流，竟是最能杳杳冥冥把人帶到兒童的作夢狀態。」《理想的下午》（臺北：遠流，2008年），頁154。

靈。赤子心靈是最早了解到的心中的直覺或美學的認知能力。赤
子心靈習慣於聽神話和故事。赤子心靈被聽一個故事的景象所激
發。在一個哲學文本的成人讀者中，赤子心靈出現了。《莊子》
開頭的鯤鵬神話，像雙面問題一樣，有雙重功能：把成人的批評
心（即分析心）關掉，但又不是把人的整個心靈一起關掉。它打
開並激發赤子之心，並且預備它以某種特殊的方式欣賞和理解隨
之而來的東西……如果我們暫停我們的分析判斷，我們將會被獎
以帶有更高真理的東西。[33]

　　愛蓮心注意到《莊子》一書充斥神話故事，並洞察這和作者企圖：
既暫時停頓分析頭腦又同時打開審美心靈的轉化策略有關。《莊子》確
實延續了神話思維的意象和想像，如〈逍遙遊〉故事裡的葫蘆、大樹等意
象，皆吸收並轉化自神話世界[34]。而成人的神話猶如孩子的童話一般，它
們皆以故事敘述的想像方式激活另類世界觀和真理觀，並具有揭露樂園性
質的價值趣向。如企圖將惠施狙狚式獵取資源的技術思維，轉變成放牛吃
草的遊戲思維，並由此應許主體（人）與客體（牛），一同轉變成美學
畫面：人牛俱忘、魚我相樂、樹我無害。即人從到處獵奪的狙狚計量，
轉化為放牛吃草的泰然任之。這種從「相刃相靡」到「與物為春」，便
是遊戲帶出的「無用之用」。在此，沒有了施暴者（人無用）與受害者
（物無害）。而人也不會因加害他物的同時，弔詭地讓自己也異化成為人
力資源鎖鏈中的一物（即被異化為他人眼下的人力資源物[35]），雙方一同

[33] 愛蓮心，周熾成譯，《嚮往心靈轉化的莊子（內篇分析）》（南京：江蘇人民出版社，2004年），
　　 頁28-29。
[34] 王鍾陵，〈《莊子》中的大木形象與意象思維〉，《中國文哲研究集刊》13期（1998年9月），頁
　　 269-292。
[35] 對於莊子，惠施因為過於逞才適用，結果在造就自己功用人生的同時，成為了他人眼下的良材美
　　 貨，而勞苦役役一生。此如〈天下〉篇評論惠施的效用人生之陰暗面：「惠施日以其知與人之辯，
　　 特與天下之辯者為怪，此其抵也。然惠施之口談，自以為最賢……惠施不辭而應，不慮而對，徧為

脫落相刃相靡的共犯結構。看來，遊戲還可以暫時應許一塊沒有苦迫氣氛（Atmosphere）的倫理樂土。而對於《莊子》，樂園不只要轉化暴力行為，甚至連暴力氣氛都應該要淡泊自化。例如莊周與惠施有名的「魚樂與否」之辯，莊周能在閒散的遊湖情境中，自己既自在同時又能無擾遊魚之自在，其中便涉及人對周遭情境氣氛的敏感回應。而自我主體過僵硬者，便無法感通，過於膨脹者，則難以融入，如此也就容易製造干擾或死寂的氣氛。而孩子的主體淡薄無機心狀態，容易散發出與情境柔和無待的連綿氛圍，故能帶出綿綿若存的柔軟氣氛[36]，這近乎一種原初倫理關係的返樸歸真。

四、黃色小鴨把大人變小孩，把商港變成大浴缸

我們現在可以再轉換觀看場景，霍夫曼的公共藝術作品黃色小鴨，已遊歷數十幾個國家。我們來看一段它浮遊維多利亞港時，港媒的一段報導：

> 巨大鮮明的「橡皮鴨」乃當代的充氣藝術品，讓維多利亞港頓然成為一個大浴缸。「橡皮鴨」取材於軟軟的鵝黃色沐浴鴨，是許多人童年的回憶，且無分年齡種族疆界，象徵快樂和美好，可愛的身影總會讓人會心微笑，巨型鴨與四周環境相映成趣，勢必成為遊客爭相拍照的場景。
>
> 霍夫曼表示，「橡皮鴨沒有國界之分，沒有種族歧視，沒有

萬物說，說而不休，多而无已，猶以為寡，益之以怪。以反人為實而欲以勝人為名，是以與眾不適也。弱於德，強於物，其塗隩矣。由天地之道觀惠施之能，其猶一蚉一虻之勞者也。其於物也何庸！夫充一尚可，曰愈貴道，幾矣！惠施不能以此自寧，散於萬物而不厭，卒以善辯為名。惜乎！惠施之才，駘蕩而不得，逐萬物而不反，是窮響以聲，形與影競走也。悲夫！」莊周、郭慶藩輯，《莊子集釋》，頁1111-1112。

36　「氣氛」一說正可打破主客二分、身心分裂的世界觀，參見伯梅（Gernot Böhme），谷心鵬（Volker Heubel）、翟江月、何乏筆（Fabian Heubel）譯，〈氣氛作為新美學的基本概念〉，《當代》188期（2003年4月），頁10-33。

政治內涵」，指出「橡皮鴨」旨在將寫意治癒精神放大、放大、再放大，宣揚簡單的快樂，傳遞無國界、無歧視的友愛訊息。他希望大家看到「橡皮鴨」在海岸上可愛悠游的身影，放慢腳步放鬆心情的瞬間，忘卻所有不愉快的事情，在忙碌的每一天都展露笑容，發放正能量。[37]

　　其實黃色小鴨的模樣，再平凡不過。它幾乎完全模擬幾世代人的童年玩具模樣，這類小鴨玩具，或許陪伴了許多孩童的沐浴與遊戲經驗。每當母親要孩子乖乖待在浴缸受洗時，有時就會在浴缸水面漂放一隻類似的黃色小鴨。神奇的是，孩童們就這樣和小鴨玩伴快樂地遇合，遊戲了起來，結果便是：快樂地轉化了一場澡堂磨難。這既是孩子的天真，也是遊戲的魔法。而當「魔法」與「天真」兩種成份加在一塊，便共創了一個歡樂的遊戲天地，使得母親和孩子共度一段親密時光。可以揣想，霍夫曼的靈感可能來自上述畫面，即來自類似的童年記憶。跨越幾個世代的孩子們，曾有過相類的經驗與記憶，或許這是霍夫曼的黃色小鴨獲得共鳴的原因之一。因為童年的遊戲記憶可以深入潛層意識，化成樂園的原型意象。問題是，人或曾有過類似孩童記憶，但在歷經成人理性化過程中，卻已被漸漸遺忘在潛意識的恍惚深處。而大孩子般的霍夫曼卻對自己的童年念念不忘，他似乎特別想要重返重溫那樣的純真年代，尤其想要招魂幾世代人的集體記憶，一同重溫遊戲、無機、柔軟的天使年代。誇張一點說，黃色小鴨的遊戲藝術想要召喚一個集體式白日夢，猶如夢想一個「黃髮垂髫，怡然自樂」的桃花源地。

　　陶淵明的桃花樂園也是一個沒有政治暴力、沒有經濟剝削、沒有族群分裂，每個年齡層（包括老人小孩）、每種物類（雞犬相聞、良田桑

---

[37] 引自網路新聞，蘇曉凡，〈新奇香江／超大橡皮鴨 相約維多利亞港〉，《欣傳媒》，2013年4月25日，參見http://news.xinmedia.com/news_article.aspx?newsid=275057&type=0。

竹），都可以自生自長、不受傷害的好地方。霍夫曼似乎也期待一個樂園
意象，在香港受訪時他表示希望黃色小鴨帶來：沒有國界之分，沒有種族
歧視，沒有政治內涵⋯⋯宣揚簡單的快樂，傳遞無國界、無歧視的友愛訊
息。他希望大家看到「橡皮鴨」在海岸邊可愛悠游的身影時，能在放慢腳
步、放鬆心情的瞬間，忘卻所有不愉快，轉而在忙碌的每一天都展露笑
容，發送正能量。而在當年八月他們全家初訪臺灣高雄時，則再度表示：
他於2001年發想設計黃色小鴨，即希望藉由小鴨連結各地人群，拉近全球
距離，讓世界宛如大家庭，懂得關懷身邊的人。因此臺灣媒體總愛簡稱它
為療癒系藝術作品。

　　然而身為藝術玩家的巧妙更在於，霍夫曼擴大了許多人曾有過相類
似的童年遊戲記憶，啓動了每個人都容易被勾引的童年原型意象（以「黃
色」陽光般的生命原力，搭配「小鴨」無憂慮的天眞可愛）。然而光有
一種天眞情懷還不夠，從《莊子》的「視角遊觀」（perspective）來觀
察[38]，它至少它還要有底下兩件魔法加持才行：一是「轉小為大」的變形
法術或顛覆能力，二是「無用之大用」的想像超越或遊戲能力。所謂「轉
小為大」或者「轉大為小」，這便是《莊子》常見的遊玩策略，它主要用
來顛覆人們習慣於「小大之辯」的定見。在《莊子》看來，小和大都是相
對而成立的，它必須依脈絡而定（包括美／醜、善／惡、是／非、高／
低、上／下，一系列二元對立概念）。而一旦能洞曉名言界定背後「彼是
方生」的二元性原理[39]，便等於掌握「活化」脈絡的關鍵，如此也就擁有

---

[38] 對於討論老莊的perspective的分析，安樂哲（Roger T. Ames）已一定程度觸及，而最為深刻揭露
其哲學意義者當屬任博克的分析。安樂哲的觀點可參見安樂哲、郝大維（David L. Hall），何金
俐，《道不遠人——比較哲學視域中的《老子》》（北京：學苑出版社，2004年），頁16-30。任
博克（Brook A. Ziporyn）的觀點可參見其英文著作（中文翻譯即將由浙江大學出版）：*Ironies of
Oneness and Difference: Coherence in Early Chinese Thought; Prolegomena to the Study of Li* (New York:
SUNY Press, 2013) 第四章討論莊子的章節 "Zhuangzi's Wild Card: Thing as Perspective"。另外如何理
解《莊子》的視角主義，可參見賴錫三、何乏筆、任博克的對話，〈關於《莊子》的一場跨文化之
旅：從任博克的Wild card出發〉，《商丘師範學報》34卷5期（2018年5月），頁1-26。

[39] 如〈齊物論〉所分析的：「彼出於是，是亦因彼。彼是方生之說也。雖然，方生方死，方死方生；

了第一個魔法。也因爲擁有這種靈通轉化脈絡的觀看或變形妙法，《莊子》才能看的見如此驚人的景觀：「天下莫大於秋毫之末，而大山爲小；莫壽於殤子，而彭祖爲夭。」[40]、「因其所大而大之，則萬物莫不大；因其所小而小之，則萬物莫不小；知天地之爲稊米也，知毫末之爲丘山也。」[41]

　　簡單地說，莊周有能力把浩瀚的天地、高聳的泰山看成像秋毫、稊米一般微小，也能把號稱長壽的彭祖看成和殤子一樣短命無常。反之，他亦能將毫末看成像丘山那般浩然壯觀。莊周可以把大變小（因爲空間被相對化），也可以把長變短（因爲時間被相對化）。這類看似違反常見常識的顛覆手法，說怪不怪，看似荒謬，其實未然。這種建立在相對視角論上的想像能力，就好像莊周能把視角從葫蘆的內邊轉向外邊一樣，一旦不被輪廓線的邊界給遮蔽，其境界將如移開眼前那座屏障山，從此平遠視界也就開闊了。而看似無中生有的想像力，也就能如「鯤化鵬徙」那般，跟著變形而乘風飛翔了起來。

　　回到霍夫曼的黃色小鴨來說，其實小鴨不小，足足有六、七層樓高，要四十個大人雙手攤開相連才環抱得了它。這是什麼用意呢？顯然霍夫曼把大家童年經驗中的小鴨「變大」了，就像莊周把秋毫變成泰山一般，他運用充氣技術向小鴨吹了一口魔法之氣，結果黃色小鴨雖名爲小鴨，但已長成了高十八公尺的巨鴨。霍夫曼這麼「把小變大」的法術，其實所要顛覆或者變形的，遠不只是那隻橡皮鴨的形體。重要的是，它在重新放置的相對空間裡，不知不覺也同時把周圍的景觀轉變了（例如平常習見的高樓、船隻，竟轉成童話式景觀）。而最最重要的則是，巨鴨也同時把大人身形與視角轉化成小孩式的身形與視角，藉此造就成年心態向孩童心境的變化契機。試想：站在十八公尺的巨鴨面前，所謂的大人不就相對地反顯

　　方可方不可，方不可方可；因是因非，因非因是。」莊周，郭慶藩輯，《莊子集釋》，頁66。

[40] 莊周，郭慶藩輯，〈齊物論〉，《莊子集釋》，頁79。

[41] 莊周，郭慶藩輯，〈秋水〉，《莊子集釋》，頁577。

出小孩般的身形與視角嗎？此後，不管大人或小孩們，都可能暫時共享一個遊賞童話世界的心情時光。

可見關鍵在於，當黃色小鴨形體異常變大之時，導致大人與周圍景觀一同變小的當下，其實更是希望透過有形的小大之變，去帶動無形的大小之變。所謂無形轉化，涉及的是心境變化。亦即當小鴨充氣變大的同時，奇妙的是，成人日常膨脹的主體卻可能淡化而變小。霍夫曼顯然希望每個曾有過類似的童年經驗者，都能找回當年「專氣致柔」、「綽約處子」的童真，以重返當年「相遊浴缸」的歡怡記憶。而這不就類似：莊周將大瓠轉爲大樽而與之浮遊江湖的現代遊戲之翻版嗎[42]！其次在筆者看來，霍夫曼也運用到相應於莊周所謂「無用之用」的逆轉法門。如前述曾討論過的，莊周將惠施成年式的計算思維、效用心態給暫時懸擱了，讓我們從成年人的有蓬之心解放出來。把葫蘆的有限空間變成無限空間，也把木匠的材貨木料逆轉回樹蔭靈光，並驅逐獵人而放牛吃草，然後任使每個成年人還老返童地：「彷徨乎無爲其側，逍遙乎寢臥其下。」這個景像，不禁讓筆者想到後來霍夫曼又在桃園一塊軍事基地的草原上，裝置了一隻呼呼臥睡的大懶兔，這幾乎也是類似莊子放牛吃草或寢臥樹下的遊戲。

當霍夫曼將黃色小鴨給變大、將成年人給暫時逆返爲孩童時，維多利亞和高雄這兩個原本經濟利益甚囂塵上的商業大港、交通要塞，頓時也被轉化爲一群大孩子們的大浴缸、遊戲場，成了老少咸宜的嘉年華會之閒暇廣場。而在大白兔這一遊戲案例中，則是將桃園的軍事基地轉化爲寢臥其上、仰望藍天白雲的閒暇沙發。原本效益取向的交換商港、或者威儀赫赫的軍事用地，暫時都轉化爲無用之大用的人文風景、悠閒時光！換言之，黃色小鴨的巨大化與無用化，淡薄了成人終日計算的有用主體，而黃色小鴨的浴遊情境則將商港轉化爲節慶空間，從而使參與其中的人們獲得非效

---

[42] 〈人間世〉描述心齋工夫，使得顏回的主體從「實有回也」轉化至「未始有回」，而這一淡薄主體的關鍵正在於虛化主體：「虛者，心齋也」、「未始有回也，可謂虛乎？」、「虛室生白，吉祥止止。」莊周，郭慶藩輯，《莊子集釋》，頁147-150。

用、非獵取的存在轉化。看來，「轉小為大」和「轉有用為無用」這兩個藝術手法，營造了節慶狂歡的嘉年華會之熱絡氣氛。而經由此一閒暇時光的度過與轉化，成人也暫時獲得了童真活力般的更新[43]。

這樣的天真樂園是莊周和霍夫曼共享的樂園，也存在於每人的童年記憶深處。那樣的童年，沒有太多機心，沒有過多分別，孩子們一派天真地相忘在遊戲之中。一堆細沙，幾根竹枝，三兩玩伴，幾乎成了世界的全部，而孩童們盡情地耗費了一段又一段在成年人看來完全「無用」的時光。這再度讓我想起了羅蘭·巴特（Roland Barthes）在描述語言遊戲時，所比喻的一段兒時記憶與感情：「因此，我喜歡用言語和聆聽這兩個詞，它們在這裡結合在一起頗像是一個在媽媽身邊玩的孩子的來來去去，孩子跑開又跑回，給媽媽帶回了一片石子、一根絨繩，於是圍繞著一處安靜的中心描繪起整個遊戲場來，在遊戲場內的石子、絨繩最終不如由它們所構成的滿懷熱忱的贈予行為本身重要了。」[44]巴特和莊周都是語言遊戲的高手，〈天下〉篇曾言莊周書寫「大道」的語言風格在於：「謬悠之說，荒唐之言，無端崖之辭」，此正是宣示了語言遊戲與變化之道的同拍共振。亦即卮言遊戲與氣化遊戲，都是無止盡的交換遊戲之力量運動。而莊周活用卮言流變、巴特善用隱喻修辭，他們對待語言都猶如孩子進入遊戲場景一般，樂此不疲、生生不息，並將語言遊戲之豐產贈予讀者[45]。

上述全然無用的時光，在莊周和霍夫曼看來，卻奇蹟式地造就出成年人日後可能想要「永恆回歸」的原鄉，因為它深具樂園體質。弔詭的是，這個樂園正是由成年人恐懼的「無所用之」，所蛻變出來的遊戲大

---

[43] 關於嘉年華的狂歡節慶對宇宙、文化、個人的更新意義，可參見巴赫金（Mikhail Bakhtin），李兆林、夏忠憲譯，《拉伯雷研究》（石家莊：河北教育出版社，1998年）。至於狂歡節慶和閒暇的深度關係，則可參見皮柏（Pieper Josef），劉森堯譯，《閒暇：文化的基礎》（臺北：立緒，2003年）。

[44] 羅蘭·巴特，李幼蒸譯，《寫作的零度》（臺北：桂冠，1991年），頁21。

[45] 關於巴特和莊子的語言遊戲與歡怡，參見賴錫三，〈羅蘭巴特與莊子的旦暮相遇——語言、權力、遊戲、歡怡〉，《臺大中文學報》37期（2012年6月），頁1-50。

用、情感原鄉。童年樂園的祕密世界，正如想像現象學家巴舍拉（Gaston Bachelard）將人對浩瀚宇宙的日夢玄想，連結到童年記憶時所發現的：「**多少次純粹的回憶，有關無用的童年的無用的回憶，卻一再歸來宛如一種促使夢想的精神糧食，宛如一種來自非生活的恩惠以協助我們在生活的邊緣生活片刻。在休息與行動，夢想與思想的辯證的哲學中，童年的回憶足以清楚地說明無用的東西的有用性！童年的回憶賦予我們一個在現實生活中無效的過去，但過去突然在想像的抑或再想像的生活中成為充滿活力的東西，即有益於人身心的夢想。在歲月老去時，童年的回憶使我們具有細膩的感情。**」[46] 看來，童年的無用還真有可能發揮取之不盡、用之不竭的精神食糧。過往的童年意象，並不如煙，它可能是成年人經常留戀忘返的記憶閣樓，歷久彌新。因為成年人已然鈍化的情感，將從那裡汲取泉水般的清新甘甜。而莊子、高夫曼、巴特、巴舍拉，都懷有這類不忘童年的天真赤子心，並持續召喚遊戲創造力以更新成年人遺忘的樸素養分。

五、看見「無」、看見「空」的視覺轉換與語言遊戲

〈逍遙遊〉曾描述，物我相遊的生機勃發狀態，促使狸狌（隱喻惠施一般成年）從獵取資源的偏執奪取，轉化出放牛吃草的悠然自得。而這樣的淡薄無掛、物我相遊的日夢玄想，不管從視覺上、認知上、存在上，都歷經了一番「虛」、「無」、「忘」的轉化工夫。《莊子》的虛、無、忘，是把先前既定對「實有」、「定有」的輪廓固著，給予虛位或懸擱的能力。它具有逆向思考或弱化建制的「減法」特質，如《老子》所言：「虛其心，弱其志」、「為學日益，為道日損」[47]。惠施總習慣看到常人一再重複的葫蘆知見，這種日積月累的認識建構與觀看習慣（為學日

---

[46] 巴舍拉，劉自強譯，《夢想的詩學》（北京：生活‧讀書‧新知三聯書店，1997年），頁146。

[47] 另外，阮慶岳用《老子》的虛、損、弱等核心概念，來思考臺灣當代建築與自然環境，相關說法與本文觀點互有呼應。參見《弱建築：從《道德經》看臺灣當代建築》（臺北：田園城市，2006年）。

益），早已內化成直觀癖好。而莊周跳出常人從「實有（輪廓）」去觀看圖形的習慣，放下既有的知見習癖（後天內化所成的先驗圖式），逆向轉而從「空無（輪廓外）」去看。顯然這是一種想像式的看「虛」，因此能將容器內邊的定量水，轉化成容器外邊的無量水。如此可謂：化有限爲無限、化腐朽爲神奇的創意魔法。《莊子》這種「從有到無」、「從實到虛」的視覺轉化，延續自《老子》對「空無」空間的洞見：

常無，欲以觀其妙；常有，欲以觀其徼。此兩者，同出而異名。（一章）

三十輻共一轂，當其無，有車之用。埏埴以爲器，當其無，有器之用。鑿戶牖以爲室，當其無，有室之用。故有之以爲利，無之以爲用。（十一章）

一般人（如惠施）很容易只看到器物（如輻轂、埏埴、戶牖）的可見性輪廓（有），因此也容易被限定在器物的定用徵向，卻不易領悟器物也有它的不可見性（無），所以沒有去發揮無限空間的遊戲妙用。對於《老子》，有限空間的利用和無限空間的妙用，其實同時都共在於每一物的當下。而海德格也有類似想法：「作爲雕塑的藝術，並非任何對空間的佔有。」、「然而也許空虛恰恰就與位置之固有特性休戚相關，因之並非缺乏，而是一種產生。……空虛並非一無所有。它也不是缺乏。在雕塑表現中有空虛在遊戲，其遊戲方式是尋索著——籌謀著創建諸位置。」[48] 根據德籍學者梅依（Reinhard May）的考察，海德格對空無空間的領會、對存有的無性把握，受到《老子》啓發[49]。而從道家的角度來看，如何將「有限利用」轉換爲「無限妙用」，這個「觀妙」的視覺轉換，還要涉及成心

---

48 海德格，〈藝術與空間〉，《海德格爾選集（上）》，頁486、頁487。
49 梅依，〈無，空與澄明〉，《海德格爾與東亞思想》，頁40-63。

成見的虛損，自是自見的淡薄。

　　如何將視覺敞開於看不見的「無限空間」，而不只拘泥在輪廓裡的「局限空間」？如何可能把「水」裝在壺蘆外面（「無」之妙用），而不必一定得將水裝在裡面（「有」之利用）？顯然必須對視覺的外向投射容易造成的「對象性」、「焦點化」的習癖，自覺給予位移的變化能力。因爲人的單點透視傾向於對「物」的單一中心之觀看定著，所以看見總是面對某對象物給予某一視角的看見。可以說，視覺的看見幾乎總是「有」之活動，也經常成爲「實有物」之俘虜。而想要「看見那看不見的」，或者想要「看見空無」，勢必需要：對既定視點擱置、想像力的加入、語言遊戲的顛覆，以便重新獲得轉換空隙的遊刃餘地。也可以說，要從視角的單一中心論（一中論），轉化爲視角的多中心論（多中論），甚至視角的無限中心論（遍中論）[50]。其實上述老莊的「看無」、「見空」之領悟與實踐，古來今往的文學或藝術都有類似的想法和作法。本文將略舉幾例來呼應《莊子》的變形思維，以突顯視角轉換與語言遊戲的環中空門、庖丁間隙：

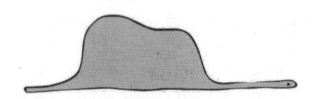

[50] 我在這裡運用了任博克的「一中論」、「多中論」、「遍中論」這三個概念，來詮解如何走出中心焦點的實體化、形上學化，關鍵正在於將中心同時看成「既實又虛，既虛又實」的弔詭狀態。而這種「虛而能構」的「無限中心論」，正可發揮觀點轉化的無窮妙用。任博克曾用「遍中論」來詮解《莊子》與天臺的整體論世界觀。可參見任博克、吳忠偉譯、周建剛校，《善與惡：天臺佛教思想中的遍中整體論、交互主體性與價值弔詭》，第二章「價值、交互主體性和整體：哲學參數與中國的背景」（上海：上海古籍出版社，2006年），頁26-68。另外，筆者過去也曾對探討《莊子》如何轉化中國身體政治學的「單一中心論」之威權性格，從而走向類似「遍中論」的觀點。參見賴錫三，〈《莊子》的物化差異、身體隱喻與政治批判〉，收入《道家型的知識分子論：莊子的權力批判與文化更新》（臺北：臺灣大學出版中心，2013年），頁117-169。

　　看看法國作者，安東尼・聖艾修伯里（Antoine de Saint-Exupéry）名著《小王子》（*Le Petit Prince; The Little Prince*）的這兩張圖。他也是透過孩子與成人的對比視域，展開此書的想像旅程。孩童（小王子）總是既期待又怕受傷害地把上面第一張「輪廓狀似帽子」的「圖形」給大人們看，興味十足地問他們看見了什麼？答案千篇一律，眾口一辭：「帽子！」這一制式答案反映出，成人們猶如訓練有素的惠施，早就知覺習慣而直覺反射地看到「葫蘆一般的輪廓」，並重複預擬了葫蘆的定見與定用。就好像小王子第一個圖片中的那頂帽子，想當然爾是用來戴在頭上的。惠施（大人）因大葫蘆不堪容器使用而憤怒，而小王子則因為大人只能看見一頂實用的帽子而傷心。惠施的憤怒，上述已明，而小王子的傷心，下圖分解：

　　奇妙的是，翻過書的另一頁，看到上述第二張圖，恍然大悟之際，就好像成人換了一雙新眼睛，也換掉了一個舊頭腦。此時，我們看到一幅不可思議的景象——「小蛇吞大象」。剎那間才明白，原來是大象的龐然身軀在蛇腹之中，才撐出了高低起伏的波瀾。由於波瀾起伏狀似一般成人慣性眼見的帽沿輪廓，因此成人們只看到這唯一的「（帽）相」、想起這唯一的「（帽）名」。「名以定形」或「隨名起執」，乃是惠施對葫蘆的意識形態。何止葫蘆一物，成人利用語言命名世界、分類事物，從此世界便成為了《莊子》所謂：「物有封焉」。而海德格則說：世界成為了一種固

定的「世界圖象」[51]。封限的事物、閉鎖的圖象、僵化的世界，三位一體
地限制了想像力的源泉。而《小王子》的第二張圖，則試圖傳達給我們：
小孩子比成人具有更多「看見無」的想像力，他能看見輪廓線以外的空無
空間，例如小王子這次是運用了輪廓線內部的空無來進行想像。他應用天
馬行空的想像力，從一條具有可能性的輪廓線條，變化出兩個圖形（小蛇
與大象），並誇張地突顯出「以小容大」（另一種小大之變）的不可思議
畫面[52]。此一「小蛇吞大象」的畫面寓意可能不只一個，它立即讓我們想
起了「人心不足蛇吞象」這一諺語。雖不知艾修伯里的靈感是否來自這一
諺語，但他確實玩了一個漂亮的視覺魔法，並藉此顛覆了成人知覺背後的
意識形態。《小王子》一書的開宗明義正是：離開孩童天真的成人們，原
本自由活潑的想像力，通常也逐漸被既定的教育和常識給制約，成為了制
式化的機械反應。成人們總慣常沿著輪廓外延線條而看實了圖形，於是只
在封閉性的帽子皮相上進行同一性的意象重複，很少有成年人敢運用想像
力來看見空無一物的內部，並藉此創造無窮的意象生機。孩童的眼與心，
似乎是成人以外的另一類心眼，除非成人們能擁有莊周與艾修伯里那般大
孩子的眼與心，否則如何可能從一頂帽子戲法，魔術般地變形出鯤魚化大
鵬、小蛇吞大象的奇異風景。

　　要重新打開靈動的想像力，便要有一番疏通堵塞、解除遮蔽的清除
工作，如《莊子》經由心齋、坐忘工夫，然後才能擁有「虛室生白，吉
祥止止」、「離形去知，同於大通」的神思靈光。因為人對「物」的「觀
看」，總不是無預設、無前見的純粹觀看，「觀看」總挾帶觀測者種種語

---

[51] 〈齊物論〉：「夫道未始有封，言未始有常，為是而有畛也。」可見「道」之封限和「言」之定
形，有著密切關係。而「物」之不可封限的道性，通常就隱藏在看不見的「空無空間」之中。莊
周，郭慶藩輯，《莊子集釋》，頁83。海德格「世界圖象」一說，參見孫周興譯，〈世界圖象的時
代〉，《海德格爾選集（下）》，頁885-923。

[52] 從這裡讀進去，我們可以想像「貪婪的心」有多大，它大到可以如小蛇吞掉大象一般大。如此看
來，「心」雖微小而無形，卻可能產生最大的涵藏與包納能力。其實，何止貪婪之心如此，慈愛之
心更是如此。而人的心量之大小，則和想像力脫不了關係。

言化之意識（桶中腦）投射。因此也可說，通常人是以語言符號在觀看，而且在看的當下，便有了語言命名的圖式化作用。而語言命名的分類指涉，便同時確認某一對象物（objection）之圖像輪廓及其本質，此即「名以定形」的功能。語言能使某物從流動到確定，這樣的例子，除了可用卡西勒（Ernst Cassirer）對孩童成長的語言學習經驗來說明[53]。為配合本文的視角與知覺討論脈絡，筆者嘗試運用色盲的視覺測圖來加以具體說明：

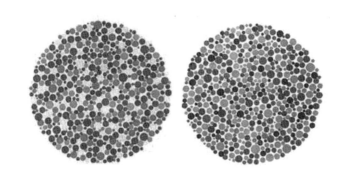

　　任何人（只要他不是一般定義下的色盲），一旦學習過阿拉伯數字概念與形像的配對關係，他就能在目測的直觀方式下，在一堆難以數計、或大或小、不同顏色的圓點之中，辨認出某一個阿拉伯數字的圖像輪廓。換言之，他在觀看這些圓點狀的色塊時，由於語言對視覺的規範作用，使得他能在原本充滿許多可能性的色點浮動中，組織成、看見到、指認出：某一特定的認知視像。顯然地，一個經過教育訓練而沒有色盲的成年人，他第一時間便能辨示出色點中的「阿拉伯數字4」和「阿拉伯數字6」。這就好像他第一時間就能在底下另一幅名為「鴨子？兔子？」的圖片中，不是

---

[53] 「靠著學會給事物命名，兒童並不只是在他原先的關於現成經驗對象的知識中加上了一張人為記號的目錄表，而毋寧是學會了構成那些對象的概念，學會了與客觀世界打交道。從此以後，這個兒童就站在更堅實的地基上了。他那含混模糊、波動不定的知覺以及朦朧的情緒，都開始採取了一種新的姿態。可以說，這些知覺和情緒圍繞著作為思想的一個固定中心和焦點的名稱而具體化了。」參見卡西勒，甘陽譯，《人論》（臺北：桂冠，1994年），頁194-195。

立即看見了鴨子，就是立刻辨示出兔子。至於他到底是看見了鴨子或者兔子，則只是涉及觀者所站立的視角差別而已。然而我們要問的是，倘若看圖的人仍是個還未學習過阿拉伯數字的孩子，或是個沒有見過鴨與兔的孩童，那麼他還會看見並指認出4、6、鴨、兔，這些名與相嗎？筆者要說的是，填鴨式教育開啓了4、6、鴨、兔這些圖示與意義，但同時也遮蔽了圖形的另外可能性。亦即孩童天馬行空的想像力，現在被代換成一組組穩定而固著的知覺圖式了：

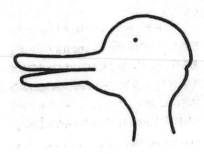

鴨子？兔子？

要開發想像力，如果從圖形、意象的角度說，或許可以嘗試從「變形」著手。如扭曲既定的空間形象，或改變觀看圖形的角度，以便打開輪廓的封閉性，讓形式重新流動。這一點從西方現代藝術由寫實到抽象、從再現到表現的解放過程，便可見一斑。如果轉從文字的角度說，或許可以從多元差異的書寫遊戲來著手，以便打開文字的概念化、精確化之常規，以造成語言的流通交換、映射融合。此正如巴特所描述的符號遊戲之文學隱喻現象：「隱喻在其自身轉動，但卻是按照一種離心的運動在轉動：意義在向著無限噴濺著碎屑。」[54]。另外，巴特對義大利畫家阿爾桑保羅多（Giuseppe Arcimboldo）之肖像遊戲的討論（人物頭像由各種植物菓類

---

[54] 羅蘭‧巴特，懷寧譯，〈阿爾桑保羅多：修辭學家與魔術師〉，收入《顯義與晦義》（天津：百花文藝出版社，2005年），頁136。

拼貼而成，而植物某類與頭像感官之間，產生了隱喻交換的「引譬連類」之名言遊戲[55]），在在讓我們看到了圖像與語言的共通隱喻特性：「阿爾桑保羅多就像一個詩人在開發著語言的『有趣性』，在玩弄著同義詞和同音異義詞。他的繪畫具有一種言語活動的內涵，他的想像力純屬是詩義的：這種想像力並不創立符號，而是組合符號、調換符號、使符號發生變化——這正是這位語言的工匠所做的事情。」[56]

　　不管是從造形藝術的視覺遊戲著手，還是從文學藝術的修辭隱喻著手，兩者實有異曲同工之妙，因爲視覺和語言之間存在著共構關係。一旦一方鬆綁，視覺便跟著復甦流動起來（如多重視角的遊觀），而語言也自然生動了起來（如語言遊戲的巵言）。我們再各舉一圖、一文爲例，嘗試揭露觀看與言說的微妙關係：

　　上圖是比利時畫家瑪格利特（René Magritte）名爲「這不是一支煙斗」的畫作。這幅畫面圖像和刻意標示的符號命名，產生了有趣的悖論現象。因爲從大多數人的視覺眼裡看去，它徹底顯示出一支紳士煙斗的形象

---

[55] 「引譬連類」一說可參見鄭毓瑜之研究，它涉及「文——類——物——詞」之間相互聯繫的譬喻框架。透過引譬連類，天與人、身與心、言與物，乃能不斷越界交織，形成一即自然即人文的豐饒歷程。參見鄭毓瑜，《引譬連類：文學研究的關鍵詞》（臺北：聯經，2012年）。

[56] 巴特，〈阿爾桑保羅多：修辭學家與魔術師〉，《顯義與晦義》，頁135。

（畫家刻意的超寫實手法更加強了視覺確定性）；問題是，作者卻將這幅畫取名爲「這不是一支煙斗」。這不就挑戰或否定了我們每個人的看見嗎？這位藝術家的操作策略在於：用語言去質疑視覺。或者說，刻意造成視覺和命名的衝突。一般而言，看見圖像之際，也就是名言浮現的同時，而它們通常具有相當穩定的符應關係。例如我們就算不必念出4或6，但看見色塊浮動中的4與6之輪廓線的同時，名言符號的4與6通常已在意識中同時作用。如此我們又可說，是名言符號的4與6，決定了我們所以能看見圖形的4與6。同理，看見瑪格利特的煙斗圖像時，認知上也自然在意識中浮現（嘴巴未必說出）煙斗這一符號。所以也可說，煙斗的名言符號決定了我們看見煙斗圖像。但當瑪格利特刻意讓畫面呈現出：圖像與命名的矛盾衝突性時，這便開啓了類似禪宗「見山是山？不是山？」的疑情公案。

　　瑪格利特的策略在於：經由「這不是一支煙斗」這一句文字般若，來質疑或破除人們視覺上總是慣性地看見一支煙斗的知覺圖式。類比來說，這多少類似透過文字般若，來進行一番「蕩相遣執」的工作。常人總是看見煙斗而說出這是一支煙斗，它猶如見山是山、見水是水，那樣明白無疑。但這樣的無疑明確，對瑪格利特而言，卻是要被懷疑的。與其說他懷疑的是常識和常見的事實，不如說，他懷疑的是這麼一致而標準的答案是如何被製造出來的？他有著和小王子類似的困惑，爲何大家總是一致看見並一致說出千篇一律的標準答案，這背後到底什麼機制去制約了人們的可能性？所以他要嘗試去懷疑這個「桶中腦」的框架。而採取的策略則是：當「看見」與「說出」相互矛盾時，那麼這幅圖畫將會變成什麼？經此一疑，原本標準答案的「煙斗」，便再度掉入了五里雲霧中，它變成了一個模糊不定的「？（問號）」。「這是一支煙斗嗎？這不是一支煙斗嗎？」它成爲了一個懸疑。疑情生問號，問號才再度打開一道縫隙。一道縫隙，可以讓光透進來，讓想像力出的去，讓我們的靈感再度呼吸新空氣。其實瑪格利特和艾修伯里等藝術、文學的作法，在老莊、禪宗身上，早已被實踐在主體的存在性轉化上（而不只是視覺轉換的遊戲）。莊周的魔法前面

已有演示，底下我們不妨看個禪宗公案，以呼應並解釋瑪格利特的用意。

　　禪宗公案集《無門關》，曾記錄一則近乎瑪格利特式的問難：「首山和尚，拈竹篦示眾云：汝等諸人若喚作竹篦則觸，不喚作竹篦則背，汝諸人且道，喚作甚麼？」[57] 故事起自首山和尚在弟子面前做了一個奇異的舉動，他在眾人面前突然拿起「竹篦」。高空懸問眾人：「如果將眼前這個東西叫做竹篦，這樣便是掉入了著相（觸：見山是山的常見），但如果不把眼前這個東西叫做竹篦，那麼這樣則掉入了落空（背：見山不是山的空見），那麼既然說它是竹篦（A）也不對，說它不是竹篦（非A）也不對。請問大家，該如何稱呼它？」其實禪宗公案，類似的問答還不少，而且他們都以極認真的態度對待這種話語遊戲（名為參公案、參話頭）。有時嚴肅到用它來做為傳法印心的勘驗法門：

　　溈山和尚，始在百丈會中充典座，百丈將選大溈主人，乃請同首座對眾下語：出格者可往。百丈遂拈淨瓶，置地上設問云：不得喚作淨瓶，汝喚作甚麼？首座乃云：不可喚作木梊。百丈卻問於山，山乃趯倒淨瓶而去。百丈笑云：第一座輸卻山子也，因命之為開山。[58]

　　一日不做一日不食的百丈懷海禪師，也曾用這種行動公案來檢證弟子。他曾公開對大眾說，今天誰能獲得我印證而出格的行者，將可出山去主持另一座法堂。話才剛落下，百丈隨身高高舉起身邊的淨瓶，隨後又重重放在地上，語氣堅定地問了一句：「如果不可以將眼前的這個東西喚作淨瓶，試問大家，那又該叫它甚麼？」那時長期和百丈學習的第一首座跳了出來，隨即答道：「也不可以喚作木頭！（大概可推想這個淨瓶是由木

[57] 《無門關》第43則〈首山竹篦〉，引自《佛光大辭典》（臺北：佛光文化，1988年），頁4002。
[58] 《無門關》第40則〈趯倒淨瓶〉，引自《佛光大辭典》，頁6872。

頭製作的）」此時百丈微微示問潙山和尚，沒想到潙山二話不說，一起身便以雷霆萬鈞之勢，將淨瓶踢倒，揚長而去。激烈畫面令人驚駭，結果也真是出乎意料之外。百丈懷海哈哈大笑說道：第一首座啊！你的佛法見地，還是輸給了潙山啊！從此潙山便成為了另一座山頭的開山祖師。這樣的禪宗公案遊戲，到底玩什麼把戲？為何他們總是那麼在意：「眼前這一物是什麼？」這樣的怪異問題，卻又要警告人們：「言語道斷」而不可著相。為何他們總要在常人的不疑處起疑？常人視為理所當然的日常事物，有什麼道理需要吹毛求疵？當大家都看見竹篦、淨瓶的形象當下，為何禪師卻又不許門徒直呼它為竹篦、淨瓶之名？弔詭的是，為何叫它竹篦、淨瓶不對，不叫它竹篦、淨瓶也不對？這種兩難的弔詭悖論到底是為了逼顯什麼道理？最後又為何潙山極為粗魯的行為藝術要比首座更得百丈懷海的心？這一系列的問題，我們可從佛法的「即假即空即中」來作解，也可從「說似一物即不中」來推敲，也可以從禪師重行解而不重知解去說明。但本文打算轉回《莊子》對視覺、認知、語言的三位一體性，來提供一種非宗教式的基本說明。

六、視覺、認知、語言的三位一體性：如何同時看見小鴨與小兔

如前所言，惠施只能看見葫蘆之名與容器之用，其眼光主要偏執在「名以定形」的焦點意識，所以在稱名葫蘆的同時，也限定眼光落在葫蘆外形輪廓線的內邊，以為葫蘆永遠只是容器之物、只能將水放入容器內裡。這樣固著的觀看方式，背後反映出「桶中腦」的意識型態，此即莊周嘲諷惠施為「有蓬之心」。「心」可視為一種認識能力或意識活動，然一旦「心」被茅草堵塞而無法暢通，就代表人的意識活動固態化，遊化主體不再靈敏通達，〈齊物論〉則評斥為「成心」。「成心」乃「成見之心」，這是將一端知見擴張為普遍知見，將過去知見綿延成未來知見。如此一來，「心」便因蓬塞進而凝固為「成心」。從莊周看來，這世間上的

人們，幾乎都以成心爲師、都患有獨眼之盲卻不自知，也因爲「眼盲」與「心盲」的共構性，讓人們活在「自是非他」的「是非圈」，人人都是「是非人」。莊周感嘆說，有誰不以成心爲師呢？有誰不落入是非圈、成爲是非人呢？「成心」的固與盲，讓人們掉入是是非非的爭鬥。而對於「成心」與「是非」的糾纏結構，以及如何從中尋得一條走出是非迷宮的指引絲線，《莊子》乃透過「語言」來進一步分析其中祕密。若連結上述視覺的定著化課題，這裡便涉及「視覺」（觀）、「認識」（知）、「語言」（言）的關係之反省。

　　夫言非吹也。言者有言，其所言者特未定也。果有言邪？其未嘗有言邪？其以爲異於鷇音，亦有辨乎，其無辨乎？道惡乎隱而有眞僞？言惡乎隱而有是非？道惡乎往而不存？言惡乎存而不可？道隱於小成，言隱於榮華。故有儒墨之是非，以是其所非而非其所是。欲是其所非而非其所是，則莫若以明。[59]

　　人的語言活動（言）乃是一種符號指涉，人的說話（言）絕對不是「風吹一般」（言非吹也），吹過了無痕。人之異於萬物，就在於人是一種能使用符號的動物，甚至可將人定義爲：「人是能言的動物」。可以說，人是一種言者。而「言者」（人）一直在運用語言符號（有言），故曰：「言者有言」。有趣的是，《莊子》和一般認爲語言可以指涉實在的唯實論主張不同，他認爲語言並非純粹反映出對象本質，語言之命名大抵是人們「約定俗成」的作用，所以命名和對象之間的關係並非是絕對，故曰：「其所言者特未定也」。而《莊子》要我們試著從中思考：這種約定俗成的語言活動，到底具有什麼特性？反映出什麼意義？它和鳥鳴的異同何在？語言眞的指涉了眞實嗎（果有言也）？還是並未指涉眞實（未嘗言

---

[59] 莊周，郭慶藩輯，〈齊物論〉，《莊子集釋》，頁63。

也）？

　　人是否曾經有過一種狀態：那時「道」是無所不在的（道惡乎往而不存）、而那時的「言」則是呼應著「道」的（言惡乎存而不可）？曾幾何時，「道」隱沒在「真／偽」（二元對立）的背後？「言（呼應著道的卮言）」又隱沒在「是非」（二元對立）的背後？對此，《莊子》又告訴我們說：一般人迷戀於「小成」卻蒙蔽了「大道」，迷戀於「榮華」卻忘卻了「真言」。就好像諸子百家各得一偏以自好的「小成」，各自誇張己見的百家爭鳴之「榮華」，實乃反映出道術破裂、真言遺忘的「是非」田地。這種各偏一端的成心知見、觀點限囿，同時也就呈現「儒墨是非」的爭名局面。「儒墨是非」只是對諸子百家各得一偏、各好一辭的統稱，其實它反映出人們普遍存在的三位一體現象：心知的封閉、觀看的固著、是非的爭辯。而這種大家都在是非圈、都是是非人的內在結構，便是《莊子》指出的「以是其所非而非其所是」的無交集狀態：我肯定的正是別人所否定，而我否定的正是別人所肯定的。人人都站在語言結構的「彼／是」之一端，只看見自己想看見的，卻看不見別人所看見的。眼睛總是往外看，卻看不見眼睛自身，或者無法反觀、反思眼睛背後的機制與桶中腦。如此一來，眼睛雖對視域有所顯與有所見，卻不知視域的遮蔽與不見，而大家如果都如此眼盲心盲而不自知，便會造成「儒墨是非」的惡性邏輯。《莊子》不忍人們在「是非迷宮」中「相刃相靡」，耗盡生命精力，因此要人們「莫若以明」，重新以一種「照明」的第三眼，超然靜觀儒（左盲）／墨（右盲）之偏見，以期跳出是非的二元魔咒。

　　人是一種能使用符號的存有者，然而正如卡西勒所言，使用符號並非去「符應」實在，而更是「決定」了實在。即王弼所謂「名以定形」之「定」。然而這種「定」乃是「相對之定」，是人類在不同的時（歷史）、空（地方）脈絡下的「約定俗成」，所以此「定」不是自然的先驗本質。然而一不小心，就容易掉入巴特所批判的「自然的先驗真理性」之

「價值神話」[60]。人類這種驚人的「說話」能力，當然不同於一般純粹簡單的空氣振動，實有著語言的「魔力」。語言的神聖／禁忌之弔詭並存，早就可以從神話敘事中見出，《淮南子》記載：「昔者倉頡作書，而天雨粟，鬼夜哭。」又如《聖經》巴別塔之神話故事，上帝給予人類不同語言而使其離心離德，而無法同心齊力再造巴別塔以通天。可見，人類發明語言文字是何等不平凡的神聖事件，同時也可能是開啟紛爭的危險事件。而《莊子》絕非完全否定語言而走向純粹無言的冥契之境，其完整的立場在於：在語言結構中活化語言的無窮可能，以使語言走向卮言的無盡變化之遊戲妙用，如此乃可使語言呈現氣化流行而「周行不殆」[61]。但在邁向氣化流行的人文化成之道路上，《莊子》也要我們時時刻刻反思語言可能帶來的遮蔽陰影：標籤化、單行道、權力化、膨脹化、意識型態化與人類中心主義。

對《莊子》而言，在「指義前」，世界本是在其自己的渾沌狀態（道未隱而無真偽之別，所以道無所不在地呈現在萬物之中），此時萬物和人處在「原始語言」的「大音希聲」狀態，此時人無言而處於聆聽共感，萬物以自身生命力唱出自身。如海德格所謂「玫瑰花開了，不問為什麼！」這種萬物齊唱的天籟便是「言未隱、無符號之是非分別」的純真年代。此時「非人類符號」的萬物生命力所凝合的原始梵唱，可謂無所不在地在進行它的歡樂頌！

曾幾何時，這種萬物齊顯之道、齊唱之音，竟都隱沒不見了呢？在《莊子》看來，它可能就發生在人類語言介入時，一不小心的滑轉。此時人的主體自我、心靈意識與世界萬物的關係，都不再是原初流通、無常的原始風貌了，它已被焦點化的觀看、認知、命名的活動所取代。人類很容

---

[60] 關於巴特對流行的價值神話之批判，乃是其《神話學》之解構企圖，參見許薔薔、許綺玲譯，《神話學》（臺北：桂冠，2000年）。

[61] 參見賴錫三，〈氣化流行與人文化成——莊子的道體、主體、身體、語言文化之體的解構閱讀〉，收入《道家型的知識分子論：莊子的權力批判與文化更新》，頁417-512。

易就此滿足、膨脹於「小成」、「榮華」的語言符號局面。然而對於《莊子》言，這需有保持高度「戒慎恐懼」的憂患態度，否則人類在把玩語言火把的過程中，也可能將自己和世界燒成面目全非：

　　物无非彼，物无非是。自彼則不見，自知則知之。故曰彼出於是，是亦因彼。彼是方生之說也，雖然，方生方死，方死方生；方可方不可，方不可方可；因是因非，因非因是。是以聖人不由，而照之於天，亦因是也。是亦彼也，彼亦是也。彼亦一是非，此亦一是非。果且有彼是乎哉？果且无彼是乎哉？彼是莫得其偶，謂之道樞。樞始得其環中，以應无窮。是亦一无窮，非亦一无窮也。故曰莫若以明。[62]

　　道隱、言隱的黑暗，弔詭地，反襯出人類語言符號之光彩。悲哀的是，人類通常沾沾自喜於這樣的語言光彩（說有光就有光），卻未必能反思它的遮蔽。人類語言這種既開顯又遮蔽的現象，就表現在成就意義價值世界的同時，也掉入了是非爭論的二元擺盪命運中。此即《莊子》所分析的「儒墨是非」結構：語言的二元結構製造了人的一偏之見，而一偏之見的固定視角、中心主義，加強了自我看見的合理合法性，進而宣稱擁有真理。因此儒墨之間的戰鬥，通常並未被它們反思為一偏之見的話語權爭鬥，反而被強化為正統／異端的真理之戰。而這個為真理的話語權勢而戰，實不離「肯定即否定」的相反相成之魔鬼邏輯：「方生方死，方死方生；方可方不可，方不可方可；因是因非，因非因是。」這種「方」或「因」的「相反相成」現象，或許可比喻為孩童常遊玩的蹺蹺板，大家都在「你上／我下」的擺盪中，爭得頭昏腦脹。以「朝三暮四」的寓言來看，你我都像被狙公「朝三暮四」、「朝四暮三」的語言遊戲給搞得頭昏

---

[62] 莊周，郭慶藩輯，〈齊物論〉，《莊子集釋》，頁66。

眼花的猿猴，自以爲機靈無比，實乃被狙公的名言把戲給耍得團團轉[63]。然而要如何跳出這個魔鬼循環、是非迷宮？要如何在蹺蹺板遊戲中保持超然姿態？《莊子》提出的方法是：「莫若以明」、「照之以天」、「得其環中」等等。前者可謂徹底理解語言結構的特性，後兩者則是經過反思、觀照之後，自覺採取一種「在其中又不在其中」的姿態。

　　從「道樞」、「環中」、「照天」、「以明」等等隱喻，我們便可獲得靈感與創意的啓發：不管是從平面空間的「中心點」（如蹺蹺板的中心），或立體空間的「制高點」（如金字塔的制高點），還是離開陰暗洞穴而趨向光亮照明之處（以明）。它們都可謂在語言二元結構中，不斷找出「第三個位置」、「第三條路途」的「空隙」態度——亦即不要讓「彼是之偶」僵化成不可再轉動的意識型態。這樣才能「以應無窮」，才能「和之以是非而休乎天鈞，是之謂兩行」。可見，只有不斷以「第三個位置」來解除「彼是相偶」之困境，才能不掉入「單行道」的危機，從此走向「隱喻大開」之映射網絡[64]。

　　如何同時看見鴨子與兔子？只有當我們能對鴨子與兔子的觀看位置、成心知見、語言結構的共構關係有所反思，並不斷走向遊觀、虛心、卮言者，才能算是擁有「兩行」能力的人。兩行之人，一方面可以照見自身的死角與偏見（思想皺折），另一方面讓對立雙方互相位移轉化，進而融合出差異新曲。簡言之，《莊子》也要我們在——「是竹篦、是淨瓶、是煙斗」的這一端，與「非竹篦、非淨瓶、非煙斗」的另一端——在這兩端擺盪的對立中跳出來，走向環中的遊觀。《莊子》既同時看見鴨子與兔子這兩種圖形，也明瞭這兩種圖形都是觀者位置所決定出來的是非兩行，於是

---

[63] 〈齊物論〉：「何謂朝三？狙公賦芧，曰：『朝三而暮四。』眾狙皆怒。曰：『然則朝四而暮三。』眾狙皆悅。名實未虧而喜怒為用，亦因是也。是以聖人和之以是非而休乎天鈞，是之謂兩行」莊周，郭慶藩輯，《莊子集釋》，頁70。

[64] 關於《莊子》走向「隱喻大開」的觀點，請參見賴錫三，〈老莊的肉身之道與隱喻之道——神話・變形・冥契・隱喻〉，收入《當代新道家：多音複調與視域融合》（臺北：臺大出版中心，2011年），頁289-336。

他乃可以進行圖形交換的遊戲，甚至將一切圖形都還原回渾沌未明的恍惚狀態。而這種逆返渾沌的「中空」能力，也可以說是「看見無」的能力。而對於這種復歸渾沌，老莊就時常將其類比爲「復歸嬰兒」。復歸嬰兒並非等於退化爲嬰兒，而是指人在「成心化」（意識型態化）的成年觀看定見之後，應該要設法同時存養童眞的遊戲性與想像力。

七、黃色小鴨、放牛吃草、魚樂濠梁的物我遊戲與原初倫理

　　藉由惠施技術思維與莊周藝術思維的對照省察，正式切入本文的重點。莊周的無用之大用，在於要創造一幅遊戲景觀，他顯然認爲，與其像惠施那樣處心積慮、以主攝客地將世界對象化成一個外部圖象，然後如獵人般用盡機心去獲取資源，不如走入情景交融的物我遊戲之風景裡邊，成爲放牛吃草的風景一角，成爲天地間美麗風景中之一景。我見青山多嫵媚，料青山見我亦如是。然而這樣一幅「乘大樽而浮遊江湖」、「逍遙乎寢臥樹下」的物我風景，其所嚮往或成就的，並不單是一份悠然開適的美學意境而已，它也是一種美學與自由共顯的存有遊戲。而這樣的存有遊戲世界，前文曾點出它具有樂園性質，而在結論處，筆者要特別強調其中的原初性、差異性倫理意蘊。這裡的原初性倫理意蘊，首先不是指一套語言符號規制下的任何倫理學系統，並不適合以系統性的倫理學視之。本文在物我相遊的遊戲脈絡下所嘗試勾勒的老莊倫理關懷與內容，主要也不是就社會角色扮演或身份規範下的關係再現來說，反而是在淡化了倫理規範之後，人人回到與他人、與萬物、甚至與世界共在的原初生存情境。在這一原初相遇相與的原初情境中，人有一種更質樸、更單純的倫理回應能力。此時此刻，成人機心虛損轉化爲孩童般的素心，沒有過多善名惡名的標籤，只是單純在其自己，也任差異化的他者保持著絕對他者性，柔軟地而自在地敞開自己，而又與天地萬物共在於物化交換之中。綿綿若存，生機無限。

　　人在這樣無害又祥和的情境氣氛下，釋放了潛意識的焦慮與驅迫，既不責求自己、也不獵取他人，它暫時成就了一塊柔軟而無爭的樂園之地。這是遊戲所轉化、所帶出的原樸之善、單純之良，而不是任何的機心之善、有爲之良。而當成年的爾虞我詐、算計爭奪的心思計慮被鬆綁時，大家就好像突然來到了所謂的「渾沌之地」。據《莊子》〈應帝王〉所示，身在渾沌之地者（中央帝），具有渾沌之德、渾沌之善[65]。這樣的渾沌德善，或可透過《老子》的上德、玄德、常德之善來理解：「善者吾善之，不善者吾亦善之，德善；信者吾信之，不信者吾亦信之，德信。」（四十九章）、「聖人無常心，以百姓心爲心。」（四十九章）、「常德不離，復歸於嬰兒……常德乃足，復歸於樸。」（二十八章）。

　　在〈應帝王〉的渾沌寓言中，不管是南方之儵或北方之忽，當他們來到渾沌這處中央樂園時，原本南北對立、競爭的計較心態，已悄悄被單純天眞的渾沌之水給洗滌淨化，然後一同「復歸於樸」地進入「恍兮惚兮」的渾沌之流。渾沌的善並非善／惡二元對立的一端之善，而是超越善名惡名的「上善（若水）」。「水」之隱喻，在《老子》乃帶有柔軟、無爭、潤澤、包容等等原始倫理意涵，它不強加裁判地與他者共在（水善利萬物而不爭），包容而體貼地回應於他者（以百姓心爲心）。而這種渾沌式的德善、常德，《老子》也喜用「常德不離，復歸嬰兒」、「專氣致柔，能嬰兒乎」的天眞、柔軟來形容。可見渾沌的良善猶如孩童般的天眞無邪，他呈現出的倫理消息不是出於動機而來的有爲善行，反而是化除過多有爲機心，純然只是復歸自身純眞質樸的信任，然後帶出一種柔軟而感通的氣氛，並讓氣氛彌漫在他的周遭。奇妙的是，它卻可能使得進入這一渾沌之流者，一起被柔軟之而甘心如綿，尤如徐志摩詩歌所謂：「在康河的柔波裡，我甘心做一條水草。」而《老子》這種復歸嬰兒般的柔弱主體，富藏

---

[65] 〈應帝王〉：「南海之帝爲儵，北海之帝爲忽，中央之帝爲渾沌。儵與忽時相與遇於渾沌之地，渾沌待之甚善。儵與忽謀報渾沌之德，曰：『人皆有七竅以視聽食息，此獨无有，嘗試鑿之。』日鑿一竅，七日而渾沌死。」莊周，郭慶藩輯，《莊子集釋》，頁309。

對人的主體我過度膨脹與剛強的批判轉化，並由此開啓了包容他者、尊重差異的差異倫理學契機。因爲剛強主體極容易站在自我中心的同一性思維去對待他人，有形無形中都圍著主體防衛與擴張的權柄機制而運轉，於是容易形成所謂的他者暴力，亦即他者不斷受到剛強的主體同一性所侵犯與吞噬。對學者來說，《老子》這種復歸柔性主體的呼聲，無疑對文化治療、主體治療，深具當代批判性潛能：

　　老子這一思路經常被提出與晚期海德格所鼓吹的Gelassenheit（泰然任之）比較。不單如此，老子這一對強力和宰制的批判還從當代意大利的著名後現代哲學家Gianni Vattimo處獲得迴響……他跟隨尼采和海德格的思路，呼籲把現代思維往「柔弱」思維（weak thinking）的方向蛻變……Gianni Vattimo認爲，尼采和海德格的思想遺產正在於展示出，「（西方）形上學傳統是一個『暴力』思維的傳統。在它偏好進行統一的、顯示主權的和從事一般化的範疇，和崇拜arche（起源）的情況下，（西方）形上學傳統顯現出一種基本的不安全的感覺，並且誇大了自身的重要性，由此它的反應便變成過分自衛。形上學的一切範疇都是暴力範疇：存在和它的屬性、第一因、需要負責任的人，甚至強力意志——若果它被形上學地閱讀成確認或僭取支配世界的權力。這些範疇必須被『弱化』或者去除它們過分的權力。」這一套柔弱範疇的存在論（ontology of weak categories），我們不是已經在《道德經》裡找到一些元素了嗎？[66]

　　「上善若水，水善利萬物而不爭。」（八章）、「專氣致柔，能嬰

---

[66] 劉國英，〈現象學可以還中國哲學一個公道嗎？──試讀老子〉，《現象學與人文科學：現象學與道家哲學專輯》（臺北：邊城，2005年），頁32-33。

兒乎。」（十章）、「致虛守靜，萬物並作，吾以觀復。」（十六章）、
「不自見故明，不自是故彰，不自伐故有功，不自矜故長。」（二十二
章），《老子》這種轉化主體強硬、膨脹、控制的「去甚，去奢，去泰」
能夠帶出另一種潛移默化的柔軟主體、水流般感通滋潤，重新帶來人我之
間、物我之間的原初性倫理關係之生機。而《莊子》也運用與水相關的隱
喻，將其描述爲「相忘於江湖」：「泉涸，魚相處於陸，相呴以濕，相濡
以沫，不如相忘於江湖。與其譽堯而非桀也，不如兩忘而化其道。」[67]那
種「譽堯非桀」的道德裁判之倫理體制，對於老莊而言，不免猶如游魚被
打撈上岸，離開了根源性的原始倫理情境之後，掉入善／惡二元的名言規
範之羅網爭搶中，才不得不給出「相濡以沫」的救濟方案。對老莊而言，
倫理關係的第一性格不在於主體動機與客觀規範，反而是在機心未起、定
則未僵之前，那個共在於回應處境、共在於道之遊戲的相遊狀態之中。此
時，人暫忘了理性的算計，暫忘性別、暫忘國籍、暫忘種族，暫忘了任何
社會角色的身份符碼。大家猶如純眞的孩童赤子，共在相感，柔軟相應。
或許這就是霍夫曼透過黃色小鴨所渴望營造的桃花源——「沒有國界之
分，沒有種族歧視，沒有政治內涵……橡皮鴨旨在將寫意治癒精神放大、
放大、再放大，宣揚簡單的快樂，傳遞無國界、無歧視的友愛訊息。希望
大家看到橡皮鴨在海岸上可愛悠游的身影，放慢腳步放鬆心情的瞬間，忘
卻所有不愉快的事情，在忙碌的每一天都展露笑容，發放正能量。」換言
之，黃色小鴨猶如帶來了渾沌之善，而黃色小鴨所在的維多利亞港或高雄
光榮港，頓時也成了中央之地、渾沌之流，而大伙相遇（包括大人與小
孩、好人與壞人）又相忘（暫時脫去了好與壞、富與貧等符碼），在這個
美好的港邊風景裡，一起渡過相遊又相忘的倫理共在時光。

　　渾沌世界沒有太多成年人（儵與忽）那種分別、計算的機伶面目，
黃色小鴨那孩童般天使的眼與心，沒來得及分辨太多身份符碼，它一視同

---

[67] 莊周，郭慶藩輯，〈大宗師〉，《莊子集釋》，頁242。

仁地以單純待之、柔軟應之,它幾乎讓每個成人都被軟化,而找回他們曾經失落的赤子心。換言之,渾沌之地是赤子之心的聚集之所,或者說只有赤子之心才能來到渾沌之地,而不會入寶山空手回。這讓我們想起〈天地〉篇的故事:「黃帝遊乎赤水之北,登乎崑崙之丘而南望,還歸,遺其玄珠。使知索之而不得,使離朱索之而不得,使喫詬索之而不得也。乃使象罔,象罔得之。黃帝曰:『異哉!象罔乃可以得之乎』」[68]奇哉!原來《莊子》遺留下來的寶物玄珠,只有象罔這種有張渾沌的臉、孩子的心的人,才能獲得。而這一渾沌樂園之所以可樂、可居、可遊,乃因爲它是一個無害之地。於此,人們之間自然體現出共在的親密倫理,它不必特別訴說與表現,但從人人臉上的自然笑容,相互回應的柔和眼神,就可看到其間所體現的原初倫理情懷或倫理的第一意涵[69]。

我們都曾有過被孩子融化的美好經驗,那默然無言、無力的柔性力量,邀請甚至要求成人的善待回應,他們溶化了成人們的鐵石心腸、麻木不仁,甚至救贖了成年歷盡滄傷後的失信與無能[70]。孩子的純真柔弱讓我們再度相信生命可愛而邀請人們付出與關愛,使著人間還有單純的慈柔與信任。由此看來,莊周和霍夫曼都仍然保有天真浪漫的赤子心、孩子氣[71],而他們也都相信在「無用之大用」的葫蘆外、大樹下,以及黃色小鴨的港邊風景裡,天地萬物、人我之間的倫理關係,都將暫時獲得修補,暫復如初。看來,在這一由成年人主控的權力羅網裡,人們確實很需要暫時性地來個復樸歸真。不管是港邊的黃色小鴨,還是木柵園裡的熊貓大小圓仔,它們都提供了失樂成年的暫時性樂園,它們用柔弱與無用來暫時性

---

[68] 莊周,郭慶藩輯,〈天地〉,《莊子集釋》,頁414。

[69] 關於老莊的渾沌概念所隱含的原初倫理內涵,請參見賴錫三,〈《老子》的渾沌思維與倫理關懷〉,《臺大中文學報》49期(2015年6月),收入本書第三章。

[70] 全球各地近二十年來,一再流行以孩童的純真來救贖成年的倫理失落,便是一個象徵。例如日本動畫大師宮崎駿一系列的動畫電影,皆具有以童真救贖成人的倫理情懷。

[71] 道家的童真意象或概念,並不僅限於柔弱之嬰兒,其它如:渾沌、象罔、真人的天真渾樸、色若孺子的女偶、逍遙寢臥於樹下靈光的莊子,等等皆含藏童真或遊戲色彩。

地救贖了成年的剛強與算計。看來，遊戲不只是遊戲，遊戲既是充滿力與美的存有開顯，也將人我與物我一同帶回難分難離的原初倫理關係中。

但要提醒的是，本文雖看似歌頌童真的遊戲意義，卻絕非主張老莊要退回幼稚的童真，反而要強調的是：返老還童的辯證式童真。亦即成年人的返樸歸真，是一條得長途跋涉的難路，它雖不離平常，但絕非易事。這是一種「統合成年與童真」兩種能力於一身的弔詭能力[72]，而非弱稚或反智的童真，否則它將無法抵擋成年的虛偽矯詐與老謀深算，甚至一不小心，童真成為了愚民工具和霸凌對象。同樣的道理，霍夫曼這一類大型公共藝術設置，其放大遊戲物除了有公共展示的嘉年華會之用意，背後經常也涉及藝術市場之巨大利潤，此即文化消費之商業邏輯。本文雖不從這一角度批判藝術與商業的辯證弔詭，並不代表霍夫曼可以輕易跳過這種質疑。而本文的部分用意也在透過《莊子》的童真遊戲與倫理召喚，來提醒當代大型公共藝術家應該堅守關懷的初心，而不是濫用一般人的簡易天真。

---

[72] 這種天真與老成共在的弔詭運動，可以參考賴錫三，〈《莊子》「天人不相勝」的自然觀——神話與啟蒙之間的跨文化對話〉，《清華學報》46卷3期（2016年9月），頁405-456。筆者嘗試將道家式的倫理描述為：處在原初倫理與規範倫理、自然（天）與人文（人）之間的弔詭兩行。

第七章
關係性自由與弔詭性修養——《莊子》〈逍遙遊〉的小大之辯與三無智慧

一、〈逍遙遊〉解題：關係中的逍遙

　　《莊子》以〈逍遙遊〉開篇立言，其中關鍵字便是「遊」。如何能「遊」？涉及主體的「喪我」（從有我到無我）之虛損轉化。而「遊」於何處？則同時涉及「上與造物者遊」的上遊，「下與世俗處」的下遊。「遊乎天地之一氣」，在《莊子》涉及到「變化」的世界觀，牽涉《莊子》對於道的歷程性（非實體性）理解。《莊子》的「道」並不是一個時間之先、空間之外，離開現象世界的第一因本體。〈齊物論〉曾說「道行之而成」，「行」是對運動中的動狀描述，表示「道」是在不斷流動、無窮變化歷程中，「大逝遠反」地循環往覆。據此，《莊子》的道行，也可透過氣化來表達。《莊子》的世界觀是一個「即道即氣」的「世界之世界化」過程，萬事萬物皆在「化」的過程中，「既在自己」（自使自取）又「參與他者」（萬物互化），從而構成繽紛多彩的物化世界。例如，莊周既是「蘧蘧然周也」的歷然自在，但周也可以「栩栩然胡蝶也」與蝶交會，共構成一幅「分而無分，無分而分」的畫面。對物與我之間「分而無分，無分而分」的弔詭性關係，〈齊物論〉乃總結爲「此之謂物化」。「化」是個關鍵字，「化」揭露出所有事物都沒有固定本質，不會封閉性地停留自身。物化之物，總是不斷被域外、異我的變化力量所交織滲透。萬物（不管胡蝶或莊周），都得十字打開於偶然的、異質的、非同一性的差異力量，展開自我的內部他者化之命運，故《莊子》言：「化則無常」。我無常命，我之天命在於不固而化，變化常新。

　　物化，故「未始有封」，未「封」則「通」。所有之物，皆能通向自我畛域外的廣大世界，同時也被廣大的域外他者所穿越，故曰：「天地與我並生，萬物與我為一」，此乃一重重無盡的關係性宇宙。嚴格而論，內與外的絕對區分，在《莊子》「道通為一」的世界觀裡並不真實存在。主體與客體，心與物，自我與他者，應然與實然，人文與自然，各種二元對立的畛域區分，對《莊子》來說，只是人類利用名言概念暫時方便施設的分類邊界，但人卻容易隨名起執而誤以為畛域是先驗之本質存在。使得原本「道未始有封，言未始有常」的原初倫理關係被遺忘，掉入了有封有常的畛域疆界之是非隔閡。

　　《莊子》認為主體是流動的，萬物是流動的，因為世界徹徹底底就是流動的，人與萬物都不能外於這一氣化流行的大化世界。人「在世存有」於「世界之世界化」歷程，於是主體自然應該是一個「行年六十而六十化」的「遊化」主體。「遊化」之主體，既遊於「天地之正、六氣之變」，也遊於物我萬化之間，因為即氣化即物化的世界之世界化，本身就是力量相遇與形氣交換的關係性宇宙。然而「遊化主體」除了能夠「上與造物者遊」，能夠「遊於物之初」以外，是否也能夠遊於人間世的「君臣父子」之間呢？這便涉及了〈天下〉篇「不譴是非，以與世俗處」的人間倫理性課題。簡單來說，要遊刃有餘於人間世其實並不簡單，他必需要有「不譴是非」之能耐，如此方能既遊戲又化導人間世。然何謂「不譴是非」，則涉及〈養生主〉「緣督以為經」，或者〈齊物論〉「和之以是非而休乎天鈞，是之謂兩行」。亦即不掉「儒墨是非」的相斥相譴，而讓不同觀點在「環中」餘地，進行兩行轉化的共生雙養。

　　我個人解讀〈逍遙遊〉的問題意識之取徑，首先在於：逍遙這種遊化主體，倘若隱含著「自由」的訊息，那麼這種自由並非刪除關係的獨我論，或者獨白式的抽象性自由。〈逍遙遊〉這種遊化主體之自由，既不離於物我之間的力量交換之存有論式的原初倫理性關係，也無所逃於人我之間角色扮演的社會倫理性關係。而如何將物我關係與人我關係，從「物我

相待」、「相刃相靡」，轉化爲「物我相遊」、「遊刃有餘」，前者涉及的是自然美學之契入，後者則涉及了權力批判與倫理轉化。以往解讀《莊子》之逍遙，片面執取「天地與我並生，而萬物與我爲一」的自然美學向度，經常誤以爲唯有脫盡人我關係的人間世束縛，方能得到「上與造物者遊」的初始境界，如此一來，也就造成了《莊子》上下皆遊的圓通周遊之智慧，受到了片面化遮蔽。筆者嘗試將《莊子》的自然美學與人文治療結合起來，希望揭露《莊子》的自由，乃同時在物我關係與人我關係之中展開。而這種既「遊」且「化」的遊化主體之逍遙，既是關係中的逍遙，更是活化了關係、豐富了關係的逍遙。這樣的展開既須歷經主體的自我轉化，也同時需經歷社會政治的批判轉化。這樣便可跟〈人間世〉相連通。〈人間世〉涉及人無所逃於君臣父子之種種人際倫理，如家庭、社會、政治的倫理角色扮演與權利義務等關係。道家經常被片面理解爲「遊於方外」，並對照儒家的「遊於方內」。倘若〈逍遙遊〉往隱逸美學甚至宗教之超越性解讀，把它解讀爲層層超脫到方外先天世界，那麼這將會是一種捨離關係而遊於方外之逍遙模式。但如果我們不朝這個方向，而善體〈逍遙遊〉同時可在人間世逍遙，那麼這便可以是「即方內即方外」的逍遙模式。到底《莊子》「逍遙」於何處？筆者的領受是：逍遙可「下遊」人間世，可「上遊」天地間，可遊化於上下一切關係中。這種遊化主體，既轉化了阻礙而有了持續性的溝通，也被關係的往來溝通給不斷豐富化。既在關係中自由，又豐富了自由的關係，此方是遊化主體之逍遙內涵。以下便從此一角度，嘗試疏解〈逍遙遊〉相關論述。

二、遊化於天地之間：上與造物遊，下與世俗處

北冥有魚，其名爲鯤。鯤之大，不知其幾千里也。化而爲鳥，其名爲鵬。鵬之背，不知其幾千里也；怒而飛，其翼若垂天

之雲。是鳥也，海運則將徙於南冥。南冥者，天池也。[1]

　　如果從「魚鳥變形神話」的來源看，《莊子》承續了《山海經》的遠古神話思維方式，《莊子》的想像力特別豐富，也和楚文化的巫傳統有親緣性。現實關懷濃厚的儒家向來重歷史輕神話，偏於理性務實的思考方式，而《莊子》則保留了豐富的想像力，這跟它「批判地繼承」神話思維大有關係。譬如〈逍遙遊〉開篇，涉及人如何展開逍遙的自我轉化與超越，就借用了神話意象，並將其轉變為哲思隱喻。北冥、南冥意象，運用了南海、北海的神話空間。「冥」有黝深、厚重、不可窮盡等意味，預示著生命存在的不可思議之潛能。而北冥至南冥的空間轉變，是存在蛻變所帶來的遠行遊歷與世界翻轉。北海有條不可思議的魚，深深海底行，「其大不知幾里也」，乃神話慣常的宏偉敘述，由形體不可思議之浩大，象徵著生命自身不可低估的非凡潛力。「其名為鯤」之「鯤」，或解為形體巨大之「鯨魚」，或解做形體微渺之「魚子」。一個「鯤」字，正好妙合了渺小與巨大於一身，示現了《莊子》語言遊戲的弔詭特質。[2]玩味這種修辭遊戲，它可能有「以小含大」的超越性暗喻，也可能有「即小即大」的平等觀暗喻。而放在〈逍遙遊〉的主體轉化脈絡，這些修辭具有召喚讀者的嚮往，藉由大鯤大鵬之間的形體變形，啟示出「我變故我在」或「我化故我在」——主體性的變動不居、化而不固，才體現出我的本真性存在。

---

[1] 莊周，郭慶藩輯，〈逍遙遊〉，《莊子集釋》（臺北：華正書局，1985年），頁2。

[2] 《莊子》開篇的「鯤」之命名，既涉及神話的想像修辭，也涉及弔詭修辭。據袁珂研究，「鯤」之源頭來自中國遠古神話中的海神與風神之原型意象，因此鯤化鵬徙自有其神話想像思維的創造性改寫。另外，「鯤」字也有魚子小卵之意，而《莊子》以「其大不知幾千里命之」，揭示了鯤「含小大」、「可少老」於一身的弔詭潛力。參見任博克（Brook Ziporyn）："The paradoxes implicit in this name are not irrelevant. The largest fish is thus also the smallest speck of pre-fish, the tiny fish egg. The youngest newborn here, the not-yet-fish, is also the elder brother." Brook Ziporyn, *Zhuangzi: The Essential Writings with selections from traditional commentaries* (Indianapolis: Hackett Publishing Company Inc., 2009), p. 18. 任博克英譯本在開宗〈逍遙遊〉第一個註腳，便敏銳把握到《莊子》弔詭思維的修辭表現。

若以存在主義的大哉問：「存在先於本質？還是本質先於存在？」來叩問
《莊子》，遨翔於天際的大鵬必定回答說：化而不固的轉化性存在，才是
存在本色。生命絕非一成不變的性成命定，不能被任何同一性本質給決然
確定。而是隨著時間而變化，隨著情境而回應，更可以自覺透過厚積深藏
來自我修養與相互轉化。「鯤之大，不知其幾千里」，一粒芥子許的魚
子，也有夢想化為大鵬的渴望。誰能限制它，忍心扼殺它。

　　「化而為鳥，其名為鵬」可能也有神話背景，《莊子》運用了許多
《山海經》的神話意象。[3]《莊子》借用「鳥」意象暗示遠遊之自由，可
以悠遊於時空的飄逸性。「鯤魚」在變形轉化之後，從幽暗海底、相對
有阻力的混沌潛能狀態，轉化成開闊天空、自由自在、瞰看十方的「凰
鳥」。[4]「化」字很關鍵，從一種物類轉化成另一物類，從一種心境轉化
到另一心境。「化」的背後，暗示著工夫日積月累後的轉化，從此大開眼
界而能觀照前所未有的視景。接著它描述了鵬鳥的美麗姿態。「鵬之背，
不知其幾千里也」，先用「不知幾千里」來烘托無法用語言概念去限定牠
那浩瀚宏大的生命動能。「怒而飛」，則是很昂揚的力量美學之修辭。

---

[3] 《山海經》有許多身上長有翅膀的「怪魚」，古神話的事物都不是一般事物，《山海經》充滿怪
魚、怪鳥、怪人。在神話世界，「怪」是指物類可以跨越現在生物學裡的分類，生命可以跨越物類
而參與共享，所以常常出現有多種物類同時表現在一個形體上的圖騰思維。比如「西王母」、「山
神」、「海神」都具有人獸合體特質，代表了生命具有一種跨越物類的特質。這樣的世界具有存有
連續性的親密關係，人並不與萬物隔離開來，更未把自然萬物當成外部對象去管理控制。有關《莊
子》和神話的親緣關係，可參見張亨，〈莊子哲學與神話思想──道家思想溯源〉，《思文之際論
集：儒道思想的現代詮釋》（臺北：允晨出版社，1997年），頁101-149。

[4] 從鯤魚到凰鳥，從海底到天翔，從下遊到上行，從北冥到南冥，在修辭上仍然混合了對立於一身的
弔詭特性。甚至單從「鵬」之命名，和「鯤」一樣隱含了弔詭修辭。亦即鵬凰既屬非梧桐不棲、非
醴泉不飲的特立獨行之高雅，但就字源來看，它也具有平齊友朋之意涵。換言之，凰鳥大鵬，具有
「特異不俗而卓立」與「物我相遊於平等」的共在特徵，此又是一種弔詭潛力的修辭手法。參見
任博克：“Again, the paradox is of some importance. Peng is vast, and his superiority to other birds seems
to be stressed in what follows, but his name also includes a reference to parity and companionship.” 引自
Zhuangzi:The Essential Writings with selections from traditional commentaries, p. 19.任博克英譯本的第
二個註腳又針對鵬字的「卓越性格」與「友朋性格」之雙重性格，來突顯《莊子》的弔詭思維。

「怒」字，充沛著「生氣通天」的力量與氣象。可謂精神昂揚，生命勃發。隨著這隻自由飄逸又渾厚有力的鵬鳥，怒而起飛，翼若垂雲。我們似乎也想像地參與了大鵬輕如風、美如雲的飄逸姿態，彷彿也被引向九霄雲外，跟隨一趟奇異世界的旅程。

有些細節描述，值得我們推敲。例如「是鳥也，海運將徙於南冥」的「海運」。「海運」暗示了自由之鳥的啓程，不可脫離海風時節，必須「因循」地回應自然力量的湧動。化而爲鵬的自由之鳥，何時才是恰當時機啓程飛往天池？大鵬的自由自在並非單憑主體意志的主觀意欲，他必得泰然任之地順乎自然天理，依乎海運因緣。大鵬得因循「海運」的氣息力量才能怒飛天池，暗示了《莊子》的自由（逍遙）跟自然（世界）的相互關係，全不同於康德（Immanuel Kant）將自律自由與自然因果給予二分。換言之，「遊化主體」並非獨我式的意志自律自由，而是「虛而待物」地敞開於自然天地的柔軟主體。人跟天地萬物本是「遊乎天地一氣」的律動關係，人的逍遙並不能脫離於自然世界的氣化連動關係。逍遙必須跟整個氣化世界的機遇，密切呼應。「海運」便是「氣化」力量的因緣時節之體現，鵬鳥必須適時適機地因循而遊，才能得到「無翼而飛」的無爲自由。就像〈養生主〉的庖丁解牛，最好的庖丁在遊刃有餘的庖解過程，並不是任憑主體意志來強行動刀，反而必須轉化「官知主體」爲「神行主體」，如此才能「爲無爲」地「依乎天理」，而終能「批大郤，導大窾，因其固然。」可見，善加回應萬物固有的自然天理，是庖丁得以在「物我之間」的活動關係中，逍遙自在的關鍵。[5]

趁著六月海運氣息的湧動，乘循海風不斷漂浮上旋。從北方寒冷幽暗之境，飛向陽明、自由、光亮之南天池。運用「由下而上」的通天譬喻——從魚到鳥，從北到南，從暗到明，從大地到天空——主體有了自我

---

[5]　參見拙文，〈天人之間與養生達生——《莊子》技進於道的天理與物性〉，《諸子學刊》17輯（上海：上海古籍出版社，2018年），收入本書第九章。

超越的變化，然後飛向「照之以天」的天池境地。天池隱含了高度、無拘礙、視角全開的遊觀遍照。但這些南方、光明、天池等意象，只是方便隱喻，卻不必執實。在道教內丹的注莊傳統裡，喜歡將北冥到天池的飛翔路徑，視爲身體內景的精氣流動與轉變，例如由下丹田（北冥），到上丹田（南冥）的昇華路線，而天池便猶如結穴在泥丸宮或崑崙穴。而道家內丹家祖師陳摶就以「陳圖南」爲號，這便來自〈逍遙遊〉「今將圖南」的南方光明意象。王重陽、呂純陽也都是朝向「純陽」去煉化精神，向著純粹的光明而飛昇。從內丹裡面，精氣純淨化的過程中，不斷地去陰轉陽，使得生命從陰陽的駁雜之氣，不斷轉變成爲純淨化的精神體，然後再從純陽神體「煉神還虛」地超脫而去。內丹這種「二合一」的粹煉過程，就是不斷排除「內在他者性」的「純粹同一化」過程。內丹家在鯤化鵬徙的天池意象中，看到了身體能量在督脈中上升轉化，九轉還丹、去陰煉陽等暗喻，認爲這正是描述身體精神化的往上轉化，最後達至純粹光明體的還丹過程。[6] 這樣的純宗教式解讀是一種「外在超越性」解讀，它過於將《莊子》拉向一個不食人間煙火的方外境地。但是《莊子》的弔詭性智慧顯示出，在大鵬高飛而看似「向上仰望無限性」的同時，也保留了「向下俯視無限性」的翻轉可能：

　　《齊諧》者，志怪者也。《諧》之言曰：「鵬之徙於南冥也，水擊三千里，摶扶搖而上者九萬里，去以六月息者也。」

　　野馬也，塵埃也，生物之以息相吹也。天之蒼蒼，其正色邪？其遠而無所至極邪？其視下也，亦若是則已矣。[7]

---

[6] 陳壽昌：「魚化鳥者，陰盡陽純，所謂坐生羽翼也。海運者，精足而氣自動。化者，自化。徙者，自徙也。釋南冥以天池者，天爲純陽以喻元精，非凡水也。漆園開宗明義，寄喻精深。煉精化氣，取坎填離，大道盡在是矣。」《南華真經正義》（臺北：新天地書局，1972年），頁1-2。另外有關內丹家的修煉觀點，請參見拙著，《丹道與易道——內丹的性命修煉與先天易學》（臺北：新文豐出版社，2010年）。

[7] 莊周，郭慶藩輯，〈逍遙遊〉，《莊子集釋》，頁4。

　　「齊諧者，志怪者也」，《齊諧》可能是早期齊國留下的古神話志怪記述。從文獻角度來看，《齊諧》這個記敘跟〈逍遙遊〉開頭寓言，相似卻不同。《莊子》明白告訴讀者，它對古神話的改編重寫來自《齊諧》，但《莊子》文本卻也後出轉精出《齊諧》所缺乏的哲學性、文學性、美學性，等等人文創造性意義。《齊諧》只是平舖直述有一隻鵬鳥往南冥飛去，飛時水擊三千里，扶搖而上九萬里。然而《莊子》對《齊諧》的改寫，可以看出已將神話的簡單故事，改寫成有關主體修養與存在轉化的隱喻。《齊諧》一段穿插其中，像是自由介入的音樂插曲。一則暗示《莊子》對神話的轉化改寫，二則顯示《莊子》文本的自由調度。[8] 其實從「北冥有魚其名為鯤」到「南冥者天池也」的高空之後，應該是連接著「野馬也，塵埃也，生物之以息相吹也」的大地畫面。當自由之鳥乘著海運盤旋，在逐漸抵達天池高度的過程，除了「向上仰望」無盡的蒼蒼藍天以外，牠還看見什麼？《莊子》透過大鵬的全景敞視，還給予了我們「其視下也亦若此」的「向下俯視」景觀，那便是一幅「野馬也，塵埃也，生物之以息相吹也」的大地氣象。

　　《莊子》運用了想像力，也許他常在高原上鳥瞰平原。他愛好森林，曾是漆園吏，親近大自然，時有從高處俯視大地的經驗。他想像這隻自由之鳥飛到高空後，除了浩然無遮的蒼茫藍天以外，也轉從天空俯瞰他曾經遠離的大地風光，以及藏在內心深處的人間景象。他從高空鳥瞰野馬競馳於大地上的遊動，真可謂野馬非馬。那近乎力量自身的一片蘊絪游動，有分別又難以分別，豈是「馬」這一名言概念可以窮究？以往在平地觀看大地萬物時，白馬是白馬，指頭是指頭，男男女女，各有殊異性，各具分別相。但在天空看大地之壯美時，生命萬象卻漸趨模糊，只有生命氣息在彼

8　關於《莊子》的文本性格，筆者曾有分析，參見拙文，〈《莊子》的文學力量與文本空間——與羅蘭・巴特的互文性閱讀〉，《道家型知識分子論：莊子的權力批判與文化更新》（臺北：臺大出版中心，2013年），頁355-415。

此之間，綿綿若存地相互吹拂，往來流動，[9] 結果使得大地成為了「分別又無分別」的「天地一指也，萬物一馬也」。大鵬展翅高飛後，突然回看「天」「地」兩頭，竟發現天空與大地同樣無限美麗，難以言語形容，真所謂「天地有大美而不言」。

「天地一指也，萬物一馬也」，此一詩心語句背後，有《莊子》跟名家「指非指，馬非馬」的對話與轉譯脈絡。《莊子》將邏輯的概念論命題，轉譯成「自然美學」的主體轉化與物化觀照。整個天地顯現在一指之中，全體萬物顯現在一馬之上。你身我身，野馬之身，塵埃之身，原本萬物萬相。但若自無限角度來「照之以天」，則所有有限生命又都鑲嵌在「以息相吹」的氣化連通之共振氛圍中。於是大鵬領悟到：「分別」的世界，脫不開「無分別」的世界。透過「以息相吹」，我們的呼吸與萬物的呼吸，共構了整個宇宙的呼與吸。萬物吸進了天地，也呼出了天地。萬化一同地參與了「遊乎天地之一氣」的「以息相吹」。[10] 據此，呼吸的宇宙、宇宙的呼吸，共構成「遊乎天地一氣」的關係性宇宙。而逍遙正是在這個「以息相吹」的關係性宇宙中來逍遙，非外於氣化宇宙，非外於物化世界，而能有獨我之逍遙。

「天之蒼蒼，其正色邪？其遠而無所至極邪？其視下也亦若是，則已矣。」大鵬心中自問「天之蒼蒼」是正色嗎？蒼蒼湛藍就是「天」本身的顏色嗎？大鵬自問後自答：不是的，這只是因為「其遠而無所至極邪」的表象顯現，並非意味天之正色就只能是蒼藍。這樣的自問自答有何

---

[9] 既然「生物之以息相吹」，就已表示天地萬物之間有其「相互蘊化」的原始關係性，並非郭象底下所謂萬物乃自生獨化：「然則生生者誰哉？塊然而自生耳。自生耳，非我生也。我既不能生物，物亦不能生我，則我自然矣。自己而然，則謂之天然……故物各自生而無所出焉，此天道也。」郭象注解「天籟」的觀點，參見郭慶藩輯，《莊子集釋》，頁50。

[10] 《老子》稱此為「天地其猶橐籥乎」，整個天地就像風箱那樣，萬物在若有似無的呼吸中，共同參與了「大逝遠反」的循環變化。東方對呼吸很重視，所以法國漢學家朱利安（François Jullien）主張東方是個呼吸的文化，西方是個視覺文化。西方強調真理是理性的對象性觀看，世界成為了客觀的真理圖像。而東方的呼吸文化，則強調人與世界是內在性、過程性的關係共在。參見朱利安（或譯為余蓮），林志明、張婉真譯，《本質或裸體》（臺北：桂冠圖書，2004年）。

意義？我嘗試將其轉譯成形而上學的大哉問，以揭示出《莊子》對「何謂形上學」的新領悟。[11]《莊子》透過大鵬的眼界轉換，重而能進行一項新的提問：被人們視為形而上、超越性、乃至宗教性的無窮無盡之「天（空）」，牠的本色是什麼？那裡是它的正位與正色？純粹蒼藍是其正色嗎？外部高空是其正位嗎？亦即它暗示出一個「何謂無限」、「道在何處」的千古形上問題。人之感官所見的天之蒼蒼，原來只是從「人」的角度，從下而上地仰觀「天」時，所造成的表象。但以《莊子》大鵬正觀之眼來重新省察，湛藍只是「無所至極」的表象。因此天空本色未必蒼藍，無限自身也未必鶩遠，「天之蒼蒼」實不離人心人眼的表象投射。因此《莊子》才自我設問又自我解答：當這隻自由之鳥到了天空之後，才發現到原來「天外有天」這個奧祕。然而「天外天」，卻不是指天空之外還另有更高更遠的外部空間，而是牠體會到天的無窮無盡原來並非固定的方位方所，而是十方皆是的當下宇宙之自身。例如，從未被如此觀看的「足下大地」，如今「照之以天」、「以道觀之」，它居然呈現「其視下也亦若此」的「天外天」之大祕密。原來大地就藏有蒼蒼藍天的祕密在其間，只是長期身在其中的人類們，習慣仰望天際的形而上，以為大地只是純粹形而下，而總是遺忘「足下大地」的天外訊息。如今，從天空看大地，才發現大地居然也呈現出蒼天無所致極的景像。「其視下也亦若是，則已矣。」不僅從大地往天空看上去時，我們感受天之無限而令人讚嘆敬畏。原來當大鵬鳥飛到天上世界之後，「其視下也」竟也是浩瀚之天。天原來不只在牠的上方，牠重新看見了大地人間，居然一樣是無窮無盡的浩瀚，一樣是無窮無盡的湛藍，一樣是「無所至極」的天！《莊子》這個新視角相當驚人，當時沒有飛機沒有太空梭，他如何感知？怎麼想像？或許跟

---

11 「何謂形上學？」「何謂啓蒙？」是人做為人，會一再追問的根本問題，前者涉及世界的實相追問，後者涉及主體的實相追問。在筆者看來，《莊子》對「天之正色」或「天籟萬唱之背後是否有無形上怒者」，正屬於「何謂形上學」的追問。而人的生命流轉現象背後到底有無真君、真宰做為超越根據，則類似於對「何謂啓蒙」的主體性追問。

〈齊物論〉的哲學反思有密切關係，例如它打破了泰山與秋毫的小大高低之相對性。

如何善讀深解「其視下也亦若是」，〈知北游〉有段非常具有顛覆性的公案，討論何謂道？道在何方？莊子的回答正是「道無逃乎物」的「每況愈下」。這個「高道下修」的逆向回答，正可幫助我們理解鵬鳥「其視下也亦如此」時，回眸大地、再看人間的新領悟：

東郭子問於莊子曰：「所謂道，惡乎在？」

莊子曰：「无所不在。」

東郭子曰：「期而後可。」

莊子曰：「在螻蟻。」

曰：「何其下邪？」

曰：「在稊稗。」

曰：「何其愈下邪？」

曰：「在瓦甓。」

曰：「何其愈甚邪？」

曰：「在屎溺。」

東郭子不應。莊子曰：「夫子之問也，固不及質。正獲之問於監市履狶也，每下愈況。汝唯莫必，无乎逃物。至道若是，大言亦然。」[12]

東郭子本來是帶著很崇敬的心情來問道，認爲道必定是在高高在上的遠方他界，而人必須放棄一切、捨離一切，才能將自身提升至彼岸道境。東郭子想像的道，具有形而上的超絕特質，而眼前這些形下事物則與道無緣。他認定的求道必是一無反顧地看向天池高空，就像內丹家對純粹光明

---

[12] 莊周，郭慶藩輯，〈知北遊〉，《莊子集釋》，頁749-750。

體的一無反顧。雖然《莊子》有時也會凸顯道具有提升轉化的超越特徵，可是《莊子》的圓融體道卻具有回歸特質，如大鵬翻然回顧地「視下」領悟。從此，形而上回歸形而下，不平凡回歸平凡。即物而道，當下即是。這裡面有一個道的日常轉化，有一個向下的徹向逆轉。此即「道行」向「物化」的具體性落實。這表示了〈逍遙遊〉不只逍遙於天上，其實上下左右，大地人間皆可逍遙。其次，也顯示〈逍遙遊〉涉及的自由，和人如何「兩行」地轉換觀點之遊化主體密切相關。[13]

三、學鳩與大鵬的小大之辯：小知不及大知，小年不及大年

且夫水之積也不厚，則負大舟也無力。覆杯水於坳堂之上，則芥為之舟，置杯焉則膠，水淺而舟大也。風之積也不厚，則其負大翼也無力。故九萬里則風斯在下矣，而後乃今培風；背負青天而莫之夭閼者，而後乃今將圖南。[14]

「北冥有魚，化而為鳥」並非憑空而來，必也涉及主體的修養與工夫，所以道家在談論道時必涉及主體對於道的敞開，亦即逍遙背後的修養轉化之積累工夫。運用譬喻來說，水之積累不厚，便也無力負荷大

---

[13] 任博克在譯解〈逍遙遊〉的「乘天地之正，御六氣之辯」時，便採取這種「觀點來回、兩行遊化」的理解方式，而不是採取「天地並生，萬物為一」的遊乎天地之氣化論解讀。其說亦可備為一說："Thecharacter bian 辯, translated as "back-and-forth," means disputation, the central topic of much of the following chapter. See Glossary. The usage is odd, and several substitutions have been suggested, including "transformation" and "differentiation," other important Zhuangzian themes. But replacing the character seems to efface the resonance with the trope of the windstorm sounds as disputations that opens the next chapter. Each atmospheric state is, as it were, making an "argument," presenting what is right to it. We are urged to ride what is true both to Heaven and to earth and similarly to hitch our chariots to the disputational deposition of each contrasting atmospheric state in turn." 參見 *Zhuangzi: The Essential Writings with selections from traditional commentaries*, p. 5.
[14] 莊周，郭慶藩輯，〈逍遙遊〉，《莊子集釋》，頁7。

舟。如果將杯水倒在凹凸不平的土丘上，就像個小小湖泊，這時放上一片
葉，螞蟻登上便是船，一個可任螞蟻遨遊的小世界。但倘若我們放上一只
杯子，就只會擱淺，因為水之積者不夠博厚。同樣道理，「風之積也不
厚，則其負大翼也無力」。鳥為何要乘六月海風？魚為何要潛藏深海？裡
面都涉及厚積深藏的人格修養或工夫打磨之暗喻。如諸葛亮稱「臥龍先
生」，《易》曰「潛龍勿用」。若大鵬象徵著飛龍在天的話，在此之前，
必先歷經「潛龍勿用」、「終日乾乾」等等層層積累，終至蛻變為「飛龍
在天」。《莊子》借由這個「由潛而飛」的譬喻，傳達了由「積」（修
養），而「化」（轉化）的存在邏輯。因為《莊子》的哲學命題在於：
「我化，故，我在。」而存在的變化涉及「行年六十而六十化」，主體不
斷「化而不固」地轉化，因此不可能慵懶於郭象所主張的現成性之「適性
逍遙」。[15]

　　蜩與學鳩笑之曰：「我決起而飛，槍榆、枋，時則不至而控
於地而已矣，奚以之九萬里而南為？」適莽蒼者三湌而反，腹猶
果然；適百里者宿舂糧；適千里者三月聚糧。之二蟲又何知！[16]

　　小知不及大知，小年不及大年。奚以知其然也？朝菌不知晦
朔，蟪蛄不知春秋，此小年也。楚之南有冥靈者，以五百歲為
春，五百歲為秋；上古有大椿者，以八千歲為春，八千歲為秋。
而彭祖乃今以久特聞，眾人匹之，不亦悲乎！[17]

　　《莊子》自編了一個故事插曲，寓言中出現象徵「小確幸心態」的兩

---

[15] 郭象底下觀點，泯除了生命實踐的小大之辯，完全割裂〈逍遙遊〉文脈所肯認的小大之辯：「苟足
於其性，則雖大鵬無以自貴於小鳥，小鳥無羨於天池，而榮願有餘矣。故小大雖殊，逍遙一也。」
郭慶藩輯，《莊子集釋》，頁9。

[16] 莊周，郭慶藩輯，〈逍遙遊〉，《莊子集釋》，頁9。

[17] 莊周，郭慶藩輯，〈逍遙遊〉，《莊子集釋》，頁11。

隻小物：「蜩與學鳩」。鯤鵬起飛時，兩隻適性小物一旁嘲笑，[18]完全不明瞭大鵬的怪異作爲，爲何甘心在無人聞問的海底深藏多年，才終有一日化而爲鳥，並伴隨海風飛往那渺不可及的遙遠天池？爲何如此大費周章？

　　人是什麼？從生物學角度來說，食色而已。生存問題，傳宗接代，這兩項有所安頓，一般人不就可以確信人生了嗎？這兩隻小確幸的出現，暗喻了常人安於「動物性現成」與「群體性盲從」的自安於小。何必飛到九萬里？九萬里象徵著一種存在的可能與夢想，象徵生命不斷地力量轉化與自我超越，反映出「我變化，故，我存在」的轉化現象學。但對小確幸來說，他們確信生命就只是生存的實際性、社會的有用性問題，何必浪費心神去煩惱不切實際的「無用性」課題。[19]於是，「安於現成」的自滿（「有用性」的二蟲），「勇於變化」的探索（「無用性」的大鵬），便分道揚鑣成兩條人生道路。而如何面對這個分道叉路所迎面而來的人生十字路口？〈逍遙遊〉爲我們闡述了生命視野的小大抉擇之啓示。此即生命可能性的「小大之別」，不能不辯。

　　《莊子》藉由空間和時間以及生命如旅程，等等感受性的譬喻，來引導我們走向「存在即變化」的勇氣。它苦口婆心地如是說：如果只是要到近處的周邊林子（「適莽蒼」），你或可三餐而返，無需太多準備。如果你要到稍遠處做探索（「適百里」），你就需要做些規畫準備。但如果你是要天涯我行遊遍山川（「適千里」），那麼你就需要路線模擬，鍛鍊身體，心理建設，等等長遠準備。這裡，《莊子》藉由「人生如旅程」那種「由近至遠」的空間譬喻，顯示經驗與認知「由小而大」的擴充增長歷

---

[18] 蜩與學鳩對大鵬九萬里高空的嘲笑，不禁令人想起《老子》的下士對追求大道的嘲笑：「上士聞道，勤而行之；中士聞道，若存若亡；下士聞道，大笑之。不笑不足以為道。」（四十一章）

[19] 此即任博克提醒讀者，蜩與學鳩對大鵬的嘲諷與質問，正如〈逍遙遊〉文本，惠施對莊子的嘲諷「今子之言，大而無用，眾所同去也。」如此讀來，惠施與莊子的有用、無用之論辯，正和二蟲與大鵬的小大之辯，產生互文的意義增生。參見 Brook Ziporyn, *Ironies of Oneness and Difference: Coherence in Early Chinese Thought; Prolegomena to the Study of Li* (New York: SUNY Press, 2013), pp. 163-164.

程中，我們需有的相對付出與積累準備。正如「水之積也不厚，則負大舟也無力」，同樣道理，倘若沒有「三月聚糧」的積累準備，便不可能擁有「適千里」的大好風景。莽蒼、百里、千里的空間改變，「由近至遠」象徵見識「從小至大」的開闊過程。類似的人生道理，也可轉從「時間譬喻」來揭示「小大之辯」。存在時間的短暫（小年）與綿長（大年），對照出生命經驗的貧乏與豐富。例如，「朝菌不知晦朔，蟪蛄不知春秋」，這屬於相對「小年」。如果你的生命就像朝菌那樣短暫，陽光出來就如朝露般跟著蒸發，那麼你便不曾經歷午後時光，更不要說陰晴圓缺了。如果你的生命就像蟪蛄那樣僅有多季時光，那麼你便不曾經歷春有百花夏有月的風光，更不要說四季循環的美妙。換言之，封閉的空間性，短暫的時間性，自然也要將生命視野限制在特定的時空框架中，讓我們習慣性定格在小小世界，卻誤以為活出大千世界的全部。正如〈秋水〉篇所喻，夏蟲不可語冰，井龜不可語天。生命不應如河伯般自我膨脹，應自羞於大海之浩瀚，從而謙卑地望向宇宙星夜之無垠無際。

又如存活在相較大年狀態的冥靈壽龜，人間五百歲對它就彷彿只是一個季節，多少朝代的興衰起落，對冥靈壽龜則只是四季一輪。我們可以試想，它在看待時代潮起潮落時，胸襟和視野自然也就很不一樣。又如果你像大椿神木那樣大年胸襟，八千歲彷若只是一季春天，而你的一季年輪就已是人間三萬年。那又將會是如何廣大的眼界與胸襟？[20] 最後《莊子》諷刺地說，「而彭祖乃今以久特聞，眾人匹之，不亦悲乎！」彭祖的小年小知，竟被人間捧舉為了不起的大年大知。對《莊子》而言，這是人類的無知可笑，就好像那還未曾面見大海與星空之前的河伯，是那樣的虛妄自大。而「湯之問棘也是已」這段紀錄，與前面所談的大體相似，重點在於

---

20 正如《三國演義》開頭詩，從宇宙長鏡頭來觀照人間世的是非成敗，自然興發出的闊然曠達：「滾滾長江東逝水，浪花淘盡英雄；是非成敗轉頭空，青山依舊在、幾度夕陽紅。白髮漁樵江渚上，慣看秋月春風；一壺濁酒喜相逢，古今多少事、都付笑談中。」又如侯孝賢電影《聶隱娘》也善用自然長鏡頭來淡化國仇家恨。這些觀照鏡頭，都反映出以自然大年觀看人間小年的心境轉化。

它給出的結語「此小大之辯也」。[21] 呼應了我上述對小年與大年，小知與大知的討論。也契合於底下四種人格實踐類型的小大之辯。

四、三無智慧：至人無己，神人無功，聖人無名

　　故夫知效一官，行比一鄉，德合一君，而徵一國者，其自視也亦若此矣。而宋榮子猶然笑之。且舉世而譽之而不加勸，舉世而非之而不加沮，定乎內外之分，辯乎榮辱之竟，斯已矣。彼其於世，未數數然也。雖然，猶有未樹也。夫列子御風而行，泠然善也，旬有五日而後反。彼於致福者，未數數然也。此雖免乎行，猶有所待者也。若夫乘天地之正，而御六氣之辯，以遊無窮者，彼且惡乎待哉！故曰：至人無己，神人無功，聖人無名。[22]

　　「夫知效一官，行比一鄉，德合一君，而徵一國者，其自視也亦若此矣。」這個自我感覺良好的「自視」，是指他們一樣犯了「以小為大」的自視甚高、沾沾自喜的「自我觀之」毛病。基本上，官、鄉、君、國的追求，傾向外在名聞利養的追求方式，並以自視甚高而自我膨脹。《莊子》用「宋榮子猶然笑之」，來突顯另一種正好對比的生命追求。用榮格（Carl Jung）的心理學概念來說，這裡反映出外在社會人格（Persona）的外向追求，與內在本我人格（Self）的內向追求，這兩種外向性與內向性的人格對比。宋榮子能夠「舉世而譽之而不加勸，舉世而非之而不加沮，定乎內外之分，辯乎榮辱之竟，斯已矣。」從宋榮子的「內」「外」

---

[21] 〈逍遙遊〉：「湯之問棘也是已。窮髮之北，有冥海者，天池也。有魚焉，其廣數千里，未有知其脩者，其名為鯤。有鳥焉，其名為鵬，背若泰山，翼若垂天之雲，摶扶搖羊角而上者九萬里，絕雲氣，負青天，然後圖南，且適南冥也。斥鴳笑之曰：『彼且奚適也？我騰躍而上，不過數仞而下，翱翔蓬蒿之間，此亦飛之至也。而彼且奚適也？』此小大之辯也。」莊周，郭慶藩輯，《莊子集釋》，頁14。

[22] 莊周，郭慶藩輯，〈逍遙遊〉，《莊子集釋》，頁16-17。

之價值區分來說，「知效一官，行比一鄉，德合一君，而徵一國」，其所
追求的價值是建立在他人眼光下、Social Ego的外在滿足，其自我實現是
透過社會性角色的成功扮演而獲取名利榮耀。而宋榮子由於重新辨明內
（the Self）與外（Social Ego）的虛實真假之區分，因此要批判社會性名
聞名養的人爵追求，落入了純粹只為他人眼光而活的「適人之適」，近乎
海德格所謂「非本真的存在」。[23]宋榮子則要進行一項生命追求的內返運
動，一個重新認識自己、勝過自己而非勝過他人的「自適之適」。於是他
為自己在內外之間、榮辱之間畫出一條清晰界限，「定乎內外之分，辯乎
榮辱之境」。從此義無反顧地走向自以為屬己本真的生命找尋，走上了
「彼其於世，未數數然也」的屬己道路。那顯然是一條人煙罕至的自我之
路，因為對於世界的眼光與功名，他再也不汲汲追求了，他孤獨而堅決地
走向自己才能界定自己的一人道路去了。想必這種心境會有幾分《老子》
描述的獨我況味：「眾人熙熙，如享大牢，如春登臺。我獨泊兮其未兆，
如嬰兒之未孩，儽儽兮若無所歸。眾人皆有餘，而我獨若遺……我獨異於
人，而貴食母。」（二十章）類似的心情，宋榮子孤獨而不寂寞的心境，
正在於他認定的人生母題就在於：不再人前人後，人云亦云，只有內在本
真的一往無悔。

　　宋榮子似乎已經是很真誠的人格，很動人的勇氣了，但《莊子》卻
在同情之餘，給予「雖然，猶有未樹也」的「保留」評點。宋榮子的內向
追求，反映出對人云亦云的群體批判性，也反映追求本真的誠懇勇氣，但
為何還是「猶有未樹」？宋榮子的內向追求問題何在？這是因為宋榮子停
留在「內在自我」來對抗「社會自我」的內外二分觀點。亦即群體自我完
全被他視為純粹外在性的社會型塑，而他相信人擁有一個不落社會外塑的
內在本我。他堅信唯有捨離、斷除外在社會網絡的重重糾纏，才能找回徹

23 參見海德格（Martin Heidegger）談「非本真性」的人云亦云，以及「本真性」的面對死亡與良知
呼喚，等等現象學式分析，王慶節、陳嘉映譯，《存在與時間》（臺北：桂冠圖書，2002年），頁
228-248，頁361-402。

底本眞的絕對自我或純粹本我。或可以類比地說，宋榮子相信人在外在
社會污染之前，擁有一超越的眞常本心，因此一條復歸眞實本性之道，便
在於層層脫俗於社會關係以恢復眞常本性。然而《莊子》對宋榮子這種獨
我論、本眞式的主體性認識，顯然不會完全贊同，甚至要指出其中「猶
有未樹」的盲點。[24] 因爲宋榮子這種以退出關係來尋求眞常本心的人格模
式，將永遠無法在關係中自由，更無法使關係性成爲生命互養的資糧。換
言之，宋榮子還停留在社會批判、去除結構而走向「獨我本眞」的還原道
路。他仍然未能思考「在結構中遊化結構」的人間逍遙，未能體會「在關
係中豐富關係」的自他互養。

　　隨後《莊子》又舉出一種列子型的生命追求。列子是何種生命實踐或
人格特質？我們從列子在《莊子》書中偶而出現的脈絡來推測，例如〈應
帝王〉中的列子對神巫季咸大感好奇與傾心，間接推測他可能對「巫術」
型的離體遠遊之出神追求發生興趣。換言之，「御風而行」的列子可能反
映出遠古宗教的巫術實踐類型之痕跡。「御風而行，泠然善也，旬有五日
而後反。」列子不可能眞正身輕飄然於風中，凌波微步於水上，如武俠世
界的輕功，或者神仙世界的飛仙。比較可能的是，「御風而行」是在描述
類似巫師精神離體遠遊的現象，正如張光直指出：「風也是商周時代巫師
通天地的一項助力。張口的神獸，『息爲風』，更加強了他們溝通天地的
力量。銅器上表現著巫師藉他們的動物以及動物吹氣成風的力量，正是指

---

[24] 〈逍遙遊〉的宋榮子，筆者想起海德格在《存有與時間》中所描述的本眞追求，那種要從芸芸眾生
　　的人云亦云中，孤獨地疏離出來，並認眞聆聽內在聲音、面對死亡召喚的本眞追求。換言之，在
　　《存有與時間》裡，「本眞性」與「非本眞性」是處於二元對立的狀態。據學者對海德格《存有
　　與時間》的批判式研究，海德格此時的主體性理解，不脫離獨我式的抽象本眞，不能從與他人、他
　　物的共在狀態來理解關係性的主體化運動。參見黃文宏，〈從西田哲學來看前期海德格「實存論的
　　獨我論」〉，《國立政治大學哲學學報》31期（2014年1月），頁31-65。另外，亦有許多學者認為
　　〈逍遙遊〉的宋榮子，即為〈天下〉篇的宋鈃，此大抵可從〈天下〉篇的描述見出部分相應端倪：
　　「不累於俗，不飾於物，不苟於人，不忮於眾，願天下之安寧以活民命，人我之養畢足而止，以此
　　白心。」莊周，郭慶藩輯，《莊子集釋》，頁1082。

對他們通天地的神能而來的。」[25]《莊子》跟古巫也有一定的關係，而巫是古代的精神修練者，甚至是古代的聰智睿明之聖者，巫醫也是古代的精神治療者，且是族群的領導階層。[26] 古巫自有他們的修養傳統，有其精神轉化的啓蒙儀式，例如在成爲巫師過程中，需經歷死而重生的過渡儀式。例如《莊子》的「心齋」，便可能轉化自古代巫師的「齋」。而「齋」在原始宗教與神話裡，就涉及到巫師的啓蒙儀式。[27] 神話宗教歷史學家伊利亞德（Mircea Eliade）對古代巫教薩滿（Shamanism）的傳承研究顯示，巫或薩滿有一種遠遊或出神的能力，他們透過某種儀式，讓靈體藉由力量動物（power animal）的靈力，飛向彼界空間去遠遊探索，他們經常相信有上中下三重世界可以出神遠遊。如《楚辭》裡的「遠遊」就跟楚巫有關，跟屈原本身家族的巫風背景有關，他也運用了許多巫師遠遊的意象。巫其實是古代的修練者，巫的修練方式有一種離體遠遊的精神活動。如果我們不純從寓言看，列子可能代表了巫師或者古宗教的出神遠遊的追求傳統。「彼於致福者，未數數然也」，他也不汲汲追求世俗榮辱，因爲他自認已經找到更爲終極的精神超脫之至福了。但《莊子》卻仍然要評點他爲「此雖免乎行，猶有所待者也。」顯然《莊子》也並不肯定這種類型的生命實踐追求。問題關鍵在於，何謂「猶有所待者」？從〈逍遙遊〉的簡約文脈來看，很難確定列子的「猶有所待」之內涵。但如果將問題脈絡放大到《莊子》對巫術的批判與超越來觀察，那麼這個問題就可大致獲得理解。亦即列子傾向於商巫遺留下來的各種身心鍛練術（可能包括各種吐

---

[25] 張光直，《中國青銅時代》（臺北：聯經出版事業，1983年），頁382。

[26]《國語・楚語》：「古者民神不雜。民之精爽不攜貳者，而又能齊肅衷正，其智能上下比義，其聖能光遠宣朗，其明能光照之，其聰能聽徹之。如是，則明神降之，在男曰覡，在女曰巫。」

[27]《莊子》槁木死灰、解心釋神一類的心齋坐忘，一樣可能有早期巫師的啓蒙試煉儀式之淵源。亦即伊利亞德指出的：「被召喚去做巫師的年青人要經過一個精神的危機。在這時候，他被認爲被由啓蒙師扮成的鬼怪所虐待。這種『啓蒙病』一般呈現下列元素：⑴虐待及肢解，⑵刮肉後，餘下骨架，⑶換器官及換血，⑷到地獄一短時期，得到鬼怪或死去巫術的靈魂的指導，⑸升天，⑹復活──即是達到一個新的生存模式（有神性的人能和鬼神溝通）。」引自陳炳良節譯，〈啓蒙儀式與現代社會〉，收入陳炳良等合譯，《神話即文學》（臺北：東大，1990年），頁96。

納、吹噓、導引等等精氣調練），但不管是離體遠遊的精神飛昇或者導引
吹噓的輕身追求，對於《莊子》而言，顯然認為這樣的修養方式還不具備
哲學突破的根本智慧。[28] 而巫士的離體飛昇、精神遠遊通常也會假藉巫術
儀式，而巫儀的進行過程也經常會有它的獻祭甚至血祭活動，因此不免有
其精神恍惚與儀式暴力，如張光直在研究商巫儀式所指出：「薩滿行法的
時候，常以藉有形（如藥品）無形（如舞蹈所致的興奮）的助力而達到一
種精神極興奮而近於迷昏的狀況（trance），他們就在這種狀況之下與神
界交通。在這種交通之際，作為他們助手的動物的精靈便被召喚而來，而
助巫師以一臂之力；召喚的方式有時是把動物作犧牲，而使之自軀體中昇
華出來。」[29] 此或許也是《莊子》批評巫術的離體遠遊，缺乏清明主體的
哲思修養，而仍屬「有待」的原因之一。

　　相對於「知效一官，行比一鄉，德合一君，而徵一國」這種追求社
會名聞利養的「膨脹主體」，以及宋榮子倒回內在本真追求的「貧乏主
體」，以及列子追求巫士離體遠遊的「恍惚主體」，《莊子》真正歌頌肯
定的是「無待主體」：「若夫乘天地之正，而御六氣之辯（變），以遊無
窮者，彼且惡乎待哉！故曰：至人無己，神人無功，聖人無名。」「乘天
地之正，御六氣之變。」[30] 涉及了「無窮」、「無待」與逍遙的關係，以

---

[28] 以余英時的觀念來說，列子可歸屬於巫術傳統那種舊式的天人合一，而《莊子》則走出巫術而朝向
新式的天人合一。余英時愛以「軸心突破」一觀念，描述中國先秦階段諸子思想在中國文明史的軸
心價值與突破意義，而他所謂軸心與前軸心的思想轉變之契機，便在於先秦諸子如何從早期巫文化
的「舊天人關係」之神人交通的權力壟斷，以普遍人心的內向超越方式將其轉化為新天人關係：
「舊天人合一基本上是巫師集團創建的，通過特別設計的祭祀系統，它的實踐也長期掌握在他們的
手中。……新天人合一是思想家在軸心突破過程中發展出來的，它的特徵可以歸納為一句話：道與
心的合一……新天人合一走的是內向超越之路，因此必須引道入心，以建構一個可以上通於天的祕
道。這和舊天人合一之外向超越恰如南轅北轍。」《論天人之際：中國古代思想起源試探》（臺
北：聯經，2014年），頁63-64。

[29] 張光直，《中國青銅時代》，頁369-374。

[30] 有關〈逍遙遊〉此一脈絡的「天地之正」，任博克曾給出一個極有意思的互文解讀，他連結「天
之蒼蒼，其正色邪？」並將前後文脈的「正」，給出一個富含弔詭思維的互文解讀："This echoes
the question at the beginning of the chapter about the "true" color of Heaven as seen from the earth. Now

及「無己、無功、無名」的三無智慧。「以遊無窮」，即與天地萬物同遊互化，任隨氣化流行而不強爲主，讓主體自我能「遊心於淡，合氣於漠」，參與天地萬物的轉化無窮與變化無盡，如〈齊物論〉所歌頌的「天地與我並生，而萬物與我爲一」。更完整的說法，則如〈天下〉篇所謂「獨與天地精神往來而不敖倪於萬物，不譴是非以與世俗處。」也就是主體參與了氣化流行（六氣之變），這股不斷差異化的宇宙浩瀚力量之流，真人鬆開了主體的主宰意志、控制欲望。柔軟如片葉，飄然天地間，縱浪大化中，不喜亦不懼。在與物相遊的過程中，轉化主體的膨脹剛強爲平淡柔軟。因此他既不是依憑「己功名」而自滿自大的「脹膨主體」（可能掉入狂妄擴張之主體狀態），也不是依待毫無掛搭的本真獨我式的孤零零「貧乏主體」（可能掉入貧乏空洞之主體狀態），更不是離體遠遊而出神不定的「恍惚主體」（可能掉入靈視幻聽之主體迷離狀態）。這種「心淡氣漠」的「平淡主體」，不但不隔絕於天地萬物，反而能與天地萬物產生往來變化的轉化關係。換言之，真人主體與天地萬物共同存在於無窮無盡的天地變化中，其主體狀態必然不停留在封閉的、同一的「有待」狀態。「惡乎待哉」，正是指真人主體永遠敞開於物我「之間」、人我「之間」來相互轉化。讓主客對待、內外相待的此疆彼界，獲得兩行交通、相互中介的運動變化。「有待」，將因爲對立之阻隔而遠離了變化。「無待」，因能打破主客隔礙而敞開於關係交往而與時變化。「有待」掩閉了轉化的關係，「無待」打開了關係的轉化。然而無待的關係性轉化，亦即促成「物化」的無待轉化，並不僅發生在物我之間。《莊子》的逍遙無待，當然也要發用在人我之間。

Zhuangzi speaks of riding upon what is true both to Heaven and to earth, what he later calls "Walking Two Roads."" 參見 *Zhuangzi:The Essential Writings with selections from traditional commentaries*, p. 5.任博克的重點在於強調，大鵬鳥從「由下往上」仰望蒼天時，和「由上往下」俯視大地時，發現「由地視天」與「由天視地」，原來皆一樣屬於「其遠無所至極」的「正色」。由此一來，任博克暗示了天與地乃可「兩行」。換言之，天與地乃能上下弔詭兩行，同屬無窮浩瀚。

　　正如〈天下〉篇所謂「獨與天地精神往來而不敖倪於萬物，不譴是非以與世俗處。」關係「之間」的無待轉化，除了精神遊化於天地萬物之間，也要遊化於君臣父子之間的人間世。只是這種人我關係已經從自我中心的有待，轉化爲柔軟而虛薄的平淡主體，因此能夠在關係之間找到「遊化」空隙。此如〈養生主〉的「庖丁解牛」，要游刃有餘就得磨出「無厚」的虛化主體，入便能遊化於關係間隙，既保有自由活力，又能兩相成全。因此所謂「無待」，絕非意謂去掉所有關係，反而是在物我之間、在人我之間迂迴遊刃，兩行轉化。這在〈人間世〉就是「入遊其樊而無感其名」的「無」之智慧。「樊」就是經緯交織的關係性網絡，然未必是這些關係網絡綑綁了你，而是當你以自我中心的膨脹主體想要主宰關係，結果才讓關係變成處處衝突、相刃相靡的傷害性關係。但如果我們的主體能夠柔弱、能夠虛待，這時候，關係就可能轉化爲自由而豐富的「遊化」關係。可見「無待」並非消除物我關係、人我關係之後，「毫無掛搭」式的自由無待，這種對無待的理解過於抽象空洞。應該將個體自由與他人、他物的豐富性關係，也就是共在於人文世界、共在於物化世界的「具體性」、「豐富性」自由，給描述出來。而這種「入遊其樊而無感其名」，必觸及「在其中」（入遊其樊），又「不在其中」（無感其名）的弔詭智慧，此亦相應於〈大宗師〉所謂「相與於無相與，相爲於無相爲」。[31] 而這樣的弔詭智慧，正是透過「無」的主體性修養，從中打開「即無即有，即有即無」的「有無兩行」之「否定辯證」運動。

　　由此便涉及了「三無」的修養與智慧。「至人無己，神人無功，聖人無名」，首先可以看到這是對儒家的批判轉化，因爲儒家的「己」正是透過「功」「名」，來建構其自我認同與價值實現，因此儒家總強調「立

---

31 莊周，郭慶藩輯，〈大宗師〉，《莊子集釋》，頁264。其中弔詭智慧，如成玄英所疏解：「斯乃無與而與，無爲而爲，非爲之而爲，與之而與者也。……雖無意於相爲，而相濟之功成矣。」《莊子集釋》，頁265。

德、立功、立言」之三不朽。[32] 若表淺解讀三無之說，它看似完全否定了「己／功／名」。但深入理解，實則未必。關鍵在於，「無」不是完全取消或直接否定「己／功／名」，「無」應該要透過「弔詭修養」亦或「詭辭智慧」來辯證把握。所謂的詭辭或者弔詭，具有一種「有而能無」的批判治療，以及「無而能有」的更新作用。這個「無而能有，有而能無」，類似於牟宗三所講的「作用地保存」。[33] 但差異在於牟先生所理解的「無／有」，多少傾向兩層存有論的形上學結構，而筆者此處所描述的「無／有」關係，則傾向從主體的內在否定辯證關係來描述。換言之，「無」「有」之間的來回往返（以無救有，以有救無），乃是主體運動的「內部他者化」之活性機制。

　　「三無」所進行的「無」之弔詭修養與關係轉化，並非主張人在世間完全不必任何作為，更不意指不必與他人發生任何意義交涉。《莊子》批評「己／功／名」的原因，主要在於反思照察「己／功／名」背後的主體狀態，到底是建立在「自是／自見／自伐」的「有我」「成心」狀態，還是「不自是／不自見／不自伐」的「喪我」「虛心」狀態。如《老子》批判「自見者不明，自是者不彰，自伐者無功，自矜者不長」（二十四章），並由此批判而走向「不自見，故明：不自是，故彰：不自伐，故有功；不自矜，故長。」（二十二章）。簡單地說，《莊子》批判「己／功／名」的關鍵，乃在於其背後通常是強烈的「自見／自是／自伐／自矜」之實體性、中心性、主宰性的主體狀態。而三無的功夫就在於將「自」轉為「不自」的虛化而平淡的主體狀態。《老子》不斷強調「去自」、「不自」的「玄德」心境，在事項上雖有某種作為，但心境上卻是「為而不

---

[32] 儒家相信個人雖是有限，但透過「社會功業」留下公眾事蹟與作為，透過「立言」的歷史記錄留下傳之久遠的文化慧命，便可在歷史洪流中獲得不被淹沒的「名」之標記。儒家非常強調文化與歷史，藉由對歷史與文化的參與，獲得自我實現感與存在意義感。

[33] 有關「作用地保存」這一創發性觀念，請參見牟宗三，《中國哲學十九講》（臺北：臺灣學生書局，1986年），頁127-154。

有，功成弗居」。所以無己、無功、無名，其實是對主體佔有或自我膨脹的虛化與平淡作用，而並非對「己／功／名」的客觀性之完全否定。以《老子》的話說，主體自我必須具備「致虛守靜」的「損之又損」工夫。以《莊子》的話說，主體自我必須具備「隱几喪我」、「心齋集虛」工夫。於是主體才能呈現出「己而無己」（未始有回，虛室生白吉祥止止），「功而無功」（不自居其功，功成弗居），「名而無名」（以無翼飛，入遊其樊而無感其名），等等弔詭智慧的遊化作用。因此不是無所作為，而是「無為而為」「為而無為」的兩行轉化之否定辯證。

　　我們或許可以再從〈逍遙遊〉的文脈辯證思維，來理解三無的詭辭智慧。如果說「夫知效一官，行比一鄉，德合一君，而徵一國」，傾向於「外在社會性」的外向追求，那麼對照而言，宋榮子的「舉世譽之而不加勸，舉世非之而不加沮，定乎內外之分，辯乎榮辱之竟」，也就偏向於「內在本我性」的內向追求。但對於《莊子》而言，這兩種生命類型或人格情調，仍然都是「以我觀之」而落入「一偏之見」。前者，落入外向性的自我擴張。後者，落入內向性的自我孤立。前者有「適人而不自適」之病，後者有「自適而不適人」之病。但不管前者或後者，此二者皆不能免於「以自為實」的主體觀，只是前者將自我實現建立在純粹外部的社會現實，後者將自我實現建立在純粹內部的獨我真實。結果，前者走向自我的外部擴張，後者走向自我的內部孤明。而《莊子》「無」「有」「兩行」的三無智慧，就在於想透過「無」的弔詭智慧，來避免內外對待、無有兩極的二元結構，或者保持無與有、內與外，「兩端而一致」地相互救治與往來辯證。

　　《莊子》雖然批判透過外在功名積累而不斷擴張的膨脹主體，但也不完全認同宋榮子獨我論的本真式追求。《莊子》認為「君臣父子，無所逃於天地之間」，人無法脫離人間世的關係網絡而設想一種孤零獨明的真常本心。人總是與種種差異他者共同存活於世間之中（Being-in-the-world），因此任何將逍遙想像成脫離一切關係的真常獨體之自由，顯然

是一種抽象而虛妄的主體性預設，更何況預設一種固我自存而真常恆定的絕對主體性，必將成了最真實的虛妄。但對於《莊子》而言，主體自我的最真實狀態乃在於「化則無常」，主體總是在各種物我關係、人我關係的變化網絡中，持續其「化而不固」的變化運動。所以主體必然會是個具有「內在他者性」的主體差異化歷程，任何想固定化主體、單一化主體的作為，一則必是虛妄徒勞，二則反將造成主體性的貧乏。換言之，宋榮子的獨我式本真追求雖然真誠動人，但推到極端將造成生命的孤寂貧乏。宋榮子大概就是掉入這種不會變化、沒有關係的真常主體之找尋。

僅管不同意宋榮子的純粹內向性本真追求，但《莊子》顯然對宋榮子有其深刻的同情。因為從辯證角度來看，宋榮子的內向本真追求，正是建立在對於外向虛妄追求的批判，才由此走向另外一極端。換言之，宋榮子以為的內向本真，乃是建立在「知效一官，行比一鄉，德合一君，而徵一國」的主體膨脹的虛妄批判基礎上的內在轉向。何謂「知效一官，行比一鄉，德合一君，而徵一國」的主體虛妄性？如上所述，《莊子》既然也肯定人我的倫理關係之存在事實不可消除與減損，那麼追求社會角色、關係網絡的自我實現方式，有何虛妄可言？如上所言，《莊子》並非否定人我關係的互動必要與意義，而是在於批判常人的人我關係與倫理互動，大都建立在「自見／自是／自伐／自矜」的主體自戀與膨脹狀態，這種「以自觀之」、「以自為光」的人我關係，通常只是自我中心的「同一性主體」之擴張，並未真誠與「他者」發生「相互轉化」的「兩行」關係。換言之，「己／功／名」的自我實現與擴張，仍然陷入「同一性主體」的另一種虛妄，因為這樣的主體仍然未能真正與「他異性」產生雙向質變轉化。可見這種「己／功／名」的同一性累積擴張，仍然只是主體化運動的假相，並非真正走向「差異的差異化」之主體化運動。而宋榮子的可貴就在於，他看到了這種同一性擴張的功名主體之虛妄，因此才走向非功名主體的內在真實性追求，只是他掉入了關係性與本真性的二元對立，誤以為主體的真實在於對外向功名與關係的完全否定，於是產生了另一種內在自

我的固化與封閉。從《莊子》看來，「知效一官，行比一鄉，德合一君，而徵一國」的俗儒追求，和「定乎內外之分，辯乎榮辱之境」的宋榮子追求，只是兩種不同類型的「同一性」主體，兩者皆非《莊子》所肯認的「非同一性」主體之變化常新。

五、「鞭其後者」的弔詭修養：不住兩邊的否定辯證之主體化運動

《莊子》雖然批判上述二者，或偏取於外，或偏取於內。但卻並未完全否定二者，而是嘗試要將內外兩者給予非二元論式的兩行溝通。而溝通調節的方式，便涉及「無」的弔詭智慧之運用。何謂「無」的「不住兩端」之弔詭智慧，筆者嘗試透過底下〈刻意〉篇和〈達生〉篇的觀點，來加以補充說明：

刻意尚行，離世異俗，高論怨誹，爲亢而已矣，此山谷之士，非世之人，枯槁赴淵者之所好也。語仁義忠信，恭儉推讓，爲修而已矣，此平世之士，教誨之人，遊居學者之所好也。語大功，立大名，禮君臣，正上下，爲治而已矣，此朝廷之士，尊主強國之人，致功并兼者之所好也。就藪澤，處閒曠，釣魚閒處，無爲而已矣，此江海之士，避世之人，閒暇者之所好也。吹呴呼吸，吐故納新，熊經鳥申，爲壽而已矣，此道引之士，養形之人，彭祖壽考者之所好也。若夫不刻意而高，無仁義而修，無功名而治，無江海而閒，不道引而壽，無不忘也，無不有也，澹然無極而眾美從之，此天地之道，聖人之德也。[34]

上述文獻，有幾個現象值得注意：一是《莊子》批評了五種修養類型

---

[34] 莊周，郭慶藩輯，〈刻意〉，《莊子集釋》，頁535-537。

的人格型態，二是批評這五種養生型態之後，《莊子》提出了他心目中較為理想的養生模式。而它批評的五種養生類型，在筆者看來，正可用〈達生〉篇「單豹的內養」和「張毅的外養」，這兩個基本範疇來概括。其中的「山谷之士（非世之人）」、「江海之士（避世之人）」、「導引之士（養形之人）」，大體可歸為「養其內」這一型態；而「平世之士（教誨之人）」、「朝廷之士（尊主強國之人）」，則大體可歸為「養其外」這一型態。從他們所擇處的空間來觀察，前者帶有退出人間世的空間邊緣現象（他們以遠離社會的自然空間為中心），後者則明顯身處人間世的社會政治之名教空間。用魏晉的概念來說，前者以自然空間為內養領地，後者以名教空間為外養領地。但是上述這兩種內、外不相及的養生方式，顯然都未能受到《莊子》的真正肯定。從《莊子》對這五種類型的評語來看──「為亢而已矣」、「為修而已矣」、「為治而已矣」、「無為而已矣」（筆者注：無所做為）、「為壽而已矣」──《莊子》雖然並非全然否定它們的價值或功能，但顯然認為它們都有明顯的「一偏一曲」之限制。「而已矣」的語氣，正顯示出它們的限度或限制。對於這五種類型或偏內或偏外的兩種養生範疇，為何《莊子》都不能滿意？從他底下所提出的解答來看，關鍵便在於它們完全不能上達一種不偏內外的弔詭修養，或者弔詭兩行的中道修養：「若夫不刻意而高，無仁義而修，無功名而治，無江海而閒，不道引而壽，無不忘也，無不有也，澹然無極而眾美從之，此天地之道，聖人之德也。」。

「不刻意而高」，針對的正是「刻意尚行，離世異俗，高論怨誹，為亢而已矣，此山谷之士，非世之人，枯槁赴淵者之所好也。」那種刻意選擇山谷居處而離世異俗之「非世之人」，也就是刻意離世以追求清淨、突顯自我清高。而《莊子》的不刻意而高，正是要解構山谷之士偏執於離世養生之一端，以重新思考一種與社會關係和解的「不離世」之修養方式。同樣地，「無江海而閒，不道引而壽」，則是針對「就藪澤，處閒曠，釣魚閒處」這一類避開人際煩擾的避世養生，以及針對「吹呴呼吸，吐故納

新，熊經鳥申」這一類追求形壽綿延的養形修煉。整體來講，這兩類型的
養生也是偏向儘量迴避外緣關係，以個我壽身（形體式的內養）或個我適
性（心靈式的內養）爲修養基調。總體而言，這三種傾向離世養內的實踐
方式，大方向偏向宋榮子那種離世性的內向追求，在《莊子》看來，雖然
不無可能各有其安養價值或功效，但偏滯在個我內在這一極端，並不眞
能上達「不刻意而高、無江海而閒、不道引而壽」的逍遙之境。顯然《莊
子》的眞逍遙之境，並不以偏執內在深處的心理空間，或偏住天涯海角的
自然空間。至於「無仁義而修，無功名而治」，則是針對批評「語仁義忠
信，恭儉推讓」和「語大功，立大名，禮君臣，正上下」，這兩類偏向外
養傾向的人格而發。我們從〈逍遙遊〉的小大之辯脈絡，可以找到對應的
追求型態正是：「知效一官，行比一鄉，德合一君，而徵一國」，這一類
以社會我之實現爲滿足者。然而值得注意的是，《莊子》對於他們雖有強
烈的批評質疑，卻也並非完全否定，更不認爲養生而完全避開人間道場才
能得其逍遙。

　　上述《莊子》對五種類型、兩種內外養生範疇的批判，涉及的正是
一種「無」的否定辯證之智慧。如何說呢？所謂「不刻意而高，無仁義
而修，無功名而治，無江海而閒，不道引而壽」，其中一連串的五個「否
定」（「二不」與「三無」），一方面明顯是對偏滯內養或偏滯外養的否
定批判。但另一方面要注意的是，《莊子》雖批判內養偏滯卻並非要導向
外養的一端性追求，同樣地，它在批判外養偏滯時也並非要導向內養的一
端性追求。《莊子》一連串的否定式表達，其實隱含著一種「無而能有」
的積極生產性，因爲「無不忘也」終是爲了導向「澹然無極而眾美從之」
的「無不有也」。在筆者看來，《莊子》的用意看似隱微，卻也非常明
顯：它一方面想要避開偏滯內養和偏滯外養的弊病，另一方面又要同時獲
得內養和外養的養分。但這又如何可能？這裡就讓我們想到〈達生〉篇底
下牧羊人「瞻前又顧後」的「不落兩端」之生活智慧，而《莊子》則將其
轉化爲「瞻內又顧外」的弔詭修養智慧：

　　田開之見周威公。威公曰：「吾聞祝腎學生。吾子與祝腎游，亦何聞焉？」田開之曰：「開之操拔篲以侍門庭，亦何聞於夫子！」威公曰：「田子無讓！寡人願聞之。」開之曰：「聞之夫子曰：『善養生者，若牧羊然，視其後者而鞭之。』」威公曰：「何謂也？」田開之曰：「魯有單豹者，巖居而水飲，不與民共利，行年七十而猶有嬰兒之色，不幸遇餓虎，餓虎殺而食之。有張毅者，高門、懸薄，無不走也，行年四十而有內熱之病以死。豹養其內而虎食其外，毅養其外而病攻其內，此二子者，皆不鞭其後者也。」[35]

　　單豹的養內是一種極端的往內修行，追求一種內心的精神寧靜與超脫，但由於他對主體構成的理解太過簡化，以為可以單純透過離群索居的隔離萬緣，來尋得一種真常本心、絕對適性的獨我本真之生活方式。但這種隔絕社會、排除人我的「去人間世」之內修方式，在《莊子》看來，最多只能因為減少人我交涉所帶來的「陰陽之患」之干擾與耗損，亦即稍為降低了自我矛盾與人我衝突，因此或可獲得「行年七十而猶有嬰兒之色」的養形為壽等好處。但這種偏滯內養的一偏之修，仍然遺忘了牧羊人的「鞭其後者」之中道智慧，一樣掉入了「瞻前不顧後」的陷阱。內修之人在極端往內追求，以為往內修養才是眼前唯一目標與彼岸樂園，但在「勞神明以為一」的內向極端性追求時，忘了人的內在精神其實不離身體境遇，而身體境遇不離「在世存有」。而所謂在世境遇除了人和人的「共社會性」境遇之外，也包含了人和萬物的「共自然性」境遇。換言之，任何修養者的主體之構成，都不是孤零虛明的精神獨存，精神與肉身，肉身與他人，肉身與萬物，都環環相扣而共同構成了人的具體性存有。人不可能脫離世界的關係性，而世界正是不斷交換與重組的一個歷程性運動關係。

---

[35] 莊周，郭慶藩輯，〈達生〉，《莊子集釋》，頁649。

倘若人想像有一個絕對先在的內心平靜做爲修養的起點與終點，他終將掉入遺忘處身境遇的豐富性以及複雜性。這樣的修養方式，不是掉入了「貧乏的主體」而錯失關係性可能帶給主體的豐富性變化，不然就是掉入了因爲低估處身境遇的複雜性，而「成爲老虎食物」的荒謬處境。所謂「不幸遇餓虎，餓虎殺而食之。」在筆者看來，可從隱喻做解。餓虎未必要實指爲偶遇山中餓虎，而可以從自然變化偉力之無常、隨時「負之而去」來理解。亦即餓虎只是自然力量變化不測之隱喻，任何自以爲可以長存不壞的精神或身體，皆會被變化無常所化身的餓虎給吞噬而去。[36] 餓虎之譬，也可再延伸爲人生境遇中無所不在的潛藏傷害。所以當人們活在純粹想像的內在自我進行純淨化與純粹化的自我修養時，卻可能完全低估人際關係的錯綜複雜，而將自身放在一個極其天眞的無知處境而易受傷害。而相對於偏執內養的單豹，則是偏執外求的張毅處境：「高門、懸薄，無不走也，行年四十而有內熱之病以死」。張毅的內熱病呼應了〈人間世〉那個主張醫門多疾而疲於奔命，終而事倍功半而僅得免禍的顏回（心齋前的顏回），又呼應著〈人間世〉那個想爲公門難題調停奔走，事前事後卻不免於心緒焦慮、勞精費神，終而搞得陰陽失調而燃燒殆盡的葉公子高。

　　從否定辯證的批判面來說，牧羊人的「鞭其後者」，正是爲對治「瞻前不顧後」的偏失一端，因爲不管是以內養爲前瞻（山谷之士、江海之士、導引之士），還是以外養爲前瞻（平世之士、朝廷之士），他們在以某一端爲前導方向而競相追逐時，都將掉入對於主體「內外交織」的豐富性與辯證性之化約與錯失。因此它們在有所得之時，必也同時掉入有所失，這都因爲它們缺乏「鞭其後者」，以求救治一端的「弔詭兩行」之覺察。所謂「顧後」之譬喻（同時顧及幾乎被遺忘的另一端），乃是深刻體認到「以後救前」之必要，以促使前／後、內／外，不要墮化爲二元斷裂

---

[36] 如此解讀，餓虎之力便和〈大宗師〉的力士譬喻，有其異曲同工之妙：「夫藏舟於壑，藏山於澤，謂之固矣。然則夜半有力者負之而走，昧者不知也。藏小大有宜，猶有所遯。若夫藏天下於天下而不得所遯，是恆物之大情也。」莊周，郭慶藩輯，《莊子集釋》，頁243。

的戲劇化兩極端。因為這兩端有其辯證的張力在，因此很容易掉入「扶得東來又西倒」的對列邏輯。而《莊子》實乃體認到要克服這「兩端又一致」的處境，只有以「否定辯證」之弔詭修養方式，可在前後之間、內外之間「無所住」，以保持動態往來、兩行轉化的「非同一性」之修養方式。

六、結論：「相與於無相與，相為於無相為」的關係性自由與關係性豐饒

　　長期以來，中國文化有一種解莊的傳統，是將《莊子》定位在「方外」之學，並以「方外方內不相及」的二元論模型，將莊旨固定在隱逸遁世、山水寄情、甚至神祕超脫，等等逸出「關係之外」的「無何有之鄉，廣漠之野」之抽象純白烏托邦。這種解莊傳統並非毫無根據，甚至解者可能找出若干莊辭意象，來支撐這種「脫關係」、「去關係」的「遺世獨立」之方外逍遙。例如王中江先生在其〈個體：從類、性到關係和普遍相關性〉及〈道家自由思想的兩種形態〉二文，可謂近來這種解莊路線的現代版範式。[37] 王先生此種解莊路線，就其欲破除本質主義、形上學思維，以回歸關係性、有機性、歷程性的動態思維而言，筆者也有所贊同。並認為《莊子》「氣化」與「物化」的「一與多」、「不際與際」、「無分與分」等弔詭關係，正可相應於其所欲揭露的關係存有論、關係實在論，或是將關係思維從「個體之間」深化為「個體之內」的「內在他者性」之轉向思維。[38] 但由於王中江過於擔心「氣化」成為「物化」之外或之上的

---

[37] 王中江，〈個體：從類、性到關係和普遍相關性〉，收入《哲學分析》7卷5期（2016年10月），頁91-112；〈道家自由思想的兩種形態〉，收入陳明編，《原道》第7輯（貴陽：貴州人民出版社，2002年），頁98-140。兩篇文章在西方哲學（包括政治哲學）和中國思想（包括《老子》與《莊子》）之間，進行嚴謹而有理趣的比較對話，有意將道家放在當代思潮脈絡（如海耶克（Friedrich Hayek）的自由主義，懷德海（Alfred North Whitehead）的機體哲學）底下，進行當代語境的現代性回應。

[38] 參見拙文，〈論先秦道家的自然觀：重建一門具體、活力、差異的物化美學〉，《文與哲》16期（2010年6月），收入《莊子的跨文化編織：自然‧氣化‧身體》（臺北：臺大出版中心，2019

本質性（或形上實體），因而錯估了《莊子》「即氣化即物化」、「即連續即斷裂」、「即關連即差異」的變化性、關係性世界。[39] 更甚的是，其低估了《莊子》「相爲於無相爲，相與於無相與」的弔詭性表達，只能單向度地抽取「無相爲」與「無相與」，因而將《莊子》判定爲「去關係性」之「無待」逍遙，以至於終究只能流於精神想像：「『若夫乘天地之正，而御六氣之變，彼且惡乎待哉？』、『至人無己，神人無功，聖人無名。』這同樣是莊子想像和幻想的自由。」、「人們可以想像一個沒有關係的個體，就像莊子想像的無待至人極限之逍遙和神游那樣，但事實上我們找不到一個同其他個體沒有關係的個體。」[40] 言下之意，《莊子》僅能提供人們想像一個內心神祕角落，換取「非眞實」的一時清心。因爲眞實之爲眞實，僅能落實在相互依存與相互作用的關係性眞實之中，而「無待」正是這種關係性的消除脫去。

　　顯然，王中江所理解的《莊子》詩意性格、神祕主義式的精神家園，終究無能回應你我之間、人群之間、物我之間的關係性自由與轉化性豐

年），頁129-179。

[39] 尤其可從王先生將金岳霖的「能」與中國哲學的「氣」（甚至天、道等），視爲本質主義思維下「無性質」之形上同一性，可見一斑：「本質主義思維在哲學上的表現就是常常用性質、形式、共相等來看待一類事物，認爲每一種事物都具有共同的本質和屬性……本質主義在中國哲學中的部分表現是以道、天、天理、氣等爲萬物的最高本質，以此去說明事物的共同本性。中國哲學中不同形式上的本性論、良知論，或人性、佛性、道性等，也是不同形式的本質主義。馮友蘭、金岳霖等人的哲學更有本質主義的特徵。只是，相對於西方，中國的本質主義思維要弱些。……用純粹沒有任何性質的「能」等去說明個體的個性，是本質主義思維的一部分。金岳霖說他的「能」類似於亞里斯多德的「質料」和程朱理學的「氣」，正是它給予了個體的統一性和個體性。它沒有任何性質，它是不可表達的『X』。」〈個體：從類、性到關係和普遍相關性〉，頁98。中國哲學的諸多核心概念（如天、道、理、氣、人性、佛性、道性等），是否挾纏西方形上學式的本質主義思維，這個問題太大、太複雜，無法一概而論，但也不宜用大覆蓋的帽子給予全體套上。例如《莊子》的「氣化」並非描述沒有性質差異的形上同一性，反而與「物化」的多元性和差異性，不可分離。對此可參見筆者對法國《莊子》學家畢來德（Jean François Billeter）的批判與回應。參見〈身體、氣化、政治批判：畢來德《莊子四講》與〈莊子九札〉的身體觀與主體論〉，收入何乏筆編，《跨文化漩渦中的莊子》（臺北：臺灣大學出版中心，2017年），頁117-186。

[40] 王中江，〈個體：從類、性到關係和普遍相關性〉，頁109、頁112。

饒，它只能提供中國知識分子一種清涼興奮劑：「孔子儒家把中國知識分子帶進秩序之中，使他們滿腔熱情經世致用、立功立名；但他們一旦受到挫折和打擊，莊子道家就把他們從秩序中接過來，消除他們的鬱悶和創傷，使他們心靈得到安慰。不能『只是』消極地把莊子道家看成是失意知識分子心靈的麻醉劑，更應該說他是知識分子自我迷失的一副清心劑和『自我』興奮劑……中國知識分子又是如何以莊子為師，尋找精神家園和詩意性的。根據以上考察我們知道，由莊子的『游』和『逍遙』所體現的『自由性』，主要是在冥思玄想之中，在心靈的『道游』之中實現的，它是一種回歸自我的『內游』、『內修』和『寧靜』，是一種『內向性的神祕體驗』。這種在內心世界所進行的『玄游』、『神游』和『冥想』，契合了知識分子尋找精神自由和超越的願望。」[41]

王氏這種儒「方內」、道「方外」的解莊方式，片面突顯《莊子》的內向性、極端化的神祕體驗，卻忽略了〈天下〉篇所謂「獨與天地精神往來而不敖倪於萬物，不譴是非以與世俗處」的弔詭辯證性。換言之，《莊子》與萬物變化（物化）的「應於化而解於物」之自由關係，以及《莊子》與人間世的「入遊其樊而無感其名」之辯證豐富關係，皆被減損為純粹內在的唯心論、獨我論式的玄祕性精神自由。[42]如此亦將《莊子》蘊含的批判性之「道家型知識分子性格」給消除滌盡。[43]然而本文所理解的《莊子》之「無待」，絕非斷除或脫離關係，而是要治療主客有隔有礙的「異化」關係。「有待」意指著過分依賴或過分支配所產生的「異化」關

---

[41] 王中江，〈道家自由思想的兩種形態〉，頁132。

[42] 筆者不完全反對《莊子》一書也有神祕主義式的描述，甚至具有史泰司（W. T. Stace）所謂「內向型冥契主義」的體驗和記錄，但要強調的是，《莊子》並未停住在冥契經驗之中，反而對冥契經驗與語言的關係進行批判性反省，從而走向「言無言，終日言而盡道」的後言立場。換言之，《莊子》絕未停住在「去語言」的神祕之境，反而肯定了「即物而道」的物化關係性之變化世界。對此可參見拙文，〈道家的自然體驗與冥契主義──神祕‧悖論‧自然‧倫理〉，《臺大文史哲學報》74期，收入《當代新道家》（臺北：臺大出版中心，2011年），頁225-288。

[43] 關於《莊子》所體現的另類型知識分子品格與性情，參見拙著，《道家型的知識分子論：莊子的權力批判與文化更新》（臺北：臺灣大學出版中心，2013年）。

係，或者關係的「異化」。而「無待」正如「除病不除法」，針對的是關係之病變。亦即，「無待」所欲消除的是關係的「異化」，而非「關係」自身。甚至可以說，唯有消除「異化」，關係中的自由與豐饒才得以體現。如此理解，「無待」與「有待」的微妙關係，正如「無相為」與「相為」、「無相與」與「相與」的弔詭關係那樣，皆不宜以二元分立模式去片面化理解，而應該完整把握「相與於無相與，相為於無相為」的「與無與，為無為」的辯證方式解之。此種「無待而待，待而無待」的弔詭修養，或者「在關係之中而不落異化關係，在關係之中又活化關係」的兩行智慧，才得善解《莊子》「以無厚入有間」的關係性自由，以及「應於化而解於物」的關係性豐饒。一言以蔽之，《莊子》是在即批判即更新的辯證活動上來重估關係、活化關係，而非簡單的肯定或簡單的否定關係。

第八章

養生哲學與倫理政治——《莊子》的遊化主體與義命回應

一、前言：在養生現象的流行風潮下，重返《莊子》的養生哲學

　　本文欲探討的養生課題，是二十一世紀的流行現象之一。只要看看無處不在的保健食品廣告，電視節目與平面媒體到處鼓吹養生觀念，強調有益身心健康的慢食、慢活等新生活運動。各種琳琅滿目的健康訴求口號，在在顯示這可能是人類有史以來最強調身體保健的養生年代。法國漢學家于連（François Jullien或譯為余蓮、朱利安）曾在《養生：遠離幸福》（*Nourrir sa vie: à l'écart du Bonheur*）一書表示，他一方面驚嘆法國養生書籍已有逐漸取代哲學書籍的傾向，另一方面也注意到東方有關能量、呼吸等氣論養生方技已重新流行於西方。[1]

　　在宗教退位、諸神除魅的貨幣哲學時代，當形而上的精神超越追求大規模失效後，人們能依憑的似乎只有縮回形下的物質生活與身體經濟的保健管理。在這個追求小確幸的年代裡，人們的心量也逐漸內縮起來，古典式的宏大敘述，不管是形而上的超越嚮往（天地並生萬物為一）、倫理學的恢宏心量（眾生病是故我病），幾乎都消退為渺遠的虛幻靈光，成為遙不可及的天邊雲彩。古典人格如張載所描述的：「為天地立心，為生民立命，為往聖繼絕學，為萬世開太平。」對當今流行的養身保健的年代裡，猶如《莊子》真人經常被嘲諷：「猶河漢而无極也；大有逕庭，不近人情

---

[1] 可參見何乏筆（Fabian Heubel）對于連《養生：遠離幸福》一書的分析介紹與反省批判，〈養生的生命政治：由于連莊子研究談起〉，《中國文哲研究通訊》18卷4期（2008年12月），頁115-138。

爲。」²如今強調個我性「永保安康」的幸福與保健，已成爲最可確信的
切身之事，而原本古典式養生所涉及的修身養性、安身立命等深厚內涵，
也逐漸被限縮爲個人形軀式的延年益壽、健康衛生、體能保健、甚至體態
塑身。換言之，現代健康觀念下的養生內涵，主要在於一技一藝的醫療藥
方與身體管理。甚至配合科技的效能控制（計步器、體重機、熱量表），
而讓養生成了所謂「身體的能量經濟學」現象。³在現代人看似擅長養生
的流行風尚下，人們已逐漸遺忘古典養生哲學的恢弘內涵了。然而在這科
技昌盛、醫療進步、健檢風行的新年代，有必要回頭探究古典式的《莊
子》「養生哲學」嗎？《莊子》的養生觀點不會顯得過時褪色？它能夠再
爲當今的養生風潮提供任何啓發嗎？由於筆者長期關懷《莊子》在跨文化
時代下的古典新義，所以也希望在現代人特別關懷的養生營衛這一時尚課
題上，嘗試挖掘《莊子》養生哲學的當代潛力。

養生之「養」涉及「如何」養的問題。如何方能謂之「善養」？就
《莊子》而言，這便觸及養生的宗主。〈養生主〉之「主」者，關鍵要領
也。養生要把握到眞正關鍵處，將心力用在刀口上，方不錯用工夫。養錯
重點、或以不善巧方式養之，皆不可謂獲得養生之「主」。誠如〈德充
符〉曾嘲諷一般人不懂得欣賞生命內涵（德）之大美，只將眼光擱淺在皮
相外貌（形），結果掉入了顛倒錯亂的「誠忘」窘境。它把不是重點當成
重點，患了遺忘眞正重點的大失落：「德有所長而形有所忘，人不忘其所
忘而忘其所不忘，此謂誠忘。」⁴一樣的道理，現代時風下的身體經濟、
熱量管理，是否可能也同樣患有「誠忘」的弔詭之病？換言之，這可能是
一個流行養生，卻遺忘了養生「主」的「誠忘」（大失落）年代。

《莊子》曾嘆：「悲夫！世之人以爲養形足以存生；而養形果不足

---

² 莊周，郭慶藩輯，〈逍遙遊〉，《莊子集釋》（臺北：華正書局，1985年），頁26-27。
³ 關於「能量經濟學」的現代養生之異化危機，參見何乏筆，〈養生的生命政治：由于連莊子研究談起〉，頁115-138。
⁴ 莊周，郭慶藩輯，〈德充符〉，《莊子集釋》，頁216-217。

以存生，則世奚足為哉！」[5]對《莊子》而言，世人都期待延年益壽而花盡心思在形體養生上，但這大都只呈現一種養生現象的流行，並不一定真能調適上遂而提出深思熟慮的養生哲學。只有深獲養生之「主」者，方才可謂之養生哲學。筆者認為《莊子》對養生課題的貢獻，在於深刻地省思了何謂養生、如何養生的修養工夫，由此才觸及更關鍵也更具普遍性的養生哲學，甚至讓哲學工夫具備了養生內涵。而本文認為《莊子》這種將養生深化為養生哲學的「主體轉化」之修養工夫，或許將可為于連所憂心的「養生方技取代哲學反思」的危機現象，提供一種批判性回應。

二、〈養生主〉的文惠君興發了什麼養生啟示

　　《莊子》「養生」概念出自〈養生主〉一文，所以要理解《莊子》的「養生哲學」，回到〈養生主〉脈絡來解讀是最直接的下手處。問題是，〈養生主〉的「庖丁解牛」深具寓言效果，假藉文惠君之口說出「得養生焉」，其意義仍不免隱晦難明，猶如公案有待參究。這也是本文一開始，就想試解〈養生主〉「庖丁解牛」之寓意，以揣摩文惠君「聞庖丁言」而領悟的養生啟示。

　　〈養生主〉的核心主文，集中在庖丁具體解牛過程以及解牛體驗之描述，藉由親身經驗的覺察、敘述而呈現反思性格。正因為具有：體驗／描述／反思的覺察效果，使得原本只是解牛之特殊行業技術，被提昇為普遍共通於身體技藝的力量美學之微觀覺察與動態歷程。[6]〈養生主〉善於

---

[5]　莊周，郭慶藩輯，〈達生〉，《莊子集釋》，頁630。

[6]　近來有若干學者從身體技藝的體知角度來分析〈養生主〉，例如畢來德（Jean François Billeter）、楊儒賓、方萬全等名家，而此一角度已累積相當可觀的學術成就，本人亦曾有相關論文參與此一討論。但認為這一角度並未窮究〈養生主〉有關「養生」之內涵，故打算再以幾文補充之，本文便是其中嘗試之一。有關身體主體的技術論述，可參見畢來德，宋剛譯，《莊子四講》（臺北：聯經出版事業公司，2011年）。楊儒賓，〈技藝與道——道家的思考〉，收入國立臺灣大學中國文學系編，《王叔岷先生學術成就與新傳論文集》（臺北：國立臺灣大學中國文學系，2001年），頁165-191；方萬全，〈莊子論技與道〉，收入劉笑敢主編，《中國哲學與文化第六輯：簡帛文獻與新啟示》（桂林：廣西師範大學出版社，2009年），頁259-286。

化腐朽爲神奇，將原本俗民階層充斥血腥污穢的屠宰現場，轉化爲後來文人雅士愛好不已的美學公案，甚至成爲了法國《莊子》學者眼下的權力廚房。[7] 當時儒雅君子主張「君子遠庖廚」，庖廚之地顯然被預設爲不善不美，是不宜搬上臺前的幽黯場域。《莊子》擱置先入爲主的道德評判、美學成見，改以力量美學的獨特眼光，重新注目庖丁（我）與牛（物）在近身搏鬥交纏之際，酣暢淋漓的身體力度、遊刃節奏，甚至整場活動特有的自由律動之微妙氣氛。[8] 作者獨具洞察之眼和深描之筆，儒雅君子所難以承受的不安之心、血腥之地，居然在《莊子》「以道觀之，物无貴賤」[9] 的道眼下，讓平凡無奇甚至污穢不堪的事物，竟敞開一線黑暗之光，甚至孕乳出養生之理。原本屠宰難於幸免殘酷與暴力之荒蕪，如今被轉化出美學或養生的意義盈餘，豈不弔詭難解？若《莊子》意不在將暴力合理化，那麼這種「以醜惡爲美麗」的顛覆到底傳達了什麼魅力[10]？身體勞動有何養生訊息深藏其間？這便是「庖丁解牛」寓言，隱晦幽微、啓人疑竇之迷團，但也是解謎問津者興味所在。

　　《莊子》筆下的庖丁解牛，並非平面紀錄屠宰現象，它不渲染血氣腥膻之暴力氣氛，反而要深觀一流庖解現象所透露出來的技藝內裡、活動自

---

[7] 葛浩南（Romain Graziani）曾以政治隱喻角度來解讀庖丁與文惠君的對話，換言之，它可能延伸出權力批判的政治廚房意味。參見葛浩南，〈莊子的哲學虛構〉，《中國文哲研究通訊》18卷4期（2008年12月），頁59-70。

[8] 力量美學一語取自德國哲學家孟柯（Christoph Menke），孟柯觀點深受尼采（Friedrich Nietzsche）啓發，而何乏筆認爲孟柯對尼采力量美學的討論，與畢來德對《莊子》的身體制機轉化之討論，具有跨文化的可對話性。參見何乏筆，〈氣化主體與民主政治：關於《莊子》跨文化潛力的思想實驗〉，《中國文哲研究通訊》22卷4期（2012年12月），頁41-73。簡言之，意識主體（官能）向身體主體（力量）的轉化過程，將同時帶來充滿活力的力量遊戲，而孟柯這種力量美學的主體轉化與提升，從《莊子》看來，可能隱含某種身心實踐轉化的養生意味，對此可參見筆者的另一篇文章，〈天人之間與養生達生——《莊子》技進於道的天理與物性〉，《諸子學刊》17輯，收入本書第九章。

[9] 莊周，郭慶藩輯，〈秋水〉，《莊子集釋》，頁577。

[10] 「以醜爲美」的書寫，最爲集中體現在〈德充符〉上，對此可參見拙文的分析，〈《莊子》的他者倫理——以〈德充符〉的文學書寫爲例〉，《東華漢學》30期（2019年12月），收入本書第四章。

身。作者的描述既帶人親臨刀入骨節的迷宮通道，又令人超然全觀整體活動歷程，最後產生若有所悟的覺察與省思。在這一入一出之間，作者藉庖丁之口點出關鍵（主）之所在：「所好者道也，進乎技矣！」暗示作者關心所在，遠非表面屠宰行業和實際解牛動作。真正引領他出神而入迷、入迷又出神的，乃是活動自身所顯示的力量機遇和運作模式，以及從中體現出物我遭遇、人我交涉的共通原理。

從庖丁解牛的敘述結構來看，它起始於文惠君親身在場、親眼目睹屠宰情境。而《莊子》設計這一場不符禮教身份、轉化統治威儀的政治廚房，一開始就虛構了一場淨化文惠君官方習氣的洗禮儀式，甚至上演一場宰牛戲劇的殘酷劇場，來撼動並轉化文惠君的認知習性與存在狀態。正如〈達生〉篇，也經常透過雅士（儒門文人）與俗民（百工勞動）的對照，來突顯身體勞作所帶出的生命活力。[11] 而當文惠君親身流觀整個解牛活動時，那行雲流水的庖丁身體之抑揚頓挫的觸覺狀態，被描述如下：

> 庖丁爲文惠君解牛，手之所觸，肩之所倚，足之所履，膝之所踦，砉然嚮然，奏刀騞然，莫不中音。合於桑林之舞，乃中經首之會。[12]

身爲貴族之尊的文惠君，初到血污四濺、髒亂不堪的屠宰現場，想必一開始也渾身不自在。奇妙的是，他很快就被眼前一幕幕的行動景觀所吸引，他的焦點意識似乎不再看見血漬四濺的宰場背景，他的意識被轉化爲順隨庖丁身體自我（Leib-Selbst）的律動，隨之融入與牛共舞的身體節奏與運

---

[11] 例如〈達生〉篇所提及的：痀僂丈人之承蜩、津人之操舟、呂梁丈夫之泳水、梓慶之削木爲鐻、工倕之巧畫規矩，等等百工業的勞動達人，他們的身體實踐一再展現「技進於道」的生機活力。對於這種身體與物質、情境的微妙互動狀態，《莊子》一再以「凝神」、「若神」稱之。反而貴族階層、文化精英在逐漸「去勞動」的智識化過程，讓這種「全身是神」的生命力產生弱化危機。本文重點雖不放在勞動、創造與生命力的探討，但勞動與養生的關係也值得注意。

[12] 莊周，郭慶藩輯，〈養生主〉，《莊子集釋》，頁117-118。

動韻律中。文惠君一開始雖只是從旁觀看解牛活動，但不知何時開始、也不知什麼起了作用，觀者卻有了身歷其境般的感受。文惠君恍若自發性地身體模擬（Mimesis）了庖丁，跟隨庖丁充滿活力的身體韻律，一起進入美妙而特殊的時間性。這位與牛共舞的庖丁達人，當他全神貫注投身於宰牛活動時，其所散發的身體氣氛瀰漫一股動態的生機活力，不知不覺也讓觀者捲入其中，促使觀者的身體也啓動了模擬的轉化作用，因此而有了感同身受的美妙感。[13]當庖丁的「手」、「肩」、「足」、「膝」等等一連串的身體部位和牛體部位相遭遇時，其所產生的「觸」、「倚」、「履」、「踦」等等一連串的運動節奏之力量迴蕩，讓文惠君的意識自我忘卻自身而讓位給身體自我，從而跟隨庖丁身體一起進入恍若音樂弦律和舞蹈節奏之中。換言之，「合桑林之舞」、「中經首之會」，雖是由庖丁所體現創造的行動氣韻，但多少也帶給文惠君同拍共振的「體知」領受。[14]也因爲先有了切身經驗的感受興發，進而啓動了底下極具生產性的對話：

　　文惠君曰：「譆，善哉！技蓋至此乎？」庖丁釋刀對曰：「臣之所好者道也，進乎技矣。始臣之解牛之時，所見无非牛者。三年之後，未嘗見全牛也。方今之時，臣以神遇而不以目視，官知止而神欲行。依乎天理，批大郤，導大窾，因其固然。

---

[13] 模擬（Mimesis）一概念，出自德國法蘭克福學派創始人阿多諾（Theodor W. Adorno）之手，而宋灝（Mathias Obert）吸收以詮解庖丁解牛的運作狀態；另外有關「身體自我」一概念，則是宋灝結合了海德格（Martin Heidegger）的「在世存有」與梅露龐蒂（Maurice Merleau-Ponty）的「獻身於世界而存有」，所結晶出的身體現象學概念。有關身體模擬、身體自我之描述，可參見宋灝，〈逆轉與收回：《莊子》作為一種運動試驗場域〉，《中國文哲研究通訊》22卷3期（2012年9月），頁169-187；宋灝，〈由身體現象學談書法工夫論〉，《東吳哲學學報》28期（2013年8月），頁39-69。

[14] 「體知」一詞由杜維明提出：「體知概念籠罩下的『身體』涵著『以身體之』的意思。凡是真有實感的內在經驗，都與體知有關：體驗、體會、體察、體究和體證，都是體知的面向。」見氏著，〈身體與體知〉，《當代》35期（1989年3月），頁52。

技經肯綮之未嘗，而況大軱乎！良庖歲更刀，割也；族庖月更刀，折也。今臣之刀十九年矣，所解數千牛矣，而刀刃若新發於硎。彼節者有間，而刀刃者无厚；以无厚入有間，恢恢乎其於遊刃必有餘地矣，是以十九年而刀刃若新發於硎。雖然，每至於族，吾見其難為，怵然為戒，視為止，行為遲。動刀甚微，謋然已解，如土委地。提刀而立，為之四顧，為之躊躇滿志，善刀而藏之。」文惠君曰：「善哉！吾聞庖丁之言，得養生焉。」[15]

妙哉！文惠君在整個對話場景中，雖只有簡單兩句的一問一答，但在前後兩個「善哉」之間，經由庖丁對解牛過程的經驗重述與反思描述，文惠君先前遊觀了庖丁之舉、現在又聽完庖丁之語，剎時靈光乍現，湧出「養生」領悟。此事甚奇，屠宰之事不是關乎犧牲與死亡嗎？怎會有養生之機藏身其間呢？文惠君的領悟是什麼？此領悟有何道理？筆者打算先揭曉謎底，下幾節再一一論證其中理據。簡而言之，筆者認為經過庖丁啟示而新生的文惠君，已能重新觀看原先身陷人際牛體、權力網羅的處身情境，現在的他似乎已悟得如何在錯綜複雜的人間網羅裡「緣督而行」。換言之，如何在倫理政治的權力蠻牛之角力中不再傷生害命，甚至遊刃有餘的那個養生窈門現在被打開了。可以說，庖丁透過屠宰的處處殺機，巧妙地為文惠君示現了生機之道的空隙。而原本血肉模糊的屠宰牛體，現在則類通為錯綜複雜的人際牛體。善哉文惠君，由「解牛之技」而觸類旁通地領悟了「養生之道」。以下嘗試申論之。

三、「技進於道」的養生領悟：人際牛體與主體轉化

庖丁與文惠君的對話內涵，本文將它把握成幾個重點。首先，庖丁的解牛活動已超乎一般「技」層次而上達「道」層次，此即所謂「道也，

---

[15] 莊周，郭慶藩輯，〈養生主〉，《莊子集釋》，頁118-124。

進乎技」。其次，庖丁解牛技術所以昇入「技進於道」的化境，必須透過「官知止而神欲行」這一庖丁主體轉化機制來實現，尤其意識自我（感官心知）須讓位給身體潛能（全身是神），而「神」則是身體自我「依乎天理（順乎自然）」而自動自發的潛能發用。[16] 再者，文惠君先親臨解牛現場而感同身受，又聽聞庖丁即事說理的現身說法後，乃能從解牛體驗之反思中，觸類旁通於「養生」道理。而他由解牛活動所興發的養生領悟，恐怕也非單屬一技一藝的養生方術，而是有關根本性或基源性的養生大道。

　　從庖丁到文惠君、從解牛到養生的乾坤挪移，如何可能？關鍵便在於「道通為一」的祕響旁通之效果。正因為庖丁所展演與敘述的並非一般解牛現象與技術說明，而是觸及任何身體實踐技藝如何「技進於道」的共法，所以文惠君領悟的也非一般養生方技，當是人際世間都無所逃脫、都得善巧回應的養生「宗主」。換言之，文惠君領悟的「養生」之「主」，一樣須從「道也，進乎技」來索求。

　　近年來從「技藝美學」角度來閱讀庖丁解牛時，會將理解重點放在庖丁「身體主體」如何上達「技進於道」的實質細節、過程結構。從這一角度閱讀，〈養生主〉的庖丁解牛，就和〈達生〉篇各種技藝描述相類似，只是描述的更細緻複雜而已。但「庖丁解牛」和其它技藝現象相較來看，卻隱含更豐富的寓言寓意，也就是文惠君所領悟的養生義蘊。這便使得「庖丁解牛」的意義非凡，可以旁通甚至顯豁《莊子》技藝現象中的養生哲學。但目前學者大都將重點放在技藝實踐的行動哲學或主體轉化的討論上，較少注意其中同時隱含的養生意義。但倘若將庖丁解牛放回「養生」寓言視域，直就文惠君的養生興發來思考，那麼文惠君除了感受庖丁身體

---

16 筆者這裡對「神」的身體性之描述，近乎畢來德所謂從「人」的機制到「天」的機制之身體轉化，但筆者不同意畢來德切割身體與氣化的限縮觀點，參見拙文，〈身體、氣化、政治批判：畢來德《莊子四講》與《莊子九札》的身體觀與主體論〉，《中國文哲研究通訊》22卷3期（2013年9月），頁59-102。關於畢來德從「機制（régime）」來詮解「庖丁解牛」中的身體主體之轉化潛能，請參見畢來德《莊子四講》。

運行的力量美學現象外，也已將其轉移或擴大到「在世情境」中來尋思養生之道的內涵。文惠君原本只停留在一技一藝的解牛活動來欣賞庖丁，如第一個「善哉」焦點不脫解牛之技的讚嘆，但當庖丁明白告訴文惠君如何才能上升到「善庖」與「善刀」的遊刃神境，從而使手中庖刀「十九年而刀刃若新發於硎」時，文惠君乃頓然從「解牛」的「技進於道」，類通於「處世」的「技進於道」，從而領受了第二個「善哉」之大美妙。

屠宰畢竟事屬庖丁專業，它屬於少數特殊行業之專技，而貴為上層階級的文惠君，或許一時心醉神迷於庖丁神技，卻不可能對屠宰領悟太多，因為他的「身境」並不長期身處屠宰情境。文惠君自庖丁達人「技進於道」的興會所得，筆者推斷，它已從解牛這一屠宰場域，轉移或擴大到更普遍、更基本的人生場域，也就是「人間世」的處身境域。並由此悟出如何在人間世的牛體網絡中，獲得「安身立命」的庖解之道。

從庖丁「解牛」的「技進於道」，到文惠君「養生」的「技進於道」，它既是身境場景的連類感通，也是從特殊（解牛之技）到普遍（養生之道）的日常性工夫轉向。現實中雖僅有少數人從事宰牛工作，但只要身而為人都一樣要面臨日常生活、人際關係的「庖解現象」。從文惠君的觸類旁通、類應聯想看來，人與人之間的關係交錯、倫理脈絡、階層網絡、權力支配，等等錯綜往來之生活世界，恰恰被模擬為庖丁解牛時的處身情境。文惠君身處錯綜複雜的倫理、政治之人間迷宮，此時正好具體而微地被庖丁刀下的牛體網羅給映襯出來。文惠君驚嘆人際處世的角色折衝、利害關係，就猶如庖丁手刃遊處於各種矛盾衝突、阻塞糾結的骨肉羅網，一不小心便要人牛兩傷、物我兩害。所謂「良庖歲更刀，割也；族庖月更刀，折也。」眾人在世間處境不免在刀劍人生的「割折」刃靡下，傷痕累累、銳氣漸消，致使生命損耗成不再精氣神旺的一把鈍刀。然而眼前為文惠君解牛的庖丁達人，卻奇蹟式地在歷經十九年的解牛生涯後，依然刀刃精銳如新，就像剛從磨石新出般鋒銳有光。文惠君也就從庖丁手中這把用了十九年卻「若新發於硎」的善刀，領悟到如何庖解人間世務的善養

之道。

　　文惠君領悟的養生之道何在？我們在〈養生主〉的寓言中，或許僅能得出一個大概的隱喻消息，那便是：人生在世之折衝遭遇猶如庖丁遇牛體之迷宮，而庖丁之刀刃則象徵人之主體的厚薄虛實狀態，若要刀入牛體而不迷不傷，則要體察「依乎天理，批大卻，導大窾，因其固然。技經肯綮之未嘗，而況大軱乎！」的「因循」順應之道。在不碰硬、不強行，在順逆、迎拒等曲折之間，尋得「遊刃有餘」的間隙通道。在《莊子》看來，人間世的各種倫理處境並不那麼理所當然就能優遊其間，其中充斥各種角色折衝所造成的人際迷宮。它也容易被權力支配給滲透，使關係通道被權力填滿而阻塞異化，從而失去了原初的自由活力與倫理感通的精微彈性。要如何重新打開人間世的倫理空隙，找回關係中的自由彈性，便是人生在世每人都得學習的一門生活藝術，這門養生哲學乃是無所逃的必修課。《莊子》藉庖丁之口，鄭重地提醒人們千萬要憂患戒慎，粗魯不得、大意不可：「吾見其難為，怵然為戒，視為止，行為遲。」如此才可能在錯綜複雜的處境中，進行「動刀甚微」的庖解手術，隨之迎刃而解。就算暫時過了難關，庖丁還告誡文惠君要懂得「善刀而藏之」，千萬不可志得意滿而忘了「逆轉收回」（老猿掛印回首望），這一手回鋒含藏的保任工夫。[17] 看來，這門養生哲學同時隱藏著倫理的批判治療與關係的修養訊息，有待細細推敲。

　　「逆轉收回」一詞，取自宋灝談《莊子》與書法的用語，有趣的是，庖丁解牛亦是書論經常引用的美學養分。宋灝強調書法書寫的身體模擬之「澀」感，和身體與物遭遇過程中的「逆轉收回」之時間性相關。此亦相通於庖丁解牛的「中經首之會，合桑林之舞」之體驗。其實，「澀」也是人在「人間世」必然要遭遇「他者」的關係性處境。因此人生無法單憑個人主體的意向性而直行，必需如庖丁解牛一般迂迴於空隙而曲行，並與他

---

17 參見宋灝，〈逆轉與收回：《莊子》作為一種運動試驗場域〉，頁170-172。

人共成來回韻律的彈性之舞。本文如是推斷，文惠君在遊觀庖丁解牛、聆聽庖丁解說時，隱藏心中的牽掛或焦慮，主要並非如何解牛之專業興味，而是由庖丁解牛所類應出來的人生處世之共通境遇。筆者也論斷，文惠君最爲切身困惑的是，如何回到倫理、政治的「在世存有」而得以「遊刃有餘」。亦即如何善解人際倫理、人際政治這一大牛體而安身立命。上述揣摩並推斷文惠君所領悟的養生「主」旨，其實正爲揭露《莊子》的養生哲學。本文認爲《莊子》的養生哲學，並非純屬延年益壽的個我保存，亦非呼吸導引一技一藝的養生偏方，《莊子》式的養生關鍵事涉整個主體或自我的徹底轉化。而主體轉化的複雜性，正如庖丁所面對的龐大牛體之錯綜結構與迷宮內裡，無法簡化處理也無法技術解決。可以說，徹底處理養生的關鍵課題，便涉及了處理「主體我」與「人間世」各種倫理政治、社會文化的共構性之複雜課題。所以《莊子》的養生工夫，無法被簡化爲延年益壽之呼吸吐納、熊經鳥申之任何養形技藝，反而必須深入主體自我與世間倫網所混搭侵越、錯綜交纏下，人性內涵之洞察與主體結構之轉化，如此才有機會獲得「技進於道」的生命安養。換言之，《莊子》的養生哲學關涉到主體的重新理解與轉化，而非僅是身體能量的積累與管理而已。

四、文惠君領悟的養生主旨：權力變牛與遊化主體

　　一般人的養生容易落入技術偏方，難以領悟《莊子》養生之正宗主旨。筆者認爲文惠君獲得的養生領悟，不在一技一藝的養生方術之操作，而是基本而普遍、複雜而究極的「宗主」領悟。若用〈天下〉篇的概念，文惠君領悟的乃是養生「道術」而非養生「眾技」。〈天下〉篇曾批判「眾技」支離了「道術」大全：

　　天下多得一察焉以自好。譬如耳目鼻口，皆有所明，不能相通。猶百家眾技也，皆有所長，時有所用。雖然，不該不徧，一曲之士也。判天地之美，析萬物之理……天下之人各爲其所欲爲

以自爲方。悲夫，百家往而不反，必不合矣！後世之學者，不幸
不見天地之純，古人之大體，道術將爲天下裂。[18]

「道術」一說，原用來批判諸子百家各陷溺在「一察」自好、「一曲」偏
限，雖各有一管知見、一門心思、一技之長，卻總掉入「以自爲方」而導
致「自是非他」的是非纏鬥。無法從普遍兼備（不該不偏）來觀看整體與
思考事物，結果總是強以一曲私見「析」「判」天地萬物之大全大美，呼
應了〈齊物論〉所謂「以是其所非而非其所是」的支離破碎。「天下之人
各爲其所欲爲以自爲方」，指出「自我中心」正是問題關鍵。「以自爲
方」的成心知見、認知偏限，引導了權力意志的意欲偏執，而人我各自爲
政就像耳目口鼻之一孔官能，雖各有所明，卻不能相通。如此一來，原本
「天地之純」、「古人大體」的「道術」，也就支離破碎成百家「眾技」
了。〈天下〉篇的「道術將爲天下裂」，也再度呼應於〈應帝王〉的「渾
沌鑿七竅而亡」。它們都意有所指地批判了一技一藝、一偏一曲，它們皆
象徵了自我偏限的破碎來臨，以及自我封閉的偏執習性。而由一端知見
的偏限而來的自我封閉與自我擴張，損害的正是：與世界共在（遊乎天
地）、與萬物共遊（與物爲春）、與他人共感（與人相友）。於是，那種
天地人我、一氣共感的原初倫理年代（天地之純），乃被遺忘。虛化淡
泊、渾沌整全的人格特質（古人大體），逐漸消逝。

　　〈養生主〉的「技進於道」的養生領悟，正類似〈天下〉篇「道術大
體」對「百家眾技」的超越。文惠君領悟的養生道術所以能觸及養生「宗
主」，應該也不在於操作任何一偏一曲的養生眾技，而在於養生者的主體
自我之全體轉化。一言蔽之，養生宗主還是在於人格主體的全面轉化，而
非身心片面的方術操持或煉養。因此本文判斷，文惠君對養生主體的周遍
性與根本性的領悟，主要就在於底下兩個關鍵：一則，庖丁解牛之所以能

---

[18] 莊周，郭慶藩輯，〈天下〉，《莊子集釋》，頁1069。

「以无厚入有閒」，乃需要從「官知」轉化出「神行」的「遊化主體」，而這種主體性的全面徹底轉化（解心釋神），才是養生工夫的根本關鍵。二則，行使庖丁神技的「遊化主體」，必須在錯綜複雜的牛體網絡中遊刃有餘，這也啓示了文惠君，主體我的構成無法離開複雜的人間世，因此要轉化主體就必得同時回應倫理、政治的關係性共構處境。而嶄新的主體之逍遙也必須遊化在人際牛體「之中」，而非脫出人際牛體「之外」，這才是《莊子》養生哲學時時刻刻需要面對的倫網境遇與日常工夫。

　　進一步說，原先庖丁實際面對的「骨肉牛體」，已被文惠君轉移爲「人際牛體」。即牛體的骨節迷宮被重新隱喻爲：人在倫理政治網羅所涉身的權力交涉處境。其次，庖丁解牛的身體主體之活力運作，也被重新領悟爲如何轉出一種「遊化」的新主體狀態。以便使人在倫理政治網羅中既可避免相刃相靡而「中道夭折」，又能遊化於權力迷宮而盡量打開關係的自由空隙，從而「達之，入於无疵」。亦即在無所逃的日常倫理、權力處境中，獲得性命安養甚至轉化權力。從筆者看來，庖丁眼中的牛體迷宮，已被文惠君領悟爲倫理政治迷宮，其中充斥著各種細微權力的滲透與變形，[19] 想必這也是實際身處權力羅網核心的文惠君，最能感同身受也最需獲得啓示的養生之道。或許我們會問，一般人並不像文惠君那樣身處倫理政治之權力核心，他的領悟具有普遍意義嗎？其實對《莊子》而言，文惠君的處境只是一般人生處境的特寫化，兩者在本質上卻有類似的倫理政治結構。[20] 事實上，倫理政治性並不專屬於文惠君，倫理政治性和人的在世

---

[19] 關於微型權力與政治權力的洞察與批判，可參見拙文，〈《孟子》與《莊子》兩種氣論類型的知識分子與權力批判──「浩然之氣」與「平淡之氣」的存有、倫理、政治性格〉，《清華學報》43卷1期（2013年3月），收入拙著，《道家型知識分子論：莊子的權力批判與文化更新》（臺北：臺大出版中心，2013年），頁43-116。

[20] 行文中的「倫理政治」，一方面既實際指涉了周文建制系統中的「親親（倫理）」與「尊尊（政治）」，另一方面也更普遍地指涉了人生在世的處世結構，總是無所逃於倫理與政治這兩輪，甚至是倫理與政治的同盟合謀。關於周代禮樂封建文化建基在「親親」、「尊尊」，所成立的一整套「即倫理即政治」的宗法制度，而這套由宗法而衍生的封建政治，亦延續到春秋時代的政制體式來，可參見許倬雲，〈春秋政制略述〉，《求古篇》（臺北：聯經出版事業公司，2003年），頁

性格本身就緊密相關。例如〈人間世〉假藉仲尼之口所說出的義命結構：

> 天下有大戒二：其一，命也；其一，義也。子之愛親，命
> 也，不可解於心；臣之事君，義也，無適而非君也，無所逃於天
> 地之間。是之謂大戒。[21]

基本上，人和人必然就是關係性的相偶存在，無人絕對孤立而獨活，人在本質上必已是他人之「親」的「倫理存在」，此乃親情倫理之事實，所以相互牽掛幾乎是必然命運。其次，人這一社會性存有也不能免於階層關係之互動，其中也自然牽涉責任義務，如此一來，社會人的互動倫理也要旁涉延伸出權力關係（廣義的政治性格），此乃人之社會存有的互動所必然帶來權責關係之事實。可以說，人一出生便自然要在親情倫理關係網絡中被命名，而人一社會化便也難逃權力關係網絡的名分定位。這既都是存在事實，也經常被視為理所當然的「義」、「命」結構，這是人人無所逃的在世處境、意義網絡，也是人人安身立命必須恰當回應的倫理、政治羅網。因此文惠君從庖丁解牛得到的第一個啟示應是：如何在人際牛體中善養吾生。而隱藏在人際中的倫理性和政治性，恐怕已是最人倫日用、卻也最容易日用而不知的普遍課題，也是養生最關鍵性的宗主難題。

養生的「在世主場」確立了，那麼如何善養吾生的「主體轉化」課題，也就緊接而來。正如庖丁的善刀、善養、善藏，都必然要觸及庖丁與庖刀的厚薄、虛實的轉化課題。又如庖丁要從「目視」轉為「神遇」，要轉化「官知」並開啟「神行」，方能在牛體骨節筋肉的阻礙處（「族」），找出「遊刃」空隙。同理，在人際牛體中的在世養生，當然也要有一番「從厚到薄」、「從實到虛」的主體轉化，方能在人倫政治的

353-380。

[21] 莊周，郭慶藩輯，〈人間世〉，《莊子集釋》，頁155。

阻塞罣礙、異化扭曲中，找到庖解權力網絡的遊世之道、化導之路。而對於轉化主體的養生工夫，其實〈養生主〉一開始就已預告：

> 吾生也有涯，而知也无涯。以有涯隨无涯，殆已；已而為知者，殆而已矣。為善无近名，為惡无近刑。緣督以為經，可以保身，可以全生，可以養親，可以盡年。[22]

上述〈養生主〉的開宗立言，可做為理解《莊子》養生內涵的基本引導。其中提及「緣督以為經」的善養方式，可以達成：保身、全生、養親、盡年。它例舉的養生效益，除了有益身體、性命、年壽以外，也連帶有助於養親的倫理回應。除了點到養生的相關效益以外，它更透露養生工夫的關鍵當在「緣督以為經」。「督」者，放在庖丁解牛的身體架構來看，它是指骨架交纏、筋肉錯綜的「間隙」通道。若以督脈（氣所循行的中空無形通道）在身體的特殊位置和特殊屬性來譬喻，[23] 則「緣督」亦可解為「循虛」、「順中」而行。[24] 大致說來，「緣督」是指不落入兩邊支離的「中空」、「間隙」之通道。問題是，這個中空間隙如何出現？答案是，「無厚」之遊刃，創造或發現了這一空隙。有了無厚之遊刃，方能緣督之有間。

　　而這把無厚遊刃的冶煉粹化，便象徵著庖丁主體從「厚」到「無厚」的「虛薄」轉化，亦即「我」到「喪我」的轉化。換成養生的脈絡說，養生之主須在人際牛體的厚重沉濁之中，透過「虛」對主體自我的「虛化」作用，使得主體的「成心」、「偏見」之厚重沉濁，轉化為虛薄平淡的遊

---

[22] 莊周，郭慶藩輯，〈養生主〉，《莊子集釋》，頁115。

[23] 內丹修煉家常以身體經絡中的「督脈」解之，並以精氣神之流動與轉化的能量觀來解讀「緣督以為經」，此種解莊之養生觀點另有內丹「性命雙修」之脈絡。筆者過去亦曾採取類似解讀途徑，但目前認為此種養生路徑容易陷於方外競求，故本文暫不採取這種帶有身體方術技藝意味的養生途徑。此種養生方式在中國道教修煉傳統，另有其一脈相承之性命修煉工夫。

[24] 參見郭象和成玄英的注疏，郭慶藩輯，《莊子集釋》，頁117。

化主體。而這種能清通阻塞、遊化結構的新主體，就像庖丁那把「遊刃有餘」的無厚之刃，能在人際牛體網絡迂迴穿梭，而不讓自己落入是非膠著從而耗損太過。可以說，主體虛化的修養工夫（虛化而遊），可以讓人減少大量「此亦一是非，彼亦一是非」的傾軋折傷，以保持〈齊物論〉所謂「照之以天」、「莫若以明」、「得其環中，以應无窮」的兩行轉化。「照天」、「以明」、「環中」，可以視爲轉化後的新主體特徵，它們都不擱淺在「是非網羅」糾纏中而互相消耗。

透過上述「循虛」、「順中」對「緣督以爲經」的解讀，就可以更清楚地理解，爲何〈養生主〉一開始便要提醒人們，「知」可能帶來的人生陷阱：「生也有涯，而知也无涯。以有涯隨无涯，殆已。」這不僅僅只是表面上所謂人壽有限而知識無窮，一味追逐知識將猶如夸父追日，耗盡畢生，仍難終成。這樣的說法，並不能深入莊旨。《莊子》對「知」的反省批判，之所以和養生「主」有所關連，這是因爲《莊子》洞悉到：「知」是引發人生一連串耗損傷折的有漏處。一言以蔽之，「知」涉及到主體自我的構成內涵（下文將有所討論），所以《莊子》對「知」的批判，不宜簡化爲「反知識」或「反智論」來淺解甚至誤解。而《莊子》對「知」的批判，必須放在「去主體中心」的虛化工夫脈絡來整體把握。「解心釋神」、「知止神行」，皆是爲了對治主體自我的過度膨脹與僵化固持，所給予的虛損、平淡之工夫轉化，而做爲能遊、能化的嶄新主體，則能重新獲得所謂「眞人眞知」或者「無知之知」。

《莊子》的養生之「主」，所以和「知」（或「無知」）有著密切關係，乃因爲從《莊子》看來，在有限的人生時光裡，常人泰半時光都被「一偏知見」（同一性思維）的固我偏執、成心成見給緊緊捆束，並由此被一股莫名的盲動意志推向「相刃相靡」的刀劍人生。所以《莊子》才會苦口婆心地提醒人們，不要讓偏蔽的成心之知主導，並佔據你的有限人生，而掉入「此亦一是非，彼亦一是非」的偏見生涯之競逐。因爲這種偏見人生的「知是知非」，表面看來，雖然有人一時獲得肯定（爲善近

名），有人一時遭受否定（爲惡近刑），但「譽堯非桀」實乃一體兩面。
若依據禍福相倚的詭譎邏輯，兩者其實都不離「此亦一是非，彼亦一是
非」，因爲不管「名累」或「刑傷」，都是養生輸家，終難安身立命。這
樣的人生，必然要在憂虞悔吝中漂浮難定，患得患失中擺渡不寧。

五、主體我的內在構成：「知──言──心」的交纏共構

　　由上可知，養生之「主」，涉及自我結構的深察與轉化，其中主體結
構的深察又可包含內、外兩者。「內者」，涉及主體（己）之內在構成和
心知、名言的關係，用《莊子》的概念說，「我（己）」是透過「心」、
「知」、「言」的內在共構所產生的認同現象。「外者」，是就主體之活
動必然要涉身倫理政治、社會文化的「在世處境」，用《莊子》的概念
說，「我（己）」亦不能脫離「義命結構」的人間境遇。因此對主體結
構的深察，便要同時深入洞察主體內、外結構的相即相入、綿密交織的複
雜性，否則養生就容易流於表面的技術縫補，難以探觸生命底層的甚深漏
洞。也由於洞悉主體我的複雜構成，因此〈逍遙遊〉在談及：「（至人）
無己」、「（神人）無功」、「（聖人）無名」等等主體翻轉過程時，除
了和「我」之認知結構的內在轉化有關外，也和「我」之倫理政治的義命
結構密不可分。如以〈逍遙遊〉爲例，在主體虛化的過程中，知效一官、
行比一鄉、德合一君、而徵一國等等社會政治的功名課題也要一起面對。
可見，要深刻講明《莊子》的養生內涵，除了〈養生主〉的寓意以外，有
必要引入《莊子》其它篇章來推進內涵，尤其以〈齊物論〉、〈人間世〉
彼此相涉的觀點，加以補充。[25]
　　對於「主體（我）」之內在構成，〈齊物論〉存在性的反觀內省與

---

[25] 王船山也注意到牛體結構喻指了世間名言的險阻，可見養生不能不遊刃於人間牛體之險阻：「大名
之所在，大刑之所嬰，大善大惡之爭，大險大阻存焉，皆大軱也。而非彼有必觸之險阻也，其中必
有間矣。」、「名者眾之所會，不遊其間而入其會，則雖不蘄言而必有言，不蘄哭而必有哭之者
矣。」王夫之，《莊子通·莊子解》（臺北：里仁書局，1984年），頁32、33。

細微深描，特別值得深究。〈齊物論〉開篇於南郭子綦「隱机而坐」所示現的「喪我」氣象，而「喪我」便是有關主體的徹底轉化。關於《莊子》「去主體我」的修養工夫，後面將有專節討論，這裡的課題在於先釐清主體的自我中心化與內在複雜性。從筆者對〈齊物論〉行文脈絡的觀察，〈齊物論〉點出「吾喪我」與「聞天籟」之後，接下來便緊接探討主體我的內在構成與流變現象，尤其集中在知見、成心、名言這三者。對於《莊子》，「知」、「心」、「言」三者，正是主體我的核心構成物，或者說，這三者共構了主體我的皺褶形態。而這種向內封閉緊縮（皺褶內裡）、對外擴張排擠（皺褶外延）的主體中心化狀態，[26] 在《莊子》看來，才是導致人生失養、麻煩不斷的總開關。然《莊子》並非要完全否定「知」、「心」、「言」三者，而是在於指出對三者的本質性、複雜性、共構性，若缺乏深察又不當操作，很容易讓人深陷一連串複雜處境的麻煩糾纏。例如〈齊物論〉點出人一旦陷入「大知閑閑，小知閒閒；大言炎炎，小言詹詹」的知見鬥爭與名言爭鋒，那麼它將連帶引動一連串難以控制的「我」之「情／意／志」糾結纏繞：

　　其寐也魂交，其覺也形開，與接為構，日以心鬥。縵者，窖者，密者。小恐惴惴，大恐縵縵。其發若機栝，其司是非之謂也；其留如詛盟，其守勝之謂也；……喜怒哀樂，慮嘆變慹，姚佚啟態；樂出虛，蒸成菌。日夜相代乎前，而莫知其所萌。[27]

〈齊物論〉對主體我的內在矛盾、糾結、徘徊的情意志現象，給予了冷靜

---

[26] 筆者的皺褶隱喻啟發自〈逍遙遊〉「有蓬之心」，那種既內在堵塞、卻又外在膨脹的主體狀態，而莊子也批判指涉了惠施的主體狀態。對莊子而言，惠施無疑是一種人生失養的案例，本文底下將有進一步的批判分析。至於有關《莊子》「知」、「心」、「言」三者交纏的分析，筆者已曾有多篇論述分析，本文主要重點並不在此，故只能精要分析。讀者或可參見拙著，《道家型知識分子論：莊子的權力批判與文化更新》，尤其第六、七、八章，頁305-512。

[27] 莊周，郭慶藩輯，〈齊物論〉，《莊子集釋》，頁51。

的觀察與精準的描述，讓我們看到主體我內部的情結皺褶，恍若心理迷宮一般，讓人醒夢無休地困在重重陰影，能量變現的驚濤駭浪。[28]「其寐魂交，其覺形開」，點出人生失養猶如兩頭燃燒的蠟燭。而身心精氣日消損、夜滴漏，終將使人提早老化而全無生機：「其殺如秋冬，以言其日消也；其溺之所為之，不可使復之也；其厭也如緘，以言其老洫也；近死之心，莫使復陽也。」[29] 而這種提早中道夭折的白忙人生，不僅完全與養生背道而馳，甚至呈現失養窮忙之人生大悲哀：

> 一受其成形，不忘以待盡。與物相刃相靡，其行盡如馳，而莫之能止，不亦悲乎！終身役役而不見其成功，苶然疲役而不知其所歸，可不哀邪！人謂之不死，奚益！其形化，其心與之然，可不謂大哀乎？人之生也，固若是芒乎？其我獨芒，而人亦有不芒者乎？[30]

然而迫使人生失養、深陷相刃相靡之泥沼，〈齊物論〉除了一開始就點出：「知（不管大知或小知）」與「言（不管大言或小言）」，是導致糾結纏繞而難以自拔的關鍵。也進一步指出「知」、「言」背後的「成心」作祟：「夫隨其成心而師之，誰獨且无師乎？奚必知代而心自取者有之？愚者與有焉。未成乎心而有是非，是今日適越而昔至也。是以无有為有。」[31] 可以說，主體我的認知活動（知）與語言活動（言），之所以導致人生失養的大麻煩，乃在於主體我的心靈活動（心），掉入僵化老成、頑固不通的意識型態。「成心」就如〈逍遙遊〉莊子評斥惠施的「有蓬之

---

[28] 關於〈齊物論〉這一段對主體情意志的深刻剖析和現象描述，亦可參見成玄英的精采疏解。郭慶藩輯，《莊子集釋》，頁51-62。

[29] 莊周，郭慶藩輯，〈齊物論〉，《莊子集釋》，頁51。

[30] 莊周，郭慶藩輯，〈齊物論〉，《莊子集釋》，頁56。

[31] 莊周，郭慶藩輯，〈齊物論〉，《莊子集釋》，頁56。

心」那樣，原本通達無礙的「虛心」，現在被蓬草堵塞而不再流通。如此由「成心」而來的「知見」，便偏蔽於「故有之知」、「一端之見」。同時順之而來的「名言」，也就成了「定形之名」、「是非之言」。此時此刻，封閉之「成心」、偏蔽之「知見」、是非之「名言」，三而一地共構了「以自爲方」、「以我爲是」的主體我之內外活動。主體一方面向內緊縮，同時，主體也向外擴張，大家都依待主體自我中心這種皺褶慣性而活動，順此一路外馳擴張，便將你我共同推向：「與接爲搆，日以心鬪」、「與物相刃相靡，其行盡如馳」的碰撞關係與割折人生。而這樣互相鞭馳的人生，不管暫時誰贏誰輸、誰得誰失，大家終究都不免「其行如馳」、「終身役役」、「荼然疲役」。嚴格算來，你我都是人生失養的輸家。

　　值得特別注意的是，〈齊物論〉除了深描人生失養的各種存在悲情與虛無，更洞察了「知」、「言」、「心」的交織組構。三者綿密編織出主體（我）「執取」、「擴張」的權力地圖，如所謂：「非彼无我，非我无所取。」所謂的「我（主體）」表面看來是一連串來去無影無蹤的情意志之亂流浮動，[32] 而推動這些情意志能量之流，又促使它們如此矛盾糾纏、耗損不定，其實就根源於「知／言／心」的主體內在構造。所以「非彼无我」的「彼」，即是指種種浮動飄遊的情意志現象，但它更深層的結構則指向了「知／言／心」這三者。倘若沒有這三者的加乘作用，也就不會有主體我的佔取與偏執，此則呼應於「非我无所取」的「取」。而這種以「取」爲中心的「我」之膨脹主體，便是南郭子綦「喪我」所要虛損的關鍵對象，因爲「我取」正是人生在世「日消」（其覺形開）、「夜損」（其寐魂交）的黑洞所在。而主體我的這一欲望黑洞，雖看似向外佔取而自我擴張，實乃將自己引向一個陰影交織的心理迷宮。這種既外馳於人生競奪，又內迷於心理地宮，便是你我皆「芒（盲）」的失養寫照。

---

32 〈齊物論〉：「其發若機栝，其司是非之謂也；其留如詛盟，其守勝之謂也；……喜怒哀樂，慮嘆變慹；姚佚啓態；樂出虛，蒸成菌。日夜相代乎前，而莫知其所萌。」莊周，郭慶藩輯，《莊子集釋》，頁51。

「知」和「言」的內涵，〈齊物論〉還有發揮，爲了深化《莊子》養生哲學的複雜性，我們有必要繼續挖掘。〈齊物論〉全篇的文脈發展，幾乎環繞著「知」與「言」的雙重批判軌道而交互進行。我們先引述兩段關鍵文獻，做爲討論焦點：

夫言非吹也，言者有言，其所言者特未定也。果有言邪？其未嘗有言邪？其以爲異於鷇音，亦有辯乎，其無辯乎？道惡乎隱而有眞僞？言惡乎隱而有是非？道惡乎往而不存？言惡乎存而不可？道隱於小成，言隱於榮華。故有儒墨之是非，以是其所非而非其所是。[33]

古之人，其知有所至矣。惡乎至？有以爲未始有物者，至矣，盡矣，不可以加矣。其次以爲有物矣，而未始有封也。其次以爲有封焉，而未始有是非也。是非之彰也，道之所以虧也。道之所以虧，愛之所之成。果且有成與虧乎哉？果且无成與虧乎哉？有成與虧，故昭氏之鼓琴也；无成與虧，故昭氏之不鼓琴也。昭文之鼓琴也，師曠之枝策也，惠子之據梧也，三子之知幾乎，皆其盛者也，故載之末年。唯其好之也，以異於彼，其好之也，欲以明之。彼非所明而明之，故以堅白之昧終。而其子又以文之綸終，終身无成。……爲是不用而寓諸庸，此之謂以明。[34]

上述兩段重要文獻，都涉及人生如何避免掉入「是非之彰」無窮循環之兩端擺盪，因爲在《莊子》看來，「是非之彰」正是人生不能安養的主徵兆。而如何跳出是非之彰、成虧擺盪的「朝三暮四」之窘境，〈齊物論〉也同時透過「言」與「知」這兩方面來分析。可以說，「言」與「知」就

---

[33] 莊周，郭慶藩輯，〈齊物論〉，《莊子集釋》，頁63。
[34] 莊周，郭慶藩輯，〈齊物論〉，《莊子集釋》，頁74-75。

是一體之兩面。上述〈齊物論〉兩段文獻都是在描述語言之路、認識之路，如何愈來愈定常、愈來愈不通達、愈來愈僵固不化的墮落過程，而它們最後都墜落在二元對立的「是非處境」。這種「彼出於是，是亦因彼」的「儒墨是非」之無窮爭鬥，若以諸子百家爭奪話語權現象來說，〈天下〉篇將其歸結為「天下多得一察焉以自好」。若以失養的人物形象來說，〈齊物論〉例舉了昭文、師曠、惠施這些自恃知盛的人生來寫照，尤其惠施更是莊子眼中人生失養的典型人物。如〈齊物論〉已點出惠施自好異彼、自恃知盛的盲點，〈德充符〉更指出惠施逞言辯之才，終日好以「堅白」論調，自鳴自得、強人所難，終究搞到神情憔悴、精疲力竭：「今子外乎子之神，勞乎子之精，倚樹而吟，據槁梧而瞑。天選子之形，子以堅白鳴！」[35]

　　從莊子的眼光看去，惠施的堅白論並不只是關於語言概念的純邏輯探討，名家惠施更體現出一種人格情調或主體狀態。那種難以自拔的偏執人格和好辯才情，一再將惠施推向無以自寧的失養人生。[36] 我們從〈天下〉篇對辯者惠施的惋惜與評點——「自以最賢」、「說而不休」、「形影競走」、「駘蕩不反」——再度看到惠施「知」、「辯」生涯，終究呈現人生悲涼無寧之失養景像：

　　惠施日以其知與人之辯，特與天下之辯者為怪，此其柢也。然惠施之口談，自以為最賢，……說而不休，多而无已，猶以為寡，益之以怪。以反人為實而欲以勝人為名，是以與眾不適也。……惠施不能以此自寧，散於萬物而不厭，卒以善辯為名。

---

[35] 莊周，郭慶藩輯，〈德充符〉，《莊子集釋》，頁222。

[36] 莊子對惠施之「知」的批判，主要絕非完全走向反知，而是在批判「同一性」思維方式的偏知，嘗試走向「兩行」的差異知見之交換。對莊子而言，處身人間世境遇者，必然要與他者相遇共在，因此與各種差異知見相遭遇，乃在所難免。然如何從相刃相靡的是非對立，走向差異知見的共榮與互養，乃是兩行的人生修養。筆者將莊子對惠施之知的批判，定位在對「同一性思維」的批判，以便走向差異思維的豐厚。

惜乎！惠施之才，駘蕩而不得，逐萬物而不反，是窮響以聲，形
與影競走也。悲夫！[37]

從惠施案例來觀察，〈齊物論〉並非只在客觀探討人的認知與語言活動現
象，這些探討背後也有濃厚的實存關懷，它們甚至和人生安身立命的養生
課題密切相關。本文判斷，〈齊物論〉所以分析並批判「是非爭論」以及
「是非知見」，起源恐非純是認知哲學的純理興趣，而和人生安養與否的
主體反省和轉化更爲相關。可以這麼說，「道封」、「言隱」、「知蔽」
的墮化過程之哲學反思，其實也符應了人生從「安養」到「失養」，從
「至樂」到「失樂」的主體轉變。換言之，〈齊物論〉要聖人不由「是
非之彰」，並逆返「彼是莫得其偶，謂之道樞。樞始得其環中，以應无
窮」[38]的「以明之道」、「照天之道」，正是爲了具體指出〈養生主〉那
條「緣督以爲經」的「循虛」、「順中」之養生幹道。若從「順中」的
「環中」道路來說，那是爲了超越語言二元結構（彼是方生之說）所導致
的「是非之彰」；若從「循虛」的「無知」道路來說，那是爲了超越主體
中心的「是非知見」。它們都一樣符應了〈養生主〉的「緣督爲經」，而
超越了「爲善无近名，爲惡无近刑」的名累與刑傷。這也可以再度解釋，
爲何〈養生主〉一開始就提醒人們要對「知」有所戒愼，正如〈齊物論〉
深刻地發現到「知」和「是非」，帶來的情累耗損，如根莖葉一脈相連。

　　就如〈齊物論〉「朝三暮四」的巧妙嘲諷，人生總在「是非之彰」
的「患得患失」之間，落入「名實未虧而喜怒爲用」。被養猴人「朝三暮
四」把戲所牽引的猴戲人生，未必能爲自己爭得多少實質差異，然一旦陷
溺在處心積慮的計算爭奪，自然就要「喜怒爲用」而耗損連連。可見嘲諷
猴戲的背後，仍然暗藏〈齊物論〉的養生關懷。假使讀者能在〈齊物論〉

---

[37] 莊周，郭慶藩輯，〈天下〉，《莊子集釋》，頁1111-1112。
[38] 莊周，郭慶藩輯，〈齊物論〉，《莊子集釋》，頁66。

和〈養生主〉之間，找到一條存在關懷的養生通道，筆者認為就可更貼切地理解，為何〈齊物論〉要批判「知」與「言」。《莊子》並非西方哲學的懷疑主義者，其關懷不純在客觀探討真理、認知、語言之間符應與否的知識論課題，而是更為關切主體的轉化機制。[39] 我們毋寧說，《莊子》更關切於個我的片面知見（自彼則不見，自知則知之），和彼此的話語爭鬥（是亦一无窮，非亦一无窮），其所帶來的存在雜碎與人生迷亂：「自我觀之，仁義之端，是非之塗，樊然殽亂。」而自我立場的擴張，及隨之而來的是非混亂、爭辯競奪，這些多少都和《莊子》對人生何以夭折失養、身心何以憔悴枯槁，等等養生關懷脫離不開。〈齊物論〉一連串「莫若以明」、「照之以天」、「休乎天鈞」、「和以天倪」的解藥，其實主要是為了「去知見」、「忘言辯」，而終至於能夠「和是非」。從而使得人生從失養耗損，逆返「葆光」內斂「天府」涵養：「孰知不言之辯，不道之道？若有能知，此之謂天府。注焉而不滿，酌焉而不竭，而不知其所由來，此之謂葆光。」[40] 天府和葆光這兩種隱喻，大抵都在描述逆轉主體擴張、收回主體外馳以後，另一種活力飽滿而不外漏，內蘊含藏而廣納的新主體狀態。它必須建立在針對知見、成心、言辯三者皺褶所成的「主體固我」，給予「喪我」轉化，才能成就這種「沖虛玄德」、「和光同塵」的真人新主體狀態。

　　《莊子》要「去成心知見」、「忘是非名言」，卻不必因此而誤以為《莊子》主張全面反對知識、去除語言，甚至拔除情感。例如〈德充符〉中，莊子與惠施對話所提及的「無人之情」，最好連接著莊子批判惠施的失養人生為背景，尤其惠施自恃「知盛」所帶來的「是非」纏身、「好惡」傷身來理解。正如〈德充符〉曾明言：「有人之形，无人之情。

---

[39] 愛蓮心（Robert E. Allinson）再三強調：《莊子》既非懷疑論者、也非相對主義者，其關懷全在於透過隱喻思維來產生自我的轉化。參見氏著，周熾成譯，《嚮往心靈轉化的莊子：內篇分析》（南京：江蘇人民出版社，2004年）。

[40] 莊周，郭慶藩輯，〈齊物論〉，《莊子集釋》，頁83。

有人之形，故羣於人，无人之情，故是非不得於身。眇乎小哉，所以屬於人也！謷乎大哉，獨成其天！」[41]其中牽涉「是非」的「情」被莊子歸爲「人（損益之人情）」，它不同於「是非不得於身」的「天（自然之天情）」。而莊子對惠施質問「人故無情乎？」的回答，主要關心仍在於「是非乃累人之情」，而要虛損的則是「好惡乃傷身之情」。這個脈絡下的「情」，應該連結導致人生失養的「是非」與「好惡」來理解：「『是非』吾所謂情也。吾所謂无情者，言人之不以『好惡』內傷其身，常因自然而不益生也。」[42]本文主張，《莊子》在此主要是用「是非」來界定「情」，而「無情」則是爲了停損「好惡傷身」。可見這裡的「是／非」並非純就知識的真假課題而說，反而必須和「好／惡」等情緒合併來看。而且莊子並不反對「常因自然」的情，他所要減損降低的是「是非好惡」對自然之情的過分增益（益生）所帶來的「內傷其身」。因此〈德充符〉的對話，才會總結在莊子對惠施憑恃知盛而掉入是非好惡的失養感嘆上：「道與之貌，天與之形，無以好惡內傷其身。今子外乎子之神，勞乎子之精，倚樹而吟，據槁梧而瞑。天選子之形，子以堅白鳴！」[43]如此看來，「無知」、「無情」，皆和「去是非」這一養生宗旨，可以連上關係。[44]

---

[41] 莊周，郭慶藩輯，〈德充符〉，《莊子集釋》，頁217。

[42] 莊周，郭慶藩輯，〈德充符〉，《莊子集釋》，頁221。筆者雖不贊同莊錦章將〈德充符〉惠莊論辯脈絡的「無人之情」（無情），理解為「情實」之情，但非常同意他關注到：《莊子》對「情」的討論和《莊子》的「天」、「人」思維有關，並和它對儒家的道德禮教之批評背景相關。參見氏著，"Zhuangzi and Hui Shi on *Qing*（〈莊子與惠施論情〉）"，《清華學報》40卷1期（2010年3月），頁21-45。另外，從莊錦章將「是非吾所謂情也」英譯為：「This is not what I mean by qing.」，他似乎並未注意（或不贊同）這裡的「是非」可以和「無人之情，故是非不得於身」中的「是非」，呼應併讀。其英譯參見「Zhuangzi and Hui Shi on *Qing*」，頁32。但筆者認為將上述的「是非」解讀為「This is not」，其意義遠小於將其解讀為「right and wrong」。

[43] 莊周，郭慶藩輯，〈德充符〉，《莊子集釋》，頁222。

[44] 我們不宜片面地認定《莊子》反對一切情感，《莊子》擔憂的是過度偏執與膨脹的主體自我中心，所造成的人為情感之過度操控與泛濫，例如自我知見的「是非好惡」所產生的情累耗損（「知人之所為」）。《莊子》要回歸的是平淡而敞開的虛化主體，如此方能使情感自然而平實地流露（「知天之所為」）。換言之，《莊子》對「情」的肯認與批判，確實和它對「天」、「人」關係的思考

六、主體我的外在處境：刀不離牛與人不離世

　　正如〈養生主〉的庖刀必須在牛體錯綜之間遊行，才有所謂庖丁解牛的活動展開，足見庖解活動與牛體結構，共在並生、缺一不可。上一節筆者曾分析，做爲養生隱喻的庖丁主體之內在構成，並歸結主體轉化的關鍵在於「知／言／心」三而一的交纏性格。而「無知／忘言／解心」涉及「從厚到薄」的「去主體中心」工夫，從而釋放「遊化主體」，以帶來遊刃有餘的庖解（養生）效果。在這一節，筆者打算將重點移到牛體結構來。正因爲庖丁的主體內在構造與外在牛體結構，共同交織出「內外一體」的庖解處境，所以具有弔詭張力的理趣是，一旦忽略牛體結構的錯綜複雜也就沒有了庖丁解牛的遊刃有餘。本文已推斷，文惠君所領悟的養生消息也和此弔詭相關：即主體我的內在結構與人際關係的在世處境是一體交織的，因此養生之道也必得善巧回應人際網羅的錯綜關係。依此，筆者認爲文惠君領悟的〈養生主〉，便可進一步落實到〈人間世〉的「義命結構」來討論。

　　正如〈養生主〉「解數千牛而刀刃若新發於硎」的老庖丁，在他上達「遊刃有餘」境地之前，也曾經歷「月更刀」、「歲更刀」的窘境，那種長期掉入刀體與牛體相刃相靡的割折生涯。因爲未經徹底轉化前的庖丁主體，其所面對的牛體總是在「主客對立」的碰撞架構中，所謂「始臣之解牛之時，所見无非牛者。三年之後，未嘗見全牛也。」[45] 不管是起手時的「所見无非牛」（主客直接對撞），亦或者三年經驗後的「未嘗見全牛」（主客還在磨合），都仍然未達「人牛兩忘」、「主客交涉」的「神行」、「遊化」之境。這是因爲，在進入「去主體我」（「官知止」）而轉化爲遊化主體（「神欲行」）之前，「我」之意識主體仍停留在「以心

　　有關，不過《莊子》的天人關係亦不宜簡化天人二分，它仍是一個「分而不分」、「不分而分」的辯證課題。
[45] 莊周，郭慶藩輯，〈養生主〉，《莊子集釋》，頁119。

控身」，從而使得「身／心之間」、「人／刀之間」、「我／牛之間」，都處在重重難以遇合的頡頏狀態。如此一來，庖丁因無法忘卻意識主體我的宰控意志，而無能任運人刀合體下的身體感，順隨牛體的自然紋理而行。就因為手感還無法回應牛體結構中的自然天理，刀刃也就找不到因循「間隙」、「通道」之路，結果便無法「緣督以為經」、「以无厚入有間」，所以不免要與筋骨血肉碰撞，導致刀牛兩傷的割折失養。〈養生主〉那位老庖丁，雖然最終體現出一手好工夫，也促使了文惠君領悟養生大旨，但庖丁先前也曾經歷慘烈割折。對此我們只要回想〈齊物論〉所描述的悲哀人生，就可以想像人生失養時的慘況。然而不管是經驗老道的庖丁達人，還是傷痕累累的庖丁生手，他們的善養與失養都一樣要面對錯綜牛體，都要在同一塊骨肉交際的人生戰場上。而文惠君所領悟的消息，也是「在世養生」而非「離世養生」，即人人一樣無所逃於人際牛體的在世處境。「刀不離牛」象徵「人不離世」，因此〈養生主〉的庖丁之牛，有必要轉為〈人間世〉的倫理政治之牛來加以討論。

　　上述曾言，人的主體內涵是由「知／言／心」所構成，並和外在情境的在世結構，內外交織、一體共構。主體內容不可能由孤立主體的獨我性所自生自成，任何人的意識、認知、語言之具體構成與活動，都和人的在世處境有著複雜的交織關係。人的「知／言／心」所以能有厚度內容的積累，也源自於相應的歷史文化、社會人際、倫理政治等等「在世情境」，它才能展開具體的認知活動和語言作用。弔詭的是，這種內在認知與在世情境共構交織的模塑作用，也很容易走向模態化的規訓與習癖。此即「心」之所以「成」，「言」之所以「定」，「知」之所以「蔽」的型態化、同一化、轄域化之原由。然而誠如〈齊物論〉分析成心、定言、偏知，其意識形態所導致的片面化結果，很容易讓人陷入「以是其所非而非其所是」的針鋒相對，而這種是非處境，是人人每天都要遭逢的日常生活。在看似行禮如儀的臺前角色扮演之往來走位，其實充斥著內外錯綜交織的複雜結構。人就身處這樣的人際牛體的網羅之中，尤其無所逃於人間

世的義命結構。在遭遇倫理、政治的骨肉交錯之是非危地時，就像庖丁解牛碰到「每至於族」[46] 的難關，考驗著庖丁手中這把刀的厚薄與虛實，當然這也就是「在世養生」的日常功課之時時刻刻與心心念念。

要如何面對骨肉交雜之迷宮危地，〈養生主〉的庖丁告訴文惠君說，就算經驗老道的庖丁也要「每至於族，吾見其難為，怵然為戒，視為止，行為遲，動刀甚微。」[47] 同樣，當文惠君將領悟的養生之道，轉移到人際牛體的倫理政治場域之角色拿捏、權力往還的關係迷宮時，〈人間世〉也一樣假藉仲尼之口，再三強調面臨「無所逃」、「不可解」的人際複雜處境時，也應該要戒慎謹微以對：「天下有大戒二：其一，命也；其一，義也。子之愛親，命也，不可解於心；臣之事君，義也，無適而非君也，無所逃於天地之間。是之謂大戒。」[48]

由於人和人必然就是關係性的相偶存在，無人絕對孤立而獨存，如〈德充符〉點出「有人之形，故羣於人」。進一步說，人在本質上總已是他人之「親」的「倫理存在」，此乃親情倫理之必然事實（命）。其次，人這一社會性存有也不能全免於階層關係的互動，其中也自然會牽涉權力義務的責任倫理。如此一來，人的倫理性也還要延伸出權力關係而具有廣義的政治性格，此乃屬人之社會存有而帶來的互動與支配之必然事實（義）。依此，人一出生便注定要成為親情倫理關係之一角，而人一長大也難以逃脫權力網絡之一員。這種「義」「命」處境，就是人人無所逃的在世結構，也是人想要安養生命就必得恰當回應的倫理、政治性格。因此文惠君從庖丁解牛所啓悟到的是，我們不但無法完全逃離人間場域的「親」之倫理關係（其中也包括了倫理之異化與暴力），與「義」之政治關係（其中也包括了權力的異化與暴力），甚至必須要在「不可逃脫」、

---

46 郭象注：「交錯聚結為族。」成玄英疏：「節骨交聚磐結之處，名為族也。」引自郭慶藩輯，《莊子集釋》，頁123。

47 莊周，郭慶藩輯，〈養生主〉，《莊子集釋》，頁119。

48 莊周，郭慶藩輯，〈人間世〉，《莊子集釋》，頁155。

「莫可奈何」的人際牛體中,學會「不擇地而安之」、「不擇事而安之」的「安之若命」。這裡的「安之若命」並非純粹的消極認命,而是體認義、命對人的「既開顯又遮蔽」之複雜辯證關係後,面對處身境遇的交錯網絡,給出迂迴而精微的庖解之道。

〈人間世〉一文,主旨在談論無所逃、莫奈何的在世情境下,如何戒慎回應各種倫理、政治處境的是非危地,它反映出《莊子》觀察到,主體處身之「義／命」結構,和主體認知之「心／知／言」構作,兩者一樣複雜並且幽微交織。或許可以這麼隱喻:人心臥虎藏龍,倫理與政治一樣臥虎藏龍;倫理與政治叢林藏凶,人心何嘗不是。筆者過去曾分析,〈人間世〉反映出它對:人心就藏有政治、倫理就藏有政治的微觀權力之洞察。[49] 而在面對這種複雜幽微的倫理政治情境要如何出處,太過天真的回應方式,勢必落入〈人間世〉所描述的顏回境遇:「且德厚信矼,未達人氣,名聞不爭,未達人心。而強以仁義繩墨之言術暴人之前者,是以人惡有其美也,命之曰菑人。菑人者,人必反菑之,若殆為人菑夫!且苟為悅賢而惡不肖,惡用而求有以異?若唯无詔,王公必將乘人而鬥其捷。而目將熒之,而色將平之,口將營之,容將形之,心且成之。是以火救火,以水救水,名之曰益多。」[50]

〈人間世〉戲仿顏回之舉,或許多少暗示了它對儒家人性觀、倫理觀的再反省。如按照原本一派天真、理想無比的顏回來入世行事,可以想像他勢必歷經「相刃相靡」、「中道夭折」的生命創傷,如同庖丁生手先前所經歷的人牛兩傷之割折。因此〈人間世〉一再假藉仲尼之口(如經驗老練的庖丁達人),再三告誡顏回,尤其面對人間世各種錯綜複雜的權力滲透、人性變形的幽微處境,人不可能單憑自以為單純良善的人格動機(德

---

[49] 參見拙著,《道家型知識分子論:莊子的權力批判與文化更新》,第二章〈《孟子》與《莊子》兩種氣論類型的知識分子與權力批判——「浩然之氣」與「平淡之氣」的存有、倫理、政治性格〉,頁43-115。

[50] 莊周,郭慶藩輯,〈人間世〉,《莊子集釋》,頁136。

厚信矼、名聞不爭），和一廂情願的仁義道德之理想修辭（仁義繩墨之言），就可以直接施行救世而撥亂反正。事實上，外在權力氣氛的詭譎難測（人氣變化），和主體內在臥虎藏龍的人性曲折（人心微危），都比顏回所預期的要來的複雜幽深太多。一不小心，好人的堅持終只是成爲了受害者（人必反菑之，若殆爲人菑夫），或是好人竟變質成爲了加害者（以火救火，以水救水）。〈人間世〉描述的極爲傳神，原本自以爲正義凜然或節操無私的那張好人臉孔，可能在權力誘惑、壓迫的詭異氣氛下，婉轉曲折地易容改顏，甚至整個主體心態都微妙地調整成認同權力的自我合理化。原本自以爲無私無欲的天使，逐漸墮落成魔鬼代言人。有時這個易容改顏的過程，神不知鬼不覺般，渾然天成。原本自以爲的理想主義者，自自然然成爲了分享權力大餅的現實主義者。

　　《莊子》這些諷喻與戲仿，無非一再提醒「在世修養」的養生者，人在倫理政治的人際牛體、世間情境裡，如何才能既安身立命，又導正異化，實在是一條高難度的庖解之道。這樣的庖解之道，正如〈養生主〉指出的，無法簡化爲一技一藝的技術處理，而必須進入「道也，進乎技矣」的主體轉化層次來進行。同樣道理，〈人間世〉所指出的安身立命、導化權力之路徑，也不在於任何權謀操弄，而是顏回整個主體狀態的徹底轉化。所以當顏回向孔子提出可以用「內直而外曲，成而上比」的迂迴權變之術來應世時，[51]他雖欲破除「不通人氣」、「不通人心」的困境，企圖走出一條迂迴曲折的入世之道。但由於掉入「政法太多」的技術操作，

---

51 〈人間世〉：「然則我內直而外曲，成而上比。內直者，與天爲徒。與天爲徒者，知天子之與己皆天之所子，而獨以己言蘄乎而人善之，蘄乎而人不善之邪？若然者，人謂之童子，是之謂與天爲徒。外曲者，與人之爲徒也。擎跽曲拳，人臣之禮也，人皆爲之，吾敢不爲邪！爲人之所爲者，人亦无疵焉，是之謂與人爲徒。成而上比者，與古爲徒。其言雖教，讁之實也。古之有也，非吾有也。若然者，雖直而不病，是之謂與古爲徒。」莊周，郭慶藩輯，《莊子集釋》，頁143。「與天爲徒」、「與人爲徒」、「與古爲徒」這三帖藥方，仍停在技術謀略之操作，並未深入主體內在的真正轉化。如此又再度印證，人間世的安養之道進乎技也，它並非謀略權變之技，而是主體狀態的根本轉化之道。

《莊子》乃假藉仲尼之口而批評他，心術太過、謀略太多，並無法真正達到及化效果：「惡！惡可！大多政，法而不諜，雖固亦无罪。雖然，止是耳矣，夫胡可以及化！猶師心者也。」[52]

　　值得注意的是，《莊子》對義命結構的回應方式，不是直接針對義（忠）、命（孝）給予道德肯定與責任承擔，而是把義命結構和倫理政治的權力共構關係加以一併觀察，並重新思考和義命結構相糾結的主體狀態要如何出處。可見對《莊子》來說，回應人性中的倫理與政治之詭譎處境，也需有庖丁解牛「戒慎」與「精微」的迂迴之道。因為這些倫理親情與政治使命，其實也可能隱藏各種束縛扭曲與權力支配的異化病毒。而身陷其中的主體我，稍不自覺、一不慎微，便可能成為加害者與受害者之一，甚至成為既加害又受害的孿生合體。從〈人間世〉的分析角度看來，這是因為身在「義命」處境中的人，其內在的原初主體狀態（德），極容易在「知」之爭鬥，與「名」之傾軋底下，跂蕩支離：「德蕩乎名，知出乎爭。名也者，相也；知也者，爭之器也。二者凶器，非所以盡行也。」[53]

　　身處人間世的「知／言／心」之主體狀態，勢必要和整個倫理政治情勢（義命結構）相交纏。而人若不要成為犧牲者，也不想成為加害者，便要對「自師其心」的主體我，有一番徹底的省察與轉化。此即仲尼要指點顏回的「心齋」工夫，這也是〈人間世〉最重要的主體虛化之道。而原先自以為是、一廂情願的顏回，和經歷心齋「虛而待物」以後的顏回，可比喻為兩種庖丁狀態。心齋前的顏回和心齋後的顏回，正如「見牛」和「未見牛」的兩種庖丁狀態，而這也正是「在世養生」之所以「失養」與「得養」的主體區別。前者將是人牛兩傷、相刃相靡、菑人人菑，互相割折之災害人間；後者才有可能人牛兩忘、入遊及化，遊其樊卻無感其名地化導

---

[52] 莊周，郭慶藩輯，〈人間世〉，《莊子集釋》，頁145。
[53] 莊周，郭慶藩輯，〈人間世〉，《莊子集釋》，頁135。

人間。

　　在進到下一節討論「去主體中心我」的養生工夫前，我們可對以上各節的養生討論，稍做眉目清理。原來〈養生主〉的庖丁所實際面對的「錯綜牛體」，現在已被〈人間世〉轉移為「人際牛體」，即人生在世乃無所逃脫於人際網絡的角色扮演之錯綜，而牛體迷宮乃重新被隱喻為人在倫理政治網羅，涉世已深的權力交織處境。其次，庖丁解牛的「遊化主體」之身體活力運作，也重新被思考為如何「解心釋神」而轉出一種新主體狀態，以便使人在世間倫理、政治網羅中，既可避免相刃相靡而不中道夭折，又能遊化於權力迷宮而盡量活化關係的自由空隙，從而在無所逃的日常倫理、權力處境中獲得性命安養。而如何在人際牛體中善養吾生，實則觸及人人最日常性的普遍課題，也是養生最關鍵的宗主課題。換言之，庖丁眼中的牛體迷宮，已被文惠君領悟為倫理、政治迷宮，其中充斥著各種微型權力的滲透與異變，想必這才是實際身處權力網羅核心的文惠君，最能感同身受也最需獲得啓示的養生之道。然而，一般人雖少如文惠君那樣躋身倫理政治核心，但對《莊子》而言，文惠君的處境只是一般人生處境的特寫化，兩者一樣在本質上皆具有「無所逃」的倫理政治性格。至於要如何「安之若命」，則涉及「師心（自我中心）」到「虛心（去自我中心）」的主體轉化工夫。

七、虛化主體、平淡主體的養生哲學 —— 去工夫的工夫

　　筆者將《莊子》養生工夫的主幹，定位在主體自我的徹底轉化上，用〈逍遙遊〉的話說就是：「至人无己，神人无功，聖人无名。」[54] 這「三无」工夫都共同指向對主體我的虛損轉化，克制主體自我中心地持續「己／功／名」的擴張。用〈齊物論〉的話說，去主體自我中心化的三無工

---

[54] 莊周，郭慶藩輯，〈逍遙遊〉，《莊子集釋》，頁17。

夫，可總括南郭子綦的一句「今者吾喪我」。[55]因為主體我的構成方式，基本上是以「有蓬之心（成心）」伴隨「一端知見」，而向內皺褶成固持己見的自我中心感（己[56]）。並由此自我擴張來不斷滿足符號指涉（言）的自我重要感（名），並將一己的存在價值建立在累積外在功成名就的榮耀上（功）。依一般知見，這些臺前光鮮亮麗的成功人士，不外乎就是〈逍遙遊〉所謂：「知效一官，行比一鄉，德合一君，而徵一國者。」[57]這些是贏得人爵的知識精英與管理階層。然而對於《莊子》，這些「有待」他人爵祿餵養的人生勝利組，其人生處境卻也經常身陷高度身心焦慮、患得患失的陰陽失調徵狀，彼等主體狀態或被名聞利養勾牽而走，或徇身於固持己見的意識型態。總之，其主體狀態既有待於外在功名網羅，容易養成主體我的自大擴張或固執不化。顯然，他們不是《莊子》眼中養生與逍遙的理想狀態，甚至這些看似勝出的白領人生，在〈逍遙遊〉寓言看來，雖自我感覺良好卻被評斥為斥鴳二蟲一般見識，遠不如大鵬自由逍遙之廣大。斥鴳與大鵬的「小大之辯」，非以一般社會成就的效標來衡量，《莊子》反而倒轉了「有用／無用」的高低角度，另從「無用之大用」的「三無」視角，逆向思考如何將膨脹擴張的主體給予虛化淡薄，以轉出「無己、無功、無名」的「喪我」之「無待」人生。[58]三無的重點並非意指《莊子》完全否定了「己／功／名」的存在價值，重點在於「己／

---

[55] 正如庖丁解牛的工夫在於「官」和「知」的主體作用要「止」並讓位給「神」去活動，南郭子綦的工夫則在於「形」和「心」的主體作用也要「枯木」、「死灰」（暫停作用），而讓位給南郭子綦的嶄新主體（神）。

[56] 《莊子》的「己」，契近於《老子》的「自見者不明，自是者不彰，自伐者無功，自矜者不長。」（二十四章）；而《莊子》的「無己」，則契近於《老子》的「不自見故明，不自是故彰，不自伐故有功，不自矜故長。」（二十二章）。

[57] 莊周，郭慶藩輯，〈逍遙遊〉，《莊子集釋》，頁16。

[58] 所謂的「三無」可視為詭辭表達，而不必是徹底反對或取消「己／功／名」，而是如《老子》所謂「功成而弗居」（二章）、「功成不名有」（三十四章）。關於〈逍遙遊〉的三無之弔詭智慧以及關係中的逍遙，請參見拙文的討論，〈《莊子》的關係性自由與弔詭性修養──疏解〈逍遙遊〉的「小大之辯」與「三無智慧」〉，《商丘師範學報》34卷2期（2018年2月），收入本書第七章。

「功／名」現象的背後，人是否盲目擴張了主體自我中心的權力宰控。

　　不管是就個我安養或者人我互動，《莊子》認爲「無待」而「虛化」的主體淡薄狀態，才能讓人在「心／知／言」、「己／功／名」的內外交織、天網地羅中，找到「以无厚入有閒」的遊化空隙。正如〈人間世〉做爲〈養生主〉的在世情境之補充描述，顏回的出處境遇必然碰上「義命結構」之倫理政治局勢，象徵了人做爲「在世存有者」無所逃的事實或命運。如今顏回透過仲尼啓示而體認到人際牛體（「己／功／名」）與自我構成（「心／知／言」）的交織複雜性時，顏回要如何「安之若命」？又要如何「達之，入於无疵」？或者說，在主體內在結構與外在處世情境的加乘重疊下，顏回要如何才可能「入遊其樊而無感其名」？

　　從庖丁傳遞文惠君的「技進於道」，以及孔子傳給顏回的「唯道集虛」，都觸及「在其中又不在其中」（入而不入）的弔詭智慧。如果說，庖丁的刀必須「入遊」錯綜牛體方能展現神技，同樣道理，顏回的命運也必須「入遊」義命結構方能展現在世養生之神慧。值得注意的是，這種「入遊」卻具有「入而不入」的詭譎特質或弔詭智慧。也只有當顏回領悟這種「入而不入」的詭譎智慧時，方能在人際牛體中，實現「入遊其樊而無感其名」的庖解之道。其中「入遊其樊」就是「入於人際牛體」，而「無感其名」則是「入而不入」的關鍵。而它的命運必是「已先入其中」，而它的智慧則表現出「又不入其中」。然而如何才能「入而不入」？「在其中又不在其中」到底何意？這便和本文再三強調「技進於道」的主體轉化有著密切關係。

　　嚴格講，弔詭智慧既不是任何心術權謀或養生偏方可以達到，也無法單從概念的辯證而獲得眞知灼見。實現它的不二法門，在本文看來，似乎只有從主體自我的虛損轉化來著手。首先，主體的構成並不眞能離開在世情境之義命結構，所以任何企圖抹除人間世而走向純粹的形上超越，都不免天眞而不切實際。所以對《莊子》，「入遊其樊」是一個莫可奈何，卻不得不「安之若命」的「在世存有」之事實。問題在於，如何才是善巧的

回應方式？《莊子》深刻地指出，不管是顏回的內心世界或者外部局勢，兩者內外一體交織而成的「樊」，其實就是一個「名」的世界（「名樊」世界）。不管人願不願意，他都必然要活在一個內外交織的語言（名言）世界裡，[59] 這一語言世界既開顯了人的意義網絡，但它同時也建構了一個符號迷宮。依此，主體自我和在世處境，都必已深處名言羅網之中。而人在無所逃於名言樊籠的同時，又要如何才能自由與自在？這便不能不出現悖論的張力課題，這也正是「在世養生」的難題。如何在語言結構的自我迷宮和名利羅網裡，又能不陷溺、不堵塞地遊乎名網、化導樊籠呢？

　　弔詭智慧如何獲得？從〈人間世〉顏回和孔子的問答看來，原本顏回還以為可以透過「內直而外曲」這類應世技術來巧取。而從孔子評斥其為「大多政，法而不諜」看來，這類隨勢權變的應世巧門之術，仍然停留在「師心」，而未能真正「及化」。用〈養生主〉的老話，詭譎智慧只能來自「技進於道」的另類工夫。所以孔子要顏回放下「師心自用」的權變謀略，改從「心齋」來做工夫。何謂心齋？一言以蔽之，這便是顏回整個主體自我的脫胎換骨。顏回原先「內直外曲，成而上比」的策略，類似於〈山木〉篇「處乎材與不材之間」的策略。但《莊子》明白評斥這種權變謀略的限度與陷阱：「材與不材之間，似之而非也，故未免乎累。若夫乘道德而浮遊則不然。无譽无訾，一龍一蛇，與時俱化，而无肯專為。」[60] 而所謂「乘道德浮遊」、「无肯專為」，才完全超出權術，進入主體的徹底轉化。正如南郭子綦「喪我」的大死一回，某個意味，孔子也要顏回透過心齋而大死一回。用本文的話就是，顏回的「主體我」必須進行「去主

---

[59] 就《莊子》而言，人或許能暫時擁有「（擬似）無言」的「冥契」狀態，但這種狀態終究瞬間即逝，不可久住。人終是要活在語言流佈的名言世界中（亦即人文世界中），不管他是一般人，還是真人。只是真人在面對語言的天羅地網時，具有高度的反思自覺、甚至解構活化的創造能力。關於道家的體道經驗具有某意味的冥契特質，卻又不停住在冥契經驗的反語言狀態，請參見拙文之分析，〈道家的自然體驗與冥契主義——神話、悖論、自然、倫理〉，《當代新道家：多音複調與視域融合》（臺北：國立臺灣大學出版中心，2011年），頁225-288。

[60] 莊周，郭慶藩輯，〈山木〉，《莊子集釋》，頁668。

體我」的翻轉工作，以便讓出一個「虛而待物」的虛化主體，從而才能進行「入遊其樊而無感其名」的庖解活動。底下，我們來看看心齋工夫的內涵：

> 回曰：「敢問心齋。」
>
> 仲尼曰：「若一志，无聽之以耳而聽之以心，无聽之以心而聽之以氣！聽止於耳，心止於符。氣也者，虛而待物者也。唯道集虛。虛者，心齋也。」
>
> 顏回曰：「回之未始得使，實自回也；得使之也，未始有回也；可謂虛乎？」
>
> 夫子曰：「盡矣。吾語若！若能入遊其樊而无感其名，入則鳴，不入則止。无門无毒，一宅而寓於不得已，則幾矣。……瞻彼闋者，虛室生白，吉祥止止。夫且不止，是之謂坐馳。夫徇耳目內通而外於心知，鬼神將來舍，而況人乎！是萬物之化也」[61]

仲尼教導顏回的心齋工夫，就總結在：「虛者，心齋也。」可知心齋工夫的總關鍵就是「虛」。然而它並不依靠任何技術性的操作而達成，其通達之道就在專注於「虛」，或者讓主體進入「虛」的狀態中，故曰：「唯道集虛」。可以說，心齋就是爲了達成「虛」的新主體狀態；或者也可說，「虛」就是去主體我的工夫所達致的虛心遊化狀態（虛方能遊）。而顏回對「耳聽」、「心聽」的超越，正如南郭子綦對「形」和「心」的超越，是故「无聽之以耳」正可類比爲「形槁木」，「无聽之以心」則類通於「心死灰」。「身」「心」滌除正是主體我徹底轉化前的必經行程，正如庖丁解牛的「官」（形）、「知」（心）、「止」（枯木死灰），才使新的主體（「神欲行」）轉化出來一樣。《莊子》類似身心雙譴的主張不

---

[61] 莊周，郭慶藩輯，〈人間世〉，《莊子集釋》，頁147-150。

在少數，例如〈大宗師〉、〈知北遊〉也提及相似於去主體中心的敞開工夫：「墮肢體，黜聰明，離形去知，同於大通，此謂坐忘。」[62]、「形若槁骸，心若死灰，真其實知，不以故自持。媒媒晦晦，无心而不可與謀。……汝齊戒，疏瀹而心，澡雪而精神，掊擊而知！」[63]

　　而顏回滌除身心之後的「聽之以氣」，又要如何理解？對此，〈人間世〉又是回到主體的虛化來描述：「氣也者，虛而待物者也。」可見這裡的「氣」與主體的「虛化」狀態密切相關，集虛與聽氣，兩者都明顯具有工夫意含。據筆者理解，「聽之以氣」是在描述：如何從原先「我的耳聽」和「我的心聽」，這種「以我為中心」的主體焦點狀態，透過非焦點化的氣之流行之感通回應，而逐漸將焦點化的身心之我，給予柔軟、沖淡、虛化，以轉化出非封閉主體的回應方式。原先的「耳聽」、「心聽」總不離主體我的（語言）投射與建構，而經過心齋對主體我的虛化之後，主體中心的成心知見、身體習癖等等皺褶內縮，已逐漸被鬆解而敞開為「虛而待物」的通、遊、化狀態。不管以氣化主體或遊化主體說之，又或者說它是虛化主體，這種「氣而能通」、「虛而能遊」的新主體狀態，顯然都歷經「喪我」的「去主體中心」過程。這也是為何顏回在經過心齋的聽氣、虛化工夫以後，他向孔子報導他的體驗時會這麼說：「回之未始得使，實自回也；得使之也，未始有回也。」顯然顏回自己也頗為驚異，心齋前、後的「有回」、「無回」，已大不相同。「彼回」與「此回」，已彷若兩人。在經歷大死一回之後，顏回因無我而新生了。

　　在經歷「虛心」的工夫轉化之後，顏回原本「實自回也」的自我感、中心感、實體感、重要感，幾乎都像一縷輕煙般脫落而去，他體會到前所未有的無我感、或者新自我。先前那個自以為是的「我己」好像淡化了一般！顏回這種奇妙感受正來自「去主體中心」之後的無我覺受。這種新主

---

[62] 莊周，郭慶藩輯，〈大宗師〉，《莊子集釋》，頁284。

[63] 莊周，郭慶藩輯，〈知北遊〉，《莊子集釋》，頁738-741。

體或許可暫時名之爲氣化主體、虛化主體，亦或者本文的遊化主體。[64] 也是因爲這種「虛室生白，吉祥止止」的虛位化主體的誕生，才使得大死一回的顏回整個脫胎換骨，而能嘗試「入遊其樊而無感其名」的遊化智慧。而孔子進一步向顏回提醒，他現在猶如死後再甦的狀態，關鍵都在於「主體」轉爲「虛室」，從而能以新生之眼而「瞻彼闋者」，發現前所未見的透亮空隙。若用〈養生主〉的話，那便是主體轉化爲「無厚」狀態，如此一來，無厚之遊刃才能「入有間」，發現那條「緣督以爲經」的敞開通道。可見，庖丁如何在錯綜複雜的牛體中「遊刃有餘」，顏回如何在倫理政治的名言樊籠中「無感其名」，都涉及名言主體「從厚到薄」、「從實到虛」的轉化，而這才是在世養生的「技進於道」之工夫。

　　本文一再強調，《莊子》給讀者啓示的養生關鍵，主要不在於操作任何具體的養生技術，而是「技進於道」的整個「主體」質性的轉變。這也可以再用〈刻意〉篇的精采觀點來印證。如以〈刻意〉篇來觀察，某些特定向度的人格形態之突顯（如山谷之士、平世之士、朝廷之士、江海之士），或者特定養生方術的追求（如導引之士），大都只能刻意突顯或加強某種特定的主體性情與身心情狀，但這些都不是《莊子》所要歌頌和嚮往的眞人主體狀態：

　　　刻意尚行，離世異俗，高論怨誹，爲亢而已矣；此山谷之

---

[64] 本文所謂「遊化主體」，和楊儒賓先生的「形氣主體」、或者何乏筆的「氣化主體」，大抵具有概念的家族類似性，它們皆具有批判意識主體而傾向於現象學的身體主體的傾向，只是更加強調東方的身體觀和氣化世界觀之親密關係性，而它們的架構大體不脫：「形──氣──神」或者「物──氣──心」的三元結構。而本文使用這個概念是在養生的人際脈絡下，突顯「入遊其樊而無感其名」的遊化狀態，一方面必須即人間世而逍遙遊，另一方面在遊乎人間世中而化導其間倫理與權力之異化糾結，兩方相合（既「遊」，且「化」），乃帶有即美學、即倫理的批判性格。換言之，莊子不僅遊於浩瀚之天地廣宇，亦要遊於迷宮般之人間倫理，並在其中化導權力滲入之異化，引導倫理之彈性活化。相較而言，楊先生的「遊之主體」較突顯遊於浩瀚廣宇一面，較低估莊子遊化人間倫理的治療、批判、更新之潛力。參見氏著，〈遊之主體〉，《中國文哲研究集刊》45期（2014年9月），頁1-39。

士，非世之人，枯槁赴淵者之所好也。語仁義忠信，恭儉推讓，為修而已矣；此平世之士，教誨之人，遊居學者之所好也。語大功，立大名，禮君臣，正上下，為治而已矣；此朝廷之士，尊主強國之人，致功并兼者之所好也。就藪澤，處閒曠，釣魚閒處，无為而已矣；此江海之士，避世之人，閒暇者之所好也。吹呴呼吸，吐故納新，熊經鳥申，為壽而已矣；此道引之士，養形之人，彭祖壽考者之所好也。[65]

這些山谷之士、平世之士、朝廷之士、江海之士、導引之士，雖都各有細微差異的人格形態，各有不同的價值追求、甚至不同的工夫修養，但大體上可區分為兩類：第一類是偏向入世（積極於功名）類型，例如「平世之士」和「朝廷之士」，只是平世之士偏向仁義道德等價值信念的理想建立，而朝廷之士偏向功成名就的政治治理之實踐。第二類則是偏向離世（消極於功名）類型，例如「山谷之士」、「江海之士」、「導引之士」，其中山谷之士呈現較激烈的反社會抗爭人格，而江海之士偏向個人的隱逸閒適之生活情調，至於導引之士則又偏向個我身強體健的延年益壽。做個類比，〈刻意〉篇第一種偏向入世型的人格實踐特質，大體和〈逍遙遊〉「知效一官，行比一鄉，德合一君，而徵一國者」可以相互重疊或互相詮釋。而第二種偏向離世型的人格實踐特質，其中山谷之士和江海之士，或許可和〈逍遙遊〉「舉世而譽之而不加勸，舉世而非之而不加沮，定乎內外之分，辯乎榮辱之境」的宋榮子相發揮。而導引之士養形之人，或許可和〈逍遙遊〉「御風而行」的列子做呼應。筆者上述的大體類比，重點並非要對〈逍遙遊〉和〈刻意〉篇的人格型態做嚴格的對稱匹配，而只在於突顯生命型態背後的主體狀態之類比性。正如〈逍遙遊〉的文脈，不管是「知效一官，行比一鄉，德合一君，而徵一國」這類入世、

---

[65] 莊周，郭慶藩輯，〈刻意〉，《莊子集釋》，頁535。

行世之人，還是宋榮子和列子這類企圖非世、離世而超脫之人，他們終究都不是《莊子》肯定的理想主體之圓通類型。同樣現象，在〈刻意〉篇的文脈中，不管是第一類的平世、朝廷之士，還有第二類的山谷、江海、導引之士，他們也都不是《莊子》肯定的理想主體狀態。正如〈逍遙遊〉所肯定的理想人格在於「至人無己，神人無功，聖人無名」，這種「三無」是一種「喪我」的氣化主體或遊化主體。同樣的情形，〈刻意〉篇眞正肯定的理想人格，也完全呈現出一種「去主體我」之後的虛化、平淡、遊氣之新主體狀態：

　　若夫不刻意而高，无仁義而修，无功名而治，无江海而閒，不道引而壽，无不忘也，无不有也，澹然无極而眾美從之。此天地之道，聖人之德也。故曰，夫恬惔寂漠虛无无爲，此天地之平而道德之質也。故曰，聖人休休焉則平易矣，平易則恬惔矣。平易恬惔，則憂患不能入，邪氣不能襲，故其德全而神不虧。故曰，聖人之生也天行，其死也物化；靜而與陰同德，動而與陽同波；不爲福先，不爲禍始；感而後應，迫而後動，不得已而後起。去知與故，循天之理。故无天災，无物累，无人非，无鬼責。其生若浮，其死若休。不思慮，不豫謀。……其神純粹，其魂不罷。虛无恬惔，乃合天德。故曰，悲樂者，德之邪；喜怒者，道之過；好惡者，德之失。故心不憂樂，德之至也；一而不變，靜之至也；无所於忤，虛之至也；不與物交，惔之至也；无所於逆，粹之至也。故曰，形勞而不休則弊，精用而不已則勞，勞則竭。水之性，不雜則清，莫動則平；鬱閉而不流，亦不能清；天德之象也。故曰，純粹而不雜，靜一而不變，惔而无爲，動而以天行，此養神之道也。……精神四達並流，无所不極，上際於天，下蟠於地，化育萬物，不可爲象，其名爲同帝。純

素之道，唯神是守；守而勿失，與神爲一；一之精通，合於天倫。……故素也者，謂其无所與雜也；純也者，謂其不虧其神也。能體純素，謂之眞人。[66]

　　可見，不管是〈人間世〉透過「心齋」所描述的虛化主體，還是〈逍遙遊〉透過「三無」所描述的遊乎氣化，以及〈刻意〉篇所描述的虛薄恬淡之平淡主體，它們都具有「去主體固我」特徵。亦即去刻意、去有爲、去意志操作，等等「喪我」特質。這種「養生」之道，超脫了一技一藝的「刻意」做爲，它反而著重在主體的「虛而待物」、「聽之以氣」、「虛室生白」、「恬惔寂漠」、「平易恬惔」、「虛无无爲」、「惔而无爲」，等等有關主體自我的整個質性轉變。

　　〈養生主〉中的庖丁工夫，在於「官知止而神欲行」，而〈逍遙遊〉、〈人間世〉、〈刻意〉篇，則將這種「不刻意」的養生工夫，分別描述爲「遊氣之道」、「心齋之道」和「養神之道」。不管如何，「氣之能遊」、「心之能虛」、「神之能行」，這三者皆是透過相關或相通的概念在描述同一種新主體情狀。而「遊氣」、「集虛」、「養神」三者，皆超脫了主體對一技一藝的刻意操作、片面養成。然而一般人也許容易興起這樣的疑問：「去主體我」的工夫該如何操作？亦即遊氣、心齋、養神又該如何被技術實踐？這也是一般人對《莊子》眞人工夫要如何具體進行的困惑所在。筆者認爲，此類問題的提出，在於人們已習慣性地預設：工夫一定要有特定方法可以操作，否則就不成其爲工夫的成見。倘若從這種工夫操作的角度來觀察《莊子》，那麼讀者將發現《莊子》雖經常描述眞人「去主體我」的身心氣象，但它所透顯的工夫似乎都屬於原則點撥，或者類似心法傳授，比較不像具體操作的技術鍛鍊。而這種「無技巧」或「乏技術」的特殊現象，到底反映了什麼？

---

[66] 莊周，郭慶藩輯，〈刻意〉，《莊子集釋》，頁537-546。

　　本文認為，若說《莊子》一書缺乏具體明確而可按表操課的養生方術，這或許不離實情太多，但它卻未必一定就是缺陷。筆者首先想強調，它無關《莊子》任何教外別傳，或者師傳密授的工夫巧門。「乏技巧」甚至「去技術」現象，反而很可能就是《莊子》養生哲學的特色所在。若允許筆者再運用詭辭來描述的話，或許可將《莊子》這種涉及整個「主體」質性轉化的「去主體中心」工夫，暫時稱之為「去工夫相的工夫」。所謂的「去工夫相」是指它不再透過主體我去操控一技一藝那種有為工夫，但這並不意味《莊子》沒有工夫論，事實上《莊子》的養生哲學都是以整個主體的翻轉為工夫對象。嚴格講，《莊子》不必然反對任何的工夫實踐，重點在於，具體的工夫操作極容易導致主體自我的增強，但是《莊子》的主體轉化工夫則是為了導向主體的柔軟虛化，因此它反而具有反操作的虛損特質。[67] 換言之，《莊子》不必反對任何「去工夫相的工夫」之開發，但這樣的另類工夫必定要具有「技進於道」的主體轉化內涵。這裡便再度呈現出一種弔詭性，《莊子》希望以非技術操作的無為方式，來進行「為無為」的轉化工夫。據此我們或許更可獲得理解《莊子》許多詭辭用意，例如〈人間世〉心齋工夫後所提及的：「聞以有翼飛者矣，未聞以无翼飛者也；聞以有知知者矣，未聞以无知知者也。」[68] 「无翼而飛」、「无知之知」便是去主體我工夫之後，獲得「非主體的（新）主體」之詭譎智慧。

　　如上述〈刻意〉篇所示，真正的「養神之道」，並不在於某種片面主體人格的薰習養成，也並非延年益壽的能量導引之操控積累。它著重的是如何超越：禍／福交替輪轉、寢／覺神魂顛倒，悲／樂／喜／怒等憂患

---

[67] 正如《老子》批評「心使氣曰強」，《莊子》之所以批評各種養生方技，重點也在這些方技操持背後的主體我的有為強化狀態。此正相應於何乏筆反省現代能量經濟學下的養生管理之困境：「《莊子》有助於反思被化約為策略的生命能量論，進行從能量論的內在邏輯所出發的『內在批判』……策略性地增強自己的生命資本，反落入僵化與停滯的狀態，導致養生目標的消解：對生命的強制性管理有害於生命。」〈養生的生命政治：由于連莊子研究談起〉，頁117。

[68] 莊周，郭慶藩輯，〈人間世〉，《莊子集釋》，頁150。

交侵（如物累、人非，甚至天災、鬼責），等等一連串無止盡使人們身心疲憊不堪（形勞不休則弊）、精神晃動不安（精用不已則勞）的失養總根源。可以說，《莊子》的養生哲學，著重在關掉導致人生千瘡百孔的失養「總開關」，而非補東牆漏西牆的一技一藝之方術操作，如吹呴呼吸、吐故納新、熊經鳥申，這些身體操控的刻意技術。

　　然而什麼是人生失養的「總開關」呢？這便涉及《莊子》對「主體我」的哲學反思，藉由深度自我覺察的哲學觀照工夫，洞察而開啓了另類「去工夫相的工夫」。由此才翻轉主體我的妄作狀態，關閉人生麻煩的總開關。也因爲這種對主體我的深思熟慮與淡薄轉化，使得《莊子》的養生工夫走向了「技進於道」。《莊子》的養神之道，乃是主體我的修養轉化，然而主體我的轉化著重的並非一技一藝的有爲操作。因爲技藝的有爲操作通常仍不離於主體我的權力意志，因此爲了要超克或轉化這種主體我的刻意有爲之慣性盲動，有必要採取另類「虛損型」的無爲工夫。也就是針對主體我的皺褶固蔽與盲動擴張等習性，「虛損型工夫」特性便不願再順隨「操作型工夫」的主體宰控慣性，反而要一再覺察任何有關主體我的妄作狀態，並在覺察的當下鬆解主體我的焦灼，讓它回歸平淡柔軟的無爲敞開狀態。對《莊子》「非我無所取」而言，人的任何作爲幾乎都必有主體我在操作與推動，因此人的任何風吹草動幾乎都藏有甚深甚微的主體慣習，這些都是隨時隨地可觀照反思的工夫下手處。《莊子》的養生之道看似走向了「去工夫」、「無工夫」（無爲），但也可以說，無處不存在著心齋、養神的工夫發用（無不爲）。日常一切「有我做主」之處，都是神思覺察工夫的下手處。只是這種無爲工夫，已經是對有爲工夫有所反省後的另類工夫（無爲而無不爲）了，因此其工夫具有不落工夫相的「爲無爲」之弔詭性。

　　關於去主體我的「非工夫的工夫（爲無爲）」，我們暫且說明至此。底下我們乃可以對〈刻意〉篇眞人所達至的遊乎氣化的新主體狀態，做一簡單的總結描述。相對於人生失養的種種現象：勞苦重擔、形勞精盡、情

緒擺蕩、物累沾粘、人非交纏、福兮禍倚，《莊子》認爲那是一種不恰當的主體支配方式所造就的一連串後果。倘若人們能將主體膨脹突起的擴張給予平淡無爲（虛無無爲、休爲平易），將主體封閉的成心知見與自我故持給予虛損敞開（去知與故），將主體過於主宰掌控的老謀深算給予柔軟鬆脫（不思慮、不豫謀），將主體操作精神意志的外馳晃蕩給予休歇安息（其神純粹，其魂不罷）。那麼眞人的主體將從一種突出隆起的膨脹造作狀態，轉化成無爲淡定、天清地寧（天地之平、道德之質）。這種去主體我的虛無平淡之渾朴質性，虛損了自我中心的實體化、本質化所突出的封閉主體性，將能轉爲通達流動（四達並流）、天清地寧（天地之平）、無爲隨順（迫而後動）、感通回應（感而後應）的純粹素朴之氣化、遊化主體。

八、結論：《莊子》的「養生」具有「安死」效益

「養生」多少帶有對「死亡」的克服或延遲意味，至少也要避免生命的中道夭折。誠如陶淵明〈歸去來兮辭〉有感於：「木欣欣以向榮，泉涓涓而始流。羨萬物之得時，感吾生之行休。」人生常常莫可奈何在人際樊籠中亂了自然韻律，在匆忙腳步中提早凋萎零落。而「死亡」更讓「有形」之人，感受存在虛無、意義盡空。因爲死亡是「有形」轉入「無形」之大變化，而形身似乎是人唯一可信憑的存在根據，一旦身崩形解，生命似乎從此渙散無寄了。所以自古以來，人總是用盡一切技倆想要迴避死亡，或至少延遲死亡。不管養生避死的方式琳瑯滿目，但大體上仍可歸納爲兩類：一是渴望或相信無形的「精神主體」能死後長存，二是期待或寄託有形的「身體主體」可以長生不老。然而不管是精神不朽亦或長生久視，這兩種克服死亡的方式都一樣建基在實體長存或固存的主體想像上，不管是精神實體亦或者身體實體。換言之，它們都相信人的生命不管是生前或死後，不管是精神或肉體，至少都必須有一個連續而不變的中心做爲確定存在實感的寄託之地。如此一來，這兩類看待死亡（或看待生命）的

方式，自然要使它們的養生朝向持續穩固「主體中心」的方式來進行。不管是朝向精神主體、抑或朝向身體主體，總是要有一種主體我（實體中心）死而不滅、恆古長存。因而我們經常看到，傾向第一種精神主體我的養生者，容易走向形而上的純粹超越性之追求，相信有一純粹精神、純粹性靈的超越界可安住；而傾向第二種身體主體我的養生者，基本上則容易走向形體的營衛及延年益壽，甚至相信死後仍然可以持續肉身的不病不壞、長生久視。然而這兩種看似截然不同的養生方式，對《莊子》而言，卻仍然只是大同小異。因為兩者都建基在主體中心主義或本質主義的立場，不管它們對主體的想像是憑藉著精神還是身體，皆具有實體主義的焦慮。

　　經由本文的探討，筆者認為這兩種方式都不能觸及《莊子》的養生之「主」。因為這兩者都只能持續著「實體化」的思維方式，來擴張「自我中心」之實體感、重要感，根本未能進到「去主體我」的思維方式，進行「喪我」的工夫。這也是為何本文一再強調：《莊子》的養生主工夫並不在一技一藝的操作，而在於整個主體的徹底轉化，甚至「去主體中心」。一技一藝的有為型工夫，其背後經常還是藉著主體我的意志在操控或推動，其結果也經常循環回饋於主體我的固化與擴大。亦即主體一方面持續固化中心，另一方面則持續擴張領地。然而對於《莊子》，這種主體我的內在構成（「心／知／言」的認知結構）和在世情境（「義／命」的倫理政治結構），乃交織成錯綜複雜的綿密網絡，因此人人依著主體自我中心來擴張行世，必然要產生相刃相靡的碰撞割折，結果自然是身心耗損、人我兩傷。這也是〈養生主〉庖丁解牛的「牛」、「刀」隱喻。「牛」隱喻著錯綜複雜的人間在世情境，而「刀」的厚薄虛實隱喻著人的主體之厚薄虛實。人若要想在人間世的倫理政治牛體中「入遊其樊而無感其名」，那麼主體我如何「唯道集虛」、「虛而待物」，才是真正關鍵。換言之，主體我的虛損，才能使人在名言的天羅地網中找到間隙通道，而使得身心、人我之間，避免相刃相靡而中道夭折。甚至由於這種虛而能遊的主體開放

狀態，更能促成人與人之間的倫理義命之感通轉化。換言之，《莊子》的養生還具有倫理與政治的「批判回應」與「相養及化」潛力。

　　《莊子》的養生當然具有保養生命、肯定生命的意味，但這種保養，消極上在於避免人在世間因為相刃相靡而提早「中道夭折」，積極上則盡量使人們能夠自然而然地「盡年」。但這種「盡其天年」的安養，卻絕非長生的貪戀、更非不死的嚮往。雖然《莊子》這種虛損主體我的「非工夫的工夫」，其養生內涵既非訴求精神主體之永恆不朽，亦非訴求身體主體的長生久視，但據筆者過去研究所示，《莊子》的養生主仍然具有「安死」功效。[69] 簡言之，《莊子》這種去主體我之後的新主體，不再對死亡有任何的恐懼和焦慮，他既不奢求死後存在一個精神主體我，也不妄想身體主體我可以金剛不壞，他反而在放下主體的種種固我焦慮與擴張之權力意志後，從此將順隨氣化流行而安時處順。

　　亦即，《莊子》並未在「主體我」的背後，另外肯定一個「超常絕對」、「絕對永恆」的「眞君」或「眞宰」。《莊子》對一般人生失養的描述，一者在於現象地描述各種情意志的變化之流，二者在於深察情意志變化之流背後的主體內在構造，此即「知／言／心」的交纏與推動。除此之外，《莊子》認為我們無法再索求到任何的眞君或眞宰。換言之，依《莊子》的氣化世界觀，它不再抽象地預設絕對主體性的實體自我。假使《莊子》的立場在於肯定一超越的絕對主體性，那麼它的養生工夫就極容易走向方外的宗教修煉方向去。[70]

---

[69] 關於《莊子》既非走向靈魂不朽、亦非走向長生久視，而是在「死生一條」的變化世界中，超出生死二元的擺蕩，可參見拙文，〈《莊子》的死生隱喻與自然變化〉，《漢學研究》29卷4期（2011年12月），收入《莊子的跨文化編織：自然‧氣化‧身體》（臺北：臺大出版中心，2019年），頁231-273。

[70] 關於筆者對真君與真宰的「非實體化」之解構理解，可參見拙著，〈氣化流行與人文化成——《莊子》的道體、主體、身體、語言、文化之體的解構閱讀〉，《文與哲》22期（2013年6月），頁39-96。另外鄭凱元亦有一文涉及相關討論，見Kai-Yuan Cheng, "Self and the Dream of the Butterfly in the Zhuangzi," *Philosophy East and West* 64.3 (2014): 563-597.

　　也只有「去主體我」的虛化主體、平淡主體，可以將自我皺褶對死亡的甚深焦慮，給予鬆解、柔軟、攤展，然後敞開並安命於氣化流行之宏偉天命。此如〈刻意〉篇再三提及的：「聖人之生也天行，其死也物化……其生若浮，其死若休。」如此看來，《莊子》的「養生」還涉及「安死」。或者也可說，死生兩安，正是《莊子》養生主的完整寫照。也許正是因爲這種死生皆安的養生哲學，使得《莊子》〈養生主〉一文，最終結尾在「安死」這一終極關懷上：「遁天倍情，忘其所受，古者謂之遁天之刑。適來，夫子時也；適去，夫子順也。安時而處順，哀樂不能入也，古者謂是帝之縣解。」[71] 從《莊子》看來，人所以在面對死亡時遭受哀樂傷生之「天刑」，原因不外乎人的主體我過分固執膨脹，而違逆了天之自然韻律，因此才造成「遁天倍情」的挫傷耗損。倘若人能轉化厚重沉濁的主體爲一虛無平淡的遊化主體，那麼他將如隨風而飄的片葉般，擁有「來去任隨」、「安時處順」而「哀樂不能入」的自在。就是這樣柔軟如棉的遊化主體，才能在大化流行的氣化天命中，縱浪大化而不喜不懼地──死生兩相宜。

---

[71] 莊周，郭慶藩輯，〈養生主〉，《莊子集釋》，頁128。

第九章

天人之間與養生達生——《莊子》技進於道的天理與物性

一、禮文雅層與庶民勞動的不同身體模態

　　筆者過去對《莊子》身體觀的研究，經常發現一種雅俗顛覆現象。所謂雅俗顛覆，是將禮教階層與俗民階層的上／下位階，給予顛倒式解構，從而產生脫冕高雅禮教，加冕勞動俗民的價值重估活動。[1] 例如〈養生主〉的文惠君和庖丁，《莊子》讓兩人主客易位，使原本卑賤無名的屠夫成為舞臺主角，位高權重的文惠君反倒成了配角，重新聆聽庖丁所體現的「養生」福音。文惠君與庖丁的主客易位，雅俗顛覆的敘事反轉，這種書寫現象充斥《莊子》，顯示這是自覺採取的書寫策略，藉此批判舊價值，放送新福音。如果說，周文以來所建構的禮樂教化是透過「名人」為中心的雅層來體現，那麼《莊子》透過一系列「無名人」的邊緣或俗民之日常生活實踐，以地方包圍中央的顛覆方式，將價值中心給予解構，將光挪移到邊緣地方、日常生活的每一角落。從而揭露雅層過度規訓之貧乏，發現俗民勞動之豐饒。這一雅俗顛覆，意不在全盤否定貴族禮教，也不在全然歌揚庶民野性，但是在貴族雅層長期執政於禮文階層的集體馴化過程，《莊子》顯然洞見了其價值觀僵化與生命力消弱的危機。所謂「禮失求諸野」，《莊子》意不在化外之地看到禮文風貌的保存，而是在禮文較少全面性控制的百姓日常生活中，注意到自然活潑、生機暢然的生命力。它反映出類似主奴辯證的弔詭現象，當雅層階級掌握大量政治社會文化的象徵資本後，長期養尊處優於名利繁華之權力機制，其價值觀和生命力，

---

[1]　賴錫三，〈論《莊子》的雅俗顛覆與文化更新——以流動身體和流動話語為中心〉，《臺大文史哲學報》77期（2012年11月），頁73-113。

終於逐漸走向「周文疲弊」的僵硬弱化。筆者過去曾花費較多篇幅談論，《莊子》對意識型態的解構治療與價值重估。本文則想從技藝實踐的力量美學這一角度，觀察《莊子》雅俗顛覆策略的另一向度。亦即《莊子》如何透過日常性生活的身體勞動之實踐，彰顯主體轉化與物性天理的交往密切性，從而揭露《莊子》的技藝實踐與力量美學，對生命活力的通達（達生）與培養（養生）之啓發性。

二、技進於道的人與天

庖丁爲文惠君解牛，手之所觸，肩之所倚，足之所履，膝之所踦，砉然嚮然，奏刀騞然，莫不中音。合於桑林之舞，乃中經首之會。

文惠君曰：「譆，善哉！技蓋至此乎？」庖丁釋刀對曰：「臣之所好者道也，進乎技矣。始臣之解牛之時，所見无非牛者。三年之後，未嘗見全牛也。方今之時，臣以神遇而不以目視，官知止而神欲行。」[2]

〈養生主〉中的庖丁解牛，是《莊子》對技藝通達之人，如何「技進於道」，最細緻最豐富的一則有關技藝修養、主體轉化、養生達生的寓言敍述。所謂「道也，進乎技矣」，表明促使庖丁生手從「技」之操控層次，轉化爲庖丁達人的「道」之超乎技術，其中關鍵正在於，（身體）主體狀態從「官知」轉化爲「神行」。或者說，從「官知止」到「神欲行」，「一止」、「一行」之間，發生一種從「技」向「道」的質性變化。我們一再看到《莊子》記錄一系列的技藝達人，他們對自己「出神入化」的關鍵性描述，必然都超出純粹方法性操作：「臣之所好者道也，進

2　莊周，郭慶藩輯，〈養生主〉，《莊子集釋》（臺北：華正書局，1985年），頁117-124。

乎技矣」（庖丁解牛），「未敢耗氣、齋心靜心、以天合天、器以凝神」
（梓慶爲鐻），「用志不分，乃凝於神」（痀僂承蜩），「操舟若神、覆
卻萬方而不入其舍」（津人操舟），「從水之道，不爲私焉」（呂梁蹈
水），「指與物化而不以心稽、忘適之適」（工倕旋規矩）。

　　《莊子》並不把技術操控的具體細節，當做成熟性技藝美學的眞正
重點，反而當主體從「刻意」（如「心稽」的操控狀態），轉化爲「非刻
意」（如「忘適」的非操控狀態），才眞正是「凝神」以「入化」的關鍵
所在。可以說，只有當行動者的「官知」之意向性有爲行動，「止」（被
懸擱或被轉化）的時候，另一種非刻意、非目的性的無爲行動（神），才
被打開釋放（解心釋神）而流行起來（神行）。從上述基本描述，首先
可給出暫時性的區分架構。例如「技」和「道」，「官知」和「神行」，
「刻意」和「非刻意」，「有爲」和「無爲」，「心稽」和「忘適」，
「意志操控」和「自然運作」，等等異質行動的差異區分。這裡的暫時性
區分，並非意指「技」與「道」完全斷裂或兩不相關，更不在於全盤否認
技術積累的實踐意義。本文想要說明並探討的是，技與道之間的「非同一
性」之質變經驗，到底發生什麼樣的主體轉化現象？而這種經由技藝實踐
的主體變化又如何帶給我們對於新型態主體性的再思考？技進於道所發生
的「神行」主體之力量狀態，對於「官知」主體的解放意義何在？而《莊
子》將這類技藝達人的生命活力現象，歸屬於可「養生」、可「達生」，
似乎也透露這種有活力的「生命身體」，[3] 對人的存在狀態具有激活的存

---

[3] 尼采（Friedrich Nietzsche）曾區分「個體身體（Körper）」和「生命身體（Leib）」。據劉滄龍分
析，尼采的「生命身體」超越了笛卡兒（René Descartes）、康德（Immanuel Kant）脈絡的我思、
理性主體，歸屬於完整生命卻多元力量交匯的身體主體，其內涵大不同於個體性、對象化的「個
體身體」。劉滄龍甚至進一步把尼采的「生命身體」和《莊子》的「氣化身體」給予對話會通。
參見氏著，〈身體、隱喻與轉化的力量：論莊子的兩種身體、兩種思維〉，《清華學報》44卷2期
（2014年6月），頁187-188。另外，法蘭克福學派孟柯（Christoph Menke）繼續發揮尼采觀點而有
力量美學之提出，其與《莊子》技進於道的主體轉化之對話可話性，可參見賴錫三，〈《莊子》的
美學工夫、哲學修養與倫理政治的轉化——與孟柯（Christoph Menke）的跨文化對話〉《文與哲》
28期（2016年6月），頁347-396。

養與通達能耐。

　　依乎天理，批大郤，導大窾，因其固然。技經肯綮之未嘗，而況大軱乎！良庖歲更刀，割也；族庖月更刀，折也。今臣之刀十九年矣，所解數千牛矣，而刀刃若新發於硎。彼節者有閒，而刀刃者无厚；以无厚入有閒，恢恢乎其於遊刃必有餘地矣，是以十九年而刀刃若新發於硎。[4]

　　《莊子》對技藝實踐中主體轉化的技與道，官知與神行，有為與無為等區分，如果我們再擴大觀察範圍，或細察相關文獻的敘述脈絡，還會發現一對更為核心的區分概念，也就是「人」與「天」的區分。例如，當〈養生主〉中的庖丁解牛，從官知轉為神行的流動狀態時，同時也被描述為能夠「依乎天理」。簡言之，轉化為神行而遊刃有餘的新主體流動狀態，他必須同時能夠因循「天理」、依倣「天理」。若不急於解釋這裡所謂的「天理」，[5]至少得先注意《莊子》在描述這類經驗時，運用了

---

[4] 莊周，郭慶藩輯，〈養生主〉，《莊子集釋》，頁119。

[5] 任博克（Brook Ziporyn）在英文譯本中，對〈養生主〉脈絡的天理，做了一個很值得參考的註解，正和本文「物論」觀點相呼應：""Heaven's unwrought perforations" are tianli 天理, which also could be translated as "Natural Perforations," "Spontaneous Perforations," or "Skylike Perforations." This is the only occurrence of the character li (See Glossary) in the Inner Chapters, and the first time in Chinese literary history that the binome tianli天理is used. This term would later come to stand for a crucial category in Neo-Confucian metaphysics, in which context it is sometimes translated as the "Principle of Heaven" or "Heavenly Pattern." The meaning here is much more literal. The term li can refer to the optimal way of dividing up and organizing a raw material to suit human purposes or to the nodes in the material along which such division can most easily be done. In this context, it remains closely connected to a still more literal meaning, the pattern of lines on skin." 參見Brook Ziporyn, *Zhuangzi:The Essential Writings with selections from traditional commentaries* (Indianapolis: Hackett Publishing Company Inc., 2009), p. 22. 任博克的註解重要在於指出，天理這一重要概念首次出現在《莊子》，天理概念後來轉而成為了新儒家形上學的重要概念，並提醒我們注意兩者脈絡的細微差別，尤其要注意《莊子》在技藝實踐中的物之文理脈絡。換言之，它並非抽象之理，也非形上理則。

「人」轉向「天」的回應模式。問題在於,技藝中人對於天理的因循回應,或者「人向天」的自我轉化狀態,該如何來理解?〈達生〉篇有關梓慶「技進於道」的身體實踐描述,可以讓我們看的更加清楚,人向天的回應與轉化過程:

> 梓慶削木爲鐻,鐻成,見者驚猶鬼神。魯侯見而問焉,曰:「子何術以爲焉?」
>
> 對曰:「臣工人,何術之有!雖然,有一焉。臣將爲鐻,未嘗敢以耗氣也,必齊以靜心。齊三日,而不敢懷慶賞爵祿;齊五日,不敢懷非譽巧拙;齊七日,輒然忘吾有四枝形體也。當是時也,无公朝,其巧專而外骨消;然後入山林,觀天性;形軀至矣,然後成見鐻,然後加手焉;不然則已。則以天合天,器之所以疑神者,其是與!」[6]

不管是削木爲鐻,或者庖丁解牛,技藝通達之人都不會停留在「術」或「技」,他們一樣體驗到建立在技術層次,最終又溢出技術之上的體驗。這種美妙體驗,庖丁將其描述爲「官知止而神欲行,依乎天理」。而梓慶則再進一解,首先他描述了「官知」的主體轉化過程,牽涉到「齋以靜心」、「未敢耗氣」的心、氣工夫。例如透過「不敢懷慶賞爵祿」、「不敢懷非譽巧拙」,等等消除名聞利養、技術框架對心神的干擾(齋以靜心),保持自己的生命能量處於最精純、最專注、最飽滿的力量狀態(未敢耗氣),然後才能夠進入技進於道的手作創造歷程(然後加手焉)。更重要的是,梓慶將他自己技進於道的創作,描述爲「以天合天,器之所以凝神者」。引發筆者特別關注的是,神凝(創作者之主體狀態)與器成(作品之客體狀態)之間的主客交涉,被描述爲「以天合天」的關係。仔

---

6 莊周,郭慶藩輯,〈達生〉,《莊子集釋》,頁658-659。

細推敲，這裡至少碰到了兩個意義脈絡的天。我暫且將其勉強權稱為：一是有關主體之天，二是有關客體之天。而且在技進於道的主客、物我交往轉化過程中，這種主客關係遠不是一般知識論思辨意義下的主體宰制客體，或主體同一化客體的主客關係。問題是，這種技藝實踐透過物我交涉的兩相轉化狀態，到底發生了什麼樣的關係質變或力量辯證？而讓梓慶使用「以天合天」來描述這種體驗。

在筆者看來，第一是有關「人」轉化之後的「人之天」，亦即從官知主體解放出神行主體的「神」之力量狀態。第二則是有關於「物之天」，亦即人的神行主體能善加回應而非強行壓抑物之天性。而「以天合天」的主客交涉、物我往來的轉化意義就在於，只有當人的「神行之天」，亦即人的官知主體內部原先被壓抑的自然力量解放出來時，並與主體外部的「物性之天」的自然力量相互轉化，而不是單方面的官知控制或意向強迫時，我與物、物與我「之間」，才能引發既非「以我役物」也非「我役於物」，而是「客體轉化了主體」、「主體參贊了客體」的兩相質變與轉化。亦即梓慶的主體性轉化（人之天），和物的客體性轉化（物之天），同時發生、兩相成全，才能創造出：「人之天」和「物之天」的「以天合天」之兩行交換與互轉。

呼應於庖丁解牛「依乎天理」所隱含的技、道區分，官知、神行區分，梓慶的描述又補充了一項人和天的區分。如此一來，我們便可先簡單歸納出：技、官知、人，三者屬於同一層次，且三者可互文補充來描述一般生手還停留在「技術」的主體狀態。而道、神行、天，這三者屬於另一層次，也可互文補充來描述熟手「技進於道」的新主體狀態。而從生到熟（甚從熟到忘）的主體轉化過程，則分別可被描述為：技進於道、人轉化為天、官知止而神欲行的質變過程。而這個新型態的主客交涉，物我交往的質變演化狀態，先前被庖丁描述為「依乎天理」，現在則進一步被梓慶描述為「以天合天」。

三、技進於道的天理與物性

　　然而「依乎天理」的「天理」何在？「以天合天」的前後兩個「天」該做何理解？如上所述，這裡至少碰到了兩個不同意義脈絡的天。首先是有關人轉化後的「人而天」，亦即從官知解放出「神行」或「凝神」狀態。其次則是關於山林木植的「物之天」，亦即梓慶能因循回應而非強行宰制的物之天性。而「以天合天」的主客轉化意義就在於，只有當人的「內在之天」，能從官知主體的過分規訓中解放出來，並與主體外部的「物之天性」相互轉化，而不是單方面的控制與強迫，最美妙的物我關係才得以發生。亦即梓慶的主體轉化（人之天），以及物性存在的轉化（物之天），同時成就，從而創造出「神行主體」與「凝神妙器」的雙重實現。根據筆者這樣的理解，「以天合天」的第一個「天」，也可被理解為「意識主體（官知）」從有為操作狀態（人），轉化為「身體主體（神行）」的無為潛能狀態（人之天），於是身體便從意識官能的同一性控制底下，解放出一種身體活力之自發潛能，以通達於人之主體內部的自然之天。這種自然而然的身體活力，過去由於被過分的技巧所規訓（如非譽巧拙），被過多的意識目的所干擾（如慶賞爵祿），如今透過「齋心靜心」、「未敢耗氣」的心性收斂與身氣轉化，從而在與物遭遇的力量遊戲過程中，才逐漸被釋放出來。[7] 這種依循身體活力的「人而天」狀態，也就是在技藝過程中解放遺忘在主體內部，那未被人的官知規訓所徹底馴服的「非同一性」之自然力量。然而純粹從「人之天」這一向度來描述技藝，在技進於道的技藝實踐過程中，顯然並不完整。因為技藝不能單憑主

---

[7] 換言之，官知止而神欲行，首先涉及意識主體向身體主體的落實與轉化，對於技藝的凝神入化和身體潛力的關係，畢來德（Jean François Billeter）、楊儒賓、宋灝（Mathias Obert）、筆者，都有類似的身體主體之描述。而本文要強調的是，從官知到神行的主體轉化，雖涉及從意識到身體的肉身化體現過程，但這種活力身體所體現的神行狀態，既不適合再以主體形上學的身心二元論方式來理解，也不適合再用心性形上學的心之優位性來理解，本文打算重新透過類似阿多諾（Theodor W. Adorno）的身心相互中介、主客相互中介、物我相互中介，或類似孟柯的官能與力量的弔詭運動來重新加以描述，希望增添差異新義。

體自我的「人而天」之單向轉化，它必然還要進入「以天合天」的「合天」脈絡。或者說，「依乎天理」的具體化情境。甚至可以反過來說，只有在依乎天理的依循、交往的具體性辯證脈絡，主體原本自我封閉的官知狀態，才能被帶向「人而天」的自我轉化。由此可見，技藝實踐中的主體轉化並非單獨依靠人的身體自我來完成，而是在一個「依乎天理」的處身情境之中，才得以具體發生。

問題是，在技藝活動中，人合乎天理的處身情境，要如何理解？順著技藝實踐、身體運作的現象，這個答案必須扣緊著「物」之遭遇來理解。更完整的說法是，必須扣著物之天性、物之天理、物之情境，來加以具體化把握。如以庖丁的處身情境來說，整個天理所在主要就是屠宰境遇中，牛之身體的內在空間和肌理內勢。若以梓慶的處身情境來說，合乎天理則是呼應於山林境遇中的木植本性與自然紋理。一言以蔽之，不同的存在物各有其風格殊異的自然情性與自然處境，牛有牛的天理，樹也自有樹的天性，千差萬別的存在物都各自擁有風格殊異的自然天理與天性。而技藝實踐者都必須學會尊重不同生命情境的物之天理，體會不同自然存在的物之天性，才能夠與差異於我、陌異於我的萬物生命力，找到一種「以天合天」的微妙交往、力量律動。要避免獨我論地以人類「自我觀之」的同一性標準尺度，強硬套加在風情萬種的物之天性上。《莊子》顯然高度自覺人類經常慣犯「以人欲滅天理」的同一性暴力：

齧缺問乎王倪曰：「子知物之所同是乎？」曰：「吾惡乎知之！」

「子知子之所不知邪？」曰：「吾惡乎知之！」

「然則物无知邪？」曰：「吾惡乎知之！」

雖然，嘗試言之。庸詎知吾所謂知之非不知邪？庸詎知吾所謂不知之非知邪？且吾嘗試問乎女：民溼寢則腰疾偏死，鰌然乎

哉？木處則惴慄恂懼，猨猴然乎哉？三者孰知正處？民食芻豢，麋鹿食薦，蝍且甘帶，鴟鴉耆鼠，四者孰知正味？猨猵狙以爲雌，麋與鹿交，鰌與魚游，毛嬙麗姬，人之所美也；魚見之深入，鳥見之高飛，麋鹿見之決驟。四者孰知天下之正色哉？自我觀之，仁義之端，是非之塗，樊然殽亂，吾惡能知其辯！[8]

　　不只在觀念上要反省知性的同一性暴力，更要在技藝實踐過程中，讓身體學習被陌異於我的物性力量給轉化。[9]技進乎道的整個「人而天」的主體轉化過程，還要落實到物、我之間的力量交往過程。不管是身體潛力（內在之天）的解放，還是對天理物性（外在之天）的參贊，整個技藝過程的技進之道、天理之道，都不是抽象的觀念之道或者形上超越之道，而是落實在「即物而道」、「物化天性」的具體經驗中來以身「體知」（embodiment）。由此，才可能實現物與我之間，相互中介、彼此轉化的力量質變之躍進。正是這種異於主體的物性力量之牽引，才同時啓動並質變了主體內在的非同一性力量，讓身體的原始天眞之潛力給引發出來。如此也可說，物之天引動了人之天，人之天又參贊了物之天。

　　筆者將「依乎天理」、「以天合天」，落實到差異、陌異的物性力量來加以具體化、動態性描述，也直接在〈達生〉篇底下案例，可得到印證：「工倕旋而蓋規矩，指與物化，而不以心稽，故其靈臺一而不桎。『忘』足，履之適也；『忘』要，帶之適也；知忘是非，心之適也；不內

8　莊周，郭慶藩輯，〈齊物論〉，《莊子集釋》，頁91-93。
9　此觀點令人聯想起卡夫卡（Franz Kafka）曾對亞努赫（Gustav Janouch）說的話：「世上沒有什麼比那些單純、具體、普遍地有用的行業更美的了。除了木工，我也做做農事和園藝，比起強迫性的辦公室工作，要好得多而且有價值多。坐在辦公室裡工作的人似乎比較高級，但那只是表面而已。……智力勞動硬生生把人和人的社會撕離，然而手藝使人更像一個人。」又說：「我一直夢想到巴勒斯坦務農或作個木匠。」參見亞努赫，《與卡夫卡對話》（臺北：商周出版，2014年）。令人驚喜的是，卡夫卡也是個《莊子》愛好者，而當年他是透過衛禮賢（Richard Wilhelm）翻譯而接觸到道家。

變，不外從，事會之適也。始乎適而未嘗不適者，忘適之適也。」[10] 在這個技藝的例子裡，「依乎天理」、「以天合天」，被直接表達爲「指與物化，而不以心稽」。當一個生手能將官知控制習慣的成心（慶賞爵祿之心、非譽巧拙之心），給轉化爲「神欲行」的熟巧之指時，此時「由生而熟」的身體活動，甚至「由熟而忘」的物我關係，就能進入「以天合天」的「忘適」狀態。「自然而然」地表現出「指與物化」之美妙活動。可見，技進於道的技藝一定要透過「手做」（身體參與轉化），而手做的身體活動一定會「遇物」，而「遇物」的主客辯證，通常又會從不適到適，從不忘到忘的轉變過程。而能否技進於道的關鍵，就在於「指」與「物」的遭遇，手做與遇物的力量交往，到底是停留在主體單方向的意識強迫、有爲操控（不適），還是能進入到順任無爲的「被轉化」狀態（能適）。或者更完整地說，能不能進入到物我之間「相拒又相迎」的力量共振之遊戲狀態。這是一個又主動又被動的弔詭來回運動，任何一方的力量都不被化約或消除的辯證律動，如此才能成就「以天合天」的力量美學。

　　相對於上述那種「忘適之適」、「以天合天」的技藝化境、力量美學，〈達生〉篇曾以東野稷「敗馬」的相反案例，反應出：一旦物我之間的力量，非但不能相轉化、互加乘，反而呈現兩衝突、相抵消，那麼其結果必將猶如生手庖丁切割牛體大骨，硬碰硬地落入相刃相靡的兩敗俱傷：

　　東野稷以御見莊公，進退中繩，左右旋中規。莊公以爲文弗過也，使之鈎百而反。顏闔遇之，入見曰：「稷之馬將敗。」公密而不應。少焉，果敗而反。公曰：「子何以知之？」曰：「其馬力竭矣，而猶求焉，故曰敗。」[11]

---

[10] 莊周，郭慶藩輯，〈達生〉，《莊子集釋》，頁662。
[11] 莊周，郭慶藩輯，〈達生〉，《莊子集釋》，頁660-661。

故事中的顏闔，之所以能一眼看出東野稷將會敗馬，原因就在於他觀察東野稷和馬性的關係，乃是一種「人」強行規訓、單方主控的力量操作狀態，表現在進退中繩、左右旋規的控御行爲。這首先使得馬的天性活力不斷遭受抑制，再則使得人和馬之間的力量交往，墮化爲機械式的克制操縱。如此一來，東野稷本身的身體活力，根本不能在與馬力的交手過程中被啓發出來，而馬之爲馬的天眞活力，也因爲過分受到規矩繩墨的斲喪而難以發揮。其結果不僅馬力竭矣，東野稷必然也是身疲力竭，如此人仰馬翻的力量耗損，遠於「以天合天」的力量美學甚遠，自然必敗。這也是《莊子》批評伯樂治馬不給「馬之眞性」留有任何餘地，其近乎暴力性、工具性的治馬、御馬之高壓控制，除了犧牲了更多馬匹之外，根本無法將馬之天眞原成的自然生命力（天理與天性），給予較好的引導與發揮：

> 馬，蹄之可以踐霜雪，毛可以禦風寒，齕草飲水，翹足而陸，此馬之眞性也。雖有義臺路寢，無所用之。及至伯樂，曰：「我善治馬。」燒之，剔之，刻之，雒之，連之以羈馽，編之以皁棧，馬之死者十二三矣；饑之，渴之，馳之，驟之，整之，齊之，前有橛飾之患，而後有鞭筴之威，而馬之死者已過半矣。[12]

上述以天合天、物我忘適的力量來回之身體技藝，很適合用馬師騎馬的例子來觀察。因爲馬的野性力量（馬之天），正是馬之爲馬的天理與天性，而技進於道的好騎師，不宜一味地想要徹底馴服馬性，想以馬術規矩來單邊強御。而是要去體會馬之天、馬之眞，從而在引導與因循之間，回應不同馬性的生命律動，並且不斷調整並引發騎師自己的身體律動，以便讓彼此的力量交往，從「我與它」的強行對抗與彼此消耗，轉化爲「你中有我、我中有你」的力量舞蹈。這種我與馬之間的力量律動之美妙節奏，

---

[12] 莊周，郭慶藩輯，〈馬蹄〉，《莊子集釋》，頁330。

才能呼應於庖丁解牛所謂「合於桑林之舞，乃中經首之會。」這是一種在順逆之間、迎拒之間，力與美結合的美妙韻律，人與馬共同完成的力量之舞。此時，馬師的身體潛力（人之天），被馬之野性活力（馬之天），給引動並激發出來，而馬的天生活力也能在人的回應與因循中，自然而然地盡情發揮。如此便成就了物我之間「以天合天」的力量美學之體現。換言之，「不以人滅天」，甚至強調人可以「反以相天」的解讀，並非強調「人」單邊自以為參贊了天地萬物之化育，也應該同時強調人被萬物給轉化。人並非不能用物，但要以依乎天理、觀乎天性為「度」，而不是純粹以實效利益為「度」，並將其合理化為參贊天地之化育。總之，人不能因為人類私我利用厚生之需求太過，從而裁抑萬物情性而濫用無度，更不宜將「以人滅天」之人病，合理化為「反以相天」之參贊。失之毫釐，差之千里。[13]

四、以天合天的主客與物我

再回到庖丁解牛的三階段來觀察：「臣之始解牛」的初階身體感，人牛之間處於「所見無非牛」的主客隔礙狀態。亦即庖丁主體在對象化的官知作用下，牛純粹被當做有待宰割的外在客體，人牛之間還未產生身體感的內在熟悉性，身／心／物三者皆停在層層隔礙的生疏處境。此時的生手庖丁，手持庖刀依照意識自我的強行意志而操刀宰牛時，將會發生以官

---

[13] 最明顯的弔詭案例，便是郭象。他一方面強調：「夫善御者，將以盡其能也.盡能在於自任，而乃走作馳步，求其過能之用，故有不堪而多死焉。若乃任驥驥之力，適遲速之分，雖則足跡接乎八荒之表，而眾馬之性全矣。而惑者聞任馬之性，乃謂放而不乘，聞無為之風，遂云行不如臥，何其往而不返哉！斯失乎莊生之旨遠矣。」表面看來郭象好像頗能善得人「反以相天」之妙旨，然而再仔細看，郭象實有為既得利益者服務，給予權力階級者合理化辯護的毛病：「臣妾之才，而不安臣妾之任，則失矣。故知君臣上下、手足外內，乃天理自然，豈真人之所為哉？夫臣妾但各當其分耳，未為不足以相治也。相治者，若手足耳目，四肢百體，各有所司而更相御也。」郭慶藩輯，《莊子集釋》，頁333、頁58。《老子》強調儉、嗇的樸素思維，雖被方以智嘲諷為：惜之不用之守財虜。但反過來說，對於那種以「相天」參贊為由，輕鬆用物且流於過度用物之人類中心主義，《老子》的提醒仍有其深刻的批判意義。當然《莊子》在用與不用之間的來回兩行，可能是更圓通的表達。

知強控身體的「心使氣曰強」現象。此時庖丁在有爲的權力意志支配下，其結果是人、刀、牛，處處阻礙、三者皆傷，庖丁也必定會在這種異化的勞動過程，相刃相靡而失去養生、達生之機。這種以意識強控身體，以心使氣而強持刀具，強迫牛體物性服從我之意志的同一性暴力，離技藝之熟練還有相當距離，遑論「技進於道」的出神入化。而當庖丁經過「三年之後」的反覆習練，與物遭遇的身體感，一方面鬆解抽象化的意識前見之技術框架，另一方面也逐漸透過身體感來揣摩牛體的內勢空間，並逐步經驗到物我之間在運動狀態下的力量關係，此時「由生到熟」、「由不適到適」的身體感，會逐漸來到所謂「未嘗見全牛」的力量覺受狀態。對比於「所見無非牛」的主客分裂、物我強碰，「未嘗見全牛」已稍能轉化主宰性意志與對象化視覺，並開始由主客對立進入主客交往的力量辯證。行行重行行，一旦庖丁能百尺竿頭更進一步，長時間的身體實踐而越發熟練，有可能在某一質變時刻，來到「由熟而忘」、「忘適之適」、「神遇不以目視」的神行遊刃之境。從不適到適，又從能適到忘適，原本的主客衝突、物我間隔，經由主客互動、物我交涉，現在「似乎」幾乎完全進入主客合一、物我無礙的化合之境了！

　　對於上述，官知止而「神」行，指與物「化」，以天「合」天，其中的「化」「合」情狀，內涵該如何理解？過去筆者多少傾向於直接使用「主客合一」、「物我交融」，來陳述這種依乎天理的「神行」化境。亦即指向：身與物、物與我的超越主客與融合無間。[14] 但目前筆者愈來愈意識到，所謂「物我無礙」、「物我合一」的描述，未必那麼精準、甚至過於簡化。因爲在身體感的技藝運動過程中，人的身心再怎麼與物遇合、融合，都不可能完全取消阻力之觸覺與澀感。筆者近來經由與阿多諾的「非同一性」思維的跨文化對話之後，認爲有必要加強從「唯物」與「微觀」

---

[14] 參見拙文，〈《莊子》身體觀的三維辯證：符號解構、技藝融入、氣化交換〉，《清華學報》42卷1期（2012年3月），頁1-43。

的「辯證角度」，來描述其中所發生的力量牽引狀態。[15]所謂主客合一般
的行雲流水之描述，比較傾向於突顯「自然無礙」的身體感，但這樣的
「無礙」並不意指物之天性的非同一性力量，完全被人之身體主體的力量
給完全消融或化解。倘若如此，便有單獨突顯「人之天」的片面化傾向。
同樣地，「無礙」也可能被理解成完全解消身體自我，以能融入物之天理
與天性，此種描述也會有單獨突顯「物之天」的片面化傾向。換言之，物
我合一、主客無礙的境界式畫面，很容易將物我之間雙向來回的「非同一
性力量」、「差異性力量」，給簡化為靜態綜合的同一性力量之純粹整合
狀態。不管是用「人之天」來綜合「物之天」，還是用「物之天」來綜合
「人之天」，兩種綜合似乎都很難免於將差異性力量給予「融合」，甚至
「合一」的片面化傾向。

　　筆者愈來愈保留這種主客融合、物我合一的描述，是否能將技進於道
的整個動態歷程、力量辯證，給予微觀考察？目前我更傾向將技進於道中
的力量豐富與複雜狀態，尤其將「礙與無礙」之間的「弔詭」關係考慮進
來。亦即對「礙」的正視與肯認，顯示出主客之間，有不可完全被克服的
「非同一性」力量一直在發生作用。而技進於道的狀態，並非意指完全消
除「礙」所暗示的非同一性力量，而是在礙與無礙「之間」，尋獲一條弔
詭運動或弔詭溝通的力量曲線。微觀而言，線條舞動的力度，乃是因為它
辯證遊動於物我之間、迎拒之間、順逆之間，在曲曲折折之間，不斷發現
力量的迂迴通道。而非全然順暢、完全無礙的同一性力量之直線通行。因
此，物性與情境的非同一性力量，雖能被納受與轉化，但是做為它者的差
異性力量，並不因此完全被均一化、齊平化。

　　歷程性來看，技進於道的官知轉化為神行，乃是從「不化」到「化」
的轉進。亦即，庖丁手刀與牛體紋理的力量交涉運動，如何從直接的主／

---

[15] 這呼應了阿多諾的形上學之唯物轉化，從而進入到微觀形上學的主體轉化、物性轉化來理解生命力
　　量的辯證與超越。對此，筆者將以另文透過與阿多諾和孟柯的對話來加以呈現。

客對抗（所見無非牛），漸漸在身體感的運動摸索與調適過程中，讓主體逐漸能回應客體的物性天理（未嘗見全牛）。可見「所見無非（全）牛」的階段，代表著主體與物性的力量互動太過粗糙表淺，主體停留在自我主宰的意識操控狀態，封閉在自我主體的同一性力量循環中，不能因循物之天理，尊重物之天性。到了三年後的「未嘗見全牛」狀態，庖丁主體已經逐漸在身心之間、物我之間，體會更為細微的力量來往之迴盪經驗，因此能夠從較為表面的物我關係，進入到「未嘗見全牛」的相對內層之身體感受狀態，只是這種身體與牛體的力量交往，還未完全脫開主體有為的意志操控習性，因此仍然殘留「以主攝客、攝客歸主」的徵向。雖然相對於「所見無非全牛」的主體同一性強制暴力，「未嘗見全牛」已逐漸在揣摩主客之間、物我之間的非同一性力量關係的可能性。但是只有來到「神遇而不以目視」，才真能顯示技進於道的質性蛻變，庖丁終能進入主客之間、物我之間，來去迴盪、彼此轉化的力量遊戲之活力感受。而這種神依乎天理、指與物化的力量質感，很明顯落實在因循牛體內部的自然理路而迂迴運動——批大郤，導大窾，因其固然。亦即，神庖的身體感能在「與物相化」之精微運動節奏中，彈性協調地因循已被啟動的物我交往之力量通道。而這種持續在時間性變化中的力量狀態與迂迴通道，並不是單獨由主體意志所化身的刀刃可強行決定，反而必須藉由與物性力量相互合作的交往磨合，才能讓物我協作中動勢生發的力量通道，自然而然地生長出來。也因為這種回應物性力量、因循物性情境的「指與物化」，庖丁才能通達一種「不耗氣」的「遇物之道」。也因為他能順應於物之天理（萬物差異的內在生命力），並在物我之間的力量來回，發現力量的辯證理路（間隙），最後才能遊刃有餘地回應「礙與不礙之間」的非同一性力量。也就是上文一再提及的，主體的內在之天（原先被抑制的身體自然性力量），和主體的外在之天（原先被宰割的自然物性力量），現在終能進入深度的辯證交往。一方面主體轉化而解放出內在自然的非同一性力量，另一方面和外在自然萬物的非同一性力量，進行一種雙向來回的力量舞蹈

（合桑林之舞）、彈性韻律（中經首之會）。如此一整個活動的兩行轉
化，才成就了依乎天理、以天合天。

　　指與物化、人與牛忘、以天合天的主客狀態，應該要如何理解？東
方學者自然很習慣用主客合一、主客泯合、無主無客這些概念，來加以描
述。而這種技進於道的境界似乎是一種純粹精神主體（如徐復觀、牟宗三
的理解方式）[16]，而這種純粹精神則近乎處於完全與物無礙的化境。這樣
的理解，看似一目了然且似有文獻根據，因為從修辭來說，「彼節者有
間，而刀刃者無厚，以無厚入有間，恢恢乎其於遊刃必有餘地矣。」看來
近乎是毫無阻礙的神行遊化境界，似乎任何物性阻力皆已被消融化解，神
之精神主體從此收納了物之天理天性於自身，盡情從容、自在無礙地遊於
物化之中。這種理解方式（可以牟宗三為代表），顯然將物性的力量（物
之天理天性），給收編到超越性的精神主體來理解，這仍然是一種「以心
統物」、「以主攝客」的精神辯證法之同一性思維方式，它只是將認知性
的意識主體改由超越性的精神主體來代替。簡言之，牟宗三以主觀的心靈
（或主體的道心）之「有限而無限」的超越作用，來讓主客、心物關係消
融在玄冥不分。牟宗三這種境界形上學的無限道心作用，具有滑向主客之
上、心物之外的「絕對超越性」傾向，而不是在主客之間、心物之間的相
互來回中介來描述「礙而無礙」的弔詭運動，以及此弔詭轉化運動所蘊含
的「內在超越性」。但就本文的理解角度，依乎天理、回應物性力量的神
行狀態，雖然轉化了意識主體的主客對立，但卻不是以精神主體來收編物

---

[16] 牟宗三「主觀境界形上學」和徐復觀「中國藝術精神的主體」的詮釋進路，都偏向心靈的純粹性，
他們認為老莊的人格之美在超越主客、物我對立後呈現出玄冥心境，一種不著於物、自由自在的心
靈狀態。龔卓軍曾分析徐復觀所理解的莊子美學帶有濃厚的觀念論／現象學式的主體論，缺陷便在
身體向度的不介入，〈庖丁手藝與生命政治：評介葛浩南《莊子的哲學虛構》〉，《中國文哲研究
通訊》18卷4期（2008年12月），頁80-86；而我亦曾分析牟宗三所理解的道家美學傾向於靜態式的
觀照，無法揭露道家那充滿活力、差異的物化美學向度，參見拙文，〈先秦道家的自然觀：重建一
門具體、活力、差異的物化美學〉，收入《莊子的跨文化編織：自然‧氣化‧身體》（臺北：臺大
出版中心，2019年），頁129-179。

性力量的主客合一。而是主體的非同一性力量（人之天），與客體的非同一性力量（物之天），彼此進行兩行交換、雙向質變的力量辯證運動。其中任何一方的力量都會轉介到對方去，並且也被對方的力量給周轉。換言之，在雙向過渡與相互轉介的過程中，自身既被改變，卻也變化了對方。但是雙方的差異性力量，並沒有完全融合爲一種同質性的同一力量。換言之，物（客體）不能被完全同質化爲心（主體），心（主體）也不能被完全同質化爲物（客體）。主客之間、心物關係，反而是在運動狀態中持續維持著：既迎且拒、既順且逆的弔詭兩行。因此宣稱主客合一的絕對精神主體，反而可能使得千差萬別的物之理、物之力，原本陌異於主體的他者性，不再成爲轉化主體的非同一性力量之契機，因爲它近乎已被全能的精神主體給吸收殆盡。

　　以無厚入有間，恢恢乎其於遊刃必有餘地矣，是以十九年而刀刃若新發於硎。雖然，每至於族，吾見其難爲，怵然爲戒，視爲止，行爲遲。動刀甚微，謋然已解，如土委地。提刀而立，爲之四顧，爲之躊躇滿志，善刀而藏之。[17]

以上這段文獻所描述，表明了就算已有十九年功力的神庖，在他的解牛過程中，也絕非一直處在毫無阻力的順刃暢通狀態。尤其每當遭遇某些特殊紋理的錯綜情境（每至於族），刀刃便立即顯出特別質礙阻澀的力量張力（見其難爲），因而庖丁也就要謹慎凝神（怵然爲戒）與精微調度（動刀甚微），來和緩力動的時間性節奏（視爲止、行爲遲）。換言之，當刀刃與牛體的互動來到某些特殊的力量交涉場所時，原來較爲順暢的物我交往之力量空間，會轉換到較爲阻澀的力量空間，此時細敏的身體運動之時間性韻律，也要跟著轉換力量速度。這是因爲此時的物性阻力，會反過來要

---

[17] 莊周，郭慶藩輯，〈養生主〉，《莊子集釋》，頁119。

求庖丁要能被牛體天理給再度調適轉化，以便進入到另一節奏的「以天合天」之力量辯證。由此可見，「以天合天」或「依乎天理」，是一個不斷回應、不斷調整的力量來回之彈性變化過程（活動中的天理、變化中的天理），而不是一個相對簡單靜態的主客合一可以完全描述。這表明了，官知止而神欲行的力量過程，是一個不斷回應精微物化脈絡的力量交涉過程。因此與其使用相對簡化的主客合一、物我消融來概括，不如從人牛之間、主客之間，不斷互相調整的力量辯證交往過程，來加以微觀深描。用時間性來描述，整個過程正是一個順逆之間、快慢之間，不斷彈性來回的「非同一性」之時間流。而這樣的「非同一性」之時間流變，與其說是由人刀（主體）所自主決定的，不如說牛體的物性理路（客體）要求神行主體回應它，因而轉化了主體的運動狀態以及時間節奏。由此可說，神庖之所以為神庖，在於他能鬆開主體「同一性」的主宰意志，能夠在指與物化、隨物婉轉的交涉過程中，被「非同一性」的物化處境給不斷打開與更新。從而讓整個主體與客體的來往交涉，充滿差異又新鮮的持續性之動態活力。引而申之，文惠君從庖丁身上所領悟到的養生宗主，乃在於個體唯有在和他人、他物的互動關係中，從相刃相靡的力量折損、消耗失養模式，調整為人我之間、物我之間的力量彼此中介、相養轉化，一方面促使個我生命力量的演化常新，另一方面也因為加入了他人他物的力量而豐富了意義化、差異化之質變。可見，養生之主並不在個我單方面的力量增強獨大（如傳統的房中積精），反而是人我、物我之間的異質力量之涵容與轉化。前者是一種自我中心的同一性力量之暴力擴張，後者則是物我兩行的非同一性力量之差異轉化。

　　類似梓慶透過「齋以靜心」、「未敢耗氣」來鬆解主體的同一思維與宰制意志之後，才能真正進入物的整體情境（然後入山林），讓物的自然天性（觀天性）顯示自身（形軀至矣），彷彿植物內裡自然有一股力量會自發湧現形式（然後成鐻）。由於梓慶能夠對物之天理天性敞開，讓物之差異殊性、非同一性力量顯現自身，由此轉化了梓慶主體的同一性，然

後使他進入「指與物化」（加手焉）的物我交涉之力量實踐。倘若梓慶感
受到自己還不能進入那種「與物婉轉」、「被物所化」的「交往」狀態，
自己也就還不到進行成熟創作的力量實踐（不然則已）。因爲強行宰物只
會重複了主體控物的同一性衝動，而不能領受主體被物之天性所轉化之契
機，因而也就錯過了技進於道所能促發的主體轉化之養生、達生之效。也
只有透過與物婉轉、被物所化，主體才能從人轉化出「人之天」，而這種
「人之天」的狀態，也才能與「物之天」進行互相轉化的交涉。這個過程
方可謂之「以天合天」，而人之天與物之天，雙向交往的創造性結果，才
足以成就「凝神之器」。行動者也才能在整個技藝的實踐轉化過程，通達
其天眞活力而達生養生。

　　上述所述，對物之情境脈絡敞開，並在隨物婉轉中被物轉化。我們
可以從〈達生〉篇中，分別再擇取一偏靜（痀僂承蜩）、一偏動（呂梁游
水）的例子，來說明實踐主體如何在技進於道的物我交往過程中，如何被
不同的物化情境給轉化，以便進入非同一性的時間節奏、變化之流：

　　　仲尼適楚，出於林中，見痀僂者承蜩，猶掇之也。仲尼曰：
　　「子巧乎！有道邪」曰：「我有道也。五六月累丸二而不墜，則
　　失者錙銖；累三而不墜，則失者十一；累五而不墜，猶掇之也。
　　吾處身也，若厥株拘；吾執臂也，若槁木之枝；雖天地之大，萬
　　物之多，而唯蜩翼之知。吾不反不側，不以萬物易蜩之翼，何爲
　　而不得！」孔子顧謂弟子曰：「用志不分，乃凝於神，其痀僂丈
　　人之謂乎！」[18]

　　　孔子觀於呂梁，縣水三十仞，流沫四十里，黿鼉魚鱉之所不
　　能游也。見一丈夫游之，以爲有苦而欲死也，使弟子並流而拯
　　之。數百步而出，被髮行歌而游於塘下。孔子從而問焉，曰：

---

[18] 莊周，郭慶藩輯，〈達生〉，《莊子集釋》，頁640。

「吾以子爲鬼，察子則人也。請問，蹈水有道乎？」曰：「亡，
吾无道，吾始乎故，長乎性，成乎命。與齊俱入，與汨偕出，從
水之道而不爲私焉。此吾所以蹈之也……吾生於陵而安於陵，故
也；長於水而安於水，性也；不知吾所以然而然，命也。」[19]

上述兩例，雖然痀僂承蜩的處身情境偏向靜（捕捉樹林靜蟬），而呂梁游
水的處身情境偏向動（泳於瀑水激流），但就促成兩個出神入化的技藝達
人，關鍵處都超出了技術層面。對於技進於道的關鍵內涵，筆者想延續上
述以天合天、依乎天理、察乎天性的理路，尤其將天理天性落實在每一當
下的具體、差異之物化處境，來總結物我交往的婉轉過程。亦即主體我
（如承蜩者、游泳者），如何「隨物所化」。

　　從痀僂承蜩的例子來看，平常的手藝訓練（累二丸、三丸、五丸的技
術訓練），雖然必要，但並不充分，甚至不是最關鍵處。原因在於，捕蟬
的具體活動是在一個自然物化的生態系統當中，例如各種植物昆蟲交織而
成的密樹深林。當捕蟬者（主體）帶著強烈的主體意向性（捕蟬動機），
任意趨入這片充滿物化生命的密林之中，一不小心極容易犯上外來者的粗
暴躁進，進而干擾原本在其自己的萬物生態與力量韻律。換言之，當捕蟬
者的主體還未和這個自然情境相接觸時，原本各種萬物交織而成的自然生
態，就有它屬己的特殊時間性韻律。一旦捕蟬者的處身情境進入這個自然
物化情境時，倘若只以外來者的強行干預來介入原本的時間性韻律，必將
造成萬物驚動而四散走飛，蟬也必將受驚嚇而飛逝，那麼痀僂老人平常再
好的手藝訓練，都將無用武之地。可見關鍵處並不在於單獨手臂與工具之
間的協調訓練，更重要的是，實踐者必須對他的處身情境有高度的覺察
性，並且有參與情境、融入情境的「模擬」能力。[20] 此即痀僂捕蟬者的身

---

[19] 莊周，郭慶藩輯，〈達生〉，《莊子集釋》，頁657-658。

[20] 本文採取阿多諾的模擬（Mimesis）意含：「如果下一個定義的話，阿多諾的所謂模仿能力並不是向
　　已知事還原同一化，而是能夠體驗、認識未知事物的能力。它是能夠最大限度地表現抵抗主體的同

體轉化自身而體會「吾處身也，若厥株拘；吾執臂也，若槁木之枝」——
因為這時的蟬正停留在相對靜定的樹木上，倘若捕蟬者不讓自己模擬於這
個相對靜定的樹木氛圍，他（主體）便無法與蟬（客體）處身在接近的時
間性節奏中，輕舉妄動必將打草驚蛇（主體強擾客體），從而徒勞無功。
只有當人的處身情境能被原本蟬的處身情境給轉化，那麼人才能因為「隨
物婉轉」而與蟬共在於同一個物化世界、同一個時間之流中。也正是這種
被物轉化的身體模擬能力，讓主客從兩相對立，轉化為彼此共在。由於這
種共在與交往，讓蟬的生態和人的生態進入了相近的時間流速，因此蟬便
難以知覺到人的捕捉活動，捕蟬者便自然而然地容易上手。這裡「用志不
分，乃凝於神」，乃意指捕蟬者能全神貫注地模擬己身，以進入蟬的處身
情境（吾不反不側，不以萬物易蜩之翼），並在隨物婉轉的共振頻律中，
以樹林的世界為世界、以蟬的時間為時間（天地之大，萬物之多，而唯蜩
翼之知）。如此與蟬處身於契近的物化脈動中，自然而然能「指與物化」
地百發百中（何為而不得）。

　　林中捕蟬，痀僂老人摸擬己身來轉入靜謐深林，呂梁游水的例子，則
是擬身於激水瀑流的高速湧動之水世界。這除了呂梁泳者因為從小就生長
在流水環伺的大自然情境中，使得身子裡早有了親水生態的適水性（始乎
故，長乎性，成乎命），亦即骨子裡早就浸習於自然風土而內化為身體親
水性。更重要的是，每當他進入到變化莫測的激流韻律時，泳者這個主體
必須放空自己的主宰欲和抗水性，反而要學會將身體交付給不斷變化流動
的水流力量。一旦主體意志與水流韻律完全相抗，那麼人很快就會精疲力
竭而終將滅頂，這都是因為主體自我太過（自「私」其心）的原故。因此
好的泳者，必須讓放開私心私意的自我主控力，要學會無私地隨物婉轉，
才能與水流一直處於變化莫測的運動節奏，此即所謂「與齊俱入，與汩偕

　　一性概念的『非同一性事物』的主體的能力。」細見和之，謝海靜、李浩原，《阿多諾：非同一性
哲學》（石家莊：河北教育出版社，2002年），頁250。

出，從水之道而不爲私焉。」順物之化、從水之流，才能安於水的運動時間性，獲得「縱浪大化中不喜亦不懼」的自在從容。一言畢之，這也是主體婉轉於水之天理、天性，從而獲得被自然情境、被自然物性給轉化更新的活力經驗。而所謂「人生於陵而安於陵，故也；長於水而安於水，性也；不知吾所以然而然，命也。」是指人的主體從來不是獨我孤存，他總是生活在一個「自然風土」而「與物共在」的處身情境中（生於陵，長於水），如此而能適身共活於其中（安於陵，安於水）。能在處身情境而潛移默化地適應、模擬物化風土（吾不知其然），如此才促使物我之間有了最自然（天），又必然（命）的親密性交往。

五、畢來德的人天機制、主客融合的再檢討

筆者上述的問題意識以及討論脈絡，或可和法國《莊子》學者畢來德（Jean François Billeter），以及德國法蘭克福學派孟柯（Christoph Menke）兩人觀點，產生有意味的跨文化對話。[21] 技進於道的關鍵，用畢來德的「機制」（régime）概念來說，涉及如何從「人的機制」轉化爲「天的機制」。若用孟柯的概念說，則涉及如何從「官能」到「力量」的習練，或者從「規訓習練」蛻變爲「力量習練」，又或者從「規訓工夫」到「美學工夫」的轉變。對於孟柯而言，美學實踐的根本重點也不在有爲的技術層次，而是涉及主體如何從「官能」到「力量」（相應於《莊子》的「官知止」到「神欲行」）的遊戲轉化過程：「美學毋寧是美學化的過程，感性認識的實踐官能將在此過程中轉化並提升，遊戲於焉開始。感性認識的操練（praxis）展現於力量的美感遊戲當中……因爲幽黯力量的美感遊戲透過其美學化以對反於實踐官能的方式展現自身，我們據此也經驗

---

[21] 畢來德，宋剛譯，《莊子四講》（臺北：聯經出版事業公司，2011年），頁27-57。Christoph Menke, *Force: A Fundamental Concept of Aesthetic*, trans. Gerrit Jackson (New York: Fordham University Press, 2013), pp. 81-82. 中文譯本參考翟燦、何乏筆（Fabian Heubel）、劉滄龍合譯，《力量做爲美學人類學的一個基本概念》（上海：華東師範大學出版社，即將出版）。

了一種全然不同的實踐能力。力量遊戲的美感經驗媒介了轉化中的自我經驗，一種自身實踐官能的轉化經驗。」[22] 而畢來德對《莊子》技藝達人的研究，則直接使用人的機制到天的機制之「人而天」轉換過程，來描繪技進於道的忘與覺。並且透過這種自發活動的身體潛能發用狀態，重新提出一種「虛而能化」的嶄新主體：「一言以蔽之，《莊子》當中凸顯了一種嶄新的主體以及主體性的概念範式……我們所謂的「主體」和「主體性」，在其中呈現爲一種在虛空與萬物之間來回往復的過程。而在二者之間，是前者——虛空或是混沌——居於根本的位置。我們是憑藉這一虛空才具備了變化和自我更新的能力，使得我們能夠在必要的時候重新定義我們與自我、他人及事物的關係；我們也是從那裡萃取了賦予意義的根本能力。……我相信，進一步研究這些文本，就會證明，莊子論述到虛空與萬物之間來回往復的過程時，描寫的是我們主體的運作。……這一概念範式還有一種含意：莊子所說的『虛』或是『混沌』之所在，不是別的，而是身體。」[23]

　　筆者過去曾經撰文，各別和畢來德及孟柯兩人觀點，做過較爲完整的對話，[24] 現在則嘗試以畢來德做爲反省對象，來暫時總結本文的討論焦點。在討論梓慶削木爲鐻的主體轉化工夫時，最後將來到「以天合天」的狀態，用畢來德的「機制」概念，「以天合天」是指實踐者能從「人的機制」轉化爲「天的機制」，並在「天人轉換」之際，虛化了主體意識的有爲操控，轉化成融入整個活動脈絡的回應狀態。[25] 若以孟柯的話說，此時主體的「控制失能」正好開啓了「回應之能」，而藝術家的實踐轉化契

---

[22] Menke, *Force: A Fundamental Concept of Aesthetic*, p. 70.

[23] 畢來德，《莊子四講》，頁109-111。

[24] 參見拙文，〈身體、氣化、政治批判：畢來德《莊子四講》與〈莊子九札〉的身體觀與主體論〉，《中國文哲研究通訊》22卷3期（2013年9月），頁59-102；〈《莊子》的美學工夫、哲學修養與倫理政治的轉化——與孟柯（Christoph Menke）的跨文化對話〉，《文與哲》28期（2016年6月），頁347-396。

[25] 畢來德，《莊子四講》，第二講〈天人〉，頁27-57。

機，正在於「能於不能」。只有從目的性「控制」，轉換爲對力量的任隨
與回應，才可能發生「以天合天」那樣既自然又自由的美好活動。對於如
何開啓回應力量的「天」之機制，上述〈達生〉篇曾透過游泳案例給出了
深刻的描述。當呂梁丈人融入溪流中時，似乎已卸下泳者的主體意向，純
粹忘我地因循水流而任運浮沉，正所謂「與齊俱入，與汨偕出，從水之道
而不爲私焉。此吾所以蹈之也。」換言之，這完全在於主體能否去自忘
私、渾然無我，投身於水流力量的流變脈絡之內勢中。呂梁丈人的蹈水之
道，最後所以能「技進於道」，完全就在於「不爲私」。正是這種私我控
制的「失能」，他才能成就「不知所以然」（無爲），又通達於「自然而
必然」的完美回應活動（無不爲）。有趣的是，畢來德在面對泳者「始乎
故，長乎性，成乎命」的關鍵體驗時，就將其理解爲，始於本然、發展出
自然、終而達至必然：

　　游水男子已經能夠與激流漩渦完全融合，他的動作是完全自
發的，無意的，不由他主體意識來支配，換句話說，對他來說是
『必然』的了……而要達到高超的境界，游水男子對孔子解釋
說，就要將本然的現實作爲基礎，下功夫發展出一種自然，從
而可以回應水流的激蕩與翻滾，以一種可以說是必然的方式來行
動，而且因爲這種必然而自由。很顯然，這裡的激流漩渦指的不
只是水，而是指在不斷變化的現實當中，所有外在和內在於我們
的一同運作的所有力量。[26]

　　畢來德根據《莊子》的天人觀點，清楚指出這種自然與必然合而爲一
的「自由」，乃建立在泳者能從「人」的機制（意識主體），轉向「天」
的機制（身體主體）。而且在「人而天」的機制轉換下，超越意識的有爲

---

[26] 畢來德，《莊子四講》，頁18-20。

控制，轉入必然而自發的活動狀態。只有身處必然而自發的身體主體之活動機制，才能將已知和未知的潛力發揮到淋漓盡致。由於畢來德熟悉《莊子》文獻並對它頗有領會，因此清楚指出：不管是「技進於道」的轉換關鍵，還是「人而天」的轉化關鍵，亦或「官知止而神欲行」的身體潛能之開發，轉換的中間環節都必然要觸及「忘」的工夫。《莊子》的「忘」或「虛」，都是針對主體轉化的無爲工夫，以便重新整合出更爲完整的活動機制，對此《莊子》以「神」或「天」稱之。也就是說，當「人」失能之後，「天」的機能卻被開啓。此即〈大宗師〉所謂：「畸於人而侔於天。故曰，天之小人，人之君子：人之君子，天之小人。」[27] 天大而人小，當人放下私我的主體計執，他更有了機會重獲大我的天之機能。對於《莊子》的技藝實踐脈絡，「神」和「天」並非意指任何超絕的形上本體或終極眞理，神與天也並不指向任何的超越彼岸，反而是在主客之間、物我之間、人和周遭情境之間的「忘我」狀態，所開發出來的「既自然又必然」的活力狀態。筆者過去在比較畢來德和牟宗三的《莊子》詮釋時，曾指出對照於牟宗三對「道心」的心靈（片面）作用的大特寫，畢來德（相契於楊儒賓以及臺灣若干學者）則突顯身體活動的天人轉化機制。而畢來德這種人向天轉換的身體潛能、活性身體，雖然已經相當程度調節了牟宗三意識哲學、精神境界的片面性[28]。但值得繼續提出反省的是，畢來德在描述技進於道的「神行」、「忘我」狀態，似乎沒有完全超出物我合一、主客消融的大塊式描述，以至於物之天理、物之天性對於主體的阻力（同時也是轉化之力），似乎完全可以被所謂身體潛能的「活性虛空」給完全整合。用筆者上述的概念來說，在畢來德的理解裡，物性的「非同一性」力量，似乎幾可全被整合成同一性力量的狀態。於是畢來德主張「克服物之慣性」，以能達至主體客體的徹底融合，甚至主體和客體的共同消失。例

---

[27] 莊周，郭慶藩輯，〈大宗師〉，《莊子集釋》，頁273。

[28] 參見〈身體、氣化、政治批判：畢來德《莊子四講》與〈莊子九札〉的身體觀與主體論〉一文的第三節「畢氏的身體思維突破牟宗三與徐復觀的心靈思維」。

如他在解讀庖丁解牛的主客關係之變化歷程時，便採取這種融合論觀點：

「所見無非牛者」，滿眼都是那一整頭牛。面對那樣一個龐
然大物，他只會感到自己有多麼無能為力。之後，最初這種主
體與客體之間的對立狀態發生了變化。經過三年的練習，他就
「未嘗見全牛也」，所看到的只是一些部分了，也就是那些在切
割的時候要特別注意的部分。庖丁已經靈活了，開始戰勝客體
對他的對抗了，他所意識到的已經不再是客體物件，而更多的是
他自己的活動了。最後，這一關係發生了徹底的變化。庖丁對文
惠君說：「方今之時，臣以神遇，而不以目視，官知止而神欲
行，依乎天理。」……他練出來的靈巧，現在已經高明到了牛對
他不再構成任何阻力，因此也就不再是他的一個客體物件的程度
了。而客體的消失，自然也伴隨著主體的消失……「神」不是外
在於庖丁的某種力量，也不是在他身上行動的某種殊異力量。這
個「神」只能是行動者本身那種完全整合的動能狀態……先從戰
勝物的慣性開始……最後，我們完成這些動作可以是毫不費力，
完全不受物的限制。有時候，我們甚至也能夠達到那種渾整的狀
態。[29]

從上述畢來德對呂梁泳水與庖丁解牛的描述，他傾向將「神」朝向身
/心/物整合之後所發揮出的最大潛能，來說明技進於道的自由與必然。
換言之，神既整合了人的身心於合一，也整合了物我於合一，甚至讓「外
在和內在於我們的一同運作的所有力量」[30]都能進入渾然整合狀態。也就
是這種渾然整合的純粹力量狀態，讓畢來德主張物的慣性阻力可被戰勝，

---

[29] 畢來德，《莊子四講》，頁6-8。
[30] 畢來德，《莊子四講》，頁20。

客體可以完全被超克而消失，而主體從此不再受物之限制，甚至進入了主體與客體皆消失的「自然又必然」之「自由」境界。[31]對筆者而言，這種傾向從融合論對技進於道的描述、從合一論對「官知止而神欲行」的描述，屬於「宏大敘事」而不及於「微觀敘事」。由於技藝實踐必然涉及身體與物性的力量辯證，因此我們有必要進到更為微細而複雜的內部力量之辯證狀態，來呈現物與我的雙向轉化、平等辯證之弔詭複雜性。雖然就庖丁的身體感而言，由於他已從「所見無非全牛」的物我衝突，進化到「未嘗見全牛」的交涉狀態，甚至進入「官知止而神欲行」的遊刃有餘。但技藝狀態中的「神」與「遊」，是否真能完全消除物之他性？徹底整合物性的差異性力量？

　　經由本文先前之論述，「虛而能遊」的新主體狀態之「神行」運動，並非從此以往就一味暢遊於全然無礙、徹底無阻之境界。那種融合論、合一論的描述似乎不免於美學烏托邦的宏大敘事，甚至導致將主客之間、物我之間、順逆之間的「非同一性」力量，給予同一化與靜態化。因為物之天理、天性對於主體的限制和阻力，嚴格講，同時帶來了主體調整與轉化契機，它並非只是消極性的限制原則，它也是引發主體轉變的他異性力量。而當主體能「依乎天理」並且「以天合天」時，此時的官知主體轉化為「人而天」的神行主體，並與「物之天」產生了「合作」關係。然而這種「合作」而非「對抗」的力量關係，與其被簡單描述為同一性力量的融然為一，不如進到力量的微細又微妙之辯證關係來加以微觀。亦即，「以天合天」的「合」，並非意指人之力量與物之力量的單純合一，反而是要描述物我之間，持續性的雙向轉化之「兩行」運動。換言之，物我之間的力量協調合作（此時，物之阻力被轉化為主體之內部動力），並沒有完全取消我與物之間的頡抗作用（亦即，物之阻力並沒有完全被主體給同一

---

31 何乏筆最早指出畢來德還是具有融合論傾向，參見其著，〈氣化主體與民主政治：關於《莊子》跨文化潛力的思想實驗〉，《中國文哲研究通訊》22卷4期（2012年12月），頁41-73。

化）。甚至唯有保護物之非同一性力量的持續運作，主體的持續（被）轉化才能長保新鮮。由上觀之，技進於道的融合論屬於宏觀敍事，忽略了主客之間、物我之間，唯有持續保有「非同一性」的弔詭關係與兩行運動，才能帶領我們走向微觀力量的辯證溝通之描述。

此外畢來德將《莊子》帶有形上超越意味的概念，天、道、神、虛、渾沌、氣，全部還原回技藝達人身體經驗的潛力發揮來理解。筆者雖認同這一類概念所蘊含的超越性，不宜透過西方形上學的外部超越來理解，也認同這種力量經驗可還原到身心與事物的協調運作之具體脈絡（物化之天理天性）來理解，也可在「物化之道」的身體感知中被重新描述。但筆者並不贊同畢來德對《莊子》氣化力量的狹窄化理解，尤其質疑他對《莊子》氣論潛力的化約甚至取消，可能導致《莊子》思想廣度與深度的簡化。由於畢來德擔憂東方氣論傳統被過度神祕化、形上學化，尤其強烈質疑它被濫用來爲大一統集權政治秩序，提供一種同一性形上學的世界觀。就此而言，自有他身爲歐洲知識人旁觀者清的批判性觀察。

但就《莊子》文獻所反應的氣化多元論，卻不必掉入畢來德所憂慮的同一性暴力。況且《莊子》對身心的轉化描述，從來就沒有隔離於氣體驗，而氣之體驗本來就流通於身內身外。氣之流動性、流通性，使得身心之間、物我之間、天人之間、自然與人文之間，具有不斷交通的辯證性格。氣涉及身中之氣（自體內部的自然力量），也涉及身外之氣（身體外部的自然力量）。〈達生〉篇技藝達人梓慶的「未嘗耗氣」以便能「以天合天」，〈人間世〉透過心齋的「聽之以氣」以便能「虛而待物」，身心潛能的發揮都在於向萬物、向世界敞開。正如畢來德自己曾強調的：調合已知和未知的身體潛能，在於身體是一種沒有確鑿可辨邊界的世界。這種沒有確鑿可辨邊界的描述，在《莊子》脈絡裡，正和氣通內外的力量體驗，密切相關。其實當畢來德將轉化後的「人而天」之身體經驗，理解爲「沒有確鑿可辨邊界的世界」時，幾乎已觸及氣化領地，只因爲過分擔憂同一性形上學的幽靈復活，所以堅持把「氣」之世界性體驗向度給消除。

也由於窄化了眞人氣化身體的描述，使得畢來德所描述的身體經驗仍然被封限住，使得「力量」的體驗被狹隘化爲身體主體內部，而未能徹底充盡「沒有確鑿可辨邊界之身體世界」的天地浩瀚性格。即他對《莊子》身體經驗之描述，僅停留在「內通（身中之氣）」，而無法「外通（身外之氣）」。[32]

　　《莊子》之氣，同時也是扮演通達物化、通達天地的關鍵性概念。因爲氣通達於身體內外，才使身體和週遭世界產生「無分而分、分而無分」的力量交換運動。這一通向域外而使得無內無外的「氣化主體」之敞開，才眞正完成《莊子》眞人身體經驗的十字打開。而氣化主體所通向的天地氣化世界，並不一定會掉入畢來德所擔憂的形上虛玄，因爲《莊子》的天地之氣化世界，其實並不曾脫離「物化」的多元差異之自然世界。換言之，當技藝達人與物遭遇所喚起的身體力量，若能再通向眞人氣化主體的十方敞開，這同時也就意味著，將身體體驗再通達於浩瀚的自然體驗。這也是筆者一再強調的，《莊子》技藝達人的力量身體，還可再擴大擴深爲眞人的氣化身體。而此一氣化身體將連綿於自然氣化，從而使藝術家的衝創性身體力量，因通達於自然力量而受到平淡調節。筆者認爲這一自然力量的帶入，正可使藝術家帶有狂迷性格的力量身體，被自然的氣化力量調整爲「迷而不迷」的弔詭狀態。對於這個身體主體與氣化主體的弔詭關係，筆者將再透過與法蘭克福學派哲學家孟柯的跨文化對話，來進一步釐清與推進。

---

[32] 以何乏筆的觀察來說，畢來德最多僅能肯定個我身體之（內）氣，卻無能從「身體主體」通向域外之氣的「氣化主體」，參見何乏筆，〈氣化主體與民主政治：關於《莊子》跨文化潛力的思想實驗〉，頁59。而以宋灝的「身體現象學」觀察角度來看，孟柯的力量偏陷於主體個人的內在而發，忽略了力量乃身體與世界的共在境遇之間來感應發生，由此批評孟柯的力量無法呈現「雙重發生」與「開啓世界」，參見宋灝，〈美學工夫與時間之成其為時間〉，發表於「力量的美學與美學的力量——孟柯（Christoph Menke）美學理論工作坊」，中研院文哲所主辦，2014年9月22-23日。而從筆者看來，何乏筆對畢來德的批判，宋灝對孟柯的批判，應該都可連結到《莊子》的氣化身體與氣化世界複雜交織來討論。值得注意的是，孟柯在最近的回應文中已逐漸調整其觀點，有關身體與自然、氣化的關係，他已經有更複雜的辯證思考與調整回應。

第十章

養生療癒與平淡主體──《莊子》的夢喻書寫與身心修養

一、人生競奪耗損與養生宗主：以「知」做為失養之分析

　　夢，用現代心理學術語說，大抵指睡眠狀態下潛意識底層的心理能量，波濤洶湧所變現的「象徵形象」。[1] 然《莊子》是智哲之書而非巫儀之作，興味並不在夢境實錄或夢兆啟示，其關懷毋寧是在於洞察夢識遊變背後的身心機制、主體狀態。「饑來則食，睏來即眠」原本當下自然，曾幾何時，人卻連最單純的安息與好眠，都求之不可得。白日已是成心計慮、知多爭勝，以致煩惱纏身。沒想到，夜中依舊魂縈夢牽，地窖裡的夢識遊魂依然熾烈，甚至變形的更光怪陸離，難以捉摸。人為何經常在失眠與噩夢間輾轉反側？失養現象背後身心能量的不調、破碎、衝突、矛盾，所造成的醒、眠都不得清安淡泊，才是《莊子》關心的「養生」之宗主課題。換言之，「情識熾夢」與「至人無夢」之對比，正好和生命的失養、得養，密切相關。理想生命之養，誠如〈養生主〉所謂：「可以保身，可以全生，可以養親，可以盡年。」[2] 不管個人的修身養性之盡年立命，還是倫理責任的承擔無愧，能得到福德雙養、身心雙全最好。[3] 但大部分人

---

[1] 如分析心理學家榮格（Carl Gustav Jung）言：「象徵擁有更廣闊的潛意識層面，未曾被明確定義和充分解釋過，也沒有什麼人能做到這一點。一旦心靈致力於探索象徵，便會發現超過理性範圍的觀念……人類也會以潛意識、自發做夢的形式創造象徵……在夢中，它的面貌不是理性思維，而是象徵的形象。」參見榮格主編，龔卓軍譯，〈個體化的過程〉，《人及其象徵：榮格思想精華的總結》（臺北：立緒文化事業公司，2000年），頁3-5。

[2] 莊周，郭慶藩輯，〈養生主〉，《莊子集釋》（臺北：華正書局，1985年），頁115。

[3] 此如成玄英所謂：「夫惟妙捨二偏而處於中者，故能保守身形，全其生道。外可以孝養父母，大順人倫，內可以攝衛生靈，盡其天命。」郭慶藩輯，《莊子集釋》，頁117。成疏根據文獻而來的

的悲哀與危險在於，晝、夜、醒、眠，輪轉無間的二六時中，身心能量都處在「其行如馳」的消耗流失，落入「相刃相靡」的自傷傷人之折損。終日精氣耗損、神氣枯竭，導致個人安養與倫理關懷，兩頭落空。

因此《莊子》對夢的第一個關懷層面是：為何人們無法安眠？導致人們無法好眠的背後是什麼身心情狀？第二個對夢的關懷層面則和第一層面相連併生：即理想人生的養護狀態為何？理想的身心情狀在醒、眠狀態又如何？上述第一層面，本文將透過俗情的「其寐魂交」來分析。第二層面則透過真人的「其寢不夢」來說明。前者可謂「失養」之人生徵兆，後者乃有關「得養」之人生境界，兩者在《莊子》哲思工夫的觀照下，都和身心的精、氣、神等性命情狀相關。即前者由精氣耗竭、精神馳亂所引發，後者和積精養神、神氣恬淡相併生。[4]

關於《莊子》的養生課題，可先從〈養生主〉談起。〈養生主〉開宗於對「知」的競多爭勝之質疑，以及如何逆轉「以有涯隨無涯」的死胡同，回歸個人與倫理的保、全、養、盡之性命中正之道：「吾生也有涯，而知也無涯。以有涯隨無涯，殆已；已而為知者，殆而已矣。為善無近名，為惡無近刑。緣督以為經，可以保身，可以全生，可以養親，可以盡年。」[5]仔細推敲《莊子》養生之道，生命得養或失養之關鍵，「知」似乎扮演了極為重要角色。何以如此？這只有探入《莊子》對「知」的深度分析，才能透顯「知」是人生麻煩、身心耗損的連接器。通過「成心之知」而一往不返，將使人生掉入外馳競逐的凌亂不歸路。[6]

對《莊子》不陌生者，應該會關注到《莊子》對「知」的質疑，實

內、外之說，便涉及盡年立命與倫理承擔。

[4] 關於《莊子》精、氣、神的工夫修養與身心氣象，參見拙文，〈《莊子》精、氣、神的工夫和境界——身體的精神化與形上化之實現〉，原載《漢學研究》22卷2期（2004年12月），收入拙著，《莊子靈光的當代詮釋》（新竹：清華大學出版社，2008年），頁117-163。

[5] 莊周，郭慶藩輯，〈養生主〉，《莊子集釋》，頁115。

[6] 由此看來，《莊子》的養生關鍵當不只在於身體層面的精氣積復，更有哲學工夫的智慧層面對私心偏見的觀照與掃除，而更複雜的問題則是兩者間的微妙關係。底下將有所論及。

和「心」、「言」的批判，相連爲一。《莊子》脈絡的「心」，絕大部分可用〈逍遙遊〉、〈齊物論〉等帶有負面意味的「有蓬之心」、「成心」來總攝。[7] 而「成心」、「蓬心」所構成的片面認識作用——即所謂「知」——由於難逃自我中心的固執之管窺封限，因此《莊子》對「成心之知」的批判問難，便和意識型態（ideology）的偏執牢固之刺穿與解放有關。更重要的是，《莊子》認爲成心知見所以被習得養成，乃和名言的二元結構之分類模式有關，〈齊物論〉對此曾有精彩的分析。因爲人的認識活動（心知）不能離開語言符號（名言），而名言的結構呈現出肯定與否定相對又相生的二元性：「道隱於小成，言隱於榮華。故有儒墨之是非，以是其所非而非其所是……物无非彼，物无非是。自彼則不見，自知則知之。故曰彼出於是，是亦因彼。彼是方生之說也，雖然，方生方死，方死方生；方可方不可，方不可方可；因是因非，因非因是。」[8]

　　常人「心知」的表現模式通常透過語言的「彼是方生」結構來進行，於是被語言結構所編織的語言主體，極不易逃出觀看位置的既定性（成心）與遮蔽性（蓬見），因此常人幾乎註定要陷入「一偏之見」的單行道（自我觀之）。也由於觀照語言結構的反控性與發言位置的遮蔽性，是一件相當不容易的逆返、虛損之主體反身修養（本文稱之爲哲學工夫），而常人總是習慣順著「心知」的「既成」、「蓬塞」而一條路走到底，其結果當然也就難逃「自是非他」的「儒墨是非」之爭訟。而原本生命醇厚淡定的在其自己狀態，也同時在你爭我奪的晃蕩中耗損失養，如〈人間世〉所憂心的：「且若亦知夫德之所蕩而知之所爲出乎哉？德蕩乎名，知出乎爭。名也者，相軋也；知也者，爭之器也。二者凶器，非所以盡行

---

[7] 〈逍遙遊〉中莊周批評惠施：「則夫子猶有蓬之心也夫！」〈齊物論〉嘲諷人人都是：「夫隨其成心而師之，誰獨且无師乎？」郭慶藩輯，《莊子集釋》，頁37、56。對莊子言，常人多少都難逃以偏執的意識型態做主而過活。

[8] 莊周，郭慶藩輯，〈齊物論〉，《莊子集釋》，頁63、66。

也。」[9] 這裡再次突顯了「德蕩」、「知出」做為人生失養的關鍵,都和語言、名器帶來的競逐爭勝,密不可分。

在〈齊物論〉的分析中,成心之知並非毫無所見,而是執於一偏之見(「自知則知之」)。不是毫無意義,而是偏執一義(「言非吹也」、「自是非他」)。其危險在於它通常將自己的一端之見(「勞神明為一」),意義選擇(不管「朝三暮四」還是「朝四暮三」),誇張擴大為全稱真理、絕對意義。一旦它不能反省自身的知見位置(未能「照之以天」、「莫若以明」),卻又固執且擴權主張自己的片面位置為唯一中心時,久之便成為了意識型態之牢結。而人人以自為光的話語權之爭奪,終將導致語言暴力的惡性循環(「是亦一无窮,非亦一无窮也。」[10])。

幾乎沒有例外,你我都有各自站在「自是非他」的單語主義之嫌疑與險境[11],其結果經常是一起掉入「是非無窮」的境地,成為「成心知見」下的「是非人」,彼此都在語言刀劍下「喜怒為用」、「相刃相靡」。此種恃知爭勝的人生,便是〈養生主〉所謂「以有涯隨无涯,殆矣」的失養實況。如上所說,「成心知見」和名言的「其分也,成也;其成也,毀也」[12]的二元分類結構密切相關。當我們以語言的名相去區分(分也)某事物時,這個被命名指涉而確認出的對象內涵,其本質被肯定的同時(其成也),必有對立一端被排擠到否定的邊緣(毀也)。這便是《莊子》所洞悉的「成心」之認知活動,以及語言結構對主體的牢編密織。

---

[9] 莊周,郭慶藩輯,〈人間世〉,《莊子集釋》,頁135。

[10] 以上括弧內的《莊子》引文,參見莊周,郭慶藩輯,〈齊物論〉,《莊子集釋》,頁63-70。

[11] 只站在一種觀看位置的發言主體,借德希達(Jacques Derrida)的概念說,他便如落入「單語主義」之險境:「讓我做一個總結,我所說的單語者說的是一個他被剝奪發言權利的語言。法文不是他的語言。因為他被剝奪了所有語言,又沒有任何可歸之處──無阿拉伯語,又不懂伯勃、希伯來文和他祖先們所說的任何一種語言──因為這個單語的人可說是患了『失語症』(aphasic)……因為它們不知自己何來,也不知從何講起和其中的旅途意味。一個沒有行程的語言,尤其是,沒有一個天知道訊息如何的大道。」氏著,張正平譯,《他者的單語主義──起源的異肢》(臺北:桂冠圖書股份有限公司,2000年),頁64-65。

[12] 莊周,郭慶藩輯,〈齊物論〉,《莊子集釋》,頁70。

　　《莊子》對「知」的名言二元性之結構分析，實和《老子》一脈相承。《老子》第二章已指出：「天下皆知美之爲美，斯惡巳。皆知善之爲善，斯不善巳。故有無相生，難易相成，長短相形，高下相傾，音聲相和，前後相隨。是以聖人處無爲之事，行不言之教。」《老子》洞察，當人們普遍認定某一標準爲「美」「善」的同時，必然將不合乎此一審美視角、道德觀看位置的其它樣態，劃出美善範疇以外，成爲令人或嫌或棄的醜惡，結果便出現一系列二元對立的中心與邊緣之價值意識型態。所謂相生、相成、相形、相傾、相和、相隨，等等「相偶」之說，實和《莊子》「彼是方生」、「是非無窮」的分析完全呼應。《老子》認爲要柔軟鬆解這個相對又相生的搖擺邏輯，最佳的養生之道便是「處無爲之事，行不言之教」。可見，「知／言」的交纏便是成心有爲活動的結構所在，而解開二元爭辯魔咒，則要涉及虛心、去知、無言的養生工夫。而養生則涉及主體的全面性省察。

　　這裡，我們便可以再回頭去解開〈養生主〉所謂「爲善无近名，爲惡无近刑」的謎樣話頭。[13] 原來，「成心」順著「知（蔽一）」的競逐爭勝，結果必然無所逃於語言二元結構的是非命運：要不就爭勝而獲得善名之一端，要不便落敗而慘遭惡刑之一端。或者可說，要不就是因爭奪肯定的一端而贏得善名符號，要不就因爭奪失利而被貼上惡名且落入被責罰的一端。總之，盲目隨逐在「名也者，相軋也；知也者，爭之器也」的不歸路上，終究擺蕩在「名累」與「刑傷」的翹翹板之兩端搖晃。表面看似有暫時的輸贏，骨子裡兩種處境都一樣精氣馳耗、身心兩傷，長期看來都是輸家。以「知盛」、「辯勝」爲自我實現的標的物，卻不知其中深藏人生的失養危機，悲夫！《莊子》不僅從成心／知見／名言的三位一體性來加

---

[13] 王叔岷亦有一說，可備參考：「所謂善、惡，乃就養生言之。『爲善』謂『善養生。』『爲惡』謂『不善養生。』『爲善无近名』謂『善養生無近於浮虛。』益生、長壽之類，所謂浮虛也。『爲惡无近刑』謂『不善養生無近於傷殘。』勞形、虧精之類，所謂傷殘也。」氏著，《莊子校詮》（北京：中華書局，2007年），頁100。

以分析，他更舉至交好友惠施的悲哀人生以為例，真切露骨地感嘆好友惠施大失養生宗主，人生猶如蚤蟲般白忙一場：

> 昭文之鼓琴也，師曠之枝策也，惠子之據梧也，三子之知幾乎，皆其盛者也，故載之末年。唯其好之也，以異於彼，其好之也，欲以明之。彼非所明而明之，故以堅白之昧終。[14]

> 今子外乎子之神，勞乎子之精，倚樹而吟，據槁梧而瞑。天選子之形，子以堅白鳴！[15]

> 飾人之心，易人之意，能勝人之口，不能服人之心，辯者之囿也。惠施日以其知與人之辯，特與天下之辯者為怪，此其柢也。然惠施之口談，自以為最賢……惠施不辭而應，不慮而對，徧為萬物說，說而不休，多而无已，猶以為寡，益之以怪。以反人為實而欲以勝人為名，是以與眾不適也。弱於德，強於物，其塗隩矣。由天地之道觀惠施之能，其猶一蚊一蟲之勞者也。其於物也何庸！夫充一尚可，曰愈貴道，幾矣！惠施不能以此自寧，散於萬物而不厭，卒以善辯為名。惜乎！惠施之才，駘蕩而不得，逐萬物而不反，是窮響以聲，形與影競走也。悲夫！[16]

莊子對惠施「以好惡內傷其身」[17]的知多、情熾、爭勝的批判性評點，筆者曾有專文加以處理。[18]這裡主要在於點出其「外神」、「勞精」，所造

---

[14] 莊周，郭慶藩輯，〈齊物論〉，《莊子集釋》，頁74-75。

[15] 莊周，郭慶藩輯，〈德充符〉，《莊子集釋》，頁222。

[16] 莊周，郭慶藩輯，〈天下〉，《莊子集釋》，頁1111-1112。

[17] 〈德充符〉：「道與之貌，天與之形，无以好惡內傷其身。今子外乎子之神，勞乎子之精，倚樹而吟，據槁梧而瞑。天選子之形，子以堅白鳴！」莊周，郭慶藩輯，《莊子集釋》，頁222。

[18] 參見拙文，〈惠莊三辯的藝術與技術批判——論惠施與莊子兩種差異的自然觀〉，《臺灣東亞文明研究學刊》8卷2期（2011年12月），改寫收入《莊子的跨文化編織：自然‧氣化‧身體》（臺北：臺大出版中心，2019年），頁181-230。

成的「駘蕩」、「競走」，看似浪得「善辯爲名」的勝利人生，實乃掉入「說而不休」「不能自寧」的疲憊虛耗。其「倚樹而吟」、「據槁梧而暝」的辯士人生，猶如影子待形、形又有待的無力自主之匆促忙亂。[19] 人生至此，實有失養之眞悲哀在！

而〈養生主〉告訴人們，療癒之道必需把握「緣督以爲經」。亦即「緣督」才是眞正衛生之經、養生之道。何謂「緣督」？郭象、成玄英都曾以莊注莊地點出重點在於：「順中以爲常也。」、「緣，順也。督，中也。經，常也。夫善惡兩忘，刑名雙遣，故能順一中之道，處眞常之德，虛夷任物，與世推遷。養生之妙，在乎茲矣。」[20]

成疏之說尤精，但它原只是回到〈齊物論〉超越是非知見兩端的「環中」觀點而已。可見做爲養生關鍵的緣督順中，和超然「成心知見」的二元擺蕩之損耗，密切相關。此即〈齊物論〉提出超然成心知見的是非傾軋之磨損，關鍵在於：「彼是莫得其偶，謂之道樞。樞始得其環中，以應无窮。」[21] 換言之，「緣督」才能超越「爲善无近名，爲惡无近刑」之魔咒。「環中」才能超越「有成與虧，昭氏之鼓琴也」的好名爭勝，以求上達「无成與虧，故昭氏之不鼓琴也」的不知無言之恬養淡境。[22] 也唯有超越「爲善／爲惡」、「有成／有虧」的計執爭鬥，才能體會《老子》「以其不爭，故天下莫能與之爭」的祥明柔和之養境。

有趣的是，〈養生主〉透過寓言故事的巧妙，將〈齊物論〉「道樞」之空心、「環中」之圓心，等等「不落兩邊」的隱喻，鋪陳爲：如何在錯

---

[19] 惠施的「形與影競走」之辯士生涯與身影，便是〈齊物論〉「罔兩問景」的寫照：「罔兩問景曰：『曩子行，今子止；曩子坐，今子起；何其无特操與？』景曰：『吾有待而然者邪？吾所待又有待而然者邪？』」莊周，郭慶藩輯，《莊子集釋》，頁110-111。

[20] 郭慶藩輯，《莊子集釋》，頁117。

[21] 莊周，郭慶藩輯，〈齊物論〉，《莊子集釋》，頁66。

[22] 〈齊物論〉中的音樂大師之昭氏，有兩種形象，一和惠施一樣以「知盛」聞名，另一則是超越知盛爭名。前者便是計較他人評價的「成／毀」人生，後者則是超越「成／毀」二元評價，而這既涉及藝術心境，也和身心養護有關。莊周，郭慶藩輯，〈齊物論〉，《莊子集釋》，頁74。

綜複雜的牛體組織中，找到一條處處有空隙的「有間之道」、「遊刃之地」。〈養生主〉骨肉錯綜的牛體與庖丁解牛的技藝，高度隱喻了人間世的符號編碼與角色扮演，加乘交織所編成的複雜人際之象徵情境。庖丁所面對的牛體之喻，正是成心、知見、名言三位一體、血肉交織的政治、倫理等規範界域，而它們都不能免於細微權力的滋生。[23] 而庖丁解牛則高度隱喻了如何在成心／知見／名言的血肉筋骨交錯之滯礙中，不落入相刃相靡的鬥爭邏輯、刀劍人生，以超然二元結構的碰撞血拼，免得在自傷與被傷中耗盡人生精力。正因如此，我們才理解為何文惠君在聽完或看完庖丁解牛的技藝之後，會大嘆「善哉！吾聞庖丁之言，得養生焉。」因為人生的身心養護與療癒，就如庖丁手中的刀刃般，它可以在爭鬥中傷筋挫骨而失去刀芒，也能「以無厚之刃入有間之餘地」，而使自己的寶刀「若新發於硎」般明利常新。可見文惠君算是善解庖丁解牛之隱喻，他領會出善養生者要擁有：物我之間、有礙無礙之間的遊戲技藝。而失養者總是掉入物我刃靡、阻礙堵塞的患得患失之窘境。[24]

二、人生失養的情熾圖象：「其寐魂交，其覺形開」

日常生活誰都不能免除「關係存在」的網絡，其中有親疏不一的自然血緣倫理（愛親之命），也有各式角色扮演的責任倫理（適君之義）。[25] 人無所逃於相偶存在，經常需面臨錯綜複雜的倫序關係之折衝、人際扮演之拿捏，尤其在自我實現的成就感追逐中，亦不免他人眼光的臧否評

---

[23] 參見拙文，〈《莊子》的養生哲學、倫理政治與主體轉化〉，《中國文哲研究集刊》47期（2015年9月），收入本書第八章。

[24] 對於庖丁解牛涉及己、功、名的權力分析和批判解構，筆者曾以專文詳細討論，參見拙文，〈羅蘭巴特與莊子的旦暮相遇——語言、權力、遊戲、歡怡〉，《臺大中文學報》37期（2012年6月），頁1-50。

[25] 〈人間世〉：「天下有大戒二：其一，命也；其一，義也。子之愛親，命也，不可解於心；臣之事君，義也，無適而非君也。無所逃於天地之間。是之謂大戒。」莊周，郭慶藩輯，《莊子集釋》，頁155。

點和集體潮流的競馳推移，而掉入「寵與辱」[26]、「禍與福」[27]、「非與譽」[28]的二元擺盪，身心便也落處「患得患失」、「陰陽失調」的焦慮狀態。對於人在世間倫理的權力折衝之危境與難關，〈人間世〉的洞察實在深微：「事若不成，則必有人道之患；事若成，則必有陰陽之患……吾未至乎事之情，而既有陰陽之患矣；事若不成，必有人道之患。」[29]不管事情順利與否、成與敗、得到肯定或否定，兩者都對身心有所損耗傷害。如「陰陽之患」可謂身心的焦慮症狀，而「人道之患」則屬於名累刑傷之患。如此一來，得是患，失也是患，而人卻總在患得／患失之間，耗損連連而錯過養生之主。

　　患得患失、陰陽失調的身心焦慮症狀，正是《莊子》對情識熾夢的源頭分析。或者說，夜夢熾盛與白晝外馳，實乃互為表裡之共謀結構。如何說？《莊子》對情識夜夢的「陰影」（shadow）反思，其實是透過人在白晝的身心情狀之破碎來揭露。亦即白晝因成心、知盛、爭名的勞精外神，所造成的患得患失、陰陽失調之精氣神狀態，乃處於晃蕩搖擺、支離破碎、矛盾紛亂的多頭馬車狀態。再則由於身心精氣的狀態太混亂，連睡覺休歇時的潛意識能量仍然活躍，一時無法平淡靜定下來，結果便夜夢連連，只因情識精氣依舊熾熱在夢中。對於「好惡內傷身心」太過，導致醒夢都難平定的苦境與悲哀，〈齊物論〉透過「其寐也魂交，其覺也形開」，以及「知」、「言」的糾纏交爭來分析：「大知閑閑，小知閒閒；大言炎炎，小言詹詹。其寐也魂交，其覺也形開，與接為搆，日以心鬥。」[30]

---

[26] 《老子》十三章：「得之若驚，失之若驚，是謂寵辱若驚。」

[27] 《老子》五十八章：「禍兮福之所倚，福兮禍之所伏。孰知其極？其無正。正復為奇，善復為妖。人之迷，其日固久。」

[28] 〈大宗師〉：「與其譽堯而非桀也，不如兩忘而化其道。」莊周，郭慶藩輯，《莊子集釋》，頁242。可見常人經常掉入「非／譽」的魔咒，而真人則要兩忘而渾化於不可得而名之大道。

[29] 莊周，郭慶藩輯，〈人間世〉，《莊子集釋》，頁152-153。

[30] 莊周，郭慶藩輯，〈齊物論〉，《莊子集釋》，頁51。

　　原本理想的睡眠應該猶如落葉歸根般靜定祥和、復返生機，如〈大宗師〉、〈刻意〉篇的眞人，全然休歇以復甦本根活力的「其寢不夢」狀態[31]（底下還會對此內涵進行分析）。相反地，〈齊物論〉卻從常人連睡覺都不得安眠的痛苦說起——「寐也魂交」。而失眠的痛苦又和醒時的煩惱分離不開，正如成玄英所洞察的：「凡鄙之人，心靈馳躁，耽滯前境，無得暫停。故其夢寐也，魂神妄緣而交接；其覺悟也，則形質開朗而取染也。」[32]「魂」者，以現代心理學說之，即睡覺時無法自主控制卻仍然活躍的潛意識能量叢結，它常以次人格的方式在夢的變形空間中，繼續進行它猶豫遊移的運動。「交」者，大概是指魂縈夢牽的意念和情識交織所成的變形鏡像，其重重疊疊的影像拼貼，所亂碼而成的複雜難辨狀態。換言之，人在情識熾夢的狀態，就好像雖仍然擁有強悍的精氣能量、混亂不一的多重人格狀態（可謂遊魂），卻掉到鏡像扭曲猶如萬花筒般的迷宮世界裡。也就是這種「魂交」的身心狀態，使得人們在睡覺時表面看似一無動靜，內部的情識能量實乃炙熱滾燙，猶如地底火山。

　　《莊子》對情識熾夢的分析，全不著迷在夢中變形的迷宮世界，更不將夢神祕化爲心靈祕窟，誇大任何夢占預告之神啓效能。[33]對《莊子》言，理想的身心情狀，醒時需淡泊寧靜、攖而不擾，睡時最好至人無夢、返本歸根。而常人在夜寐時無法安息，仍然還在魂縈夢牽的波動交纏狀態，從《莊子》的至人觀點，這正是人生失養的徵兆。而〈齊物論〉對「寐也魂交」的診斷，完全不走巫師那種透過夢中意象的預兆詮釋之解夢進路，反倒將觀照反思的重點導回成因，亦即要去省察造成人無法成眠的

---

[31] 成玄英疏解可參：「夢者，情意妄想也。而真人無情慮，絕思想，故雖寢寐，寂泊而不夢，以至覺悟，常適而無憂也。」郭慶藩輯，《莊子集釋》，頁228。

[32] 郭慶藩輯，《莊子集釋》，頁52。

[33] 這是莊子和神巫的重要差別所在。關於神巫大都將夢境視爲靈魂遠遊與神靈啓示之窗，在田野上的實況極好的參看書，如印第安靈視巫師黑麋鹿（Black Eik Nicholas）的口述，美國詩人內哈特（John G. Neihardt），賓靜蓀譯，《黑麋鹿如是說》（後更名爲《巫士‧詩人‧神話》）（臺北：立緒出版社，2003年）。

能量亂流源於何處？對此，《莊子》乃將「寐也魂交」（潛意識面）和「覺也形開」（意識面），給統合起來反省。並發現白晝的成心意識在「知」「言」的二元對立和計慮爭奪下，人的身心猶如瓶水處在高度晃蕩的失寧擾動狀態，它幾乎恆處各種漩渦交織、雜籽混濁的海嘯情狀。此種類似惠施式的勞精、外神之人生，其悲哀不僅使人在白天處於「形與影競走」的紛馳，就連疲憊而「據槁梧而眠」之時，也不得安寧。魂魄精氣仍然飄遊在如夢如幻的潛意識界，以變形方式繼續白日與人爭辯不休、強辭奪理的鬥爭故事。真可謂日也操、夜也操的馳驟人生。

原本人在白天身處大知／小知、大言／小言的爭奪紛擾後，雖不免在過與不及之間，有所皺折，短暫造成身心能量的抑、揚、頓、挫。然而回到夜寐休眠狀態，總該從舞臺絢爛奪目的有待扮演，歸根復命於後臺的平淡簡靜，以還原身心恬淡的精復、氣足、神定。可見睡眠本來多少扮演修補調復的功能，如《孟子》所曾言，人本有良知良能之本心，雖因白晝「放失良心」而「猶斧之於木也，旦旦而伐之，可以為美乎？」但經過安眠休息的「夜氣」、「平旦之氣」給修補調養，多少可以復歸本心良善而體氣充沛的初性。[34]《孟子》的心、氣合說，雖重在心性修養，但多少仍有心、氣一如的身心交養之底子在。[35]好眠可以修補身心精氣甚至復醒善端，這是人人多少可以反求諸己而體察到的身心經驗。而《莊子》的擔憂與關心則是，一旦人的睡眠被情識之夢過度佔據、反復操控時，那麼至人無夢（安眠之至）的善補，精復神全之生機恐將失落。而人生也就恐將掉入有損而無補，甚至「其覺形開、其寐魂交」的日夜兩漏的無補惡境。

如上所言，「其寐魂交」的成因在於「其覺形開」。或者說，「寐也魂交」和「覺也形開」實為類似的身心混亂情狀——精耗、氣損、神不

---

[34]《孟子集注》〈告子上〉，收於朱熹，《四書章句集注》（臺北：大安出版社，1999年），頁463。

[35] 關於《孟子》身心交養與氣的關係，參見楊儒賓，〈論孟子的踐形觀〉，收於《儒家身體觀》（臺北：中央研究院中國文哲研究所籌備處，1996年），頁129-172。

定──在潛意識與意識兩種不同空間中一樣晃盪不止。也可說，「寐也魂
交」不過是「覺也形開」的欲望交纏之持續變形或倒影，如〈齊物論〉
所謂「夢飲酒者，旦而哭泣；夢哭泣者，旦而田獵。」[36] 只是更加詭譎難
測、渾沌不明而已。〈齊物論〉很可能已覺察到，人在白日意識折衝下的
重重壓抑、矛盾、皺折的欲望，會偽裝在夢中世界而以精魂的次人格方
式，繼續他光怪陸離的故事。而使人難眠的海底洞穴之祕窟活動，正源自
白日成心意識的競逐爭奪，所造成的支離破碎與層層壓抑。[37] 因為白天的
成心知見、官能欲望處於「物交物」的「與接為搆」，而欲望貪伺、物誘
交纏的相乘狀態，結果便不免引發「日以心鬥」的奔馳狂迷。對於成心／
知見／名言三者，所呈現的千迴百轉之糾纏繫縛，以及由此引發身心失養
的情識生滅、身心枯竭，〈齊物論〉底下的描述實在令人驚心動魄：

> 縵者，窖者，密者。小恐惴惴，大恐縵縵。其發若機栝，其
> 司是非之謂也；其留如詛盟，其守勝之謂也；其殺若秋冬，以言
> 其日消也；其溺之所為之，不可使復之也；其厭也如緘，以言其
> 老洫也；近死之心，莫使復陽也。喜怒哀樂，慮歎變慹，姚佚啓
> 態；樂出虛，蒸成菌。日夜相代乎前，而莫知其所萌。已乎，已
> 乎！旦暮得此，其所由以生乎！[38]

「縵者，窖者，密者」的來源和情狀，正如成玄英疏解所言：「交接世
事，搆合根塵，妄心既重，渴日不足，故惜彼寸陰，日與心鬥也。其運
心逐境，情性萬殊，略而言之，有此三別也。」[39] 它們皆指涉到：成心逐

---

[36] 莊周，郭慶藩輯，〈齊物論〉，《莊子集釋》，頁104。

[37] 佛洛依德（Sigmund Freud）和榮格稱此內抑的心理能量為「潛意識」，而它常以洞穴、海底、地
　　 窖、森林等幽暗意象為象徵，參見榮格主編，龔卓軍譯，〈潛意識探微〉，《人及其象徵：榮格思
　　 想精華的總結》，頁2-112。

[38] 莊周，郭慶藩輯，〈齊物論〉，《莊子集釋》，頁51。

[39] 郭慶藩輯，《莊子集釋》，頁52。

境、境識交纏、名爭心鬥的情識產物。「縵者」，約指心識有時遲遲難決而徘徊遊疑。「窖者」，指心識時如地窖暗牢般陰沉蟄伏。「密者」，又指心識小心精算又控制綿密。而成心知見所挾生的情執現象，不是落入「小恐惴惴」的憂虞悔吝之擺蕩，就是墮入「大恐縵縵」的失魂落魄之驚慌。而當它示現爲逞強鬥勝的權力意志時，則又表現出「其發若機栝，其司是非之謂也」的攻擊奪取之姿態，猶如飛箭急射靶心而去，全心全力只爲搶佔是非利害之先機。而當欲望目標暫時未顯時，情識也不曾休息，它只是以「其留如詛盟，守勝之謂也」的延遲姿態，如誓盟一般戒慎嚴守以待勝機。

　　也因爲心識、情執和爭名意志的交纏外馳，導致身心精竭氣虛、心神不定。長久以往，生命失養就猶如植物提早進入秋冬肅殺之險境，在苟日耗又日耗之下，日日耗失生機氣息（其殺若秋冬，以言其日消也）。當耗損模式重複循環而成爲甚深業習時，人便墮入更難自拔的沉溺難救之境（其溺之所爲之，不可使復之也）。疲憊不堪的身心到了近乎精盡神離的狀態，便好像陳年閉塞的枯槁老櫃，陰腐無光而難有生色，已然全是油盡燈枯的老朽徵兆（其厭也如緘，以言其老洫也）。而這種精氣神流離失所的散亂死寂之情狀，幾乎可謂全無復陽回春之生機了（近死之心，莫使復陽也）。

　　面對這種完全失養的零落人生，〈齊物論〉不禁大感嘆。你我人生可能都是在一連串無法控制、無力自拔，而又找不到眞君、眞宰的浮動中，被推著來又漂浮而去，好似浮游無根的情緒浪花。一陣又一陣的「喜、怒、哀、樂、慮、歎、變、慹、姚、佚、啓、態」，刹那生刹那滅，來無影去無蹤。對此，成玄英疏解的極爲透徹：「喜則心生懽悅，樂則形於舞忭。怒則當時嗔恨，哀則舉體悲號，慮則抑度未來，嘆則咨嗟已往，變則改易舊事，慹則屈服不伸，姚則輕浮躁動，佚則奢華縱放，啓則開張情

慾，態則嬌淫妖冶。眾生心識，變轉無窮。」[40] 失去了眞君眞宰的觀照與
療養，生命就成了行屍走肉，任憑情緒之流外馳迭蕩，恍若失魂，忽兮遊
鬼。對這種失根失養的身心飄零狀態，〈齊物論〉說它就像莫明所以的樂
音般，突然從空虛的洞竅中浮出來，隨即又如朝菌在初陽拂照下，蒸散化
爲一縷輕煙而消逝無蹤。日夜又日夜、行行重行行的皮影人生，時時刻刻
都演示勞精外神、好惡內傷的劇碼，這樣失養的人生，究竟所爲何來？有
何意義？最後，《莊子》不禁大嘆：算了吧！這種短暫如一旦一暮、一朝
一夕的流離人生，終是無法找到根源和目的，而人又將如何自處？何處安
身？

　　一受其成形，不忘以待盡，與物相刃相靡，其行盡如馳，而
莫之能止，不亦悲乎！終身役役而不見其成功，茶然疲役而不知
其所歸，可不哀邪！人謂之不死，奚益！其形化，其心與之然，
可不謂大哀乎？人之生也，固若是芒乎？其我獨芒，而人亦有不
芒者乎？夫隨其成心而師之，誰獨且无師乎？[41]

人一出生，便要在形體肉身中來呈現生命欲力之活動，但也因此不冤勞苦
重擔，如〈大宗師〉所言：「大塊載我以形，勞我以生，佚我以老，息
我以死。」[42] 肉身可是勞苦荷重、精氣外馳的通道，如《老子》所謂「吾
有大患，爲吾有身。」但它也是修養調節、精復神全的踐形管道。常人不
能得其天年，總是提早中道夭折，一再掉入耗損失養的勞役人生。其中關
鍵之一，便是人總和其他人事物共在於倫理關係中，卻未必能找到人我相
遊、物我相忘的原初倫理之空隙。反而處處以成心爲師的情識之人，總
在知盛好名的爭奪戰中，掉入傷害與被傷的暴力循環而體無完膚。這種失

---

[40] 郭慶藩輯，《莊子集釋》，頁54。

[41] 莊周，郭慶藩輯，〈齊物論〉，《莊子集釋》，頁56。

[42] 莊周，郭慶藩輯，〈大宗師〉，《莊子集釋》，頁262。

養人生的韻律並非眞能自己掌握，而是在別人眼光下苦苦追趕集體步伐，就像牛馬被烙牽鼻環而不得不走，甚至習慣被鞭影驅趕而慌忙。這種勞役驅馳之人生，豈不悲哀！而大家都是參與集體壓迫的共犯，有誰不是過著忙與盲的日子呢？這一切都因爲成心知見加上好名爭勝，所造就的群盲景觀！

　　總之，《莊子》對第一種情識熾夢的來源分析，實和人生失養這一存在課題密切相關。亦即人被成心／知見／名言的交纏所湮沒，因此白天意識呈現紛亂、破碎、矛盾衝突的能量亂流，就算夜寐也無法安眠，無法藉夜眠的精氣調補回春，反而一再持續破碎而變形的潛意識之夢遊。然而人總是活在各種關係網絡之間（Being-in-the-relationship），而關係並非抽象的空間並置，而是力量的相互編織、交換與撞擊。所以人際空間便呈現爲倫理規範網絡的牽引，一旦與力量交鋒，不管是人與人、人與物、甚至人與看似無人的自然空間之交涉，都可能會在主體的身心中激起力量的漣漪皺折。然而若未能經過哲思工夫的觀照理解來化氣以淡，那麼力量便會以變形的視覺化方式，在夜夢中浮遊妄動，繼續其力量蕩漾的糾纏邏輯，持續使人的魂魄在潛意識迷宮中狂肆而熾。換言之，情識熾盛導致不得安眠的身心狀態，其結構在於「形開──魂交」之交纏，而背景便是成心／知見／名言，三者渾融爲一的爭逐欲力。

三、人生善養的精神圖象：「其寢不夢，其覺無憂」

　　精魂神識在夢空間浮游，不管持續白日未完的欲望變形故事，還是補償日間受抑的顛倒故事，基本上《莊子》認爲它們都屬身心失養症狀，也是精氣損耗的跡兆和心神馳亂的象徵。而人生得養的人格典範，其身心另有一番氣象，尤其對比常人寢／覺皆耗的兩頭燃燒，眞人則處於「其寢不

夢，其覺无憂」[43]的優質養護狀態。

常人的「其寐魂交，其覺形開」，對比於眞人的「其寢不夢，其覺无憂」。如上分析所示，常人不管是醒覺的意識或睡夢的潛意識，都處在成心／知見／爭名的交纏與變形中，其身心的精氣神識狀態，一樣沒有平靜清安，也一再錯失安眠對人的善補調適。對比於常人失落養生宗主的悲哀，《莊子》歌頌眞人善於療癒耗損，而療養關鍵則需對人的主體（我）處境做一番修爲。例如對成心，則有「虛心」、「解心」、「刳心」的工夫。如對「知盛」，則有「無知」、「去知」、「不知」等工夫。又如對「多言」、「爭名」，則有「無言」、「不言」、「不爭」、「無名」等工夫。總體來說，對比常人「形勞而不休則弊，精用而不已則勞，勞則竭」[44]的身心耗馳枯竭，眞人則處於「必靜必清，无勞女形，无搖女精，乃可以長生」、「夫形全精復，與天爲一」[45]的精氣飽滿、精神純粹。而「長生」與「竭弊」的身心得／失狀態，亦可從寢眠現象的「其寢不夢」或「其寐魂交」來比較觀察。

「其寢不夢」，未必要完全理解爲眞人從不做夢或不再做夢。較平實的說法應是：至人較少魂縈夢牽，尤其少做支離破碎、矛盾紛紛的情識惡夢。如果說，魂交夢熾的源頭正是白日妄心情識的「好惡內傷其身」之欲望皺折所投射。那麼至人無夢則大概因爲，日間妄識情執的傷痕、折損大量減少，故呈現「虛室生白，吉祥止止」之光明潔淨，以至於潛意識空間近乎萬里無雲之虛空。所謂「其神純粹，其魂不罷」[46]，神魂不再有那麼多白晝留下的欲望燃料，相對處在平淡、靜定狀態。這種清明淡定的潛意

---

[43] 〈大宗師〉：「古之眞人，其寢不夢，其覺无憂，其食不甘，其息深深。」、〈刻意〉：「聖人之生也天行，其死也物化……其寢不夢，其覺无憂；其神純粹，其魂不罷。虛無恬惔，乃合天德。」莊周，郭慶藩輯，《莊子集釋》，頁228、頁539。

[44] 莊周，郭慶藩輯，〈刻意〉，《莊子集釋》，頁542。

[45] 莊周，郭慶藩輯，〈在宥〉，《莊子集釋》，頁381；〈達生〉，《莊子集釋》，頁632。

[46] 莊周，郭慶藩輯，〈刻意〉，《莊子集釋》，頁539。「罷」者，郭注：「有欲乃疲。」郭慶藩輯，《莊子集釋》，頁542。

識空間，由於沒有那麼多不安定的精氣游魂、情識作祟，自然也就少有魂縈夢牽的干擾與疲累。可見要深刻地理解「其寢不夢」這種現象或境界，還是得回溯眞人「其覺无憂」的日間意識來分析。[47] 這一分析，大抵可從兩面說：一是從工夫來說明眞人如何療癒（主體我）失養之病，這便涉及「解心／去知／無言」的工夫；二是從境界面來分析眞人身心氣象的得養風光。而二者又可互滲爲一。

　　道家的工夫，從《老子》到《莊子》一脈相承，皆從身心兩面講。首先著重：虛、損、解、釋，等等卸除「有爲」的外馳造作，然後復原：靜、定、清、柔、祥、寧，等等淡泊而「無爲」的自然天眞。若說常人意識的「成心知見」配合「其覺形開」的「與接爲構」狀態，導致《老子》十二章的：「五色令人目盲；五音令人耳聾；五味令人口爽，馳騁畋獵，令人心發狂；難得之貨，令人行妨。是以聖人爲腹不爲目，故去彼取此。」那麼爲了療養身心的清淨無爲，便得將外馳方向（爲目），逆轉爲收視返聽的內向之道（爲腹）。也就是這種「由外而內」的身心復歸，使得道家的工夫論具有讓身心沉澱、洗滌、平靜，等等休歇、放下、鬆脫的自在特性。如〈在宥〉篇強調：「无視无聽，抱神以靜，形將自正……目无所見，耳无所聞，心无所知，女神將守形，形乃長生。愼女内，閉女外，多知爲敗。」[48]

　　《老子》十六章和四十八章，可做爲道家療養工夫的總則：「致虛極，守靜篤。萬物並作，吾以觀復。夫物芸芸，各復歸其根。歸根曰靜。」、「爲學日益，爲道日損。損之又損，以至於無爲。」致虛守靜、爲道日損都是爲了對治成心知見（爲學）的積累、擴張、爭奪，所帶來的芸芸紛亂。以使身心能夠再度歸根、復靜，找回外馳之前的無爲清靜。

---

47 理想的狀態應是覺時彷徨無爲，眠時逍遙寢臥：「今子有大樹，患其无用，何不樹之於无何有之鄉，廣莫之野，彷徨乎无爲其側，逍遙乎寢臥其下。不夭斤斧，物无害者，无所可用，安所困苦哉！」莊周，郭慶藩輯，〈逍遙遊〉，《莊子集釋》，頁40。

48 莊周，郭慶藩輯，〈在宥〉，《莊子集釋》，頁381。

虛損工夫的對象，總的說是針對「主體自我」的中心主義，分殊講則和成心、知見、名言的共構之解脫相關。前者表現在《老子》對常人「以自（我）爲是」的再三批判，如二十四章強調：「自見者不明，自是者不彰，自伐者無功，自矜者不長。」而當人能去除「以自爲是」的一偏之見、自知之狹，才能翻轉爲《老子》十章的「明白四達，能無知乎」的敞開之道。由此，《老子》二十二章反過來歌頌：「不自見，故明；不自是，故彰；不自伐，故有功；不自矜，故長。」《老子》這種從「自」到「不自」的「去自」工夫，就好像〈齊物論〉南郭子綦從「我」到「喪我」的主體轉化。而「不自」的心境，則和〈逍遙遊〉的三無境界相契合：「至人无己，神人无功，聖人无名。」[49]

　　然而主體自我的身心構成，不離成心／偏見／好名的交纏推動，因此喪我、去自的療護工夫，便可落實爲對這三個相關層面的致虛與日損。如《老子》第三章：「虛其心，實其腹，弱其志，強其骨。使民無知無欲。」第十章：「載營魄抱一，能無離乎？專氣致柔，能嬰兒乎？滌除玄覽，能無疵乎？……明白四達，能無知乎？」第五章：「多言數窮，不如守中。」二章：「聖人處無爲之事，行不言之教。」四十三章：「不言之教，無爲之益，天下希及之。」第八章：「夫唯不爭，故無尤。」三十二章：「名亦既有，夫亦將知止，知止所以不殆。」等等。

　　虛心弱志、滌除玄覽等工夫，主要針對「成心爲師」之洗滌。無知無欲、明白四達、能無知乎，大約針對「知盛多固」之虛損。守中不言、不言之教、名之知止、不爭無尤，則是針對「好名爭勝」之放下。其他有關：實腹強骨、營魄抱一、專氣致柔等等，則是針對身心外馳分離、精氣耗損折傷，所給予的修補與療復。總之，上述文獻構成一幅身心療養、精神日癒的養生系譜。

　　身心療補復全的雙向工夫，一樣被《莊子》承繼下來。如〈齊物論〉

[49] 莊周，郭慶藩輯，〈逍遙遊〉，《莊子集釋》，頁17。

的「喪我」也透過身心兩修來描述：「形固可使如槁木，而心固可使如死灰乎？……今者吾喪我。」[50] 南郭子綦的「形若槁木」，並不是要讓身體僵化死寂而無生機，反而可用《老子》第十二章做理解依據，亦即將五色目盲、五音耳聾、五味口爽等「其覺形開」的欲望外馳給收視返聽，以回歸身體官能的素樸恬淡。此即身體層面的素樸寡欲、淡乎無味，如《老子》十九章：「見素抱樸，少私寡欲。」、三十五章：「道之出口，淡乎其無味。」大約都是指類似的官能樸素恬淡狀態。順此也可以理解〈大宗師〉：「古之真人……其食不甘，……其耆欲深者，其天機淺。」[51] 這一類的說法。綜合上述，「形如槁木」的工夫療養，是要讓過分「與接為搆」的外馳嗜欲得以收斂，在「去甚，去奢，去泰」（《老子》二十九章）的官能淡泊化之下，由外返內以修補身體精氣、療復天性生機。

　　而南郭子綦的「心死灰」，則針對「成心」、「有蓬之心」的清除活動。如同《老子》「虛其心」、「滌除玄覽」，都為了促使被雍塞的成心，回復虛室一般的敞開明亮。由於成心、知見、名言交纏為一，所以虛心必和去知、無名的工夫，同時相互含攝。如〈人間世〉為對治「師心」而來的「名也者，相軋也；知也者，爭之器」的麻煩，其所提出的「心齋」工夫（為清掃成心為師的偏蔽），便也同時為了達致：無聽之以心、無知之知、無感其名的三合一效果：

　　仲尼曰：「若一志，无聽之以耳而聽之以心，无聽之以心而聽之以氣！聽止於耳，心止於符。氣也者，虛而待物者也。唯道集虛。虛者，心齋也。」顏回曰：「回之未始得使，實自回也；得使之也，未始有回也，可謂虛乎？」夫子曰：「盡矣。吾語若！若能入遊其樊而無感其名……聞以有知知者矣，未聞以无知

---

[50] 莊周，郭慶藩輯，〈齊物論〉，《莊子集釋》，頁43-45。

[51] 莊周，郭慶藩輯，〈大宗師〉，《莊子集釋》，頁228。

知者也。瞻彼闋者，虛室生白，吉祥止止。夫且不止，是之謂坐
馳。夫徇耳目內通而外於心知。」[52]

　　〈人間世〉「无聽之以耳」與「无聽之以心」，便和〈齊物論〉「形
若槁木，心若死灰」扣合，也和〈大宗師〉「墮肢體，黜聰明，離形去
知，同於大通，此謂坐忘」[53]相契。都涉及身心雙修的回返療護，總原則
便在於虛損、墮黜、離去、忘懷身心的馳亂和成見。而經由身心一體的素
樸與清通，才能使主體從「實自回也」（有我），而通向「未始有回」
（喪我），以融入「乘天地之正，御六氣之辯」、「遊乎天地之一氣」、
「同於大通」等等物我通達、天人交遇的冥契遊境。[54]這也是真人與世界
交感互滲的身心氣象：「喜怒通四時，與物有宜而莫知其極」、「精神四
達並流，无所不極，上際於天，下蟠於地，化育萬物。」[55]
　　若合符節的是，聽之以氣、虛而待物的身心療補，更和「無感其
名」、「以無知知」同步發生，亦即虛心和無名、無知是一體呈現的。對
「聽之以氣」、「唯道集虛」的狀態，〈人間世〉又使用了「虛室生白」
的空間開敞來隱喻。當堵塞身心的成心、知見和名言符號被虛位化之後，
身心猶如空曠敞開的淨室一般，既可讓氣息自由暢通、流行不阻，也充
滿著安寧祥和的透亮生機。[56]「成心」被虛位化後的敞開無蔽狀態，《莊

---

[52] 莊周，郭慶藩輯，〈人間世〉，《莊子集釋》，頁147-150。

[53] 莊周，郭慶藩輯，〈大宗師〉，《莊子集釋》，頁284。

[54] 關於道家的「天地並生，萬物為一」的冥契文獻和詮釋，參見拙文，〈道家的自然體驗與冥契主
義——神祕‧悖論‧自然‧倫理〉，原載於《臺大文史哲學報》74期（2011年5月），收入拙著，
《當代新道家——多音複調與視域融合》（臺北：國立臺灣大學出版中心，2011年），頁225-
288。

[55] 莊周，郭慶藩輯，〈大宗師〉，《莊子集釋》，頁230-231；〈刻意〉，《莊子集釋》，頁544。

[56] 《莊子》「虛室生白」的隱喻，可和「解心釋神」、「神將來舍」合觀。〈在宥〉：「墮爾形體，
吐爾聰明，倫與物忘，大同乎涬溟，解心釋神。」〈知北遊〉：「若正汝形，一汝視，天和將至；
攝汝知，一汝度，神將來舍。」莊周，郭慶藩輯，《莊子集釋》，頁390、頁737。另外，《莊子》
的神舍、虛室等身心體驗，影響後來內丹學的澄神、養神、凝神、藏神甚深，如陸西星，《玄膚

子》多用「神」一概念說之，因此「神」通常又和「光」、「明」等意象
連結在一起，亦即和「生白」相契。此如〈天地〉篇強調：「機心存於
胸中，則純白不備；純白不備，則神生不定；神生不定者，道之所不載
也。」[57] 只有機心不掛胸中，才能騰出純白空間，讓神安住其間，成為道
的光明朗現。

　　這都是將身心外馳不止，給逆轉收復的安息效果，亦即「耳目內通」
與「外於心知」的療癒成效。「止」者，便是對治身心晃盪、精氣流失、
勞精外神的休歇寧定工夫，如〈德充符〉所謂「人莫鑑於流水而鑑於止
水，唯止能止眾止。」[58] 如先前曾做過的水流隱喻，常人的身心外馳猶如
波動不息、晃蕩不已的水面，而「止」之工夫便是讓心室恢復平靜、清
明。在此同時，身體精氣則自然處在：「平者，水停之盛也。其可以為
法也，內保之而外不蕩也」[59] 的安定飽滿狀態。可見，《莊子》的「止」
功，和《老子》的「靜」功，如出一轍。如《老子》二十六章：「重為輕
根，靜為躁君。是以聖人終日不離輜重，雖有榮觀，燕處超然。……輕則
失根，躁則失君。」四十五章：「清靜為天下正。」六十一章：「牝常以
靜勝牡。」而心室之靜的「燕處超然」，也同時和身體安定的「專氣致
柔」，互為滋養。

　　再回到與夢相關的問題來。混亂而雜籽浮遊不定的精氣、心神狀態，
不但會讓意識如心猿意馬般「坐馳」不定，也讓潛意識處在「魂交」而離
亂，它們都是因為精、氣、神的「外蕩」「不止」，所造成的耗損失養。

論‧養神論》〈養神論〉也提及「神」和「光」的工夫和境界：「神既澄矣，又何以加焉？曰：養
之。養之者，所以韜神之光，使勿露也。神之為物，愈澄則愈清，愈清則愈明，蓋定能生慧，故靈
光煥發，旁燭洞達，莫可蓋藏。莊子云：宇泰定者，發乎天光。」載於《方壺外史》（揚州：廣陵
古籍刻印社，1994年），頁530；另參見拙文，〈陸西星的男女雙修觀與身體心性論──內丹男女
雙修的批判性反思〉，《中正大學中文學術年刊》11期（2008年6月），頁307-350。「淨室」本為
身心內養的精神狀態，後來被道教修煉轉化為淨化儀式的具體空間。

[57] 莊周，郭慶藩輯，〈天地〉，《莊子集釋》，頁433-434。

[58] 莊周，郭慶藩輯，〈德充符〉，《莊子集釋》，頁193。

[59] 莊周，郭慶藩輯，〈德充符〉，《莊子集釋》，頁214。

而真人得到療養的身心氣象，由於形體精氣和諧飽滿、心魂神識統一淡定，所以身心不管在意識或潛意識兩層面，都不再那麼芸芸紛亂、外馳損耗。可見，「其寢不夢」之說只是至人善養身心的效應之一。而有關真人身心氣象的全幅境界，〈刻意〉篇底下的描述極為精闢：

　　夫恬惔寂漠虛无无為，此天地之平而道德之質也。故曰，聖人休休焉則平易矣，平易則恬惔矣。平易恬惔，則憂患不能入，邪氣不能襲，故其德全而神不虧。……去知與故，循天之理。故无天災，无物累，无人非，无鬼責。其生若浮，其死若休。不思慮，不豫謀。……其寢不夢，其覺无憂。其神純粹，其魂不罷。虛无恬惔，乃合天德。故曰，悲樂者，德之邪；喜怒者，道之過；好惡者，德之失。故心不憂樂，德之至也；一而不變，靜之至也；无所於忤，虛之至也；不與物交，惔之至也；无所於逆，粹之至也。故曰，形勞而不休則弊，精用而不已則勞，勞則竭。水之性，不雜則清，莫動則平；鬱閉而不流，亦不能清；天德之象也。故曰，純粹而不雜，靜一而不變，惔而无為，動以天行，此養神之道也。[60]

上述文獻為先秦有關身心療養體驗的可貴描述，也幾乎可以完全解答本文所欲探討的養生課題，尤其上述「其寐魂交」與「其寢不夢」兩種相對現象背後的主體狀態。文獻同時觸及得養／失養，這兩種身心面向的精氣神狀態，且以相互穿插來呈現。身心失養者，因落入悲樂、喜怒、好惡等二元情執的擺蕩，結果傷害、染污了道德原本的質樸與純粹。這種成心情識的好惡內傷德性，必然和身體精氣的過度外馳損耗相關，亦即過度勞形、用精卻不知止息休歇的結果，生命精力將枯竭殆弊。結果便如〈齊物論〉

---

[60] 莊周，郭慶藩輯，〈刻意〉，《莊子集釋》，頁538-544。

所描述的：「其行盡如馳」、「不可使復陽」的人生失養之悲涼寫照。而這種意識碎裂紛亂的精氣神狀態，一旦未能在睡眠時得到該有的調整修補，反而還以潛意識的倒影變形，繼續心神不定的魂魄交遊，那麼人的身心必將因兩頭煎熬而提早中道夭折。

　　而人生療養之宗主，則在身心雙養雙補。尤其透過一連串：恬惔、寂漠、虛无、无爲的休歇工夫，將身心過度勞形、用精、耗氣[61]、外神，等等外馳有爲給予平易恬淡下來。而身心的精氣神狀態，也因爲「止止」「休休」的復歸，既止息了成心知見的「思慮」「豫謀」之耗馳（去知與故），也修補了形勞精用的掏空。而終於能再度回到清澈不雜、均平無波的：「內保之而外不蕩」之「德全」與「神不虧」。所謂德全不形，乃是素樸渾沌的本眞質性（能體純素）。而神不虧，則是沒有矛盾、破碎的虛靈、靜定的純粹神明。它們就好像緩緩流動（動以天行）、清澈無波的均平卻有活力的柔水（平者，水停之盛也），既能與物無逆地感合萬有，又能在其自己地保有恬淡寧定與飽滿活力。也就是當身心處在這樣安祥的整全無虧、純粹不雜、精氣飽滿境界，才讓《莊子》要讚嘆這種眞人的特殊主體性，他醒時乃能「其覺無憂」、「其神純粹」，眠時又能「其寢不夢」、「其魂不罷」。可見，至人不夢是因爲高度的平淡修養所致，所謂「化氣以淡」而平撫了潛意識的力量皺折。[62]轉化由悲樂、喜怒、好惡，這些二元對立的擺盪和傾軋所造成的能量分裂與人格搏結，使其純粹化、恬淡化、虛靜化、均平化、無爲化。如此而要有療養工夫：「純素之道，唯神是守，守而勿失，與神爲一；一之精通，合於天倫……故素也者，謂

---

[61] 「耗氣」之說，雖未見於〈刻意〉篇，但《莊子》一書，仍有許多地方提及養神、靜心、養氣的關係，如〈達生〉篇提及：「是純氣之守也……壹其性，養其氣，合其德，以通乎物之所造。夫若是者，其天守全，其神无郤，物奚自入焉！」、「臣將爲鐻，未嘗敢以耗氣也，必齊以靜心……則以天合天，器之所以凝神者。」莊周，郭慶藩輯，《莊子集釋》，頁634、658-659。

[62] 何乏筆先生近年來提倡東方「平淡美學」深具現代養生意義的批判與拯救動能，而「化氣以淡」便是其關懷的核心觀念之一。筆者認爲平淡的身心工夫與氣象，可在〈刻意〉篇找到最完整的描述。參見氏著，〈越界與平淡〉，《中國文哲研究通訊》20卷4期（2010年12月），頁144-158。

其无所與雜也；純也者，謂其不虧其神也。能體純素，謂之眞人。」[63]其後也才有身心氣象：「古之眞人，其寢不夢，其覺無憂，其食不甘，其息深深」，這一類養主宗主的身心轉化命題之出現。

四、主體淡化與氣化交換的兩個夢喻：弔詭之夢與物化之夢

《莊子》除了「其寐魂交」、「其寢不夢」這類養生命題外，〈齊物論〉還有兩則與夢相關的文獻，相當耐人玩味，甚至更難索解。本文嘗試在上一節基礎上，尋思一以貫之的解讀可能。兩則頗有公案意味的夢喻如下：

> 夢飲酒者，旦而哭泣；夢哭泣者，旦而田獵。方其夢也，不知其夢也。夢之中又占其夢焉，覺而後知其夢也。且有大覺而後知此其大夢也，而愚者自以爲覺，竊竊然知之。君乎，牧乎，固哉！丘也與女，皆夢也；予謂女夢，亦夢也。是其言也，其名爲弔詭。[64]

> 昔者莊周夢爲胡蝶，栩栩然胡蝶也，自喻適志與！不知周也。俄然覺，則蘧蘧然周也。不知周之夢爲胡蝶與，胡蝶之夢爲周與？周與胡蝶，則必有分矣。此之謂物化。[65]

兩則富有盛名的夢之文獻，前者猶如禪宗公案般晦澀難解，而歷來對後者的詮解也呈現各言爾志的歧異現象。本文稱前者爲「弔詭之夢」，後者暫名爲「物化之夢」。將二者合併而論，是因爲筆者認爲兩者都透過「夢」的體驗和反思，傳達高度的哲理洞悟，尤其都和洞悉「主體（自我）」的

---

[63] 莊周，郭慶藩輯，〈刻意〉，《莊子集釋》，頁546。
[64] 莊周，郭慶藩輯，〈齊物論〉，《莊子集釋》，頁104。
[65] 莊周，郭慶藩輯，〈齊物論〉，《莊子集釋》，頁112。

本質密切相關。

　　上一節曾分析過，人生從「其寐魂交」的失養，到「其寢不夢」的善養，涉及主體轉化的養生工夫，而虛損工夫的總原則在於「無己、無功、無名」，也就是「自」「我」的虛損、淡泊，即對自我爲中心的封閉性主體給予虛位敞開。去主體我的致虛守靜、離形去知的典例，如南郭子綦從「我」到「喪我」（方能「聞得天籟」），顏回從「實自回也」到「未始有回」（方能「聽之以氣」「虛室生白」）。也因爲能將被「功／名」捆束而成的自戀感（己）、成就感（功）、重要感（名），給予虛位、滌除、清掃，重新使生命如滴水般融入氣化流行的存有大海，如此才有一連串物我交通、天人相參的冥契描述：「乘天地之正，御六氣之辯」、「遊乎天地之一氣」、「喜怒通四時，與物有宜而莫知其極」、「精神四達並流，无所不極，上際於天，下蟠於地，化育萬物。」換言之，「其寢不夢」只是眞人養生境界的其中一景，而全幅氣象則朗現在「同於大通」之遊化主體。本文也正是從主體喪我轉化到遊乎一氣，其中所涵攝的世界觀與主體觀之新意蘊，來詮解本節兩段晦澀的夢寓文獻。

　　就「弔詭之夢」，《莊子》先從一般人都會有的夢經驗出發，尤其從夢的顛倒或補償現象開始，然後層層觀照反思，提煉它靜觀主體流變的慧解。如《莊子》省察到夢和現實世界，時常出現顛倒邏輯：「夢飲酒／旦哭泣，旦田獵／夢哭泣」，即夜夢世界和旦晝世界，呈現顛倒錯亂的補償現象。而《莊子》所洞察的這種「旦／夢」相對又相成的補償現象，不禁讓人想到〈齊物論〉對語言二元結構的洞悉：「彼出於是，是亦因彼。彼是方生之說也，雖然，方生方死，方死方生；方可方不可，方不可方可；因是因非，因非因是。」[66] 或可如此理解，即白日意識的欲望主體（不管是哭泣傷感之主體或田獵作樂之主體），其欲望實被成心／知見／名言所形塑，它不離語言符號的二元結構之編碼作用。不管抽象價值或具

---

[66] 莊周，郭慶藩輯，〈齊物論〉，《莊子集釋》，頁66。

體情感，都已被符碼化，因此人一旦在白晝意識層面過度競逐單一片面認同，通常顯性的欲望之流在擠向符號認同的一方時，同時也會排擠出符碼認同以外的邊緣力量，而這些受排擠的隱性欲望之流，則因受阻而皺折轉向並沉伏心理的地窖底層，成為夢中潛意識的陰性卑賤動能。[67] 由於被語言符碼的二元結構所切分，因此造成了一端欲望之流打擊對抗另一端欲望之流，結果在「以是其所非而非其所是」的片面立場下，造成了兩個欲望主體的對立偏激化，呈現意識現象與潛意識現象的顛倒邏輯。而這兩重欲望主體的心理結構，也反映出「此亦一是非，彼亦一是非」的自我譴責與人格裂解。[68] 雖然造成兩重欲望分流，但兩股力量本是來源自同一欲望之流，只因為被二元對立的符碼標籤化，才造成矛盾衝突的兩重欲望主體之對立分化與各自搏聚。總之，不管是「夢飲酒／旦哭泣」，還是「夢哭泣／旦田獵」，這個觀察可能隱含對單一主體（我）的懸疑。首先，作夢主體不管「夢飲酒者」或「夢哭泣者」，通常和醒覺主體處在矛盾不一的錯亂顛倒狀態；其次，作夢主體的內容常是醒覺主體的符碼化認同之反彈，表面看似水火不相容、悲欣不交集，但兩者實為相對又相生。若從相生面向看，兩種欲望主體實非此疆彼界，甚至彼此間有其隱晦難明的通道連

---

[67] 正如克莉斯蒂娃所言：「當我受到卑賤情境侵襲時，這個我稱之『卑賤情境（abjection）』的、由眾多情感和想法纏繞而成的混合體之中，嚴格地說，並無一可被定義的客體。卑賤體並不是自主體由內向外投射，而與我面面相覷、可以被我命名或想像的對立客體……卑賤體既然作為一個已遭徹底逐出的墮落物，卻把我引導向一個意義崩解的所在。於是，某個與超我這位主人混融的『自我』，便硬是把這個部分趕出去。它在外面，外於這個它似乎認不出遊戲規則的我的世界。然而，在這流亡生涯中，卑賤體從未停止它對主人的挑戰。總是在未曾預警之下，它促使主體進行一種釋放、教他驚厥，逼迫他發出吶喊。每個自我都有其對應的客體，而每個超我都有它的卑賤體。」克莉斯蒂娃（Julia Kristeva），彭仁郁譯，《恐怖的力量》（臺北：桂冠出版，2003年），頁4。

[68] 此如德國分析心理學家紐曼（Erich Neumann）所謂的舊道德之心理結構：一方面將自己的某部分欲望給予罪惡化，另一方面又將此內化暗潛的惡欲望，給予他者化以投射到外部的異人異物上：「邪惡根本不能被認為是『他自己的邪惡』，因為意識依然發展得太弱，以致不能處理所產生的衝突。正是由於這個原因，邪惡總是被大部分人體驗為某種異己的東西，所以，無論如何，陰影的投射的犧牲品總是異己。」高憲田、黃水乞譯，《深度心理學與新道德》（北京：東方出版社，1998年），頁29-30。

結，其中有待索解的正是屬於欲望力量變形的怪異（隱喻）邏輯。

順著夢的顛倒補償體驗，《莊子》更進一步反思作夢主體的虛／實感受。所謂「方其夢也，不知其夢也」，它點出夢與現實經常難以清晰劃分。人們在夢空間中的逼真感並不低於現實生活世界，所以正當處在作夢時空時，通常不會覺知自己是在夢中。這是因為作夢主體的欲望能量強度並不亞於白晝狀態，因此當夢主體在遭遇夢空間的變形意象時，所感受到的力量衝擊和存在境遇幾乎可謂真實。夢中經驗有時甚至可能比日常意識的一般事件，有著更強烈的臨場實感，這主要是因為作夢主體幾乎都由欲望力量的皺折所拼貼摶聚而成，正如一再被壓抑所造成的力量漩渦之情結，帶有強烈反叛性的陰影力量，將使夢主體一再重複具強烈臨場實感的夢境。由此可見，虛／實之間的分際，若從心理感受的能量強度說，便難以絕對切割。一般被常識視為完全虛幻的作夢主體，其實蘊藏著一定強度的欲望力量、心理實感，只是它的境遇感是以潛意識的象徵意象來表現，而非以相對穩定的物質實體來具現。

更耐人尋味的是，《莊子》還提及「夢中夢」現象，這顯示潛意識底層的幽微奧藏：「夢之中又占其夢焉，覺而後知其夢也」。如果說作夢主體是醒覺主體的變形狀態，那麼夢中夢的主體又是什麼？若以人格概念來描述，作夢主體可謂是白晝社會人格的次人格（或陰影人格），而夢中夢的主體則是夢主體的再裂解，故又可謂次次人格，而它再度反應出心理底層中的層次幽微。即欲望暗流一再變形分流，造成夢中夢的欲望主體再度碎裂化，並且更難被理性意識給撈捕上岸，正如夢世界中的遊魂迷離、變現不定。然而《莊子》並未掉入潛意識、夢世界的祕窟而將其神祕化，《莊子》並不特別著迷於夢世界的幽微魔力，它反而由此上升到靜觀層面來進行哲思觀照。對《莊子》，不管是作夢還是夢中夢，人們總有醒來的時候，而「醒（覺）」帶出了不同空間的異質轉換，不管是從夢空間跳到現實空間，還是從夢中夢跳到現實空間，其中必經歷異質空間的穿梭跳躍。而《莊子》的真正興趣就在於：這些看似處在異質空間中的「我」之

本質有何不同？用虛／實的價值判斷語彙來說，現實空間絕對真實可靠嗎？作夢空間（甚至夢中夢空間）絕對虛幻不實嗎？這些看似異質空間內的不同欲望主體和事件狀態，如何區分辨別彼此的虛／實？

　　本文認為：一般人未及深思，卻早有前見甚至定見的「主體性」課題，才是《莊子》上述夢喻文獻所要探究並看清的雲霧。從「覺而後知其夢／有大覺而後知此其大夢」看來，醒來（「覺而後知其夢」的「覺」）是第一個契機，也只有當人們從夢中醒來時，才有辦法開始意識到空間異質的虛／實怪異感。而一般人醒來後的第一反應，總會認定眼前的現實才是唯一真實，而剛剛只是作了一場虛幻不實的夢而已。這是一般人醒來時的常識反應，而常識認定的白日意識與作夢潛意識的關係，其實反應了「真實／虛幻」這組二元語言結構的對比模型。

　　正如上述對「方其夢也，不知其夢也」的欲望分析所示，其實作夢主體在夢空間中的欲望能量，未必亞於現實空間中的欲望主體。就此而言，覺與夢這兩重欲望主體的分際並不清晰，從心理的存在感受說，它們都有實感，時常難分軒輊。因此《莊子》批評一般人醒來後（所謂「覺」）的常識判斷——以夢為絕對虛幻，以醒為絕對真實——並不真正具有「覺悟」的智慧性格。因為常識仍然是在語言二元結構的成見下進行標籤化活動，它並未真能觀照反思「虛／實」名相下的欲望主體之存在意義。因此，對比於常識層次的醒覺狀態、白日意識之成見判定，《莊子》特別提出「大覺」概念：「且有大覺而後知此其大夢也，而愚者自以為覺，竊竊然知之。」亦即唯有「大覺」，方能堪破「大夢」迷思。

　　從「照之以天」、「以道觀之」的「大覺」視角來反思，一般人「自以為覺」、「以我觀之」而有的虛實二元判斷，其實都不免落入以成心為師的蒙蔽之愚。若能真從「大覺」廣角來重新觀照虛／實分界，那麼不管是眼前現實的一切，還是夢世界的一切，二者間的虛實界線都將模糊化，進入「弔詭」的渾沌狀態。如何說？《莊子》首先從「大覺」者的眼光出發，質疑或顛覆了常識以眼前現實事件事物為實體而可執取的預設。

即所謂：「君乎，牧乎，固哉！丘也與女，皆夢也。」一般人（以「丘」和「汝」兩人爲例），以爲現實生活中帶有實務性的事件（以「君乎」、「牧乎」兩事爲例），構成了唯一眞實可靠的世界（「固哉」）。但從「大覺」的眼光看去，它們實和夢空間中的夢事件一樣，都帶有夢（幻化）的特質（「皆夢也」）。換言之，常識成見所以爲的作夢與現實的「虛／實」二元斷裂與對立，從「大覺」的觀照角度看，它們其實具有相似的性質，亦即同具「夢感」而非「實感」特質。[69]

這裡所謂的「夢感」，並非指涉現實世界和作夢世界一樣空洞虛無，而是強調兩者都必然隨著力量流變而遷流不息地再變化下去，就如同夢世界的流動般。因此《莊子》的「皆夢也」、「亦夢也」，並非帶來虛無感，而是帶來「變化常新」的遊戲感。[70]一般人或許會以爲，《莊子》唯一肯定的「實感」、「實體」只有「大覺」這一主體，白日的意識主體和潛意識的欲望主體或許皆是虛妄如夢，但大覺的清明主體則是不變不壞而可依可靠之絕對實體。然而令人驚異的是，《莊子》在弔詭之夢的寓言中，顯示出它並未肯定一「大覺」主體來做爲實體實感的超越依據，否則它不會強調「予謂女夢，亦夢也。」換言之，所謂的大覺主體，即「予」所象徵的覺悟主體之發言位置，仍然不能脫出上述所謂的「夢感」。或者說，眞人仍然處在「夢感」的處境或領受之中。這要如何理解？上一節不是論證過「其寢不夢」的眞人身心修養境界嗎？爲何這裡又再度強調眞人「亦夢」呢？可見，覺悟者「亦夢」之夢，和眞人「其寢不夢」之夢，是

---

[69] 這裡的分析，也可解釋〈大宗師〉底下文獻：「吾特與汝，其夢未始覺者邪！……且也相與吾之耳矣，庸詎知吾所謂吾之乎？且汝夢爲鳥而厲乎天，夢爲魚而沒於淵。不識今之言者，其覺者乎，夢者乎？」莊周，郭慶藩輯，《莊子集釋》，頁275。特別值得注意的是，這段文獻的前後文脈絡都觸及了「化」，可見，「化」是解開問題的關鍵。

[70] 這裡或可顯出《莊子》和大乘佛教的可比較性。然筆者認爲《莊子》的重點在於：去實體化、去主體化，並非導向虛無主義，而是迎向具批判性的創造主體。至於佛教能否排除虛無主義嫌疑，並走向批判性的大創造，則是另一有待檢討與觀察的課題。另參見拙文對《莊子》的「化」之詮釋，〈論先秦道家的自然觀：重建一門具體、活力、差異的物化美學〉，《文與哲》16期（2010年6月），頁1-44。

兩個不一樣的語境。揀別之，前者之夢感是在打破主體我之後，面對遷流不住、變化常新而有的非實體之觀照感。而後者則是被潛意識的欲望主體所拖曳的情熾，也是眞人所要淡化的欲望之變形。所以前者的夢感是被肯定的境界說，而後者則是被否定的業識說。兩者看似矛盾，實乃理通。

不僅夢是夢，醒來也不離夢，甚至覺悟後也仍然在夢中。而《莊子》居然禮讚這種「一切如夢」的領受，命名其爲「弔詭」並期待後世能有眞正的智者知音出現：「是其言，其名爲弔詭。萬世之後而一遇大聖，知其解者，是旦暮遇之也。」《莊子》顯然要人們認眞去思考：眼前這個經常做夢的「（現實）我」，和夢中夢見自己在做夢的那個「（作夢）我」，以及領悟到現實我與作夢我都一樣帶有「如夢」特性的「（覺悟）我」，這三種主體（我）雖然有層次之分，但不也都是如夢如幻嗎？不也都不離「變化」所帶來的遷流不住之物化感嗎？《莊子》期盼能遇上大聖知音來解開這個「弔詭」，如果有人能解開「人生如夢如幻」的困惑，也就能超越旦／暮、古／今的時空隔限，能和莊周心心相印、共享大化流行的奧祕了。換言之，「一切如夢」所逼顯的弔詭，若要得其深解，筆者認爲必須扣緊《莊子》「一切皆流」的氣化流行之變化世界觀，以及由此而來的去實體化思維，拋卻僵固不化的單一主體性，走向日生日成、新新不已的多元嶄新的主體化運動，如此或能得出一把解開弔詭夢寓的庖丁之刀。

常識總預設現實界的存在事物是可靠的，至少比夢世界的欲望能量更具眞實性。若以現實主體與作夢主體的對比來說，常人也因爲現實主體具有似乎較可靠的肉身物質載體，因此預設它比作夢主體的純粹能量流更爲眞實。問題是，物質實體果眞那麼實在可靠？從《莊子》氣化流行的角度看，任何看似暫時穩定的物質現象、肉身形體，其實只是流動變化的另一面向而已，它早晚也要隨化而去。事實上，不管從微觀或宏觀的角度看，它仍然一直在變化中，終究要解離而回歸永續變形的氣化交換中。正如〈大宗師〉的大力士寓言所揭露：「夫藏舟於壑，藏山於澤，謂之固矣。然而夜半有力者負之而走，昧者不知也。藏小大有宜，猶有所遁。若夫藏

天下於天下而不得所遯，是恆物之大情也。」[71] 一切看似穩定的固著之物實為表相，真正的實情是萬事萬物皆要被大力士帶走，這個大力士便是「化」之隱喻。人們真正該認同的唯有放開主體而「任隨變化」，而不是以主體之固執想躲藏於變化之外。然不管常識以物質為實體不變，或以為覺悟可得精神實體而常存不變，對《莊子》言，這都是不能面對「變化」所必然帶來的「夢感」實相。

換言之，一切皆流、萬物變化的主體「如夢」感受，便建立在「氣」的存有世界觀之上。如〈知北遊〉言：「人之生，氣之聚也；聚則為生，散則為死。若死生為徒，吾又何患！故萬物一也，是其所美者為神奇，其所惡者為臭腐；臭腐復化為神奇，神奇可復化為臭腐。故曰『通天下一氣耳。』聖人故貴一。」[72]

「通天下一氣」正是《莊子》的終極真理，由此也才有「遊乎天地之一氣」、「精神四達並流，无所不極，上際於天，下蟠於地，化育萬物」的「大通」境界。「氣」之流動衝破了主體（我）之封閉、固著，也打通了物質、肉體的僵固界域，而它的永恆運動將促使萬有持續進行交換的變形遊戲（故謂之「萬化」），這便成就了所謂「氣化流行」之「大通」。氣之動能所帶來的永續變動歷程，《莊子》便經常透過與「化」相關的關鍵詞來彰顯，如氣化、大化、造化、變化、萬化、物化等等。[73] 而一切如夢的「去主體固我」（或主體敞開化）感受，正是建立在一切皆流的變化世界觀之上。所以不管是作夢空間、現實空間還是覺悟空間，它們共通的唯一本質就是：流變。雖然流變的內容和形式或許有別——夢空間是欲望變形的混亂流變，現實空間是相對穩定的流變，而大覺的真人空間則是參

---

[71] 莊周，郭慶藩輯，〈大宗師〉，《莊子集釋》，頁243。

[72] 莊周，郭慶藩輯，〈知北遊〉，《莊子集釋》，頁733。

[73] 《莊子》的「化」、「通」、「達」、「一」這些關鍵字，都必須透過「氣」來詮釋，才能獲得完整而互滲的整體理解，尤其提昇到存有論的世界觀層次而得解。參見拙文，〈論先秦道家的自然觀：重建一門具體、活力、差異的物化美學〉，《文與哲》16期（2010年6月），頁1-44。

贊「氣化流行」的遊戲流變——但一樣都要被一切皆流的力量變化所推動。這種萬物皆處在「恆物之大情」的「萬化」狀態，就是「一切如夢」的「去實體我」感受之來源。

所以解開「一切皆夢」的弔詭，便在透入氣化流行的交換世界，並由此打破任何實體性的錯覺，接納「一切皆化」的必然，並由此鬆開主體我的封閉性，以融入物我相參的「遊乎一氣」之冥契感受中，此即〈齊物論〉所謂：「天地與我並生，而萬物與我為一」。[74] 由此看來，解開弔詭之夢的主體迷思，竟然也就同時將大覺者帶入宇宙一體的冥契感受中。而這種物我跨界的通感，又被《莊子》表述為「物化之夢」，也就是最富盛名的莊周夢蝶這一夢寓。

「莊周夢為胡蝶」之「夢」，是物化寓言的關鍵，它就像一條祕密通道，使得莊周主體和胡蝶客體之間，居然「分而無分」地遇合了。[75]「夢化」的效應促使形體雖有周、蝶之分的界面被踰越了，而共同融入流動變化所帶來的如夢特性，使得莊周產生一種「不知周也」的去主體感。並且由此而融入「遊乎一氣」所帶來的交換與通感，使得莊周（人）與胡蝶（物）之間可以「通」「達」，不再停留在主／客對立的畛域隔限，而是共同融入「一切皆流」的宇宙大夢中。此種氣化交通狀態，萬物呈現出共在於原始連動的大化世界。而這種萬物交感互滲的宇宙大化之大夢，《莊子》便稱之為「物化」之夢。它顯然是「弔詭之夢」的主體被解開後，莊周這一主體被虛位化而融入「萬化」的自然美學式冥契心境。處在這種物化之夢狀態，不會是實用功利心態的技術主體（如惠施之認知、好名主體），他轉化語言二分的命名活動，升入恍然如夢的無言不知狀態，所以

---

[74] 莊周，郭慶藩輯，〈齊物論〉，《莊子集釋》，頁79。

[75]「分」是就各有形體之不同姿態風格而言，「無分」是就共同融入「氣化流行」這一存有連續之大化偉力而言，關於這則寓言所涉及的「分別」與「無分別」之統合，參見拙文，〈道家的自然體驗與冥契主義——神祕・悖論・自然・倫理〉，收於拙著，《當代新道家——多音複調與視域融合》（臺北：臺大出版中心，2011年），頁225-288。

物化之「夢」便可說是：忘言、忘我、忘知的流變主體之隱喻。也就是這個「忘」，使得《莊子》能夠超然己、功、名的羈絆而升入逍遙之境。這裡的「夢」與「忘」，也就導向了逍遙美學的冥合道路。[76]

　　可見，莊周「夢」蝶、物化之「夢」，不是一般心理學意義下的潛意識之夢，而是契近巴舍拉（Gaston Bachelard）所謂詩意夢想、宇宙夢想、浩瀚日夢一類。巴舍拉所謂白日夢的狀態乃是指：非對象性、非表象性、去焦點化、恍惚悠然、時空模糊而綿延的無限感：「當這般的白日夢攫住了冥想的人，細節變得模糊，所有的畫面消逝，光陰不覺流走，空間漫無止境地延伸。這種白日夢也許可以稱為『無窮的日夢』。」[77]巴舍拉所謂的無窮性日夢，非但不是無聊的失神幻想，反而揭露了存有的奧祕。而莊周的物化夢感，巴舍拉的詩意夢想，其所描述的物我交融之柔軟感、共通感，其身心悅然逍遙的充盈、放空、擴大狀態，可用《老子》所描述的「惚恍」之存有美學來理解。如《老子》十四章：「其上不皦，其下不昧，繩繩不可名，復歸於無物。是謂無狀之狀，無物之象，是謂惚恍。」、二十一章：「道之為物，惟恍惟惚。惚兮恍兮，其中有象；恍兮惚兮，其中有物。窈兮冥兮，其中有精。」一切萬有皆在「上善若水」的道之流行充潤下，彼此間沒有明確的轄域化界限，彼此間都在進行交換的融合作用，如是你中有我、我中有你的一體交感狀態，《老子》便使用了「惚恍」「恍惚」這等模糊無界的狀辭來隱喻。而《莊子》則採取莊周夢蝶的「物化之夢」，來隱喻這種物我交換、冥契共感的「惚恍」「恍惚」。[78]然而兩者都是實在描述：流動的存有世界、喪我的敞開主體、物

---

[76] 關於《莊子》的逍遙美學，請參見拙文，〈論道家的逍遙美學——與羅蘭·巴特的懶惰哲學之對話〉，《臺大文史哲學報》69期（2008年11月），頁1-37。

[77] 巴舍拉（Gaston Bachelard），龔卓軍、王靜慧譯，《空間詩學》（臺北：張老師文化，2003年），頁284。另參見巴什拉，〈夢想者的「可伊托」〉，收於氏著，劉自強譯，《夢想的詩學》（北京：北京三聯書店，1997年），頁182-216。

[78] 林順夫亦注意到莊周夢蝶其實和泯絕物我、夢覺、生死有關係，並涉及夢中主體／客體、虛幻／真實之間的可轉換性。參見林順夫，〈我思故我夢：試論晏幾道、蘇軾及吳文英詞裡的夢〉，收於氏

我感通的冥契。

五、從變形之夢到文學虛構：跨域與顛覆的齊物空間與夢敘事

　　上述真人「其寢不夢」與俗人「其寐魂交」的對比脈絡中，夢主要被視為成心／知見／爭名的情執產物，是潛意識底層持續躁動的欲力變現。一旦人生從失養到善養，身心便從「其覺形開，其寐魂交」，轉為「其寢不夢，其覺無憂」。此時不管白晝或寢眠，真人身心都得到精復神全、氣定神明的恬淡安祥，同時表現出少夢或近乎無夢的理想睡眠狀態。這主要是因為真人的潛意識欲望空間近乎萬里無波的寧靜大海，而當顛倒與補償的欲望皺折之波瀾被恬淡化了，情識熾夢的旺盛現象便會大量減少。雖然如此，至人「其寢不夢」的「夢」，仍是就潛意識的破碎欲望而言，它是有待被淡泊寧靜的欲力。

　　到了「弔詭之夢」和「物化之夢」這兩重相關的夢寓脈絡，由於白晝和夜寐的「主體」（我）、「同一性」（固）之成見預設，已被洞悉其虛幻，導致主體被重新打開而融入氣化流行運動中，在一切皆流的萬化之行中，不管做夢主體、日常主體、甚至覺悟主體，皆難逃一切皆流的存有變動（Being is becoming）所帶來的普遍夢感。而這種存有層次的夢感，已不再是炎熱的欲望主體所變形的情識熾夢，而是進入主客交融的遼闊、浩瀚之夢[79]，

　　著，《透過夢之窗口》（新竹：清華大學出版社，2009年），頁277。

[79] 巴舍拉：「遼闊是波特萊爾的詞語之一，對這位詩人而言，這個字能夠最自然地強調私密空間的無限感」、「對波特萊爾而言，這一點也不誇張；『遼闊』這個詞是一個遼闊世界與遼闊思想得以藉此結合起來的形上學真實論點……在他的《私密日記》裡，波特萊爾寫道：『在某個近乎超自然的心靈狀態，生命的深度完全顯露在視象裡，然而我們眼前所有的通常是平凡的，於是深度變成了象徵。』……因此在『遼闊』這個詞的旗幟底下，靈魂發現自身綜合式的存有。『遼闊』這個詞彌合了對立……透過這個詩人的作品，讀者可以追隨一個『遼闊整合體』的活動，它總是準備好將奔放不羈的瑰麗多朵整合為一體。哲學的思維總在一與多的關係上進行無止盡的討論，此時，不同的感官印象透過混合的力量進入了彼此感通境界，波特萊爾那非常典型的詩意冥想在這個綜合力量裡，覺得一個深刻而幽冥的整合體。」、「在『感通』展現為各個不同感官的強化狀態時，一個意象的每一次擴張加強了另一個意象的龐然巨大感。浩瀚感自此擴大發展。波特萊爾在此深深浸淫於音

靈光、氣韻之夢[80]。由於這種弔詭、物化的恍兮惚兮、惚兮恍兮之夢，實乃主體敞開而融入「天地並生，萬物為一」的宇宙氣化流行之隱喻。此種夢寓可謂主客交融、物我合一的境界之夢，它是統合了分別（形貌有別）與無分別（氣氛周洽）的自然美學之冥契境界。由弔詭之夢（主體消融）所通向的物化之夢（存有交換），其實可視為遊乎一氣的體驗，如上所說，它實相契於真人「其寢不夢」之身心氣象。只是真人無「夢」是就情識之夢魘的淨化來講，而莊周「夢」蝶的物化之「夢」，則是就流動性和恍惚感的境界來說。若就情識夢魘角度看，物化之夢反而可視為一種大覺，即化解二元對立背後的主體我之成心知見與名言造作，以融入一切皆流的物化交融、不知無言的境界。故物化恍然、主客交融脈絡下的夢寓，

樂的夢境裡，就如同他所說的，他見識了『一種所有具想像力的人類曾在眠夢中體驗過的幸福感。我感受到脫離地下引力，透過回憶，成功地捕捉了迴旋於高處的那份令人感到異樣的肉身快感。在絕對純粹的孤寂裡，在這個帶有一種浩瀚視野與四面輝散之光的孤寂裡，我情不自禁，對著自己描繪出一個人在巨大的日夢籠罩中所感到的微妙敏銳狀態；浩瀚感除自身外，沒有其他背景。』在波特萊爾接下來的文本中，我們發現了延展、擴張與狂喜的現象學的諸多要素，對於一種關於前綴詞『超』的現象學這些要素可稱簡潔有力。」〈私密的浩瀚感〉，《空間詩學》，頁286、頁287-288、頁291。

[80]〈攝影小史〉：「什麼是『靈光』？時空的奇異糾纏：遙遠之物的獨一顯現，雖遠，猶如近在眼前。靜歇在夏日正午，延著地平線那方山的弧線，或順著投影在觀者身上的一節樹枝，直到『此時此刻』成為顯象的一部份──這就是在呼吸那遠山、那樹枝的靈光。」班雅明（Walter Benjamin），許綺玲譯，《迎向靈光消逝的年代》（臺北：臺灣攝影工作室，1998年），頁34。又如伯梅（Gernot Böhme）指出的：「更值得注意的是引發光韻概念背後的經驗。這幾個例子表明，本雅明在闡述光韻經驗時，應用特定的自然情調以及以觀賞者的特定的心情作為背景。在休閒的情境之下，在免除一切工作壓力、而且身體全然放鬆的觀賞中，光韻才能顯現出來。用海爾曼‧施密茨（Hermann Schmitz）的術語來說，『夏日午後』與『靜伏』則蘊含著傾向於『隔絕的擴散』（privative weitung）的身體狀態。在此狀態之下，光韻能在遠山、地平線或樹枝上出現，或者說光韻在自然物上顯現出來。當觀賞者放下自然物，也放下自身，即擺脫對世界的掌控，自然物便發出光韻。光韻顯然是空間中的湧瀉物，有如輕風、薄霧，也就是氣氛。本雅明說，我們可以『呼吸』光韻。這裡的『呼吸』是指以身體吸收，讓之滲入為『張力』與『舒展』的關係所構成的身體經濟，並且讓這種氣氛灌注全身。在本雅明那裡，尤其在這個方面，光韻的自然性與身體性在光韻一詞的運用中消失了，儘管他把以上對光韻經驗的描述稱成光韻的定義。……感受光韻即是將光韻納入於自身的身體處境，一種不確定的在空間中奔瀉的情感性質。」伯梅，谷心鵬、翟江月、何乏筆譯，〈氣氛作為新美學的基本概念〉，《當代》188期（2003年4月），頁16。

從另一角度來描述，便具一種「神明」的朗然明照感，而此種意識與潛意識皆朗現爲「虛室生白」之狀，而可再度呼應「其寢不夢，其覺無憂」之說。[81] 故莊周夢蝶和眞人無夢又可視爲不同脈絡下的相契經驗之描述。

　　《莊子》的夢喻文獻，除了上述四種現象外——即魂寐之夢、其寢不夢、弔詭之夢、物化之夢，前兩者是有待淨化的情識熾夢，後兩者則爲主客消融的境界夢喻——還有另一種夢現象值得注意，本文將其稱爲「虛構之夢」（亦可稱之爲「文學的夢」[82]）。這裡的「虛構」是指：這一類文獻明顯不是夢經驗的實錄，而是藉由一般人皆曾有過的夢經驗來做爲素材，透過重新編織、自由調動後的創造形式，形構出跨域書寫的寓言敍事。在本文看來，《莊子》利用對夢經驗的觀察，發現到夢形式的超現實性格，並從中自覺提煉出虛構形式，用來超越寫實模式難以跨越的時空限制，既展現高度的自由想像活力，也傳達出另番顛覆意味十足的新義理。尤其是物類在虛構之夢空間中的跨域對話，經常演示了超越人類中心主義的齊物視角，以解放人類的話語霸權，讓萬物的自身立場和天籟話語能被聆聽。虛構夢寓在在突顯出《莊子》的文字技藝和文學虛構的創意，底下就舉兩則虛構之夢寓言，以爲例證：

　　匠石之齊，至乎曲轅，見櫟社樹。其大蔽數千牛，絜之百

---

[81] 參見詹姆斯對冥契四特性的描述之一便是Noetic quality，這樣的經驗雖可算是一種神聖情狀或超然感覺，但它同時具有清明的智悟性格，甚至讓人產生洞悟真理的穿透性；換言之，冥契不是情肆而熾的出神狂迷，而是神聖情感與超然智悟的合一狀態。參見詹姆斯（William James），蔡怡佳、劉宏信譯，《宗教經驗之種種》（臺北：立緒文化事業有限公司，2001年），頁458。冥契主義也常常強調物我一如的冥契意識，有著最清晰的智悟感，可見恍惚感和智悟感或者清晰感，應該只是語言描述或詮釋所造成的差異，似非經驗本身的差異。總之「莊周夢蝶」這一冥契之美，讓人連想到詹姆斯所提到的「如夢狀態」（主客模糊）和「知覺擴張」（邊界消融）。

[82] 所謂文學的夢，據美國學者康那爾（Tom Conner）的簡要定義爲：「文學的夢是文學作品裡對於夢或佛洛依德所稱的類似之各種狀況——如白日夢、幻想、幻覺、想像和狂想等——的模擬描述。」轉引自林順夫，《透過夢之窗口》，頁274。根據這個界義，本文上述莊周夢蝶的「物化之夢」，和這裡的「虛構之夢」，都可歸入文學的夢。

圍，其高臨山十仞而後有枝，其可以爲舟者旁十數。觀者如市，匠伯不顧，遂行不輟。弟子厭觀之，走及匠石，曰：「自吾執斧斤以隨夫子，未嘗見材如此其美也。先生不肯視，行不輟，何邪？」曰：「已矣，勿言之矣！散木也，以爲舟則沈，以爲棺槨則速腐，以爲器則速毀，以爲門戶則液樠，以爲柱則蠹。是不材之木也，無所可用，故能若是之壽。」**匠石歸，櫟社見夢曰：**「女將惡乎比予哉？若將比予於文木邪？夫柤梨橘柚，果蓏之屬，實熟則剝，剝則辱；大枝折，小枝泄。此以其能苦其生者也，故不終其天年而中道夭，自掊擊於世俗者也。物莫不若是。且予求无所可用久矣，幾死，乃今得之，爲予大用。使予也而有用，且得有此大也邪？且也若與予也皆物也，奈何哉其相物也？而幾死之散人，又惡知散木！」**匠石覺而診其夢。**弟子曰：「趣取無用，則爲社何邪？」曰：「密！若無言！彼亦直寄焉，以爲不知己者詬厲也。不爲社者，且幾有翦乎！且也彼其所保與眾異，以義譽之，不亦遠乎！」[83]

　　莊子之楚，見空髑髏，髐然有形，撽以馬捶，因而問之，曰：「夫子貪生失理，而爲此乎？將子有亡國之事，斧鉞之誅，而爲此乎？將子有不善之行，愧遺父母妻子之醜，而爲此乎？將子有凍餒之患，而爲此乎？將子之春秋故及此乎？」於是語卒，援髑髏，枕而臥。**夜半，髑髏見夢曰：**「子之談者似辯士。視子所言，皆生人之累也，死則无此矣。子欲聞死之説乎？」莊子曰：「然。」髑髏曰：「死，无君於上，无臣於下；亦无四時之事，從然以天地爲春秋，雖南面王樂，不能過也。」莊子不信，曰：「吾使司命復生子形，爲子骨肉肌膚，反子父母妻子閭里知識，子欲之乎？」髑髏深矉蹙頞曰：「吾安能棄南面王樂而復爲

---

83 莊周，郭慶藩輯，〈人間世〉，《莊子集釋》，頁170-174。

人閒之勞乎！」[84]

上述兩則夢文獻，顯然是《莊子》虛構出來的寓言，之所以能如此虛構，當然因爲它來自人人皆有的夢經驗素材。理趣所在是：《莊子》和原始神巫的夢占立場極爲不同，它不再將夢視爲神示預卜的神祕作用，[85]而是利用夢意象能穿時空、踰物類的流通、變形特性，來促成原本在現實界不可能發生的遭遇與對話，重新在夢空間跨界相遇和異類對話。這可以說是利用人在夢經驗的「越界」形式，將它重新使用到文字書寫的想像空間中，以達成文學虛構的遊戲力量。換言之，《莊子》將夢空間的變形、跨域、融合等隱喻特性，移位換置到文學空間來。例如在現實的時空中，匠石（人）與社樹（植物）絕不會發生任何哲理論辯，而髑髏（死亡）與莊子（存活）也絕不可能互相遭遇而來一場死生對決。在物理界的個體化時空限定原則與生物學的物類分殊原理下，人和樹既分屬不同物種類別，又沒有任何共同符號界面的話語媒介，如何可能在現實世界生產一場眞正的對話？就如惠施曾質疑莊子的知識論命題：「子非魚，安知魚之樂？」人這種使用符號的語言主體如何可能跨界去理解另類不使用語言的魚類之情感狀態？人想要跨界去理解其他物類，在主客對立的知識論模式下顯得困難重重。同樣地，現實經驗裡的生死兩界近乎幽冥絕對相隔，而莊周與髑髏焉有可能面對面進行一場哲理之辯？

　　然而《莊子》正是透過夢的超現實形式，在文學空間中讓現實不可

---

[84] 莊周，郭慶藩輯，〈至樂〉，《莊子集釋》，頁617-619。

[85] 從以下這兩則夢文獻看來，《莊子》不但未將夢視爲任何神祕力量的真實神顯，反而已能將夢占現象視爲神道設教（以安人心）的方便法門。此如〈外物〉對神龜夢示的諷刺：「神龜能見夢於元君，而不能避余且之網；知能七十二鑽而无遺筴，不能避刳腸之患。如是，則知有所困，神有所不及也。」郭慶藩輯，《莊子集釋》，頁934；而〈田子方〉又有一夢寓文獻，其中《莊子》重新詮釋文王乃自覺假借夢之神啓來神道設教，以便在政治上開設方便權教，郭慶藩輯，《莊子集釋》，頁720-722。《莊子》利用文王這一傳說（爲《周易》筮占演繹卦爻辭的關鍵人物），可謂別有用心。

能之事，奇蹟似地發生了。在《莊子》虛構之夢的書寫空間中，我們看到時空可以扭曲而疊合，物類可以跨界而交通，並且在變形遊戲的夢寓言之敍事場景中，物我之間似乎找到共通語言而重啓對話契機。可以說，《莊子》透過虛構之夢，重新找回萬物本有的語言魔力，此時萬物才是展現智慧的話語主角者，而人則謙退為傾聽者，而物我之間也就重新召喚出另一種原初倫理關係。因此本文認為《莊子》虛構之夢所創造出的跨界舞臺，可視為「齊物」的原初倫理世界之復原。萬物重新站上舞臺，重啓一場打破人類中心主義的啓蒙辯證，並映射出現實世界已然缺乏的新意義。由此我們看到在《莊子》虛構之夢的書寫中，真正扮演智慧與啓蒙角色的都不是人類，反而是人類世界中被剝奪話語權的沉默他者，例如被視為無用的社樹和被歸為可怕的髑髏。這顯然帶有強烈顛覆意味和批判力道，亦即在虛構的夢世界中，不但不可能發生的事發生了，而平常被邊緣化、他者化的沉默者，竟然被《莊子》重新加冕為對話的主人公、智慧的啓蒙師。《莊子》創造這種虛構與顛覆並陳的夢寓形式，造成了人類中心的單語主義之刺穿，敞開出口來讓萬物吟唱自身多音複調之天籟美聲。例如千年老樹可以在其自己地說出自己存活的自在與莊嚴，同時反諷人類為求人用，卻不知善養自身，而終至中道夭折的倒置。而髑髏也可以成為死亡猶如休歇安息、歸根復靜的真正代言者，以對比人生常常落入勞苦重擔、其行如馳的白忙與悲哀。這些虛構之夢的寓言，反應出「以物觀物」的齊物論立場（如物我合一，死生一條的非人類中心立場），它打破人類「以我觀物」的獨斷和暴力（以二元結構的一端為中心，賤斥另一端為邊緣）。只不過這些夢寓言不採取分析論理的方式，而是極富創意地轉用了夢形式與夢境遇，以超現實的故事情境和跨類想像，來挑逗人們奇異感受和新鮮興味。

　　《莊子》可謂善用夢的變形形式，主動而積極地創造出跨域對話的巧妙安排。它所以能如此藉用夢之變形跨域的隱喻特質，拼貼出新意象與映射出新意義，促成高度創意的文學效果，自然是對常人皆有的夢體驗加以

一番清明觀照的省察反思並加以創意運用。潛意識的夢流動雖是欲望糾結的變形象徵，但由於這種欲力表現的邏輯在於非理性的跨域融合，所以夢意象總是一再疊合增生出多元意味的可能，而有待創造性的詮釋。從《莊子》虛構之夢對夢邏輯的再生產看來，《莊子》顯然洞悉夢敍事，可以成爲打破成心知見的慣性邏輯之限制，並且將這樣的哲學洞見和文學虛構統合起來，以便成爲突破人類認知模型的意識型態之利器，成爲再生產新意義的極佳媒介。這便是《莊子》在常人的夢體驗基礎上，不被夢境困惑、不將夢境實化，反而將其轉換成虛構書寫的遊戲素材，從中打開日常成心知見、話語霸權的封閉性，以重新釋放萬物「咸其自取，使其自己」的天籟之語。

　　總之，虛構之夢乃藉由夢的流變融合特性，將看似消極而不眞實的夢幻現象，轉爲積極的超現實之藝術手法，疏通了想像力的源泉，轉不可能而化爲可能。它讓時空得以彎曲而疊合互滲，而重新融攝新事物、新語境，此即《莊子》從虛構之夢中開出文學空間的「隱喻」動能。換言之，《莊子》透過虛構的「夢之空間」，產生了跨域效果，讓異類、異界、異時，都能在虛構的夢空間中「同時性」地相遇，「共在性」地遭逢。而傳達原本單向、單語的中心主義所無法看見、聽到的話語訊息，而這樣的眾聲喧嘩的齊物話語，也同時復甦了非人類中心主義的原初倫理境域。正如莊周與胡蝶的遇合（人與昆蟲的跨類），匠石與社樹的對話（人與植物的跨類），莊周古哲與現代讀者的旦暮遇之（時空的跨類），如髑髏與莊子、列子的對話（生人與死人的幽明跨類）等等。可謂演示出「天地並生，萬物爲一」的齊物親密。如此一來，我們又可將《莊子》虛構之夢所呈現的文學空間，視爲弔詭之夢和物化之夢的另一種既重複又差異的延伸表現。

六、結論：道通爲一的五重夢寓

　　由上看來，《莊子》的五重夢寓書寫，雖然橫看成嶺側成峰，呈現

出不同層面的立言分際，但深入內核又可找到相互串連溝通的理路。《莊子》這五重分殊之夢寓現象，其實亦可視爲「道通爲一」的融會隱喻。《莊子》一書出現的夢描述，不只是一般睡眠的潛意識做夢現象，尤其當它和變化世界觀合併起來時，它便有其「如夢如化」的哲學隱喻。它們至少有幾個意義：一是被潛意識底層的莫名欲望主體力量所推動的夢囈世界，所謂「其寐也魂交」的精氣亂流，而《莊子》觀照這些魂縈夢牽的根源，正來自白日意識的成心／知見／好名之交纏，即所謂「其覺也形開」的身心結構之省察。換言之，情識熾夢乃人生失養的精氣皺折、神識散亂的象徵。而從散亂破碎之魂交多夢，到寧靜恬淡之神明少夢，乃開啓了《莊子》對夢的解構命題，如所謂至人「其寢不夢，其覺無憂」。顯然這一特殊對夢之否定（不）書寫，透顯出另類的身心氣象，此便涉及眞人療養身心的精氣神工夫與境界。而眞人善養吾生的精氣神工夫與身心氣象，實不只限於「其寢不夢」這一課題，它更涉及主體的淡化（未始有回、喪我）與存有的開顯（聽之以氣、聞天籟），而這種「天地與我並生，萬物與我爲一」的身心冥契，代表了眞人能打開主體的封閉以融入氣化流行的存有開顯。經由本文的發現與詮釋，《莊子》另外兩個夢現象──弔詭之夢和物化之夢──便可視爲主體消融與氣化交換的夢寓書寫。本文認爲弔詭之夢的解答之鑰，在於看清主體同一性的虛妄，若眞知主體裂變之實相，才是眞知大覺，那麼不管日常還是作夢的主體，皆同爲名言妄執之產物，本相都是如夢如幻。唯有觀照主體自我的變化流行之實然，方能參與弔詭而不迷，甚至遊戲其間而歡怡。這種對變化不已的氣化認同而產生主體消融後的一體如夢感，此種恍惚境界意味的夢感，也可以說是最眞實的冥契一如感受。莊周夢蝶應該屬於這種宇宙一如的融合夢感，在這自然美學的冥契體驗中，莊周的自我主體性漸趨消融，以至和周圍世界的邊界逐漸模糊，終至與萬物通達爲一，因此才會有「不知周也」，甚至「栩栩然胡蝶也」的日夢玄冥的感受。法國想像現象學家巴舍拉將這種物我交融的詩性感受，及其中所呼應的萬物存有之開顯性，稱之爲「日夢玄想」，並

可由之建立「夢想詩學」，筆者認為他的觀點和莊周夢蝶具有跨文化的對話空間。最後，《莊子》亦透析夢饜世界的變形特質，並將其移位到文學空間的虛構世界來，使夢空間的變形融會現象，在文字技藝的書寫遊戲中，產生物類的跨界與顛覆效果，結果創造出萬物平等的齊物舞臺、倫理空間，並解構人類中心主義的話語暴力和貧乏。在此虛構之夢的文學空間中，《莊子》自覺地批判了人類長期的意識型態，並重新映射出新語境與新意義。可見《莊子》在虛構之夢寓中，透過夢敘事的想像力與新創意，一再刺穿人類已然僵化的成心知見，打開萬物合唱「不齊之齊，齊之不齊」的天籟交響。

參考書目

一、原始文獻

〔漢〕鄭玄注，〔唐〕孔穎達等疏，《禮記》（十三經注疏本），臺北：藝文印書館，2001年。

〔漢〕東方朔，《神異經》〈西荒經〉，收於《漢魏叢書》，百部叢書集成第19輯，第5函，臺北：藝文印書館，1971年。

〔漢〕河上公，《老子道德經河上公章句》，收入《四部要籍注疏叢刊·老子》，北京：中華書局出版，1998年。

〔晉〕杜預注、〔唐〕孔穎達疏，《左傳》（十三經注疏本），臺北：藝文印書館，1982年。

〔晉〕陶潛，袁行霈編撰，《陶淵明集箋注》，北京：中華書局，2005年。

〔後秦〕鳩摩羅什譯，《維摩詰所說經》，《新修大正大藏經》，臺北：宏願出版社，1992年。

〔宋〕蘇軾，傳成、穆儔編，《蘇軾全集》，上海：上海古籍出版社，2000年。

〔宋〕朱熹，《四書章句集注》，臺北：大安出版社，1999年。

〔明〕陸西星，《方壺外史》，揚州：廣陵古籍刻印社，1994年。

〔明〕羅貫中，《三國演義》，臺北：華正書局，1987年。

〔清〕徐灝，《說文解字注箋》，收於續修四庫全書編纂委員會編，《續修四庫全書》，第225輯，上海：上海古籍出版社，1995年。

〔清〕郭慶藩輯，《莊子集釋》，臺北：華正書局，1985年。

〔清〕王夫之，《莊子解》，《船山全書》，長沙：嶽麓書社，1996年，冊13。

〔清〕王夫之，《莊子通·莊子解》，臺北：里仁書局，1984年。

二、近人研究

㈠中文專著

王叔岷，《莊子校詮》，北京：中華書局，2007年。

王國維，《殷周制度論》，《觀堂集林》卷10，臺北：河洛圖書出版，1975年。

牟宗三，《中國哲學十九講》，臺北：臺灣學生書局，2002年。

牟宗三，《智的直覺與中國哲學》，臺北：臺灣商務印書館，1987年。

余英時，《論天人之際：中國古代思想起源試探》，臺北：聯經，2014年。

汪民安，《尼采與身體》，北京：北京大學出版社，2008年。

汪民安，《身體、空間與後現代性》，南京：江蘇人民出版社，2006年。

汪民安主編，《文化研究關鍵詞》，南京：江蘇人民出版社，2007年。

沈從文、張兆和，《沈從文家書》，臺北：臺灣商務印書館，2003年。

阮慶岳，阮叔梅譯，《弱空間：從道德經看臺灣當代建築》（Weak Architecture 2: Dao De Jing and Contemporary Taiwanese Architecture），臺北：田園城市，2012年。

阮慶岳，《弱建築：從《道德經》看臺灣當代建築》，臺北：田園城市，2006年。

林順夫，《透過夢之窗口》，新竹：清華大學出版社，2009年。

唐君毅，《中國哲學原論：原道篇（卷一）》，臺北：臺灣學生書局，1986年。

徐復觀，《中國人性論史・先秦篇》，臺北：臺灣商務印書館，1999年。

徐復觀，《中國藝術精神》，臺北：臺灣學生書局，1988年。

袁保新，《老子哲學之詮釋與重建》，臺北：文津出版，1991年。

袁珂，《山海經校注》，臺北：里仁書局，1982年。

袁珂，《古神話選釋》，臺北：長安出版社，1986年。

張光直，《中國青銅時代（第二集）》，臺北：聯經，1990年。

張光直，《中國青銅時代》，臺北：聯經，1983年。

張光直，《考古學專題六講》，臺北：稻鄉出版社，1993年。

張祥龍，《海德格思想與中國天道》，北京：生活・讀書・新知三聯書店，2007年。

陳來，《古代宗教與倫理——儒家思想的根源》，北京：生活・讀書・新知三聯書店，1996年。

陳凱歌，《少年凱歌》，臺北：遠流出版公司，1991年。

陳鼓應，《老子今註今譯》，臺北：臺灣商務印書館，1991年。

陳鼓應，《莊子今註今譯》，臺北：臺灣商務印書館，1999年。

陳壽昌，《南華真經正義》，臺北：新天地書局，1972年。

陳榮灼，《Heidegger and Chinese philosophy》，臺北：雙葉出版社，1986年。

舒國治，《流浪集》，臺北：大塊文化，2006年。

舒國治，《理想的下午》，臺北：遠流，2008年。

慈怡法師主編，《佛光大辭典》，臺北：佛光文化，1988年。

楊伯峻，《春秋左傳注》，北京：中華書局，1990年。

葉舒憲、蕭兵，《老子的文化解讀》，武漢：湖北人民出版社，1996年。

葉維廉，《道家美學與西方文化》，北京：北京大學出版社，2002年。

葉維廉，《解讀現代‧後現代：生活空間與文化空間的思索》，臺北：三民，1999年。

葉維廉，《與當代藝術家的對話——中國現代畫的生成》，臺北：東大，1987年。

劉文典撰，《淮南鴻烈集解》，北京：中華書局，1997年。

鄭毓瑜，《引譬連類：文學研究的關鍵詞》，臺北：聯經，2012年。

蕭公權，《中國政治思想史》，臺北：聯經出版社，1982年。

蕭馳，《中國思想與抒情傳統 第一卷：玄智與詩興》，臺北：聯經出版事業，2011年。

賴錫三，《莊子靈光的當代詮釋》，新竹：清華大學出版社，2008年。

賴錫三，《丹道與易道——內丹的性命修煉與先天易學》，臺北：新文豐出版社，2010年。

賴錫三，《當代新道家：多音複調與視域融合》，臺北：臺大出版中心，2011年。

賴錫三，《道家型知識分子論：莊子的權力批判與文化更新》，臺北：臺大出版中心，2013年。

賴錫三，《莊子的跨文化編織：自然、氣化、身體》，臺北：臺大出版中心，2019年。

鍾振宇，《道家與海德格》，臺北：文津，2010年。

韓兆琦編著，《史記箋證》，江西：江西人民出版社，2004年。

(二)外文譯著

〔丹麥〕海斯翠普（Kirsten Hastrup），賈士蘅譯，《他者的歷史》，臺北：麥田出版公司，1998年。

〔日〕細見和之，謝海靜、李浩原譯，《阿多諾：非同一性哲學》，石家莊：河北教育出版社，2002年。

〔日〕隈研吾，林錚顗譯，《自然的建築》，臺北：博雅書屋，2010年。

〔日〕隈研吾、三浦展，林錚顗譯，《三低主義》，臺北：博雅書屋，2012年。

〔法〕巴舍拉（Gaston Bachelard），劉自強譯，《夢想的詩學》，北京：生活‧讀書‧新知三聯書店，1997年。

〔法〕巴舍拉（Gaston Bachelard），龔卓軍、王靜慧譯，《空間詩學》，臺北：張老師文化，2003年。

〔法〕巴特（Roland Barthes），李幼蒸譯，《寫作的零度》，臺北：桂冠，1991年。

〔法〕巴特（Roland Barthes），許薔薔、許綺玲譯，《神話學》，臺北：桂冠，2000年。

〔法〕巴塔耶((Georges Bataille)，陳慶浩、澄波譯，《文學與惡》，臺北：國立編譯館，1997年。

〔法〕巴塔耶（Georges Bataille），劉暉譯，《色情史》，北京：商務印書館，2006年。

〔法〕吉拉爾（René Girard，另譯：吉拉德），馮壽農譯，《替罪羊》，臺北：臉譜出版社，2004年。

〔法〕朱利安（François Jullien，或譯為余蓮、于連），卓立、林志明譯，《間距與之間》，臺北：五南出版社，2013年。

〔法〕朱利安（François Jullien，或譯為余蓮、于連），林志明、張婉真譯，《本質或裸體》，臺北：桂冠圖書，2004年。

〔法〕克莉斯蒂娃（Julia Kristeva），彭仁郁譯，《恐怖的力量》，臺北：桂冠，2003年。

〔法〕呂格爾（Paul Ricoeur），翁紹軍譯，《惡的象徵》，臺北：桂冠，1992年。

〔法〕阿鐸（Antonin Artaud），劉俐譯，《劇場及其複象——阿鐸戲劇文集》，臺北：聯經，2003年。

〔法〕赫爾茲（Robert Hertz），吳鳳玲譯，《死亡與右手》，上海：上海人民出版社，2011年。

〔法〕德希達（Jacques Derrida），張正平譯，《他者的單語主義——起源的異肢》，臺北：桂冠，2000年。

〔法〕鮑贊巴克（Christian de Portzamparc）、姜丹丹譯，《觀看，書寫：建築與文學的對話》，桂林：廣西師範大學出版社，2010年。

〔俄〕巴赫金（Mikhail Bakhtin），李兆林、夏忠憲等譯，《拉伯雷研究》，石家莊：河北教育出版社，1998年。

〔美〕史泰司（Walter Terence Stace），楊儒賓譯，《冥契主義與哲學》，臺北：正中書局，1998年。

〔美〕任博克（Brook Ziporyn），吳忠偉譯、周建剛校，《善與惡：天臺佛教思想中的遍中整體論、交互主體性與價值吊詭》，上海：上海古籍出版社，2006年。

〔美〕安樂哲（Roger T. Ames）、郝大維（David L. Hall），何金俐譯，《通過孔子而思》，北京：北京大學出版社，2005年。

〔美〕安樂哲（Roger T. Ames）、郝大維（David L. Hall），何金俐譯，《道不遠人——比較哲學視域中的《老子》》，北京：學苑出版社，2004年。

〔美〕米德（George H. Mead），趙月瑟譯，《心靈、自我與社會》（上海：上海譯文出版社，1997年）。

〔美〕艾蘭（Sarah Allan），張海晏譯，《水之道與德之端：中國早期哲學思想的本喻》，上海：上海人民出版社，2002年。

〔美〕克利弗德‧紀爾茲（Clifford Geertz），楊德睿譯，《地方知識：詮釋人類學論文集》，臺北：麥田出版公司，2002年。

〔美〕約翰‧內哈特（John Neihardt），賓靜蓀譯，《黑麋鹿如是說》，臺北：立緒文化事業有限公司，2003年。

〔美〕高夫曼（Erving Goffman），徐江敏譯，《日常生活中的自我表演》，臺北：桂冠，2012年。

〔美〕高夫曼（Erving Goffman），曾凡慈譯，《污名：管理受損身分的筆記》，臺北：群學，2010年。

〔美〕愛蓮心（Robert Allinson），周熾成譯，《嚮往心靈轉化的莊子：內篇分析》，南京：江蘇人民出版社，2004年。

〔美〕詹姆斯（James William），蔡怡佳、劉宏信譯，《宗教經驗之種種》，臺北：立緒文化，2001年。

〔美〕雷可夫（George Lakoff）、詹森（Mark Johnson），周世箴譯注，《我們賴以生存的譬喻》，臺北：聯經，2006年。

〔英〕特納（Victor Turner），黃劍波、柳博贇譯，《儀式過程：結構與反結構》，北京：中國人民大學出版社，2006年。

〔英〕道格拉斯（Mary Douglas），黃劍波等譯，《潔淨與危險》，北京：民族出版社，2008年。

〔英〕鮑伊（Fiona Bowie），金澤、何其敏譯，《宗教人類學導論》，北京：中國人民大學出版社，2004年。

〔英〕戴維斯（Colin Davis），李瑞華譯，《列維納斯》，南京：江蘇人民出版社，2006年。

〔荷蘭〕胡伊青加（Johan Huizinga），成窮譯，《人：游戲者》，貴州：貴州人民出版社，2007年。

〔瑞士〕畢來德（Jean François Billeter），宋剛譯，《莊子四講》，臺北：聯經，

2011年。

〔瑞士〕畢來德（Jean François Billeter），周丹穎譯，《駁于連：目睹中國研究之怪現狀》，高雄：無境文化，2011年。

〔德〕卡西勒（Ernst Cassirer），于曉譯，《語言與神話》，臺北：桂冠，1994年。

〔德〕卡西勒（Ernst Cassirer），甘陽譯，《人論》，臺北：桂冠，1994年。

〔德〕皮柏（Pieper Josef），劉森堯譯，《閒暇：文化的基礎》，臺北：立緒，2003年。

〔德〕亞努赫（Gustav Janouch），林宏濤譯，《與卡夫卡對話》，臺北：商周出版，2014年。

〔德〕芬克（Eugen Fink），簡水源譯，《人的本質——死亡、愛情、工作、統治、遊戲》，臺北：師大書苑，2016年。

〔德〕阿多諾（Theodor W. Adorno）、霍克海默（Max Horkheimer），林宏濤譯，《啟蒙的辯證：哲學的片簡》，臺北：商周，2009年。

〔德〕海德格（Martin Heidegger），王慶節、陳嘉映譯，《存在與時間》，臺北：桂冠，2002年。

〔德〕班雅明（Walter Benjamin，另譯：本雅明），許綺玲譯，《迎向靈光消逝的年代》，臺北：臺灣攝影工作室，1998年。

〔德〕高達美（Hans-Georg Gadamer，另譯：伽達默爾），洪漢鼎譯，《真理與方法》，臺北：時報文化，1993年。

〔德〕梅依（Reinhard May）、張志強譯，《海德格爾與東亞思想》，北京：中國社會科學出版社，2003年。

〔德〕諾伊曼（Erich Neumann），李以洪譯，《大母神》，北京：東方出版社，1998年。

〔德〕諾伊曼（Erich Neumann），高憲田、黃水乞譯，《深度心理學與新道德》，北京：東方出版社，1998年。

〔德〕顧彬（Wolfgang Kubin）、王平，《甲骨文與殷商人祭》，鄭州：大象出版社，2007年。

〔羅馬尼亞〕伊利亞德（Mircea Eliade），楊素娥譯，《聖與俗：宗教的本質》，臺北：桂冠，2001年。

〔羅馬尼亞〕伊利亞德（Mircea Eliade，另譯：耶律亞德），楊儒賓譯，《宇宙與歷史：永恆回歸的神話》，臺北：聯經，2000年。

㈢單篇論文

〔日〕阿部正雄，王雷泉、張汝倫譯，〈大乘佛教的清淨觀〉，收於《禪與西方思想》，臺北：桂冠圖書股份有限公司，1992年，頁245-251。

〔日〕新田義弘，黃文宏譯，〈西田哲學中的「哲學邏輯」：特論其後期思想中的「否定性」邏輯〉，《揭諦》5期，2003年6月，頁239-261。

〔法〕巴特（Roland Barthes），懷寧譯，〈阿爾桑保羅多：修辭學家與魔術師〉，《顯義與晦義》，天津：百花文藝出版社，2005年，頁134-155。

〔法〕巴塔耶（Georges Bataille），〈耗費的觀念〉，汪民安編譯，《色情、耗費與普遍經濟：喬治‧巴塔耶文選》，長春：吉林人民出版社，2003年，頁24-41。

〔法〕葛浩南（Romain Graziani），〈莊子的哲學虛構〉，《中國文哲研究通訊》18卷4期，2008年12月，頁59-70。

〔法〕德希達、張寧譯，〈暴力與形上學〉，《書寫與差異》，臺北：國立編譯館，2004年，頁171-316。

〔法〕德勒茲（Gilles Deleuze），〈自在的差異與虛擬性〉，陳永國編譯，《游牧思想——德勒茲‧瓜塔里讀本》，長春：吉林人民出版社，2003年，頁65-73。

〔法〕德勒茲（Gilles Deleuze），〈哲學的意義與任務〉，陳永國編譯，《游牧思想——德勒茲‧瓜塔里讀本》，長春：吉林人民出版社，2003年，頁74-78。

〔俄〕班雅明（Walter Benjamin，另譯：本雅明），許綺玲譯，〈攝影小史〉，《迎向靈光消逝的年代》，臺北：臺灣攝影工作室，1998年，頁9-55。

〔美〕Perkins, Franklin（方嵐生）. "No Need for Hemlock: Mengzi's Defence of Tradition." in *Ethics in Early China: An Anthology*; Edited by Chris Fraser, Dan Robins, and Timothy O'Leary. HongKong: HongKong University Press, 2011, pp. 65-81.

〔美〕Ziporyn, Brook（任博克）. "On Sort of Knowing: The Daoist Unhewn." *Common Knowledge* 19.1 (Winter, 2013): 111-130.

〔美〕Ziporyn, Brook（任博克）. "Zhuangzi's Tumultuous Tranquility." 發表於「第24屆世界哲學大會」，北京大學主辦，2018年8月13-20日。

〔美〕安樂哲（Roger T. Ames），〈孟子的人性概念：它意味著人的本性嗎？〉，收入江文思（James Behuniak Jr.）、安樂哲編，梁溪譯：《孟子心性之學》，北京：社會科學文獻出版社，2005年3月，頁86-124。

〔英〕道格拉斯（Mary Douglas），黃宗儀譯，〈污染象徵秩序〉，亞歷山大

（Jeffrey C. Alexander）、謝德門（Steven Seidman）編，《文化與社會》，臺北：立緒文化事業有限公司，2002年，頁186-193。

〔英〕道格拉斯（Mary Douglas），劉澎譯、宋立道校，〈《利未記》的憎惡〉，史宗主編，《二十世紀西方宗教人類學文選》，上海：上海三聯書店出版，1995年，頁322-330。

〔瑞士〕弗蘭茲（Marie-Louise von Franz），龔卓軍譯，〈個體化的過程〉，榮格（Carl Gustav Jung）編，《人及其象徵：榮格思想精華的總結》，臺北：立緒文化，2000年，頁185-285。

〔瑞士〕畢來德（Jean François Billeter），宋剛譯，〈莊子九札〉，《中國文哲研究通訊》22卷3期，2012年9月，頁5-39。

〔瑞士〕榮格（Carl Gustav Jung），龔卓軍譯，〈潛意識探微〉，《人及其象徵：榮格思想精華的總結》，臺北：立緒文化事業公司，2000年，頁1-112。

〔德〕伯梅（Gernot Böhme），谷心鵬、翟江月、何乏筆譯，〈氣氛作為新美學的基本概念〉，《當代》188期，2003年4月，頁10-33。

〔德〕何乏筆（Fabian Heubel），〈氣化主體與民主政治：關於《莊子》跨文化潛力的思想實驗〉，《中國文哲研究通訊》22卷4期，2012年12月，頁41-73。

〔德〕何乏筆（Fabian Heubel），〈越界與平淡〉，《中國文哲研究通訊》20卷4期，2010年12月，頁144-158。

〔德〕何乏筆（Fabian Heubel），〈養生的生命政治：由于連莊子研究談起〉，《中國文哲研究通訊》18卷4期，2008年12月，，頁115-138。

〔德〕宋灝（Mathias Obert），〈逆轉與收回：《莊子》作為一種運動試驗場域〉，《中國文哲研究通訊》22卷3期，2012年9月，頁169-187。

〔德〕宋灝：〈由身體現象學談書法工夫論〉，《東吳哲學學報》28期，2013年8月，頁39-69。

〔德〕宋灝：〈美學工夫與時間之成其為時間〉，發表於「力量的美學與美學的力量——孟柯（Christoph Menke）美學理論工作坊」，中研院文哲所主辦，2014年9月22-23日。

〔德〕海德格（Martin Heidegger），孫周興譯，〈關於人道主義的書信〉，《路標》，臺北：時報文化出版企業公司，1998年，頁313-364。

〔德〕海德格，倪梁康譯，〈在俄羅斯戰俘營中的一個較年輕者與一個較年長者之間的晚間談話〉，《中國現象學與哲學評論（第五輯）》，上海：上海譯文出版社，2003年，頁170-205。

〔德〕海德格，孫周興譯，〈世界圖象的時代〉，《海德格爾選集（下）》，上

海：生活・讀書・新知三聯書店，1996年，頁885-923。

〔德〕海德格，孫周興譯，〈物〉，《海德格爾選集（下）》，頁1165-1187。

〔德〕海德格，孫周興譯，〈築・居・思〉，《海德格爾選集（下）》，頁1188-1204。

〔德〕海德格，孫周興譯，〈藝術與空間〉，《海德格爾選集（上）》，頁481-488。

〔德〕海德格，熊偉譯，〈形而上學是什麼？〉，《海德格爾選集（上）》，頁135-153。

〔德〕海德格，熊偉譯，〈關於人道主義的書信〉，《海德格爾選集（上）》，頁358-406。

〔德〕海德格，戴暉譯，〈泰然任之〉，《海德格爾選集（下）》，頁1230-1241。

〔羅馬尼亞〕伊利亞德（Mircea Eliade），陳炳良節譯，〈啓蒙儀式與現代社會〉，陳炳良編，《神話即文學》，臺北：東大，1990年，頁93-101。

〔羅馬尼亞〕伊利亞德，宋立道、魯奇譯，〈對歐洲巫術的一些看法〉，《神祕主義、巫術與文化風尚》，北京：光明日報，1990年，頁94-127。

Cheng, Kai-Yuan（鄭凱元）. "Self and the Dream of the Butterfly in the Zhuangzi." *Philosophy East and West* 64.3 (2014): 563-597.

方萬全，〈莊子論技與道〉，劉笑敢編，《中國哲學與文化（第六輯）：簡帛文獻與新啓示》，桂林：廣西師範大學出版社，2009年，頁259-286。

毛怡紅，〈海德格爾的「原始倫理學」及其當代影響〉，《哲學雜誌》12期，1995年4月，頁72-85。

王中江，〈個體：從類、性到關係和普遍相關性〉，《哲學分析》7卷5期，2016年10月，頁91-112。

王中江，〈道家自由思想的兩種形態〉，陳明編：《原道》第7輯，貴陽：貴州人民出版社，2002年，頁98-140。

王慶節，〈道之為物：海德格的「四方域」物論與老子的自然物論〉，《現象學與人文科學：現象學與道家哲學專輯》，香港：邊城，2005年，頁261-313。

王鍾陵，〈《莊子》中的大木形象與意象思維〉，《中國文哲研究集刊》13期，1998年9月，頁269-292。

何儒育，〈論《莊子・德充符》之創傷療癒〉，《清華學報》新46卷1期，2016年3月，頁1-40。

余英時，〈中國古代死後世界觀的演變〉，《中國思想傳統的現代詮釋》，臺

北：聯經，1978年，頁123-143。

余英時，〈名教危機與魏晉士風的演變〉，《中國知識階層史論：古代篇》，臺北：聯經，1984年，頁329-372。

余英時，〈軸心突破和禮樂傳統〉，《二十一世紀》58期，2000年4月，頁17-28。

宋祖良，〈海德格爾的《哲學論文集》〉，《雜學雜誌》8期，1994年4月，頁228-238。

李明輝，〈孟子與康德的自律倫理學〉，《儒家與康德》，臺北：聯經出版事業公司，1990年，頁47-80。

李豐楙，〈節慶祭典的供物與中國飲食文化——一個「常與非常」觀的節慶飲食〉，林慶弧主編：《第四屆中國飲食文化學術研討會論文集》，臺北：財團法人中國飲食文化基金會，1996年，頁211-238。

杜正勝，〈形體、精氣與魂魄——中國傳統對人的認識〉，《新史學》2卷3期，1991年9月，頁1-65。

杜維明，〈身體與體知〉，《當代》35期，1989年3月，頁46-52。

汪民安，〈空間、家政與婚姻〉，龔彥主編：《藝術世界》258期，上海：上海文藝出版社，2011年。

汪民安，〈道德與疾病〉，《尼采與身體》，北京：北京大學出版社，2008年，頁31-99。

林素娟，〈喪禮儀式中的空間象徵、遞變與倫理重整——以三禮書之喪禮空間象徵、轉化為核心進行探討〉，《漢學研究》33卷4期，2015年12月，頁1-36。

林鎮國，〈它者、慾望與言說：佛教的文化哲學〉，《空性與現代性》，臺北：立緒文化事業有限公司，2004年，頁247-284。

金惠敏，〈無限的他者——列維納斯的形而上學〉，《後現代性與辯證解釋學》，北京：中國社會科學出版社，2002年，頁153-171。

袁保新，〈什麼是人？：孟子心性論與海德格存有思維的對比研究〉，《從海德格、老子、孟子到當代新儒學》，臺北：臺灣學生書局，2008年，頁132-144。

馬欣，〈本雅明對中國書法的闡釋及其筆跡學思想〉，發表於「否定與承認——批判理論及其最新發展國際學術研討會」，上海復旦大學馬克思研究中心主辦，2017年10月14-15日。

張亨，〈莊子哲學與神話思想——道家思想溯源〉，《思文之際論集：儒道思想的現代詮釋》，臺北：允晨出版社，1997年，頁101-149。

張灝，〈世界人文傳統中的軸心時代〉，《時代的探索》，臺北：聯經出版公

司，2004年，頁1-26。

曹峰，〈名是《黃帝四經》最重要的概念之一〉，發表於「混沌與秩序：道家哲學及其現代語境學術研討會」，北京大學哲學系主辦，2014年7月4-6日，頁5-28。

莊錦章，"Zhuangzi and Hui Shi on Qing"（〈莊子與惠施論情〉），《清華學報》新40卷1期，2010年3月，頁21-45。

許倬雲，〈春秋政制略述〉，《求古篇》，臺北：聯經出版事業公司，2003年，頁353-380。

陳旭東，〈形而上學的微觀拯救〉，發表於「《否定辯證法》翻譯與研究——第一屆批判理論工作坊」，上海復旦大學哲學系主辦，2017年3月18-19日。

陳榮灼，〈王弼與郭象玄學思想之異同〉，《東海學報》33期，1992年6月，頁123-138。

陳榮灼，〈道家之「自然」與海德格之「Ereignis」〉，《清華學報》34卷2期，2004年12月，頁245-269。

鄭開，〈玄德論——關於老子政治哲學和倫理學的解讀與闡釋〉，《商丘師範學院學報》29卷1期（2013年1月），頁1-8。

黃文宏，〈海德格的「共屬」與天臺宗的「即」——試論詭譎之説法〉，《中國文哲研究集刊》16期，2000年3月，頁467-486。

黃文宏，〈從西田哲學來看前期海德格「實存論的獨我論」〉，《國立政治大學哲學學報》31期，2014年1月，頁31-65。

黃冠閔，〈主體之位：唐君毅與列維納斯的倫理學思考〉，《中國哲學與文化》第8輯，桂林：廣西師範大學，2011年，頁165-194。

黃冠閔，〈音詩水想——倫理意義之一環〉，《藝術評論》16期（1996年3月），頁101-124。

楊婉儀，〈以「在同一當中的大寫他者」論萊維納斯的責任與倫理意涵〉，《東吳哲學學報》26期（2012年8月），頁109-136。

楊婉儀，〈孤獨與他人：以人為核心所開展的內在性與超越性〉，《哲學與文化》39卷12期，2012年12月，頁109-124。

楊儒賓，〈「山水」是怎麼發現的——「玄化山水」析論〉，《臺大中文學報》30期，2009年6月，頁209-254。

楊儒賓，〈技藝與道——道家的思考〉，臺灣大學中國文學系編：《王叔岷先生學術成就與薪傳論文集》，臺北：國立臺灣大學中國文學系，2001年，頁165-191。

楊儒賓，〈昇天、變形與不懼水火——論莊子思想中與原始宗教相關的三個主題〉，《漢學研究》7卷1期，1989年6月，頁223-253。

楊儒賓，〈遊之主體〉，《中國文哲研究集刊》45期，2014年9月，頁1-39。

楊儒賓，〈道家的原始樂園思想〉，李亦園、王秋桂主編：《中國神話與傳說學術研討會論文集》，臺北：漢學研究中心，1996年，頁125-169。

楊儒賓，〈道與玄牝〉，《臺灣哲學研究》2期，1999年3月，頁163-195。

楊儒賓，〈論孟子的踐形觀〉，《儒家身體觀》，臺北：中研院文哲所，1996年，頁129-172。

葉舒憲，〈原型與漢字〉，王寧、徐燕紅編：《弗萊研究：中國與西方》，北京：中國社會科學出版社，1996年，頁201-211。

葉舒憲，〈莊子與神話：20世紀莊學研究新視點〉，《莊子的文化解析》，武漢：湖北人民出版社，1997年，頁1-34。

葉維廉，〈道家美學、中國詩與美國現代詩〉，《道家美學與西方文化》，北京：北京大學出版社，2002年，頁1-94。

葉樹勛，〈論老子對『德』觀念的改造〉，發表於「混沌與秩序:道家哲學及其現代語境學術研討會」，北京大學哲學系主辦，2014年7月4-6日。

聞一多，〈道教的精神〉，《聞一多全集（一）：神話與詩》，臺北：里仁書局，1993年，頁143-152。

劉國英，〈現象學可以還中國哲學一個公道嗎？——試讀老子〉，《現象學與人文科學：現象學與道家哲學專輯》，臺北：邊城，2005年，頁9-35。

劉滄龍，〈內在多元的主體〉，《氣的跨文化思考：王船山氣學與尼采哲學的對話》，臺北：五南，2016年，頁21-38。

劉滄龍，〈身體、隱喻與轉化的力量：論莊子的兩種身體、兩種思維〉，《清華學報》新44卷2期，2014年6月，頁185-213。

蔡岳璋，〈試論莊子文學空間——來自「嘗試言之」的考慮〉，《清華學報》43卷3期，2012年6月，頁431-460。

鄭開：〈玄德論——關於老子政治哲學和倫理學的解讀與闡釋〉，《商丘師範學院學報》1期，2013年，頁1-8。

諾赫夫（Georg Northoff）、鄭凱元，"Levels of Time in the Zhuangzi"，發表於「Towards a New Paradigm of Subjectivity: On the Contemporary Significance of the Zhuangzi」國際工作坊，Institute of East Asian Studies, Charles University 主辦，2017年6月29日-7月2日。

賴錫三、何乏筆、任博克，〈關於《莊子》的一場跨文化之旅：從任博克的Wild

card出發〉，《商丘師範學報》34卷5期，2018年5月，頁1-26。

賴錫三，〈《老子》的渾沌思維與倫理關懷〉，《臺大中文學報》49期，2015年06月，頁1-42。

賴錫三，〈《孟子》與《莊子》兩種氣論類型的知識分子與權力批判——「浩然之氣」與「平淡之氣」的存有、倫理、政治性格〉，《清華學報》新43卷1期（2013年3月），收入《道家型的知識分子論：莊子的權力批判與文化更新》，臺北：臺大出版中心，2013年，頁43-115。

賴錫三，〈《莊子》「天人不相勝」的自然觀——神話與啓蒙之間的跨文化對話〉，《清華學報》46卷3期，2016年9月，頁405-456。

賴錫三，〈《莊子》自然觀的多元考察與當代反思〉，《東華漢學》19期，2014年6月，收入《莊子的跨文化編織：自然、氣化、身體》，臺北：臺大出版中心，2019年，頁51-128。

賴錫三，〈《莊子》身體技藝中的天理與物性〉，《諸子學刊》17輯，上海：上海古籍出版社，2017年，頁1-16。

賴錫三，〈《莊子》身體觀的三維辯證：符號解構、技藝融入、氣化交換〉，《清華學報》42卷1期，2012年3月，收入《莊子的跨文化編織：自然、氣化、身體》，臺北：臺大出版中心，2019年，頁275-331。

賴錫三，〈《莊子》的文學力量與文本空間——與巴特「文之悅／醉」的互文閱讀嘗試〉，《文與哲》20期，2012年06月，收入《道家型的知識分子論：莊子的權力批判與文化更新》，臺北：臺大出版中心，2013年，頁355-415。

賴錫三，〈《莊子》的他者倫理——以〈德充符〉的文學書寫為例〉，《東華漢學》30期，2019年12月，頁1-51。

賴錫三，〈《莊子》的死生隱喻與自然變化〉，《漢學研究》29卷4期，2011年12月，收入《莊子的跨文化編織：自然、氣化、身體》，臺北：臺大出版中心，2019年，頁231-273

賴錫三，〈《莊子》的自然美學與氣化體驗與原初倫理——與本雅明、伯梅的跨文化對話〉，《文與哲》26期，2015年6月，收入《莊子的跨文化編織：自然、氣化、身體》，臺北：臺大出版中心，2019年，頁399-480。

賴錫三，〈《莊子》的物化差異、身體隱喻與政治批判〉，《臺大中文學報》40期，2013年3月，收入《道家型的知識分子論：莊子的權力批判與文化更新》，臺北：臺大出版中心，2013年，頁117-169。

賴錫三，〈《莊子》的美學工夫、哲學修養與倫理政治的轉化——與孟柯（Christoph Menke）的跨文化對話〉，《文與哲》28期，2016年6月，頁347-396。

賴錫三，〈《莊子》的童心遊戲、視點轉化、倫理呼喚〉，《文與哲》33期，2018年12月，頁55-104。

賴錫三，〈《莊子》的養生哲學、倫理政治與主體轉化〉，《中國文哲研究集刊》47期，2015年9月，頁49-90。

賴錫三，〈《莊子》的關係性自由與弔詭性修養——疏解〈逍遙遊〉的「小大之辯」與「三無智慧」〉，《商丘師範學報》34卷2期，2018年2月，頁1-18。

賴錫三，〈《莊子》對禮之真意的批判反思——質文辯證與倫理重估〉，《杭州師範大學學報》3期，2019年5月，頁1-24。

賴錫三，〈《莊子》精、氣、神的工夫和境界——身體的精神化與形上化之實現〉，《漢學研究》22卷2期，2004年12月，收入《莊子靈光的當代詮釋》，新竹：清華大學出版社，2008年，頁119-166。

賴錫三，〈《莊子》與霍耐特的跨文化對話——承認自然與承認人文的平等辯證〉，《國文學報》61期，2017年6月，頁23-67。

賴錫三，〈「當代新道家」與「深層生態學」的存有論基礎〉，《揭諦》2期，1999年7月，收入《莊子靈光的當代詮釋》，新竹：清華大學出版社，2008年，頁271-311。

賴錫三，〈大陸新子學與臺灣新莊子學的合觀對話——「學術政治、道統解放、現代性回應」〉，《思想》35期，2018年5月，頁1-41。

賴錫三，〈他者暴力與自然無名——論道家的原始倫理學如何治療罪惡與卑污〉，李豐楙、廖肇亨編：《中國文化的懺悔書寫論集：沉淪、懺悔與救度》，臺北：中研院文哲所，2013年，頁1-78。

賴錫三，〈朱利安與莊子相遇於「渾沌」之地：中、西「跨文化」交流的方法反思〉，《文與哲》23期，2014年12月，收入《莊子的跨文化編織：自然、氣化、身體》，臺北：臺大出版中心，2019年，頁1-50。

賴錫三，〈《莊子》「天人不相勝」的自然觀——神話與啟蒙之間的跨文化對話〉，《清華學報》46卷3期，2016年9月，頁405-456。

賴錫三，〈牟宗三對道家形上學詮釋的反省與轉向——通向「存有論」與「美學」的整合道路〉，《臺大中文學報》25期，2006年12月，收入《當代新道家：多音複調與視域融合》，臺北：臺大出版中心，2011年，頁107-171。

賴錫三，〈老莊的肉身之道與隱喻之道——神話‧變形‧冥契‧隱喻〉，《臺大中文學報》33期，2010年12月，收入《當代新道家：多音複調與視域融合》（臺北：臺大出版中心，2011年），頁289-336。

賴錫三，〈身體、氣化、政治批判：畢來德《莊子四講》與〈莊子九札〉的身體

觀與主體論〉，何乏筆編，《跨文化漩渦中的莊子》，臺北：臺灣大學出版中心，2017年，頁117-186。

賴錫三，〈氣化流行與人文化成——《莊子》的道體、主體、身體、語言、文化之體的解構閱讀〉，《文與哲》22期，2013年6月，收入《道家型的知識分子論：莊子的權力批判與文化更新》，臺北：臺大出版中心，2013年，頁417-512。

賴錫三，〈海德格存有學對技術、科技的現代性批判：形上解構、重返自然、詩意棲居〉，《莊子的跨文化編織：自然·氣化·身體》，臺北：臺大出版中心，2019年，頁541-591。

賴錫三，〈神話、《老子》、《莊子》之「同」「異」研究——朝向「當代新道家」的可能性〉，《臺大文史哲學報》61期，2004年11月，收入《莊子靈光的當代詮釋》，新竹：清華大學出版社，2008年，頁229-271。

賴錫三，〈從《老子》的道體隱喻到《莊子》的體道敘事——由本雅明的說書人詮釋莊周的寓言哲學〉，《清華學報》新40卷1期，2010年3月，收入《當代新道家：多音複調與視域融合》（臺北：臺大出版中心，2011年，頁337-393。

賴錫三，〈莊子與羅蘭·巴特的旦暮相遇——語言、權力、遊戲、歡怡〉，《臺大中文學報》37期，2012年6月，收入《道家型的知識分子論：《莊子》的權力批判與文化更新》，臺北：臺大出版中心，2013年，頁305-353。

賴錫三，〈陸西星的男女雙修觀與身體心性論——內丹男女雙修的批判性反思〉，《中正大學中文學術年刊》11期，2008年6月，頁307-350。

賴錫三，〈當代學者對《老子》形上學詮釋的評論與重塑——朝向存有論、美學、神話學、冥契主義的四重道路〉，《清華學報》新38卷1期，2008年3月，收入《當代新道家：多音複調與視域融合》，臺北：國立臺灣大學出版中心，2011年，頁1-105。

賴錫三，〈道家的自然體驗與冥契主義——神祕·悖論·自然·倫理〉，《臺大文史哲學報》74期，2011年5月，收入《當代新道家：多音複調與視域融合》，臺北：國立臺灣大學出版中心，2011年，頁225-288。

賴錫三，〈道家的神話哲學之系統性研究——意識的起源、發展與回歸、圓融〉，《清華學報》新34卷2期，2004年12月，收入《莊子靈光的當代詮釋》，新竹：清華大學出版社，2008年，頁167-228。

賴錫三，〈論《莊子》的雅俗顛覆與文化更新——以流動身體和流動話語為中心〉，《臺大文史哲學報》77期（2012年11月），收入《道家型知識分子

論：莊子的權力批判與文化更新》（臺北：臺大出版中心，2013年），頁235-304。

賴錫三，〈論先秦道家的自然觀：重建老、莊為一門具體、活力、差異的物化美學〉，《文與哲》16期（2010年6月），收入《莊子的跨文化編織：自然、氣化、身體》（臺北：臺大出版中心，2019年），頁129-179。

賴錫三，〈論道家的逍遙美學——與羅蘭·巴特的「懶惰哲學」之對話〉，《臺大文史哲學報》69期（2008年11月），收入《當代新道家：多音複調與視域融合》，臺北：國立臺灣大學出版中心，2011年，頁173-223

賴錫三，〈藏天下於天下的「安命」與「任化」：《莊子》「不解解之」的死生智慧〉，《應用倫理評論》59期，2015年10月，頁101-122。

賴錫三，〈羅蘭巴特與莊子的旦暮相遇——語言、權力、遊戲、歡怡〉，《臺大中文學報》37期（2012年6月），收入《道家型知識分子論：莊子的權力批判與文化更新》，臺北：臺大出版中心，2013年，頁305-353。

賴錫三，〈藝術思維與惠施技術思維的兩種差異自然觀：與海德格的跨文化對話〉，《莊子的跨文化編織：自然·氣化·身體》，臺北：臺大出版中心，2019年，頁181-230。

鍾振宇，〈莊子與當代批判——工作、技術、壓力、遊戲〉，《臺灣東亞文明研究學刊》10卷1期，2013年6月，頁143-182。

顏崑陽，〈從應感、喻志、緣情、玄思、遊觀到興會——論中國古典詩歌所開顯「人與自然關係」的歷程及其模態〉，蔡瑜編：《迴向自然的詩學》，臺北：臺大出版中心，2012年，頁1-74。

關子尹，〈海德格的「同一性」思維與道家哲學〉，《現象學與人文科學：現象學與道家哲學專輯》，香港：邊城出版，2005年，頁211-259。

龐樸，〈無玄：道家哲學的基本範疇〉，《中國文化十一講》，北京：中華書局，2008年，頁81-98。

龔卓軍，〈庖丁手藝與生命政治：評介葛浩南《莊子的哲學虛構》〉，《中國文哲研究通訊》18卷4期，2008年12月，頁79-99。

（四）西文專書

Emmanuel Levinas（列維納斯）, "Metaphysics and Transcendence," in *Totality and Infinity*, Translated by Alphonso Lingis, Pittsburgh: Duquesne University Press, 1969.

Menke, Christoph（孟柯）. *Kraft: Ein Grundbegriff ästhetischer Anthropologie*. Frankfurt/M.: Suhrkamp, 2008. 英文譯本：trans. Gerrit Jackson, *Force: A Fundamental*

Concept of Aesthetic. New York: Fordham University Press, 2013. 中文譯本：翟燦、何乏筆（Fabian Heubel）、劉滄龍合譯本：《力量做為美學人類學的一個基本概念》（上海：華東師範大學出版社，即將出版）。

Thome H.Fang（方東美）, *The Chinese view of life : the philosophy of comprehensive harmony*. Taipei: Linking Publishing Co. Ltd, 1980.

Ziporyn, Brook（任博克）. *Ironies of Oneness and Difference: Coherence in Early Chinese Thought; Prolegomena to the Study of Li*. New York: SUNY Press, 2013.

Ziporyn, Brook. *Zhuangzi: The Essential Writings: With Selections from Traditional Commentaries*. Indianapolis: Hackett Publishing Company Inc., 2009.

國家圖書館出版品預行編目資料

道家的倫理關懷與養生哲學／賴錫三著. ——
二版. ——臺北市：五南圖書出版股份有限
公司, 2024.08
面；　公分
ISBN 978-626-393-605-8（平裝）

1.莊子　2.研究考訂　3.老莊哲學

121.337　　　　　　　　113010903

1XJT

道家的倫理關懷與養生哲學

作　　　者 — 賴錫三

企劃主編 — 黃惠娟

責任編輯 — 魯曉玟

封面設計 — 姚孝慈

出 版 者 — 五南圖書出版股份有限公司

發 行 人 — 楊榮川

總 經 理 — 楊士清

總 編 輯 — 楊秀麗

地　　　址：106臺北市大安區和平東路二段339號4樓

電　　　話：(02)2705-5066　　傳　　　真：(02)2706-6100

網　　　址：https://www.wunan.com.tw

電子郵件：wunan@wunan.com.tw

劃撥帳號：01068953

戶　　　名：五南圖書出版股份有限公司

法律顧問　林勝安律師

出版日期　2021年11月初版一刷
　　　　　2024年 8 月二版一刷

定　　　價　新臺幣650元

經典永恆・名著常在

五十週年的獻禮——經典名著文庫

五南，五十年了，半個世紀，人生旅程的一大半，走過來了。

思索著，邁向百年的未來歷程，能為知識界、文化學術界作些什麼？

在速食文化的生態下，有什麼值得讓人雋永品味的？

歷代經典・當今名著，經過時間的洗禮，千錘百鍊，流傳至今，光芒耀人；

不僅使我們能領悟前人的智慧，同時也增深加廣我們思考的深度與視野。

我們決心投入巨資，有計畫的系統梳選，成立「經典名著文庫」，

希望收入古今中外思想性的、充滿睿智與獨見的經典、名著。

這是一項理想性的、永續性的巨大出版工程。

不在意讀者的眾寡，只考慮它的學術價值，力求完整展現先哲思想的軌跡；

為知識界開啟一片智慧之窗，營造一座百花綻放的世界文明公園，

任君遨遊、取菁吸蜜、嘉惠學子！